现代市场营销系列教材 SMMT

荣获第四届中国大学出版社优秀教材二等奖
中南地区大学出版社优秀畅销书

MARKETING
营销学原理

第4版

李 业 主编

广东高等教育出版社
Guangdong Higher Education Press

广州

图书在版编目（CIP）数据

营销学原理/李业主编．—4 版．—广州：广东高等教育出版社，2020.6（2021.1 重印）
（现代市场营销系列教材）
ISBN 978－7－5361－6667－7

Ⅰ．①营…　Ⅱ．①李…　Ⅲ．①市场营销学　Ⅳ．①F713.50

中国版本图书馆 CIP 数据核字（2019）第 296566 号

营销学原理
YINGXIAOXUE YUANLI

广东高等教育出版社出版发行
地址：广州市天河区林和西横路
邮编：510500　电话：87551597　87551163
网址：www.gdgjs.com.cn
佛山市浩文彩色印刷有限公司印刷
开本：787 mm×1 092 mm　1/16　印张：25.25　字数：646 千
2020 年 6 月第 4 版　2021 年 1 月第 17 次印刷
印数：61 001～64 000 册
定价：56.00 元

总 序

“长江后浪推前浪”“江山代有才人出”，都是后生可畏的喻语。当今由于科学的昌明，科技变革步伐的加快，更是“人才辈出，科目有人”的盛世。现在呈现在读者面前的这套“现代市场营销系列教材”便是市场营销学领域“科目有人”、“代有才人出”的实证。虽然市场营销学（市场学）系列课程在我国内地的重新引进只有25年，但其前进步伐之速却可称得上是“无与为比”。因为在这1/4世纪的弹指一挥间，我国内地市场营销学的重新引进，很快就完成了由启蒙阶段、普及阶段向提高阶段，甚至向成熟阶段的过渡。

在这一过渡过程中，我国广大青年市场营销学家始终与前辈同行并立潮头，殚智竭力，为本学科及其教材的建设奋战不已，获得一项又一项令人瞩目的成果。我们这样说绝不是取悦青年学者，因为包括这套“现代市场营销系列教材”中的一些作者在内的许多市场营销科研、教学工作者，他们参与我国市场营销学早期的引进及最早的学会组建时，都正处年轻有为、才华横溢的“风华正茂”之期。接着在本学科的普及、提高乃至成熟阶段，我国营销教学科研队伍更由于补充了大量青年营销学者而得到不断壮大。而且由于他们思维敏捷，接受教育的知识面更新更广，这几个阶段中不断推出的入之愈深、见之愈奇的营销新教材更多出自这些青年或昔日的青年而如今已步入中年的营销学者之手。这套系列教材的作者队伍，也正是由这两种类型的专业教师所组成。而且他们都是来自广州地区享誉最高的七八所高等教育名校，这些院校都属全国开设市场营销系列课程最早、开课（专业）面最广的院校之一，具有很深的营销学科教学、科研底蕴及广泛的学术流派代表性，这就为保障这套系列教材的质量提供了首要条件。

当然更重要的还是本系列教材的实际设计思路及写作水平。现在从本系列教材已写成的书稿来看，这套教材的设计思路、特点及写作水平是与当今我国市场营销学教材建设已进入成熟阶段的要求相吻合的。

首先，本系列教材编委会提出的以“突出当地化，兼顾国际化”为系列教材编写的指导思想是精辟而得当的。这是因为在今天我国市场营销学教材建设已渐臻完善，全国市场营销学教材已出版了数百种的情况下，完全有条件和必要，厚积薄发，编写一些论述更专、入之更深、见之更奇、细分更细的个性化教材。从广东的情况来看，突出广东的实际也是明智的选择。因为广东无论在理论上还是实践上为市场营销学的应用和推广都曾居全国之先，起了积极的拓荒作用。早在20世纪80年代初，广东的经济学界前辈便提出了“商品经济就是市场经济”的卓见，1988年广东经济学界还在“社会主义初级阶段市场经济讨论会”的总名目下，召开了6次相关的会议，做出了我国可能选择的经济方式将是社会主义市场经济的统一认识，这就为在广东推广、应用市场营销理念和市场营销策略方法等奠定了理论基础和依据。在实践上，广东也于20世纪80年代初，先于全国逐渐放开市场商品价格，以及逐渐开展企业自主经营的尝试，这就为市场营销学的应用提供了用武之地。加上广东是最早对外开放的地区之一，涉外的“三来一补”企业遍地开花，固有的国营、集体企业的对外联系

也日渐增多，内部生产经营上的旧束缚有所松动，因而不少企业开始接受、应用现代营销理念和营销管理方法。随着我国市场经济的确立和发展，广东的企业更快而普遍地接纳、采用了现代市场营销管理的原则和方法，并创造、积累了大量的营销新经验。因而突出当地化，进一步总结广东丰富的营销经验，将其升华到更高的、更具普遍意义的管理理论自应是顺理成章的事。

至于“兼顾国际化”也是必不可缺的。一段时间以来经济全球化已是不争的事实，而且其步伐正在加速。尤其是我国加入世界贸易组织后，无论是一般企业，还是涉外企业，都与国际市场有着千丝万缕的联系，都有必要掌握国际市场营销方面的某些知识和技能，以及不同国家的市场营销环境状况。另外，从我国市场营销教材建设本身来看，吸收国外现代市场营销方面的新理论、新技术、新经验仍是非常必要的，鲁迅曾说过，“没有拿来的，人不能成为新人”，教材建设亦当如斯。现在有一种倾向，认为为建设本国化的教材，似乎应全部应用自己创建的理论和经验，歌德对这种类似的认识，早就明确指出：“聪明的年轻人以为，如果承认已经被别人承认过的真理，就会使自己丧失独特性，这是最大的错误。”

其次，这套系列教材所具有的不少特点也是值得推崇的。

一是注重基本理论的掌握与运用。一个时期以来，在我国市场营销教材建设中，曾出现过两种偏颇，其一认为市场营销学科是应用学科，教材建设和教学工作的重心是市场营销策略方法的应用，从而忽视打基础的工作，其缺陷或危害是显而易见的。早在久远的年代，我国的先贤就已一针见血地指出：“不广基而增其高者，覆。”[①] 同时基础不深，也很难培养出高超、娴熟的有用技能。“水积也不厚，则其负大舟也无力”[②]，讲的正是这个道理。在过去市场营销教材建设中曾出现的另一偏颇是，只强调基本理论的培育而忽视理论的运用与创新，其弊端同样是人所共见的。正如我国宋代的朱熹所指出，虽然“论先后，知为先”，但“论轻重，行为重”。明代的王阳明也曾进一步指出：“知而不行，只是未知。”列夫·托尔斯泰更语重心长地指出，“如果学生在学校里学习的结果是使自己什么也不会创造，那他的一生将永远是模仿和抄袭”。这套系列教材的内容，特别强调要突出基本理论的传授、运用和发展，在讲透基本市场营销理论的基础上，通过相应的营销事例和案例来启发学生的思维和发挥他们的创造性，这就切实克服了上述市场营销教材建设中的两种偏颇。

二是善处继承与创新的关系。在过去一段时期乃至当前我国市场营销教材建设中，还出现过另一种双向偏颇。其一是过分强调“原汁原味”的继承，尤其是在早期的市场营销学科引进中，原汁原味，一字不动“拿来”的主张就曾略占上风；也有些人虽然口头上不同意这种观点，但实际上写出来的东西还是简单的“拿来”。这在当时诸多局限因素制约下，这样做是常人可容，甚至还有一定道理的，但在当今市场营销学科教学及教材建设的提高和成熟阶段，仍原封不动地固守全部原来的内容，或对其进行改头换面的剽掇，以不变应万变，当更张而不更张，势必如“执旧方以医变症，药既不对，病必加危”[③]，对现代市场营销管理和实务，只能添乱或造成损害。“虽有扁鹊，不能以一药已众疾”[④] 所表达的哲理也

① 西汉·《淮南子》。

② 先秦·《庄子》。

③ 近代·康有为。

④ 东汉·王符。

就在于此。这套市场营销系列教材在处理这两者的关系上都较为得宜，凡在有涉及继承与创新关系内容之处，无不以“不因不生，不革不成”① 的历史唯物主义观为指导思想，做出“可则因，否则革”② 的明智选择。既避免了历史虚无主义的偏颇，又摆脱了食古不化的腐板，使整套系列教材的基本理论既显得源远流长，根柢深厚，又显得“为有源头活水来”，充满清新活跃的气息，使学生可获得更丰富全面有用的知识。

三是严格划分创新与狂怪雕镂的界限。一个时期以来在强调教材必须创新的过程中，也出现过一种过度标新取异的倾向，有些人为说明自己有大胆创新、勇于探索的精神，几乎要把原有市场营销学科教材中的主要名词和概念统统推翻。笔者前两年为某高校的社科版学报审稿时，曾接触过一篇建议对市场营销学进行大改革的稿件，该稿作者对许多约定俗成，甚至被人们长期使用毫无疑义的基本市场营销概念和名词，都提出强词夺理的质疑，并相应提出一些狂怪雕镂、神头鬼面的“新词”来取代。这些词语既与原来相应的市场营销学名词、概念所要表达的意思在形、音、义上毫无内外在联系，而且在文字上，也佶屈聱牙，极其晦涩。当然这种错把神奇荒怪当创新的做法，还比较常见地表现在巴三览四、硬凑诸如“XP”“XC”，强增各种概念层次及杜撰某些市场营销英文缩略语上，既给市场营销学的名词、概念造成混乱，也污染了祖国的文字。这套系列教材如前款所述，从结构、格局到内容上都不乏创新之处，但这些创新都是有因、有则、有革、有化的，既令教材有“总章无常曲，大庖无定味”③ 的活力和灵活性，又令教材能以一丝不苟的严谨精神教育青年学子做学问和做人的正确途径，否则“一事苟，则无不苟矣!”④

这就是本系列教材的主要特点，还有一些其他的特点，因篇幅所限，不再赘述。

当然，尽管本系列教材及其年轻作者们具有许多过人之处，但“夫学何尽之有？善中又有善焉，至善之中，又有至善焉”⑤，“无所不能者，有大不能；无所不知者，有大不知”⑥，本系列教材仍难免会存在一些不足甚至谬误。但“过误之失，常人所容”⑦，无损于这套系列教材是较成熟并值得推荐的好教材。

何永祺

2003 年 8 月于暨南园

何永祺：中国市场学会顾问（原副会长）、中国高等院校市场学研究会顾问（原会长）、暨南大学管理学院教授。

①② 西汉·扬雄。
③ 晋·葛洪。
④ 宋·程颐。
⑤ 明·陈确。
⑥ 五代·《化书》。
⑦《东观汉纪·钟离意传》。

第 4 版前言

1978 年，正值我国改革开放起步之时，我国营销学界的前辈通过教材翻译、编写、国外考察和邀请国外学者来华讲学等方式，将营销学引入我国。作为一门理论密切联系实际的应用学科，营销学对于在市场经济条件下企业的经营和管理具有普遍的指导意义。因而营销学在我国经济体制改革和社会经济持续发展的良好环境中，结出了累累硕果。到 2003 年，国内各大学已普遍开设市场营销学课程，教育部已将营销学列为工商管理类专业的核心课程；营销学的基本理论和方法已在工商企业广泛应用，并且扩展到各类非营利组织的运营与管理之中。

转眼，时光的镜头推移到 2019 年，中国加入世界贸易组织（WTO）已经 18 年，逐渐成为全面经济开放的国家。在 40 余年的改革开放过程中，中国经济持续快速发展，工业化、城镇化进程加快，科技实力稳步提升，产业升级颇有成效，经济结构不断改善，人民生活水平大幅提高，经济建设取得了举世瞩目的辉煌成就。2018 年，中国大陆（不含港澳台地区）国内生产总值（GDP）为 900 309 亿元，按可比价格计算比上年增长 6.6%。从总量来看，中国的 GDP 首次突破 90 万亿元大关，超出市场预期。折算成美元，中国的 GDP 大概为 13.2 万亿美元，稳居全球第二；而美国的经济总量仍领跑全球，达到了 20.5 万亿美元左右。但是，中国大陆（不含港澳台地区）人均 GDP 为 9 462 美元，不到美国的 1/6，中国仍然是一个发展中的国家。

2019 年上半年，我国（不含港澳台地区）国内生产总值为 450 933 亿元，按可比价格计算，同比增长 6.3%。总的来看，上半年国民经济运行在合理区间，延续了总体平稳、稳中有进的发展态势。如果延续目前的发展态势，中国将顺利地跨越“中等收入陷阱”，进入中等发达国家行列。

然而，正如中华人民共和国的缔造者毛泽东主席的一句名言：“前途是光明的，道路是曲折的”，中国的崛起必然会遇到各种艰难险阻。2017 年 8 月 14 日，美国总统特朗普签署行政备忘录，授权贸易代表对中国开展 301 调查。2018 年 3 月 8 日，特朗普宣布，美国将在很长一段时期对钢铁和铝进口分别征收 25% 和 10% 的关税。但随后陆续豁免其盟国，主要对中国征税。同年 3 月 21 日，中国外交部新闻发言人华春莹在例行记者招待会上表示，中方不想跟任何人打贸易战，但如果有人逼迫我们打，我们一不会怕，二不会躲。两天后北京方面宣布，中国将对美国输华的 128 个税项产品加征关税，按 2017 年统计，涉及美对华约 30 亿美元出口额。

2018 年 4 月 4 日凌晨，特朗普签署备忘录，宣布将对原产于中国的 1 300 余种进口商品加征 25% 的关税，涉及航空航天、信息和通信技术，涉及约 500 亿美元的中国对美出口额。当天，经中国国务院批准，国务院关税税则委员会决定对原产于美国的大豆、汽车、化工品等 14 类 116 项商品加征 25% 的关税，涉及 2017 年中国自美国进口金额约 500 亿美元。4 月 6 日，特朗普宣称，增加 1 000 亿进口中国产品加税；中方回应：毫不犹豫回击，启动反制

措施。美国道琼斯指数大跌2.34%。

2018年4月16日，美国商务部宣布，将禁止美国公司向中国中兴通讯公司销售零部件、商品、软件和技术7年。随后，中国另一家通信巨头华为公司也被调查。8月，又以“对美国国家安全存在显著风险”为由把44家中国企业和机构列入了出口限制名单，进行技术封锁。

2018年5月16日，以国务院副总理刘鹤为首的中方代表团赴美，在华盛顿就双边经贸进行磋商并发表联合声明。刘鹤在接受中外媒体采访时表示，中美新一轮磋商的最大成果是双方达成共识，不打贸易战，并停止互相加征关税。但是在5月底，美方突然单边撕毁声明，宣布对500亿美元高科技产品加征25%关税。美国道琼斯指数大跌近400点。中国A股上证指数大跌2.53%，深成指大跌2.35%。6月25日，白宫对中美贸易发表声明，对1 102种产品总额500亿美元商品征收25%关税，并且在声明中提到了“中国制造2025”。从这一刻开始，以“贸易逆差”为话题的中美贸易战、科技战正式打响。

2018年7月11日，美国政府发布对中国额外2 000亿美元商品加征10%的关税，以报复中国对美国出口高达500亿美元的关税。2018年8月2日，美国贸易代表发布声明称，拟将2 000亿美元中国商品加征税率从10%提升到25%。2018年8月3日，中国国务院关税税则委员会决定对原产于美国的5 207个税目约600亿美元加征25%、20%、10%、5%不等的关税。

2018年12月1日，中美两国元首在20国集团阿根廷峰会期间，就双方经贸问题达成共识，同意停止相互加征新的关税。特朗普同意把原决定于2019年1月1日起实施的2 000亿美元关税上调至25%的决定推迟到2019年3月1日。但在2019年5月8日，美国贸易代表办公室宣布对华2 000亿美元商品关税从10%提升到25%。中国A股上证指数大跌5.58%，深成指大跌7.56%，近千股跌停，一天蒸发了3.5万亿元。

2019年7月30日至31日，中美全面经济对话中方牵头人刘鹤副总理与美国贸易代表莱特希泽、财政部部长姆努钦在上海举行第十二轮中美经贸高级别磋商。双方按照两国元首大阪会晤重要共识要求，就经贸领域共同关心的重大问题进行了坦诚、高效、建设性的深入交流。会议气氛良好，双方还讨论了中方根据国内需要增加自美农产品采购以及美方将为采购创造良好条件。刚过一天，美方又故技重演，特朗普发布推文，宣称从9月1日起对剩余3 000亿美元中国商品加征10%的关税。股市和商品期货闻讯全线下挫，ICE期货尾盘大幅跳水。

中美贸易谈判已经进行了12轮，但是美方多次撕毁声明，言而无信，反反复复。在此期间，美国联邦众议院于2019年5月8日通过《2019年台湾保证法》与《重新确认美国对台及对执行台湾关系法承诺》决议案。《2019年台湾保证法》获得无异议通过，《重新确认美国对台及对执行台湾关系法承诺》决议案则以414票赞成、0票反对、17票弃权的压倒性高票数通过。这是严重违反中美三个联合公报、侵犯中国主权的严重事件。而在2019年5月7日凌晨，驻守在霍尔木兹海峡地区的美军在通往印度洋的航道上扣押了多艘伊朗油轮，如果美伊爆发军事冲突导致波斯湾及霍尔木兹海峡被封锁，受伤害最大的除了伊朗外无疑就是严重依赖波斯湾沿岸国家原油的中国。英国《金融时报》在2018年8月的一篇文章中就指出，特朗普对华发动的这场贸易战本质上就是美国政坛长期存在的对中国崛起和科技飞速发展的恐惧心理作祟，更是美国针对中国的“经济攻势”而发起的“更广阔的战斗中的一个环节”。

随着美国对中国双向投资、技术转让、人才流动等领域的限制，美国发起的贸易战已经演化为贸易战、科技战、金融战。虽然中国已采取了一系列缓和矛盾的积极措施，但美方提出的那些限制中国提升价值链的国家战略，以及削弱国企作用、改变国家经济制度等要求是中方不能接受的，因为这已经触犯到中国的核心利益和人民的根本利益。正如网民所说的，“他们不是来要钱的，而是来要命的”。

作为世界第二大经济体，中国拥有全世界最大的内需消费市场。2018 年，社会消费品零售总额为 380 987 亿元，按照现实汇率计算，已经超过美国。中国是全世界工业体系最完整的国家，也是世界第一大工业国，没有任何一个国家生产的产品种类能够达到中国的水平。同时中国还拥有完整且独立的军事工业体系。因此，中国的经济有很大的体量和很强的韧性，中国有承受压力和损失的准备和能力。美国政界将中国视为主要的战略竞争对手并对中国的全面打压，不是一时之计，很可能会延续多年。众志成城，从容应对，中国必将迈过这道坎。山重水复疑无路，柳暗花明又一村。这场前所未有的大战或许是中华民族复兴的漫漫征途中必须经历的磨炼和考验。

中美关系是世界上最重要，但也是最复杂、最难处理的双边关系，现在正面临着前所未有的不确定性。此外，中东局势仍然混乱，美伊冲突还在升级，英国脱欧一波三折，日韩贸易摩擦升级，新型冠状病毒肺炎疫情突然爆发……国际经济体系和格局正发生深刻、复杂、前所未有的变化。

复杂和严峻的国际国内经济环境对中国的社会经济发展提出了从未遇到的挑战和考验。2010 年 10 月 13 日召开的中共中央政治局会议，在研究制定国民经济和社会发展“十二五”规划建议时明确提出，要坚持把经济结构战略性调整作为加快转变经济发展方式的主攻方向。2016 年 3 月 16 日，通过了《中华人民共和国国民经济和社会发展第十三个五年规划纲要》。规划纲要的主线是推进供给侧结构性改革，提高供给体系的质量和效率，更好地适应日益升级的消费需求。同时，通过改革使资源要素能够得到优化配置，减少无效供给，扩大有效供给，补齐有效供给不足的短板。2015 年 5 月 19 日，国务院印发了《中国制造 2025》，这是我国实施制造强国战略第一个十年的行动纲领。这份文件明确指出：制造业是国民经济的主体，是立国之本、兴国之器、强国之基。没有强大的制造业，就没有国家和民族的强盛。打造具有国际竞争力的制造业，是我国提升综合国力、保障国家安全、建设世界强国的必由之路。《中国制造 2025》还提出了通过“三步走”实现制造强国的战略目标，列出了提高国家制造业创新能力的重点领域和战略举措。

从宏观层面来看，中国未来的经济发展，必须从依赖出口和投资，转向更多依靠内需；经济增长方式必须实现要素驱动向创新和效率驱动的转型；社会发展要由追求效率转向追求公平。中国未来的社会经济发展，将更多地依靠制度改革、科技创新、教育改革、人力资源素质提升，才能克服崛起道路上的艰难险阻，才能从制造大国转变为制造强国，才能实现中华民族复兴的宏伟目标。从微观层面来看，企业营销能力的重要性将日益凸显。企业必须更加关注营销环境的变化，选准目标市场，正确定位，加快新产品的开发，创新营销的手段和方法，提高营销的效率和营销管理的能力。

本书的作者由广东高校从事市场营销教学和科研的教师组成，经过认真讨论，集思广益，充分交换了意见。第一，明确了本科生以及专科生是我们主要的目标顾客群体。本科生正处于增长知识和提升能力的黄金时期，需要打好基础，建立完整的理论体系；他们思维活跃，自学能力强，但对企业及其营销活动缺少认识，必须因材施教。第二，市场营销是一门理论与实践结合十分紧密的应用学科，必须根据课程特点和教学规律组织教学内容，应当通过营销案例等多种教学材料帮助学员加深对重要理论的理解，增强其分析和应用能力。第三，广东是全国经济最发达的地区之一，有一大批观念领先、管理先进、深谙营销之道的优秀企业，同时也是跨国公司最密集的地区之一，这应当在教材中反映出来。因此，编委会提出了系列教材编写的指导思想：一是体系合理，内容丰富，能反映营销理论的最新发展；二是贴近实际，形式生动，注意引导学生进入状态，加深理解；三是突出当地化，兼顾国际化，注意多编写和选用本地企业的案例和跨国公司在中国的营销事例，形成自己的特色。

1. 注重基本理论，体系合理，反映了营销理论的新进展

本书内容涵盖了市场营销的基本概念、营销观念、营销环境、营销战略、竞争战略、消费者市场、组织市场、市场调研、市场细分与目标市场选择、产品策略、价格策略、分销策略、促销策略、服务营销和国际市场营销，着力于基本概念、重要理论和关键知识点的介绍和论述，注重实用工具的掌握与运用。与此同时，本书注意将市场营销的新观点、新理论介绍给读者，如新4C理论、顾客满意理论、关系营销理论、营销伦理、网络营销、大数据营销等。根据我们的经验，大多数学生都有强烈的求知欲和较强的自学能力，所以本书的内容丰富、容量较大，能够满足学生对营销知识的需求。

2. 贴近实际，形式生动

为了引发学生的兴趣，引导学生找到感觉，进入状态，拓宽视野，本书通过许多营销事例和精选的案例让学生了解并接近企业营销实践，加深对各章理论的理解，启发学生的思维和发挥他们的创造性。本书还通过相关链接、延伸阅读、互动情境等栏目增加信息量，提高互动性，使学生对营销学的应用有更多的了解。

3. 遵循教学规律，便于教与学

本书以企业市场营销活动的基本过程为主线，各章内容的组织有较强的内在逻辑关系，符合中国学生的阅读和学习习惯。各章首先列出了学习目标，根据重点理论安排了营销小例子，章末列出了本章小结、重点概念、复习题和小型教学案例，书末附有容量较大的综合性原创案例，既方便学生学习，也有利于教师组织课堂教学。

本书于2003年8月首次出版，至今已16次印刷，受到学生和任课教师欢迎。2005年8月，本书被中国大学出版社协会评为2003—2004年度中南地区大学出版社优秀畅销书。2015年9月，本书荣获第四届中国大学出版社优秀教材二等奖，各位作者对此深受鼓励，同时也倍感责任重大。为了不辜负读者的期望，进一步提高本书的编写质量，本着精益求精的原则，编委会经讨论达成共识，决定对本书第3版进行修订。

本书第4版各章作者如下：第1章、第2章、第3章、第9章，华南理工大学李业；第4章，华南理工大学广州学院马琦；第7章，华南理工大学黎文；第5章、第6章、第8章，华南理工大学龚振；第10章，广东外语外贸大学张红明；第11章，深圳职业技术学院施蕾；第12章，华南理工大学刘志超，华南理工大学广州学院刘新；第13章，广东外语外贸大学李青；第14章，广东外语外贸大学阳林。全书由李业负责统编定稿。

本系列教材由中国高等院校市场研究会第二、第三任会长，暨南大学资深教授何永祺先生作总序。

作为主编，本人衷心感谢各位参编者的信任和支持，真诚感谢为本书作总序的何永祺教授，感谢本书所引用案例的有关企业的理解和支持。此外，我还要感谢华南理工大学工商管理学院硕士研究生伏睿、王润生、石冬冬、庞晓玲、陈维、王斌、王一涵，他们在案例编写、排版和资料收集等方面均做了大量的工作。

本书可用于本科生及专科生“营销学原理”课程的教学，也可供工商企业管理人员培训使用和平时参考。由于编者水平以及条件有限，本书未必能汇集各位作者的理论认识和教学心得，在内容组织和知识点的提炼方面还值得再下功夫。因为时间关系，本书难免有不妥之处，恳请同行和读者提出宝贵意见，以便再版时修改完善。

李　业
bmyeli@ scut. edu. cn
2020 年 3 月于华南理工大学

目 录

第1章

市场营销概论

学习目标

◇ 掌握市场、市场营销的含义，建立市场营销的概念
◇ 正确理解市场营销在企业管理中的功能和作用
◇ 认识现代市场营销与传统市场营销的区别
◇ 明确不同的市场需求状况与相应的市场营销管理任务
◇ 掌握市场营销的核心概念及其相互关系
◇ 了解企业市场观念的演进，掌握各种市场观念的背景、含义及其企业行为
◇ 了解市场营销活动的过程，为课程学习奠定基础

市场营销是通过市场实现产品或服务的交换的一系列行为。随着社会生产力的发展，自给自足的生产方式已逐步被效率更高的专业化生产所替代。在现代社会，绝大多数产品的生产或服务的提供都是为了满足顾客的需求，都需要通过市场营销活动来实现交换。如果一个企业要通过市场来交换产品和服务，如果一个国家要通过市场来发挥资源配置的基础性作用，那就离不开市场营销活动。在市场经济条件下，市场营销对于每一个企业、每一个行业乃至整个国家的经济发展都具有十分重要的意义。从世界范围看，一些国际著名的大公司都是较早学习和应用市场营销思想与方法的企业。从国内的情况来看，很多企业在产品销售额下降、销售增长缓慢、销售成本增加、消费者购买行为改变和竞争加剧等诸多因素的刺激下也逐渐认识到了市场营销的重要性，并以极大的热情来学习和应用市场营销学，主动适应环境的变化，并涌现了一大批迅速成长的优秀企业。此外，近20年来，市场营销思想已经渗入世界各国的非营利组织，如学校、医院、博物馆、交响乐团、警察部门等，并对非营利组织的运营和发展产生了深刻的影响。

学习市场营销学，首先要理解市场营销和市场营销学的内涵，领会市场营销观念，把握市场营销过程，对市场营销这个学科有概括的了解。本章内容是概括性和引导性的，是进行后续各章学习的指导和基础。

1.1　市场营销与市场营销学

“市场营销”与“市场营销学”这两个概念都是从英文单词翻译而来的。其原文“marketing”是个动名词，有动词和名词两种含义，译成中文难以用一个词同时表达两种含义，因此根据使用场合不同，分别用“市场营销”和“市场营销学”这两个词来表达。前

者是动词，指一种经济活动；后者是名词，指研究这种经济活动的学科。此外还存在着一些其他译法，作为动词的译法有：市场行销、市场经营等；作为名词的译法有：市场学、销售学、市场经营学等。中国高等院校市场学学会的学者经过多次讨论，将“marketing”翻译为“市场营销”与“市场营销学”。任何组织的营销活动，都必须把产品和服务销售给顾客，才能满足顾客的需求并实现组织的预期目标。因此，销售就成为市场营销活动的重要环节，成为企业回收成本和获得利润的关键。“营”是“谋划”“组织”“运作”的意思，所以翻译为“市场营销”和“市场营销学”是比较确切的。这种译法已得到学术界和企业界的普遍认同。为了简便起见，“市场营销”可简称为“营销”，“市场营销学”可简称为“营销学”。

1.1.1 市场营销

根据市场营销的主体和范围不同，可分为微观市场营销和宏观市场营销。微观市场营销的主体是个体，包括个人、企业或非经济组织，范围是局部市场或某类市场。宏观市场营销的主体是国家，营销范围是整个社会。通常所说的“市场营销”指微观市场营销，“市场营销学”的研究内容也是微观主体的市场营销活动。本书主要介绍微观市场营销的基本原理和方法，作为对比和扩大知识面，对宏观市场营销也做简单介绍。

1. 市场营销

随着市场经济和市场营销的发展，市场营销的概念也经历了一个发展过程。

（1）传统定义。指美国市场营销协会定义委员会于1960年所下的定义：市场营销是引导货物与服务从生产者流转到消费者或用户所进行的一切企业活动。这个定义认为，市场营销的起点是产品生产过程结束，终点是产品到达消费者或用户手中。由于这一过程所包含的企业活动是商品定价、渠道选择、仓储、运输、推销和广告等，所以，市场营销也就仅仅限于上述活动，如图1-1所示。

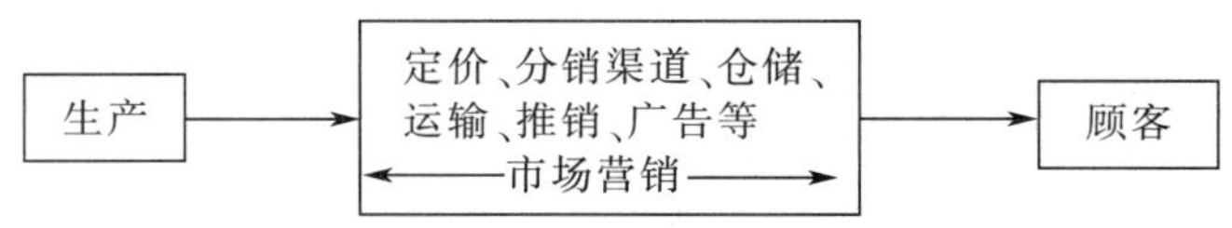

图1-1 市场营销的传统定义

（2）现代定义。市场营销传统定义的主要缺陷是过于狭窄，未能包含市场营销的全部内容。在市场经济发展和市场竞争加剧的新形势下，如果企业以这种认识安排市场营销活动，势必导致失败。现代市场营销包括生产之前的营销活动，也包括销售之后的营销活动，是一个整体营销的概念，如图1-2所示。美国市场营销协会定义委员会于1983年5月对市场营销下了一个新的定义：市场营销是对思想、货物和服务进行构想、定价、促销和分销的计划和实施的过程，从而产生满足个人和组织目标的交换。与1960年的定义相比，这个定义有四方面的变化：①定义范围更宽，不再把市场营销局限于商品流通或销售活动；②将交换对象分为货物、服务和思想，而不是局限于产品；③突出了对营销活动的管理，强调了计划与实施这些市场营销战略问题；④确认了能使双方得到满足的交换过程的重要作用。

（3）菲利普·科特勒（Philip Kotler）的定义。美国著名市场营销学家菲利普·科特勒的定义是：市场营销是个人和群体通过创造以及同其他个人和群体交换产品和价值而满足需求和欲求的一种社会的和管理的过程。

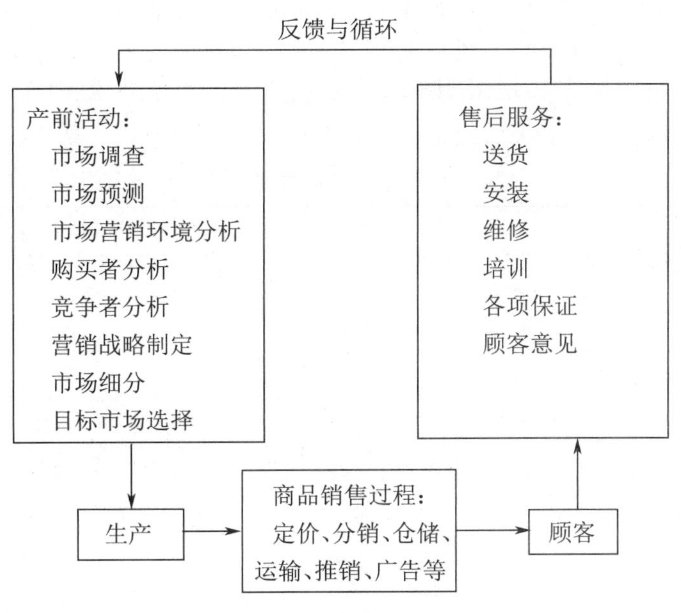

图1－2　整体营销

美国市场营销协会定义委员会（ASA，以下简称为“协会”）1983年定义和菲利普·科特勒（以下简称为“科”）定义的主要区别为：①关于市场营销的主体，协会表述为“个人和组织”，科表述为“个人和群体”；②关于市场营销的产品，协会概括为“货物、服务和思想”，而科定义未对其范围加以概括；③关于市场营销的过程，协会表述为“对产品（思想、货物和服务）进行构想、定价、促销和分销的计划和实施”，科表述为“创造”以及“交换产品和价值”；④关于市场营销的目的，协会表述为“满足个人和组织目标”；科表述为个人和群体“满足需求和欲求”。分析可知，两种定义虽然表述的详略不同，但基本精神一致，均可作为现代市场营销的定义。

在交换双方中，如果一方比另一方更主动、更积极地寻求交换，则前者称为市场营销者，后者称为潜在顾客。市场营销者指希望从别人那里取得资源并愿意以某种有价之物作为交换的人，可以是买者，也可以是卖者。

2. 宏观市场营销

美国著名市场营销学家尤金·杰罗姆·麦卡锡（Eugene Jerome McCarthy）指出，宏观市场营销是指这种社会经济过程：引导一种经济的货物和服务从生产者流转到消费者，在某种程度上有效地使各种不同的供给能力与各种不同的需求相适应，同时实现社会的短期和长期目标。这就是说，宏观市场营销着眼于整个社会经济系统的运转。现代社会中，供应能力与消费能力存在着种种分离和诸多矛盾，如空间分离、时间分离、信息分离、价格分离、所有权分离、数量分离、花色品种分离等，为了使之弥合和相互适应，必须有一个宏观市场营销系统来完成营销活动过程。

3. 市场营销管理的任务

市场营销管理的任务是在实现预期目标的过程中，影响需求水平、需求时间和需求构

成，它的实质是需求管理。企业或组织都希望目标市场的需求水平与自己的理想水平相一致，但是实际需求水平有可能低于或高于理想水平。市场营销者应当了解不同的需求状况，从而开展相应的营销活动去实现组织的预期目标。需求状况与营销任务可分为八种，见表 1－1。

表 1－1　市场需求与营销任务

需求状况	营销任务	任务名称
否定需求	解释需求	转换性营销
无需求	产生需求	刺激性营销
潜在需求	发展需求	发展性营销
退却需求	再生需求	再生性营销
不规则需求	配合需求	同步性营销
充分需求	保持需求	维持性营销
过度需求	减少需求	减低营销
有害需求	消灭需求	反向营销

（1）否定需求与转换性营销。否定需求指全部或多数潜在消费者厌恶某些产品或服务，不但不愿购买，甚至愿付出代价予以回避。否定需求可分为三类：第一类是指某些产品或服务对消费者完全无益甚至有害，使消费者产生否定需求。这类产品有毒品，易出事故的机械，不安全的电器、玩具和用具，有毒的食物，致癌的食物，伪劣产品以及有损消费者身心健康的产品，等等；这类服务有致死人命的庸医和巫医、损人容貌的整容和理发、使游客受苦的导游、各种质次价高的服务以及有损消费者身心健康的服务，等等。第二类是指某些产品和服务从根本上说对消费者有益，但也存在一定副作用，消费者由于过多地看到其副作用或未掌握使用方法而产生否定需求。例如，飞机在缩短旅行时间的同时也可能发生空难，使某些旅行者产生否定需求；蛋类和肉类在提供给人体蛋白质的同时也可能产生高胆固醇，使素食者产生否定需求；淀粉和糖在供给人体营养的同时也可能导致肥胖，使减肥者产生否定需求；药品在杀灭细菌的同时也可能杀伤人体细胞或使细菌产生抗药性；医疗手术在切除病灶的同时也可能损伤人体或发生医疗事故，使患者产生否定需求；液化气和家用电器在方便生活的同时也可能因使用不当而发生危险，使谨小慎微者产生否定需求；等等。第三类是指某些产品或服务对消费者有益而基本无害，但消费者由于偏见而产生否定需求。如超声波检查对人体基本无害（胎儿除外），有人却误认为它与 X 射线对人体产生的危害相同而产生否定需求。

对于第一类否定需求不应开展什么营销活动，否则与市场营销的宗旨背道而驰。对于第二、第三类否定需求，企业的任务是开展转换性营销，即分析消费者对产品或服务产生厌恶情绪的原因，制订消除厌恶情绪的计划，使否定需求转变为肯定需求。转换性营销的任务主要是三种：一是宣传产品的利益。如果消费者过多地看到产品的负面因素而产生否定需求，就要设法使其多了解产品的利益，正确看待负面因素。二是普及产品知识和使用方法，避免产品使用不当而可能发生的危险。三是消除偏见，用现代科学结论消除消费者对产品的错误认识。

（2）无需求与刺激性营销。无需求指潜在消费者对相应的产品或服务毫无兴趣或漠不

关心，从不主动购买。应当注意，“无需求”是对潜在的目标顾客而言，非目标顾客对产品无需求不在此范畴，例如，健康青年对老年人的手杖无需求、男性对妇女用品无需求等。潜在的目标顾客对相应产品无需求主要有以下六种情况：①产品原因，指产品设计存在缺陷，未能达到顾客要求而导致的无需求。②顾客原因，包括两种情况：一是目标顾客尚未认识产品的价值而导致无需求，如垃圾、野生植物等；二是目标顾客已经认识产品的价值，但认为与己无关而导致无需求。例如，预防性药品对于预防疾病的作用大家都了解，但是有些人认为自己不会患病而不去购买。③使用条件原因，指某些产品的使用条件不具备而导致的无需求。使用条件可分为主观条件和客观条件两方面。主观条件指潜在目标顾客对某种新产品的用途、性能与使用方法等缺乏了解；客观条件指潜在目标顾客了解该产品的性能与使用方法，但不具备使用该产品所需要的配套设施或配套产品。例如，顾客了解电脑就能够大大地提高工作和学习效率，但是由于不了解电脑的使用方法而表现为无需求，无雪区域的雪橇、无犯罪地区的防盗器材、无水域地区的船、无溜冰场地区的溜冰鞋等都表现为无需求。④信息原因，指某些事物的价值已被潜在目标顾客了解，该商品在市场上实际有需求，但由于企业缺乏信息而表现为无需求，这种情况可称为“假性无需求”。例如，甲企业的边角废料可作为乙企业的原材料，但是甲企业不知道存在这种市场需求，认为市场对边角废料无需求。⑤宏观环境原因，如政治法律、社会文化环境等。例如，不吸烟的人对香烟无需求，信奉伊斯兰教的人群对猪肉无需求，等等。⑥其他原因。指企业制定的产品价格、渠道策略和促销策略不当而造成的无需求。

与无需求相对应的是刺激性营销，即分析产生无需求的原因，制订消除无需求的计划，使无需求变为肯定需求，最后达到企业预期的需求水平。与无需求产生的原因相对应，刺激性营销的方式有：一是深入了解顾客需求，改进产品使之充分满足顾客需求。二是改善科研水平与生产技术，发现“废物”的用途，变废为宝。例如，现代科学技术已经发现垃圾可以提炼许多有用的物质，还可以发电，使有能力处理垃圾的企业对垃圾产生了需求；现代医学研究发现许多野生植物具有丰富的营养和抗癌作用，使人们对这些野生植物发生需求；等等。三是引导潜在顾客认识自身的需求。设法把产品利益和人们的自然需求与兴趣联系起来。例如，帮助健康人了解不服预防药和不从事体育锻炼的后果，以引起对预防药和体育器材的需求。四是创造使用条件，改变环境。例如，可设法改变主观条件，通过展览和表演帮助消费者了解产品的性能和使用方法，刺激其兴趣；普及电脑知识可刺激顾客对电脑的需求。可设法改变客观条件，通过建造人工湖、人工溜冰场来刺激顾客对汽船、溜冰鞋的兴趣，通过保证煤油和汽油供应来刺激顾客对汽化油炉和摩托车的兴趣，等等。五是建立营销信息系统，加强信息的收集与分析，避免“假性无需求”的现象。六是在了解顾客需求的基础上制定正确的价格、渠道和促销策略，刺激消费需求。对于宏观环境原因造成的无需求，一般难以改变，要收到效果，必须花费极大的营销努力、巨额资金和较长时间，这只有巨型公司或跨国公司有可能做到。比如，即使藏族的青稞酒和酥油茶有较高的营养性和科学性，要使汉族群众接受其口味和食用方式也是十分不易的。

（3）潜在需求与发展性营销。潜在需求指消费者对目前尚未实际存在的产品或服务有强烈的需求。例如，旅行者希望有速度更快和更安全的交通工具，电脑用户希望有效率更高且使用方法更简单的电脑，患者希望有疗效更好和味道更好的药品，这些产品一旦问世，将立刻取得成功。与潜在需求相对应的是发展性营销，即分析哪些方面存在潜在需求，然后有

计划地开发产品和服务，使潜在需求转化为现实需求。

◇ 相关链接

口香糖是美国人里利发明的新产品。口香糖刚推出市场时，并没有受到欢迎，买的人寥寥无几。里利在试销口香糖时发现，在为数不多的顾客中大都是儿童，于是他决定以儿童作为打开市场的突破口。

里利按照电话簿上刊登的地址，准备给每个家庭都免费送上 4 块口香糖。他组织人手一口气送了 150 万户，共送出了约一万块口香糖。

孩子们吃完赠送的口香糖后，都吵着还要吃，家长们当然只有再购买，于是，口香糖的销售局面便打开了。

怎样才能增加销售量？里利又想出一招：回收口香糖糖纸。顾客送回一定数量的糖纸，便能换回一份口香糖。时间一长，口香糖便成了人们经常消费的产品。小孩和大人一起嚼，把口香糖嚼成了畅销市场的热门货。

（4）退却需求与再生性营销。退却需求指某种产品或服务的需求低于正常水平，出现衰退趋势。许多产品和服务出现退却需求是不可避免或不可逆转的，是科技进步、社会发展和产品更新的结果，也是所有产品的最终归宿。但是，也有许多产品出现退却需求是企业营销不力或消费风潮的暂时改变所造成的。与退却需求相对应的是再生性营销，即通过营销努力使产品重新获得生命力。再生性营销的任务是：①对于因科技进步和产品更新而出现的不可逆转的退却需求，应通过转移市场、开发新市场来增加需求。例如，发达城市已处于退却需求的产品可转移到不发达城市和农村去销售，使产品在新市场中获得生命力。②对于某些由于新产品问世而暂时出现退却需求的产品，可通过找出原产品的优越性和新用途而赋予其再生的活力。例如，汽车的大量销售使自行车出现退却需求，但是人们后来发现自行车具有健身作用，且在交通堵塞时比汽车更方便，企业便广泛宣传这些优越性，使市场重新出现了自行车热。③对由于消费习惯和消费风潮暂时改变而出现的退却需求，可以通过说明原产品的优点或不可替代性来逆转风潮。例如，当人们纷纷转向食用洋快餐时，可以有针对性地宣传民族快餐的营养性和科学性以恢复需求。

（5）不规则需求与同步性营销。不规则需求指市场需求量就平均来说达到预期水平，但需求与供应在时间上存在差异，供不应求与供过于求交替发生。比如，制冷空调在夏季酷暑时期被抢购，远远超过企业的供应能力，造成脱销，而到冬季则无人问津，造成企业停产或产品大量积压；公园在节假日人山人海，平时则门可罗雀。与不规则需求相对应的是同步性营销，即通过营销努力使需求与供应转化为较好的时间同步。例如空调，可以在旺季提价，淡季降价并增加服务；又如公园，可以在节假日提价，平时减价；平时多安排各种活动；开展经常性的广告；等等。

（6）充分需求与维持性营销。充分需求指需求的现行水平与时间符合于供应者所期望的水平与时间。这是一种最理想的状况，但是各种市场因素的变动都会导致市场需求的变动，企业不可掉以轻心。与充分需求相适应的是维持性营销，即分析影响需求的各种因素，对减少需求的因素保持警惕性，保证营销活动的正确性和有效性，保持市场优势地位。

(7) 过度需求与减低营销。过度需求指需求超过了供给者所能或所愿的供给水平。其产生原因可能是生产故障或原料缺乏造成的供应短缺，也可能是产品声誉太高而供不应求。解决过度需求问题，从长远看，积极的办法是扩大生产，增加供应；从眼前看，应急的、消极的办法是减低营销。减低营销是暂时或永久性地减少过度需求，减少普遍的顾客或某些特殊的顾客。可采取的措施有提高价格、凭票供应、降低产品质量、减少服务、削减促销努力，等等。当然，有些措施是不受消费者欢迎的。

(8) 有害需求与反向营销。有害需求指对某些产品和服务的需求有害于消费者或供给者的利益。例如，对烟、酒，以及黄、赌、毒和迷信品的需求等。企业的任务是反向营销，即说明产品的危害，提高价格，减少可买到的机会，使顾客减少或放弃对该产品的需求。

概括而言，识别各类不同的需求状况，企业才能确定相应的营销任务，并采取适当的对策。例如，随着人们生活水平的提高，对美容化妆品的需求越来越大。但是，绝大多数人并不知道有螨虫的存在，也不知道螨虫对皮肤有什么危害，某公司开发了防治螨虫的化妆品，通过电视、报刊和销售地点现场讲解，生动形象地说明螨虫对人体皮肤带来的不良影响，同时用数据和画面说明产品防治螨虫的效果，从而激发了人们对产品的购买欲望，创造了一种新的需求，该公司因此得到迅速发展。

没有需求，就没有市场。为了生存和发展，企业必须发现需求，主动地适应需求，采取有效手段激发潜在需求，预见潜在需求并通过开发新技术、新产品创造新的需求。

1.1.2 市场营销学

简略地说，市场营销学是一门研究市场营销活动的基本规律的应用学科。结合菲利普·科特勒的关于市场营销的定义，市场营销学可定义为：市场营销学是一门研究通过交换过程满足人们需要和欲望的人类活动的学科。

市场营销学于20世纪初创建于美国，后来流传到欧洲、日本和其他国家。由于早期市场营销方面的学者基本上都是经济学家，所以营销学曾被认为是经济学的一个分支。正如巴特尔斯（Bartels，1988）所言：“较之其他诸多社会学科，经济理论为营销思想的发展提供了更多的概念。”市场营销学在发展过程中，还吸收了心理学、社会学和现代管理的基本理论，同时也在实践中不断丰富、完善，从而逐步形成了自己的理论体系。

虽然市场营销学的很多概念源于经济学，但其已经发展成为一门独立的学科。萨缪尔森（Samuelson，1988）认为：经济学研究的是人与社会是如何花费时间选择使用稀缺生产资源去生产各种商品并把它们用于消费的。经济学主要关注两个基本问题：生产和分配。那么，市场营销学关注什么呢？休斯顿（Houston & Gassenheimer，1987）等学者认为，市场营销学关注的是在特定的资源分配条件下交换的过程。按照麦卡锡和沙皮罗（McCarthy & Shapiro，1983）的观点，消费者的满足是以式样、时间、地点和占有情况这四种经济效用为前提的。式样的效用是由制造过程来解决的，而市场营销则提供后三种效用。

市场营销学的主要研究对象是企业的营销活动。具体研究内容是企业的整体营销活动，即研究企业在产品生产以前到销售以后的全过程中所从事的与满足消费需要和扩大市场有关的各项活动所构成的有机整体。市场营销的研究目的是使企业的赢利需要与消费者的消费需要都得到满足。

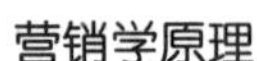

市场营销的核心是“交换”。交换的发生必须具备五个条件：① 有交换的双方；② 每一方都有被对方所需要的东西；③每一方都有沟通和运送的能力；④ 每一方接受或拒绝对方的供给品是自由的；⑤每一方都认为同对方交易是称心的。营销学者把交换过程看作是价值创造过程，正常的交换使买卖双方的利益增加。从企业的角度来说，市场调研，产品的设计、开发、生产、销售、服务等活动都是通过满足顾客的需求来实现预期的目标的。但是，如果产品和服务不能在市场上实现交换，那就不能使顾客得到满足，而且企业不能回收已付出的成本，企业劳动成果就不能在市场上实现价值。因此，“交换”在市场营销过程中具有特别重要的意义。

交换是一个过程而不是一个事件，它与交易有所区别。如果双方正在洽谈并逐渐接近达成协议，则称交换正在进行；如果达成协议，则称交易已经发生。交易是指：A 把 X 给 B 而收到 Y 作为回报。交易是交换的基本组成部分，是买卖双方价值的交换。一项交易涉及几个方面：至少有两件有价值的物品，双方同意的条件、时间和地点。通常有法律制度来维护和迫使交易双方执行承诺。

交易不同于让与或赠送。在让与或赠送中，A 把 X 送给 B 而没有收回任何金钱、实物或服务。A 赠送 B 一件礼物、一笔捐款时就称为让与而不是交易。然而让与行为也可用交换观念来理解，让与者给予礼物或捐赠时通常都有某种期望，如期望感谢、良好反应或良好舆论等。近年来，市场营销研究已经扩大到各种交易行为乃至让与行为领域，市场营销者必须分析交易或让与的双方各希望给予对方什么和期望从对方处得到什么。

从研究内容可知，市场营销学是一门综合性学科，涉及许多学科领域。

根据所研究的商品形态不同，市场营销学（或称市场学）可分为基础市场学（或普通市场学）、服务市场学、金融市场学、技术市场学、娱乐市场学、旅游市场学等。

根据营销活动领域的不同，市场营销学可分为工业市场学、商业市场学、农业市场学、林业市场学、批发市场学、零售市场学等。

1.1.3 市场营销的功能

按照产业类别划分，企业可分为工业企业、商业企业、农业企业、建筑业企业、服务业企业等。每一个产业类别中包括了多个不同的大行业，如工业企业可分为机械制造企业、电力企业、电子企业、食品制造企业、化工企业等。每一个大行业还可分为具体的行业，如食品行业还可分为米面制品行业、肉制品行业、啤酒行业、糖果行业、饮料行业等。无论是在某一个行业的企业，还是业务范围涉及多个行业的企业；无论是大型企业还是中小型企业；无论是技术密集型企业还是劳动密集型企业，都必须按照顾客的需求提供相应的产品和服务。为了满足顾客的需求，企业必须组织和进行有关的活动。这些活动发挥的作用，就称为功能。

以制造业企业为例，企业必须通过外部环境和内部条件的综合分析，确定企业未来发展的方向和重点；必须根据顾客的需求设计、开发、生产、销售相应的产品并提供有关的服务；必须有效运用生产设备保质保量按期生产出产品；必须配备和开发人力资源；必须合理运用资金。在市场竞争日趋激烈的背景下，企业还必须加强新技术、新产品的研究开发。这些活动对应的管理职能是企业战略管理、营销管理、生产运作管理、财务管理、人力资源管理、研究开发管理等。企业的整体运作包括各种活动及其管理，各种活动既有本身的功能，

而且也要相互配合、相互支持，才能提高运行效率，并提高企业效益。

在企业的各项活动中，市场营销具有以下三大功能。

1. 导向功能

在市场经济条件下，任何企业的生产经营活动都必须以需求为导向，以顾客为中心。但是，不同的活动有不同的目标和要求。例如，生产活动的目标是运用生产设备保质保量按期生产出产品，同时要提高效率，降低生产成本；研究开发活动的目标是及时开发出更先进的技术，开发出性能更好、款式更新颖的产品。但是，企业的生产必须根据市场的需求来进行，也就是说要根据市场调查和分析来确定生产什么，何时生产，生产多少。实际上，企业通常先要获取订单并按照订单生产，或者根据市场分析和预测的结果来制订生产计划。同理，研究开发活动不是“闭门造车”，不能仅仅从技术角度来考虑新技术、新产品的开发，否则新产品就不能保证适销对路，就很可能会浪费企业内部资源，浪费市场机会。市场信息的收集、营销环境分析（如需求分析、行业竞争分析等）、消费者行为分析等都是企业的重要营销活动，这些营销活动为企业制订生产计划、制订研究开发计划等提供了依据。所以，市场营销在企业运作中具有导向功能。

2. 连接功能

企业的市场营销部门直接面向市场，直接向中间商或最终顾客提供产品和服务。企业的各项管理职能中，不同的管理职能有不同的管理对象，有不同的管理内容。例如，人力资源管理部门主要围绕着企业的人力资源的开发进行管理，其主要工作包括员工招聘、员工培训、绩效考核、薪酬制度制定、员工奖惩、员工升迁、员工辞退等。企业的各个职能部门中，与外部环境的联系、沟通，向顾客提供产品和服务是营销部门的职责。所以，市场营销部门是企业与外部环境的主要接口，市场营销活动具有连接功能。企业要把握环境的变化，对市场的变化能够快速反应，就必须健全和加强连接功能。

3. 交换功能

市场营销的核心是交换，这是企业获得经济效益的关键活动。在现代市场经济条件下，企业的交换能力越来越重要。由于生产能力过剩是世界各国普遍存在的现象，所以企业能生产多少产品，并不能决定能销售多少产品，实际情况恰恰是销售能力决定了产量。有的企业制造能力很强，产品质量也很好，但是销售量却上不去，其原因就是交换功能不强。有的企业着力于打造著名品牌，加强销售队伍建设和销售渠道建设，形成了很强的销售能力，因此可以通过市场运用专业分工来利用其他企业的生产能力。企业生产的所有产品和服务，只能通过市场交换才能实现价值，才能回收成本并获得利润，所以交换功能是企业必须具备的重要功能。为了保证产品能够迅速销售出去，迅速回笼资金，企业就必须高度重视增强交换功能。由于交换活动由营销部门完成，所以市场营销部门在企业中担负着重要的职责，发挥着十分关键的作用。

1.2　市场营销的核心概念

为了系统地掌握市场营销学的基本理论，在了解市场、市场营销这两个重要概念的基础上，需要进一步学习需要、欲望、需求、产品、价值、交换、交易等一系列核心概念。

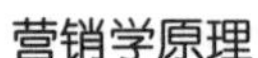

1. **需要**（needs）

需要是人类经济活动的起点，各种经济活动的目的都是为了满足人们不同需要。人的需要可以分为物质上的生理需要和精神上的心理需要。随着人们生活水平的逐步提高，人的需要也在发生变化。衣食住行是人们的需要，但低层次与高层次的需要相比，内容和形式都有很大差别。例如，低层次的饮食主要解决能量的摄入问题，而高层次的饮食不仅注重营养结构，而且还讲究味道、用料、饮食环境等；低层次的穿衣主要解决保暖和遮体的问题，而高层次的穿衣不仅要考虑用料、做工，而且还讲究风格、潮流和品牌。人类的需要是一个以生理需要为基础的复杂的体系，心理学家马斯洛（Abraham Maslow，1943）将它分成五个层次，并按其重要性依次分为：①生存；②安全；③友爱；④尊重；⑤自我实现。马斯洛认为只有当低层次的需要被满足之后，人们才会追求下一层次的需要。

当一个人的需要没有被满足时，他有两种选择：一是寻找可以满足这种需要的东西，二是降低这种需要。在一个经济发达的社会，工商企业通过各种手段来开发新产品，提供新的服务，以满足这种需要；但在经济不发达的社会里，人们只能暂时降低这种需要。

2. **欲望**（wants）

欲望是人对需要及其具体内容和形式的满足的一种希望，它表现为想得到的某种“特定物品”或“特定方式”。例如，某人想穿名牌西装、开高级小轿车、住豪华别墅，这就是他的具体欲望；又如有的人办企业成功后，想成为社会名流，得到社会的尊重，这也是一种欲望。人的欲望的形成受到他所生活的环境和自身条件的影响。

值得注意的是，需要存在于人的生理需要和内在状态之中，不是营销人员可以创造的。但是欲望是满足需要的“特定物品”和“特定方式”，营销人员是可以采用各种营销手段来激发和创造这些欲望的，并且由企业开发、销售这些特定的产品和服务来满足这种欲望。例如，人们有在天空飞翔、快速到达另一地点的欲望，而飞机制造企业和相关民航服务企业则满足了人们的这种欲望。

3. **需求**（demands）

需求或称为欲求，是指对某一特定产品和服务而言的。需求必须有两个条件，即支付能力和购买愿望。一个人的欲望可以有很多，但他只有有限的支付能力，因此他必须在自己的购买力范围内选择最合适的产品来满足某种欲望。在这种情况下，他的欲望就变成了对某种产品的需求，例如，某人想拥有高级的小轿车，但没有足够的收入和储蓄来支付购车的费用和日常使用的费用，那么这种欲望暂时实现不了，并不能形成对高级小轿车的需求。他只能降低需要的层次，通过乘坐公共汽车或骑自行车来满足“行”的需要。

在营销学原理中，明确区分“需要”和“需求”的差别是非常重要的。“需要”一词具有广泛的基础和含义，它是由许许多多个体的需求构成的总体性概念。例如，在饥饿时，西方人的需求是面包和马铃薯，而东方人的需求则可能是米饭。但当他们有满足饥饿的能力时，有权选择实现的方式。需要是基本的，而需求则是具体的，是无穷无尽的，因此，经济组织可以通过开发比现有产品和服务更好的东西来满足顾客的需求，并赢得顾客的青睐。

4. **产品**（product）

在市场营销学中，产品泛指能够提供给市场交换，用来满足顾客需求和欲望的任何事物，包括有形的商品、无形的服务以及某种新的思想和概念。企业就是通过提供顾客需要的产品和服务来获取利润并实现预定的经营目标的。

值得注意的是，顾客购买他所需要的产品，并不单单是为了拥有这些有形产品，同时也是为了它们提供的服务，得到某种利益。我们购买电视机，目的是为了更好地得到信息和娱乐。因此，产品是获得某种服务的载体。知道这一点很重要，市场营销人员不仅是在销售产品，同时也是在销售提供给顾客的无形的服务和利益。如果太重视有形产品而忽略了顾客需求，那么就不能真正把握市场营销的本质，就难以把握顾客需求的变化趋势。这种关注载体而忽视本质的思维方式被称为患了“营销近视症（marketing myopia)”。

5. **价值**（value)

消费者是根据价值最大化的原则从众多产品中做出选择的，从而达到满足自己需求的目的。必须注意到，真正决定产品价值的因素不是生产成本，而是一种产品或一次服务能给消费者带来满足。

消费者的需求是多种形式的，这是一个需求系列，而可供满足需求的各种产品或服务则是一个选择系列。例如，某位消费者很注重健康，他可以选择改善饮食、户外锻炼、服用保健药品等，他将根据自己的判断，选择一种或多种产品或服务来使自己得到最大的满足，也就是实现价值的最大化。

6. **交换**（exchange)

交换是市场营销活动的核心。如果顾客需要用产品或服务去满足特定的需求，而企业也生产了这种产品或服务，若不能实现交换，还不足以构成市场营销活动。人类对需求或欲望的满足可以通过各种方式，如自产自用（打猎、捕鱼、种菜供自己食用)、偷盗或打劫、乞讨、交换（买卖)，等等。市场营销学研究的是通过市场交换来满足顾客需求的一系列营销活动。只有通过交换，企业才能满足顾客的需求，产品和服务才能在市场上实现价值并获得利润。否则，企业的一切劳动和努力都毫无意义。

市场交换一般包含以下五个要素：

（1）至少有两个以上的买卖（或交换）者。

（2）交换双方都拥有另一方想要的东西或服务（价值)。

（3）交换双方都有沟通及向另一方运送货品或服务的能力。

（4）交换双方都拥有自由选择的权利。

（5）交换双方都觉得值得与对方交易。

以上五个条件满足之后，交换才可能发生。交换能否实现，关键要看交换双方是否能同意交换的价值。只有当双方都认为自己在交换以后会得到更大利益，交换活动才能进行。

7. **交易**（transactions)

交换是一个活动过程。需求方要寻找适合的产品或服务，供应方要调查顾客需求、开发生产并向市场提供顾客需要的产品和服务，供需双方还要谈判价格和其他交换条件以达成交换协议，然后才能实现交换。一旦达成交换协议，交易也就产生。交易是交换的最基本单位，是指交换过程中付款交货的环节。当然，这是最重要的环节。例如，某位消费者要买一辆小汽车，他首先要做市场调查，收集产品和厂家的信息，看广告并比较各种汽车的性能、价格、特点，与汽车营销人员讨价还价，当他认为某个款式的汽车能为自己带来最大的利益时，才会做出购买决策。达成购买协议后，付款交货，这样买卖双方就完成了交易。整个交换过程包括研究汽车市场信息、看汽车、讨价还价、取钱付款、办理汽车过户手续等。

进行交易基本上有两种方式：

（1）现金交换：如以现金或支票购买货物或服务。

（2）非现金交换：如以物易物、补偿性交易等。

由于有的国家缺少外汇，所以第二种交易方式在国际市场上颇为流行。

8. 核心概念的关系链

上述市场营销的核心概念，相互之间存在一定的内在联系，这可概括为关系链，如图1－3所示。

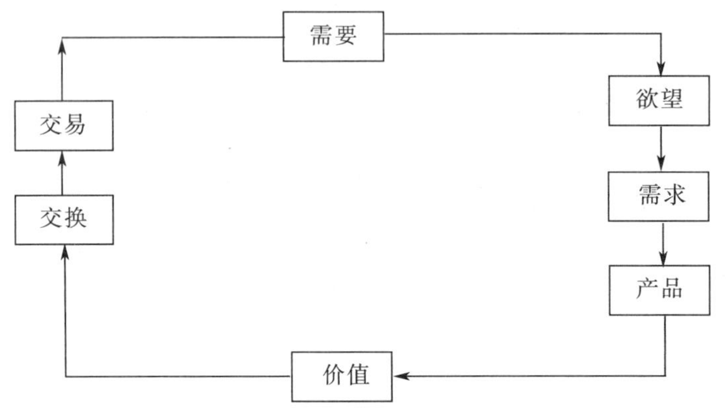

图1－3　市场营销核心概念

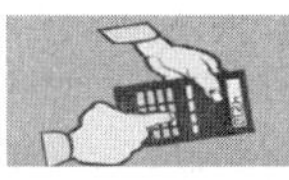 1.3　企业的市场观念与营销伦理

企业存在的主要目的是取得利润，但是在取得利润的过程中使顾客与社会得到什么？是在满足顾客和社会需要的基础上通过提供优质产品和优质服务获取利润，还是提供伪劣产品在危害顾客和社会的情况下获取利润？是满足顾客需要的某一两个方面，还是满足所有各个方面？是企业适应顾客，还是顾客适应企业？这是企业决策者和营销人员在开展营销活动之前首先要明确的基本指导思想，也就是市场观念（concept of market）问题。企业市场观念是企业开展营销活动的基本指导思想，西方称之为“经商哲学”，指企业打算通过哪些营销活动获取利润，如何处理企业与顾客、企业与社会之间的关系。思想支配行为，市场观念指导着企业的各项活动，决定着营销的成败。正确解决这个问题，才有可能制定正确的营销战略与策略。

1.3.1　市场观念的类型

从企业营销实践的指导思想演变的过程来看，市场观念包括了以下类型。

1. 生产观念（production concept）

生产观念指企业把提高效率和产量、降低成本和价格作为一切活动的中心，以此扩大销售、取得利润的一种经营指导思想。其主要特点可概括为“三不主义”：注重企业自身条件而不注重市场需求，注重产品生产而不注重产品销售，注重产品数量而不注重产品质量。具体表现为“我们能生产什么，就卖什么”，类似通常所说的“以产定销”。

2. 产品观念（product concept）

产品观念指企业不是通过市场分析开发相应的产品和品种，而是把提高质量、降低成本

作为一切活动的中心，以此扩大销售、取得利润的一种经营指导思想。产品观念与生产观念的不同点是不仅注重了生产数量，还注重了产品质量；共同点是仍然以生产为中心，不注重市场需求，不注重产品销售。也就是说，产品观念由生产观念的“三不主义”改变为“二不主义”，除“不注重产品质量”有所改变以外，其余没有改变。因此，产品观念是生产观念的后期表现。

3. **销售观念**（sales concept）

销售观念也称为推销观念（selling concept），指企业维持生产已不受市场欢迎的产品，在此基础上强行推销，把强迫和引诱顾客购买作为一切活动的中心，以此扩大销售、取得利润的一种经营指导思想。销售观念与前两种观念的不同点是：前两种观念是“以生产为中心”，不重视产品销售；而销售观念是“以销售为中心”，采用各种强迫和引诱手段把已不受市场欢迎的产品销售出去，并且“货物出门，概不退换”。销售观念的基本认识是：产品是被卖出去的，而不是被买出去的。销售观念与前两种观念的共同点是：都不重视根据市场需求特点去开发相应的产品，不重视在品种、花色、服务和各种保证方面满足顾客需求，企业目标是销售能够生产的东西，而不是生产能够销售的东西。

4. **营销观念**（marketing concept）

营销观念指企业把满足顾客需要作为一切活动的中心，通过顾客的广泛购买和重复购买来扩大销售、增加利润的一种经营指导思想。具体表现为“顾客需要什么，我们就生产什么”。其主要特点是：首先分析顾客需要，确定目标市场，然后通过产品设计、开发、生产、促销和售后服务等整体营销活动满足目标市场需要。著名管理学家彼得·杜拉克说过：营销的目的是使推销成为多余。理想的营销会吸引一个已经准备来购买的顾客，剩下的事就是如何便于顾客得到产品或服务。

5. **社会营销观念**（social marketing concept）

社会营销观念指企业以兼顾顾客眼前利益和长远利益、顾客个人利益和社会整体利益为中心而开展一切活动，在取得顾客信任和社会好评的基础上扩大销售、增加利润的一种经营指导思想。社会营销观念的视野比市场营销观念更广，涉及企业的经济利益和社会责任的平衡问题。

◇ 相关链接

科特勒讲述营销3.0

2011年6月25日，菲利普·科特勒来到广州，在他第五次访华的间隙接受了《第一财经日报》记者的采访。他指出：“现在越来越多的中国企业家应该体会到，做有社会责任的企业，才能真正实现企业生存和盈利的双赢模式。”

科特勒将企业营销的演进划分为三个时代。营销1.0是“以产品为中心的时代”，那时的营销以产品为导向；营销2.0是“以消费者为中心的时代”，这时的营销以顾客为导向，从顾客的需求出发为他们提供价值，企业看待与消费者的关系还仅仅是买卖关系。现在，科特勒认为，营销3.0——“以人文主义为中心的时代”已经来临，先进的企业不仅追求品牌的独特性，还要讲究“品牌道德”。它是意义的营销，这些意义需要以战略的高度整合到“使命、愿景和价值观”中去，归根结底就是“得道多助，失道寡助”。

对于现在中国企业暴露出来诸多价值观混乱的现象，科特勒认为，现在的中国企业必须更多地关注到，不论是自身，还是企业面对社会的可持续发展能力，应该在营销中加入更多的社会人文关怀，强调在组织价值观层面的差异化，并主动地承担更多的社会责任。科特勒还特别指出："营销3.0不专属于大公司。因为营销3.0的重要特征在于转变了过去以股东为中心的思想，转变为以利益相关者为中心的思想。在营销3.0的实践过程中，股东、员工、渠道伙伴和社会都会得到利益和快乐，这是公司最高层面的差异化。"

资料来源：第一财经日报，2011-06-28.

1.3.2 营销伦理

伦理学是哲学的一个分支，它研究对人类行为的评价，尤其是研究那些判断人类行为对错的标准。营销伦理（marketing ethics）是商业伦理学的一个应用分支，是指对营销决策、营销行为及机构道德的判断标准。营销伦理涉及企业高层管理者、营销经理和其他营销人员的道德问题，因为他们的道德水准将影响企业的营销行为。营销伦理影响到企业各个方面的营销活动，包括营销战略的制定，目标市场的选择，产品策略、价格策略、分销策略以及促销策略中的人员推销、广告、营业推广等策略的制定和运用。在现实商业世界中，常见的不道德的营销行为有：仿冒名牌商标，以次充好，隐瞒安全隐患，打欺骗性广告，贿赂，在推销中过分夸大产品功效诱骗消费者购买低级趣味的或者引致暴力倾向的产品，推销包装有害环境的产品，竞争者之间串谋价格，等等。

营销应当以诚信为本，不道德的营销行为损害了顾客的利益，最终将失去顾客，当然也就失去了企业生存的机会。

法律是强制性的，有关法律明确规定了哪些事情是不可以做的。在企业的营销行为中，很多不道德的事件同时也是违法的。我国就有《商标法》《反不正当竞争法》《消费者权益法》《环保法》等，这些法律对违法行为进行了明确界定。法律禁止不道德的行为，所以一般而言，违法的也一定是不道德的。例如，仿冒名牌商标，既是不道德的也是违法的。同样，欺骗性广告既不道德也违反法律。更根本的问题是，欺骗性广告就是撒谎，它违背了人类诚实的价值观。但是，有关商业活动的法律并不能界定企业所有活动的对与错，因为有的行为的复杂性和行为正确与否的不确定性导致法律不能或无法加以限定。而且，随着社会经济的发展，还会不断地出现新的问题。例如，信息技术的快速发展，已经产生了涉及知识产权的新问题，对环保的关注使人们重新检讨过去的不当行为。因此，有些营销行为的合法性和道德性确实很难确定。

正因为并非所有不道德的营销行为皆属违法，所以营销管理人员可能会做出合法却不道德的决策，这也就是说存在"灰色领域"。例如，针对少儿的电视广告在许多国家是合法的，但常常被批评为不道德。道德的判断是比较难的，但是可以运用营销伦理学的指导原则做出判断。其中有一条称之为黄金规则：希望别人如何待你，你就如何对待别人。当自己把握不准的时候，可以请一个客观的专业小组来评价你的行为是否适宜。事实上，每一个营销

人员都会受到社会道德规范的影响，都有一把道德的标尺，在大多数情况下都能做出判断。

从发达国家的情况来看，公司的社会责任已纳入商业伦理，营销的社会责任已成为商业伦理的一部分。在我国，营销伦理已引起学术界和企业界的重视。企业的营销人员应该认识到，企业的营销行为不仅受到法律的约束，同时也应受到营销伦理的约束。企业不应“见利忘义”。企业的任何营销行为，都会得到相应的社会评价。在良好的道德指引下，企业的营销行为将有利于企业树立良好的社会形象，有利于企业的长期发展。

◇ 相关链接

神户制钢所造假事件

2017年10月，日本钢铁企业神户制钢所（Kobe Steel.，Ltd.）承认，在2016年9月至2017年8月底期间，违反合同篡改了强度和尺寸等质量数据，涉及其中的产品包括铝制零部件1.93万吨、铜制品2 200吨、铝锻件1.94万件，约占铝和铜业务年销售额的4%。

始创于1905年神户制钢所为日本第三大钢铁企业，仅次于新日铁住金、JFE钢铁公司，其粗钢产量为725.9万吨，在全球钢铁公司中排名第53。作为世界500强企业之一，神户制钢所在日本享有盛誉。在2017年8月底公司内部调查时发现，旗下位于枥木、三重、山口3县的3家铝工厂和位于神奈川县的铜制品子公司长期篡改部分铝、铜制品出厂数据，冒充达标产品流向市场。神户制钢所造假案是一起长期的、集体性的行为。部分产品从10年前开始就一直沿用篡改后的数据，篡改数据也并非个别人所为，而是获得管理层默许，是公司整体性问题。神户制钢所副社长梅原尚人公开致歉称：对篡改数据深表歉意，正在反省。梅原尚人表示：“这是迫于按期交货的压力。”

另据日本媒体报道，造假铝制品波及客户约200家企业，以汽车厂商等为主，包括丰田、本田、马自达、三菱、日产和铃木在内的日本车企巨头都已受到波及。三菱重工、川崎重工、IHI株式会社、SUBARU（斯巴鲁）4家企业确认，其生产的国防用品也使用了神户制钢所的问题铝制品。

数据造假丑闻对神户制钢所造成的影响正在发酵。10月10日当天，东京股市神户制钢所股价暴跌22%，创单日最高跌幅。10月11日，东京股市神户制钢所股价继续跳水。短短两个交易日，股价累计暴跌34%，15亿美元市值“蒸发”。

资料来源：神户制钢造假案：日本制造业为何“堕落”[J]. 中日经济周刊，2017-10-17.

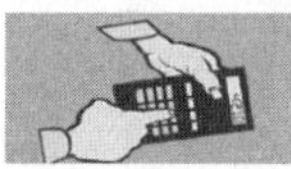

1.4 市场营销过程

市场营销过程是企业为实现企业任务和目标而发现、分析、选择和利用市场机会的过程。它包括如下步骤：分析营销机会，设计营销战略，选择目标市场，制定营销组合策略，组织、执行和控制营销努力。学习和应用市场营销的实质是把握市场营销思想的精髓，按照市场营销过程去开展营销运作。因此，市场营销过程是市场营销学内容体系和结构安排的主要依据，本书的内容就是按照市场营销过程中各步骤的先后顺序展开的。

1.4.1 分析营销机会

正确的营销指导思想是在满足顾客需求基础上取得利润，既然如此，就要分析需求、分析市场。营销机会分析包括建立市场营销信息系统、环境分析、市场分析等内容。

1. 建立市场营销信息系统

市场营销信息系统是由人、设备和程序所构成的持续与相互作用的机构，由内部报告系统、市场营销情报系统、市场营销研究系统、市场营销决策支持系统四个子系统构成，任务是收集、区分、分析、评估和分配那些适用、及时而准确的信息，以供市场营销决策者用来制订和改善市场营销计划。

（1）内部报告系统又称为内部会计系统，是提供本单位的产品订单、销售额、存货水平、应收账款、应付账款等信息的机构。建立内部报告系统应避免两个问题：一是信息的内容不要太少或太多。提供的信息太少，以致决策者无法做出正确决策；提供的信息太多，造成决策者或者费时过多，或者置之不理。二是信息的及时性不要太弱，也不要太强。太弱会使决策者延误决策时机，失去市场机会；太强会使决策者对市场微小的变化做出过分的反应。

（2）市场营销情报系统是提供市场营销环境信息的机构。市场营销环境信息包括市场需求信息、竞争者信息、商品供应信息、经销商信息、政治法律信息、科学技术信息等。

（3）市场营销研究系统是检查分析内部报告系统和市场营销情报系统提供的资料，对与公司有关的重大问题提出调查研究报告的机构。

（4）市场营销决策支持系统是通过分析市场营销研究系统的报告对公司的营销活动做出决策的机构。分析方法可以采用实践中积累的经验，也可以采用先进的电子计算机进行科学的统计决策分析。

限于篇幅，本书对这部分内容未展开探讨。

2. 环境分析

企业总是运行在不断变化的社会环境之中，营销人员应当采取适当措施监视和预测环境变化，识别机会和威胁，趋利避害地制定正确的市场营销决策。市场营销环境指影响企业市场营销活动的不可控制的参与者和影响力。参与者由企业、供应商、中间商、顾客、竞争者和公众构成；影响力指影响市场环境参与者的各种社会力量，如人口环境、经济环境、自然环境、技术环境、政治法律环境和社会文化环境等。

这部分内容反映在本书第 3 章中。

3. 市场分析

按照顾客购买用途的不同，企业的市场可分为消费者市场和组织市场两大类。

消费者市场指由购买产品或服务供自己消费或赠送他人的个人或家庭所构成的市场。消费者市场和购买行为的内容见本书第 6 章。

组织市场指由企业或某种团体机构所构成的市场，包括工业市场、中间商市场、政府市场和非营利组织市场。工业市场由购买产品和服务用于进一步加工或制造产品和服务以供出售或租赁的个人和组织所构成，包括工业、农业、林业、渔业、采矿业、建筑业、运输业、邮电通信业、金融业、保险业和公用事业等。中间商市场指购买商品用于销售或租赁给他人

以获取利润的单位和个人，分为批发商和零售商两类。政府市场指为了执行政府职能而购买或租赁产品的各级政府。非营利组织市场也可简称为非营利市场，指由非营利组织所构成的市场。非营利组织指不以营利为目的的各种组织，如公立学校、医院、疗养院、博物馆、图书馆、监狱等。组织市场及其购买行为的内容见本书第7章。

1.4.2　设计营销战略

营销机会分析为企业制定营销战略提供依据。营销战略是企业在营销活动系统中根据企业内部条件和外部市场机会和限制因素，在企业发展目标、业务范围、竞争方式和资源分配等关系全局的重大问题上采取的决策，是企业的选择目标市场和制定营销组合策略的指导。营销战略内容包括：

（1）明确企业的任务或目的。比如，本公司目前的业务是什么？本公司的顾客是谁？本公司能为顾客提供什么价值？本公司的未来业务是什么？等等。

（2）制定企业市场营销战略目标。目标是企业任务或目的的具体化。市场营销战略目标通常包括社会贡献目标、企业发展目标和经济效益目标等。

（3）确定战略性业务单位。一个企业并不仅仅经营一项业务，当它为不同的顾客生产经营各类不同的产品时，就形成了多项不同的业务。公司在制定经营战略中要分清自己的各项业务，要把每项业务作为一个战略单位来管理。

（4）评估目前的业务投资组合。采用科学的方法对公司目前的各项业务进行分析和评价，以便决定哪些业务单位应当发展，哪些应维持，哪些应缩减或淘汰，把有限的资源和资金用到效益最好的业务上。

（5）确定企业的新业务计划。在公司的业务投资组合计划中，有些效益低下的业务要淘汰，这就要求公司发展新业务以代替旧业务。当现有业务投资组合计划中的销售额和利润达不到公司预期水平时，也必须发展一些新业务来弥补这一差距。公司的新业务发展计划有密集式发展、一体化发展和多样化发展三种。

设计营销战略的内容将在本书第4章中论述。

1.4.3　选择目标市场

企业划分了战略业务单位并明确了发展方向以后，就要研究和选择目标市场。目标市场是企业决定进入的市场，或者说，是企业决定为之服务的顾客群体。市场需求是复杂多变的，企业不可能全都满足。只有在深刻了解市场需求的基础上把市场分为不同类型，结合企业自身资源和市场环境条件确定目标市场，才能充分发挥企业优势，增强竞争能力，在充分满足目标市场需求的条件下获得最大限度利润。目标市场选择涉及市场细分方法、市场细分依据、目标市场策略类型、市场定位策略和影响目标市场策略选择的因素等。这部分内容将在本书第9章中论述。

1.4.4　制定营销组合策略

1. 营销因素

企业确定了目标市场以后，必须正确制定和运用可以控制的策略来适应顾客需求和竞争局势。市场营销因素是企业在市场营销活动中可以控制的因素，分为产品（product）因素、价格（price）因素、分销渠道（place）因素、促进销售（promotion，简称促销）因素四大类。由于这四类因素英文单词的开头字母都是P，所以简称4P。

这种把市场营销因素分为四大类的方法称为麦卡锡分类法，由美国营销学家麦卡锡于1960年提出，是目前市场营销学中通用的分类法。此分类法既完整、科学地概括了所有营销因素的内容，又便于记忆。此外，市场营销因素还有其他的分类方法，例如：

（1）佛利（Frey）分类法。这种分类法用清单的形式将所有营销因素分为两大类：一是销售中的因素，包括产品、包装、品牌、价格与服务；二是原理与工具，包括分销渠道、人员推销、广告、销售促进与公共关系。

（2）拉扎（Lazer）和柯利（Kelly）分类法。它将所有营销因素分为三大类：一是产品与服务，二是分销，三是信息。

2. **营销组合**

营销组合指产品、价格、渠道、促销等所有营销因素综合协调地运用。企业通过有效的市场营销组合来吸引顾客，赢得竞争。市场营销组合这一概念由哈佛大学商学院教授尼尔·鲍顿（Neil Bolden）于1950年首先提出，之后不断被丰富和完善。营销组合有以下特点：

（1）可控性。企业可以对市场营销组合加以控制，根据自身状况和环境条件灵活搭配组合以取得最佳效益。

（2）复合性。营销因素是4P的组合，每个P又包含许多次因素，形成一个次组合，营销因素就由许多次组合复合而成。为便于说明问题，从每个P中选择4个次因素组成各个P的次组合。如图1－4所示。

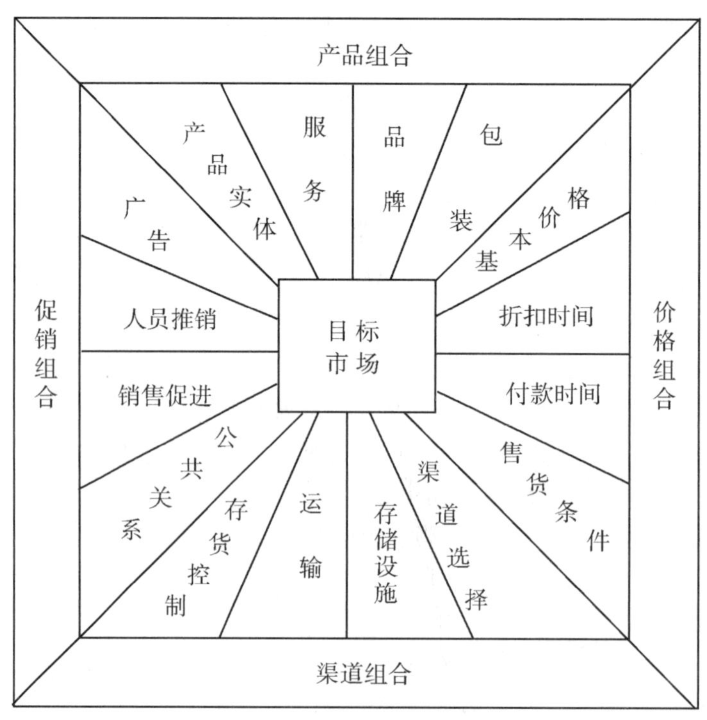

图1－4　市场营销组合图示

（3）统一性。营销组合中的各因素必须协调统一，紧密配合，为实现营销目标服务。在以生产为中心的旧观念下，企业的各个职能部门都从自己的业务出发，强调各自的重要性并独立开展活动。例如，生产部门负责人只考虑如何降低生产成本、提高质量；采购部门只考虑如何节约开支；销售部门只考虑如何以高价销售商品。虽然各职能部门力求实现自己的目标，但是企业不能从整体上考虑满足消费需求和开展竞争。在现代营销观念下，企业的市场营销部门负责引导和协调各部门的活动，通过完善营销体系和利用营销组合保证营销活动的有效性。如图1－5所示。

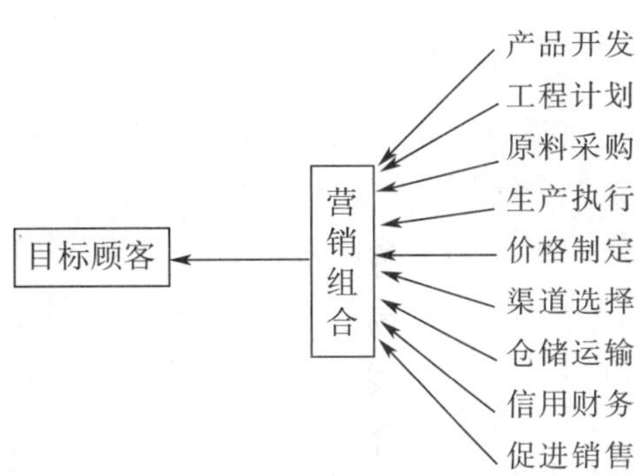

图1－5　营销体系图示

（4）动态性。营销因素必须随着市场的变化而变化。任何一个营销因素和次因素发生了变化，就视为出现新营销组合。

市场营销组合策略的内容将在第10章至第14章中论述。

3. 市场营销策略的其他理论

市场营销策略组合的4P理论是营销学中的经典，一直在企业界被广泛应用。原美国通用电气公司总裁杰克·韦尔奇（Jack Welch）认为，营销理论中最靠谱的是5P，即在4P基础上加上一个"people"，主要是指销售人员。华为公司在4P基础上加一个"plan"，即计划，认为计划统领4P更为有效，更有操作性，并发展了"五环十四招"这一具体操作工具。近年来，由于企业的外部环境发生了巨大的变化，企业界越来越重视以顾客导向和竞争导向来制定营销战略和策略。有的学者在4P理论的基础上提出了4C理论和4R理论。

（1）市场营销的4C理论。1990年，美国学者劳特朋（Lauteborn）提出了4C理论。4C是指：消费者的需求和欲望（customer's wants and needs）、成本（cost）、便利（convenience）和沟通（communication）。这个理论的基本出发点是以消费者为本，从顾客的角度和利益来思考营销问题。只有加强成本控制，为顾客降低成本，顾客才能得到更大的满足。为了赢得顾客，使顾客满意，就必须为他们提供各种便利。在商品丰富、信息发达的现代社会，企业要争取顾客就必须有效运用各种手段主动传递产品和企业的信息，加强与顾客的沟通。

（2）市场营销的4R理论。4R理论是美国学者斯库兹（Don E. Schults）提出的营销理论。4R理论包括关联（relevance）、反应（reaction）、关系（relations）、回报（return）四个要素。4R理论的特点是以竞争为导向，着眼于企业与顾客的互动和双赢，通过提高顾客忠诚度来有效赢得长期稳定的市场。在日趋激烈的市场竞争中，顾客具有动态性。如果不通过有效的方式在业务、需求等方面与顾客建立关联，形成一种互助、互求、互需的关系，他

们就会转移到其他企业。在现在的环境中，抢占市场的关键已转变为与顾客建立长期而稳固的关系，从交易变成责任。因此，加强与顾客的沟通，实施关系营销是一个必然的选择。提高市场反应速度，为建立关联和强化与顾客的关系提供了基础和保证，同时也增强了企业适应环境的应变能力。对企业来说，市场营销的目的是在满足顾客的基础上为企业带来短期或长期的收入和利润。“回报”兼容了成本和“双赢”的内容，企业充分考虑顾客愿意付出的成本，就必须努力降低成本。为顾客提供价值与追求回报是相辅相成、相互促进的。

4C 和 4R 理论是营销理论的新发展，对新时期的企业营销活动有着重要的指导意义。

1.4.5 组织、执行和控制营销努力

由于企业内部各部门往往强调各自业务的重要性并独立开展活动，这就降低了整体市场营销的效率。因此，必须设立一个能够有效执行市场营销计划的组织，实现各部门之间的协调统一。随着市场营销从简单销售活动发展成为复杂的整体营销活动，市场营销组织也经历了一个从简单到复杂、由分散到统一、由低效到高效的发展过程。从企业经营思想的演变和企业成长的情况来看，市场营销组织的发展可分为五个阶段：简单的销售部门、兼有营销功能的销售部门、独立的营销部门、现代营销部门和现代营销企业。

20 世纪 30 年代以前，西方国家企业主要按生产观念指导运作，市场营销部门只是一个简单的销售部门，执行销售功能，兼做市场调研和广告工作，由一名销售主管或销售副总经理负责。随着公司的扩大，销售部门负责的营销调研、广告及顾客服务等工作也在增加，成为兼有营销功能的部门，主管销售的经理自己兼管或配备营销主任专职管理。随着公司的发展，市场营销的其他职能如营销调研、广告、销售促进和顾客服务等的重要性在提高，原先的销售部门已不能胜任这些工作，公司另设了与销售部门平行的、独立的市场营销部门和专职的副总经理。由于市场营销部门和销售部门的任务不同、工作目标不同，部门之间常常带有竞争性，互不信任，不易实现协调统一，公司最终建立了现代市场营销部门，由营销副总经理主管包括销售业务在内的全部营销职能。公司建立现代市场营销部门不等于成为现代营销公司，只有当总经理和全体员工认识到各部门的工作都是为顾客服务，市场营销不仅是一个部门的名称，而是整个公司的指导思想时，公司才能成为现代营销公司。

营销执行是将营销计划转化为任务的部署企业和完成的具体行动过程，目的是实现营销目标。在现代市场营销组织建立以后，营销部门和营销人员必须有效地执行营销计划，把计划任务层层分解，落实到人，监督实施，检查完成情况。影响营销计划执行的因素有四类：发现和诊断问题的技能；对公司存在问题的层次做出评估；实施计划的技能；评价执行结果的技能。

执行市场营销计划的过程中可能有意料之外的情况发生，企业必须进行营销控制来确保市场营销目标的实现。所以，各部门经理除承担营销分析、规划和执行的职能以外，还要承担控制的职能。市场营销控制分为四种：年度计划控制、盈利率控制、效率控制和战略控制。年度计划控制由公司的高层管理部门和中层管理部门负责，目的是保证年度计划中制定的销售、利润和其他目标得以实现；盈利率控制由公司财务与会计主管人员负责，目的是检查公司产品在不同地区、不同顾客群体、不同销售渠道中的销售量和盈利情况；效率控制由有关职能部门和营销主管人员负责，目的是检查销售、广告、促销和分销渠道的效率；战略控制由高层管理部门和营销主管人员负责，目的是检查公司是否正在寻找和抓住最佳的市场机会，是否承担了社会责任，是否具有良好的社会形象。

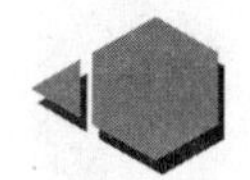

除市场营销过程以外，本书还论述了顾客满意战略，这是企业市场营销战略与策略制定的依据和所要达成的最终目的，这部分内容见本书第2章。

本章小结

市场营销经历了由传统营销到现代营销的发展。传统市场营销认为市场营销就是把已经生产出来的产品卖出去，不考虑产品生产以前的市场研究和产品开发以及产品销售以后的服务。而现代市场营销把市场营销视为贯穿于市场研究、产品开发、产品生产、产品销售、促销以及售后服务的完整过程。科特勒认为，市场营销是个人和群体通过创造以及同其他个人和群体交换产品和价值而满足需求和欲求的一种社会的和管理的过程。理解营销的内涵，必须掌握几个基本概念：需要、欲望、需求、产品、价值、交换、交易。

根据不同的需求状况，营销任务分为八种：转换性营销、刺激性营销、发展性营销、再生性营销、同步性营销、维持性营销、减低营销和反向营销。

随着营销学的发展，先后出现了不同的市场观念：生产观念、产品观念、销售观念、营销观念、社会营销观念。市场观念是企业营销活动的指导思想，决定着营销的成败。营销伦理是指对营销决策、营销行为的道德判断标准。企业的营销行为不仅受到法律的约束，同时也应受到营销伦理的约束。

企业的市场营销实施过程分为以下几个阶段：①分析营销机会。包括建立市场营销信息系统、环境分析、市场分析、竞争者分析。②设计营销战略。包括明确企业的任务或目的、制定企业市场营销战略目标、确定战略性业务单位、评估目前的业务投资组合和确定企业的新业务计划。③选择目标市场。④制定营销组合策略，即产品因素、价格因素、分销渠道因素、促进销售因素的组合策略。⑤组织、执行和控制营销努力。

重点概念

市场营销（marketing）　需要（needs）　需求（demands）
产品（product）　价值（value）　交换（exchange）
交易（transactions）　市场观念（concept of market）
生产观念（production concept）　产品观念（product concept）
销售观念（salcs concept）　推销观念（selling concept）
营销观念（marketing concept）　社会营销观念（social marketing concept）
营销伦理（marketing ethics）　营销组合（marketing mix）

复习题

1. 什么是市场？比较1960年和1983年美国市场营销协会关于市场营销的定义，说明现代市场营销的含义。
2. 简述市场营销学的研究目的和内容。
3. 论述市场营销在企业管理中的功能和作用。
4. 市场需求有哪些不同的状况？相应的市场营销管理的任务是什么？
5. 说明市场营销的核心概念及其相互关系，为什么说交换是市场营销的核心？
6. 说明在企业市场观念的演进过程中，各种市场观念产生的背景、含义及其企业行为。

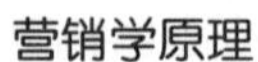

举例说明营销观念对企业生存和发展的影响。

7. 市场环境分为哪几种类型？为什么不同的市场环境会影响企业对市场观念的选择？

8. 市场营销活动的过程包括哪些步骤？

案例分析

深圳迈瑞生物医疗电子股份有限公司

2006 年 9 月 26 日，经过 15 年发展的深圳迈瑞生物医疗电子股份有限公司（以下简称迈瑞公司）在纽交所上市，成功募资 2.7 亿美元，成为第一家在纽交所上市的中国医疗设备生产企业。目前，迈瑞公司的产品已经覆盖了生命信息监护、体外诊断、数字医学超声、医学影像四大领域；占据了国内监护产品最大的市场份额，并在临床检验及试剂、数字医学超声成像、生化分析仪等领域均取得市场领先地位，成为目前中国医疗设备行业的领军企业，其产品主要出口到欧洲、日本、美国等发达国家和地区。2011 年，迈瑞公司全年销售收入达 8.8 亿美元，多年来保持 30% 的增幅快速成长。

一、从销售代理起步

个头不高、眼神犀利的徐航，1984 年毕业于清华大学计算机系，获学士学位；1987 年毕业于清华大学电机工程系，获生物医学工程专业硕士学位。在读研究生期间，徐航发现，跨国公司垄断了国内医疗设备市场，中国几乎还没有自己的医疗电子产业。凭直觉，徐航认为医疗设备在国内有巨大的需求和发展空间。研究生毕业后，徐航来到从事医疗器械产品研发生产的深圳安科医疗仪器公司（以下简称安科公司）工作。安科公司于 1989 年开发了中国第一台 MRI（核磁共振成像系统），于 1990 年开发了中国第一台彩超，是当时国内最强的医疗设备企业。

1991 年，29 岁的徐航放弃了安科公司超声部技术负责人的职位，与当时安科的办公室主任李西廷、成明和等同事共 7 人自立门户创建了深圳迈瑞公司，并任董事长。迈瑞的英文名 Mindray 是由 Mind 与 Ray 两个单词组合而成的，意为“智慧之光”。当时，进口医疗器械占据了国内市场约 90% 的份额，尤其是高端医疗设备。“几乎所有医疗设备都是进口的，中国的医疗技术水平比较落后，没有人相信本土企业会闯出一片天地来。但我却觉得越是在国外产品一统天下的情况下，我们越要做点事情。”徐航说。就这样，徐航和同伴们走上了创业之路。

当时，迈瑞公司就几个人，既缺乏资金又缺乏生产能力，在 GE 医疗、飞利浦、西门子、强生等跨国大公司的垄断下，徐航等人一开始就推出自主研发的产品几乎是不可能的事。与国内很多著名企业的成功模式类似，迈瑞公司的第一步也是从为国外产品做代理开始的。于是，徐航和他的团队最初扮演了“洋品牌”中国代理商的角色。

初始投资人允诺他们的 200 万元最后只给了 20 万元，靠着这笔资金，他们代理香港监护仪、美国仪器来赚钱。在帮助客户修代理的仪器中，慢慢建成服务网络。到了 1995 年，迈瑞的代理业务已在国内打开局面，公司每年也有数千万元的销售额。同时，在与医院接触过程中，发现市场需求，成立科研小组，开始小项目（血氧饱和仪、多参数监护仪、麻醉监护、危重病人的监护等）的开发。尽管代理的利润很高，但几个技术出身的创业者还是

把目光投向开发自主知识产权产品上，并期望通过在近几年中铺开的销售渠道打出自己的品牌。

二、自主研发之路

迈瑞公司在初创期就遭遇了残酷的竞争环境，在 GE、飞利浦、西门子等巨头的包围中求生存，自主研发，创建品牌，谈何容易？员工戏称为“刚上篮球场对手就是乔丹，刚上拳击台对手就是泰森”。面对强劲的竞争对手，迈瑞公司只能迂回作战，靠代理国外医疗器械来维持公司运转。而对于迈瑞公司的发展，徐航有着清晰的思路：“代理不是我们的定位，只是一个过渡。创业之前我们是做研发的，还得过国家科学技术进步奖，但是由于创业初期资金的限制，我们必须用代理来积累资本和经验。”

一次偶然机会，徐航听国外专家讲，除了“心电、血压、体温”这三项常用的生命体征指标外，血氧饱和度在发达国家也是应用很成熟的参数，用它来测量会更准确也更灵敏。迈瑞公司由此突破，1992 年开始探索自主研发，推出了中国第一台单参数的血氧饱和度监护仪。1993 年又成功推出了中国第一台多参数监护仪。

和多数创业者一样，捉襟见肘的日子时常相伴。迈瑞公司带着自有产品去北京参加展会，9 平方米的展台，迈瑞公司只有实力租一半，所有人都身兼技术员、业务员、搬运工，徐航也不例外。当时国内企业只有迈瑞公司一家做监护仪，也不知道市场有多大。零部件供应商告诉徐航，至少也要做 100 台，否则无法组料，于是他咬咬牙做了 100 台，结果很快就发走了。然后做了 200 台，也卖光了。后来大着胆子做到 500 台、1 000 台、2 000 台，还是没有摸到底。

在迈瑞公司的发展史上，曾经有两次“1 亿元”的突破：一次是 1997 年，销售额达到了 1 亿元，代理产品与自有产品各一半；第二次是在 1999 年，自有产品销售额达到 1 亿元。在徐航看来，这两个“1 亿元”，意义大不相同，而后者是徐航更想要的。

最让徐航引以为豪的就是，迈瑞公司的崛起，使得国际医疗器械品牌的价格在中国大幅直落。据了解，由于迈瑞公司监护仪、超声等产品的大量推出，近 10 年来国内此类医疗设备大幅度降价六成以上。以监护仪为例，在迈瑞公司 1992 年研制出国内第一台监护仪前，当时跨国公司的产品进口价高达 10 万元，迈瑞公司的产品售价低至 4 万～5 万元，一下就将价格拉低了一半。

自主研发的道路不可能一帆风顺。1996 年和 1997 年两年的投入，公司的新产品开发并没有太大的起色，相反，由于资金的投入巨大，研发陷入了困境。在巨大的压力面前，徐航等人没有退缩，他们把自主创新投入研发的思路坚持到了最后。就在迈瑞公司难以为继之际，华登投资集团适时出现，在审阅迈瑞公司的商业计划之后，华登集团投入了 200 万美元。华登投资进入后，徐航的几个创业伙伴带着丰厚的回报离开了，其中有些人后来成为徐航的竞争对手。

公司成功引进了风险投资之后，解决了研发资金的困难，迈瑞公司跨上了一个更高的起点。坚持自主研发终于获得了巨大回报。很快，公司就推出了 PM9000 监护仪系列产品，随后又推出血液分析仪、全数字 B 超、全自动生化分析仪等一系列高技术医疗设备，凭借完整的自主知识产权带来的性价比优势，迈瑞公司的产品畅销市场。

有了华登这笔资金，迈瑞公司的超声检测项目终于可以启动了。徐航最早瞄准彩超这个高端方向，但很快发现投入太大，于是再次调整，将数字化的高端黑白超作为过渡产品。短

短10余年间，迈瑞公司拥有了多项产品的自主知识产权，如全数字便携式超声诊断系统、bs－300全自动生化分析仪、经颅多普勒脑血流诊断仪等，不仅创下了近20个“中国第一”，而且每项均有良好的市场反应。

2005年，迈瑞公司用于技术投入的资金超过1亿元，2006年这个数字超过了1.6亿元。2018年，公司研发投入14.2亿元，占总营收10.33%。截至2018年年底，迈瑞共申请专利3 989件，授权2 742件，专利数高居中国医疗器械企业榜首。2008年，“高性能全自动生化分析仪关键技术及系列产品研发与产业化”项目荣获国家科技进步二等奖；迈瑞医疗与中国科学院深圳先进技术研究院超声团队获得国家技术发明二等奖。迈瑞公司每年的研发投入已占公司销售收入的10%以上。在深圳、北京和美国西雅图等地，迈瑞公司建立了8个研发中心。迈瑞公司每年都要招收超过300名应届硕士毕业生充实到研发队伍，近四成的员工服务于研发系统。至2018年，研发人员已超过2 200人。

从洋品牌销售代理到自主研发、自创品牌，迈瑞公司实现了成功转型。

三、国际化之路

2005年，徐航在不缺钱的情况下选择高盛进行融资。高盛最初计划投资1亿美元，占近10%的股权，但徐航拒绝了这一提议，最终只接受了4 000万美元。主动融资却又有所保留，令许多人匪夷所思。但徐航有自己的理由：“这次融资主要有三个目的：一是通过高盛的品牌敲开国际市场大门，二是可以进一步提升公司治理水平，三是以备资金不时之需。”而对融资的多少，徐航则有自己的标准：“吸收风险投资不一定要钱最多，而是要选最能证明自己价值的投资者；创业期不能出让太多股份；投资者要能带来资金以外的管理财富。”

有人质疑，迈瑞公司并不缺钱。既然不缺钱，干吗要上市？徐航解释：“融资并不是迈瑞在纽约上市的原因，我们上市是为了拓展国际市场和完善公司治理，加速迈瑞的国际化进程。未来我们也可能采取购买技术、购买销售渠道的方式加速国际化。”

目前，全球医疗市场份额美国占到40%左右，日本约14%，欧洲超过20%，而中国只有5%左右。担纲引领民族医疗设备发展之重任，将性能与价格完美平衡的医疗电子产品带到世界每一角落，徐航认为这是自己义不容辞的责任。

2008年，迈瑞公司并购了美国Datascope，该公司在美国监护仪市场名列第三、第四位，仅次于GE、飞利浦等巨头。并购之后，迈瑞公司完成了Datascope部分产品的升级替换，Datascope也帮迈瑞公司打开了美国的直销渠道。通过Datascope的渠道，迈瑞公司不仅可以销售监护仪，还可以销售超声等其他产品。

徐航认为：“美国是全球最大的医疗器械市场，市场份额占了40%。要成为国际化的公司，一定要打入美国市场。”

2012年10月31日，迈瑞公司宣布控股北京普利生，并借此将获得血栓止血业务的研发、生产及销售的完整业务平台。

迈瑞公司的国内并购大概始于2011年3月，从控股深圳深科医疗器械公司开始，2011年收购了4家公司，2012年到目前为止共收购了5家公司，将产品领域扩大到生命信息与支持、临床检验、数字超声和放射影像四大领域。

对此，徐航有自己的判断：“从全球医疗器械行业近20年的发展趋势来看，整合是一个明显的特征，大公司不断并购，小公司越来越少。”另外，以规模计算的话，迈瑞公司的营业收入仅相当于GE、西门子等巨头的1/5～1/4，而巨头们的特征就是多产品线，通常一

家医院的大部分设备都来自某一家公司。“这个行业单产品线运作的公司很难长期生存发展。”

通过一系列加速国际化的举措，2013 年，迈瑞医疗设备在全球范围内的销售已扩展至 140 多个国家和地区。员工达到 3 000 余名，在中国 29 个主要城市以及美国、加拿大、英国、土耳其、印度等国家设立了分支机构，在世界各地建立了强大的分销和服务网络。未来还计划在巴西、印度、俄罗斯设立分支机构。徐航说：“给我们一些时间，在越来越多的国家会看到我们的产品！”

2016 年，迈瑞完成私有化交易从美国退市，开启回归 A 股的步伐。

2018 年 10 月，创业板最大规模 IPO 迈瑞医疗登陆深交所募资 59.3 亿元。2018 年，迈瑞医疗实现营业收入 137.53 亿元，同比增长 23.09%；实现盈利 37.2 亿元，同比增长 43.65%；产品出口总值达到了 44.36 亿元，同比增长 27%。

资料来源：

1. 钟可芬，徐航. 用 20 年时间打破跨国公司垄断［N］. 第一财经日报，2012-11-09.

2. 徐航. 全球化布局的自主创新之路［J］. 经理人，2010-09-20.

3. 迈瑞医疗. 走向世界的中国智造［EB/OL］. 企业观察网，2019-06-18.

讨论题

1. 徐航和他的伙伴为什么选择进入医疗设备行业？
2. 创业之初，迈瑞公司为什么要从销售代理起步？
3. 迈瑞公司与医院的接触有什么作用？
4. 迈瑞公司的成长过程有什么启示？

延伸阅读

1. 中国制造 2025. 国务院，2015-05-08.

2. 杨绍功，闫祥岭. 以创新托举中国制造［EB/OL］. 新华社，2015-05-21.

3. 张茉楠. 中美关系“裂变”，世界需要全新多边体系［EB/OL］. 华夏时报网，2018-12-27.

4. 中国营创学院. 世界仅存的管理大师，他被誉为现代营销学之父，培养了亿万企业家［EB/OL］. 2019-07-11.

5. 蒋培宇. 30 多年前，日本是如何输掉芯片战争的？［EB/OL］. 起点财经网，2019-05-20.

6. 罗小虎. 如何逃脱修昔底德陷阱［N］. 经济观察报，2019-08-26.

7. 孟庆祥. 华为营销法：铁三角营销模型与饱和攻击战术［M］. 杭州：浙江大学出版社，2019.

8. 权健“帝国”是怎样建成的：起家于虚假宣传，扩张于传销模式［EB/OL］. 澎湃新闻，2019-01-07.

9. 毛洪涛. 高田之死：负债百亿的制造企业破产案［EB/OL］. 新浪财经，2018-12-25.

第2章

顾客价值与顾客满意

学习目标

◇ 理解顾客的含义，正确认识顾客对企业生存和发展的意义
◇ 掌握顾客让渡价值、顾客总成本、顾客总价值的概念及其相互关系
◇ 了解提高顾客让渡价值的途径及其应注意的问题
◇ 掌握顾客满意的概念，了解顾客满意战略的基本内容
◇ 理解维系顾客和关系营销的理论，了解关系营销的基本类型和策略
◇ 了解实施关系营销的具体过程

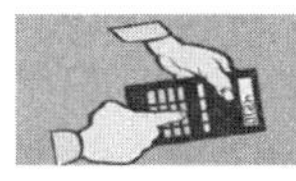

2.1 顾客与顾客让渡价值

随着人们生活水平和消费层次的逐步提高，在供大于求的买方市场的条件下，顾客有了从众多的产品和服务中进行选择的权利和机会。而现代信息手段使顾客可以及时了解和比较不同企业的产品，这就大大地增加了企业生产经营的难度，对企业营销能力提出了更高的要求。对于企业来说，只有重视顾客、了解顾客，向顾客提供满意的产品和服务，才能实现产品的交换，进而在市场上实现产品的价值并获得利润。

例2-1

深圳S公司

S公司是一家在深圳股票交易所上市的集团公司的子公司。1993年，S公司挂牌成立，主要从事新材料的研究开发和商业化生产。S公司经过艰苦的创业阶段，在1996年已初具规模，拥有两个主导产品，并为200多家企业提供产品和服务。此时，美国一家公司准备进入中国市场。经过调查，这家美国公司了解到S公司的业务领域与自己的相同，并且建立了相应的客户关系网络。美国公司派出代表到深圳与S公司洽谈，拟与S公司合资，谋求共同发展。美国公司看中的是中国市场的发展潜力，S公司看中的是美国公司的技术和资金实力。

集团公司对这个项目十分重视，并由集团高层负责与这家美国公司进行合资谈判。S公司拥有厂房和设备等有形资产，很容易计算其价值。但是，S公司几年来在市场开拓、业务关系建设方面投入了不少资金和精力，这笔无形资产如何计算？还好，这家美国公司也认同S公司的顾客关系网络的价值。按照国际惯例，双方同意将S公司的有形资产和无形资产折算为股本金。经过讨价还价，美方同意将S公司的顾客关系网络折算为100万美元。谈判代表之一、集

团公司的企管部部长事后感慨：我们原本不够重视的顾客关系网络，原来这么值钱！

思考题

为什么说赢得顾客就是赢得市场？

2.1.1 顾客的概念

顾客（customer）是现代营销学理论中重要的基本概念。习惯上，人们所说的顾客是指向企业购买产品或服务的个人、团体。可能购买企业产品和服务的称为潜在顾客，已经购买的称为现实顾客或客户。“顾客”的准确定义如何表述呢？国际标准化组织（ISO）将顾客分成两类：外部顾客（external customer）和内部顾客（internal customer）。这就是说，顾客可以是组织内部的，也可以是组织外部的。如图2－1所示。

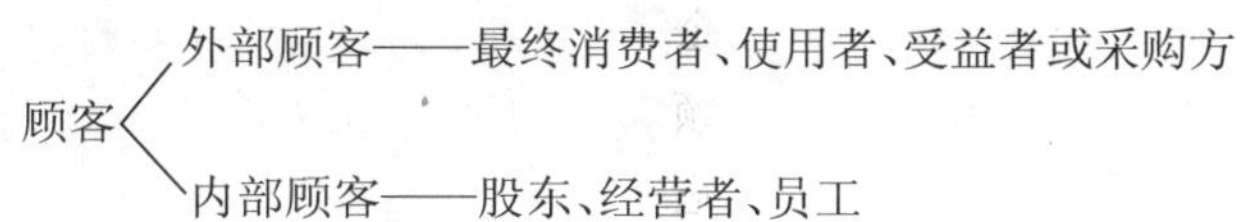

图2－1 企业的外部顾客和内部顾客

参照国际标准化组织的定义，企业的外部顾客包括：

（1）供方提供的产品的接受者。

（2）在合同约定的情况下，顾客可称为“采购方”。

（3）顾客可以是最终消费者、使用者、受益者或采购方。

由于企业外部环境发生了深刻的变化，因此企业界对外部顾客有了更深刻的认识。顾客是企业生存的基础，失去顾客，企业就无法立足于市场。战胜竞争对手，实际上就是争夺顾客。中外企业对顾客的重视达到了前所未有的高度。以下是一些企业和专家的有代表性的观点。

彼得·德鲁克：一个公司的首要任务是创造顾客。

三一重工集团：一切源于客户，一切源于创新。品质改变世界。

华为公司：华为的生存本身是靠满足客户需求，提供客户所需的产品和服务并获得合理的回报来支撑的，员工是给工资的，股东是要给回报的，天底下唯一给华为钱的，只有客户，客户是我们生存的唯一理由。

海尔公司：真诚到永远！

TCL公司：为顾客创造价值！

格兰仕公司：努力，让顾客感动！

◇ 相关链接

解读沃尔玛

在美国《财富》杂志评选的2001年美国500家最大公司排名中，零售业巨头沃尔玛（WalMart）以2 198.12亿美元的年销售收入赫然位居榜首。2002年，沃尔玛以2 465亿美元再次荣登榜首。排名第二的通用汽车公司的销售收入为1 868亿美元，排名第三的埃克森美孚公司的销售收入为1 825亿美元。沃尔玛已把通用汽车公司和埃克森美孚公司抛在了后面。2018财年，沃尔玛营业收入为5 003亿美元，连续5年位居世界500强榜首。

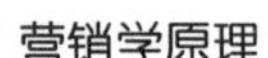

1955年，《财富》杂志开始给大型企业排座次的时候，还没有沃尔玛公司。1979年，沃尔玛的全年销售额才首次达到10亿美元。沃尔玛既不经营单位价值高的飞机、汽车，也不经营利润丰厚的石油、大炮，它只是销售廉价的百货。然而，沃尔玛却在激烈的市场竞争中迅速成长壮大。沃尔玛的成功引起了企业界和学术界的广泛关注。其创始人山姆·沃尔顿有许多名言，其中第一句是："我们的老板只有一个，那就是我们的顾客。是他们付给我们每月的薪水，只有他有权解雇上至董事长的每一个人。道理很简单，只要他改变一下购物的习惯，换到别的商店买东西就是了。"沃尔玛公司坚信，企业的生存和发展必须牢固树立"顾客第一"的经营理念。在沃尔玛的营业场所，总是醒目地写着其经营信条："第一条：顾客永远是对的；第二条：如有疑问，请参照第一条。"沃尔玛把这个经营理念落实在各项具体行动上。当任何一位顾客距离营业员3米时，营业员都会面向顾客，面带微笑，主动打招呼，并问："有什么需要我效劳吗?"店铺内的通道、灯光设计都是为了使顾客更舒适，力图使顾客感到在沃尔玛得到"殷勤、诚恳的服务"。沃尔玛根据信息系统收集的信息，及时更新商品，改进商品陈列，营造舒适的购物环境。为了满足顾客的需求，沃尔玛还提供了免费停车、免费咨询以及送货上门等服务。

真正为顾客着想，就要让顾客得到实惠。沃尔顿的第二句名言是："一件商品，成本8角，如果标价1元，销售量就是标价的3倍。我在一件商品上赚得不多，但卖多了，就有利可图。"几十年来，沃尔玛一直恪守"薄利多销"的经营战略。沃尔玛把目标对准中低收入的大众阶层，经营低价位、多而全的商品。为了做到天天平价，沃尔玛直接从工厂进货，建立物流配送系统，建立卫星通信网络系统，同时加强营销成本控制。因此，沃尔玛的单位面积销售额比同行高，成本比同行低，赢得了竞争优势。

沃尔顿的第三句名言是："关心自己的同事，他们就关心你。"沃尔玛有近40万名员工。员工在沃尔玛不是被称为"雇员"，而是被称为"伙伴"或"同事"。公司致力于培养员工"爱公司如爱家"的精神，并把对员工的关心转化为详细而具体的实施方案，具体包括：利润分享计划、员工购股计划和损耗奖励计划。沃尔玛还十分重视对员工的精神激励，总部和各个商店都悬挂着先进员工的照片，公司还对特别优秀的管理人员授予"山姆·沃尔顿企业家"的称号。

看起来，沃尔玛的成功经验似乎并不新鲜，但是，沃尔玛却创造了世界零售业的奇迹。今天，人们常常把核心竞争力这个名词挂在嘴边。那么，沃尔玛的核心竞争力究竟是什么?

2.1.2 顾客价值期望的形成

企业要赢得顾客并战胜竞争者，就必须了解顾客在面对纷繁复杂的商品、品牌、价格、供应商时，是如何进行选择并做出决策的。根据购买行为的调查，可以得到一个基本假设：顾客是在一定的限制条件下（如搜寻成本、有限的知识、收入水平等），根据价值最大化原则来做出选择的。他们有自己的价值期望，并且在众多的选择中来判断某种产品或服务是否符合价值期望，进而做出相应的决策。一般来说，顾客的价值期望来源于过去积累的购买经

验、亲朋好友的建议、销售商或竞争对手发布的信息和承诺。顾客的价值期望的形成是购买决策过程的重要环节，并且影响到最后的选择。如图 2－2 所示。

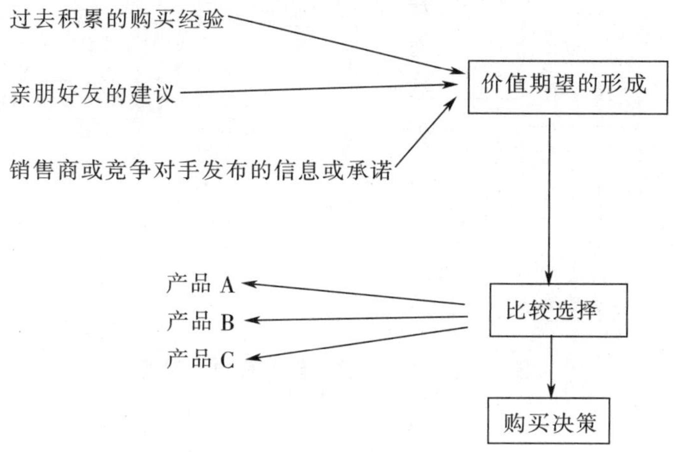

图 2－2　顾客购买决策过程

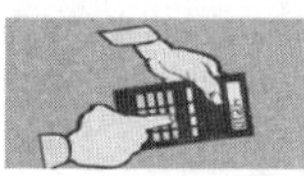

2.2　顾客让渡价值理论

著名营销专家菲利浦·科特勒首先提出了“顾客让渡价值”的观点，并把它发展为营销学的基本理论。

2.2.1　顾客让渡价值

顾客让渡价值（customer delivered value）指顾客总价值与顾客总成本之间的差额。顾客总价值（total customer value）指顾客购买某一产品与服务时所期望获得的一组利益，包括产品价值（product value）、服务价值（service value）、人员价值（personal value）和形象价值（image value）等。顾客总成本（total customer cost）指顾客为购买某一产品所耗费的时间、精神、体力以及所支付的货币资金，包括货币成本（monetary cost）、时间成本（time cost）、精神成本（mental cost）和体力成本（physical cost）等。顾客购买产品时总是希望货币、时间、精神和体力等各项耗费降到最低限度，又希望所获得的产品价值、服务价值、人员价值和形象价值等各项价值达到最大，因此会从总价值和总成本两个方面进行比较，把总价值最高、总成本最低的产品作为优先选购的对象。企业只有提高顾客让渡价值，才能吸引顾客，战胜竞争者。根据顾客让渡价值理论，可以得到提高顾客总价值的基本途径。

顾客让渡价值的构成因素如图 2－3 所示。

2.2.2　顾客总价值

顾客总价值由产品价值、服务价值、人员价值和形象价值构成，是提高顾客让渡价值的途径之一。

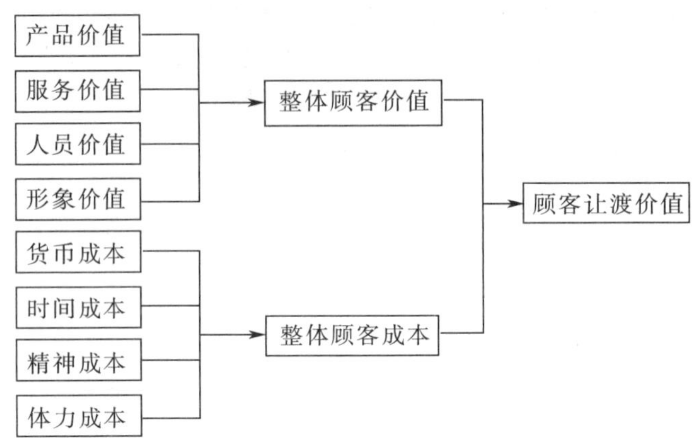

图 2－3　顾客让渡价值及其构成因素

1．**产品价值**

产品价值是由产品的品质、功能、规格、特色、款式等因素所产生的价值。产品价值是顾客需要的中心内容和选购产品时考虑的首要因素。

产品价值首先决定于产品的品质。产品品质习惯上也称为产品质量。如果产品品质低劣，不能正常发挥其功能和特性，就不具有任何价值，就是对顾客权益的侵犯。企业应当经常调查自己产品的质量水平，当产品质量低于目标顾客的期望或低于竞争者已达到的水平时，就要设法提高产品质量，以提高产品价值和顾客总价值，增强产品竞争力。

产品品质是产品价值的基础，但不是产品价值的全部。如果产品品质好而不具有顾客所要求的功能，不具有符合时代潮流的款式，不具备区别于其他竞争性产品的特性，顾客就不可能购买。在保证产品品质优异的前提下，还要重视产品的功能、特性和款式。产品功能指产品能帮助顾客解决哪些问题，实现哪些目的或满足哪些需要。产品功能越多，帮助顾客解决的问题越多，产品价值就越高，在质量、价格和其他因素相同时，被顾客选择购买的可能性就越大。但是增加产品功能会随之增加产品成本，企业应当调查分析顾客需要，合理设计产品功能，既提高产品价值，又不增加产品成本；既满足顾客需要，又不增加顾客支出。如果设计一些顾客并不需要的功能，就等于画蛇添足，既没有提高顾客价值，又增加了顾客成本。

产品特色指本企业产品所具有而竞争者产品不具有的某些优势特征。产品质量是产品与产品之间的全面抗衡，产品特色则是突出某一因素以出奇制胜的手段。产品特色鲜明，产品价值就高。建立产品特色是在保持产品基本功能的条件下寻求某些特征方面的优势，如性能优势、用途优势、款式优势、服务优势等。由于竞争激烈，同类产品的不同品牌都具有大体相同的功能，在品质上也可能难分高下，功能和品质都不能成为吸引顾客购买的因素，企业就着力分析不同顾客在需求上的细微差别，开发新产品，力图在产品的细微特征方面胜过竞争者以吸引某些特定类型的顾客群体，产品特色就成为决定竞争胜负的最重要的因素。例如，某品牌电冰箱比其他电冰箱耗电少，减少了顾客使用成本，就可作为特色大力宣传；某品牌空调制冷效果好，噪音低于同类产品，就突出宣传其“冷”“静”的特点。

产品款式是影响顾客购买行为的重要因素之一。产品款式与产品质量不同，产品质量体现了与该产品有关的科学技术的发展，产品款式则体现了人们审美意识的变化。产品质量优劣具有客观的衡量标准，产品款式优劣只取决于人们的主观评价。产品质量的提高是一种“进化”，反映了科学技术从低级到高级、从简单到复杂的发展过程；产品款式的改变则是

一种“变化”，不一定反映从低级到高级、从简单到复杂的发展过程。例如，产品款式从简单到复杂、从古代到现代的演变可视为“美”，从复杂到简单、从现代到古代的回归也可视为“美”。产品款式的流行往往出现一种周期性循环的趋势，被淘汰的款式若干年之后可能再次成为时髦，企业营销人员应当从中分析顾客审美意识变化的规律性。

2. 服务价值

服务价值指伴随产品实体的出售而向顾客提供的各种附加服务所产生的价值。服务可分为售前、售中和售后服务。售前服务是产品销售之前为顾客提供的服务，包括调查顾客需要、设计产品、提供咨询等。售中服务是产品销售过程中为顾客提供的服务，包括产品展示、说明或示范使用方法、帮助挑选商品、包装商品等。售后服务指产品销售之后为顾客提供的服务，包括送货、安装、调试、维修、技术培训和各种保证等。

市场营销观念的核心是在满足顾客需要的前提下获得利润，求得发展，提供销售服务是这一观念的要求和体现。产品整体概念包括形式产品、实质产品和附加产品三个层次的内容，向顾客提供的各种服务属于附加产品，是产品的构成部分之一。顾客购买产品所获得的效用或利益通过产品的物质形式和非物质形式两部分体现出来，营销服务属于后者。企业提供营销服务，产品的效用和利益才能实现。服务是产品的延伸，是全面满足消费需要和提高产品价值的重要内容。

服务是产品竞争的要素之一。西方国家把企业之间的竞争分为第一次竞争和第二次竞争。第一次竞争指产品生产过程中的质量竞争，第二次竞争指产品销售过程中的服务竞争。如果说质量是产品竞争的基础，服务则是产品竞争的保证。美国著名市场营销学家里维特认为，未来竞争的关键不在于销售什么产品，而在于提供什么服务。现代科学技术和社会化大生产的发展使不同品牌产品在物质形式方面的差距缩小或几乎不存在，换言之，如果不同品牌产品在“硬件”上几乎没有差别，企业要吸引顾客就只能试图在“软件”上与竞争对手拉开差距，通过提供优质服务，保证产品整体功效良好发挥。产品的技术越复杂，对服务的依赖性就越大，对服务质量和效用的要求就越高。

3. 人员价值

人员价值指企业员工的经营思想、经营作风、业务能力、知识水平、工作效率与质量所产生的价值。企业员工直接向顾客提供所需的产品与服务，决定着产品与服务的质量和顾客需求的满足与否。一个综合素质高且具备顾客至上思想的员工能够准确地了解顾客需求，提供所需产品和及时周到的服务，妥善解决产品销售和使用过程中出现的问题，消除顾客可能产生的疑虑和不满情绪，与顾客保持长久而稳定的良好关系，增加顾客的满意感，提高顾客总价值。在产品质量、功能、规格、价格和服务项目等因素都相同的情况下，顾客会由于欣赏某企业员工的经营作风、业务能力、工作态度、工作效率与质量而经常惠顾该企业。企业应当重视对员工综合素质的培养，加强对员工的激励、监督与管理，提高员工的工作效率与质量，以提高顾客心目中的人员价值。

4. 形象价值

形象价值指企业及其产品在社会公众中形成的总体形象所产生的价值。企业形象由理念识别系统、行为识别系统和视听识别系统构成。理念识别系统是企业员工共同遵守的价值观念、经营理念、经营风格、精神文化、发展目标等构成的系统，是支配员工市场行为和社会行为的指导思想在社会公众心目中所形成的形象。行为识别系统是企业员工行为规范和对内对外行为所构成的系统，分为内部系统和外部系统，内部系统有产品开发、工作环境、员工福利、员工教育、员工管理等；外部系统有市场调研、价格制定、销售推广、公共关系、营销服务等。视听识别系统是企业设计并向外界传递的视听信息符号所构成的系统，包括企业名称、商标、标准字、标准色等，以传递企业的精神理念和行为规范等信息。良好的企业形象能够促进顾客和社会公众对企业的认知和认同，提高产品声誉和价值。产品形象指本企业产品在公众心目中的位置或特色，如产品是高档、中档还是低档，产品是质量优异还是功能齐全，是富于时代气息还是维护传统，等等。不同的产品形象会产生不同的形象价值，企业应当重视从各个构成因素方面提升企业形象和产品形象。

2.2.3 顾客总成本

降低顾客总成本是提高顾客让渡价值的又一途径。顾客总成本由货币成本、时间成本、精神成本和体力成本构成。其中时间成本、精神成本和体力成本统称为非货币成本。

1. 货币成本

货币成本包括购买和使用产品付出的直接成本和间接成本，直接成本指支付给产品销售单位的费用，如按产品价格支付的购买费、包装费等；间接成本是顾客为购买和使用产品而耗费的相关费用，如信息收集成本、交通费、商品运费、安装费、维修费等。货币成本是顾客总成本的主要构成因素，通常是顾客购买时考虑的首要因素。在其他因素相同或差别甚微的条件下，顾客首先选择价格低、相关费用少的商品。

2. 时间成本

时间成本是指顾客为得到和使用所需产品而耗费的时间折合而成的代价。

(1) 顾客的时间耗费。顾客为得到和使用所需产品而耗费的时间主要有：信息收集时间，指顾客为得到理想产品而收集信息、寻求咨询和确定选择所耗费的时间；路途往返时间，指顾客到达销售场所和返回出发地所耗费的时间；交易过程时间，指顾客与卖方谈判交易条件和产品包装过程所耗费的时间；交货等待时间，指顾客支付货款或签订购买协议后等待卖方交货所耗费的时间；商品运输时间，指商品购买后运往使用地点所耗费的时间；售后服务时间，指顾客等待卖方提供售后服务的时间与卖方提供并完成售后服务所需的时间之和，比如，顾客等待卖方提供维修服务的时间与卖方提供并完成维修服务的时间相加就是顾客为得到维修服务而耗费的时间。

(2) 顾客的时间成本。消费者和组织购买者这两类顾客的时间成本有所不同。消费者购买和使用产品所付出的时间成本有：为购买产品而向单位请假，被扣了事假工资和奖金；耽误工作被老板批评或炒了鱿鱼；影响了做家务和正常生活；影响了朋友交往而危及友情；放弃了娱乐活动而破坏了好心情；等待交货或等待提供售后服务而错过了需求满足的最佳时期，承受了不应有的身心损失。比如，制冷空调买到时酷暑已过，皮夹克到货时严冬已去，电视机修好时世界杯足球赛已经结束，药品到手时病情已经恶化，新衣交货时流行期已过，等等。组织购买者购买和使用产品所付出的时间成本有：生产企业等待机器设备和原材料到货，等待维修服务，延误了生产；商业企业等待商品到货，错过了畅销时机；等等。

产品的购买和使用所耗费的时间不同，带给顾客的满足感就截然不同，其价值也截然不同。时间越长，顾客付出的代价就越大，满意感就越低，所感受到的顾客让渡价值就越低。当时间耗费超出所能承受的限度时，顾客不可避免地会转换购买选择。企业对此应有充分的

认识，逐项分析顾客购买和使用产品的时间耗费，采取有效措施减少顾客的时间成本，提高顾客让渡价值。

3. 精力成本

精力成本（energy cost）指顾客购买和使用产品时在精神和体力方面的耗费，包括精神成本和体力成本。

（1）信息收集耗费的精神和体力。顾客对某类商品产生需求以后，就要收集相关信息，包括产品品牌、功能、质量、品种、规格、价格、色彩、款式、销售地点、服务等，必然耗费一定的精神和体力，耗费越高，满意感就越低。企业应当通过多种途径向目标顾客提供全面、准确、及时的信息，减少顾客为收集信息而耗费的精神和体力。

（2）谈判交易条件耗费的精神和体力。顾客就产品价格、付款方式、服务项目、交货时间等与卖方谈判需要耗费精神和体力，谈判过程越艰难，耗费就越大。企业应当尽可能地明晰交易条件，简化谈判过程。

（3）购买路途耗费的精神和体力。顾客为到达产品销售地点在路途上也要耗费精神和体力，不论是走路、骑车还是乘车。路途越远，耗费越大。企业一要合理设置网点，二要在可能条件下提供交通服务。

（4）产品运输耗费的精神和体力。如果是大件产品，顾客购买后的搬运需要耗费精神和体力，如果没有合适的运输工具，难度将更大。企业应当提供送货服务以减少顾客搬运产品的困难。

（5）产品安装耗费的精神和体力。许多产品需要安装后才能使用，比如产业用品中的机械设备，消费品中的空调、热水器、电脑等，如果由顾客自行安装则需耗费较多的精神和体力。大多数顾客不具备专业知识、专业技术、专用工具和设备，自行安装困难重重，甚至因此而不愿购买产品，企业应提供安装调试服务。

（6）产品使用耗费的精神和体力。有些产品的性能和使用技术复杂，顾客为学会使用方法要耗费许多精神和体力。企业应尽可能简化产品结构和使用技术，并对买方进行技术培训或使用指导。比如，有些机械设备的使用技术复杂，卖方必须派出技术人员对买方的操作人员进行技术培训。有些消费者不了解彩色电视机的使用方法，文化水平低的消费者也看不懂使用说明书，企业应当在产品设计中简化产品结构和使用方法，产品售出后提供使用指导服务。

（7）产品维修耗费的精神和体力。产品损坏以后，如果顾客自己维修，要耗费一定的精神和体力；如果搬运到维修点去，也很麻烦。企业应当在生产过程中提高产品质量，做到经久耐用；对于大件产品提供售后的“无搬动服务”，以减少顾客在产品维修方面的精神和体力成本。

2.3　顾客让渡价值理论的运用

提高顾客让渡价值是增加顾客满意程度、吸引购买、扩大销售、提高经济效益、增强企业竞争力的重要途径，但是应用不当就不能收到预期的效果。运用这一理论应把握三个要点。

1. **总体谋划**

提高顾客让渡价值的途径有：

（1）在不改变整体顾客成本的条件下，通过改进产品、改善服务、提高人员素质、提升企业形象来提高整体顾客价值。

（2）在不改变整体顾客价值的条件下，通过降低价格或减少顾客购买公司产品所花费的时间、精神、体力来降低整体顾客成本。

（3）在提高整体顾客价值的同时，也提高了整体顾客成本，但要使两者的差值增大，从而使顾客让渡价值增加。

可见，顾客让渡价值的大小决定于顾客总价值和顾客总成本，而这两类因素又由若干个具体因素构成。顾客总价值的构成因素有产品价值、服务价值、人员价值和形象价值，其中任何一项价值因素的变化都会引起顾客总价值的变化；顾客总成本的构成因素有货币成本、时间成本、精神成本和体力成本，其中任何一项成本因素的变化都会引起顾客总成本的变化。任何一项价值因素或成本因素的变化都不是孤立的，而是相互联系、相互作用的，会直接或间接引起其他价值因素或成本因素的增减变化，进而引起顾客让渡价值的增减变化。企业在运用顾客让渡价值理论时应从全局观点出发，综合考虑顾客总价值和顾客总成本的各项构成因素之间的相关关系，制定正确的营销决策，使顾客以较低的成本获取较大的价值。

2. **区分需求**

按照不同的标准可以将顾客分为不同的类型，不同类型的顾客对顾客总价值中的各项价值因素和顾客总成本中各项成本因素的重视程度各不相同，企业应在区分需求的基础上提高顾客总价值各构成因素中目标顾客最重视的价值，降低顾客总成本各构成因素中目标顾客最不满意的成本，为不同的顾客群体提供不同的产品，既满足顾客需求，又降低企业的生产成本和营销成本。如果不注意区分顾客需求，盲目地提高顾客总价值中的各项价值因素，降低顾客总成本中各项成本因素，虽然有利于增加销售，但是会大幅度增加企业的成本，有可能得不偿失。比如，低收入的顾客较为重视实用价值而不太重视形象价值，较为重视货币成本而不太重视时间成本，企业应当提高产品质量，注重实用性，减少产品的附加功能和虚饰浮华的装饰以降低生产成本，选择中低档商场以降低销售成本，进而降低商品价格和顾客的货币成本。收入较高且工作繁忙的顾客重视形象价值和人员价值而不太重视实用价值，重视时间成本、精神成本和体力成本而不太重视货币成本，企业应增加产品附加功能，突出产品的高雅豪华和象征意义，选择高档零售商场作为销售渠道，改善销售人员的素质，提高形象价值和人员价值；制定高价，但提供完善的售前、售中和售后服务，减少其时间成本、精神成本和体力成本而提高其货币成本。

3. **成本与利润分析**

全面提高顾客总价值和降低顾客总成本能够实现顾客让渡价值最大化，有利于吸引顾客，提高产品的市场占有率，但是提高经营成本，减少利润，反而不利于企业营销目标的实现。企业应掌握“度”的界限，重视效益分析，使顾客让渡价值增加所带来的企业利润增加超过成本的增加，不片面追求顾客让渡价值最大化。

顾客让渡价值理论使我们系统地了解了影响顾客让渡价值的有关因素，认识了企业提高顾客让渡价值的途径，为企业正确制定有关决策提供了理论依据。

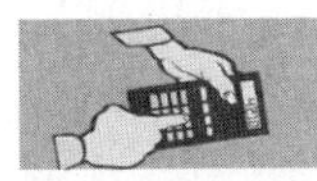

2.4　顾客满意战略

2.4.1　顾客满意的概念

顾客是按价值期望来购买产品或服务的，购买后是否满意则取决于是否获得预期的利益，或者说是否获得满意的顾客让渡价值。

顾客满意是一个心理学的概念，它是顾客感觉状态的水平，是效果与期望之间的函数。

顾客满意水平的三种状态：

（1）第一种状态：效果 < 期望，即效果小于期望，顾客不满意。企业在顾客心目中留下了不好的印象，除非企业今后的产品或服务有了明显进步，否则顾客将不再购买该公司的产品或服务。

（2）第二种状态：效果 = 期望，即效果等于期望，顾客感到满意，认为自己的选择是对的，企业在顾客心目中留下了好印象。如果竞争对手没有给顾客更多的利益时，顾客将继续购买该公司的产品或服务。

（3）第三种状态：效果 > 期望，即事后所得超出了期望，顾客感到十分满意，企业在顾客心目中留下了很好的印象。顾客很可能再次购买该公司的产品和服务，还可能向其他人推荐、宣传。

2.4.2　顾客满意战略

企业的生存和长期发展，必须建立在顾客满意的基础上。20 世纪 80 年代后期，一些跨国公司陆续导入顾客满意战略（CS，customer satisfaction）。日本汽车业首先引入和推行 CS 战略，大大增强了国际竞争力，取得了丰硕的成果。随后，日本、美国等国家的电脑制造业、通信业、航空服务业、旅游业、银行和证券等服务性行业都纷纷引入顾客满意战略。在我国，上海宝钢集团于 1995 年下半年推出了顾客满意战略，紧紧围绕质量、交货期、服务、价格、创新、环境六大要素制定了目标和对策，有效地增强了竞争实力和提高了整体管理水平。还有海尔集团、北京正大饲料有限公司、沈阳金杯汽车公司、顺德格兰仕集团和上海三菱电梯公司等企业也推行了 CS 战略。

1. 顾客满意战略及其要求

CS 战略是指以顾客满意为中心，统筹企业的生产经营活动，通过使顾客满意来实现企业经营目标的经营战略。

CS 战略的要求：

- 在调查和预测顾客需求的基础上，开发顾客满意的产品。
- 产品价格与顾客接受能力相适应。
- 销售网点的建立要方便顾客。
- 售后服务要细致周到。

“满意的顾客是最好的广告，满意的顾客是最好的推销员。” 据摩托罗拉公司的调查，多一个满意的顾客，有可能带来 8 个新顾客；多一个不满意的顾客，有可能流失 25 个顾客。

2. **外部顾客与内部顾客的关系**

CS 战略将顾客的含义延伸到企业内部，顾客满意包括外部顾客满意和内部顾客满意。在外部顾客满意与内部顾客满意之间发生矛盾时，应当以外部顾客满意为主导。因为外部顾客的不满意，是没有太多的机会来弥补的。

在企业内部，下一道工序是上一道工序的“顾客”。基层员工是基层管理人员的顾客，基层管理人员是中层管理人员的顾客，中层管理人员是高层管理人员的顾客，故而形成了一条“内部顾客关系链”。

CS 战略的顾客观是：以外部顾客满意为标准，促使内部员工积极参与，努力工作，从各方面提高工作质量，促进整体素质的提高。有满意的员工，才有满意的产品和服务；有满意的产品和服务，才有满意的顾客；有满意的顾客，才有满意的效益；有满意的效益，就能拥有更满意的员工。如图 2－4 所示。

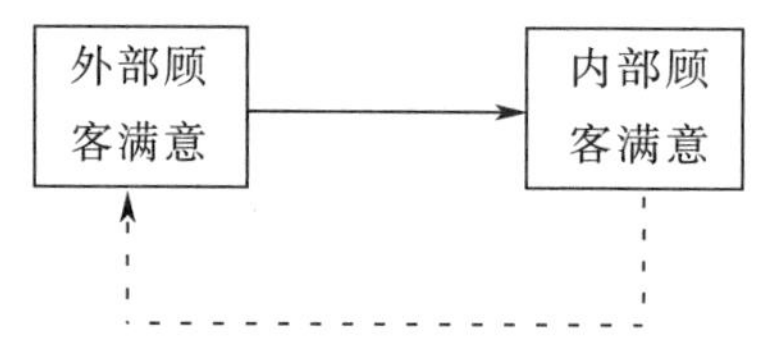

图 2－4　外部顾客满意与内部顾客满意的关系

2.5　顾客维系与关系营销

在商品供不应求时期，顾客没有多少可选择的供应商。企业可以在失去 100 位顾客的同时又获得 150 位新顾客，从而保持销售额不变或有所增加。因此，很多企业按照“漏斗理论”开展经营，认为总有足够的新顾客来取代流失的顾客，因而不关心保留顾客，不关心产品或服务的质量以及顾客是否满意。在商品供过于求时期，顾客有很多供应商可供选择，产品或服务稍不合意就不购买，即使买了第一次也不会再买第二次。因此，企业界感到了顾客流失的严重后果，如果不采取有效的措施保留顾客，降低顾客流失率（customer defection rate)，企业将无法生存。关系营销正是适应保留顾客的需要而产生的一种新型的营销方式。当代很多优秀的企业，都把企业与顾客的关系作为一种关键性战略资源来认识。

2.5.1　关系营销与交易营销

1. **关系营销的含义**

20 世纪 70 年代，斯堪的纳维亚和北欧的学者提出了以建立和管理关系为基础的营销理论，主要的研究学者分属北欧服务学派和 IMP 小组，前者从服务的角度看待管理和营销，后者把工业组织看作是一个相互关联的网络。随着研究的深化和扩展，20 世纪 80 年代营销理论界首次提出了“关系营销”这一概念。1983 年，贝里（Leonard L. Berry）在美国市场营销协会出版的论文集《服务营销的新概念》中以“关系营销”为题发表论文，指出企业应“吸引、维持和加强顾客关系”，强调吸引顾客只是第一步，此外还必须加强顾客关系，使他们成为忠诚顾客。随后又有许多学者提出了更为详尽的定义，但是都将关系营销局限于企业与顾客之间的关系。工业市场上销售者与购买者之间存在着长期和动态的关系，这已通

过实证研究记录下来，证明了企业与顾客发展长期关系是一项良好的营销政策。1994 年以后，有学者将关系营销所涵盖的关系扩大到与企业营销活动相关的所有个人和组织。

菲利普·科特勒在《营销管理》（第九版）中对“关系营销”的定义是：“关系营销指为了保持长期的优先权和业务经营而与关键顾客（如顾客、供应商、分销商）建立长期的令人满意的关系的活动。”

综合菲利普·科特勒及其他学者的定义可知，关系营销的对象可分为四大类。

(1) 顾客伙伴关系。顾客是企业产品的购买者。顾客伙伴关系包括中间商关系、制造商关系、政府市场关系、非营利市场关系和最终顾客关系。

(2) 供应商关系。供应商指企业所需资源的提供者。供应商关系包括服务提供者关系、货物供应商关系、资金提供者（金融部门）关系等。

(3) 横向伙伴关系。横向伙伴指与企业无业务关系但是对企业业务活动产生影响的个人和组织。横向伙伴关系包括竞争者关系、传播媒介关系、社会公众关系、政府部门关系等。

(4) 内部伙伴关系。指企业内部各职能部门之间和员工之间关系。

本书仅论述针对顾客的关系营销，因为针对其他对象的关系营销或关系管理在管理学、公共关系学等相关学科中已有论述。

2. 关系营销与交易营销的区别

传统的以实现短期交换为目的的市场营销被称为“交易营销”，它与“关系营销”有显著差异，主要体现在以下三个方面。

(1) 目标不同：单次交易与长期交易。交易营销的目标是实现单次交易，重视每笔交易与利润之间的关系，往往只考虑如何吸引和获取顾客，而很少考虑顾客保留，在交易中存在着一种机会主义倾向；关系营销的目标是造就忠诚顾客，长期维持和发展业务经营，在与关键顾客和供应商的交换中比竞争者享有优先权，强调不同层次的关系水平与企业利润之间的协调，不仅重视顾客的吸引和获取，更重视顾客保留。

(2) 观念不同：单方利益和双方利益。交易营销表现了以自我为中心的观念，在交易中追逐自身利益最大化而不考虑对方的利益，把交换双方的关系看作是一种对抗性关系，认为一方得到的利益是另一方丧失的。关系营销持有以双方利益为基础的合作观念，认为交易中获得的利益是双方共同创造的，是互相给予对方的，要获得对方给予的利益，必须同样给予对方利益，不是采取对立的态度抢夺固定大小的馅饼，而是通过双方的信任与合作力争把馅饼做得更大，以实现“双赢”，从追求每一交易利润的最大化转变为追求与其他各方利益关系的最大化。

(3) 手段不同：售前营销与售后关系。交易营销以获取顾客为目的，重视售前营销，依据每笔交易同利润之间的关系选择营销策略，只对顾客实行有限承诺以实现短期效益，产品售出后不重视维系顾客关系，不主动提供售后服务，不关心顾客是否满意。关系营销以保留顾客为目的，注重分析关系水平与利润之间的联系，以维持合理的关系水平获取长期利润为依据确定营销策略，除开展有效的售前营销吸引顾客以外，在产品售出以后仍对顾客实行高度承诺以实现长久的关系收益，依靠优质产品、优良服务、公平价格和双方组织之间密切的经济、技术和社会的联系同对方建立长期的、相互信任和互惠互利的关系。关系营销信奉的原则是：与利益伙伴建立良好的关系后，有利的交易会随之而来。

3. **关系营销与交易营销的联系**

交易营销是关系营销观念的一个组成部分，关系营销在交易营销基础上发展而来，是交易营销长期改进过程中达到的观念上的突破。交易营销与关系营销有时能够达成一致的营销策略。在单位产品利润低且顾客和分销商很多的情况下，交易营销者会选择积极吸引和获取顾客的策略，而关系营销者根据对关系水平与利润之间关系的分析也会选择积极吸引和获取顾客的策略，因为维持较高的关系水平也无利润可言。当售后服务有助于售出产品时，交易营销者也有可能选择提供服务的策略以达成目前的交易，关系营销者则会通过关系层次和利润水平之间的联系判断提供何种水平的服务以维持最佳关系，保证长期利润的实现，两者的出发点不同，采取的策略却有可能相同。但是，当需要提供的服务水平较高和单次交易难以获利时，关系营销者的做法与交易营销者相比会有很大不同。从交易营销策略向关系营销策略过渡是非常困难的，而从关系营销策略向交易营销策略过渡是极其容易的，正是在这个意义上说，关系营销包含着交易营销。如图 2－5 所示描述了某些行业从交易营销向关系营销过渡的情况。

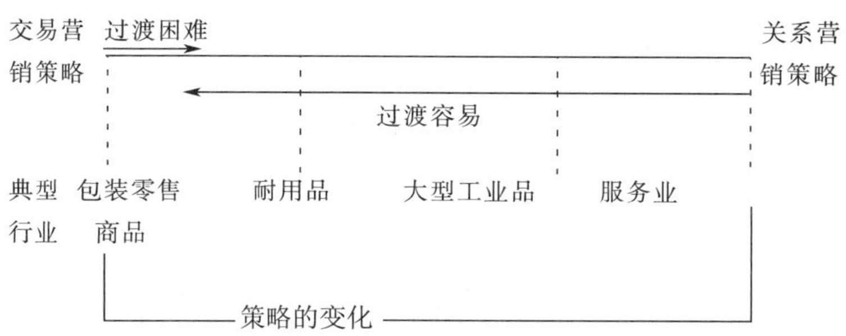

图 2－5　交易营销与关系营销在典型行业的应用及过渡

2.5.2　关系营销的作用

面对复杂多变的营销环境，越来越多的企业意识到顾客关系的重要意义，纷纷在营销实践中运用关系营销的理论和方法。概括而言，关系营销的作用如下。

1. **降低经营风险**

关系营销的重点是保留顾客，维持相对稳定的顾客群体，在激烈的市场竞争中形成可靠的市场基础，既保证了产品销路和利润水平，又减少了经营中的不确定因素。根据赖克海德和萨瑟（Fredirick F. Reichheld & W. E. Sasser）对 240 个行业 100 多家公司调查分析后得出的结论，顾客流失率降低 5%，利润就能增加 25% ~85%，对于一家银行，利润会增加 85%；对于一位保险经纪人，利润会增加 50%；对于汽车维修店，利润会增加 30%。

2. **降低经营成本**

关系营销有利于降低经营成本，这主要体现在以下两个方面。

（1）降低交易成本。在交易营销中，企业与顾客的交易关系是短暂的、一次性的、偶然发生的。因此，每次交易之前都要大量收集信息，交易中都要就产品品种、质量、价格、付款方式、送货、维修和各项保证等内容反复讨价还价，既增加了成交的难度，又增加了交易成本和时间。在关系营销中，企业与顾客的关系是长期的、稳定的，减少了交易成本和时间，在最佳状况下，交易可以从每次都要协商变为惯例化。

（2）保留顾客的成本低于吸引新顾客的成本。据统计，吸引一个新顾客所耗费的成本是保持一个现有顾客成本的3~5倍，因为关系营销可以使获取顾客的成本在较长时期内分摊，并且进攻性营销比防守性营销成本更高，前者要耗费更多的精力和费用去劝导那些对现有供应商感到满意的顾客转移到本企业。

3. 改进营销管理

交易营销面向广大的市场，与顾客缺乏交流，对顾客是否满意也难以了解。当顾客的满意度下降时，由于滞后效应的影响，企业的市场份额有时仍可维持一段时间，依赖于市场份额统计就会误导企业的行为。实施关系营销的企业与顾客有密切的交流，能够直接地、及时地获得顾客需求、希望、满意度和未来目标等信息，以利于更准确地制订营销计划，进而改进营销管理。

4. 增强竞争实力

关系营销的最终结果是建立由公司和其他企业的牢固可靠的业务关系所构成的营销网络。公司不是依靠分散的个人或部门投入竞争，而是运用整个营销网络展开更有效的竞争。

5. 塑造良好形象

关系营销依靠优质产品、优良服务、公平价格和多方面的联系增强企业与顾客的“粘度”，造就忠诚顾客，他们的“口碑”效用会在社会公众和潜在顾客中塑造良好的企业形象和产品形象，从而起到吸引新顾客的作用，有利于扩大企业的顾客群体。

2.5.3　关系营销的实施过程

关系营销的实施过程可分为明确营销目标、市场结构分析、选择目标市场、确定关系层次、提供所需利益、策划营销策略、执行营销策略、测试营销效果和改善营销规划九个步骤。

1. 明确营销目标

营销目标决定着企业的营销规划，必须首先予以明确。关系营销的最终目标是增加企业的销售和利润，具体目标有多种，比如，促使顾客增加购买量还是增加购买频率，防止老顾客转向其他品牌还是吸引新顾客，等等，最主要目标是提高顾客忠诚度。“忠诚”有两种含义：一是心态忠诚，指顾客在信念和愿望方面忠实于某一品牌；二是行为忠诚，指顾客长期忠实地购买某一品牌。二者有时并不一致，心态忠诚的顾客也可能有不忠诚的行为，例如，对于重大购买决策也会试图从其他竞争者那里谋求更多的信息，当关系企业没有合适的产品或服务，或暂时出现质量问题时，也会选择从竞争者那里购买。行为忠诚的顾客不一定心态忠诚，长期购买某一品牌可能并非出于对产品和服务满意，而是退出成本高或目前未找到合适的替代品。认识“忠诚”的关键在于，“忠诚”并不表示顾客百分之百地倾向于某一品牌，而是表现出强烈的品牌偏好，使企业拥有交易优先权。理性顾客的忠诚不是盲目的，而是从自身利益出发做出的明智选择，当条件变化使他感到某些不满意并达到一定强度时就可能改变选择。

2. 市场结构分析

市场结构分析包括顾客分析、竞争者分析、分销商分析和产品分析。

（1）顾客分析。关系营销并非适用于所有的顾客，对不同的顾客有不同的效果，企业应当在市场调查的基础上分析现实顾客和潜在顾客的关系价值以及影响购买行为的有关因素，以便为目标市场的选择提供依据。

①顾客关系价值分析。单个顾客的关系价值是长期顾客总收益与获取及长期保持顾客关系的成本之间的差额。长期顾客总收益指在一定时期内企业从顾客的持续购买中得到的收益；获取顾客的成本指企业为使潜在顾客成为现实顾客而耗费的成本；保留顾客的成本指企业加强或维持顾客关系而耗费的成本，如人员访问成本、设立俱乐部的成本等。其中，顾客购买量、购买频率、购买持续时间是决定顾客关系价值的重要因素。企业通过市场调查获取有关数据，计算出不同类型顾客的关系价值，把关系价值大的顾客作为关系营销的重点。

②顾客追求利益分析。不同的顾客在购买活动中追求的利益不同，有的单纯追求降低产品购买成本，一旦发现价格更低的产品就会转换供应商；有的则追求完善的售后服务和许多附加利益，要求产品以最佳状态发挥功效，不太计较价格，愿意与始终如一地提供最佳服务的公司建立长久的关系。对于前一类顾客，关系营销难以奏效，公司只有设法降低成本以适应其需求；对于后一类顾客，关系营销却十分有效。

③顾客转换成本分析。顾客转换成本指顾客的购买从某一供应商转换到另一供应商时所付出的代价，比如信息收集成本、决策风险成本、供货渠道丧失、服务丧失等。对低转换成本的顾客适用于交易营销，对高转换成本的顾客则适用于关系营销。顾客转换成本受产品性质和市场供求状况的影响。

④顾客性格分析。关系营销适用于理智型和情感型顾客，不适用于冲动型和随机型顾客。理智型顾客具有长远观点，能够客观全面地评价不同供应商的优势与劣势，选择最佳供应商并且不轻易转换，企业只要保证提供优质产品和优良服务就能与之建立长期稳定的关系；情感型顾客易于受到企业关系营销中情感因素的感化而成为忠实顾客，不会轻易更换有长期朋友关系和给过自己大力支持的供应商。冲动型顾客和随机型顾客则目光短浅，注重眼前利益，易于受竞争者蝇头小利的吸引而经常转换购买，既无理智型顾客的长远观点和冷静客观，又无情感型顾客的忠实情感。

（2）竞争者分析。市场竞争激烈，商品供过于求，则宜于开展关系营销；市场竞争微弱，商品供不应求，则宜于开展交易营销。

（3）分销商分析。如果商品的分销商少，则宜于开展关系营销，以加强与分销商的关系，保持销售渠道畅通；如果分销商多则宜于开展交易营销。

（4）产品分析。日用品、工业生产用的原材料等伴随服务少的产品实行关系营销效果稍逊一些，因顾客转换成本低；耐用消费品、大型机械设备等伴随服务多的产品实行关系营销易于奏效，因顾客转换成本高。例如，一位买钢材的顾客会询问多家钢材供应商并选择条件最优的一家购买，即使某钢材供应商过去曾为他提供过最好的产品、服务和其他条件，也不一定能够赢得这次购买。而一个购买大型系统的顾客在经过反复比较后，会选择具有现代工艺水平和能提供优质服务的供应商，顾客与供应商都为建立这种关系花费了大量的时间与金钱，毁坏这种关系对双方都是巨大损失。

3. 选择目标市场

在顾客分析的基础上，按照顾客关系价值、追求利益、转换成本和个性等因素将顾客分为若干细分市场，然后结合自身条件、市场竞争状况等因素选定企业关系营销的目标市场。目标市场策略有三种基本类型：一是无差异性目标市场策略，即对所有顾客不加分析或视为无差异而采用相同的关系营销策略；二是差异性目标市场策略，即企业选择两个以上的细分市场作为自己的目标市场，并分别采用不同的关系营销策略；三是集中性目标市场策略，即

企业只选择一个细分市场作为目标市场，采用一种关系营销策略。一般而言，关系营销不宜采用无差异性目标市场策略，应采用差异性或集中性目标市场策略，把有利可图的顾客作为目标市场。有利可图的顾客指能使公司不断产生利润流的个人、家庭、公司或其他组织。利润流等于销售收入流减去公司吸引顾客、销售产品和提供服务所花费的成本流。所谓“流”是指长期而言，不是指一笔交易。关系营销所要求的市场细分和目标市场比一般的营销更加精细，它运用更为详细的资料把所有现实顾客和潜在顾客分割为许多个细小的需求不同的群体，即把整体市场划分为许多细小的子市场，有时甚至把一个顾客作为一个细分市场或目标市场，并分别制定不同的关系营销策略，而不像一般营销那样对细分市场和目标市场做比较粗糙的划分。

4. 确定关系层次

企业对不同类型的顾客群体保持不同层次的关系，在关系成本投入、关系管理方式、关系营销策略等方面都有显著差别。企业与顾客之间的关系可分为五个不同层次。

（1）基本型。推销员售出商品后不再与顾客接触。

（2）反应型。推销员售出商品，并鼓励顾客，如有问题或不满意就与公司联系。

（3）可靠型。推销员售出商品后就给顾客打电话，了解对商品的看法和有关改进的建议，帮助解决使用中可能发生的问题。

（4）主动型。推销员售出商品后经常与顾客联系，讨论改进产品用途和开发新产品的建议，帮助解决使用中出现的问题。

（5）伙伴型。公司在商品售出后一直与顾客在一起，以找到影响顾客花钱的方式或帮助顾客更好行动的途径。

公司与顾客建立何种层次上的关系，受多种因素影响，其中顾客数量和单位产品利润是最重要的因素，见表2－1。

表2－1 不同层次的关系营销

顾客与分销商数量	利润		
	高	中	低
顾客与分销商很多	可靠型	反应型	基本型或反应型
顾客与分销商一般	主动型	可靠型	反应型
顾客与分销商少	伙伴型	主动型	可靠型

顾客与分销商越多，单位产品利润越低，企业在保持关系方面投入的精力和成本就越少，反之越多。食品、日用品的顾客很多，单位产品利润低，企业不可能给每一个购买者打电话或保持联系，只能建立基本型或反应型的关系；否则，所获利润将不够支付关系营销的成本。耐用消费品和工业机器设备的顾客少，单位产品利润高，企业与他们的关系多为可靠型或主动型。对于顾客很少而利润很高的产品，企业都是开展伙伴型营销，比如，波音公司在飞机设计和制造过程中与联合航空公司密切合作，以保证全面满足其需求。

在确定与顾客之间的关系层次时，企业要注意识别最低关系需求，即判断企业与顾客保持何种层次上的关系才能达到顾客的最低要求。最低关系需求决定了企业和顾客的最低关系限度，低于这个限度就不能达到顾客满意，不能维持双方关系。

5. **提供所需利益**

关系营销必须以利益为纽带，坚持向顾客提供较多的利益才能保持长期稳定的关系。向顾客提供的利益主要有以下三种。

（1）财务利益：指给顾客提供一定的物质利益或资金利益，比如赠送奖品、礼品、价格优惠等，这些措施能够赢得顾客好感，但是容易被竞争者模仿，难以保持公司的差别优势。

（2）社交利益：指了解顾客的个人需求和爱好，使公司的服务更有针对性，以增加情感交流，加深友谊和顾客的归属感。

（3）结构性利益：指为顾客提供某些从别处无法获得或付出高昂代价才能获得的附加利益，如及时维修产品、寻求更好发挥产品功效的途径、帮助提高经济效益等。换言之，结构性利益是顾客同企业建立整体上、结构上的联系后所获得的利益。这种利益主要提供给大的客户。如药品批发商麦肯森公司在电子数据交换（EDI）方面投资了几百万美元，以帮助小药店管理其存货、订单和货架。联邦快递公司（Federal Express）曾推出“强力关系计划”，在较大客户的办公室内安装计算机终端，建立一整套的运送及发票处理系统，包括带有调制解调器的计算机终端、条形码扫描仪、激光打印机和免费的电子秤，有了这套系统，顾客可自动为自己准备发票、分析运输费用，并通过联邦快递公司的跟踪系统跟踪自己的包裹。该计划收费合理，实行累积折扣，受到顾客欢迎。1994 年，通过这一系统处理的业务占联邦快递公司业务总量的 60% 以上。有的公司向忠诚的顾客提供软件程序、营销调研、销售培训和指导等服务，这种附加利益通过整个企业系统提供给顾客，离开了这套系统就难以得到，企业和顾客之间就会建立一种牢固的结构性联系，在前期的买卖关系结束之后，顾客无法结束、也不愿结束与企业的关系。这种结构性联系依靠企业整体力量建立，而不是单纯依靠个别营销人员的公关技能，减少了企业对一线销售人员的依赖，降低了经营风险。比较而言，向顾客提供结构性利益比财务利益和社交利益更为有效。

此外，顾客与企业保持长期稳定的关系，还给顾客提供了心理利益，既不必担心假冒伪劣产品的侵害，又不必冒险进行其他未知结果的选择，从而为顾客增加了安全感。

保留顾客有两种基本途径：一是设置高的转换壁垒。转换壁垒指顾客改变供应商将付出的代价，如较高的资金成本和信息收集成本、老主顾折扣丧失等。二是提高顾客满意度。多种利益同时提供将增强关系营销的效果。向顾客提供足够的利益将有效地达到这两个目的。

6. **策划营销策略**

明确了向顾客提供的利益之后，要制定相应的规划。选择有效的方式使顾客得到这些利益并意识到自己享受的某些特权和优惠，促进重复购买和增加购买。具体做法有：

（1）人员联系（personal contact）。指通过营销人员与顾客的密切交流增进友情，强化关系。交流的方式有共同进餐、娱乐活动、联谊活动、赠送礼品、帮助解决私人困难和顾客重要纪念日祝贺等。美国亚特兰大一家公司的市场营销经理获悉一个主要客户的总部在纽约，他每次到纽约都要邀请客户的主管经理参加各种娱乐活动，如滑雪、打高尔夫球等，但很少直言生意问题，双方私人关系逐步密切，业务关系也得到延续和发展。有的营销人员记住主要顾客及其夫人、孩子的生日，并在生日当天赠送鲜花或礼品以示祝贺；有的营销人员设法为爱养花的顾客弄来好的花种和花肥；有的营销人员利用自己的社会关系帮助顾客解决孩子入托、升学、就业问题；等等。

通过人员联系开展关系营销的缺陷是：可能造成企业过分依赖长期接触顾客的营销人

员，进而增加了管理的难度。

（2）频繁营销规划（frequent marketing）。也称为老主顾营销规划，指设计向经常购买或大量购买的顾客提供奖励的规划。奖励的形式有折扣、赠送商品、奖品等。有的学者把频繁营销定义为：通过长期、相互影响、增加价值的关系，从而确定、保持和增加来自最佳顾客的产出。频繁营销体现了柏拉图原理：公司 20% 的顾客占有 80% 的业务量。美国航空公司是首批实施频繁营销规划的公司之一，20 世纪 80 年代初推出了提供免费里程的规划，一位顾客可以不付任何费用参加公司的 AA 项目，乘飞机达到一定里程后换取一张头等舱位票或享受免费航行和其他好处。由于越来越多的顾客转向美国航空公司，其他航空公司也相继推出了相同的规划。许多旅馆规定，顾客住宿达到一定天数或金额后，可以享受上等住房或免费住宿。信用卡公司也向持卡人提供折扣。

频繁营销规划用于向顾客提供财务利益，其缺陷是：第一，竞争者容易模仿。频繁营销规划只具有先动优势，首家实施的企业获利最多，尤其是在竞争者反应迟钝时，如果多数竞争者加以仿效，就会成为所有实施者的负担，只增加支出而难以增加销售。当年美航推出这一规划的三年之内，就有 23 家航空公司采用了同样的做法。第二，顾客容易转移。由于只是单纯价格折扣的吸引，顾客易于受到竞争者类似促销方式的影响而转移购买。第三，可能降低服务水平。单纯价格竞争容易忽视顾客的其他需求。

（3）俱乐部营销规划（club marketing）。指建立顾客俱乐部，吸收购买一定数量的产品或支付会费的顾客成为会员。日本的化妆品公司资生堂建立了资生堂俱乐部，吸收了 1 000 多万名会员，向会员提供威士信用卡和戏院、旅馆、零售店的折扣优惠及介绍个人修饰知识的杂志。日本的电子游戏机公司任天堂建立了任天堂俱乐部，吸引了 200 多万名会员；会员每年只需付 16 美元会费，就可每月得到一本任天堂威力杂志，先睹或回顾任天堂游戏，赢者有奖，还可以打“游戏专线”电话询问各种问题。汉堡王快餐公司建立了汉堡王儿童俱乐部，成员已达 160 万名以上，儿童免费入会，并可得到一个密码号、一个通信信札以及一些小礼品。哈莱·戴维森公司建立了哈莱所有者团体，拥有 30 多万名会员，向会员提供一本杂志（介绍摩托车知识，报道国际国内的赛事）、一本旅游手册、紧急修理服务、特别设计的保险项目、价格优惠的旅馆，经常举办培训班和周末骑车大赛，会员在度假期间能够租用哈莱·戴维森摩托车，第一次购买哈莱·戴维森摩托车的顾客可以免费获得一年期的会员资格，在一年内享受 35 美元的零件更新，目前，公司占领了美国重型摩托车市场份额的 48%，而且市场需求大于供给，顾客保留率达 95%。

（4）顾客化营销（customized marketing）。顾客化营销有时也称为定制营销。指及时洞悉顾客的需求，通过提供特色产品、优异质量和超值服务满足顾客需求，提高顾客忠诚度。这种方式有量身定做的特点，针对性强，可以更准确地适应顾客需求。

（5）数据库营销（database marketing）。顾客数据库指与顾客有关的各种数据资料。数据库营销是建立、维持和使用数据库中的数据进行交流和交易的过程。数据库营销具有极强的针对性，是一种借助先进技术实现的“一对一”营销，可看作顾客化的特殊形式。唐·皮伯斯（Don Peppers）和玛莎·罗杰斯（Martha Rogers）区分了大众营销和“一对一”营销，见表 2－2。

表 2－2　大众营销与“一对一”营销的对比

大众营销	“一对一”营销	大众营销	“一对一”营销
一般顾客	单个顾客	大众促销	单独激励
顾客匿名	顾客形象化	单项信息传播	双向信息交流
标准产品	顾客化产品	规模经济	范围经济
大量生产	顾客化生产	分享市场份额	分享顾客
大量分销	单独分销	面对所有顾客	面对有利可图的顾客
大众广告	单独广告	顾客吸引	顾客保留

从表 2－2 可知，数据库营销是极为典型的关系营销方式。数据库中的数据包括以下几个方面：现实顾客和潜在顾客的一般信息，如姓名、地址、电话、传真、电子邮件（E-mail）、个性特点和一般行为方式（心理学和行为学数据）；交易信息，如订单、退货、投诉、服务咨询等；促销信息，即企业开展了哪些活动，做了哪些事，回答了哪些问题，最终效果如何等；产品信息，指顾客购买何种产品、购买频率和购买量等。数据库维护是数据库营销的关键要素，企业必须经常检查数据的有效性并且及时更新过时的数据。

美国通用电气公司成功地运用了数据库营销，它建有资料详尽的数据库，可以清楚地知道哪些用户应该更换电器，并时常赠送一些礼品以吸引他们继续购买公司的产品。美国的陆际旅馆也建立了顾客数据库，掌握了顾客对房间类别的偏好、喜爱哪一类型的床、喜爱某一品牌的香皂、是否需要额外的枕头、是否吸烟，等等，从而有效地分配房间，使每一位顾客都得到满意的服务。连锁公司运用数据库营销更加有效，如果顾客在某一分店购买商品或服务时表现出某些需求特点，任何地方的另一分店店员都会了解并在顾客以后光临时主动给予满足。比如，顾客在连锁旅店的某一分店住宿时用的是两个枕头，以后到该公司的任一分店住宿时，服务员会主动询问顾客是否还要两个枕头。随着顾客期望值的提高和电脑的普及，小公司也应采用数据库营销以达到吸引和保留顾客的目的。

（6）退出管理（defection management）。“退出”指顾客不再购买企业的产品或服务，终止与企业的业务关系。退出管理指分析顾客退出的原因，相应改进产品和服务以减少顾客退出的过程。顾客退出的比率在某些行业很高，比如在西方国家有线电视顾客每年退出率是50%，移动电话业是 30% ~45%，寻呼机市场是 40% ~70%。许多企业拼命争夺新顾客，事实上降低顾客退出率更能起到事半功倍的效果。退出管理可按照以下步骤进行。

①测定顾客流失率。

②找出顾客流失的原因。按照退出的原因可将退出者分为这样几类：价格退出者，指顾客为了较低价格而转移购买；产品退出者，指顾客找到了更好的产品而转移购买；服务退出者，指顾客因不满意企业的服务而转移购买；市场退出者，指顾客因离开该地区而退出购买；技术退出者，指顾客转向购买技术更先进的替代产品，如从录音机转向激光唱盘，从打字机转向手提电脑；政治退出者，指顾客因不满意企业的社会行为或认为企业未承担社会责任而退出购买，如抵制不关心公益事业的企业、抵制污染环境的企业等。企业可绘制顾客流失率分布图，显示不同原因的退出比例。

③测算流失顾客造成的公司利润损失。流失单个顾客造成的公司利润损失等于该顾客的终身价值，即终身持续购买为公司带来的利润。流失一群顾客造成的公司利润损失更应仔细计算。

例如，某运输公司原有 64 000 个客户，本年度由于服务质量差流失了 5%，也就是流失了 3 200 个客户（64 000 ×5%）。平均每流失一个客户，营业收入就损失 40 000 元。按此计算，公司一共损失 128 000 000 元的营业收入。以利润率 10% 计算，公司因此损失了 12 800 000 元利润。

④确定降低顾客流失率所需的费用。如果这笔费用低于所损失的利润，就值得支出。比如，该运输公司为保留顾客而花费的成本只要低于 12 800 000 元，就应支出。

⑤制定留住顾客的措施。造成顾客退出的某些原因可能与公司无关，如顾客离开该地区等，对于由于公司或竞争者的原因而造成的顾客退出则应引起警惕，需采取相应的措施扭转局面。上述种种营销策略的实质是把顾客作为客户看待，唐纳利 · 贝利和汤普森描述了顾客与客户的差别：对于某个机构来说，顾客可以是没有名字的，而客户则不能没有名字。顾客是作为某个群体的一部分为之提供服务的；而客户则是以个人为基础的。……顾客可以是公司的任何人为其提供服务，而客户则是指定专人服务的。

7. 执行营销策略

营销策略的执行包括建立机构、委派人员、制定和运用沟通策略等。

（1）建立关系管理机构。选派业务能力强的人任该部门总经理，下设若干关系经理。总经理的职责是确定关系经理的职责、工作内容、评价标准和资源能力。建立高效的管理机构是关系营销方案得以落实的组织保证。

（2）为每个主要客户选派关系经理。关系经理是客户所有信息的集中点，是协调公司各部门做好顾客服务的沟通者，要经过专业训练，具有专业水准，对客户负责。其职责包括制订长期和年度的客户关系营销计划，定期提交报告，明确目标、责任和评价标准。

（3）制定沟通策略。通过报纸、杂志、广播、电视、邮件、电话、电脑互联网和派人等形式广泛宣传，使目标顾客了解公司的各项措施以及提供的利益，建立和维持同公司的关系。

8. 测试营销效果

测试的目的是了解目标顾客的满意度、保留率，关系营销方案的成功与不足，方案执行过程中的成绩与问题等。测试不应局限于短期，应经常性、长期性地进行，与实施过程同步。

顾客满意度测试是关系营销效果测试的最重要内容，测试中要注意以下问题。

（1）全面了解顾客满意水平。伍德罗夫（Robert B. Woodruff）认为，测试顾客满意度必须了解顾客对产品特征、使用结果和顾客目标三方面的认识，也就是说，顾客满意不仅包括对产品的一组使用性能的满意，还包括对产品使用效果的满意和对实现顾客预期目标的满意，如图 2－6 所示。从企业的角度来看，不应仅仅关心顾客对产品性能优劣的评价，还应关心产品及服务是否取得令人满意的效果以及是否实现了顾客的预期目标。

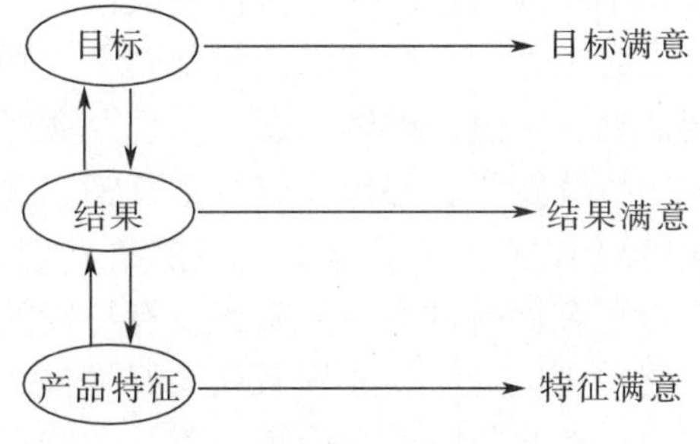

图 2－6　顾客满意的三个层次

（2）找出顾客对产品和服务满意或不满意的具体原因。

（3）关注影响顾客满意因素的未来变化趋势，为制定改进措施争取时间上的优势。

（4）了解顾客对竞争者产品和服务的评价。竞争者提供的价值水平影响顾客的期望水平和满意水平。

在营销实践中，一些优秀的公司采用了顾客满意度指数的测评方法，以便科学评价某项服务或产品的顾客满足状况，并从中找到改进的思路和重点。

9. 改善营销规划

及时纠正规划中的缺陷和执行过程中的问题，持续不断地改善规划，保证规划在合理的成本水平内达到目标，在高度竞争的市场中建立和加强顾客忠诚。若顾客对产品价格有不满意之处，应设法降低产品成本从而降低价格，或增加生产低价而实惠的品种；若对产品有不满意之处，应尽量提高产品的质量，增加产品的功能；若对服务不满意，应加强对企业服务人员的培训，提高服务技能，增加服务项目，改善服务态度；若对技术不满意，要加快企业的技术进步，加快产品升级换代；若对企业的社会表现不满意，要真诚地纠正以往的错误行为，积极承担社会责任和社会义务，关心公益事业，注重环境保护，改善自身的社会形象。企业采取的各项措施必须真正从顾客利益出发，真正关心顾客。西方学者的研究表明，有2/3 的顾客是感到企业并非真正关心他们的利益而转向竞争者的。

本章小结

随着市场竞争日趋激烈，企业越来越深刻地认识到顾客是企业生存和发展的基础。顾客是在一定的限制条件下（如搜寻成本、有限的知识、收入水平等）根据价值最大化原则来做出选择的，只有使“顾客让渡价值”最大化，才能吸引并保持顾客的注意和购买。顾客让渡价值指顾客总价值与顾客总成本之间的差额。顾客总价值包括产品价值、服务价值、人员价值和形象价值等。顾客总成本包括货币成本、时间成本、精神成本和体力成本等。提高顾客总价值有三种基本途径。

运用顾客让渡价值理论提高顾客满意度应注意三点：一是总体谋划，即企业在运用顾客让渡价值理论时应从全局观点出发，综合考虑顾客总价值和顾客总成本的各项构成因素之间的相关关系，制定正确的营销决策，使顾客以较低的成本获取较大的价值。二是区分需求，即按照不同的标准将顾客分为不同的类型，根据不同类型的顾客对顾客总价值中的各项价值因素和顾客总成本中各项成本因素的重视程度的不同，提高顾客总价值各构成因素中目标顾客最重视的价值，降低顾客总成本各构成因素中目标顾客最反感的成本，为不同的顾客群体提供不同的产品。三是成本与利润分析，即重视效益分析，使顾客让渡价值增加所带来的企业利润增加超过成本的增加，不片面追求顾客让渡价值最大化。

企业的生存和长期发展，必须建立在顾客满意的基础上。顾客满意战略是以顾客满意为中心，统筹企业的生产经营活动，通过使顾客满意来实现企业经营目标的经营战略。为了维系与顾客的关系，吸引顾客的持续购买，必须实施关系营销。关系营销指为了保持长期的优先权和业务经营而与关键顾客（如顾客、供应商、分销商）建立长期的令人满意的关系的活动。要想让顾客满意，要与顾客保持良好的关系，没有特别的诀窍，唯一的就是为顾客提供优质的产品和服务。关系营销可以带给企业一系列的好处：一是降低经营风险，二是降低经营成本，三是增强竞争实力，四是及时反馈信息，五是塑造良好形象。关系营销的实施过

程可分为明确营销目标、市场结构分析、选择目标市场、确定关系层次、提供所需利益、策划营销策略、执行营销策略、测试营销效果和改善营销规划九个步骤。

重点概念

顾客（customer）
顾客让渡价值（customer delivered value）
顾客总价值（total customer value）
顾客总成本（total customer cost）
顾客满意（customer satisfaction）
维系顾客（keep customer）
关系营销（relationship marketing）

复习题

1. 顾客的含义是什么？分为哪两类？
2. 论述顾客对企业的生存和发展的意义。
3. 顾客让渡价值是由哪些要素构成的？
4. 关系营销和交易营销有何区别与联系？
5. 关系营销的实施过程分为哪些步骤？

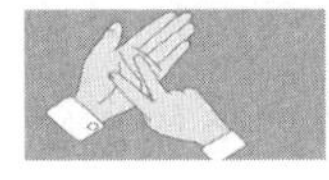

案例分析

武汉葆春蜂王浆有限责任公司

自古以来，蜂蜜就是天然的滋补营养品。在《本草纲目》中，有关蜂蜜的记载为："心腹邪气，诸惊痫痉，安五脏诸不足，益气补中，止痛解毒，除众病，和百药。久服，强志轻身，不饥不老，延年神仙。"不过，蜂蜜在古代除了在民间作为药用之外，多为达官贵人享用。

改革开放以后，我国人民生活水平逐步提高，对蜂蜜产品的需求不断增加。巨大的市场潜力吸引了众多商家纷纷进入蜂产品行业。在利润的驱使下，不少商家扩大规模，抢占市场，其中有的商家开发了人参蜂王浆等新产品，甚至还有的商家借机以次充好，掺假冲兑。

因此，消费者对商家的广告半信半疑，蜂产品市场竞争激烈，同时也陷入混乱之中。

20 世纪 80 年代，武汉葆春蜂王浆有限责任公司（以下简称葆春公司）的创业团队已预见："人参蜂王浆"等王浆制品因质量信用危机，必将被市场淘汰。他们认为，最危险的时刻，正是天然蜂产品填补市场空白的最佳时刻。1989 年 6 月，正当"人参蜂王浆"等王浆制品从神坛走上地摊之时，武汉诞生了国内首家鲜王浆专卖店——葆春蜂王浆商店。一个全新的商品名称："葆春鲜王浆"在国内首次出现。从事养蜂、蜂产业开发和鲜王浆的研究、应用 20 多年的蜂产品专家朱其琼先生和他的团队，带着 2 千克鲜王浆、200 千克天然洋槐蜜开办了这家商店。

为说明"葆春鲜王浆"与蜂王浆制品本质上的不同，"葆春"只用了一个最简单的比喻，即新鲜橘子与橘子罐头的关系。可谓一个"鲜"字定天下。葆春公司的创业团队向公众承诺：不生产、不经营加工精制的王浆制品；不生产、不经营人工合成的"指标蜂王浆""抽精蜂王浆"；不生产、不经营"工业蜂蜜""人造蜂蜜"。将致力于开拓国内天然蜂产品市场，将纯天

然原生态鲜王浆、天然成熟蜂蜜首先满足国内消费者的需求，为增进大众健康做出贡献。

与市面上销售的蜂蜜产品相比，“葆春鲜王浆”优势明显：①天然：未经加工处理，保留了鲜王浆的原汁原味；②新鲜：食物越新鲜，营养价值越高；③安全：不含防腐剂、香精、色素等添加剂；④价廉：与蜂王浆制品相比，价格便宜几倍甚至几十倍。

“葆春鲜王浆”的诞生，顺应了人们返璞归真、回归自然的愿望，立即引起公众和媒体的关注与兴趣。湖北经济电视台在“葆春”开业当天，率先做了12分钟现场采访报道。1989年9月13日，《武汉晚报》以“健体强身佳酿，胜似玉液琼浆”为题，报道“葆春”自6月开业以来，“许多便秘、肝脏病、肠胃病及慢性疲劳患者，食后好转和痊愈，每日求购者络绎不绝”的消息。接着《长江日报》、《经济信息报》、《老年文汇报》、《文化报》、湖北电台、武汉电台、楚天电台、武汉电视台先后对“葆春”做出采访报道。

葆春鲜王浆商店靠2千克鲜王浆、200千克天然洋槐蜜起家，3个月打开武汉市场的传奇故事，在坊间广为流传。对于梦想创业致富，尤其是希望一夜暴富的人们来说，无疑是一副兴奋剂。数年之间，武汉各类蜂产品店已达数百家。甚至一些大型企业也挡不住诱惑。1995年，某国企一举在武汉三镇开设23家店，意欲称霸武汉蜂产品市场。岂料3个月后，竟以亏损200多万元为代价关门大吉。

用质量建立信用，靠服务造就口碑。切切实实地帮助顾客收到保健养颜的功效，而功效决定成败。这是葆春团队的经营理念。

为了争夺市场，不少蜂产品商家纷纷降价。但是葆春蜂王浆商店不为所动，坚持不降价。令人感到奇怪的是，葆春的鲜王浆销量却还在节节上升。这个情况持续了10多年，葆春的蜂产品在市场上一直遥遥领先，稳坐头把交椅。有记者专门采访了葆春公司，公司负责人的回答很简单：首先是以质量和服务争取消费者，关键是留住顾客，使顾客满意。不过，公司负责人也透露了一个小小的秘密：葆春公司在武汉的消费者群体中有将近两万人是稳定的顾客，而且80%的顾客是由老顾客介绍的。

由于业务稳步发展，1989年6月，武汉葆春蜂王浆有限责任公司正式成立了。到2003年，葆春公司已发展到20家专卖店，并且一步步占领武汉三镇的核心商圈。在汉口航空路、江汉路、武昌解放路、水果湖、街道口、汉阳钟家村都开设了葆春鲜王浆专卖店。1997年，“葆春”成为注册商标。

以知识营销为先导。鲜王浆虽非高科技产品，但专业性、知识性却很强。葆春公司始终注重传播与鲜王浆有关的蜜蜂生物学、蜂产品学、医学和营养学知识，让公众了解鲜王浆，认识鲜王浆，到逐步接受鲜王浆。葆春公司的专家在1995—2003年8年内，先后在《长江日报》《武汉晚报》《楚天都市报》等报刊发表59篇科普文章，在《中国养蜂》《蜜蜂杂志》专业刊物上发表论文14篇。

葆春公司视质量为企业的生命，是业内最先将质量从源头抓起的企业。1995年就与蜂农建立养蜂联合体，通过执行优质优价和技术培训，一步一个脚印，将天然蜂蜜由39波美度提高到41.5波美度，历经12年坚持不懈的努力，最终达到国际天然成熟蜂蜜标准。2004年公司一次性通过了ISO9000、ISO14000双体系的认证，在湖北省蜂产品企业是第一家，公司管理上到一个新的台阶。同年12月，葆春鲜王浆通过了国家绿色食品发展中心的认证，被确认为绿色食品。

从2001年始，葆春公司每年举办全国供应商和联合蜂场联谊会暨技术培训班，坚决执

行优质优价，严格按照“葆春”的质量标准和公开的检验方法，货到检验合格立即付款，将双方的合作完全建立在诚信的基础之上，确保“葆春”天然蜂产品的质量在业内始终超前一步。

葆春公司最重视服务质量。除规范的售前、售中、售后15项服务外，始终将最优秀的专业人才用在服务上，葆春公司拥有蜂产品学、蜂疗医学和现代医学人才，能帮助顾客掌握“葆春鲜王浆”科学的使用方法，从而收到最佳的医疗、保健、美容效果。

在实际操作方面，蜂场参观、工厂参观、顾客咨询会是葆春公司打天下的三张王牌。

从2002年始，葆春公司每年都要将产品质量和卫生安全置于公众的监督之下，每年敞开三次蜂蜜原料库，鲜王浆、蜂花粉冻库和GMP工厂与车间，邀请消费者、媒体参观、考察、品尝、比较，然后得出真与假、优与劣的结论。

从2002年始，每年举行三次大型咨询活动，充分听取消费者、媒体对“葆春”产品质量、服务质量和相关管理制度的意见和要求、批评与建议。通过批评—改进—提高，再批评—再改进—再提高，直到让消费者满意为止。

“好蜜源，才是好蜂品”，这是葆春公司的广告语。从2003年始，“葆春”进一步敞开蜂产品源头的透明度。每年春季都邀请公众到“葆春”养蜂生产基地免费一日游。彻底揭开蜜蜂王国神秘的面纱，教会大家学会生产鲜王浆、蜂花粉和天然成熟蜜，然后品尝、鉴别自己亲手生产的蜂产品质量、口感、滋味与风味是否与“葆春”的产品一致，从而提高消费者鉴别蜂产品真与假、优与劣的知识和经验。

葆春公司认为：信用是公司的核心竞争力，是企业最重要的资源。20多年来，葆春公司靠信用造就口碑，创造了当代商业两大奇迹。一是与联合蜂场的交易全凭“一言为定”，货到验收合格立即付款，至今也未发生过纠纷。二是购买“葆春鲜王浆”，顾客要求预付款。2001年，葆春公司发布《关于预收款的管理规定》以来，至今也未发生过纠纷。百闻不如一见，看一看就知道真假。

2012年12月25日，在国家蜂产业技术体系武汉综合试验站与葆春公司联合举办的全国供应商和联合蜂场技术培训班暨蜂友联谊会上，葆春公司发布第一部中国《蜂产品质量白皮书》。2012年12月18日，武汉葆春蜂王浆有限责任公司荣获商务部、工业和信息化部联合授予的“中国年度诚信企业”称号。此称号显示：葆春公司24年来坚持产品质量和诚信经营，终于得到商务部、工业和信息化部的关注、认同与肯定，并正式宣布成为全国各行各业诚信经营的标杆。2018年，葆春被评为“中国蜂王浆行业领军品牌”。

2012年，葆春公司通过与澳大利亚、阿根廷、墨西哥、匈牙利等国际养蜂企业、蜂产品贸易公司广泛交流和深入合作，将葆春管理经验融入国际化管理水平。近年来，葆春公司积极拓展销售渠道。2015年10月，葆春北京旗舰店隆重开业。葆春公司开设了网上商城，与天猫、京东等电商平台合作拓展线上销售渠道，如葆春牌澳大利亚原装进口桉树蜂蜜（500g）售价219元/罐，好评度达100%。

“建百年老店，创百年品牌”是葆春公司的奋斗目标。虽然公司稳定发展，但周围的人却说现任总经理朱黎保守。朱黎却认为：“做人要一步一个脚印，积累的事业踩在脚下，心里才安稳。”

案例编写：李业

讨论题

1. 为什么不少蜂产品商家纷纷降价，而葆春蜂王浆商店坚持不降价销量却还在节节上升？

2. 以质量和服务争取消费者，这并没有什么新意，为什么葆春公司却会取得成功？

3. 请评价葆春公司营销中的小秘密。

4. 信用是葆春公司的核心竞争力，是企业最重要的资源。你怎么看？

5. 葆春公司打天下的三张王牌是什么？其他公司可以模仿吗？

延伸阅读

1. 稻盛和夫最新演讲：一个优秀的老板需要哪些“经营哲学”？［EB/OL］. 2017-06-04.

2. 赵晓娟. 汇源失去的十年：从“国民果汁”到百亿债务［EB/OL］. 界面新闻，2018-08-21.

3. 盘和林. 人人网为何贱卖？陈一舟缺乏产品理念　盲目投身热点［EB/OL］. 证券时报网，2018-11-20.

4. 中国洗衣液销量冠军，连续9年稳居市场第一，每年低调赚走千亿［EB/OL］. 职场真真事，2019-09-03.

5. 黄卫伟. 价值为纲：华为公司财经管理纲要［M］. 北京：中信出版社，2017.

第 3 章

营销环境分析

学习目标

◇ 理解营销环境的概念、特征及其对企业的影响
◇ 了解宏观营销环境的构成
◇ 掌握企业微观营销环境的构成、分析和评价方法
◇ 掌握营销机会的来源和分析方法

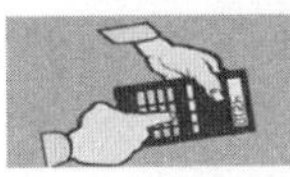

3.1　营销环境的概念及影响

3.1.1　营销环境的概念

企业作为社会经济组织，它总是在一定的外界环境条件下开展市场营销活动的。企业不可能脱离环境，因为外界环境是企业生存和发展的空间。而构成外界环境的因素是不断变化的，一方面，它既给企业造成了新的营销机会；另一方面，它又给企业带来某种威胁。因此，营销环境（经营环境）对企业的生存和发展具有重要意义。企业必须重视对营销环境的分析和研究，并根据营销环境的变化制定有效的营销战略和策略，扬长避短，趋利避害，适应变化，抓住机会，从而实现预定的目标。

按照美国著名营销学家菲力普·科特勒的解释，营销环境是指影响企业的市场和营销活动的不可控制的参与者和影响力。具体地说，营销环境是指与企业营销活动有潜在关系的所有外部力量和相关因素的集合，它是影响企业生存和发展的各种外部条件。

营销环境与营销一样，是一个不断完善和发展的概念。在 20 世纪初，西方的企业仅将销售市场作为营销环境。到了 30 年代以后，又把政府、工会、竞争者等对企业有利害关系者看作环境因素。进入 60 年代，西方企业家又把自然生态、科学技术、社会文化等作为重要的环境因素。70 年代以来，随着资本主义国家政府对经济干预力度的加强，西方企业家开始重视对政治、法律环境的研究。这种对营销环境研究不断扩大的过程，国外营销学称之为“企业的外界环境化”。80 年代后期至今，企业家们越来越认识到环境对其企业生存和发展的重要性，因而将对环境的分析作为企业营销活动最基本的内容。

◇ 相关链接

宝洁公司的变革

1837 年，宝洁（P&G）公司在美国辛辛那提成立，从最初的制作蜡烛的小作坊到现在的全球消费品巨擘，宝洁公司已经有 180 多年的历史。

1994 年，美国宝洁公司进入中国市场，并在广州经济技术开发区建立了大型生产基地。作为全球首屈一指的日化巨头，宝洁公司非常看好潜力巨大的中国市场。为了拉动和激发市场需求，宝洁公司在主流的电视媒体上频繁投放广告，邀请明星代言，并把货铺到渠道。这一简单而又粗放的打法颇见成效，让宝洁在那个经济快速增长、人民生活水平迅速提高的年代里保持了多年的两位数快速增长，洗护、护肤等核心品类中的飘柔、海飞丝、沙宣、汰渍、碧浪、佳洁士、OLAY 等洗护、护肤洋品牌大获成功。当时宝洁的产品并不便宜，但是在那个商品相对匮乏的年代里仍然受到了很多消费者的青睐。2009 年，宝洁在中国的总体市场占有率约为 47%，洗护发产品曾一度达到 50.5%。

然而，随着国人物质水平的提高和互联网时代的开启，中国消费者尤其是年轻人变得挑剔，他们开始追求更能满足自己的个性化产品。对比之下，宝洁大批量的产品，在他们眼中变成了陈旧、平庸的代名词。同时，行业竞争日趋激烈，如联合利华的多芬清爽水润沐浴露等产品，欧莱雅公司的多效修复洗发露等产品，本土日化企业的洗护产品纷纷抢占市场。宝洁全球 CEO 大卫·泰勒 2016 年出席纽约消费者分析集团年度会议时就直言："在中国这个我们的第二大市场，没有一个核心品类在增加用户数，甚至大部分还在下跌。"

对于宝洁公司来说，必须进行一场极具勇气与智慧的变革，才能扭转颓势，捍卫已横跨三个世纪的荣誉。

宝洁公司大中华区供应链总裁陈宇坦言："其实我们以前讲叫作 Go to market（去到市场），是如何从宝洁去到我们的客户那一端，传统的客户可能是分销商、经销商、卖场、便利店等。"这样的逻辑，偏离了自己原来的初衷，困境中的宝洁公司认识到，一切要回归问题的原点——消费者。

宝洁公司这次转型的成功，其实根植于我们能够基于消费者的需求，给他们提供量身定做的产品，这是最核心的。

2017 年，宝洁公司在广州宣布了成立中国数字创新中心，这是一个里程碑式的改变。据陈宇介绍，数字化运营是宝洁的核心战略，宝洁建立了从供应链上游到消费者端的数据管理中心，建立了中国市场独立的数据库。消费者想买什么产品、在哪里买、买多少、多长时间买一次，甚至是怎样让消费者买的产品，都被宝洁公司"算"得清清楚楚，基于这样的消费者洞察，宝洁公司清晰地制订自己的市场计划，并让渠道商参与到自己的供应链计划中来。宝洁公司也因此变得灵活无比。

在过去，宝洁公司一款产品从立项到研发、生产、销售一套组合拳打下来，可能需要 2~3 年的时间，而这个周期现在已经被宝洁缩减到了 6 个月。其次，大数据能极大地提升生产和分销效率。通过大数据的计算，宝洁公司能够比较精准地预测产品的销量和供求周期，从而有效地缩短了生产周期，同时也可以帮助零售企业降低库存，提高货品周转率。

陈宇用“三个 D”来具体描述数字化转型后的宝洁公司供应链：Design for China（为中国设计产品）、Decide in China（在中国决策）、Deliver in China（在中国分销）。

在过去两年当中，宝洁公司引进 20 个小而美的品牌和产品。其中的包括当妮，护舒宝液体卫生巾、美达施纤维素、澳丝洗护发品牌等。“我们一方面推出新品牌，一方面在过去大品牌里面创造出新的小而美的分支。”

事实证明，小而美的精准打法十分奏效。资深行业人士透露，2019 年宝洁公司中国市场恢复双位数增长，中国市场为宝洁公司的全球业务贡献了近 1/3 的增长，而为宝洁中国公司贡献很大一部分业绩增长的那些小而美的品牌，以及核心品牌的小而美的分支。陈宇直言“中国是全球宝洁公司增长的一个亮点”，在这个变化和不确定性成为常态的时代里，宝洁公司进行了一次深刻的变革，完成了从“大象”到“孙悟空”的转变。

资料来源：陈龙.“大象”变身“孙悟空”宝洁公司恢复双位数增长［J］. 化妆品观察，2019（6）.

3.1.2 营销环境的特征

总的来说，营销环境是一个多因素、多层次而且不断变化的综合体，它具有以下几个重要特点。

1. 客观性

企业总是在某种特定经济、政治环境下生存、发展的，其营销活动也不可避免地要受到这些客观环境的影响和制约。因此，只要是在人类社会中进行营销活动，就一定要面对这些客观存在的环境。这就提醒企业经营者要对营销环境有清晰的认识，并且对环境变化做好充分的准备。

2. 差异性

营销环境的差异性不仅表现在不同企业所面对的营销环境不同，就是同一个企业，在不同时期面对的营销环境也不同，而且，同一种环境因素变化，对于不同企业的影响也不同。由于这一差异性的存在，企业在处于不同的营销环境中的时候，应当采取不同的营销策略，才能使营销活动卓有成效。

3. 同一性

营销环境的同一性表现在同一个国家或者某个行业里，所有的企业面对营销环境有一定的共同之处，这是企业公平竞争的前提所在。由于营销同一性的存在，保证了所有的企业能在同一起跑线上进行竞争，充分发挥经营者的积极性和主动性。

4. 动态性

营销环境是不断变化的，是一个动态的概念。10 年前的营销环境和现在的营销环境无论在政策、法律、人文、科技方面都有了很大的变化。在影响企业营销环境的诸多因素中，有些因素的变化速度比较快，比如科技、政治、经济等，需要企业有比较快的反应速度。而自然、社会、人口等因素的变化速度就比较慢一点，它们对企业的影响就比较持久而稳定。企业应当根据这些因素的不同特点，采取相应的对策。例如，2007 年 2 月，美国房地产次级抵押贷款业务的风险浮出水面，引发美国多家抵押贷款供应商和投资银行破产。2008 年，美国金融危机

爆发，波及全球，并影响了实体经济，进而导致全球经济出现了严重衰退。在不到两年的时间内，企业面对的营销环境发生了急剧的变化。

5. **不可控性**

对于某个特定企业来说，处于一个什么样的营销环境中不是它自己可以选择的，企业只能是不断地适应环境。当然，这不是一种被动的适应，企业在经营的过程中，可以充分发挥主观能动性，发现并把握营销环境变化带来的机遇，避开环境变化带来的威胁，采取措施谋求企业快速稳步地发展。

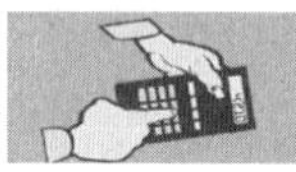

3.2 营销环境的构成

影响企业营销活动的环境因素，总的来说分为两个层次：宏观营销环境和微观营销环境。

3.2.1 宏观营销环境

宏观环境因素有的通过微观环境因素影响营销活动，有的直接影响企业营销活动。宏观环境主要包括人口环境、经济环境、政治法律环境、自然地理环境、科技环境和社会文化环境。

1. **人口环境**

人口是一切经济社会活动的基础，而市场是由那些对商品有需求而且有购买能力的人组成的。因此，人口是影响企业营销活动的首要因素，人口决定市场的潜在容量。但是，没有企业的产品能满足所有人的需求，因此除了分析人口总量之外，还要研究人口的年龄结构、地理分布、人口密度、流动性、出生率、死亡率等，它们会对市场的格局产生重要的影响。

人口对企业的影响主要有以下几个方面。

（1）人口数量与增长速度对企业营销活动的影响。目前世界总人口约为75.79亿。根据有关报告，全球人口在未来30年会再增加20亿人。众多的人口以及人口的进一步增长，既给企业带来了机会，也带来了威胁。首先，人口是决定市场规模的首要因素，在收入不变的前提下，人口越多，对食物、衣着、日用品的需求也就越多，市场规模就越大。但是，从另一个角度来看，人口的迅速增长，会对食物供给带来巨大的压力，许多国家由于人口剧增，人均耕地减少，粮食供应不足。此外，随着人口的增长，能源供需矛盾将进一步扩大，因此研制节能产品和技术是企业必须认真考虑的问题。

（2）人口结构对企业营销活动的影响。人口结构主要包括人口的年龄结构、性别结构、家庭结构和社会结构等。

不同年龄的消费者对商品的需求不一样。国家统计局发布的数据显示，2016年，0~16岁的人口仅占总人口的17.7%。目前我国人口老龄化现象已经较严重，反映到市场上，将使老年人的需求呈现增长态势。这样，诸如保健用品、营养品、老年人生活必需品和为老年人提供医疗、护理的服务等市场将会趋向兴旺。

根据国家统计局公布的2018年中国大陆各省（区）GDP排名（见表3-1），广东、江苏、山东的GDP总量仍然排名全国前三位，而东北三省的排名下滑，经济发达省份与边远省区的差距越来越大。

表3-1 2018年中国大陆各省（区）GDP排名

排名	省份	2018年GDP/亿元	2017年GDP/亿元	名义增量/亿元	名义增速	实际增速
1	广东	97 300.00	89 705.23	7 594.77	7.81%	6.80%
2	江苏	92 595.40	85 869.76	6 725.64	7.26%	6.70%
3	山东	76 469.70	72 634.15	3 835.55	5.02%	6.40%
4	浙江	56 197.00	51 768.26	4 428.74	7.88%	7.10%
5	河南	48 055.90	44 552.83	3 503.07	7.29%	7.60%
6	四川	40 678.10	36 980.22	3 697.88	9.09%	8.00%
7	湖北	39 366.60	35 478.09	3 888.51	9.88%	7.80%
8↑	湖南	36 425.80	33 902.96	2 522.84	6.93%	7.80%
9↓	河北	36 010.30	34 016.32	1 993.98	5.54%	6.60%
10	福建	35 804.00	32 182.09	3 621.91	10.12%	8.30%
11	上海	32 679.90	30 632.99	2 046.91	6.26%	6.60%
12	北京	30 320.00	28 014.94	2 305.06	7.6%	6.60%
13	安徽	300 006.80	27 018.00	2 988.80	9.96%	8.00%
14	辽宁	25 300.00	23 409.24	1 890.76	7.47%	5.70%
15	陕西	24 438.30	21 898.81	2 539.49	10.39%	8.30%
16	江西	21 984.80	20 006.14	1 978.49	9.00%	8.70%
17	重庆	20 362.60	19 424.73	938.47	4.61%	6.00%
18↑	广西	20 352.50	18 523.26	1 829.24	8.99%	6.80%
19↓	天津	18 809.60	18 549.19	260.41	1.38%	3.60%
20	云南	17 881.10	16 376.34	1 504.76	8.42%	8.90%
21	内蒙古	17 289.20	16 096.21	1 192.99	6.90%	5.30%
22	黑龙江	—	15 902.68	—	—	5.00%
23	山西	16 818.11	15 528.42	1 289.68	7.67%	6.70%
24	吉林	—	14 944.53	—	—	4.50%
25	贵州	14 806.50	13 540.83	1 265.67	8.55%	9.10%
26	新疆	—	10 881.96	—	—	6.00%
27	甘肃	8 246.10	7 459.90	786.20	9.53%	6.30%
28	海南	4 832.10	4 462.54	369.56	7.65%	5.80%
29	宁夏	3 705.18	3 443.56	261.62	7.06%	7.00%
30	青海	2 865.00	2 624.83	240.17	8.38%	8.41%
31	西藏	1 400.00	1 310.92	89.08	6.36%	10.00%

资料来源：中国新闻网．国家统计局发布，2019-03-01．

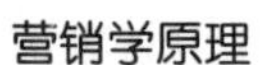

人口的性别不同，对商品的需求也有明显的差异。在市场上，通常反映是女性多为购买衣服、日用品、化妆品等，而男性多为购买大件商品和耐用消费品等，这就形成了女性用品市场和男性用品市场。

家庭是购买和消费的基本单位，对于某些商品而言，家庭的数量直接关系到商品的消费数量。例如，在我国，一个比较流行的趋势就是现在的年轻人比较喜欢“二人世界”，也就意味着他们需要组建另外一个家庭。“四世同堂”的家庭逐步减少，而“三口之家”会越来越多。家庭数量的增加必然会增加房屋、家具、家用电器的需求。一个精明的企业经营者就应该对这些方面多加研究。

人口的社会结构也是影响企业营销的一个重要因素。1997 年，我国有 70% 的人口属于农村人口。不难发现，农村人口有一个比较大的特点就是对物美价廉的商品特别青睐。所以有许多企业意识到了这一点，将主要精力用于开拓农村市场，并且名曰：农村包围城市。这是一个比较符合当时我国国情的营销策略。但是，截至 2017 年年底，我国的城镇化率已达 58. 52%，并且还在进一步提升。

（3）人口的地理分布及区间流动对企业营销的影响。人口的地理分布是指人口在不同地理区域的密集程度。由于地理条件和经济发展等因素影响，一个国家内的人口分布绝对不可能是均匀的。以我国来说，东南沿海一带就集中了我国 94% 的人口。人口的这种地理分布表现在市场上，就是市场的规模不同。此外，不同地理区域的人口的消费习惯也有很大的区别，例如，南方人以大米为主食，而北方人以面食为主食；广东人饮食喜欢清淡，而湖南、四川等地区口味偏重，喜辣喜咸。

随着经济的活跃和发展，人口的区域流动性也越来越大。工业发展需要集聚，所以工业化带动城市化，人口大规模从乡村向城市集聚。服务业比工业更需要集聚，所以城市化中后期，人口主要向一、二线大城市和大都市圈集聚，这是一个基本规律。在我国，人口的流动主要表现在农村人口向城市或工矿地区流动；内地人口向沿海经济开放地区流动。另外，经商、观光旅游、学习等也使人口流动加速。对于人口流入较多的地方而言，一方面由于劳动力增多，就业问题突出，从而加剧行业竞争；另一方面，人口增多也使当地基本需求量增加，消费结构也发生一定的变化，继而给当地企业带来较多的市场份额和营销机会。

人口分布特征表明：

（1）中国的主要市场高度集中在人口密度大同时人均收入也高的东部和东南部地区，由于人口密度、距主要港口和交通枢纽距离的巨大差异，各地区的营销费用（覆盖每千人的广告费用、运输费用、商店的销售半径等）的差异极大。因此，必须根据市场容量和密度、营销费用、交通状况等因素，科学地选择目标市场，确定销售目标，分配营销预算，设立生产与分送中心和设计分销渠道。

（2）由于各地收入、人口密度和城市化水平的差异极大，因此不同地区对产品和服务需求的质与量也会有很大的差异，因此必须根据上述因素对市场进行细分，然后针对不同市场的需求特点制定合适的产品策略和价格策略。例如，上海与贵州的人均收入相差近 10 倍，在上海适销的产品在贵州就未必有市场。因此，企业对不同的地区市场应当区别对待，而不能期望一种单一的产品能够畅销全国各地。

2. 经济环境

经济环境是指企业进行营销活动时所面临的外部社会经济条件。市场不仅是由人组成的，而且这些人还必须具备一定的购买力。而社会购买力是受宏观经济环境制约的，是经济

环境变化的反映。因此，一个国家的社会经济运行情况及其发展变化趋势将直接或间接影响企业的市场营销活动。

国内生产总值（GDP）、国民收入水平、产业结构、消费者收入水平、消费者支出模式和消费结构、消费者投资和储蓄机会与信贷水平等都是构成经济环境的因素。

以下主要分析与市场消费直接相关的几个因素。

（1）消费者收入的变化。消费者收入的高低，直接影响着购买力的大小，从而决定了市场容量和消费者的支出模式。在分析消费者收入时，我们可以从宏观和微观这两个方面具体分析。从宏观上看，主要分析国民收入和人均国民收入这两个指标，它们大体反映了一个国家的经济发展水平；从微观上看，主要分析个人收入、个人可支配收入和个人可任意支配收入这三个概念。个人可支配收入是指个人收入扣除税款和非税性负担后剩下的余额，即个人能够用于消费支出或者储蓄的部分；个人可任意支配收入是指从个人可支配收入中再减去维持生活所需要的费用（衣、食、住、行等）。个人可任意支配收入所引起的需求弹性大，是需求变化中最活跃的因素，也是影响商品销售最主要的因素，因此企业在市场营销活动中应当特别关注。

（2）消费者支出模式和消费结构的变化。随着消费者收入的变化，消费者支出模式会发生相应变化，继而使一个国家或地区的消费结构也发生变化。西方一些经济学家常用恩格尔系数来反映这种变化。

$$\text{恩格尔系数} = \frac{\text{食物支出总额}}{\text{家庭消费支出总额}}$$

恩格尔系数表明，在一定的条件下，当家庭个人收入增加时，收入中用于食物开支部分的增长速度要小于用于教育、医疗、享受等方面的开支增长速度。食物开支占总消费量的比重越大，恩格尔系数越高，生活水平则越低；反之，食物开支所占比重越小，恩格尔系数越小，生活水平则越高。恩格尔系数是衡量一个国家、地区、城市、家庭生活水平高低的重要参数。按联合国划分富裕程度的标准，恩格尔系数在60%以上的国家为饥寒，50%～60%之间的为温饱，40%～50%之间的为小康，40%以下的为富裕。据国家统计局发布的数据，2018年全国居民（不含港澳台地区）恩格尔系数为28.4%，比2017年下降0.9个百分点，这表明居民消费升级提质，已进入富裕阶段。

消费结构是指消费过程中人们所消耗的各种消费资料（包括劳务）的构成，即各种消费支出占总支出的比例关系。优化的消费结构是优化的产业结构和产品结构的客观依据，也是企业开展营销活动的基本立足点。我国随着改革开放的不断深入，在工资、住房、医疗、保险等方面的改革有了重大的突破，人们的收入和消费水平都有了较大的提高，对于一些大件耐用消费品和休闲娱乐消费的需求量不断增加。企业在市场调查和分析中应当着重考虑消费支出模式和消费结构的变化，提供适合市场的商品和服务。

（3）消费者的储蓄和投资机会与消费者信贷水平。人们的收入一般用于现实消费、储蓄、投资等方面。因此，消费者的支出还受消费者储蓄、债务和信贷适用性的影响。当收入一定时，储蓄越多，投资机会越多，现实消费越少，但潜在的消费量大；反过来，储蓄越少，投资机会越少，现实消费越多，但潜在消费量小。企业营销人员应当全面了解消费者的储蓄情况，尤其是要了解消费者储蓄目的的差异。储蓄目的不同，往往影响到潜在需求量、消费模式、消费内容、消费发展方向的不同。这就要求企业营销人员在调查、了解储蓄动机与目的的基础上，制定不同的营销策略，为消费者提供有效的产品和劳务。

随着商品经济的日益发达，消费者不仅可以用货币收入来购买商品，还可以采用借贷的形式来购买，这就是消费者信贷。所谓消费者信贷，就是消费者凭信用先取得商品使用权，然后按期归还贷款，以购买商品。这实际上就是消费者提前支取未来的收入，提前消费。目前的消费者信贷形式主要有：短期赊销、分期付款、信用卡信贷等。消费者信贷使消费者消费超过自己目前的购买能力的商品，也就是俗话说的“先花未来钱”，这种信贷形式的出现，大大刺激了消费，增加了劳动就业机会，推动了经济的发展。因此，经营者在采取营销活动之前，必须考虑到企业周围的消费者信贷的水平和规模。

3. 政治法律环境

政治法律环境主要是指与营销相关的各种法规以及有关的管理机构和社会团体的活动。企业的一切营销活动，都必须遵守党和国家的方针政策和法令，不能有所背离。

（1）政治环境。政治环境是指企业营销活动的外部政治局势和状况。其主要内容包括一个国家的政治局势、经济体制宏观政策以及地方政府的方针政策等。政治局势指企业营销所处的国家或地区的政治稳定状况。一个国家的政局稳定与否会给企业营销活动带来不同的影响。如果政局稳定、生产发展、人民安居乐业，就会给企业营造良好的营销环境；相反，如果政局不稳，社会矛盾尖锐，秩序混乱，这不仅会影响经济发展和人民的购买力，而且对消费者的消费心理也有重大影响。经济体制包括三个方面的内容：所有制的形式、管理机构的形式和组织经济运行的方式。方针政策是地方政府根据本地情况和它的经济发展的要求，在国家宏观政策的指导下制定的符合地方利益的政策。这些方针政策不论对本国企业还是对当地的外国企业的营销活动，都有着巨大的影响。就对本国企业的影响来看，一个国家制定出来的经济与社会发展战略、各种经济政策，企业都是要执行的，而执行的结果必然要影响市场需求，改变资源的供给，扶持和促进某些行业的发展，同时又限制另一些行业和产品的发展，那么企业就必须按照国家的规定，生产和经营国家允许的产品。这是一种直接的影响。国家也可以通过方针、政策对企业营销活动施以间接影响，例如，通过征收个人收入调节税，调节消费者收入，从而影响消费者的购买力来影响消费者需求。

（2）法律环境。法律是体现统治阶级意志，由国家制定或认可，并以国家强制力保证实施的行为规范的总和。对企业来说，法律是评判企业营销活动的准则，只有依法进行的各种营销活动，才能受到国家法律的有效保护。因此，企业开展市场营销活动，必须了解并遵守国家或政府颁布的有关经营、贸易、投资等方面的法律、法规。如果从事国际营销活动，企业就既要遵守本国的法律制度，还要了解和遵守市场国的法律制度和有关的国际法规、国际惯例和准则。这方面因素对跨国企业的影响尤为巨大。例如，日本政府曾规定，任何外国公司进入日本市场，必须要找一个日本公司同它合伙。也有一些国家利用法律对企业的某些行为做特殊限制。美国《反托拉斯法》规定不允许几个公司共同商定产品价格，一个公司的市场占有率超过20%就不能再合并同类企业。广告方面，许多国家禁止电视广告，或者对广告播放时间和广告内容进行限制。例如，德国不允许做比较性广告和使用“较好”“最好”之类的广告词；许多国家不允许做烟草和酒类广告；等等。这些特殊的法律规定，是企业特别是进行国际营销的企业必须了解和遵循的。因此，企业必须知法守法，自觉用法律来规范自己的营销行为，并自觉接受执法部门的管理和监督。同时，还要善于运用法律武器维护自己的合法权益。当其他经营者或竞争者侵犯自己正当权益的时候，要勇于运用法律手段保护自己的利益。

我国已颁布的经济法规有以下几种：

①保护企业权益的法规有《商标法》《专利法》《著作权法》等。

②规范企业行为的法规有《经济合同法》《反不正当竞争法》《反倾销法》《广告法》《价格法》等。

③保护消费者权益的法规有《消费者权益保护法》《产品质量法》《食品卫生法》等。

4. 自然地理环境

社会生产不但需要一定的社会经济条件，还需要有一定的自然条件，并且受不同的地理位置条件的制约，这就是企业所面临的自然地理环境。企业要避免由自然地理环境带来的威胁，最大限度利用环境变化可能带来的营销机会，就应不断地分析和认识自然地理环境变化的趋势，根据不同的环境情况来设计、生产和销售产品。

（1）自然环境。大自然为人类提供各种物质资料、矿产资源、森林资源、土地资源、水利资源等，这些资源都是有限的，分为可再生资源和不可再生资源。例如，空气、水、森林、粮食等属于可再生资源，而石油、锡、煤、锌等矿物质属于不可再生资源。自然资源是进行商品生产和实现经济繁荣的基础，和人类社会的经济活动息息相关。此外，自然环境对企业营销的影响还表现在两个方面：①自然资源短缺的影响。随着工业的发展，自然资源逐渐短缺。例如，我国资源从总体上看是丰富的，但从人均占有量看又是短缺的。近几年，资源紧张使得一些企业陷入困境，但又促使企业寻找替代品，降低原材料消耗。例如，1990年天然油脂吃紧，使一些以此为主料的肥皂厂陷入困境，四川某肥皂厂也遇到同样困难，但该厂马上研制出“芙蓉牌”肥皂粉，既提高了产品的功效，又降低了原材料的消耗，很快赢得了消费者的青睐，占领了市场。这种情况表明，资源短缺将使企业生产成本大幅度上升，企业必须积极从事研究开发，尽力寻求新的资源替代品。②环境的污染与保护。环境污染已成为举世瞩目的问题。占世界人口总数15%的工业发达国家，其工业废物的排放量占世界废物排放总量的70%。我国虽属发展中国家，但工业“三废”（废渣、废水、废气）对环境也造成了严重污染，其中煤烟型污染最为突出。对此，各个国家（包括我国）政府都采取了一系列措施，对环境污染问题进行控制。这样，一方面限制了某些行业的发展，另一方面也为企业造成了两种营销机会：一是为治理污染的技术和设备提供了一个大市场，二是为不破坏生态环境的新生产技术和包装方法创造了营销机会。因此，企业经营者要了解政府对资源使用的限制和对污染治理的措施，力争做到既能减少环境污染，又能保证企业发展，提高经济效益。

（2）地理环境。一个国家的地形地貌和气候状况，对于企业的营销决策都有很大的影响。不同的气候、地形地貌对于产品和设备的性能、使用有着巨大的影响。我国幅员辽阔，地域跨度大，南北地区的地形地貌差异很大，而且气候也有着很大的差异。比如广东地形属于丘陵地域，是亚热带气候，许多在广东可以正常运转的机器和设备，到了沙漠地区就会产生巨大差异，可能会运作异常甚至完全不能运作。再比如冷气的空调设备，在气候温暖潮湿的南部沿海地区的需求比较大，特别是在气候炎热的一些城市。可见，气候、地形地貌不仅直接影响企业的经营、运输、通信、分销等活动，而且还会影响到一个地区的经济、文化和人口分布状况。因此，企业开展营销活动，必须考虑当地的气候与地形地貌，要使其营销策略能适应当地的地理环境。

5. **科技环境**

科学技术是人类在长期实践活动中所积累的经验、知识和技能的总和。科学技术是人类认识自然的知识体系，是潜在的生产力，是社会生产力中最活跃和决定性的因素。科学技术的发展对于社会的进步、经济的增长和人类社会生活方式的变革都起着巨大的推动作用。它作为重要的营销环境因素，不仅直接影响企业内部的生产和经营，而且还同时与其他环境因素相互依赖、相互作用，影响企业的营销活动。科学技术的发展为人类发展不断提供新资源，带来新材料、新工艺、新设备等，这为企业生产的不断进步提供了必要的前提条件，并且产生了新的营销机会，刺激了新行业的诞生。但是科技发展的同时，也加速了一些不可再生性资源的消耗，造成了这些资源的短缺，给依赖这些资源的传统企业带来了生存危机；新技术的发现，对消费者也产生了深远的影响，传统的消费者购买习惯在科技发展的冲击下，有了全新面目。在美国，电子商务龙头企业美国在线（AOL）通过电子商务，取得年均收入500%的增长，迫使美国零售业的霸主沃尔玛进入电子商务领域，并与美国在线联盟。电子商务的出现，为消费者提供了快捷、便利、全天候的消费渠道，而且消费方式更加多样化，满足了消费者个性化的消费需求。科学技术的发展为企业提高营销效率提供了更新更好的物质条件：①科学技术的发展，为企业提高营销效率提供了物质条件。例如，新的交通运输工具的发明或旧的运输工具的技术改进，使运输的效率大大提高；信息、通信设备的改善，更便于企业组织营销，提高营销效率。②科学技术的发展，可使促销措施更有效。例如，广播、电视、传真技术等现代信息传媒的发展，可使企业的商品和劳务信息及时准确地传送到全国乃至世界各地，这将大大有利于本国和世界各国消费者了解这方面的信息，并起到刺激消费、促进销售的作用。现代计算技术和手段的发明运用，可使企业及时对消费者的消费需求及动向进行有效的了解，从而使企业营销活动更加切合消费者需求的实际情况。③科学技术的发展，推动了消费者需求向高档次、多样化方向的变化，消费者消费的内容更加纷繁复杂。因此，生产什么商品、生产多少商品去满足消费者需要的问题，还得依靠调查研究和综合分析来解决。这种情况，完全依赖传统的计算和分析手段是无能为力的，而现代计算和分析手段的发明运用，提供了解决这些问题的武器。例如，利用高级电子计算机对消费者及其需求的资料进行模拟和计算、分析和预测，就能及时、准确地为企业提供相关资料，以作为企业营销活动的客观依据。

科学技术的发展，给人类的生活方式带来了深远的影响，造成了政治、经济、社会各方面的变革。这些变化必然会影响到企业的市场营销活动，给企业带来机会和威胁，甚至关系到企业的生存和发展。因此，企业应特别重视科学技术这一重要的环境因素对企业营销活动的影响，以使企业能够抓住机会，避免风险，求得生存和发展。

6. **社会文化环境**

文化就是在某一社会里人们所共有的由后天获得的各种价值概念和社会规范的综合体，即人们生活方式的总和。它包括各种社会组织、生活规则、信仰、艺术、伦理道德、风俗习惯、法律、审美观、语言文字等。它主要由两部分组成：一是全体社会成员所共有的基本核心文化，二是随时间变化和外界因素影响而容易改变的社会次文化或亚文化。不同的社会文化代表着不同的生活方式和消费习惯。在不同文化的商业活动中，营销的最重要因素就是理解消费者观念、价值观和社会需求的差异。由于营销本身是基于满足客户的需求的，这个需求在很大程度上以文化为基础，所以成功的营销应该努力去理解所要开拓的市场文化规范。

如果产品不被接受是因为产品的价值观或习惯没有充分满足人们的需求，或者没有充分满足特定社会文化的价值观，公司的生产部门就必须调整和重新制定生产程序。在此，我们必须了解是什么构成文化之间的差异。文化差异是在各种人类关系中都存在的，它不只限于语言，还包括非语言沟通、宗教、时间、空间、颜色、数字、美学、风俗习惯、身份意识和食物偏好等，所有这些对不审慎的公司都是潜在的陷阱。

（1）价值观念。价值观念就是人们对社会生活中各种事物的态度和看法。在不同的文化背景下，人们的价值观念相差很大，消费者对商品的需求和购买行为都深受其价值观念的影响。

（2）语言。在语言方面，我们正在面对的也是体会最深的就是大陆和台湾的汉语差异，另外，翻译错误也是导致失败的主要根源，解决这种尴尬局面的方法就是使用逆向翻译法：一个译者将初始语言翻译为目标语言，另一个译者将译稿译回初始语言，如果原稿和译稿是一致的则说明翻译是成功的。

（3）非语言沟通。非语言行为包括表情、眼神、手势、身体移动、姿势、衣着、空间距离、接触、时间观念等，它们在不同文化中的作用是不同的。

（4）时间。各种文化在时间概念、时间观念上是不同的。例如，对过去、现在、将来的世俗观点，为人们提供了行为准则。很有趣的就是对约会的时间观点：日本人认为不能准时是不能接受的；对于德国人，准时是仅次于信奉上帝的事；而在非洲和拉丁美洲一些国家，迟到30分钟并不奇怪。

3.2.2 微观营销环境

企业要有效进行市场营销活动，实现既定的目标，不仅要考虑企业所处的宏观环境因素，同时还要对企业所处的微观环境进行分析。从某种意义上来说，企业的微观环境对企业产生的影响更为直接。而且微观环境和宏观环境有个最大的区别就是：企业经过努力，可以对某些微观环境因素加以不同程度的控制。

每个企业的主要目标都是在盈利的前提下为目标顾客服务，以满足目标市场的需求。为了实现这个目标，企业必须把自己与供应商和营销中介联系起来，以接近目标顾客。供应商—企业—营销中介—目标顾客，形成了基本的企业营销系统。此外，企业还受竞争者和社会公众的影响。见图3-1。

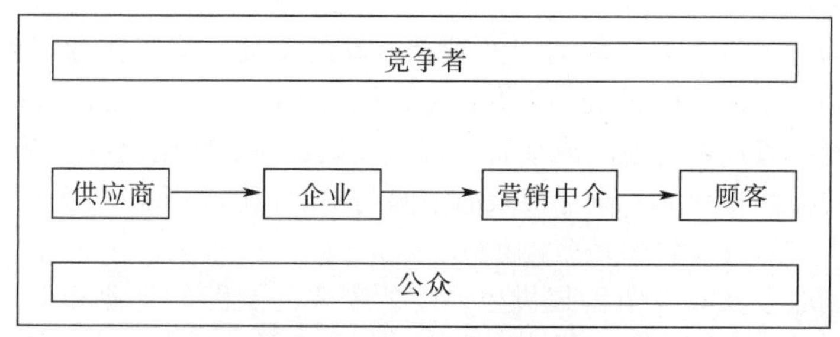

图3-1 企业的营销系统

这六者加起来就构成了企业的微观环境。它们的相互关系如图3-2所示。

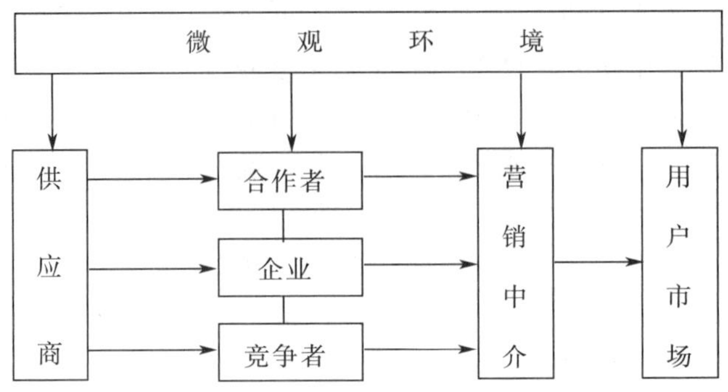

图 3－2　企业的微观市场环境

1. **企业**

这是微观环境中的首要因素，主要是指企业的内部环境。任何一个企业的营销活动都是整个企业的团结协作，而不是某一个部门的单独行动，是企业整体实力的体现。组织机构的运作效率、各部门的分工是否科学都直接影响着企业营销活动是否能够取得预定的成果。因为企业的市场营销活动实际上是企业的科研能力、制造能力、销售能力、融资能力、管理能力等诸多能力的综合发挥，是企业各部门所有员工通力合作、密切配合的结果。企业的内部状态如何对于企业营销活动有着巨大的影响，其他的宏观和微观环境因素都是通过这一因素而起作用的。因此，搞好企业内部工作，是搞好企业营销活动的关键所在。

2. **顾客**

企业的一切营销活动都要以满足顾客的需要为中心，因此，顾客是企业的最重要的环境因素。顾客可以从不同角度以不同的标准进行划分。按照购买动机和类别分类，顾客市场可以分为：消费者市场、中间商市场、生产者市场、政府集团市场和国际市场。每一种市场都有其独特的顾客。而这些市场上顾客不断地变化着的需求，必定要求企业以不同的服务方式提供不同的产品（包括劳务），从而制约着企业营销决策的制定和服务能力的形成。因此，企业要认真研究为之服务的不同顾客群，研究其类别、需求特点、购买动机等，使企业的营销活动能针对顾客的需要，符合顾客的愿望。

3. **竞争者**

竞争是市场经济的基本特性，只要存在着商品生产和商品交换，就必然存在着竞争。一个组织很少能单独做出努力为某一顾客市场服务，公司的营销系统总会受到一群竞争对手的包围和影响。因为竞争者的营销战略以及营销活动的变化，会直接影响到企业的营销。例如，最为明显的是竞争对手的价格、广告宣传、促销手段的变化、新产品的开发、售前售后服务的加强等，都将直接对企业造成威胁。因而企业必须密切注视竞争者的变化，并制定相应的对策。当环境发生变化时，企业应及时解除与中间商的关系。

4. **供应商**

供应商是指向企业及其竞争者提供生产上所需要的资源的企业和个人，包括提供原材料、设备、能源、劳务和资金等。供应商和企业的关系是一种生产协作关系。慎重挑选供应商，不断拓宽供应渠道，与供应商保持良好的生产协作关系，对于企业的生产经营有着重要的意义。

5. **营销中介**

营销中介是指协助企业推广、销售和分配产品给最终买主的那些企业，包括中间商、实体分配公司、营销服务机构及金融机构等。这些都是市场营销不可缺少的中间环节，大多数企业的营销活动，都需要在它们的协作下完成。所以说营销中介和企业的关系是一种销售协作关系。中间商由于与目标顾客直接打交道，因而它的销售效率、服务质量就直接影响到企业的产品销售，因此，必须选择使用合适的中间商。在与中间商建立合作关系后，要随时了解和掌握其经营活动，并可采取一些激励性合作措施，推动其业务活动的开展，而一旦中间商不能履行其职责，则会影响到企业的营销效率。

6. **公众**

企业的营销环境还包括公众。公众是指对一个组织实现其目标的能力具有实际或潜在利害关系和影响力的一切团体和个人。现代的企业是一个开放的系统，它在经营活动中必然与各方面发生联系，必须处理好与各方面公众的关系。一个企业的公众主要有金融公众、媒介公众、政府公众、公民行动公众、地方公众、一般公众等。公众对企业的生存和发展产生巨大的影响，公众可能有增强企业实现其目标的能力，也可能会产生妨碍企业实现其目标的能力。所以，企业必须采取积极适当的措施，主动处理好同公众的关系，树立企业的良好形象，以促进市场营销活动的顺利开展。

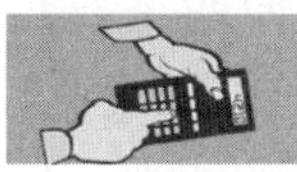

3.3 营销环境的分析与对策

企业的市场营销战略工作是从分析企业的市场环境开始的。现代营销学认为，企业在制定和调整营销战略和计划时，要根据其掌握的市场信息，进行营销机会和环境威胁分析。要根据不同的市场营销环境，制订应变计划，采取适当对策，以求得生存和发展。

3.3.1 SWOT 法

营销环境分析常用的方法为 SWOT 法，它是英文 strength（优势）、weakness（劣势）、opportunity（机会）、threat（威胁）的简称。

1. **内部环境分析（优势与劣势）**

识别环境中有吸引力的机会是一回事，拥有在机会中成功所必需的竞争能力是另一回事。每个企业都要定期检查自己的优势与劣势。企业高层管理者或企业外的咨询机构都可利用这一格式检查企业的营销、财务、制造和组织能力。每一要素都要按照特强、稍强、中等、稍弱或特弱划分等级。很明显，公司不应去纠正它的所有劣势，也不是对其优势不加以利用，而是应研究它究竟是应该只局限在已拥有优势的机会中，还是去获取和发展一些新的优势，以找到更好的机会。构成企业内部环境的主要因素有财务状况、产品线及竞争地位、设备状况、市场营销能力、研究与开发能力、组织结构、员工素质等。

分析企业内部环境主要用价值链分析法。企业生产经营是一个创造价值的过程，企业的价值链就是企业所从事的各种活动：设计、生产、销售、发运以及支持性活动的集合体，它是由价值活动和边际利润组成的。价值链中的价值活动分为两大类，即基本性活动和支持性活动。基本性活动涉及生产实体的产品、销售产品及售后服务等活动；支持性活动是以提供生产要素投入、技术、人力资源以及公司范围内的各种职能等，来支持企业的基本活动。企

业对每项价值活动进行分析，发现存在的优势和弱点以及价值链中各项活动的关系。

2. 外部环境分析（机会与威胁）

环境机会的实质是指市场上存在的或者潜在的消费需求。它即可能来源于宏观环境，也可能来源于微观环境。随着人类社会的不断向前发展，人们新的消费需求也不断产生，这就需要不断地有新的产品来满足不断增加的新需要，于是，营销机会就产生了。

环境机会对不同企业是不相等的，同一个环境机会对这一些企业可能成为有利的机会，而对另一些企业可能就造成威胁。环境机会能否成为企业的机会，要看此环境机会是否与企业目标、资源及任务相一致，企业利用此环境机会能否比其竞争者获取更大的利益。

环境威胁是指对企业营销活动不利或限制企业发展的因素。这种环境威胁，主要来自两方面：一方面，是环境因素直接威胁着企业的营销活动。例如，有些国家政府规定必须在香烟广告和烟盒上显眼的地方注明吸烟危害健康等警告，这就对烟草公司造成了威胁。另一方面，环境因素直接限制企业的发展。例如，传统的造纸企业会排放出大量的废气和废水，与整个社会的可持续发展的目标相违背，必然受到法律和政策的约束，这就给企业的生存和发展带来了威胁。

3.3.2 确定各环境因素的重要程度

在确定了企业内外部环境因素之后，需要对各环境因素进行评估，确定它们的重要程度。因为并不是所有的机会对企业都有同样大的吸引力，同样，不是所有的威胁因素对企业的影响程度都一样。因此，企业可以通过如图 3 – 3 和图 3 – 4 所示的“环境威胁矩阵图”和“营销机会矩阵图”来加以分析。

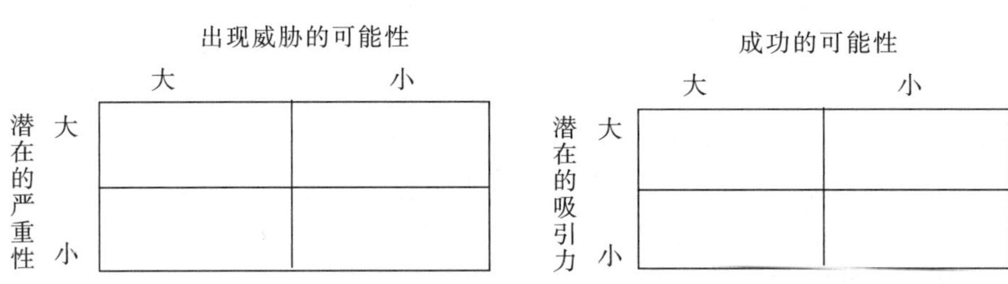

图 3 – 3　环境威胁矩阵图　　**图 3 – 4　营销机会矩阵图**

“环境威胁矩阵图”的横轴代表“出现威胁的可能性”，纵轴代表“潜在的严重性”，即表示企业盈利减少程度。根据这个分析图，可以将企业所面临的威胁分为三个等级，第一级位于矩阵图的左上角，也就是说潜在严重性和出现的可能性大的威胁对企业的影响最为巨大，是主要威胁；第三级位于矩阵的右下角，这种威胁对企业的威胁相对来说没那么大，不是主要威胁，但是也不可忽视；第二级就是剩下的两个区域，这两种威胁的影响介乎第一级和第三级之间，是次要威胁。

同样，读者可以对营销机会矩阵进行分析，这里就不再赘述。需要注意的是，企业所面对的威胁和机会因素在矩阵图上并不是固定不变的，而是在持续变化中的。在某种条件下，次要威胁会变成主要威胁，主要机会会变成次要机会。

3.3.3　评价企业环境及对策

对企业来说，生产的某类有形产品、无形的服务都是交换对象，而经营某类产品或服务则称之为业务。例如，某公司生产空调、微波炉和小家电产品，分别设立了空调事业部、微波炉事业部和小家电事业部来进行各自的业务经营与管理。

用上述矩阵对企业进行分析和评价，将会发现四种处于不同状况的业务。

（1）理想的业务，即高机会和低威胁的业务。

（2）冒险的业务，即高机会和高威胁的业务。

（3）成熟的业务，即低机会和低威胁的业务。

（4）困难的业务，即低机会和高威胁的业务。

这四种类型也可以用矩阵图表示，如图3－5所示。

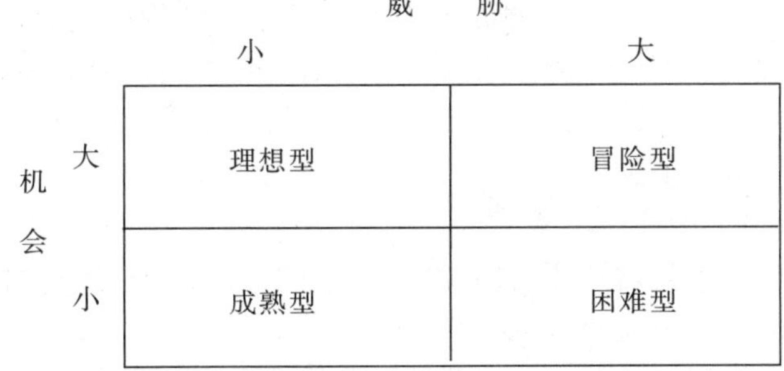

图3－5　四种处于不同状况的业务

企业对所面临的营销机会，必须慎重地评价其质量。而对所面临的威胁，有三种可以选择的对策。

（1）反抗。就是通过努力尽量限制或扭转环境因素的不利影响。例如，传统的造纸企业可以采用新型的生产技术或者改良污水处理设施，从而达到减少污染、继续发展的目的。

（2）减轻威胁。即通过调整市场营销组合来改善企业环境，以减少威胁因素对企业的影响程度。例如，烟草公司在政府禁止播放香烟广告后转而在电视媒体投放形象广告，并且通过赞助体育活动的形式来进行宣传。

（3）转移。即将资金转移到其他盈利更多的产品行业。例如，烟草企业在面对威胁的时候，减少香烟的生产，转而将资金投入到食品或饮料行业，实行多样化经营。

3.4　营销机会分析

营销机会是指某种特定的营销环境给企业带来的机会，在这样的营销环境下企业可以通过一定的营销活动创造利益。营销机会来源于“未满足的需求”，产生于营销环境的变化。例如，人们生活水平和保健意识的提高，引发了保健食品的需求；又如竞争对手的失误以及新产品、新工艺的采用；等等，都可能产生新的未满足需求。营销机会可以为企业赢得利益的大小表明了营销机会的价值，营销机会的价值越大，对企业利益需求的满足程度也越高。了解营销机会的特点，分析营销机会的价值，有效地识别营销机会，对于避免环境威胁及确定企业营销战略具有重要的意义。

3.4.1 营销机会的特点

营销机会作为特定的市场条件，是以其针对性、利益性、时效性、公开性四个特征为标志的。

1. 针对性

特定的营销环境条件只对那些具有相应内部条件的企业来说是营销机会。因此，营销机会是具体企业的机会，营销机会的分析与识别必须与企业具体条件结合起来进行。确定某种环境条件是不是企业的营销机会，需要考虑企业所在行业及本企业在行业中的地位与经营特色，包括企业的产品类别、价格水平、销售形式、工艺标准、对外声誉等。例如，折扣销售方式的出现，对生产价低量大产品的企业来说是一个可以加以研究利用的营销机会；对在顾客心目中一直是生产高质高价产品的企业来说，就不能算作是一个营销机会。

2. 利益性

利益性是指可以为企业带来经济的或社会的效益，是营销机会的又一特性。营销机会的利益特性意味着企业在确定营销机会时，必须分析该机会是否能为企业真正带来利益，能带来什么样的利益以及利益的多少。

3. 时效性

对现代企业来讲，由于其营销环境的发展变化越来越快，它的营销机会从产生到消失的过程通常也是很短暂的，即企业的营销机会往往稍纵即逝。同时，环境条件与企业自身条件最为适合的状况也不会维持很长时间，在营销机会从产生到消失这一短短的时间里，营销机会的价值也快速经历了一个价值逐渐增加再逐渐减少的过程。营销机会的这种价值应时而变的特点，便是营销机会的时效性。

4. 公开性

营销机会是某种客观的、现实存在的或即将发生的营销环境状况，是每个企业都可以去发现和共享的。与企业的特有技术、产品专利不同，营销机会是公开化的，是可以为整个营销环境中所有企业所共用的。营销机会的公开化特性要求企业尽早去发现那些潜在的营销机会。

营销机会的上述四个特性表明，在营销机会的分析和把握过程中，必须结合企业自身的内部、外部环境的具体条件，发挥竞争优势，适时并迅速地做出反应，以争取使营销机会为企业带来的利益达到最大。

3.4.2 营销机会的价值分析

不同的营销机会为企业带来的利益大小也不一样，即不同营销机会的价值具有差异性。为了在千变万化的营销环境中找出价值最大的营销机会，企业需要对营销机会的价值进行更为详细具体的分析。

1. 营销机会的价值

营销机会的价值大小由营销机会的吸引力和可行性决定。

（1）营销机会的吸引力。营销机会对企业的吸引力是指企业利用该营销机会可能创造的最大利益。它表明了企业在理想条件下充分利用该营销机会的最大极限。反映营销机会吸引力的指标主要有市场需求规模、利润率、发展潜力。

(2) 营销机会的可行性。营销机会的可行性是指企业把握住营销机会并将其化为具体利益的可能性。从特定企业角度来讲，只具有吸引力的营销机会并不一定能成为本企业实际上的发展良机，具有大吸引力的营销机会必须同时具有强可行性才会是企业高价值的营销机会。例如，某公司在准备进入数据终端处理市场时，意识到尽管该市场潜力很大（吸引力大），但公司缺乏必要的技术能力（可行性差，营销机会对该公司的价值不大），所以一开始并未进入该市场。后来，公司通过收购另一家公司具备了应有的技术（此时可行性已增强，营销机会价值已增大），这时公司才正式进入该市场。

2. 营销机会的评估

确定了营销机会的吸引力与可行性，就可以综合这两个方面对营销机会进行评估。按吸引力大小和可行性强弱组合可构成营销机会的价值评估矩阵，如图3－6所示。

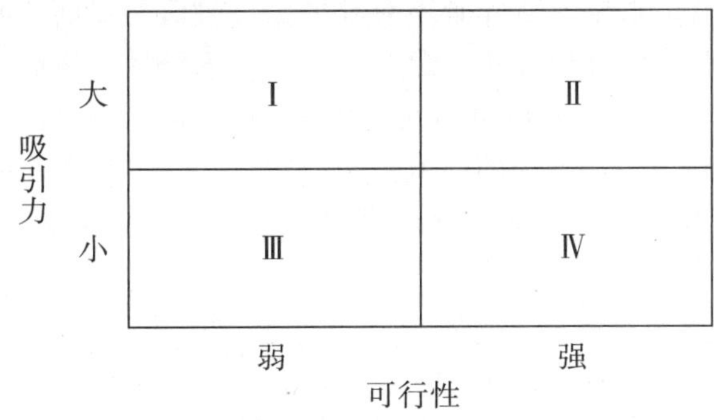

图3－6 营销机会的价值评估矩阵

区域Ⅰ为吸引力大、可行性弱的营销机会。一般来说，该种营销机会的价值不会很大。除了少数好冒风险的企业，一般企业不会将主要精力放在此类营销机会上。但是，企业应时刻注意决定其可行性大小的内、外环境条件的变动情况，并做好当其可行性变大进入区域Ⅱ迅速反应的准备。

区域Ⅱ为吸引力、可行性俱佳的营销机会，该类营销机会的价值最大。通常，此类营销机会既稀缺又不稳定。企业营销人员的一个重要任务就是要及时、准确地发现有哪些营销机会进入或退出了该区域。该区域的营销机会是企业营销活动最理想的经营内容。

区域Ⅲ为吸引力、可行性皆差的营销机会。通常企业不会去注意该类价值最低的营销机会。该类营销机会不大可能直接跃居到区域Ⅱ中，它们通常需经由区域Ⅰ、Ⅳ才能向区域Ⅱ转变。当然，有可能在极特殊的情况下，该区域的营销机会的可行性、吸引力突然同时大幅度增加。企业对这种现象的发生也应有一定的准备。

区域Ⅳ为吸引力小、可行性强的营销机会。该类营销机会的风险低，获利能力也小，通常稳定型企业、实力薄弱的企业以该类营销机会作为其常规营销活动的主要目标。对该区域的营销机会，企业应注意其市场需求规模、发展速度、利润率等方面的变化情况，以便在该类营销机会进入区域Ⅱ时可以立即有效地予以把握。

要注意的是，该矩阵是针对特定企业的。同一市场机会在不同企业的矩阵中出现的位置是不一样的。这是因为对不同经营环境条件的企业，市场机会的利润率、发展潜力等影响吸引力大小的因素状况以及可行性强弱均会有所不同。

在上述矩阵中，市场机会的吸引力与可行性大小的具体确定方法一般采用加权平均估算法。该方法将决定市场机会的吸引力（或可行性）的各项因素设定权值，再对当前企业这些因素的具体情况确定一个分数值，最后加权平均之和即从数量上反映了该市场机会对企业的吸引力（或可行性）的大小。

本章小结

营销环境是指影响企业的市场和营销活动的不可控制的参与者和影响力，它具有客观性、差异性、同一性、动态性和不可控性的特点。企业营销环境总体上来说可分为两大类，即宏观环境和微观环境。宏观环境因素有的通过微观环境因素影响营销活动，有的直接影响企业营销活动。宏观环境主要包括人口环境、经济环境、政治法律环境、自然地理环境、科技环境和社会文化环境。企业的微观环境包括企业内部、竞争者、供应商、营销中介、顾客、公众。企业要制定营销策略，首先必须对环境进行分析。目前，SWOT 法是进行营销环境分析的常用方法，按照这种分析方法，企业将环境分为外部环境和内部环境。SWOT 中的“O”和“T”便是对外部环境中的机会（opportunity）和威胁（threat）进行分析，通过此类分析主要是发现市场机会和规避外部环境中的威胁；而“S”和“W”则代表了对内部环境中的优势（strength）和劣势（weakness）进行分析，通过优劣势的分析，企业可以扬长避短，更好地实现自身的发展。

重点概念

营销环境（marketing environment）
人口（population）
经济（economy）
政治法律（policy and law）
自然地理（nature and geography）
科学技术（science and technology）
社会文化（social culture）
供应商（provider）
中介（agency）
顾客（customer）
公众（public）
竞争者（contender）
机会（opportunity）
威胁（threat）
策略（strategy）

复习题

1. 营销环境对企业有哪些影响？为什么企业必须主动适应环境？
2. 营销环境分为哪两个层次？各层次包括哪些因素？
3. 营销机会来源于什么？试举例说明营销机会分析的重要作用。

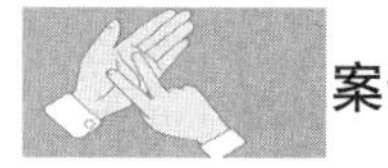

案例分析

广州大众搬屋公司

1989 年 11 月，严锐忠辞去了在广州电信局的一份稳定而且收入不低的工作。熟人见他就问：“听说你要办什么搬屋公司，能行吗？”

严锐忠原来在广州电信局当配线工，因其体格健壮又乐于助人，所以，不少亲友乔迁总

喜欢请他帮忙，有时一个星期要帮别人搬好几次家。当时，广州的居民搬家都是请亲友帮忙。久而久之，严锐忠察觉出请人搬家的弊端：一是要请人吃饭，买好烟好酒招待，还欠下人情；二是所请的人缺乏搬贵重物品的工具和经验，物品易损坏。这种搬家方式不仅效率低，而且花费大，很不划算。随着经济的发展和人民生活水平的提高，搬家的社会需求会越来越大。“如果办一家专业的搬家公司，肯定赚钱”，严锐忠这样想。1990 年 1 月，严锐忠拿出积蓄5 000元，又借了亲友 3 万元，还说服一个朋友合作凑了 7 万元，买了一辆 5 吨载重汽车，请了几名搬运工，在家门口竖起了招牌“大众搬屋社”。

1．第一位“上帝”，试水市场

有人戏称严锐忠的搬屋行业为“第七十三行”。当时，广州人还没有接受这一行。搬屋社开业一星期，无人问津。一天，对面幼儿园有位女教师发现了“大众搬屋社”的牌子，她刚走进简陋的办公室，马上就被工作人员让到最好的一把椅子上，敬上一杯热茶。

第二天，女教师的父亲来了，坐了一个多小时，问长问短，当问及损坏物品怎么赔偿时，严锐忠毫不含糊地回答：“照原价赔！”临走时，他约严锐忠去家里看家具，并要他写一个搬屋计划。这个计划，严锐忠写了整整 4 页纸。

事情还没完，谨慎的顾客又一次光临“大众”，他们要看“大众”的车放在哪里，是什么车，包装工具有没有，工人怎么样……最后，又提出两个条件：第一，要将包装工具提前一天送到他家里；第二，要严锐忠亲自指挥。严锐忠一口答应。

4 天后，搬家总算正式开始了。从清晨干到傍晚，严锐忠拖着疲惫的身体回到家时，挣来的 350 元搬屋费已被握出了汗。

那位女教师的口头宣传使附近的几户居民光顾了“大众”，然而，接下来生意就陷入了停顿状态。合伙的朋友顶不住了，提出要卖掉车子，抽回本钱。

而恰在此时，搬屋社在一次搬屋时，不慎将客户的一套真皮沙发划了一道口子，客户索赔数千元。此时的严锐忠已经一文不名，他只得变卖家产：电视机、音响、冰箱……一共卖了 6 000 元。那天夜里，这个性格倔强的汉子躺在床上悄然落泪。到底是哪个环节出了问题？严锐忠陷入困惑中。

搬屋业在全国范围内还是一个新生的行业，严锐忠没有可以借来的经验，他必须自己摸索出一套办法。

2．重整形象，迎来转机

1990 年 3 月 1 日，严锐忠的搬屋社以崭新的形象重新开业了——“大众”员工一律剪平头装（每晚洗头，短发易于清洁）；一律穿红衫（贺屋主乔迁之喜）；一律穿军用解放鞋（上下楼方便）；一律备行军壶，不喝群众一口水……

“东风”货车改成了集装箱式，不管有没有生意，都在大街小巷跑来跑去，集装箱上的“大众搬屋”开始醒目地走入广州市民的视线。

做不起广告，严锐忠就油印了公司业务简介，买来了几千个信封，按广州市电话号码簿，没日没夜地写，一封一封地寄给各单位的总务科。

严锐忠知道对于他们这一行，顾客最担心的是什么，于是他找上了保险公司。搬家保险可是从来没有办理过的险种。严锐忠一趟又一趟跑保险公司，精诚所至，终于使保险公司为他开设了一个前所未有的险种：搬迁物品保险。

这一切引起传媒关注，有家大客户看了报道后找上门来。严锐忠兴奋地感到：转机来

了！他将支票兑现，找来 8 台车，搬了整整一个月。

3. **一夜搬走广东电视台，屡建奇功**

1990 年年底，广东电视台要从人民北路乔迁至环市东路，设备繁多，工程巨大，更要命的是搬迁时不能停止正常播出。当时正值海湾战争时期，电视新闻引人注目。电视台的负责人问严锐忠能不能接下来，严锐忠回答："晚间新闻播完后动手，保证早晨新闻如期播出！"

整个搬迁计划要动用 30 辆车，100 多个车次，为确保万无一失，严锐忠提前 3 个月做准备工作，制定了详尽的方案。1991 年 2 月的一天夜里，广东电视台神奇地从人民北路迁到了环市东路。当第二天传媒报出这一消息时，人们简直不敢相信自己的眼睛。

此后，严锐忠又推出了"四大措施"：电话预约，上门定价；24 小时全天服务；买家庭财产保险；平安随车押运。"大众"的牌子，从此巍然竖了起来。

随后，"大众"屡有惊人之举："几百地铁拆迁户一日内乔迁芳村"，"成功搬运安装'长征一号、长征三号乙'运载火箭"，为番禺香江野生动物园进行了一次全球有史以来最大规模的鳄鱼及野生动物搬迁，并被有关部门指定承运由江泽民总书记亲笔题词的"神舟号"飞船。2004 年，完成广州白云国际机场及南方航空公司搬迁。2005 年，协助广州多所高校搬迁至大学城。2008 年 5 月汶川地震期间，大众公司的人员和车辆随时待命，积极协助广州各团体机构运送救灾和重建物资。2010 年，承担广州亚运会、亚残会运输物流服务等。

1995 年，"大众"被国务院经济发展研究中心评定为全国创办最早、规模最大的搬迁企业，业务占当时广州市搬迁市场的 70% 以上。2000 年 11 月，在全国同行业中率先通过 ISO 9001 的质量认证。

2014 年，荣获"中国搬迁市场领导品牌"称号。此外，连续多年被评为"广东省守合同重信用企业"。

4. **细分市场，努力满足不同顾客的需求**

大众搬屋公司最初的业务，主要是个人（家庭）的搬迁。随着广州城市化进程的加快、城区东扩、珠江新城的建设，家庭搬迁业务迅速增长，同时也吸引了一大批公司加入这个行业，竞争日趋激烈。家庭搬迁业务的数量多，每单业务的金额小，不过需求量的波动相对不算太大，可以说是兵家必争之地。大众搬屋、服务大众。"大众"提出了"一握大众手，永远是朋友"的服务理念，推行科学管理，提升服务质量，并且推出精细搬家服务（包工包料）、搬家助理服务（家居收拾和清洁），还推出了长途搬家业务。为了让顾客获得更多价值，推出了搬家服务优惠套餐。

搬迁市场的另一块重要组成部分是组织购买市场，如企业、高校、医院、政府机构等客户组成的市场。组织市场的客户对搬迁的要求很高，如大型物件的吊装运输时间短、运输物品种类多、安全性要求高等特点。组织市场的价格需求弹性小，每单业务的金额大，但毛利率高，争取订单的工作量大，搬迁的准备时间长，运作组织的难度大。因此实力不强的搬迁公司难以承接这类业务。大众公司采取逐步购置搬迁装备，或联合租赁其他专业公司的办法形成了雄厚的实力，从而赢得机会并成功地完成了一个又一个重大项目。

5. **励精图治，提升综合实力**

大众搬屋公司从零起步，白手起家，经过近 30 年的持续努力，已发展成为拥有员工近千人，各类型运输吊装车辆 120 多台，拥有专业的管理团队和技术队伍的大型搬迁企业集团。

大众搬屋公司十分重视员工队伍建设，所有员工都需经过培训，拿到专业技能上岗证后方可上岗；同时纪律严明，监督制度完善，为服务质量提供了基本的保障。大众公司吸引和培养了一支优秀的管理团队，高层管理者都拥有研究生和MBA以上学历，每年都被安排到国外进修学习，以保证与时俱进，适应环境的变化。

目前，大众搬屋公司已建立了自动在线下单系统、GPS卫星定位系统、信息化管理系统，实现了公司智能化运营管理，形成了从客户管理、信息管理、车辆调度、物流调配、即时服务、售后服务追踪的管理体系。

案例编写：李业、伏睿、王斌

资料来源：参考有关新闻报道、大众公司官网，客户回访。

讨论题

1. 严锐忠是如何发现这个市场机会的？大众搬屋集团的创业过程对你有什么启示？
2. 严锐忠采用了什么营销策略来提升企业知名度？
3. 大众公司为什么要细分市场？试分析搬迁市场中消费者市场和组织市场的区别。
4. 大众公司的成功经验对你有哪些启示？你最欣赏的是哪个方面？

延伸阅读

1. 任泽平，熊柴. 中国人口大迁移：未来有望形成5个人口亿级城市群［EB/OL］. 新浪财经，2019－07－04.

2. 2018年中国人口老龄化现状分析及人口老龄化趋势预测［EB/OL］. 中国产业信息网，2018－05－17.

3. 吴拿科技大王. 5G时代到来后，这几个行业将崛起，发展前景广阔［EB/OL］. 2018－09－26.

4. 陈龙. “大象”变身“孙悟空”　宝洁中国恢复双位数增长［EB/OL］. 品观网，2019－06－10.

5. 她已年近花甲　风姿绰约却始终“不婚不育”［N］. 参考消息，2019－01－09.

6. 中国瓶装水销量冠军，年营收162亿稳压怡宝娃哈哈，却拒不上市［EB/OL］. 腾讯网，2019－08－20.

7. 电商君. 公司上市后，一代酱油大王加速没落！市值被海天狂甩70倍！［N］. 电商报，2019－08－23.

第 4 章

营 销 战 略

学习目标

◇ 理解营销战略的概念和作用
◇ 明确选择营销战略目标的基准
◇ 掌握制定营销战略的基本分析工具
◇ 掌握企业三种业务发展战略类型的特点及其实施条件
◇ 了解营销计划的制订过程和内容

为适应变化的环境及充分利用外部环境提供的机会，企业不仅需要对其长期发展进行全面规划，而且需要为营销活动制定一个长期的战略。由于并不存在一个对于所有企业来说都是最好的战略，因此，企业必须掌握制定合理有效的营销战略的方法，并且能够在执行所制定的战略的过程中实施有效的管理。

4.1 营销战略的概念和意义

4.1.1 营销战略的概念

从战略的角度来看，企业的营销活动集中在市场上商业活动的领域中，以及实现这些商业活动所需的手段和时机。从公司的角度来看，营销环境的要素（例如竞争状态、市场动态和环境变迁等）对形成公司营销战略来讲是必不可少的。公司营销活动的领域限定在市场和公司之间这个范围内，对目前和潜在市场趋势的认识以及对任何一个战略计划操作来讲都是及其重要的。

本质上，在一个特定的环境中，营销战略涉及三种力量的相互作用，这三种力量被称之为“战略 3C”：消费者（customer）、竞争者（competitor）以及公司（corporation）自身。

营销战略应设计出能把它自己与竞争者有效区别来的方法，以及利用自身独特的能力（实力）为消费者创造更好价值的方法。一个好的营销战略应具有如下特点：①清晰的市场界限；②公司实力与市场之间需要良好的适配；③相对于竞争者来讲，公司具有明显或潜在的优势。

总之，3C 构成了营销战略的三角。如图 4－1 所示。所有这三者都是动态的，且都有它们各自要追求的目标。如果消费者的需求不能和公司的目标相匹配，那么后者的生存能力就会受到威胁。消费者需求与公司目标的积极匹配需要它们之间具备一种持续的良好关系。但

是，这种匹配是相对的，如果竞争对手能够开发出更好的匹配，那么公司就会随着时间的迁移而处于不利的地位。换句话说，公司目标和消费者需求之间的匹配不仅必须是明确的，而且要比竞争对手做得更完美、更扎实。当公司接近消费者的方法与竞争对手完全一样时，消费者就不能加以区分，结果就是一场价格战，这样当然能满足消费者的需求，但不能实现公司的目标。我们可以根据这三个关键要素来界定营销战略，即在特定的背景下，公司将自己与竞争者有效地区别开来，利用公司自身的相对实力更好地满足消费者需求的一系列活动。

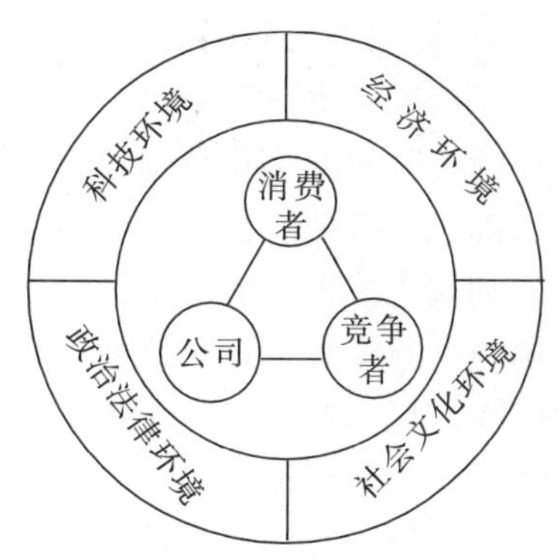

图4－1 营销战略建构的三个要素

基于战略3C的相互作用关系，营销战略的形成需要下面三项决策：①在何处竞争？也就是市场的范围问题。例如，整个市场还是一个或多个细分市场（市场细分的概念将在本书第9章中阐述）。②如何竞争？也就是竞争的手段。例如，引进一种新产品来满足消费者的需要，为现有的产品建立一种新的形象，等等。③何时竞争？也就是市场进入的时机。例如，是首先进入市场还是等待初级需求建立之后再进入。

作为企业的营销战略，应具有如下一些显著的特点。

1. 强调长期的影响

营销战略决策通常具有深远的影响。用营销战略专家的话讲，营销战略是一种承诺，而不是一项行动。例如，如果是营销战略决策就不仅仅是对中意的消费者提供迅速的交货，还应包括对所有同类消费者提供24小时的交货服务。

◇ 相关链接

固特异的战略决策：反其道锁定轮胎业务

在1980年，美国固特异（Goodyear）轮胎公司做出了在未来集中资源经营其轮胎业务的战略决策。而此时它的同行却看淡轮胎业的市场前景，固特异选择了与同行相反的发展战略。这种战略选择对公司的长远发展有着深远的影响。如果这种选择是正确的，那么其轮胎业务就不仅在北美市场，而且在西欧市场占据统治地位。这将对法国米其林（Michelin）轮胎公司在世界市场上的地位形成一个强有力的挑战。如果出现与预料相反的结局，固特异就会为比Unilroyal和Firestone这两家公司过度涉足轮胎业而付出惨重的代价，而这两家公司目前正在实施多样化经营。

营销战略的长期导向需要对环境给予高度的关注。从短期来看，人们可以假定环境是稳定的，但从长期来看，环境稳定不变是不可能的。

对环境的适时监控需要战略情报的投入。战略情报与传统的营销调研在深入探究方面有着明显的不同。例如，仅仅知道竞争对手有成本优势是不够的，从战略的角度看，营销商还应该知道竞争对手在成本的进一步降低方面还有多少潜力可挖。

2. **需要有公司的投入**

营销战略决策需要公司在三个方面给予支持和投入，即公司的文化、公司的公关和公司的资源。公司的文化是指经过长期积累被公司接受内化成为行为准则的公司高层管理的仪式、理想、特征、禁忌、习俗、礼仪等。公司的公众包括在组织中具有利益的各种利益攸关者。利益攸关者一般包括公司的消费者、雇员、经销商、政府和社会。公司的资源包括人力资源、财务资源、物质资源和技术资产/经验等。公司的价值取向限定了营销战略家们的活动范围，包括要进入的市场、要收割的业务、要投资的业务等。营销战略制定过程中的公司资源的投入也有助于组织整体利益的最大化。

3. **不同的产品/市场有不同的作用**

传统理论认为公司内所有的产品都应该尽力追求利润最大化。而战略营销却认为公司内不同的业务有不同的作用。例如，有些业务处于产品市场生命周期的成长阶段，有些处于成熟阶段，而其他的可能处于引入阶段。在市场生命周期每个阶段上的产品都有不同的战略和肩负不同的期望。处在成长期的产品需要额外的投资，而处于成熟期的产品应该为公司贡献更多的现金。把这种思想付诸实施是到了波士顿集团提出业务矩阵分析框架以后才开始的，波士顿业务矩阵（如图4－6所示）以市场份额和行业增长率作为两个维度建立平面坐标轴，每一个轴都用连续的从高到低的刻度标出，公司的所有产品均可在此平面坐标轴上标出其位置。

波士顿矩阵是基于比竞争对手的市场占有率高的公司应该能够以低成本生产产品，而比竞争对手的市场占有率低的公司应该以高成本生产产品的假定为基础的。这个分析框架的重要特点是把公司的业务分成四类，反映出各项业务的现金使用和现金供给能力。波士顿矩阵有两个基本的特征：①根据统一的标准把多种多样的业务进行分类排队。②它提供了平衡公司现金流的一种工具，通过这种工具可以得出哪些业务可能是现金提供者及哪些是现金使用者。

营销战略的实践在确定每项产品/市场的角色之前首先要对这个产品/市场进行检查。进一步讲，不同的产品/市场共同地与公司整体营销努力最大化有关。最后，每个产品/市场都与一个有适宜的经验和背景的经理相对应来管理它。

4. **集中在组织内的业务层次**

营销战略主要在组织内的业务单位层次上实施。例如，在美国通用电气（GE）公司内，主要的产品都被组成单独的业务单位来制定各自的营销战略。

5. **需要公司财务资源的支持**

营销战略决策与公司的财务职能紧密相关。营销战略类型的选择要受到公司财务资源的约束。一般情况下，任何营销战略都需要公司财务资源作为基础。不管是产品开发，还是广告、促销都需要公司财务资源的投入。在某种意义上，公司的财务资源限制了其营销战略的选择。

4.1.2 企业对营销战略重要性认识的发展

任何一个进行营销活动的企业，都必然地要和其所在的环境发生联系。虽然任何一个组织和它所依赖的环境之间都是相互作用、相互影响的，但由于环境的变化并非企业所能控制的，因此，营销环境就对企业形成了一定的环境压力。企业必须适应环境才能生存和发展。

在与环境的相互关系中企业必须通过不断地自我调整，才能和环境的变化保持协调。因此，组织和环境相互适应理论在管理学上被提出后，早期几乎没有营销战略概念的企业，都越来越重视营销战略问题。

在我国近代的民族资本主义发展时期，出现过一些善于从长期性、全局性的高度来把握市场经营活动的变化，预先制定有效的策略，从而取得令人可圈可点业绩的事例。如20世纪40年代由卢作孚先生在重庆创办的民生公司，在被帝国主义和官僚资本主义所垄断的长江航运业中，以正确的谋略和胆略，使公司从1926年创办时赊购的一条小火轮为起点，发展为40年代长江航运史上最大的客运公司。

西方资本主义国家的企业和企业家，在较早期的营销活动中，也同样出现过依靠正确的战略指导而取得经营成功的事例。如20世纪20年代美国的“汽车大王”亨利·福特，在决定要投身加入汽车业的开拓发展时，就意识到要在汽车业取得发展，汽车这种产品的售价就必须是一般的工薪阶层人士（蓝领工人）都能够买得起。因此，他制定了每辆汽车售价500美元的目标，这对于当时汽车售价普遍在2万~3万美元之间的市场现实而言，几乎是“神话”。福特在明确的目标规定下，制定了正确的实现目标的方案——通过扩大生产批量、提高劳动生产率来降低成本。他聘请到一位出色的工程师沃尔特·弗兰德，首创了流水生产线的方法，空前地提高了汽车生产的劳动生产率。高效率为福特带来了低成本的产出，他终于实现了每辆车500美元的销售目标，并为福特公司奠定了在汽车行业长达20年之久的统治地位。“福特生产方式”也被经济史学家作为现代工业生产的起点。

◇ 相关链接

引领制胜的索尼“驯马战略”

日本的索尼公司，其创始人盛田昭夫，是以借贷527美元、于1964年在东京的一家被炸坏的百货商店楼上起家的。盛田昭夫认为，一个想在资源贫乏的国家取得发展的企业，必须在很大程度上依靠领先的科学技术。因此，他为公司制定创造并领先运用最先进的科学技术的发展战略。以后，他又将此战略命名为“驯马战略”。此战略使索尼公司依靠率先采用新的科学技术创造出领先的高质量的产品，这不仅为本公司的发展，也为日本民族能够改变20世纪三四十年代在欧美市场的消费者所具有的“东洋货是劣质货”的印象做出了极大的贡献，并为日本企业参与国际竞争和取得举世公认的成就奠定了基础。

尽管有这样一些成功的事例，但是，真正在企业的营销活动中，将营销战略提到关系全局的成败、关系企业的命运，并使之成为企业营销活动的统帅和纲领的高度，还是进入到20世纪70年代中后期的事。进入70年代以来，西方工业发达国家企业管理重点发生了新的转移。如果说50年代以前管理的重心是生产，60年代的重心是市场，70年代的重心是财务，那么，80年代的重心则是战略。这一重心的转移不是偶然的或人为的，而是现代生产力水平和社会经济发展的必然结果。其原因主要表现为以下几个方面。

首先，科学技术的飞速发展，使得科学新发现或新发明转化为社会生产力的周期越来越短，从而使生产设备和产品更新速度大大提高。这一客观事实，迫使任何一个企业的管理者

必须高瞻远瞩，具有战略发展的观念，认识和预见未来发展可能带来的影响和挑战，并做出正确的战略决策。近年来，科技进步更是日新月异，对于企业的战略能力提出了更高的要求。

其次，市场（消费者）的需求日益变化，新的需求层出不穷。随着社会经济和消费者收入水平的不断发展和提高，消费者需求日益向多层次和多样化发展。市场要求企业的产品要具有更多的品种、更多的档次和花样、更高的质量和服务。任何一个企业的产品，今天可能受到顾客的欢迎，明天也许就不再能满足顾客的需要。消费者需求的不断发展和变化，迫使企业着眼于满足潜在的和未来的需求，求得可靠的生存和发展。

再次，社会政治、经济形势复杂多变，时刻给企业的生存和发展带来新的机会或造成新的威胁，这就使得每一个企业必须预计到各方面可能的变化和影响，并能够时刻做出相应的反应。

◇ 相关链接

“滴滴”拼车下线，定制公交上线

“滴滴”在2018年一整年都陷入了安全整改和网约车合规的风暴中，在已经到来的2019年，网约车合规的呼声已经小了很多，而“滴滴”也在战略重心上做出了很大改变，定制公交不失为一条妙计。

“滴滴”在2018年12月份上线了定制公交，首先在南京进行试运行，开通了120条线路，费用从2元到8元不等，如果算上“滴滴”的红包补贴，常常一趟车只需要几毛钱就能乘坐，相当划算了！很多网友戏称“滴滴”定制公交其实就是顺风车的改版，因为定制公交使用的系统确实是顺风车的系统，能够精确到座位的出行方式，不仅可以减缓交通压力，而且用户费用不高，也容易接受，因此，定制公交一上线就受到了南京朋友的欢迎。如果“滴滴”顺风车不能回归的话，定制公交或许真的是一个不错的替代品，还能避开网约车合规的要求。

资料来源：小白SEOer说网络．2019－01－11．

最后，企业规模日益扩大，经营范围和内容日益复杂。现代化大生产的企业经营，已经从过去单纯抓生产和销售扩大到一个包括市场需求研究→制定发展规划→开展科学研究→进行科技开发→深化产品研制→加强工厂生产→改进包装运输→强化批发零售→全面市场服务和信息反馈等各环节密切配合的动态大系统。企业的经济活动形成了大规模的从市场到市场的经济循环活动系统，其中的任何一个环节都不能脱节，否则，就会在薄弱环节上形成“瓶颈”，使整个系统效益受到影响。生产经营活动规模的扩大，使得企业领导不能只看近期利益，必须做长远的战略考虑。

4.1.3 制定营销战略的意义

制定营销战略，从总体上对企业的市场营销活动进行规划、指导和约束。对于营销企业来说，制定营销战略具有如下重要的意义。

（1）使企业的营销活动得到整体的规划和统一的安排，实现“市场营销观念”中所要

求的“企业活动目标一体化”。也就是说，营销战略计划使企业的各部门、营销工作的各个环节都能按统一的目标来运行，得到一个协调性的运转机制，才会为企业的营销活动的有效性提供相应的保证。

（2）提高企业对资源利用的效率。营销战略计划本身就是从诸多的可以达到既定目标的行动方案中，选择一个对于企业当前的情况来说最好的方案。因此，凡是制定得合理和正确，并得到了正确贯彻执行的营销战略计划，都能够保证企业的资源得到最有效的配置和最充分的利用。

（3）增强营销活动的稳定性。由于营销外部环境的不断变化，企业的营销战术活动也需不断地相应变化或调整。但是，一切战术问题的调整和变化，必须也应该是为了实现或有利于实现既定的企业总体任务和目标。对战术问题的调整，不应是盲目的、随心所欲的或仓促被动的。因此，只有在营销战略计划的规定下，营销企业才能够主动地、有预见地、方向明确地按营销环境的变化来调整自己的营销战术，才能减少被动性、盲目性，处变不惊，使企业始终能够在多变的营销环境中按既定的目标稳步前进。

（4）为企业的营销管理工作提供依据和提高管理工作的有效性。企业的管理决策层，需对企业的各项工作实施有效的管理，要使被管理部门都能自觉地接受管理，就必须有人人都明确和知晓的管理依据（法治方法）。就处于市场经济中的企业来说，营销管理必将成为企业最重要的管理内容和职能。而营销战略计划，由于规定了营销活动的任务和目标以及实现的要求和方法，就为企业管理阶层对营销活动的管理提供了纲领及为日常的管理活动提供了依据，同时，也使被管理者明白其工作的成效是怎样衡量的，应如何行动。所以，有了营销战略计划的规定，就可以使企业的营销活动有统一的组织、指挥、协调和控制，从而提高了对营销活动管理的有效性。

（5）是企业参加市场竞争的有力武器。在市场竞争中，企业与其对手的竞争，不仅是企业的现有实力的较量，甚至可以说主要不是现有实力的较量，而是人的智慧或才能的较量。如同在军事上存在着无数的以少胜多的战例一样，企业在市场竞争中主要的还是同竞争对手比较谋略。要想在市场竞争中取得胜利，首先必须有正确的、高人一筹的、出奇制胜的战略谋划。因为市场竞争和军事上的敌我较量的原理是相通的，竞争双方的实力固然重要，但并不是决定性的因素，决定性的因素是人，是具有更高谋略和智慧的人。这就是国外相当多的企业和企业家对中国的《孙子兵法》《三国演义》等军事作品推崇备至，并奉为经营者必读之书的原因。所以，制订正确的并得到有效贯彻的战略计划，可使营销企业在竞争中取得成功。

（6）是企业员工参与管理的重要途径。从管理的原理来说，管理必须强调统一意志、统一指挥。但是，管理工作也同时强调应极大地调动被管理者的积极性和创造性。在具体的管理操作中，对于全局性的谋划，对于战略的制定，是最需要集思广益，最需要企业人员上下同心，明确奋斗目标的。因此，在战略计划工作中吸收广大职工参与，不仅体现了管理的民主性，也便于管理者吸收群众的智慧，使企业的所有员工都能明白企业的发展远景和奋斗目标，以增强企业职工对企业的向心力和凝聚力。

4.2 营销战略目标的确定

营销战略是以确定营销目标为主要内容而展开的。战略目标是指企业全部营销活动所要达到的总体要求。营销战略目标规定了企业全部营销活动的总任务，决定企业发展的行动方向。

4.2.1 选择营销战略目标的基准

我们应该怎样去评估各种可供选择的营销战略？究竟应该使用什么标准？我们可以利用塞缪尔·泰勒提供的一个模型化的公司战略标准来回答这些问题。目标就是要表明能够解决一些范围更广泛、更基本的问题。可以使用以下的五项标准：内部一致性、外部一致性、资源能力、时间以及风险度。

1. 内部一致性

内部一致性主要是指营销战略和营销目标之间的相互关系和协调性。并且，市场目标和各种营销组合要素也必须是一致的。一个较高的销量目标和一个范围狭窄的市场就是一个缺乏内部一致性的典型例子。类似地，一个以需要产品被广泛接受与较大市场容量为基础的市场目标显然与营销组合中的高价格和高质量相违背，高额的促销费用与选择性分销不一致，内部一致性应贯穿整个营销方案所涉及的各个方面。例如，用于选择销售商所使用的标准必须与相应的赔偿的方式和程度一致。

2. 外部一致性

在这一点上，我们必须判断营销战略与环境相联系时的效果。市场趋势、政府的政策法令以及竞争态势构成了公司的外部压力。涉及伦理问题的制药类企业必须对政府法令、法规保持高度敏感。不断降低的出生率将对童鞋生产商的营销战略带来较大的冲击。当一家企业想要在美国的纺织品市场上寻求较大的市场份额时，它必须认识到来自进口的冲击。以上均是一些来自外部环境的负面影响展示，它们一方面说明外部环境对企业构成了一些限制因素，另一方面，外部环境中存在的一些成长机会也具有对等的重要性。近年来，对于生产个人电脑的厂家其营销战略必须与逐渐成长的市场保持一致。那些在市场投入方面显得过于保守的企业也因此而遭受到一定的损失，只有具有卓越的眼光和较强的对环境变化的适应能力才能实现外部一致性。

3. 资源能力

资源有助于企业实现自己的营销目标，换个角度而言，一个企业所拥有的资源代表了其对存在于外部环境中的威胁与机会的反应能力。三个最主要的资源是：资金、人力以及设备。

财务实力主要包括扩大债务以及资产净值的能力，这对于企业较大的生产项目和将营销活动拓展到新市场是极其重要的。那些较小或中等规模的企业经常会因为生产能力的限制而不得不延迟或放弃一些被推荐的项目，这类现象即使在那些规模较大并且具有较好的资源禀赋的企业内也时有发生，而这类限制因素的影响程度却经常被予以错误评估。市场与产品推广费用类似于资本投入，可以在即将发生的销售量和利润实现之前用于代表实际的现金流。

◇ 相关链接

BAT与华为之间的AI烧钱大战

此前，云计算、共享经济、区块链依次站上风口，2019年可能就轮到人工智能AI。据IDC（互联网数据中心）预计，2022年中国人工智能市场规模将达到98.4亿美元。互联网第一阵营BAT（B指百度，A指阿里巴巴，T指腾讯），是中国互联网公司百度公司（Baidu）、阿里巴巴集团（Aibaba）、腾讯公司（Tencent）三大互联网公司首字母的缩写。率先发起AI烧钱大战。马化腾、李彦宏、马云在上海人工智能大会上剑拔弩张。第三方数据显示，“All in AI”的百度在AI方面的计划是，2015年和2016年分别投入100多亿元。值得一提的是，2016年百度研发投入占了总营收的14.3%，几乎与当年净利润持平。腾讯在AI方面早有布局和投入，2016年腾讯启动了一个AI Lab，其愿景是“让AI无处不在”。2018年3月15日，腾讯公布2018年在AI领域的三大核心战略，并成立机器人实验室“Robotics X”，探索虚拟世界和真实世界连接，重点关注“AI+医疗”的发展。阿里在AI方面更为高调，主要表现在对AI的持续投入以及人工智能首次出现在年度财报中。公开资料显示，2017年10月12日，阿里巴巴成立“达摩院”，计划三年投入超1 000亿元，用于基础科学研究和颠覆式技术创新。BAT之外，终端以及芯片等企业在AI方面更是一掷千金。2018年10月份，华为在上海首次发布了AI战略。华为副董事长、轮值董事长徐直军预测，到2025年全球个人智能终端数将达到400亿，企业和机构的人工智能利用率将达到86%，数据利用率将达到80%，智能将像空气一样存在。作为硬件厂商的代表，华为早在8年前就已开始投入AI研发，即使在过去区块链相关技术被认为可以颠覆AI之时，华为仍然坚信AI是未来发展方向。赵明表示：“人工智能是一个非常重要的入口，今天华为和荣耀手机在终端都有所建树，最新推出的麒麟980芯片所支持的华为Mate 20系列和荣耀Magic 2，是迄今为止人工智能领域最强的两款手机。”

资料来源：证券之星，2018-12-27.

人力资源具体包括质和量两方面，某些营销活动只是简单地要求公司内并不具备的技巧与功能。我们可从营运良好的工业企业进入消费企业的现象得到例证。当规模小的公司寻求发展，并且需要与其行政部门所不同的组织才能时，人力资源量的一面就能清晰地显现出来。通常要评价一个组织是否具有采用新的营销方案的能力并不容易，我们经常会强调具有潜力的新市场或新产品，以致忽视了人力资源所具备的能力的现实性。

虽然，我们更多的是将注意力放在销售队伍上，关于人力资源量的问题仍可在营销组织的各个环节与部分得到体现。将过多的产品或不同的顾客群都推到营销代表的身上，以致过多地加重他们的负担是极其不合理的。并且，销售力量以及营销组织的不连贯往往会导致费用的急剧增加。最好的做法是，能够将有计划地组织成长融入新产品和新的营销方案中去。

设备能代表生产资源或营销资源，尽管我们通常会认为只有物质生产力才是企业的设备基础。当然，正如厂房和仓库的布局一样，生产能力与技巧同样代表企业有形设备的限制因素。营销管理的市场销售量定位与生产管理的质量和成本控制之间存在矛盾的现象是非常普

遍的。正如在许多商业决策中对生产能力的评估往往从属于其错误的预测。

在评估各种可供选择的营销战略时，营销设施必须予以考虑，这一点通常被认为能够通过营销渠道结构得以体现。尽管其并非像生产设备那样具体而直观，但是营销渠道作为一种资源可以被看作是半固定的设备。理所当然，各种全新的备选产品都必须要通过营销渠道协调一致性的测试。就长期而言，通过追加额外的投资，企业的生产设备和营销渠道都能被调整和改变。虽有例外，但更通常的情况是，企业的管理部门总是通过使这些设备超负荷运行以寻求竞争优势。

4. **时间**

在确定营销目标和营销战略时，我们通常都会强调一个时间的尺度，该尺度包括两方面的内涵：一方面它是指战略的时间跨度，那些大型的以技术为背景的公司，如 IBM、Lockheed、DuPont 和 RCA 就特别意识到企业战略暂时性的一面。较长的计划期使得这些企业必须认真考虑营销战略随时间推移的可行性。在该坐标的另一端是一些小企业，他们则视灵活为他们的一大法宝。对于这些小企业而言，是否能迅速采用新的战略和营销方案是非常重要的。更深一层次尺度则是消费品生产企业认识到其营销方案已经过时，必须予以更换的某一特定时间点。随时间推移而不断变换的营销环境和竞争战略通常会影响到最佳方案的有效性。另一方面它与前一标准——外部一致性相关联。在引入一新产品时，一个有效的营销方案必须要考虑普通产品所处的发展阶段。在前期阶段需要有大量的产品推广投入，而且促销通常会强调普通产品所固有的特性，而不是强调企业的相对优势。企业在宣扬某一品牌优于另一品牌时，首先必须通过刺激消费者使其认识到自己对某品牌的产品有需求。

作为一项战略标准，时间具有能量化以及能度量的特征。问题仅仅在于在大多数情况下，时间作为其中某一尺度更为明显，更具现实意义。在实施某项新的营销方案前，对所要付出的努力予以有意识的思考及进行相应的准备是保证标准得以有效运用的前提。

5. **风险度**

风险作为一项战略标准可能是最为抽象和最难量化的。你怎样去评估与一项特定战略相适宜的风险水平？其中一项最基本的因素就是使该战略得以实施所必须投入的资源的绝对量。另一项因素便是该企业用于实施营销方案的资源占企业所有资源的比例。有关资源大量投入的事例是非常多的，IBM 将号称 5 亿美元的资金投资于 360 条计算机线路，格兰仕宣称投资 20 亿元进入空调行业。对于任何一家企业而言，它所愿意承受的风险在某种意义上体现了其所拥有资源的深度以及与某一特定战略相关的潜在利害关系。所以，事实通常是资源能随时予以测量，而企业的潜在盈利还有赖于对环境及竞争对手行为的预测。当评估一项战略的风险因素时，过去的经验可能有助于提供洞察力，但通常当面临的机会越大，挑战性越大，就越缺乏可靠的资料以供决策。有的企业的首席执行官已认识到当考虑某项重大决策的风险因素时直觉的重要性。

为了评估风险，有必要再一次提到时间尺度。围绕研发进行长期投资而制定的战略通常要承受更高的风险。在更长的时期内，由于技术、政治以及来自消费者的压力等各方面因素将会使环境发生急剧变化。营销经理所面对的困境便是越来越大的环境不确定性。

4.2.2　市场占有率、投资利润率与营销战略目标

1．概念及计量指标体系

（1）市场占有率。市场占有率是各业务部门的产品或劳务销售总额对全部该类产品或劳务的全部市场销售额的比率。

为更好地说明企业市场占有率状况，除用市场占有率这一目标外，还选用以下辅助目标。

①产品普及率。它是消费者平均持有某种产品的比率，有按人口与按家庭平均的两种普及率。普及率越高，表明市场潜力愈小，产品生命周期愈短。一般认为，耐用消费品普及率在 15% 以下为投入期，16% ～50% 为成长期，50% ～80% 为成熟期，80% ～100% 为衰退期。一般来说，企业不应该进入产品普及率较高的产品市场，因为其容量较小。

②实质销售增长率。它是企业报告期较基期销售额增长的比率与企业所在行业销售平均增长率的比率。这一比率若高于 100%，则表明企业营销状况良好，反之则不佳。

③相关产品销售增长率。相关产品分两类：一类是互补品，如电视机与天线；另一类是互替品，如彩色电视机与黑白电视机。如果是互补产品，则该产品销售率越高，本企业产品销售增长率愈高，反之亦然；互替性产品则恰恰相反，它的增长率越高，对自己产品销售的威胁就越大，反之亦然。

④老用户损失率。它是老用户损失数与原用户总数的比率。造成这种损失一般有三种原因：老用户本身对该类产品的需求萎缩；该产品出现质量等问题不能满足用户需求；其他厂家由于提供更优质服务而抢占了自己的市场。对老用户损失率进行具体分析，对企业营销战略的制定有一定影响。

⑤新用户获得率。它是新用户增加数与原用户总数的比率。造成新用户增加原因可能有两点：一是进入市场的新企业增加，它表明市场对企业所在整个行业需求增加；二是本企业从其他企业的用户中抢生意，这表明企业竞争力的增强。正确区分这两种原因对营销策略制定意义重大。

（2）投资利润率。投资利润率是指税前的营业收益占自有资本和长期负债总额的比率，英文缩写为 ROI。

ROI 可以用来反映同一行业不同经营领域或同一产品在不同市场上的状况，但用来反映不同行业的状况就有很大缺陷。因为各行业在不同时期 ROI 均不同。例如，电脑行业的 ROI 就明显高于纺织行业。为了能比较电脑行业与纺织行业内各企业的竞争力，必须运用相对 ROI。

$$\text{相对 ROI} = \frac{\text{某一企业 ROI}}{\text{该企业行业 ROI}}$$

2．市场占有率与投资利润率的比较

（1）投资利润率与市场占有率的关系。理论研究与商业实践表明，市场占有率是决定利润率的重要因素之一。一般来说，市场上两个竞争的企业，市场占有率高的企业，其利润率比占有率低的企业高。如图 4－2 所示。

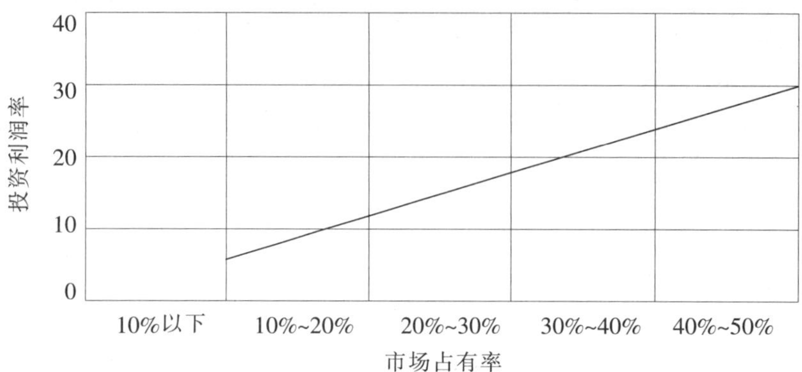

图4－2　投资利润率与市场占有率的关系图

图4－2是经验数据图，它生动地描绘了市场占有率与ROI（税前的）正相关关系。这种正相关关系建立条件如下：

①随着市场占有率的扩大，资金周转率略有上升，销售利润率迅速提高。

②由于市场占有率扩大，材料购置费用在销售额中所占比例明显下降。

③市场占有率扩大，营销费用在销售额中所占比例将部分地减少。

虽然市场占有率与ROI呈如此紧密的正相关关系，但它们之间毕竟没有一种必然的联系或称为因果联系。在商业和管理实践中，我们可以发现大量的反例，即市场占有率低的企业具有极高的ROI。所以，只有对企业的经营规模、竞争能力和经营者的能力等诸因素进行综合分析，才能正确认识一个企业的市场占有率与其ROI之间的客观联系。

（2）两个指标用作营销战略目标的适用性比较。

企业之间竞争的关键是争夺市场，因为市场能综合检验出企业的竞争能力。同一产品市场上的不同商家市场份额的变化，鲜明地反映了各企业竞争力的变化，市场占有率这一指标则直观地表示了这一点。而投资利润率（ROI）虽然也是企业经营状况的综合评价，但是它实质上只是一个绝对指标（虽然在统计学上它属于结构相对指标），因为它不是建立在把本企业ROI与另一企业ROI相比较基础之上的，故很难直接判断企业的综合经营能力。即使运用"相对ROI"来进行修正，它也远没有市场占有率那样直观。而且同一行业ROI的计算是非常麻烦且困难的，故在短期决策时，企业一般应选择市场占有率作为自己的营销战略目标。

然而，ROI指标亦有其独特的、为市场占有率不可替代的作用。在下述情况下，它比市场占有率更有助于企业领导选择营销战略：企业领导受控于所有者时；产品处于成熟期和衰退期而不是投入期和成长期时；产品适合于撇脂定价法而不是渗透定价法时；等等。除此之外，它还有一个非常重要的作用，即它能判断一个行业所处的成长阶段，从而有助于企业的长期投资决策。一般地，当ROI较高且呈升高趋势的行业是处于成长期的，非常有前途的行业；相反，ROI较低且呈下降趋势的行业是处于成熟期并逐步走向衰退期的行业。例如，钢铁、化学等重化工业的ROI明显高于木材、纺织等行业的ROI，而生物工程、电子、计算机等行业的ROI又明显高于钢铁和化学等行业的ROI。正是各种产业ROI之间的这种比较利益的差别，才诱发与促进了产业结构的变迁。企业可以从自己的ROI变动上对所属行业

进行判断，若ROI较低或持平，甚至略有下降，则企业应从该行业抽走资金并转移到新兴的有较高ROI的部门和行业。所以，ROI较适合于长期决策。

总之，在确定营销战略目标时，一方面，要根据不同企业的不同细分市场及其产品的不同生命周期阶段，运用不同的计量指标作为营销战略目标；另一方面，在一般情况下，应选用市场占有率作为企业中短期的营销战略目标，选用投资利润率作为企业中长期的营销战略目标。

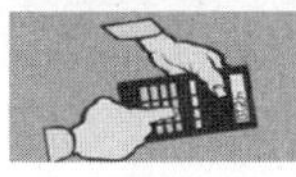

4.3　营销战略的制定过程

营销战略的制定，也就是企业对营销活动的战略决策过程。它分为四个步骤。如图4－3所示。

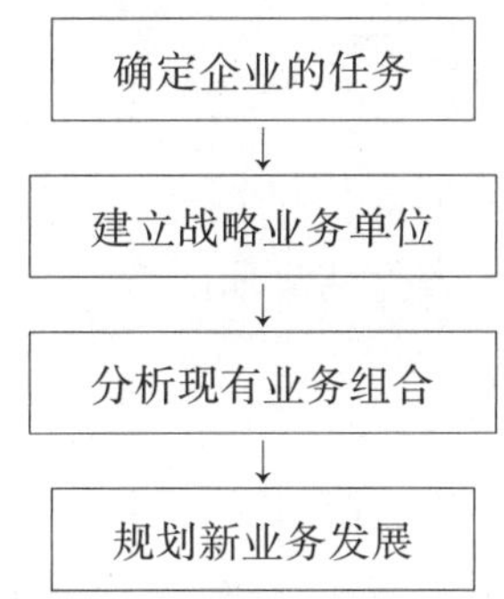

图4－3　营销战略制定过程图

4.3.1　确定企业的任务

企业的任务具体表现为企业的业务经营范围和领域，是企业寻求和识别战略机会的活动空间和依据。由于营销环境的不断变化，会使企业原来的发展轨迹或方向与已发生变化的环境发生冲突；由于企业的组织、产品、资源和人员的变更，也会使企业原定的任务变得模糊不清；或者，由于新的市场机会的出现，企业必须变更原来的经营方向和范围来充分利用有利的市场机会；等等。因此，企业在重新审定原来的战略方向或制定新的营销战略时，首先需要对企业的战略任务加以明确，或者为企业在新的营销环境中选定更有利于企业发展的战略任务。制定营销战略任务，就是规定企业在一个比较长的时间内所要取得的发展结果。营销战略任务，其涉及的是对企业全面发展提出的要求或目标。任何一个企业在确定其具体任务时，都应该明确地回答以下几个问题："本企业是干什么的?""本企业的主要市场在哪里？谁是本企业的主要顾客?""顾客的主要追求和需要是什么？本企业应该如何去满足这些需求?"通过对这些问题的回答，就能明确企业的任务。

许多成功的组织都把它们的组织使命用文字写下来，称为"使命声明"。组织使命声明至少在以下五个方面对公司提供很大的利益。

（1）使命声明给公司一个清晰的目的和方向，以免公司步入歧途。

（2）使命声明叙述公司的独特目标，帮助它与其他相类似的竞争公司有所区别。

（3）使命声明让公司专注于顾客需要，而非它自己的技术和能力。

（4）使命声明提供给高层管理人员在选择不同的行动路线时的特定方向和目标，帮助他们决定哪些市场机会是应该去追逐的，哪些市场机会是不应该去追求的。

（5）使命声明提供了指引公司的所有员工和经理人员行为和思考的规范，使使命声明像胶水一样可以把公司员工凝聚在一起。

◇ 相关链接

国内外公司的“使命声明”

IBM 公司：适应企业界解决问题的需要。

美国电报电话公司：提供快速有效的通讯能力。

壳牌石油公司：满足人类的能源需要。

百度：用科技让复杂的世界更简单。

阿里巴巴：让天下没有难做的生意。

腾讯：通过互联网服务提升人类生活品质。

1. 确定企业任务的考虑因素

制定营销战略任务，应考虑以下四个因素。

（1）企业的发展历史。企业是从过去发展至今的。在企业的发展过程中，企业积累了一些经验，留下了不少可以利用的财富。例如，企业原用的品牌可能为其老顾客所熟知；再如，企业已经拥有了适应生产某类型产品的技术人员和管理者；等等。所以，企业一般不能无视其发展历史。在面对新的市场环境时，即使是有某些看上去诱人的市场机会，如果它不能扬企业之所长，不能充分发挥企业现有的和潜在的优势，未必是值得利用的。例如，山东信义集团是一家以刹车片、刹车盘和制动器总成作为主导产品的国家级高新技术企业，为中国重汽、上海大众、福特汽车等 40 多家汽车厂商提供刹车片等产品。2009 年，该公司销售收入 28 亿元，利税 3.06 亿元，出口 4 000 万美元，被称为国产第一的刹车片厂商。2013 年，该集团成立了北京信义地产公司，据说是因为房地产的利润丰厚。但折腾了 5 ~ 6 年之后，却带来了 8 亿元负债。2019 年 7 月，信义集团宣告破产，跨行业多元化经营彻底击垮了信义集团。

（2）现有主要管理决策成员的当前偏好。企业的主要管理决策人员，各有其性格特征、业务专长、文化背景、价值观和管理风格，由此而形成其对企业当前发展和管理的不同偏好。比如，一个企业的经理，如果追求的是在其任期内企业应更稳妥的发展，而不愿意冒过大的风险，则那种具有较大风险的发展要求，会使这类主要决策人员难以适应和承担。

（3）环境因素。环境因素及其变化形成了企业发展的机会和威胁。战略任务应该是能充分利用出现的机会，避开威胁，尤其是那种对企业可能具有毁灭性的环境威胁，必须有切实的措施或对策来防止其可能对企业所造成的危害。例如，邮轮旅游是深受人们喜欢的旅游项目，尤其受到老年人的青睐。但是，一旦发生流行性传染病疫情，将会给邮轮公司带来致命性打击。

（4）企业的资源。企业的资源不但是指传统上所讲的人（数量）、财、物这些硬件资源，也指企业的人员（素质）、管理水平、社会形象、品牌知名度、使用和开发新技术的能力等这些软件资源。企业所制定的战略任务，其能否最终完成，必定受企业的资源限制。一方面，制定一个毫无资源保证的战略任务，无异于筑空中楼阁或是画饼充饥；另一方面，如果制定的战略任务不能尽企业的资源之利，也会延缓企业的发展，使某些可贵的市场发展机会失之不再，这也是对资源的极大浪费。所以，制定战略任务，必须是既有资源保证，又能充分利用企业的资源。

确定了企业的战略任务，也就规定了企业的业务范围。因此，营销战略任务应至少明确三个方面：①企业所要满足的顾客需要，即明确市场需求类型。②企业所要服务的顾客群，即明确市场类型。③企业用以满足顾客需要的技术手段或技术方法，即明确适宜的产品和服务类型或产品和服务形式。

比如，一个电冰箱制造企业，其服务的顾客群就是以家庭为单位的消费者。顾客所需要的是能保鲜储存食品和其他易变质的物品，采用的技术手段是制冷和灭菌。

确定了企业的战略任务，只是对企业的业务范围和发展方向做了规定，而战略任务还必须分解成相应的目标，以便实施。目标是指预期要达到的结果，同时也提供了评价一个企业业绩的标准。见表4－1是20世纪最具影响力的管理学大师彼得·德鲁克提出的保证企业总任务实现的目标体系。在战略制定工作中，制定出的战略目标，往往是一个目标体系，这一体系包括对不同的活动环节所规定的目标，也包括对不同的部门和人员所规定的目标。就总体性的目标来说，常见的有赢利（率）、销售（增长）量、市场占有额（率）、品牌的知名度、质量等级等。

表4－1 进行成功管理的企业应包括的目标

序号	目　标
1	市场方面的目标：应表明本公司希望达到的市场占有率或在竞争中占据的地位
2	技术改进与发展方面的目标：对改进和发展新产品，提供新型服务内容的认识及其措施
3	提高生产力方面的目标：有效地衡量原材料的利用，最大限度地提高产品的数量和质量
4	物质和金融资源方面的目标：获得物质和金融资源的渠道及其有效的利用
5	利润方面的目标：用一个或几个经济指数表明希望达到的利润率
6	人力资源方面的目标：人力资源的获得、培训和发展；管理人员的培养及其个人才能的发挥
7	职工积极性发挥方面的目标：发挥职工在工作中的积极作用（奖励和报酬等措施）
8	社会责任方面的目标：本公司对社会产生的影响

图4－4所示是一个假设的生产家用微波炉的股份公司的目标层次图，为了使股东能得到更高的分红以提高公司的市场声誉，故确定了“提高投资报酬率”这一目标，这一目标首先符合企业的战略任务的要求，在这一目标下层层分解，得到了一个目标体系。

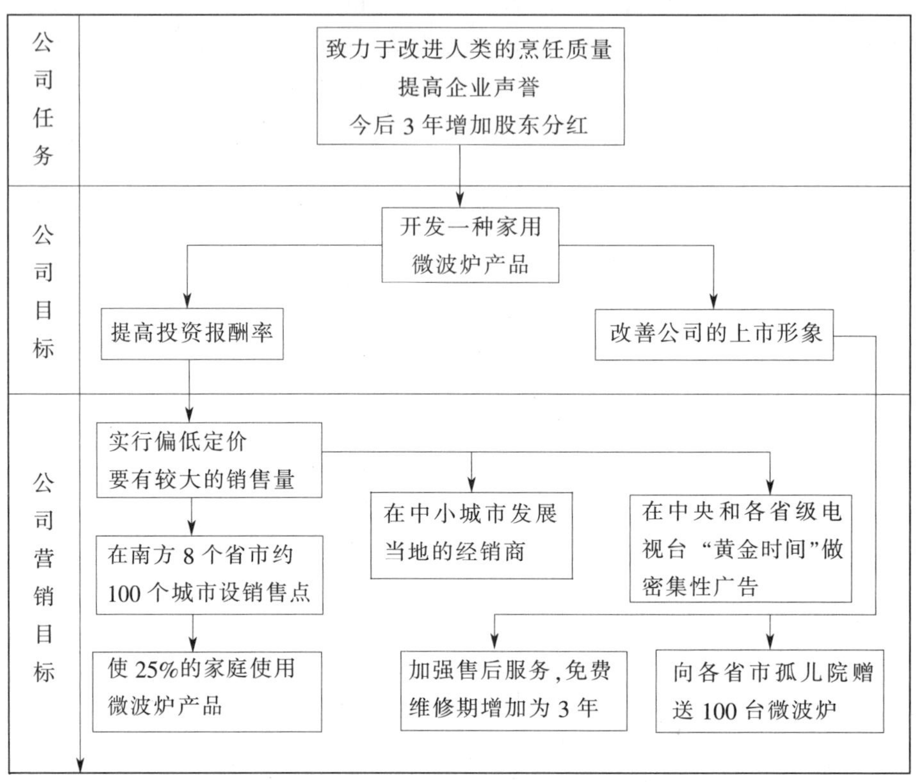

图4－4　某股份公司的营销目标层次图

2．确定企业营销战略目标的要求

企业所确定的营销战略目标应符合以下要求。

（1）突出重点。对于企业来说，它想实现的目标往往不止一个。但在一个战略周期内，由于受各种条件的限制不可能都实现，而且，在很多时候若将有些目标放在一起施行，还会相互冲突。因此，在“熊掌与鱼不可兼得”时，应该是确定一个当前更为重要、更为迫切需要实现的目标，或者是能对实现企业的战略任务更有利的目标，即采取“有所得必有所失”的思维方法来解决相对优先或目前更为关键的问题。

（2）可以测量。目标必须是具体的和唯一的，即能够被执行者理解，而且此种理解应是唯一的（不可能做出另一种解释或理解）。为此，要求一般能够定量化的目标应定量化，而不能定量化的目标，也应清楚地加以说明；否则，所制定的目标既无法真正得到贯彻执行，也无法进行检验，甚至当执行者对所确定的目标各按各的理解执行时，还会造成企业内部的混乱。

（3）一致性。一致性也指目标之间的协调性。因为目标涉及对企业营销活动的诸多方面的要求和规定，因此，它们必须是相互协调或是相互补充的。如果目标之间是相互矛盾、相互冲突和排斥的，这种目标不是不可能执行就是执行后会造成企业的重大损失和失误。

（4）可行性。目标的可行性是指它按企业现有的资源条件是可以完成或实现的，但又应是经过企业员工付出相应的努力才能实现的。目标不应成为“精神性的口号”可望而不可即。没有可能实现的目标是毫无意义的。同时目标也应对其执行对象具有一定的挑战性，

必须付出相应的努力才能完成。过于轻松就可完成的目标，于企业的发展是绝无益处的。

（5）时间明确。对于所确定的营销目标，均应规定明确的完成时间，这样才便于进行检查和控制。对目标不提出明确的完成时间，这和没有目标几乎是没有差别的。

4.3.2 建立战略业务单位

企业确定了战略任务与目标以后，对企业内的每一项业务进行设计和规划，还要进一步界定企业的业务内涵，以便进行战略管理，使企业的战略任务更加具体。在对企业的业务进行分析的时候，首先要规定业务的性质，在现代营销观念的限定下，公司必须以市场导向来界定公司的业务，也就是说，要把企业经营看成一个顾客需要的满足过程，而不是一个产品的生产过程。产品是短暂的，而基本需要和消费者却是永恒的。例如，在中国有着悠久历史的算盘生产企业，当计算器和计算机问世后便会面临着淘汰的命运，但是如果这个企业明确规定其任务是提供计算工具，它就会从算盘生产转入计数器或计算机的生产。

一般来讲，企业的业务内涵可以从三个方面加以确认。

（1）企业所要服务的顾客群，即明确市场类型。

（2）企业所要满足的顾客需要。

（3）企业用以满足顾客需要的技术和技术方法，即明确适宜的产品类型和产品服务形式。

例如，一个企业专门为家庭生产电视机，那么，它的顾客群就是各类家庭用电视机（包括客厅和卧室及其他用），顾客需要就是清晰的声像，技术就是电子技术。该企业可以根据需要从以上三个方面扩大或缩小业务范围，它还可以决定为其他顾客群体生产电视机，如军队、工业生产单位和教学部门等；或者它还可以为电视机生产其他可以搭配使用的产品，如录像机、VCD机、摄像机等。

由于大多数企业，包括一些较小的企业都可能同时经营若干业务。在划分了不同的业务内涵和范围之后，就可以建立战略业务单位。所谓战略业务单位（strategic business unit，简称SBU）是指具有单独任务和目标，并可以单独制订计划而不与其他业务发生牵连的一个经营单位。一个战略业务单位可以是企业的一个部门或一个部门内的一个产品系列，有时也可以是一种产品或品牌。

一个战略业务单位通常应具备这样的特征：它是一项业务或几项相关业务的集合；它有一个明确的重点任务；它有自己的竞争对手；它有一位专门负责的经理；它有自己独立的经营战略。

◇ 相关链接

企鹅王国的业务布局

腾讯，1998年11月诞生于中国深圳，是一家以互联网为基础的科技与文化公司。其使命是“通过互联网服务提升人类生活品质”。腾讯秉承着“一切以用户价值为依归”的经营理念，为亿万网民提供优质的互联网综合服务。

腾讯的战略目标是“连接一切”，并长期致力于社交平台与数字内容两大核心业务：一方面通过微信与QQ等社交平台，实现人与人、服务及设备的智慧连接；另一方面为数以亿计的用户提供优质的新闻、视频、游戏、音乐、文学、动漫、影业等数字内

容产品及相关服务。还积极推动金融科技的发展，通过普及移动支付等技术能力，为智慧交通、智慧零售、智慧城市等领域提供有力支持。

腾讯希望成为各行各业的数字化助手，助力“数字中国”建设。在工业、医疗、零售、教育等各个领域，腾讯为传统行业的数字化转型升级提供“数字接口”和“数字工具箱”。秉持“数字工匠”精神，希望用数字创新提升每个人的生活品质。随着“互联网＋”战略实施和数字经济的发展，腾讯通过战略合作与开放平台，与合作伙伴共建数字生态共同体，推进云计算、大数据、人工智能等前沿科技与各行各业的融合发展及创新共赢。

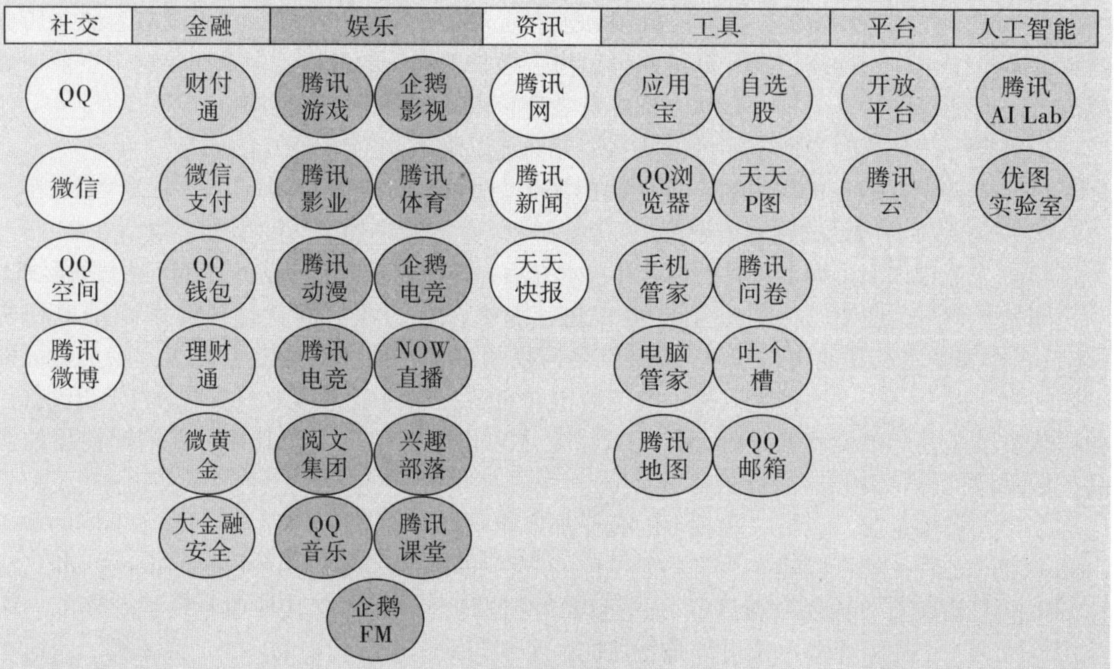

社交	金融	娱乐	资讯	工具	平台	人工智能
QQ	财付通	腾讯游戏、企鹅影视	腾讯网	应用宝、自选股	开放平台	腾讯AI Lab
微信	微信支付	腾讯影业、腾讯体育	腾讯新闻	QQ浏览器、天天P图	腾讯云	优图实验室
QQ空间	QQ钱包	腾讯动漫、企鹅电竞	天天快报	手机管家、腾讯问卷		
腾讯微博	理财通	腾讯电竞、NOW直播		电脑管家、吐个槽		
	微黄金	阅文集团、兴趣部落		腾讯地图、QQ邮箱		
	大金融安全	QQ音乐、腾讯课堂				
		企鹅FM				

图 4－5　腾讯的业务版图

资料来源：腾讯官网信息整理。

4.3.3　分析现有业务组合

企业在明确了营销战略任务并根据战略任务的规定确定战略业务单位以后，就需要对企业现在所经营的战略业务单位进行资源分配。因为，一是在新的战略任务的规定下，原有的某些业务将会被放弃；二是某些企业现在所经营的业务，需要在企业的现有资源规模的限制下进行调整，或是扩大，或是缩小。企业在一定的时期，其拥有的资源是有限的，它必须以有限的资源充分保证重点项目，使有良好市场发展潜力的业务项目，以及由战略任务和目标所规定的要优先发展的业务项目得以实现，这就不得不削减其他一些较弱的业务项目所占用的资源。这便是业务组合分析（portfolio analysis），就是将企业的资源尤其是资金，在各项

业务项目之间，按战略任务和目标的要求进行合理的分配。

对企业战略所用资金进行分配以后，在今后的一定时期（一般指一个战略周期）具有不可逆性，即某些资金一旦投入经营业务的运作，非到一定时期是无法抽回的。所以，确定业务组合计划是营销企业战略计划工作中一项需要极其慎重对待和进行更多的科学分析的工作。

确定业务投资组合，首先要对企业现在所经营的全部业务单位进行分析，以取得这些业务单位的详细营销资料，如市场占有率、资金占有量、产出能力、市场赢利率、销售量、竞争实力、品牌形象等资料，才能保证做出正确的投资决策。

企业确定业务投资组合，主要使用以下两个方法，这两个方法都具有对影响资金分配的各项因素进行综合考虑和统筹安排的特点。

1. 波士顿咨询集团法

波士顿咨询集团法（boston consulting group approach），是由美国波士顿咨询集团公司在20世纪60年代提出的。营销学上也简称该方法为BCG法，即波士顿咨询集团3个英文单词的首写字母。波士顿咨询集团为该方法定名为"增长—份额矩阵（growth-share matrix）"，由于该方法构造了一个四象限的分析矩阵，也称之为"四象限法"。BCG法的做法如图4－6所示。

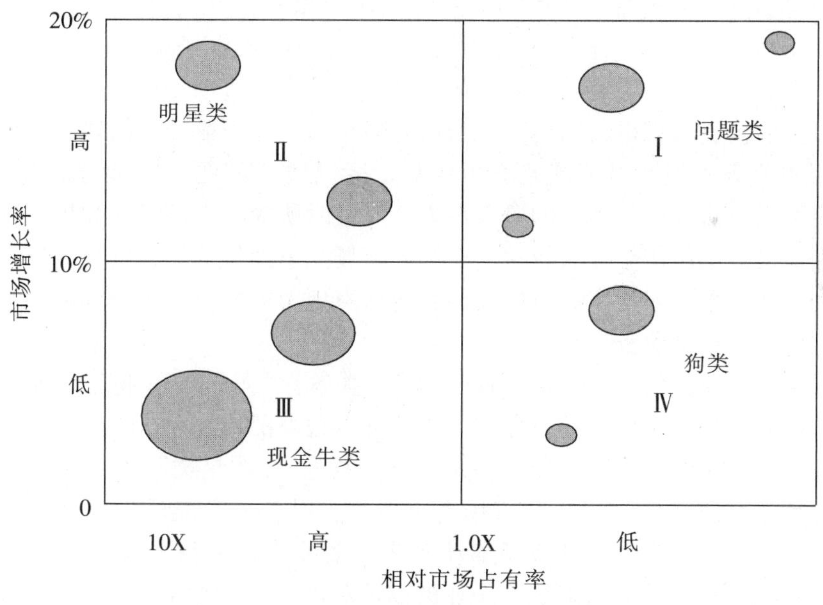

图4－6　波士顿咨询集团增长—份额矩阵图

（1）首先取"市场增长率"为矩阵的纵坐标。所谓市场增长率，一般是指某项业务的市场年销售增长率。有时，为了能在各项业务之间进行比较，也可以取销售毛利率或利润率。本书以取销售增长率为例。习惯上以10%的增长率作为高、低增长率的分界点。因为在西方，两位数的增长率一般就被认为是高增长率。但在不同的国家以及不同的行业，面对不同的市场情况，可以取如5%、20%、30%等作为高、低增长的界线，以能准确反映本行业的增长率的衡量水平为准。

（2）取“相对市场占有率”为矩阵的横坐标。所谓相对市场占有率，是指本企业现有的市场占有额和在同一市场中的一个具有最大的市场占有额的竞争对手的市场占有额的比值。用公式表示就是：

$$相对市场占有率 = \frac{本企业的市场占有额}{最大竞争对手的市场占有额} \times 100\%$$

假定本企业的现有市场占有额为1万件，在市场上一个最大的竞争对手的市场占有额为5 000件，则相对市场占有率为2（10 000÷5 000=2）。如果市场上有一个最大的竞争对手的市场占有额是2万件，则相对市场占有率就是0.5（10 000÷20 000=0.5）。一般用1表示相对市场占有率高与低的分界点。就是说，当相对市场占有率的值为1时，说明市场上有和本企业实力相当的竞争者存在，同为市场占有额的领先者。相对市场占有率要求用相对数值绘于坐标上，目的是为了能在图上以相同的距离表示实际所代表的市场份额和市场增长的变化值。

（3）将企业现有的全部经营业务，它们或者是一个战略业务单位，或者是一条产品线，以圆圈的形式绘于矩阵中。圆圈的圆心在矩阵图中的位置，是由该项业务的市场增长率和相对市场占有率的值确定的。圆圈的直径（图上反映为圆圈的大小）代表该项业务所占有的资金量。

（4）矩阵图分析。“BCG”矩阵图一共分为四个象限：处在象限Ⅰ中的业务项目称为“问题（question）类”业务。这类业务的特点是具有较高的市场增长率，但其相对市场占有率很小。这类业务的存在具有两种原因：一是它们现在的市场需求发展较快，而企业在这些项目上，过去的投资额较少，因而其市场占有额小；二是企业经营的这类项目，比之竞争对手经营的相同业务来说，可能缺乏竞争优势，所以属“问题类”业务。对于企业来说，如果要进一步发展，需要进行大量的资金投入，决策时所应考虑的是，如果在这些项目上继续增大投资，而最终不能使企业获得一个有利的市场竞争地位的话，资金的投入将无法收回或者不能达到预期的投资回报率，所以需要企业认真地考虑是投入大量的资金来增强其竞争实力抑或是立即放弃这类业务。

处在象限Ⅱ中的业务代表“明星（star）类”业务。“明星类”业务是企业在当前经营得比较成功，具有市场领先地位的业务。这类业务有很高的市场需求，因而具有很高的市场增长率；而且，企业已经取得了市场的领先地位。但是，“明星类”业务是需要企业投入大量的资金来保持其高速增长和巩固其市场竞争地位，以击败可能的进攻者。所以，“明星类”业务是企业的现金消耗者而不是现金生产者，需要占用或投入较多的资金。当“明星类”业务的地位稳固后，它就可以成为企业的高盈利项目。如果企业没有适量的“明星类”业务，其发展前景堪忧，即企业缺乏后劲。

处在象限Ⅲ中的业务代表“现金牛（cash cow）类”业务。“现金牛类”业务的市场增长率已不高，表明这类业务在市场上可能新进的消费者数量已不会多了，产品进入了成熟期。但是，企业经营的这类业务，有最强大的市场竞争地位，拥有很大的市场份额，称之为“现金牛”，就是比喻这类业务已无须企业再对其投入大量的资金，而是从这类业务身上得到大量的回流现金。通过“现金牛类”业务收入的现金，或是用于企业当前的现金开支所需，或是用于对“明星类”业务和需要发展的“问题类”业务的资金投入。如果企业的“现金牛类”业务过少或者是“现金牛”过“瘦”，说明企业的业务投资组合是不健康的，

因为为了维持企业现在的生存和发展，需要依靠少量的“现金牛”的现金收入，如果市场对这类业务的需求发生突然的变化（减少），将使企业面临危机。

处在象限Ⅳ中的业务代表“狗（dog）类”业务。这类业务的市场成长率很低，相对市场占有率也很小。“狗类”业务是进入了市场衰退期的业务，或者是企业在营销中基本上是不成功的业务，或者这类业务不具有和竞争对手竞争的实力。“狗类”业务的存在，在很多情况下可能是由于企业过去成功地经营过该项业务，甚至是企业过去起家时或在成功发展期曾给企业带来过辉煌业绩的业务。因此，保留这些业务往往是主要管理决策人员的“感情因素”在起作用。由于“狗类”业务占用了企业的资金而又没有发展前途，因此需要决策者下决心放弃这类业务，尤其是“狗类”业务太多时，必须坚决地加以清理。

（5）业务组合健康状态分析。把企业经营的各项业务在矩阵图上定位后，需要对企业的业务组合是否正常、其状态是否健康进行分析。主要从两个方面分析：①从静态上看，在“BCG”矩阵中的业务组合分布中，如果有太多的“狗类”和“问题类”业务，而“明星类”和“现金牛类”业务太少，企业现有的经营业务组合就是不健康的。尤其是当“现金牛类”业务过少且又过小时，企业在当前就处于不利的状态之中。②从动态上看，当前所形成的“BCG”矩阵图，实际上只是一个静态图。成功的业务单位也有生命周期，它们从“问题类”业务开始，继而成为“明星类”业务，然后成为“现金牛类”业务，最后变成不景气的“狗类”业务。所以，企业应将当期的矩阵图与过去的矩阵图进行比较，同时还要对各项业务在未来的矩阵图中可能的变化情况做出预计，才能做出正确的投资决策。如果某项现处在图中“问题类”的业务，在上期是处于“明星类”象限中，而上期企业又对其做过较大的投资，说明这一经营业务并没有按企业预期的要求发展取得成功，这或是反映了投资的失误，或是反映出竞争对手的营销策略更为有效。因此，企业应就失误的方面进行检查，以便纠正投资错误或避免在本战略周期内再出现同样的错误。

（6）企业现在可以利用“BCG”矩阵图中所反映的经营业务的现有发展情况进行投资决策，以便决定哪些业务是需要在本战略期内增加投资，哪些业务在本战略期内不应再投资，甚或需要收回投资。“BCG”法所使用的营销战略有以下四种。

第一，发展（build）。发展战略意味着要对某项业务进行追加投资，主要的目的是为了扩大该项业务的市场占有额，提高其市场竞争力，甚至是不惜放弃短期收入和赢利来达到这一目的。发展战略主要是用于确有市场需求增长潜力和竞争实力的“明星类”业务。

第二，维持（hold）。该战略是指保持某一业务的现有市场占有额，既不缩减其规模也不再扩大其规模。维持战略主要适用于强大的“现金牛类”，使之继续地产生大量的现金流转量。

第三，收割（harvest）。收割战略的目的是增加短期的现金流量，而不考虑对某项业务的长期地位的影响。这一战略适用于较弱的“现金牛类”和那些目前还有利可图的“问题类”与“狗类”业务。

第四，放弃（divest）。放弃战略意味着对一项业务立即进行清理和歇业，将其占用的非现金资源（如设备、生产线或产成品的存货）进行出售或拍卖，目的是收回该业务所占有的全部资金，将其用于其他需要发展的经营业务，或是更有利的投资领域。

◇ 相关链接

乔布斯回归苹果后的业务重整

乔布斯回归之后，苹果公司有近15款MAC电脑产品。多款产品并存，品牌识别度低，且多属于“瘦狗”或“问题”产品，在公司资金本已紧张的情况下，运营多款产品进一步加剧了公司的财务压力，令苹果公司的产品长期销售低迷。为解决这一问题，苹果根据“普通用户/专业用户”，以及“台式电脑/便携电脑”两个分类维度，将产品线缩减到4款基本产品。强化MAC电脑的盈利能力，巩固MAC在艺术设计领域的优势，并向普通用户市场扩张。经过产品线的重新定位，MAC被打造为“现金牛”产品，为公司贡献稳健的现金流，以支持新品的研发等费用。

在意识到个人数字音乐市场的规模之后，苹果推出iPod作为硬件播放器。一年之后，苹果建立了iTunes数字音乐销售平台，形成了“硬件+软件+内容”的一体化平台。该平台的优势在于，由于硬件很难盗版，苹果公司依靠设计精美的硬件产品，可以获得较高的品牌溢价，为公司贡献利润。数字化的内容，销售的边际成本几乎为零，可以通过低价销售，达到实施成本领先战略的目的，建立较高的进入壁垒，抵御新进入者的威胁。苹果iTunes平台上，一首数字单曲的价格为99美分，远低于唱片发行的价格。另外，苹果凭借垄断销售平台的能力，对每首歌曲收取22美分的利润分成，建立了庞大的利润来源。iPhone的推出也是借鉴了iPod的模式，苹果建立App Store作为iPhone软件的唯一发布渠道，苹果收取软件销售价格30%的分成。苹果基于硬件产品建立了庞大的包括周边配件、软件、内容的生态系统，而苹果牢牢控制销售渠道，所以，即便苹果在研发上投入较少，也可以获得可观的利润。iPod成为新苹果崛起的第一款明星产品，而iPhone可以堪称苹果历史上最伟大的“明星”产品。

资料来源：齐卿. 苹果：公司战略与财务战略统一的典范[J]. 中欧商业评论，2017（10）.

2. **通用电气公司的“多因素业务组合矩阵法”**

美国通用电气公司（General Electric Company）的“多因素业务组合矩阵法（multifactor portfolio matrix approach）”，简称为“GE”法，是由美国通用电气公司在波士顿咨询集团法的基础上加以改进而提出的。通用电气公司提出该法的主要目的，是为了克服波士顿咨询集团法由于只以“市场增长率”和“相对市场占有率”两个因素来决定业务投资的分配，而忽视了在市场情况比较复杂时决定投资分配还必须考虑更多的相关因素。当然，在问题相对比较简单时，用“BCG”法也是可以的，这样，在有了“GE”法后，“BCG”法就被看作是“GE”法的一个特例，因为“BCG”法所涉及的两个因素也被包含在“GE”法之中，分别被作为“GE”法所考察的诸多投资指标的组成部分。由于“GE”法的矩阵是九个象限，故也被称之为“九象限法”，如图4－7所示。

以行业吸引力作为纵坐标，分为大、中、小三档；以业务实力作为横坐标，分为强、中、弱三档，“GE”矩阵共划分成9个区域。在实际应用中，企业将当前所经营的每项业务

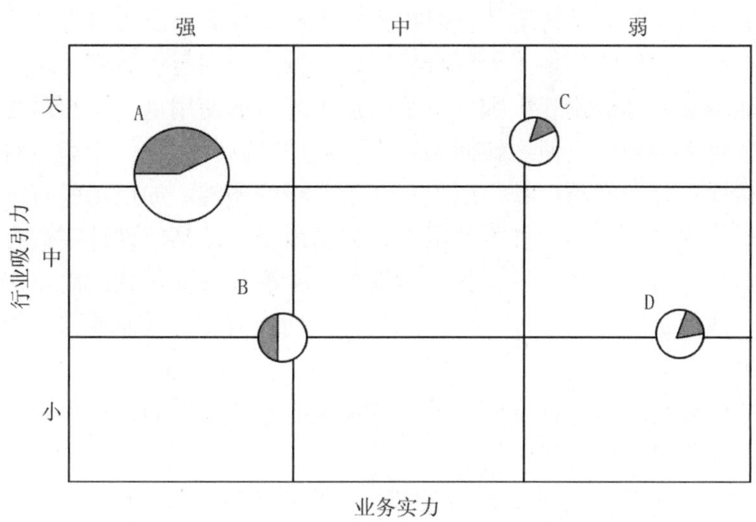

图4-7　美国通用电气公司的“GE”法示意图

按两个变量所包含的因素逐一进行评定，并以每项业务所得到的综合评分值为圆心，以该业务的销售总规模为直径，在“GE”矩阵中标出该业务的位置和圆的大小，再在圆圈中以相同比例标出企业该项业务的市场占有规模（图中用阴影部分表示）。图4-7中列出了某公司A、B、C、D四项业务的评估结果。根据评估结果，企业决策层可以将其作为投资和制定业务发展战略的依据。

4.3.4　规划新业务的发展

对企业现有的经营业务做了投资组合分析并拟定了投资策略之后，就可以估计企业的现有业务在本战略周期内的业务收入和预期利润了。如果企业现有的经营业务预期的收入和利润量达不到战略任务和目标的规定，或者企业现有的经营业务不能充分利用已出现或由企业所发现的新的市场营销机会，形成战略计划缺口，就需要开辟新的业务，扩大现有的经营领域。因此，在制定战略工作中，需对新的业务发展拟订战略。

企业发展新的业务，有三种基本的战略类型，见表4-2。

表4-2　企业新经营业务发展战略表

战略类型	密集型发展	一体化发展	多样化发展
做法	市场渗透	后向一体化	同心多样化
	市场开发	前向一体化	水平多样化
	产品开发	水平一体化	复合多样化

1. 密集型发展战略

密集型发展战略的基本含义，是增大现有经营业务的市场供应量和市场销售量，它适用于现有的市场上尚有扩大现有业务的潜力。该战略有三种做法。

（1）市场渗透。它是对企业现有的目标市场，利用现有的产品线，通过增加广告宣传

等促销手段，或者开发新的分销渠道等，以扩大销售额及提高市场占有率。可采用三种途径实现：①促使现有顾客增加购买量。如牙膏厂可以向顾客说明每餐后刷牙才是护齿、洁齿的最好方法。如果能增加顾客的刷牙次数，也就增加了牙膏的使用量，从而最终使顾客增加购买量。②争取竞争对手的顾客，使之转而购买本企业的产品。如提供比竞争对手更为周到的服务或在市场上树立更好的产品信誉、形象。③争取新的顾客。如市场尚有未使用该种产品的消费者存在，他们或是由于支付能力的限制，或是由于产品某些设计不适合其需要，因而还没有使用该项产品，企业就可以针对相应的情况，采取如分期付款或简化产品某些功能的做法来降低价格，或改进现有的设计，使产品适合他们的需要，从而使这些消费者加入使用本企业产品的行列。

市场渗透战略实施的市场条件是：产品本身还没有到达成熟期，竞争对手相对较少；目标市场尚未饱和，还有较大的潜量。

（2）市场开发。企业寻找新的、有可能进入但还未进入的细分市场，建立相应的分销渠道或采取新的营销组合策略，打入这样的细分市场。如在城市里，由于彩电购买量的扩大，黑白电视机销量减少时，将黑白电视机输往农村地区，或者争取使现有产品能进入国际市场。有时，企业甚至只需对产品做很小的改动，就可以适应国外消费者的需要。如中国的家电产品，质量提高较快，价格较低，不少产品在国际市场上有相当竞争力。由于不少国家的电压标准和我国的不同，如能像日本家电产品那样适应多种电源，中国的家电产品就可以进入许多发展中国家的市场。

市场开发的重点应放在市场调研、价格、渠道与促销四个方面。由于企业是为现有产品开辟新的市场，因此，对新市场的了解是必须的，在充分了解的基础上，企业可以在价格、渠道、促销等方面做出努力。

市场开发战略适应的市场条件是：现有目标市场趋于饱和，市场销售出现停滞，产品的品质仍具有一定的优势，竞争对手相对较少。

（3）产品开发。产品开发战略是通过在现有的产品线上追加新的品种，增加产品项目中的产品系列，来扩大现有目标市场的销售额。产品开发有两种做法：一种是利用现有技术增加新产品；另一种是在现有产品的基础上，增加更多的花色品种或更多的规格。

2. 一体化发展战略

一体化发展战略是指企业将其业务范围向供和（或）销的领域发展。其好处是可以有效地为企业建立较为稳定的营销环境。因为这样做可使企业能对供、产、销所组成的营销链进行自我独立的控制。但一体化发展战略，在达到同样的业务销售量或达到同样的经营业务收入量时，需占用更多的投资资金，故往往是企业的财力较富裕时，或是由于供或销的环节对企业欲取得的营销成果影响较大，过去又确实妨碍了企业的营销战略计划的完成或带来过负面影响时，才宜考虑采用。如美国的柯达公司，在涤纶片基发明和使用之前，由于需要严格地制造胶卷片基所用的原料——牛骨的品质，所以自己建立几个大型的养牛场，以保证原材料有可靠的质量。再如可口可乐公司创立的瓶装销售方式，就是为了适应饮料业的产品存放期短和降低其运输成本的要求。一体化发展战略的做法如图 4－8 所示。

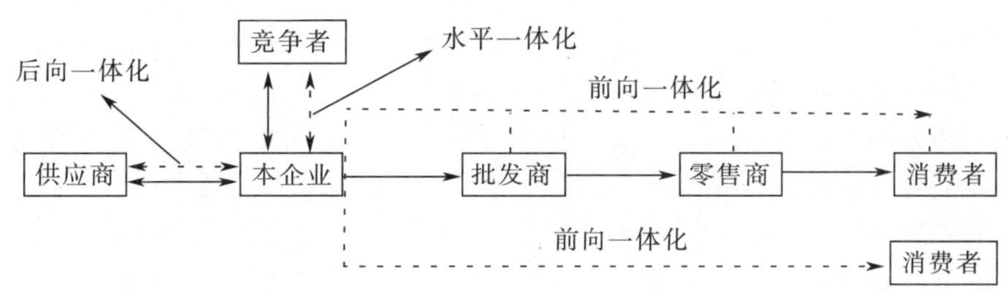

图4-8 一体化发展战略

一体化发展战略有以下三种做法。

(1) 后向一体化。是指收购或兼并几个原材料供应商，使本企业拥有自己的原材料供应系统。

(2) 前向一体化。是指收购或兼并几个经销商，或者自建分销系统或商店，将产品的分销渠道控制在企业的手中。

(3) 水平一体化。是指收购或兼并几个同类型的竞争对手，或者既收购兼并供应商，也收购兼并经销商，这样，企业就可以组建供、产、销一条龙的营销体系，常常形成一种反托拉斯式的垄断。所以，此做法必须符合国家"反垄断法""防止不正当竞争"方面立法的相关规定。

◇ 相关链接

仲景宛西制药的后向和前向一体化战略

1978年，仲景宛西制药以35万元作为传统中药加工小厂开始进入市场，在随后的30年间着力发展中药技术以及产业规模，形成了"仲景""月月舒"两大中国驰名商标，为企业的进一步发展奠定了良好的基础。在发展中，初步形成了一个从药材研发到药品生产制造的价值链，并凭借着产品药效质量在市场上占据了一定的份额，并具备了一定的品牌优势，完成了企业初期的发展目标。但随着行业竞争愈发激烈，中药产业的创新也到达了一个瓶颈期，企业为了进一步发展，就必须考虑如何提升市场份额的占有率以及顾客对产品的认可度及忠诚度等，而这些问题的关键点都集中在了产品质量上。为了保证产品质量保持在优质的水平上，就需要企业从产品的源头抓起，这也体现在了仲景宛西制药的宣传语"药材好，药才好"上。由向供应商购买药材转变为将药材的培育、种植纳入企业的一个环节中，不仅能够降低产品成本，在市场上形成价格优势，还能将药品质量的控制权掌握在自己手中。而彼时，消费者对于自然、绿色药品的渴望程度很高，企业可以通过对药材培育种植的过程进行改良，将自然、绿色药材作为产品的宣传点，促进产品市场份额进一步提高。因此，在这种情况下企业应该实行后向一体化战略。

自1998年以来，在计划经济体制下形成的三级批发格局基本打破，但新的有效的医疗体系尚未完全形成，非法药品集贸市场屡禁不止。加上生产领域多年来的低水平重

复建设，致使多数品种严重供大于求，流通秩序混乱。面对这种境况，营销部杨经理表示："市场是命根儿，公司发展需要跳出'伏牛'，抢占大中原，挺进全中国。"2004年8月，仲景宛西制药就在郑州成立张仲景大药房有限公司，布局河南18个市，终端零售店近300家，服务范围覆盖河南所有地级市和重点县区，经过多年发展已成为河南最大的医药终端零售商。之后在2007年12月，企业又入驻北京总部基地，成立北京张仲景大药房有限公司，开始向全国延伸。目前已经形成了以各省中心城市为中心，以大中型医院、连锁药店、社区医疗机构、农村合作医疗机构为支脉的销售网络体系，在全国31个省（区）建立26个销售分公司，创造了自2007年后拳头产品"六味地黄丸"连续八年产销量全国第一的佳绩。为了更好地配合运输，打造"中药种植—中药生产—中药批发—中药零售"一条龙的医药产业链，把散开的环扣串联起来，形成一个整体的中药板块。在建立中药批发公司和中药零售终端后，2011年成立了张仲景医药物流公司，实现了仲景宛西制药产业链闭环。经过10年的持续发力，仲景宛西制药终修成正果，体量不断有序扩张，跨上了医药发展更大的平台。

资料来源：中国管理案例共享中心案例库. 大健康战略，仲景宛西制药的多元之花.

3. **多样化发展战略**

多样化发展战略也称为多元化或多角化战略，是指企业进入目前所未涉足的经营领域和其他的业务范围，也就是企业采取跨行业的多种经营。当企业的财力富裕，在已有的经营领域里没有更多的或更好的发展机会，或者企业在目前的经营领域里继续扩大业务量，会使风险过于集中时，可考虑采取多样化的发展战略。如世界上许多大型的香烟生产企业，由于从20世纪70年代中期后，都面临了世界范围蓬勃发展的"禁烟运动"，故将其经营香烟产品所得的丰厚利润绝大部分转移到其他的业务领域，以分散风险和求得新的发展。

多样化发展战略也有以下三种做法。

（1）同心多样化。企业利用现有的产品生产技术或产品生产线，生产相类似的产品或使现有的产品能增加新的特色或功能。这是多样化发展战略中较容易进行的一种做法，因为它不需要企业进行重大的技术开发和建立企业新的销售渠道，或重创品牌。如电热器具的生产企业，过去只生产电炉类产品，而现在可以增加生产电灭蚊器、电褥、电烘干器等。

（2）水平多样化。企业如果要进入一个新的市场，或者利用新的生产技术来生产有相同使用性质的产品。也就是说，企业如果生产与其现有技术或经营业务无多少关联，但在市场和分销渠道上具有相同性的产品或业务，就是水平多样化的做法。如玩具生产企业发展电子游戏机的生产，录音机生产企业发展生产录像机，等等。

（3）复合多样化。复合多样化是企业在同一战略周期内，将经营业务的范围扩展到与现有市场、现有生产技术、现有的分销渠道都无关联的其他经营领域。也就是说，企业进入了其他行业或经营领域，通常也将此称作"多角化经营"。国际上的许多大型跨国经营公司大都采取了这种发展战略。复合多样化发展，可以扩大企业的经营领域，有效地分散经营风险，提高企业适应市场变化的能力。但由于企业要触及过去自己毫无经营经验的新领域，所以其投资风险也更大。复合多样化发展做法所具有的管理难度远远大于以上两种做法。由于

资金使用的分散，其所能得到的平均利润率是否理想，是决策时必须认真加以考虑的；否则，会因大而难以调整，造成战略计划完成的困难。

◇ 相关链接

找一找：宝洁的产品线中哪些属于同心多元化？哪些属于水平多元化？为什么？

图4－9　宝洁公司的产品

资料来源：宝洁公司官网。

4.4　营销计划的制订

4.4.1　营销计划的意义和作用

所谓计划，就是对未来的目标和行动方案做详细而系统的阐明。营销计划就是对营销的目标和主要活动方案所做的详细说明。

营销计划即是营销活动方案的具体描述，它规定了企业各种经营活动的任务、策略、政策、目标、具体指标和措施，这样就可使企业的营销工作按既定计划有条不紊地循序渐进，从而避免营销活动的混乱或盲目性。归纳起来，营销计划的作用主要表现在以下几个方面。

（1）营销计划详细说明了预期的经济效益，这样，有关部门和企业最高管理当局就可预计到现在规定的计划期末本企业的发展状况，既可减少经营的盲目性，又可使企业有一个明确的发展目标，以便在整个计划执行期中根据预期的目标，不断调整行动方案，采取相应措施，力争达到预期目标。

（2）营销计划确定了实现计划活动所需的资源，从而企业可事先测知这些资源的需要

量，并据此判断企业所要承担的成本费用，从而有利于进一步精打细算，节约费用开支。

（3）营销计划描述了将要执行和采取的任务和行动。这样，企业便可明确规定各有关人员的职责，使他们有目标、有步骤地去争取完成或超额完成自己被委派的任务。

（4）由于营销计划有助于监测各种营销活动的保证行动和效果，这样就使企业能有效控制本身的各种营销活动，协调各部门各环节的关系，更顺利而卓有成效地去完成企业的各项任务和目标，使企业进一步获得巩固和发展。

总之，营销计划对任何生产经营企业来说，都是至关重要和不容忽视的基本计划。只有根据这种详细阐明企业活动方案的计划，企业的生产经营目的才能实现。

4.4.2　营销计划的内容

营销计划虽然根据计划的部门和范围不同可划分为各种不同方面的计划，但作为整体来看，营销计划具有大致相同的基本内容。当然，在上述六种营销计划中，与企业日常营销活动相关最大、占用工作最多、项目更详尽、更具典型性的，要算产品计划和品牌计划，故下面就以这两种计划为例，说明营销计划的一般内容。

具体来说，产品计划或品牌计划应包括计划概要、营销现状、威胁和机会、目标、营销策略、行动方案、预算及控制等内容。如图 4－10 所示。

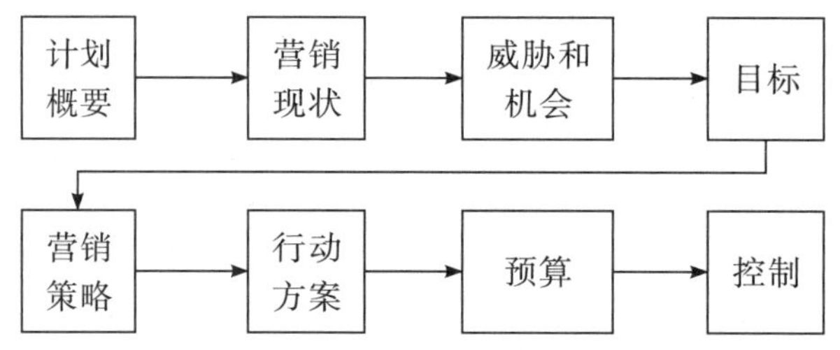

图 4－10　营销计划的过程和内容

1. 计划概要

计划书一开始，便应对本计划的主要目标及执行方法和措施做一扼要的概述，要求高度概括，用词准确，表达充分。

“计划概要”部分的主要目的是让高层主管很快掌握了解计划的核心内容，并据以检查研究和初步评核计划的优劣。为了便于审核者进一步阅读评核计划所需的资料，通常在“计划概要”部分之后，紧接着便列出计划内容的目录。

2. 营销环境现状

营销环境现状是正式计划中的第一个主要部分。这个部分的主要内容是对当前营销情况的分析，也就是对企业市场处境的分析，主要包括以下几个方面。

（1）市场状况。包括目标市场的规模与增长（以单位或金额表示），以过去几年的总销售量以及按市场细分和地区细分来分别列出，其中有关消费者要求、观念和购买行为的趋势等方面的数据也应列出。

（2）产品状况。包括每一主要产品过去几年的销售额、价格和纯利润等。

（3）竞争状况。在这里要找出主要竞争者，并就他们的规模、目标、市场占有率、产

品质量、营销策略以及任何有助于了解他们意图和行为的其他方面加以阐述。

（4）分销状况。包括在各个分销渠道上产品的销售量以及每个渠道重要地位的变化。这种变化不仅包括分销商、经销商能力的变化，而且也包括激励他们经销热情所需要的价格和贸易条件。

（5）宏观环境状况。包括对营销前景有某种联系的客观环境的主要趋势，如人口、统计因素、经济因素、技术因素、政治法律因素、社会文化因素等的发展趋势。

3. 威胁和机会

前文已有阐述，在营销计划这部分，要求营销管理人员对产品的威胁和机会做出预测，并加以具体描述。这样做的目的是使企业管理人员可预见到那些将影响企业兴衰的重大事态的发展变化，以便采取相应的营销手段或策略，趋吉避凶，求得更顺畅的发展。为此，营销管理人员应尽可能列出可以想象得到的市场机会和威胁，以便加以分析检验，并考虑采取哪些具体行动。

4. 目标

在分析了产品的威胁和机会之后，接着便应确定企业的目标，并应对影响这些目标的某些问题加以考虑和论证。既经确定的企业目标，还要进一步用具体的指标表现出来。一般有以下两类目标要确定。

（1）财务目标。每个企业都有一定的财务目标，企业或确定一个稳定的长期投资收益率，或确定它们在本年度所能获得的利润等。

（2）营销目标。财务目标必须转化为营销目标，因为只有通过一定的营销目标才能最终实现企业的财务目标。量—本—利分析公式便揭示出它们两者之间的关系。

目标的确立还应符合四个标准：①各个目标必须以不含糊的而且能测度的形式表达，并有一定的完成期限。②各目标应保持内在的一致性。③如果可能的话，目标应分层次地加以说明。④这些目标是可以达到的，同时它们又具有足够的挑战性，能激发员工的最大努力。

5. 营销策略

所谓营销策略，就是企业为达成营销目标所灵活运用的逻辑方式或推理方法。营销策略包括与目标市场、营销因素组合、营销费用支出水平有关的各种具体策略。

（1）目标市场。营销策略应详细而清楚地说明企业突出重视的细分市场。这些不同细分市场的消费者爱好、提供的盈利机会、对营销工作的反应是互不相同的。因此，企业必须敏锐地觉察到这些区别，从竞争的角度出发，将自己的物力和精力集中投入到那些最有利的细分市场，即应为每个目标市场制定相应的营销策略。

（2）营销因素组合。在计划书中，营销管理人员还应概括提出有关营销因素组合的各种具体策略，如新产品策略、价格策略、分配路线策略及其他销售促进策略等，并根据前述对产品的威胁和机会的分析，说明采取上述各种不同策略的原因和理由。

（3）营销费用开支水平。计划书中还必须详细说明为执行各种营销策略所必需的营销费用预算，而且应以科学的方法来确定恰当的费用水平。因为即使是最佳的营销因素组合，企业仍存在可能费用开支多少的问题。一般来说，营销费用支出越高，销售额也会越高。但不同的产品要达到一定的市场占有率，其费用支出水平却可以是不同的。例如，化妆品的营销预算一般都较高，而农业生产资料的营销预算却可大大缩减。

6. **行动方案**

各种营销策略确定之后，要真正发挥效用，还必须将它们转化为具体的行动方案。这些行动方案大致围绕下列问题的答案来制定：①要完成什么任务？②什么时候完成？③由谁负责执行？④完成这些任务需花多少费用？例如，营销管理人员如果想把加强促进销售活动作为提高市场占有率的主要策略，那么就要制订相应的促进销售行动计划，列出许多具体行动方案，包括广告公司的选择、评价广告公司提出的广告方案、决定广告题材、核准广告媒体计划等。

整个行动计划还可列表加以说明每一时期应执行和完成的营销活动，使整套促销活动落到实处，循序渐进地执行。

7. **预算**

前述的营销目标、策略及行动方案拟定之后，企业就应制定一个保证该方案实施的预算。这种预算实际上就是一份预计损益表。收入方将列入预计销售产品的数量和平均价格；支出方则列出生产费用、储运费用及其他营销费用。收入与支出的顺差便是预期利润。企业的高层主管将负责预算的审查，予以批准和修改。预算一经批准，便成为原料采购、生产安排、人员计划和营销业务活动的依据。

8. **控制**

计划书的最后一部分为控制，这是用来监督检查整个计划进度的。为了便于监督检查，一般营销的目标和预算方案，都是分月或分季制定的。这样，高层主管就可审查每一时期企业各部门的成果，并指出那些没有达到预算目标的部门。这些被点名的部门主管就要做出解释，并阐明他们将要采取的改进措施，从而使组成营销整体计划的各部门工作受到有效的控制，以保证整体计划的有效执行。

4.4.3 编制营销计划的程序

营销计划的编制程序，大致经过如图 4－11 所示的 8 个步骤。

1. **分析营销现状**

分析营销现状是对企业及其营销环境的一种整体全面的分析。这种分析又包括四个阶段。

（1）对企业实力和弱点的定期综合分析。这种分析主要通过营销决策进行。因为在营销决算中，对企业的过去成绩和现在实力都有严密的估计和评价。在这种分析中，特别要注意企业产品线、分销路线、销售促进效果及定价的分析，这些情况从不同侧面反映了企业的实力。这样，营销决算的结果将直接影响未来营销策略的制定。

（2）营销环境研究。这种研究要求使用科学的调研技术来发现直接影响管理决策的各种重大环境问题，包括对企业的微观环境和宏观环境的调查研究。因为这些因素将直接影响企业的生产能力和销售状况。

（3）销售额和市场费用分析。这可通过不定期的专题调查来进行。最好使这种分析成为企业正式营销信息系统的一个组成部分。因为销售额和营销费用的分析资料是进行销售预测、编制营销计划不可或缺的依据。

（4）销售预测。销售预测是在前述几阶段的分析基础上做出的，它是计划编制程序中极其重要的一个步骤。通过这种预测，企业可以估计到整个行业的销售额及企业本身的销售额，从而是企业营销计划最直接而具体的依据，或者这种预测值也就是企业的计划指标数。

2．确定市场机会

确定市场机会包括对市场现状分析中所发现的各种问题做出解释。在企业面临的几种市场机会评价中，对消费者因素、经济因素和外部环境因素都要仔细考虑，从而分析估计本企业与竞争者相比，哪些方面处于优势，哪些方面更能满足消费者要求，从而有针对性地制定相应的战略、策略和具体的营销方向。

3．选择目标市场

经过市场现状分析和市场机会估计后，营销经理就可以确定几个可以开拓的目标市场。至于选择一个具体目标市场还是几个目标市场，则要取决于一系列因素的影响。如应考虑与目标市场相关的企业目标、目标市场的潜在机会、企业开拓此目标市场的能力如何等问题。当然，根据这些考虑来选择具体的目标市场并不是一件简单的事情，企业也不应把自己严格限制在只选择一个单一的市场。例如，一个企业也可同时选择两个完全不同的细分市场，并进而制定向这两个细分市场进军的策略。另外，对目标市场的阐述必须一清二楚，使人容易辨认。如目标市场的地理位置、顾客人数、顾客的购买力、顾客的需求性质和强度等都应通过营销调研弄清楚。对竞争对手的情况也应有充分估计。此外，还应对每个目标市场近期和长期的销售潜力做出正确的判断。

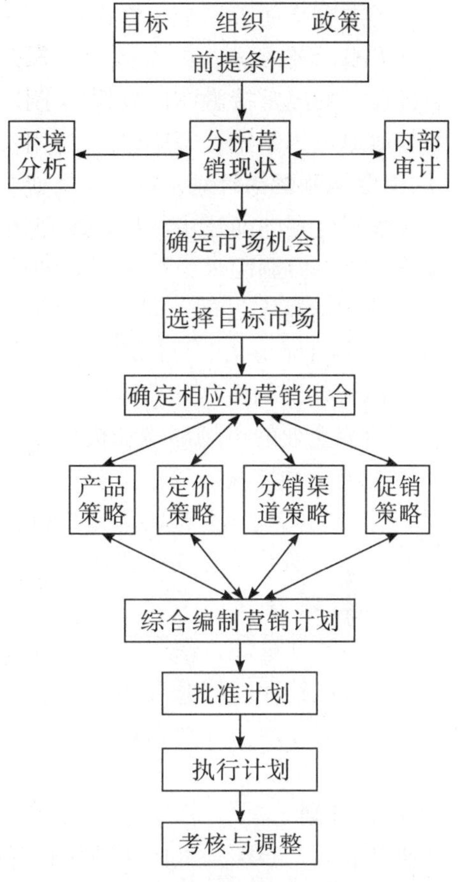

图4－11　营销计划程序的一般模式图

在计划程序这一阶段，对目标市场的最后决定很有可能不得不暂时推延，待到编制计划的第四阶段结束时才最后解决。因为目标市场的最后决定不仅要根据目标市场的潜力，而且也要根据企业有否开拓此目标市场的能力而定。

4．确定相应的营销组合

这一阶段的主要任务，就是根据前面所选定的目标市场，进一步具体制定在所选定的目标市场上的营销方案的细目。因为每一营销策略的贯彻，都是要通过与之相适应的营销组合（marketing mix）来完成的。所谓的营销组合，是指为顾客创造卓越消费价值的企业内部的一系列可控因素的集合。关于营销组合的各个策略，即产品策略、分销渠道策略、促进销售策略及定价策略，后面的有关章节将有详细的探讨。在编制营销计划的这一阶段，则应把这些一般性策略具体结合特定企业的特定营销战略来加以考虑，并使其具体化。例如，当企业

为提高市场占有率而采用密集性市场策略针对妇女用品市场时，这时整个市场营销组合便应根据这一策略的要求加以具体化。如按妇女的特点进行产品设计，制定对妇女有吸引力的价格，通过在妇女经常接触的广告媒体上大做广告，并将商品分配到妇女用品商店或妇女经常购物的其他地点去销售，等等。

5. **综合编制营销计划**

经过编制计划的前述步骤后，现在便可将前面几阶段的情况分析、目标市场选择、策略选择等方案统一协调起来，写成正式的计划。计划内容大致包括下列几方面。

（1）计划的特定目标，即宗旨如何。

（2）特定目标与企业目标之间的关系。

（3）执行该计划所需的费用。

（4）预测企业的市场环境和机会。

（5）提出行动方案。

（6）综合、归纳成完整的计划指标体系。

营销计划编妥后，便应呈送企业最高领导审查、修订、批准。

6. **批准计划**

企业最高领导接到营销部门送来的营销计划后，就应结合其他职能部门的计划一起进行综合平衡，协调各部门的能力和任务，尽量使计划建立在可行的基础上，并能达到预期的经济效益。如发现各部门计划或营销计划本身有不协调之处，便应进行修订，直到认为满意之后才正式予以批准。

7. **执行计划**

计划批准后，必须马上传达给执行部门的有关人员，具体研究贯彻执行的方案，并付诸实施。这种执行计划的行动方案大致包括以下步骤或内容。

（1）将达到目标的行动计划分为几个步骤。

（2）说明每一步骤之间的关系和顺序。

（3）每一步骤由谁负责。

（4）确定每一步骤所需的资源。

（5）每一步骤需要多少时间。

（6）规定每一步骤的完成期限。

另外，还应尽可能提供一些与营销计划有关的信息资料，如总体市场容量大概有多大，企业可能的占有率有多大，企业的预期销售量有多少，营销总费用约多少，毛利有多少，等等。

8. **考核与调整**

计划工作程序的最后一个步骤，就是对见之于行动的计划进行监督检查。因为在前几阶段的工作中，无论有关人员是如何认真调查研究，运用科学方法力求编出比较理想的计划，还是难免挂一漏万，导致个别地方考虑不周。加上市场瞬息万变，存在许多客观不可控的因素，因此计划在执行过程中很可能会出现一些障碍和偏差，这就要求在整个计划执行过程中，还必须同时进行必要的考核、监督和检查，通过信息反馈，判断所采取的计划行动是否有效。如发现不当或与原计划有脱节的地方，便应及时修正计划，或改变行动方案，以适应新的情况。

本章小结

处在变幻无常环境中的企业要想求得长期稳定的发展，必须制定好自己的营销战略。一般情况下，在一给定的环境中，营销战略涉及消费者、竞争对手和公司这三种力量的相互作用。营销战略与强调长期影响、需要一定的投入以及同企业的产品/市场等众多方面有密切关系。在现代竞争越来越激烈的市场环境中，能否制定出合适的营销战略对企业的发展起着举足轻重的作用，营销战略的制定具有使企业的经营活动得到整体的规划和统一的安排，能提高企业对资源利用的效率，以及能为企业营销管理工作提供依据和提高管理工作的有效性等多方面的意义。故企业的管理阶层在做出经营决策时，不能只看眼前的利益，而必须从长远的角度来思考问题。

营销战略是以确定营销目标为主要内容而展开的。战略目标是指企业全部营销活动所要达到的总体要求，它规定了企业全部营销活动的总任务，决定企业发展的行动方向。企业战略目标的选择以下列五个方面的标准为基准，分别是内部一致性、外部一致性、资源能力、时间和风险度。营销战略的制定过程包括确定企业的使命与任务、建立战略业务单位、分析现有业务组合和确定新业务发展这四个步骤。最后，本章还对营销计划的制订进行了一定的阐述，营销计划是对营销的目标和主要活动方案所做的详细说明，营销计划的编制大致要经历分析营销现状、确定市场机会、选择目标市场等 8 个步骤。

重点概念

营销战略（marketing strategy）　　使命声明（mission statement）
业务组合（business portfolio）　　增长—份额矩阵（growth-share matrix）
多因素业务组合矩阵法（multifactor portfolio matrix approach）
市场渗透（market penetration）　　多样（元）化（diversification）
营销计划（marketing planning）　　目标市场（target market）
营销组合（marketing mix）　　营销控制（marketing control）
营销预算（marketing budget）　　营销审计（marketing audit）

复习题

1. 营销战略的产生及意义如何?
2. 营销战略目标的基准有哪些? 市场占有率、投资利润率与营销战略目标关系如何?
3. 阐述营销战略的制定过程。
4. 企业新经营业务发展战略有哪些类型?
5. 企业制订营销计划包括哪些步骤和内容?

案例分析

珠江钢琴的名牌战略

广州珠江钢琴集团有限公司（以下简称珠江钢琴）是大型国有企业，其前身是组建于 1956 年的广州钢琴厂，1987 年改制为工业公司，1996 年改制为集团公司。经过多年的持续

努力，珠江钢琴取得了突飞猛进的发展，钢琴产量从1992年的2.4万台增长到2001年的7.5万台，利润总额从1992年的1 507万元增加到2000年的1.1亿元，钢琴产量10多年来稳居全国第一，2002年跃居全球第一。同时，珠江钢琴的产品远销到包括美、英、法、德、日等发达国家在内的80多个国家和地区，每年的出口量占全国出口钢琴总量的40%。2003年，珠江钢琴在美国的市场占有率达到了13%。作为一个大型国有企业，在当今市场竞争日趋激烈的环境下，在众多国有企业纷纷亏损的情况下，能够在短短的10年内实现了“全球第一”，这在很大程度上取决于珠江钢琴名牌战略的实施。

1. 名牌战略的选择

珠江钢琴实施名牌战略是在10多年前确立的。当时的珠江钢琴的决策层认识到，随着我国改革开放的深入，人民的生活水平将会不断地提高，这使普通消费者在购物时越来越注重商品的品牌，况且，钢琴在中国很长一段时间内都属于高档消费品，钢琴购买者大多数都是知识水平和收入水平比较高的消费群体，同一般群体相比，他们更重视品牌的选择。另外，珠江钢琴早些年提出的“雄踞中国、冲出亚洲、走向世界”的发展战略，决定了珠江钢琴必须走向国际市场，而在国际市场上，消费者对品牌的选择更加挑剔。现任总经理童志成回忆改革开放初期珠江钢琴第一次参加德国法兰克福一年一度的国际乐器博览会时，感慨地说：“在那届博览会上，同欧美钢琴业高档次的产品相比，珠江钢琴就像一只羞于见人的‘丑小鸭’，这一场景深深地刺痛了在场所有的珠江钢琴人员，它使我们意识到，要使珠江钢琴走向国际市场，必须下决心狠抓质量，铸造一个百年流芳的民族品牌，立志振兴民族工业，因此，我们毅然走上了艰难的创名牌发展之路。”

2. 名牌战略的实施

珠江钢琴的创名牌之路是一个系统工程，涉及企业管理的众多层面，具体来讲，主要体现在以下几个方面。

（1）树立全员名牌意识，形成创名牌的氛围。

树立全员名牌意识是企业创立名牌的群众基础。在加强企业文化建设中，通过集团内部的有线电视、墙报和组织学习、培训、会议等多种途径，对员工进行创名牌重要意义的教育。珠江钢琴是一家国有企业，因此要把员工中的停留在计划经济中的“皇帝的女儿不愁嫁”的观念，转变到市场经济、买方市场条件下以竞争取胜、名牌取胜的观念上来，这对于珠江钢琴的发展具有重要的意义。为此，珠江钢琴力求将文化、理念物化到产品中去，把企业办成学习型组织，强调人人对市场负责，对名牌负责，这些措施提高了员工创名牌的认同感和自觉性。

（2）充分调研和论证，确定创名牌目标。

有目标才有追求，有追求才有压力，有压力才会产生动力，才有实现目标的对策和措施。为准确确定名牌目标，珠江钢琴对钢琴产品的发展前景、对西方钢琴300年的历史、对日本及韩国等主要的亚洲竞争对手、对自身的优劣势等宏观和微观的各个方面，都进行了深入细致的分析。在此基础上，确定了珠江钢琴的名牌发展目标：珠江钢琴在1997年创立“广州市名牌”、1998年创立“广东省名牌”、2000年创立“中国名牌”，并力争在2005年成为世界驰名品牌。

（3）以人为本，为创名牌培育人才队伍。

1992年年底，50岁的童志成掌印于珠江钢琴。针对企业内部存在计划经济时期的思想和现象，童志成提出转变观念、吸纳优秀人才和引进先进技术的“四先”理念。由此制定

了高薪聘用外籍人才与聘用国内专业人才并举、培养新秀人才与挽留老骨干人才并举、争夺现实人才与争夺潜在人才并举的“三个并举”人才战略，并通过引进国外智力、聘用社会专门人才、大专院校代培和企业自己培养等多种渠道，构筑多层次人才队伍。在培养企业自身人才上，一方面，强化思想品质和职业道德教育，加强诚信自律和自我约束，提升员工思想境界；加大激励成本，提高物质和非物质的激励效果，效益分配顺应客观规律，向技术工艺高和劳动效率高者倾斜；营造领导与员工、员工与员工相互合作的文化氛围，培育员工的认同感，增强企业凝聚力，形成同心同德的团队合力参与市场竞争。另一方面有计划地组织人员跟随国内外专家在实践中观摩学习，培养一批懂理论会操作的优秀人才；每年开设1～2期钢琴维修、调律培训班，邀请全国各地珠江钢琴经销单位有关人员免费到集团集中培训，经常邀请国内外钢琴制造专业人士到企业给员工上课，传授技艺；派出人员到大专院校或出国深造；鼓励职工自学成才；继续留用已达退休年龄、身体健康的企业人才。种种引进、开发、培养、留住人才的措施，使集团公司的优秀人才脱颖而出，形成一支包括企业管理、信息化工作、产品创新、技术改造、市场营销、财务监管等方面强有力的专业队伍，为实施名牌战略提供了人力资源方面的保证。

（4）坚持科技创新，为铸造人才提供技术支撑。

从事钢琴生产40多年的童志成，深知钢琴是科学与美学、技术与艺术巧妙结合的“乐器之王”，要想造好它，赢得市场，就必须把引进、吸收与消化、创新相结合，使之不断增加技术、艺术和文化知识含量。为此，珠江钢琴坚持技术创新与技术改造相结合、硬件投入与软件改善相结合、培养企业技术人才与引进国内外智力相结合的“三个结合”技术战略来推进技术进步。近年来，珠江钢琴先后投入5亿多元进行了5次较大规模的技术改造，引进德、法、意、美等国先进设备2 000多台（套），推进了钢琴生产的机械化、标准化、规范化，提高了产品的灵敏度、精密度、平整度和光洁度。珠江钢琴还组建了省级技术中心，充分运用CAD钢琴计算机辅助设计系统开发新产品，故此，设计周期缩短了1/3，品种从当时只有几个增加到目前近70个，产品更新率达30%，技术开发成功率达100%。除音钢琴、自动弹奏数码钢琴等高新技术产品已陆续问世并日趋完善，被创新过的弦列新设计、直形音板等系列钢琴制造的关键技术也达到了国内领先和亚洲先进水平。为了加大“软件”的投入，珠江钢琴还与国内一批高等院校、科研机构合作，联合开发激光键盘测平仪等新技术、新产品，这既节约了大量外汇，也为锻炼企业技术人才创造条件，真正形成“生产一代，储备一代，预研一代”的良好循环。

2001年12月23日，设在珠江钢琴集团内的国家轻工业乐器质量监督检测中心正式通过国家技术监督局轻工评审组认证而挂牌运作，结束了中南地区没有国家级乐器检测中心的历史。

（5）质量管理上台阶。

产品质量代表一个国家、一个民族的形象，是企业取信于用户的关键因素。名牌产品的实质，就是产品质量的可靠保证。基于此，珠江钢琴通过实施质量战略，向世界名牌进军。一是在质量标准上与国际质量规范接轨，从1996年5月开始贯彻ISO9001国际质量保证体系，并于1998年获国内、国际认证。珠江钢琴制定了质量方针，其具体内容是：高品质的追求是珠江钢琴生存与发展的依赖；优秀产品、优质服务是珠江钢琴最忠诚的承诺。在质量的发展目标上，提出了要建立、保持质量体系的有效运行，产品形成全过程的质量活动均要处于严控状态，产品主要技术质量指标3年内要达到或超过亚洲先进水平的标准。在严格的

内部管理下，1999 年就突破这个目标。接着 2000 年下半年开始启动 2000 版标准转换试点工作，质量方针不变，质量目标是：保持质量体系有效运行并持续改进，完善跟踪服务制度，提高顾客满意程度，产品主要技术质量指标 5 年内达到国际（欧洲）中档钢琴水平。2001 年 3 月获 2000 版国际、国内认证，并于 2002 年 4 月 18 日、19 日两天顺利通过 DNV 挪威船级社国际认证机构的监督审核。二是在质量管理上建立执行“四到现场”和“四个坚持”制度。“四到现场”是指质管人员到现场、质检制度到现场、工艺质量标准到现场和操作规程到现场。“四个坚持”是坚持技术工艺高标准、坚持质量控制严要求、坚持质量一票否决制及坚持“1% =100%”和“100 -1 =0”的质量监控意识。这种既有压力又有动力的企业制度创新，既确保了质管工作扎实到位，又确保了“珠江”牌钢琴的高品质。世界著名钢琴大师拉扎尔·贝尔曼到广州演出，两次都执意选择“珠江”牌大型三角钢琴作为自己演奏会表演用琴，并在留言中写道：“希望珠江钢琴好像强大的中国、伟大的中华民族那样在世界具有影响力。”2002 年年初，法国科技质量监督评价委员会向欧盟市场推荐：经该委员会审核，广州珠江钢琴集团有限公司生产制造的中西乐器配件，被推荐为中国高质量产品，并于同年 2 月向企业颁发了推荐证明。

名牌战略的实施，给珠江钢琴带来了企业规模迅速扩大、钢琴生产突飞猛进、科技创新硕果累累、产品质量明显提高、产品出口迅速上升、现代企业制度加速建立、经济增长的质量和效益显著提高以及持续发展后劲大大增强八大效果。珠江牌商标于 1999 年分别荣获“中国驰名商标”和“广东省著名商标”。珠江钢琴实现了跨越式发展，成为产销规模全球第一的钢琴生产厂家。2009 年 3 月，广州珠江钢琴集团股份有限公司正式挂牌，并于 2012 年 5 月成功在深圳证券交易所上市，成为“中国乐器第一股”。

案例编写：李业、王润生

讨论题

1. 珠江钢琴为何要实施名牌战略？
2. 珠江钢琴是如何实施名牌战略的？
3. 从珠江的名牌战略中你得到了哪些启示？

延伸阅读

1. 王媛，孙嘉豪. 可口可乐：保温杯里泡枸杞，可乐如何乐下去？中国管理案例共享中心案例库.

2. 严梦珺. 基于波士顿矩阵的乐视网业务协同发展战略研究［J］. 海峡科技与产业，2017（7）：103 -104.

3. 企业使命声明——微软品牌形象广告.

4. 波特. 竞争战略［M］. 姚宗明，等译. 北京：生活·读书·新知三联书店，1988：44 -58.

5. 黑曼. 新战略营销［M］. 北京：中央编译出版社，2008.

第 5 章

市场地位与竞争战略

学习目标

◇ 学习竞争者识别方法并有针对性地选择竞争战略
◇ 了解市场领导者的竞争战略
◇ 认识市场挑战者的竞争战略
◇ 掌握追随者的类型与竞争战略
◇ 掌握市场利基者的特征与竞争战略

在发达的市场经济条件下，往往商品供过于求，任何一家企业都处于竞争者的重重包围之中，市场竞争所形成的优胜劣汰机制是推动市场经济运行的强制力量。竞争者的战略与策略对企业的营销活动和效果具有决定性的影响。因此，企业要识别竞争者，研究竞争者的优势与劣势，研究竞争者的战略和策略，明确自己的竞争地位。根据在市场上的相对实力，企业的竞争地位可分为市场领导者、挑战者、追随者、利基者（补缺者）。企业必须根据自己的竞争地位有针对性地制定竞争战略和策略，才能在激烈的市场竞争中求得生存和发展。

5.1　竞争者识别与竞争战略选择

“知己知彼，百战不殆。”企业要制定正确的竞争战略，就必须明确地识别竞争者。乍看起来，识别竞争者是一件很容易的事，但是，公司的现实和潜在竞争者的范围是极其广泛的，如果不能正确地识别，就会患上“竞争者识别近视症”。公司被潜在竞争者击败的可能性往往大于现实的竞争者。比如，互联网的发展使得传统的报纸、杂志失去巨大的份额，线上商城的快速发展使得线下商场的市场急剧缩小。在中国移动、中国电信和中国联通三家的激烈厮杀中，腾讯公司的微信业务半路杀入。三家移动通信公司蓦然回首，发现最危险的对手并非彼此，而是腾讯公司。智能设备的普及导致口香糖的销售急剧下降。因为以往大家在超市排队付款的时候感到百无聊赖，会顺手买一包收银台旁小货架上的口香糖。智能手机普及之后，大家都低头看手机，不会注意小货架上的商品；外卖的盛行导致方便面销售急剧下降；等等。企业应当以长远的眼光识别竞争者。

5.1.1　竞争者识别

每个企业都要根据内部和外部条件确定自身的业务范围并随着实力的增加而扩大业务范围。企业在确定业务范围时都自觉或不自觉地受一定导向支配。企业的每项业务包括四个方

面的因素：要服务的顾客群；要迎合的顾客需求；满足这些需求的技术；运用这些技术生产出的产品。企业确定自身业务范围时着眼点不同，业务范围导向就不同，竞争者识别和竞争战略也随之不同。

1．产品导向与竞争者识别

产品导向指企业业务范围限定为经营某种定型产品，在不从事或很少从事产品更新的前提下设法寻找和扩大该产品的市场。

对照确定业务范围的四方面因素可知，产品导向指企业的产品和技术都是既定的，而购买这种产品的顾客群体和所要迎合的顾客需求却是未定的，有待于寻找和发掘。在产品导向下，企业业务范围扩大是指市场的扩容，即顾客增多和所迎合顾客的需求增多，而不是指产品种类或花色品种增多。表 5－1 是产品导向的一些例子。

表 5－1　企业业务范围的产品导向定义

公司名称	产品导向定义
我们生产老年人用的手机	手机制造公司
我们生产山地自行车	自行车公司
我们生产采矿用灯	灯具公司
我们生产中档白酒	酒厂

实行产品导向的企业仅仅把生产同一品种或规格产品的企业视为竞争对手。产品导向的适用条件是：市场的产品供不应求，现有产品不愁销路；企业实力薄弱，无力从事产品更新。当原有产品供过于求而企业又无力开发新产品时，主要营销战略是市场渗透和市场开发。市场渗透是设法增加现有产品在现有市场的销售量，提高市场占有率；市场开发是寻找新的目标市场，用现有产品满足新市场的需求。

2．技术导向与竞争者识别

技术导向指企业业务范围限定为经营用现有设备或技术生产出来的产品。业务范围扩大指运用现有设备和技术或对现有设备和技术加以改进而生产出新的花色品种。对照确定业务范围的四方面因素可知，技术导向指企业的生产技术类型是确定的，而用这种技术生产出何种产品、服务于哪些顾客群体、满足顾客的何种需求却是未定的，有待于根据市场变化去寻找和发掘。表 5－2 列举了一些技术导向的例子。

表 5－2　企业业务范围的技术导向定义

公司名称	技术导向定义	产品种类
手机制造公司	我们生产手机	老年手机、青年手机、儿童手机、3G 手机、4G 手机……
自行车公司	我们生产自行车	轻便车、加重车、山地车、赛车……
灯具公司	我们生产灯具	吊灯、落地灯、医用灯、剧场照明灯、公路照明灯、矿灯……
酒厂	我们生产白酒	低档酒、中档酒、高档酒、家用酒、礼品酒、宴会酒……

实行技术导向的企业把所有使用同一技术、生产同类产品的企业视为竞争对手。适用条件是某具体品种已供过于求，但不同花色品种的同类产品仍然有良好前景。与技术导向相适

应的营销战略是产品改革和一体化发展，即对产品的质量、样式、功能和用途加以改革，并利用原有技术生产与原产品处于同一领域的不同阶段的产品。

技术导向未把满足同一需要的其他大类产品的生产企业视为竞争对手，易于发生“竞争者近视症”。例如，钢笔的竞争产品包括圆珠笔、铅笔、墨水笔、毛笔、手机和电脑等。当满足同一需要的其他行业迅猛发展时，本行业产品就会被淘汰或严重供过于求，继续实行技术导向就难以维持企业生存。

3. 需求导向与竞争者识别

需求导向指企业业务范围确定为满足顾客的某一需求，运用可能互不相关的多种技术生产出分属不同大类的产品去满足这一需求。对照确定业务范围的四方面因素可知，需求导向指所迎合的需求是既定的，而满足这种需求的技术、产品和所服务的顾客群体却随着技术发展和市场变化而变化。表5－3列出了一些需求导向的例子。

根据需求导向确定业务范围时，应考虑市场需求和企业实力，避免过窄或过宽。过窄则市场太小，无利可图；过宽则力不能及。例如，铅笔公司若将自身业务范围定义为满足低年级学生练习硬笔字的需求则太窄，其他的铅笔市场被忽视；若定义为满足人们记录信息的需求则太宽，衍生出许多力不能及的产品，如手机、电脑、录音机等。

表5－3　企业业务范围的需求导向定义

公司名称	需求导向定义	产品种类
书写用品公司（原铅笔公司）	我们满足书写需求	铅笔、钢笔、圆珠笔、墨水笔、毛笔……
短程交通工具公司（原自行车公司）	我们满足短程交通需求	自行车、电动车、摩托车……
照明用品公司（原灯具公司）	我们消除黑暗	灯具、发光涂料、夜视镜……
佐餐饮料公司（原酒厂）	我们提供佐餐饮料	白酒、啤酒、红酒、黄酒、果汁、可乐……

实行需求导向的企业把满足顾客同一需求的企业都视为竞争者，而不论他们采用何种技术、提供何种产品。适用条件是市场商品供过于求，企业具有强大的投资能力、运用多种不同技术的能力和经营促销各类产品的能力。如果企业受到自身实力的限制而无法按照需求导向确定业务范围，也要在需求导向指导下密切注视需求变化和来自其他行业的可能竞争者，在更高的视野上发现机会和避免危险。

需求导向的竞争战略是新产业开发，进入与现有产品和技术无关但满足顾客同一需求的行业。

4. 顾客导向与竞争者识别

顾客导向指企业业务范围确定为满足某一群体的需求。业务范围扩大指发展与原顾客群体有关但与原有产品、技术和需求可能无关的新业务。对照确定业务范围的四方面因素可知，顾客导向指企业要服务的顾客群体是既定的，但这一群体的需求有哪些，满足这些需求的技术和产品是什么，则要根据内部和外部条件加以确定。表5－4是一些顾客导向的例子。

表 5－4　企业业务范围的顾客导向定义

公司名称	顾客导向定义	产品种类
学生用品公司	我们满足中小学生学习需求	铅笔、钢笔、圆珠笔、墨水笔、毛笔、电脑、练习簿、书包、绘图尺、实验用品……
婴幼儿用品公司	我们满足婴幼儿成长需求	玩具、连环画、服装、食品、日用品……

实行顾客导向的企业把满足同一顾客群体的企业都视为竞争者，而不论他们采用何种技术、提供何种产品、满足顾客的何种需求。顾客导向的适用条件是企业在某类顾客群体中享有盛誉和销售网络等优势，并且能够转移到新增业务上。换句话说，该顾客群体出于对公司的信任和好感，而乐于购买公司增加经营的与原产品生产技术上有关或无关的其他产品，公司也能够利用原有的销售渠道促销新产品。比如，百事可乐和可口可乐经营百事运动衣、运动鞋等。顾客导向的优点是能够充分利用企业在原顾客群体中的信誉、业务关系或渠道销售其他类型产品，减少进入市场的障碍，增加企业销售和利润总量。缺点是要求企业有丰厚的资金和运用多种技术的能力，并且新增业务若未能获得顾客信任和满意将损害原有产品的声誉和销售。

5. 多元导向

多元导向指企业通过对各类产品市场需求趋势和获利状况的动态分析确定业务范围，新发展业务可能与原有产品、技术、需求和顾客群体都没有关系。如宝洁公司经营幼儿食品，菲利浦·莫里斯公司经营啤酒、饮料和冷冻食品等。

实行多元导向的企业把所选定业务范围内的所有同类企业都视为竞争者。适用条件是企业有雄厚的实力、敏锐的市场洞察力和强大的跨行业经营的能力。多元导向的优点是可以最大限度地发掘和抓住市场机会，撇开原有产品、技术、需求和顾客群体对企业业务发展的束缚；缺点是新增业务若未能获得市场承认将损害原成名产品的声誉。

5.1.2　竞争战略选择

竞争者的反应模式、实力等特征决定了本公司竞争战略选择。

1. 竞争者反应模式与竞争战略选择

竞争者反应模式指本公司对竞争者的攻击战略实施之后竞争者的回应方式。竞争者常见的反应模式有以下四种。

（1）从容型竞争者。从容型竞争者指竞争者对某些特定的攻击行为没有迅速反应或强烈反应。这类竞争者“从容不迫”的原因是多种多样的。一是认为自己的顾客忠诚度高，不会转换购买。这类竞争者通常实力强大，市场份额高，品牌知名度高，市场掌控能力强。对于其他同类企业可能不放在眼里，认为小泥鳅掀不起大风浪。企业选择此类竞争者作为攻击对象，应当进行投入产出分析，测定所投入的竞争资金能否收到预期效果，能否吸引竞争者顾客转换购买。如果竞争者的顾客果真不会转换购买，则本公司的竞争战略和策略就是无效或低效的，竞争资金投入就是不值得的。二是竞争者正在对该业务进行收割榨取。竞争者或者认为该产品已经处于衰退期，没有大力发展的价值，没有必要费力地争夺市场扩大份额；或者正在进行战略转移，减少甚至放弃该业务。因此，不打算继续投入资金应对竞争，能销多少就销多少，能得多少利润就得多少利润。企业选择这类竞争者作为攻击对象，首先要分析该业务是否已经进入衰退期，如果已经进入衰退期，本公司是否有必要投入资金争夺

市场扩大份额；如果竞争者是因为战略转移而不做反应，则可以成为本公司乘虚而入抢占市场的有利时机，攻击战略就易于收到显著效果。三是竞争者反应迟钝，举棋不定，对于受到攻击之后的可能效果缺乏认识，同时也缺乏做出迅速反应或强烈反应的条件，比如资金不足等。这类竞争者的一般实力不强，市场开拓能力不强。选择这类竞争者作为攻击对象易于取得显著效果。

（2）选择型竞争者。选择型竞争者指竞争者只对某些类型的攻击做出反应，而对其他类型的攻击无动于衷。企业如果尚不具备与竞争者正面决战的实力，就应当分析竞争者在哪些方面反应敏感，在哪些方面反应不敏感，以制定最为可行的攻击战略，避免引起竞争者强烈反应。

◇ 相关链接

选择型竞争者

南湖市有“维亚”“天鸿”“南星”三家相互竞争的彩印公司，就生产设备、技术能力和知名度而言，维亚公司最次，天鸿公司居中，南星公司属于上等。天鸿公司总经理比较有开拓精神，喜爱动脑，经常采用一些新的营销措施挑战竞争者。有时降低价格，有时通过各种媒体播放广告，宣称本公司是技术最强、质量最优的彩印公司。天鸿公司采取不同措施时，维亚公司与南星公司有不同反应。天鸿公司如果降价竞争，维亚公司会做出强烈反应而南星公司没有什么反应。因为维亚公司的战略是保持价格优势，天鸿公司降价侵犯了维亚公司的战略领地，而南星公司的一贯战略是不参与价格竞争而保持品牌形象。天鸿公司如果宣称技术最强、质量最优，南星公司会做出强烈反应而维亚公司没有什么反应。因为南星公司的战略是树立业内领导者形象，天鸿公司抢占高端的战略直接侵犯了南星公司的战略领地，南星公司势必通过更大规模的广告宣传做出强烈回应。

（3）凶狠型竞争者。凶狠型竞争者指竞争者对所有的攻击行为都做出迅速而强烈的反应。这类竞争者意在警告其他企业最好停止任何攻击。选择这类竞争者作为攻击对象必须慎之又慎，除非本公司的实力远在竞争者之上，有把握一举击溃而不畏惧它的凶猛反扑。否则，就会损失惨重或者两败俱伤。

◇ 相关链接

凶狠型竞争者

盛夏时期，啤酒热销。新进入者海泉啤酒公司不惜重金在东粤市各家电视台同时播放海泉啤酒广告，并且半价销售，闪电般地占据了东粤市大小商场乃至小卖部的柜台，试图一举拿下东粤市场。面对来势汹汹的竞争者，东粤市场原先的行业领导者玉净啤酒公司不甘心将自己的传统市场拱手相送，决定不惜一切代价正面迎战。他们日夜不停地将啤酒运往东粤，免费送给全市所有大小商场和小卖部销售。海泉公司在玉净公司的凶猛反扑之下支撑不住，黯然退出了东粤市场。

（4）随机型竞争者。指对竞争攻击的反应具有随机性，有无反应和反应强弱，无法根据其以往的情况加以预测。此类竞争者大多是实力弱小的企业。本公司在具备一定实力的条件下，选择此类竞争者作为进攻对象易于取胜并实现预期效果。

2. 竞争者的其他特征与竞争战略选择

企业要攻击的竞争者不外乎下列三种类型。

（1）强竞争者与弱竞争者。攻击弱竞争者在提高市场占有率的每个百分点方面所耗费的资金和时间较少，但能力提高和利润增加也较少。在自身实力强大的条件下，攻击强竞争者可以提高自己的生产、管理和促销能力，从而更大幅度地扩大市场占有率和提高利润水平。

（2）近竞争者和远竞争者。多数公司重视同近竞争者对抗并力图摧毁对方，但是竞争胜利可能招来更难对付的竞争者。美国的战略研究专家波特举了两个毫无意义的“胜利”的例子：鲍希和隆巴公司曾积极同其他软镜头生产商对抗并且取得了很大的成功，导致失败者纷纷把资产卖给露华浓、强生和谢林—普洛夫等较大的公司，使自己面对更强大的竞争者。一家橡胶特种用品生产商把另一家橡胶特种用品生产商当作不共戴天的仇敌来攻击，并抽走股份，给这家公司造成很大损失，结果几家大型轮胎公司的特种用品部门乘虚而入，很快打入了特种橡胶制品市场，倾销产品。

（3）“良性”竞争者与“恶性”竞争者。“良性”竞争者的特点是：遵守行业规则；对行业增长潜力提出切合实际的设想；按照成本合理定价；喜爱健全的行业，把自己限制在行业的某一部分或某一细分市场中；推动他人降低成本，提高差异化；接受为他们的市场份额和利润规定的大致界限。“恶性”竞争者的特点是：违反行业规则；企图靠花钱而不是靠努力去扩大市场份额；敢于冒大风险；生产能力过剩仍然继续投资。总之，他们打破了行业平衡。公司应支持“良性”竞争者，攻击“恶性”竞争者。

更重要的是，竞争者的存在会给公司带来一些战略利益，如增加总需求，导致产品更多的差别，为效率较低的生产者提供了成本保护伞，分摊市场开发成本，服务于吸引力不大的细分市场，减少了违背反托拉斯法的风险等。

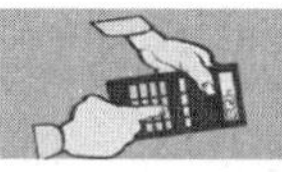

5.2 市场领导者竞争战略

市场领导者指占有最大的市场份额，在价格变化、新产品开发、分销渠道建设和促销战略等方面对本行业其他公司起着领导作用的公司。

占据着市场领导者地位的公司常常成为众矢之的。要击退其他公司的挑战，保持第一位的优势，必须从三个方面努力，即扩大总需求、保护现有市场份额、扩大市场份额。

5.2.1 扩大总需求

市场领导者占有的市场份额最大，在市场总需求扩大时受益也最多。扩大总需求的途径有开发产品的新用户、寻找产品的新用途和增加顾客使用量等。

1. 开发新用户

（1）转变未使用者。转变未使用者，即说服那些尚未使用本行业产品的人开始使用，把潜在顾客转变为现实顾客。比如，有人担心电淋浴器使用不安全而不愿购买，企业可大力宣传它装有多重安全保护装置，绝对不会发生意外，将这部分潜在购买者转变为现实购买

者。有人认为纯水中不含有益矿物质而不愿安装家用纯水机。纯水机制造公司可大力宣传人们所需的矿物质主要从日常食物中获取，从饮水中获取的比例可以忽略不计，饮用纯水不会影响身体健康。而自来水中虽然含有矿物质，但是也可能含有许多污染物质，危害身体健康。安装家用纯水机直接饮用纯水更加有益身体健康。

（2）进入新的细分市场。“新的细分市场”指本企业原先进入的细分市场以外的其他细分市场的顾客。该类顾客使用本行业产品，但是习惯于购买特定细分市场的产品和品牌，不使用其他细分市场的同类产品和品牌。例如，服装市场可以根据性别分为男性和女性两个细分市场，根据年龄不同分为老年、中年、青少年和儿童等不同细分市场。一般而言，女性不会购买男性服装，男性也不会购买女性服装，老年人不会购买青少年时装，青少年也不会购买老年人服装。企业在原细分市场的需求饱和后可设法进入新的细分市场，扩大原有产品的适用范围，说服新细分市场的顾客使用本产品。例如，青年时装制造公司可通过营销宣传说服中老年人购买年轻人的时装，实现心理上的年轻。女性挎包生产企业可宣传男性携带挎包方便实用且能作为时髦的装饰显示优雅风度，使之进入男性市场。婴幼儿奶粉的需求量十分有限，生产企业可宣传它富有营养且易于吸收，成人食用更能增进健康，争取进入成人市场。

（3）地理扩展。地理扩展指寻找尚未使用本产品的地区，开发新的地理市场。例如，空调、摩托车等产品在城市市场已经趋于饱和，可着重开发农村市场。轿车在发达国家已经趋于饱和，可向发展中国家和不发达国家转移。

2. 寻找新用途

寻找新用途指在产品原有用途之外找出新用途或新使用方法以增加销售量。比如，食品生产者常常在包装上印制多种食用或烹制方法，有冷食、热食、浸泡、炸炒、干食等。自行车最初是作为交通工具而走向市场的，在摩托车、汽车普及的条件下，许多人购买自行车是作为健身工具。产品的许多新用途往往是顾客在使用过程中发现的，企业应及时了解和推广这些发现。烘焙苏打粉生产企业发现美国一些家庭将该产品作为冰箱除臭剂使用，就通过多种途径广泛宣传这一用途，成功地推动美国一半的家庭购买烘焙苏打粉。

3. 增加使用量

（1）提高使用频率。企业应设法促使顾客更频繁地使用产品。例如，果汁营销人员应说服人们不仅在待客时才饮用果汁，平时也要饮用果汁以增加维生素。

（2）增加每次使用量。企业可以设法促使顾客增加每次使用量以扩大产品销售。洗发露生产企业可提示顾客，每次洗发时，洗发露涂抹两次、冲洗两次比只用一次效果更好。洗衣粉包装袋上可说明增加洗衣粉用量则衣服更洁净。有的调味品制造商将调味品瓶盖上的小孔略微扩大，销售量就明显增加。

（3）增加使用场所。电视机生产企业可以宣传在卧室和客厅等不同房间分别摆放电视机的好处，如观看方便、避免家庭成员选择频道的冲突等。宣传这是美好生活的需要而不是奢侈或浪费，打破原先只买一台电视机的习惯和“节俭”思想，使有条件的家庭乐于购买两台以上的电视机。

（4）提醒顾客及时更换超过保质期或使用期的产品。有的顾客由于节约或者疏忽而继续使用超过保质期或使用期的产品，不仅影响健康或者使用效果，也减少了企业的产品销售。企业可以通过及时提醒顾客更换产品而扩大市场需求，包括：提醒顾客注意产品的首次

使用时间和应当更换的时间；提醒顾客注意产品当前的性能状况。轮胎经营企业在售出轮胎之后的适当时间可以提醒顾客注意轮胎的行驶里程，并检查轮胎是否需要更换，以保证行车安全。吉列剃须刀在反复使用之后，上面的彩条会逐渐褪色，提醒消费者更换，以保证剃须操作时的舒适性。

◇ 相关链接

施乐公司

美国施乐公司是全球最大数字与信息技术产品生产商，是复印技术的发明公司，是全球500强企业，在复印机市场占有率特别是彩色机器的市场占有率全球第一。如今，施乐公司已经不仅仅是一家复印机公司，它代表了世界上最广泛的成像产品阵列，主导着高端打印系统市场，同时提供相关商业服务。施乐公司从原先的光镜技术转到数字系统时，做出了巨大的产品线转换。公司生产的高效率且更加便宜的多功能用户设备可以帮助客户减少桌面打印机、减少纸张使用，进而降低经营成本。施乐公司的新产品具备扫描、打印和联网功能，用户可以快速地扫描文件并存入电脑系统。公司更多地成为一个提供账单处理、业务处理和IT外包的服务公司。施乐公司的员工可以帮助呼叫维珍美国航空的客服中心，递交纸质或者电子版的健康保险索赔单、解决智能手机问题。施乐意味着“更好的解决方案，更低的综合运营成本，更出色的效果，更高的工作效率”。

资料来源：

1. 施乐公司. 百度百科. http://baike.baidu.com.2017-01-20.

2. 科特勒，凯勒. 营销管理：第15版［M］. 何佳讯，于洪彦，牛永革，等译. 上海：格致出版社，上海人民出版社，2016：314-315.

5.2.2 保护现有市场份额

占据市场领导者地位的公司在力图扩大市场总需求的同时，还必须时刻注意保护自己的现有业务免遭竞争者入侵。最好的防御方法是发动最有效的进攻，不断创新，永不满足，掌握主动，在新产品开发、成本降低、分销渠道建设和顾客服务方面成为行业先驱，持续增加竞争效益和顾客让渡价值。即使不主动发动进攻，至少也要加强防御，堵塞漏洞，不给挑战者可乘之机。市场领导者不可能防守所有的阵地，必须认真地探查哪些阵地应不惜代价严防死守，哪些阵地可以放弃而不会带来太大损失，将资源集中用于关键之处。防守战略的基本目标是减少受到攻击的可能性，或将进攻目标引到威胁较小的区域并设法减弱进攻的强度。主要的防御战略有以下六种。

1. 阵地防御

阵地防御是指围绕企业目前的主要产品和业务建立牢固的防线，根据竞争者在产品、价格、渠道和促销方面可能采取的进攻战略而制定自己的预防性营销战略，并在竞争者发起进攻时坚守原有的产品和业务阵地。阵地防御是防御的基本形式，是静态的防御，在许多情况

下是有效的、必要的，但是单纯依赖这种防御则是一种“市场营销近视症”。企业更重要的任务是技术更新、新产品开发和扩展业务领域。海尔集团没有局限于赖以起家的冰箱市场，而是积极从事多元化经营，开发了空调、彩电、洗衣机、电脑、微波炉、干衣机等一系列产品，成为我国电器行业著名品牌。

2. 侧翼防御

侧翼防御是指企业在自己主阵地的侧翼建立辅助阵地以保卫自己的周边和前沿，并在必要时作为反攻基地。超级市场在食品和日用品市场占据统治地位，但是在食品方面受到以快捷、方便为特征的快餐业的蚕食，在日用品方面受到以廉价为特征的折扣商店的攻击。为此，超级市场提供广泛的、货源充足的冷冻食品和速食品以抵御快餐业的蚕食，推广廉价的无品牌商品，并在城郊和居民区开设新店以击退折扣商店的进攻。

3. 以攻为守

以攻为守是指在竞争对手尚未构成严重威胁或在向本企业采取进攻行动前抢先发起攻击，以削弱或挫败竞争对手。这是一种先发制人的防御，公司应正确地判断何时发起进攻效果最佳，以免贻误战机。有的公司在竞争对手的市场份额接近于某一水平而危及自己市场地位时发起进攻，有的公司在竞争对手推出新产品或推出重大促销活动前抢先发动进攻，如推出自己的新产品、宣布新产品开发计划或大张旗鼓地开展促销活动，压倒竞争者。公司先发制人的方式多种多样：可以运用游击战，这儿打击一个对手，那儿打击一个对手，使各个对手疲于奔命，忙于招架；可以展开全面进攻，如精工手表有 2 300 个品种，覆盖各个细分市场；也可以持续性地打价格战，如格兰仕微波炉曾数次率先降价，使未取得规模效益的竞争者陷于困境；还可以开展心理战，警告对手自己将采取某种打击措施，而实际上并未付诸实施。

4. 反击防御

反击防御是指市场领导者受到竞争者攻击后采取反击措施。要注意选择反击的时机，可以迅速反击，也可以延迟反击。如果竞争者的攻击行动并未造成本公司市场份额迅速下降，可采取延迟反击，弄清竞争者发动攻击的意图、战略、效果和其薄弱环节后再实施反击，不打无把握之仗。反击战略主要有以下几方面。

（1）正面反击。即与对手采取相同的竞争措施，迎击对方的正面进攻。如果对手开展大幅度降价和大规模促销等活动，市场领导者凭借雄厚的资金实力和卓著的品牌声誉以牙还牙地采取降价和促销活动，可以有效地击退对手。

（2）攻击侧翼。即选择对手的薄弱环节加以攻击。某著名电器公司的电冰箱受到对手的削价竞争而损失了市场份额，但是洗衣机的质量和价格比竞争者占有更多的优势，于是对洗衣机大幅度降价，使对手忙于应付洗衣机市场而撤销对电冰箱市场的进攻。

（3）钳形攻势。即同时实施正面攻击和侧翼攻击。比如，竞争者对电冰箱削价竞销，则本公司不仅电冰箱降价，洗衣机也降价，同时还推出新产品，从多条战线发动进攻。

（4）退却反击。是在竞争者发动进攻时我方先从市场退却，避免正面交锋的损失，待竞争者放松进攻或麻痹大意时再发动进攻，收复市场，以较小的代价取得较大的战果。

◇ 相关链接

洁顺洗涤剂公司

洁顺洗涤剂公司在竞争者开展大规模促销活动时偃旗息鼓，使竞争者对促销的效果估计过高。待竞争者结束促销活动后，洁顺公司强化促销，并在不提价的情况下增加包装内的商品分量，迅速夺回市场，并使竞争者怀疑原先的促销效果，放弃以后的攻击行动。这是退却反击战略的成功应用。

（5）围魏救赵。是在对方攻击我方主要市场区域时攻击对方的主要市场区域，迫使对方撤销进攻以保卫自己的大本营。

5．机动防御

机动防御是指市场领导者不仅固守现有的产品和业务，还要扩展到一些有潜力的新领域，以作为将来防御和进攻的中心。

6．收缩防御

收缩防御是指企业主动从实力较弱的领域撤出，将力量集中于实力较强的领域。当企业无法坚守所有的市场领域，并且由于力量过于分散而降低资源效益的时候，可采取这种战略。其优点是在关键领域集中优势力量，增强竞争力。

5.2.3 扩大市场份额

一般而言，如果单位产品价格不降低且经营成本不增加，企业利润会随着市场份额的扩大而提高。但是，切不可认为市场份额提高就会自动增加利润，还应考虑以下三个因素。

1．经营成本

许多产品往往有这种现象：当市场份额持续增加而未超出某一限度的时候，企业利润会随着市场份额的提高而提高；当市场份额超过某一限度仍然继续增加时，经营成本的增加速度就大于利润的增加速度，企业利润会随着市场份额的提高而降低，主要原因是用于提高市场份额的费用增加。如果出现这种情况，则市场份额应保持在该限度以内。如图5－1所示是一个假设的例子，说明当某产品的市场份额持续增长而未超出50%的时候，利润也同步提高；超出50%以后，利润将随着市场份额的增长而降低。因此，市场份额保持在50%为最佳。

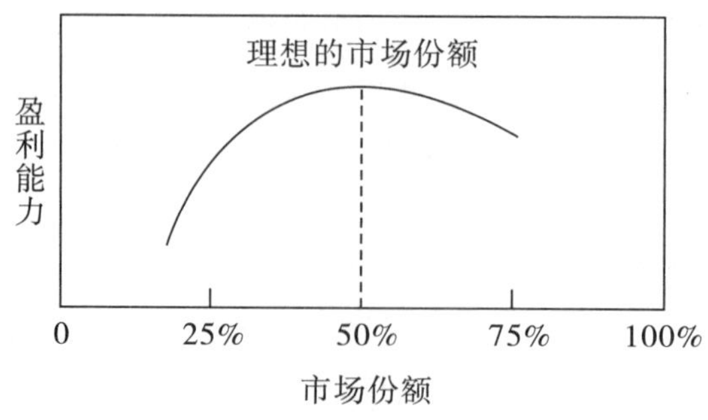

图5－1　最佳市场份额的概念

2．营销组合

如果企业实行了错误的营销组合战略，比如过分地降低商品价格，过高地支出公关费、广告费、渠道拓展费、销售员和营业员奖励费等促销费用，承诺过多的服务项目导致服务费大量增加等，则市场份额的提高反而会造成利润下降。

3．反垄断法

为了保护自由竞争，防止出现市场垄断，许多国家的法律规定，当某一公司的市场份额超出某一限度时，就要强行地将其分解为若干个相互竞争的小公司。西方国家的许多著名公司都曾经因为触犯这条法律而被分解，微软公司也曾引起反垄断诉讼。如果占据市场领导者地位的公司不想被分解，就要在自己的市场份额接近于临界点时主动加以控制。

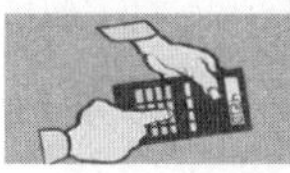

5.3　市场挑战者竞争战略

市场挑战者指在行业中占据第二位及以后位次，有能力对市场领导者和其他竞争者采取攻击行动，希望夺取市场领导者地位的公司。

5.3.1　确定战略目标与竞争对手

大多数市场挑战者的目标是增加自己的市场份额和利润，减少对手的市场份额。战略目标与所要进攻的竞争对手直接相关。军事上的“目标原则”主张：每次军事行动必须指向一个明确规定的、决定性的和可以达到的目标。

1．攻击市场领导者

当市场领导者在其目标市场的服务效果较差而令顾客不满或对某个较大的细分市场未给予足够关注的时候，采用这一战略带来的利益更为显著。这一战略风险大，潜在利益也大。

2．攻击规模相同但经营不佳、资金不足的公司

攻击规模相当的公司也有一定的风险。为了增加取胜的把握，应当在规模相当的公司中选择攻击那些经营不佳、资金不足的公司。如果竞争者在满足消费者需求及产品创新能力方面有缺陷，就可作为攻击对象。

3．攻击规模较小、经营不善、资金缺乏的公司

选择攻击规模较小、经营不善、资金缺乏的公司取胜把握更大。这种情况在我国比较普遍，许多实力雄厚、管理有方的外国独资和合资企业一进入市场，就击败了当地资金不足、管理混乱的弱小企业。攻击这类竞争者比较容易取得胜利，但是带来的潜在利益相对也小。

5.3.2　选择进攻战略

选择进攻战略应遵循“密集原则”，即把优势兵力集中在关键的时刻和地点，以达到决定性的目的。

1．正面进攻

正面进攻是向对手的强项而不是弱项发起进攻。比如，以更好的产品、更低的价格、更大规模的广告攻击对手的拳头产品。决定正面进攻胜负的是“实力原则”，即享有较大资源（人力、财力和物力）的一方将取得胜利。当进攻者比对手拥有更大的实力和持久力时才能

采取这种战略。降低价格是一种有效的正面进攻战略，如果让顾客相信进攻者的产品同竞争对手相同但价格更低，这种进攻就会取得成功。要使降价竞争得以持久并且不损伤自己的元气，必须大量进行降低生产成本的研究。如果防守者具有某些防守优势，比如在某市场上有较高的声誉、广泛的销售网络、牢固的客户关系等，则实力原则不一定奏效，资源上略占优势的一方不一定取得胜利。军事信条认为，当对方占有防守优势（如高地或防御工事）时，进攻者必须具有 3：1 的优势才有把握取得胜利。

2. 侧翼进攻

侧翼进攻是寻找和攻击对手的弱点。寻找对手弱点的主要方法是分析对手在各类产品和各个细分市场上的实力和绩效，把对手实力薄弱或绩效不佳或尚未覆盖而又有潜力的产品和市场作为攻击点和突破口。①分析地理市场，选择对手忽略或绩效较差的区域和产品加以攻击。比如，一些大公司易于忽略中小城市和乡村，进攻者可在那里发展业务。②分析其余各类细分市场，按照收入水平、年龄、性别、购买动机、产品用途和使用率等因素辨认细分市场并认真研究，选择对手尚未重视或尚未覆盖的细分市场作为攻占的目标。侧翼进攻使各公司的业务更加完整地覆盖了各细分市场，进攻者较易收到成效，并且避免了攻守双方为争夺同一市场而造成的两败俱伤的局面。侧翼进攻指出了营销目的就是发现需要并为之提供服务，成功概率高于正面进攻，特别适用于资源较少的攻击者。

3. 包抄进攻

包抄进攻是在多个领域同时发动进攻以夺取对手的市场。比如向市场提供竞争对手所能提供的一切产品和服务，并且更加质优价廉，同时配合大规模促销。其适用条件是：①通过市场细分未能发现对手忽视或尚未覆盖的细分市场，补缺空当不存在，无法采用侧翼进攻。②与对手相比拥有绝对的资源优势，制定了周密可行的作战方案，相信包抄进攻能够摧毁对手的防线和抵抗意志。

4. 迂回进攻

迂回进攻是避开对手的现有业务领域和现有市场，进攻对手尚未涉足的业务领域和市场，以壮大自己的实力。这是最间接的进攻战略，主要有三种方法：①多元化地经营与竞争对手现有业务无关联的产品；②用现有产品进入新的地区市场；③用竞争对手尚未涉足的高新技术制造的产品取代现有产品。在高新技术领域实现技术飞跃是最有效的迂回进攻战略，可以避免单纯地模仿竞争者的产品和正面进攻造成的重大损失。公司应致力于开发新一代的技术，时机成熟后就向竞争对手发动进攻，把战场转移到自己已经占据优势的领域中去。

5. 游击进攻

游击进攻是向对手的有关领域发动小规模的、断断续续的进攻，逐渐削弱对手，使自己最终夺取永久性的市场领域。游击进攻适用于小公司打击大公司。主要方法是在某一局部市场上有选择地降价、开展短促的密集促销、向对方采取相应的法律行动等。游击进攻能够有效地骚扰对手、消耗对手、牵制对手、误导对手、瓦解对手的士气、扰乱对手的战略部署而己方不冒太大的风险。适用条件是对方的损耗将不成比例地大于己方。采取游击进攻必须在开展少数几次主要进攻还是一连串小型进攻之间做出决策，通常认为，一连串的小型进攻能够形成累积性的冲击，效果更好。

5.4 市场追随者与市场利基者的竞争战略

5.4.1 市场追随者的竞争战略

市场追随者指那些在产品、技术、价格、渠道和促销等大多数营销战略上模仿或跟随市场领导者的公司。在很多情况下，追随者可让市场领导者和挑战者承担新产品开发、信息收集和市场开发所需的大量经费，自己坐享其成，减少支出和风险，并避免向市场领导者挑战可能带来的重大损失。许多居第二位及以后位次的公司往往选择追随而不是挑战。当然，追随者也应当制定有利于自身发展而不会引起竞争者报复的战略。

1. **克隆者**

克隆者指克隆市场领导者的产品、品牌、包装及其他营销策略的公司。由于他们与市场领导者的产品、品牌与包装仅在细微之处稍作区别，顾客不易觉察，价格略低，利用市场领导者的投资和营销组合策略去开拓市场，自己跟在后面分一杯羹，故被看作寄生者。有些克隆者甚至发展成为“伪造者”，专门制造赝品。国内外许多著名公司都受到赝品的困扰，应寻找行之有效的打击办法。

2. **模仿者**

模仿者指在基本方面模仿市场领导者，但是在包装、广告和价格上又保持一定差异的公司。如果模仿者不对市场领导者发起挑战，市场领导者不会介意。在钢铁、肥料、化工等同质产品行业，模仿战略最为普遍。不同公司的产品相同、服务相近，不易实行差异化战略，价格敏感性高，低价几乎是吸引购买的唯一手段。但是利用价格战攫取短期市场份额会遭到同行的报复，随时可能爆发价格大战，多数公司避免采用，而是效仿市场领导者，与领导者保持较为一致的产品、价格、服务和促销战略，以至于市场份额也保持着高度的稳定性。

3. **改良者**

改良者指对领先者的产品进行调整或改良的公司。他们先接受市场领导者的产品、服务和营销战略，然后有选择地改进它们。避免与市场领导者正面交锋，并选择其他市场销售产品。这种跟随者通过改进并在别的市场壮大实力后有可能成长为挑战者。

虽然追随战略不冒风险，但是也存在明显缺陷。研究表明，市场份额处于第二、第三和以后位次的公司与第一位的公司在投资报酬率方面有较大的差距。

例5-1

国内体育用品品牌的竞争战略

调查显示，提起体育用品时，有72.5%的消费者首先想起耐克、阿迪达斯等国外知名品牌，12.5%的消费者想到李宁、双星，12.3%的消费者想到安踏、匹克或361°。国际知名品牌牢牢占据着消费者的心智，成为体育用品行业的领导者。国内体育用品品牌仍然处于追随者的地位，并采取了一系列追随策略。

在目标市场方面，国际名牌的目标市场是发达国家和发展中国家的主要城市及中高收入人群。国内名牌如李宁、安踏的目标市场主要是发展中国家及二、三线城市中低收入人群。

在品牌塑造方面，阿迪达斯自成立以来就一直致力于足球领域，而耐克将自身定位于篮球。耐克借助奥运会、世界杯、世锦赛等国际大型赛事和国际一线明星代言，成功塑造了国际高端体育运动品牌形象。李宁、安踏所涉及项目众多，有篮球、足球、排球、羽毛球、乒乓球、网球、田径、户外休闲等，几乎涉及体育运动的所有领域，基本以“赛事赞助 + 广告 + 明星代言”的形式扩大品牌知名度，但是缺乏国际大型赛事赞助和国际一线明星代言。

在产品方面，耐克目前仅为 15 个运动项目生产运动鞋，品种近千个。李宁、安踏涉足运动鞋、服、帽、包、运动器材、配件等众多领域。安踏生产的体育用品有 1 481 个品种，运动鞋有 2 200 款、服装有 2 500 款、配件有 2 000 款。国内体育用品品牌十分重视模仿创新。李宁公司与德国 SAP 公司合作建立 REP 系统，与香港中文大学人体运动科学系合作建立数据库。“李宁弓”“李宁弧”的自主创新技术提高了产品的科技含量。安踏是国内首个建立科学运动实验室的体育用品公司，采用与耐克、阿迪达斯的气垫、气孔相近的技术，生产出“呼吸网 2.0 科技跑步鞋”等新产品，有效提高了产品质量。

资料来源：江亮，邹娟花，等. 国内外一线体育用品品牌营销比较研究 [J]. 河北体育学院学报，2016，30 (6)：14 – 21.

思考题

1. 国内体育用品品牌采取了哪些跟随策略？
2. 你对国内体育用品品牌赶超国际品牌有何建议？

5.4.2 市场利基者的竞争战略

1. 市场利基者

市场利基者指专门为规模较小的或大公司不感兴趣的细分市场提供产品和服务的公司。市场利基者的作用是拾遗补阙、见缝插针，虽然在整体市场上仅占有很少的份额，但是比其他公司更充分地了解和满足某一细分市场的需求，能够通过提供高附加值而得到高利润和快速增长。

2. 利基市场及其特征

(1) 利基市场的含义。利基市场指规模较小且大公司不感兴趣的细分市场。如果把每家企业占有的市场比作一个圆圈，则圈与圈之间必有一些空隙，这些空隙即为利基市场。市场利基者就是在看似无缝的市场中找到缝隙。企业在发展初期比较弱小时大多采用市场利基者战略。美国战略计划研究所在研究了数百个业务单位后发现，小市场的投资报酬率平均为 27%，而大市场的为 11%。利基者盈利的主要原因是比其他大众化营销的公司可以更好地了解和满足顾客需要，当大众化营销者取得高销量的时候，利基者可以取得高毛利。如果经营得当，利基市场也可以发展成为广大的市场。豆浆机、罐装凉茶刚刚问世的时候也是利基市场，九阳公司、王老吉和加多宝也曾是市场利基者，如今已经成为行业领导者。

(2) 利基市场的特征。理想的利基市场具备以下特征：①具有一定的规模和购买力，能够盈利；②具备发展潜力；③强大的公司对这一市场不感兴趣；④本公司具备向这一市场提供优质产品和服务的资源和能力；⑤本公司在顾客中建立了良好的声誉，能够抵御竞争者入侵。

◇ 相关链接

利基市场

“利基”的英文单词为“Niche”，意为“壁龛”，来源于法语。法国信教家庭建造房屋时在墙上凿出一小块凹台以供奉神像，称为“壁龛”。与房屋这一巨大物体相比较，壁龛是一个微小的空间。后来市场营销学家借用此意提出了“利基市场”（Niche Market）概念，指微小的细分市场，也译为“缝隙市场”“补缺市场”等。由于实力强大的企业往往忽视或者不屑于进入这种市场，因此为弱小企业提供了生存与发展的空间。弱小企业应当发扬见缝插针、找缝插针的精神，发现并占领利基市场，在“螺蛳壳里做道场”。市场出现的小饰品店、左撇子店、筷子店、2元店等商店，胖人服装、左撇子剪刀、去污粉、医用口罩、日用小商品等生产企业都是市场利基者。如果经营得法，利基市场也能成长为广阔市场乃至主流市场，市场利基者也能发展为强大企业乃至市场领导者。洁厕剂当初是一般化工企业不屑一顾的产品，如今已经具有可观的市场规模；可口可乐当初相对于传统的茶水饮料、果汁饮料等也是市场利基者，如今已经成为世界饮料市场领导者。由于利基市场有利可图，许多大中型公司也设立专门的业务部门或分公司进入这一市场。有的工具厂设立近百个部门生产数千种小五金产品。海尔公司发现美国冰箱多为大型，就开发了针对单身青年的小型冰箱。耐克公司一直不断地为各类运动员设计特殊的鞋，如登高鞋、跑步鞋、骑车鞋、啦啦队鞋、气垫鞋等以创造利基市场。

2. 市场利基者竞争战略的选择

市场利基者发展的关键是实现专业化，主要途径有以下几方面。

（1）终端用户专业化。公司可以专门为某一类型的终端用户提供服务。例如，航空食品公司专门为民航公司生产提供飞机乘客的航空食品；增值业务经营企业为特定细分市场定制计算机硬件和软件。

（2）垂直层次专业化。公司可以专门为处于生产与分销价值链上的某些垂直层次提供服务。例如，铸件厂专门生产铸件；铝制品厂专门生产铝锭和铝制部件。

（3）顾客规模专业化。公司可以专门为某一规模（大、中、小）的顾客群服务。市场利基者专门为大公司不重视的小规模顾客群服务。

（4）特殊顾客专业化。公司可以专门向一个或几个客户销售产品。许多小公司只向一家大公司提供其全部产品。

（5）地理区域专业化。公司只在某一地点、地区或范围内经营业务。

（6）产品或产品线专业化。公司只经营某一种产品或某一类产品线。比如，某制袜公司专门生产不同花色品种的丝袜；某造纸厂专门生产水泥包装纸。

（7）产品特色专业化。公司专门经营某一种类型的产品或者特色产品。例如，某书店专门经营“古旧”图书；轿车出租公司专门针对那些外出旅游和公务而需要用车的人。

（8）客户订单专业化。公司专门按客户订单生产特制产品。

（9）性价比专业化。公司仅仅经营市场上最低端或最高端的产品。例如，惠普公司专门在优质高价的微型电脑市场上经营；夏普公司专注于高质量、高价格的液晶电视和屏幕配件。

（10）服务专业化。公司向大众提供一种或数种其他公司所没有的服务。例如，某家庭服务公司专门提供上门疏通管道服务；某银行可以接受客户用电话申请贷款并送现金上门。

（11）销售渠道专业化。公司只为某类销售渠道提供服务。例如，某家软饮料公司决定只生产大容器包装的软饮料，并且只在加油站出售。

例 5 - 2

社区报

在计算机、网络、数字技术迅猛发展的新媒体时代，传统纸媒还有没有生存空间？2016年2月6日，腾讯网总编辑王永治做出报纸将死、新旧媒体不可融合的预测。但是另一方的声音也十分强烈：纸媒的内容生产和公信力仍是互联网难以取代的。据统计，2014年，全国各类报纸的零售总量相比2013年下滑了30.5%，其中都市报下滑幅度最大，居各报之首。部分传统媒体通过发展“小众”的社区报探索新的发展路径。

社区报作为舶来品，在美国经历了200多年的发展。美国的家庭一般订阅两份报纸，一份是大报，一份是社区报。据统计，美国97%的报纸是发行量5万份以下的小型报纸。据北卡罗来纳州报业协会2010年统计，全州共有179份报纸，其中173份为小报；而订购量10万份以上的大报只有两家。小众媒体定位是社区报的生存关键。社区报注重从本社区的角度看世界，与社区居民生活密切相关，精准发行，致使其他媒体无法替代，构筑自己在社区内的垄断地位，增强了读者的情感忠诚。

美国社区报发展成熟、历史悠久，当地的居民对阅读社区报有着持久的习惯。中国社区报兴起不久，必须根据自身特定的条件开创本土特色，探索出适合国内社区报的发展路径。

资料来源：

1. 刘乔莉. 新媒体背景下社区报的运营模式与创新路径［J］. 科技传播，2016(11)：69.

2. 顾晓明. “利基”营销：城市“社区报”发展的王道［J］. 传媒观察，2013（10）：20 - 22.

思考题

在新媒体和诸多全国性大报的夹击之下，社区报得以生存的秘诀是什么？给企业营销带来的启示是什么？

市场利基者是弱小者，面临的主要风险是当竞争者入侵或目标市场的消费习惯变化时有可能陷入绝境。因此，它的主要任务有三项：创造利基市场，扩大利基市场，保护利基市场。企业要争取不断地创造多种利基市场，而不是坚持单一利基市场。如果能够在多种利基市场上发展，企业就避免了风险，增加了生存机会。

企业在密切注意竞争者的同时不应忽视对顾客的关注，不能单纯强调以竞争者为导向而损害更为重要的以顾客为导向。以竞争者为导向指企业行为完全受竞争者行为支配，逐个跟踪竞争者的行动并迅速做出反应。其优点是使营销人员保持警惕，注意竞争者的动向；缺点

是被竞争者牵着走，缺乏事先规划和明确的目标。以顾客为导向指企业以顾客需求为依据制定营销战略。其优点是能够更好地辨别市场机会，确定目标市场，根据自身条件建立具有长远意义的战略规划；缺点是可能忽视对竞争者的关注与分析。在现代市场中，企业营销战略的制定既要注意竞争者，也要注意顾客，实现以顾客为导向与以竞争者为导向的平衡。此外，为了谋求长期发展，企业不仅需要制定和运用竞争战略与策略，而且有必要考虑合作，有时甚至与竞争对手进行合作。

本章小结

本章着重论述了竞争者识别与竞争战略选择、市场领导者战略、市场挑战者战略、市场追随者战略和市场利基者战略。

企业要制定正确的竞争战略，就必须明确地识别竞争者。竞争者识别由业务范围决定。企业决定业务范围的导向有产品导向、技术导向、需求导向、顾客导向和多元导向。导向不同，所确定的竞争者就不同，竞争战略也随之不同。

市场领导者指占有最大的市场份额，在价格变化、新产品开发、分销渠道建设和促销战略等方面对本行业其他公司起着领导作用的公司。它要保持第一位的优势，必须从扩大总需求、保护现有市场份额、扩大市场份额入手。扩大总需求的途径有开发新用户、寻找产品新用途和增加使用量等。防御对手进攻和保护市场份额的战略有阵地防御、侧翼防御、以攻为守、反击防御、机动防御和收缩防御。在扩大市场份额的战略制定过程中，应当考虑经营成本、营销组合和国家反垄断法等因素。

市场挑战者指在行业中占据第二位及以后位次，有能力对市场领导者和其他竞争者采取攻击行动，希望夺取市场领导者地位的公司。在制定挑战战略的过程中要注意确定战略目标与竞争对手，选择挑战战略。一般而言，市场挑战者的目标是增加自己的市场份额和利润，减少对手的市场份额。战略目标与所要进攻的竞争对手直接相关。可选择的进攻对象有：市场领导者；规模相同但经营不佳、资金不足的公司；规模较小，经营不善，资金缺乏的公司。市场挑战者可选择的挑战战略有正面进攻、侧翼进攻、包抄进攻、迂回进攻和游击进攻等。

市场追随者指那些在产品、技术、价格、渠道和促销等大多数营销战略上模仿或跟随市场领导者的公司。采用追随战略可让市场领导者和挑战者承担新产品开发、信息收集和市场开发所需的大量经费，减少自己的支出和风险，并避免向市场领导者挑战可能带来的重大损失。根据追随战略不同，市场追随者可以分为克隆者、模仿者和改良者。

市场利基者指专门为规模较小的或大公司不感兴趣的细分市场提供产品和服务的公司。其竞争战略主要有终端用户专业化、垂直层次专业化、顾客规模专业化、特殊顾客专业化、地理区域专业化、产品或产品线专业化、产品特色专业化、客户订单专业化、性价比专业化、服务专业化、销售渠道专业化等。

企业在密切关注竞争者的同时，还要密切关注顾客需求，以实现以顾客为导向与以竞争为导向的平衡。

重点概念

产品导向（product orientation）
技术导向（technology orientation）
需求导向（demand orientation）
顾客导向（customer orientation）
多元导向（diversification orientation）
市场领导者（market leader）
市场挑战者（market challenger）
市场追随者（market follower）
市场利基者（市场补缺者）（market nicher）

复习题

1. 确定企业业务范围的导向有几种？不同导向如何识别竞争者？分别适用于何种条件？
2. 试述市场领导者“扩大总需求”的战略。
3. 试述市场领导者“保护现有市场份额”的战略。
4. 试述市场领导者扩大市场份额应当考虑的因素。
5. 试述市场挑战者可选择的进攻战略。
6. 试述市场追随者含义、类型及其竞争战略。
7. 试述利基市场的含义、特征和市场利基者竞争战略选择。

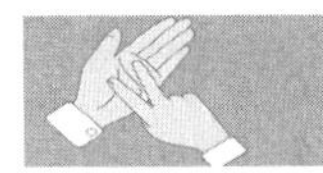

案例分析

华为手机挑战苹果手机

曾几何时，华为只是手机行业的一只乌鸦，如今登上高枝变成了凤凰。

2015 年 3 月零售监测数据显示，华为在国内市场占有率为 13.75%，首次超越苹果、三星等跨国品牌，坐上头把交椅。业内权威人士认为，这是一个重要的信号，意味着国产手机品牌厚积薄发，显示出强大的后发式增长能力。IDC、GFK、Gartner 等知名市场研究机构的数据表明：2015 年第三季度，全球智能手机出货量前三名为三星、苹果和华为。其中，三星、苹果同比增幅分别为 6.1%、22.2%，华为则达到惊人的 60.9%，在欧洲等国际高端市场增长迅猛。2016 年 4 月 1 日，华为发布了 2015 年年报，华为运营商、企业、终端三大业务全球销售收入达 3 950 亿元，同比增长 37%；净利润 369 亿元，同比增长 33%。经营现金流达到 493 亿元。在全球手机市场放缓的大环境下，华为手机呈现了逆生命周期增长曲线。华为消费者业务董事长余承东表示：华为手机在中国市场销量是三星的三倍。华为不把三星当作对手，目标是在高端市场上超越苹果。

长期以来，苹果产品在中国和世界大众心目中是高品质的代名词。苹果的成功来自于硬件与软件的结合，用卓越的硬件吸引用户，用闭环式的软件黏住用户。华为正是向苹果最为自豪的硬件发起了进攻。

华为是做通信设备出身，成立之初就决心创造自己的品牌，将利润大部分用于产品研发，逐渐在通信设备行业取得了领先地位。在手机领域，华为复制了技术领先的战略。数据显示，华为拥有 1.2 万件的手机发明专利，而小米的手机发明专利数量仅仅为 10。华为在手机研发上累计投入了 20 亿美元，超过任何一家国内手机厂商。

2016年4月，华为推出3款P9智能手机，在硬件质量与性能上已经超越苹果。P9 Plus安装5.5英寸显示屏，分辨率为1 920×1 080。iPhone 6s安装4.7英寸显示屏，分辨率为1 334×750。P9 Max安装6.2英寸显示屏，分辨率为2 560×1 440。iPhone 6 Plus配备的是5.5英寸显示屏，分辨率为1 920×1 080。华为P9双摄像头可以更好地测量手机到被拍摄物体的距离，利用大光圈模式，给照片额外的景深。华为P9 Plus装备大容量3 400毫安电池，就连低配版的P9 Lite也安装了2 500毫安电池。iPhone 6s电池容量只有1 715毫安。P9系列手机比iPhone 6s和iPhone 6 Plus还要薄。华为P9只有6.4毫米厚。iPhone 6s和iPhone 6 Plus的厚度分别为7.1毫米和7.3毫米。华为P9系列产品中，徕卡拍照技术、自主研发旗舰芯片、三网通信、更优秀的信号都是其他品牌所不具备的。苹果iPhone 7 Pro到9月才能推出，最大的看点可能是双镜头摄像头。屏幕较小的iPhone 7不会安装双镜头摄像头，iPhone 7 Plus可能也没有。外媒认为，华为在技术上已经超越苹果。当iPhone 7上市时，它的技术将不是最新的。根据国家知识产权局最新公布的许可备案登记信息，2015年华为向苹果公司许可专利769件，苹果公司向华为许可专利98件，可以看出华为的技术跃升势头。华为与徕卡、哈曼卡顿、ARM等国际大厂建立战略合作关系也树立了华为的国际化品牌形象，改变了全球科技媒体对国产手机的印象。

华为手机过去一直采取优质低价、从下往上攻的战略，如今已经攻到了顶端。华为不同价格的手机在同档次中都是一流的。高端手机曾经是国产手机死亡区，如今这一魔咒被打破了。华为以猝不及防之势攻入了苹果、三星的专属领地，苹果的龙头地位被一步步削弱。

余承东认为，华为目前和苹果、三星的主要差距是品牌营销和分销渠道建设。在品牌方面，苹果、三星虽然优势强大，但是华为产品更加优秀，一定会从它们手中夺取足够的市场份额。在渠道建设方面，线下销售仍然是主要市场，占手机销量的70%~80%。华为在国内一、二线城市的渠道建设取得了显著进步，在三、四、五、六线城市还有很大差距。华为计划通过合作方式把零售店覆盖到至少1 000个县，占到市场总量的1/3。余承东认为，过去四年是全球手机厂商的洗牌期，今后几年是中国市场的洗牌期，大部分的手机厂家都会被淘汰，未来全球手机厂家不会超过三四家。

资料来源：

1. 于浩. 专访华为余诚东：5年内华为要超越苹果三星[EB/OL]. 凤凰科技，2016-04-07. http://tech.ifeng.com.

2. 价格性能全面超越苹果三星[EB/OL]. 搜狐公众平台，2016-04-07. http://mt.sohu.com.

3. 外媒看P9：超越苹果，这次华为又做到了[EB/OL]. 搜狐科技，2016-04-07. http://it.sohu.com.

讨论题

1. 在手机市场上，华为公司处于何种竞争地位？
2. 华为手机采用了何种竞争战略？使用条件是什么？
3. 国内其他手机品牌可否复制华为的竞争战略在国内和国际市场取得成功？

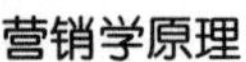

延伸阅读

1. 任慧媛. 超越迈克尔·波特，解码君智“新一代竞争战略”［J］. 中外管理，2019（1）：106－109.

2. 吴中超，张毅. 基于战略群组的中国上市白酒企业竞争格局与策略研究：来自15家上市白酒企业的经验数据［J］. 扬州大学学报（人文社会科学版），2019（1）：68－77.

3. 晏博文，龙子午. 高新技术小米公司竞争战略研究［J］. 湖北经济学院学报（人文社会科学版），2018（10）：65－67.

4. 曹如中，史健勇，郭华. 不确定性环境下竞争情报服务战略决策的作用机理研究［J］. 情报理论与实践，2018（1）：28－32.

5. 张春晏. 在硅谷，看科技巨头全球竞争与投资战略：吴军对话曾鸣［J］. 清华管理评论，2017（11）：5－11.

6. 吴航，陈劲. 企业实施国际化双元战略的创新效应：以竞争强度为调节［J］. 科学研究，2018（2）：334－341.

第 6 章

消费者市场和购买行为分析

学习目标

◇ 了解消费者行为与研究内容
◇ 依据消费者购买决策过程制定相应的营销策略
◇ 认识影响消费者行为的个体因素及其营销应用
◇ 认识影响消费者行为的环境因素及其营销应用
◇ 掌握消费者行为类型与营销策略制定

消费者市场是消费品生产经营企业市场营销活动的出发点和归宿点，也最终决定着工业品生产经营企业的市场需求水平。各类企业特别是消费品的生产经营企业要提高市场营销效益，实现企业发展的愿景，就必须深入研究消费者市场和消费者行为的规律性，据此进行市场细分和目标市场选择，有的放矢地制定市场营销组合策略。消费者行为学自 20 世纪 50 年代产生以来，在吸收经济学、心理学、社会学、人类学、数学等有关学科研究成果的基础上加以拓宽和深化，形成了自身完整的研究体系，大幅度提高了企业市场营销决策的科学性和正确性。

6.1　消费者市场与行为概述

6.1.1　市场与消费者市场

1. 市场

市场是多门学科的研究内容，不同学科有不同的解释。在市场营销学中，市场指有货币支付能力的、有购买愿望的购买者群体。这个定义指明了市场必须具备三个要素：一是购买者群体，二是有购买愿望，三是有货币支付能力，可用公式表示为：市场 = 人口 + 购买力 + 购买愿望。市场规模取决于有购买力、有购买愿望的人数多少。

2. 消费者市场

消费者指为了生活消费而购买或消费产品和服务的个人或家庭。消费者市场是个人或家庭为了生活消费而购买产品和服务所形成的市场。生活消费是产品和服务流通的终点，因而消费者市场也称为最终产品市场。消费者市场是相对于组织市场而言的。组织市场指以某种组织为购买单位的购买者所形成的市场，购买目的是为了生产、销售或履行组织职能。

6.1.2 消费者行为及研究内容

1. 消费者行为

消费者行为指消费者在内在和外在因素影响下挑选、购买、使用和处置产品和服务以满足自身需要的过程。消费者行为直接决定了营销企业的产品研发、销售、利润乃至兴衰。消费者市场研究实质就是消费者行为研究。

消费者行为研究的任务有三个方面：一是揭示和描述消费者行为的表现，即通过科学的方法发现和证实消费者存在哪些行为，也就是观察现象，描述事实，所谓“知其然”。二是揭示消费者行为产生的原因，所谓“知其所以然”。把观察到的已知事实组织起来、联系起来，提出一定的假说去说明这些事实发生的原因及其相互关系。三是预测和引导消费者行为，即在影响因素既定的条件下预测消费者行为，并通过设置或改变某些条件来引导和控制消费者行为。

2. 消费者行为研究内容

消费者行为的研究内容分为消费者购买决策过程、消费者个体因素、外在环境因素和市场营销因素四个方面。

消费者购买决策过程是消费者购买动机转化为购买活动的过程，分为确认问题、信息收集、产品评价、购买决策和购后行为五个阶段。个体因素指消费者自身存在的影响消费行为的各类因素，包括心理因素、生理因素、经济因素和生活方式等。外在环境因素指消费者外部世界中所有能对环境产生影响的物质和社会要素的总和。市场营销因素指企业在市场营销活动中可以控制的各类因素。市场营销因素通过个体因素和环境因素作用于消费者，又受到个体因素和环境因素的影响。本书其他章节主要内容就是市场营销因素对消费者行为的影响，所以本章不展开这部分内容。

以上四类因素中，“消费者购买决策过程”即为消费者行为，其他三类因素为消费者行为的影响因素。因此，消费者行为学的研究内容又可以分为消费者行为和消费者行为影响因素两大类。

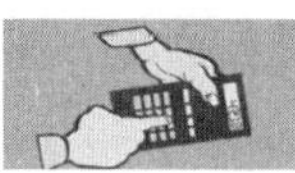

6.2 消费者购买决策过程

消费者购买决策过程是消费者购买动机转化为购买活动的过程。西方营销学者将消费者购买决策的一般过程分为五个阶段，如图6－1所示。

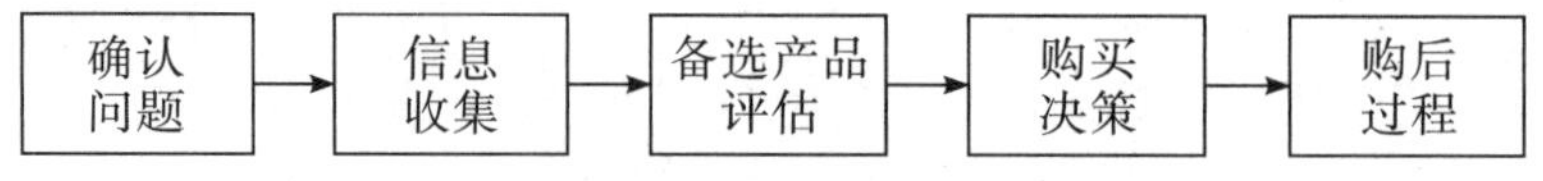

图6－1 消费者购买决策过程五阶段模式

这个购买决策过程模式适用于分析复杂的购买行为，因为复杂的购买行为是最完整、最有代表性的购买类型，其他购买类型是越过其中某些阶段后形成的，是复杂购买行为的简化形式。模式表明，消费者的购买决策过程早在实际购买以前就已开始，并延伸到实际购买以后，这就要求营销人员注意购买决策过程的各个阶段而不是仅仅注意销售。

6.2.1 确认问题

1. **需要的产生**

确认问题指消费者确认自己的需要是什么。需要是购买活动的起点，升高到一定阈限时就变成了一种驱动力，驱使人们采取行动去予以满足。

需要产生于消费者实际状态与理想状态的差距。实际状态指消费者目前所处的状态。理想状态指消费者想要达到的状态。“状态”可以指消费者内在的生理或心理状态，也可以指外在的商品或服务状态。比如，消费者肚子饥饿是生理的实际状态，消除饥饿是生理的理想状态，二者之间的差距产生了吃的需要。再如，消费者并不饥饿，这是生理的实际状态；但是看到饭店美食诱人，想要满足口腹之欲，这是生理的理想状态，二者之间的差距产生了吃的需要。消费者手机坏了，这是商品当前的实际状态；需要有一台能够正常使用的手机，这是商品的理想状态。二者之间的差距产生了购买手机的需要。消费者的手机依然完好如初，这是商品当前的实际状态；看到朋友都用了新款智能手机，自己也想有，这是理想状态。二者之间的差距也造成了购买手机的需要。虽然手机坏与没坏造成的“确认问题”都是买一台新手机，但是原因显然不同。因此，需要可由内在刺激或外在刺激唤起。内在刺激是人体内的驱使力，如饥、渴、冷等会产生对食物、饮料和衣物的需要。外在刺激是外界的“触发诱因”，如美食、新款智能手机等。需要被唤起后可能逐步增强，最终驱使人们采取购买行动，也可能逐步减弱以至消失。

2. **营销策略**

营销人员在“确认问题”阶段的营销策略主要有两个方面。

（1）了解需要。营销人员要通过市场研究和预测了解与本企业产品有关的现实的和潜在的需要。在价格和质量等因素既定的条件下，一种产品如果能够满足消费者多种需要或多层次需要就能吸引更多的购买。

（2）设计诱因。营销人员要了解消费者需要随时间推移以及外界刺激强弱而波动的规律性，并以此设计诱因，增强刺激，唤起需要，最终促成人们采取购买行动。

6.2.2 信息收集

1. **信息收集的前提条件**

信息收集的前提条件是累积需要的存在。

被唤起的需要立即得到满足须有三个条件：（1）这个需要很强烈。（2）满足需要的物品很明显。（3）该物品可立即得到。这三个条件具备时，消费者满足被唤起的需要无须经过信息收集阶段，也可理解为这个阶段很短、很快、接近于零。如果这三个条件有一项不具备，被唤起的需要就不能马上得到满足，而是先存入记忆中作为未满足的项目，称为“累积需要”。随着累积需要由弱变强，会出现两种情况：一是“高亢的注意力”，指消费者对能够满足需要的商品信息变得敏感。虽然并不有意识地收集信息，但是会留心接受信息，比平时更加关注该商品的广告、别人对该商品的使用和评价等。二是“积极的信息收集”，指主动地、广泛地收集该产品的信息。

2. **营销策略**

（1）了解消费者信息来源。消费者信息来源有四种。

①商业来源。指营销企业提供的信息，如广告、推销员介绍、商品包装说明、商品展销会等。

②公共来源。也称为公众来源，指营销企业、营销人员以外的与消费者无日常交往关系的社会组织或个人所提供的信息。社会组织包括消费者权益组织、政府部门、新闻媒介等。无日常交往关系的个人包括在各种场合偶遇的陌生人、通过各种媒介形式传播信息的陌生人等。

③个人来源。指营销企业、营销人员以外的与消费者有日常交往关系的人所提供的信息。有日常交往关系的人包括家庭成员、朋友、邻居、同事和其他熟人等。

④经验来源。指消费者直接接触产品所得到的信息。直接接触产品的形式有使用产品、检查和处理产品、观看他人使用产品等。

◇ 相关链接

信息来源

消费者主要信息来源可分为以下四种。

个人来源：家庭、朋友、邻居、熟人。

商业来源：广告、网站、推销员、经销商、包装、展示。

公共来源：大众媒体、社交媒体、消费者评级机构。

经验来源：处理、检查和使用产品。

资料来源：科特勒，凯勒．营销管理：第 15 版［M］．何佳讯，于洪彦，牛永革，等译．上海：格致出版社，上海人民出版社，2016：158.

菲利普·科特勒关于消费者信息来源的解释是举例而非定义。举例的优点是通俗易懂，不足之处是难以穷尽且易于混淆，不易把握概念的实质。比如，菲利普·科特勒将“网站”归为商业来源，而将“大众媒体”归为公共来源，事实上，“网站”也是一种“大众媒体”。再如，“网站”和“大众媒体”只是一种信息载体，并不说明信息来源是什么。对于大众而言，媒体刊登企业广告则为商业来源；媒体发布政府部门质量检测信息则为公共来源；如果朋友、熟人等登录网站发布信息则为私人来源。信息来源指该信息由谁发布而不是通过何种媒介传播。因此，恰当的做法是先给出定义而后举例。

（2）了解不同信息来源对消费者的影响程度。从消费者对信息的信任程度看，经验来源和个人来源最高，其次是公共来源，最后是商业来源。研究认为，商业来源的信息在影响消费者购买决定时只起“告知”作用，而个人来源和经验来源则起评价作用。比如，消费者购买笔记本电脑，从广告或企业宣传资料中得知有哪些品牌，而评价不同品牌优劣时就向朋友和熟人打听。

（3）设计信息传播策略。在利用商业来源传播信息外，还要设法利用和刺激公共来源、个人来源和经验来源，也可多种渠道同时使用，以加强信息的影响力或有效性。

例 6－1

交通路况信息

滨海电视台《今日报道》栏目报道了一则消息：今天上午，本台爆料热线接到车主爆料，称平时交通顺畅的莲花区东胜大道堵车严重。记者赶往现场，发现东胜大道车流行进的方向都朝着莲花区最大的购物超市——百汇超市。经调查，原来是百汇超市十周年店庆开展大酬宾活动，吸引大批市民前往购物导致堵车。这个活动持续 3 天，记者提醒市民掌握交通路况，安排好上班与出行路线。

思考题

许多电视观众通过这则报道获悉百汇超市大酬宾的信息，该信息属于商业来源还是公共来源？

6.2.3　备选产品评估

消费者在获得全面的信息后就会根据这些信息和一定的评价方法对同类产品的不同品牌加以评价并决定选择。一般而言，消费者的评价行为涉及以下四个方面。

1．产品属性

产品属性指产品所具有的能够满足消费者需要的特性。产品在消费者心中表现为一系列基本属性的集合。例如，下列产品应具备的属性是：

冰箱：制冷效率高，耗电少，噪声低，经久耐用。

电脑：信息储存量大，运行速度快，图像清晰，软件适用性强。

药品：迅速消除病痛，安全可靠，无副作用，价格低。

宾馆：洁净，舒适，用品齐全，服务周到，交通方便，收费合理。

在价格不变的条件下，产品具有更多的属性将增加吸引力，但是也会增加成本。营销人员应了解顾客主要对哪些属性感兴趣，以确定产品应具备的属性。

2．品牌信念

品牌信念指消费者对某品牌优劣程度的总的评价。每一品牌都有一些属性，消费者对每一属性实际达到了何种水准给予评价，然后将这些评价连贯起来，就构成他对该品牌优劣程度的总的评价，即他对该品牌的信念。

3．效用要求

效用要求指消费者对该品牌每一属性的效用功能应当达到何种水准的要求。或者说，该品牌每一属性的效用功能必须达到何种水准他才会接受。

4．评价模式

明确了上述三个问题以后，消费者会有意或无意地运用一些评价方法对不同的品牌进行评价和选择。例如，某人打算购买小轿车，他收集了 A、B、C、D、E 五种品牌的资料，要求价格不超过 25 万元，则 A 牌超过此价格被淘汰；还要求汽车安全性能评价应当超过 8 分（按购买者主观标准打分），则 C、D 两品牌未达要求而被淘汰；剩下两种品牌供选择。

企业根据消费者的评价模式选择相应的市场营销策略。

6.2.4 购买决策

1. 购买决策内容

顾客一旦决定实现购买意向，必须做出以下决策：

（1）产品种类决策，即在资金有限的情况下优先购买哪一类产品。

（2）产品属性决策，即该产品应具有哪些属性。

（3）产品品牌决策，即在诸多同类产品中购买哪一品牌。

（4）时间决策，即在什么时间购买。

（5）经销商决策，即到哪一家商店购买。

（6）数量决策，即买多少。

（7）付款方式决策，即一次性付款还是分期付款、现金购买还是其他方式等。

2. 干扰因素

干扰因素指在消费者购买意向到实际购买之间起干扰作用的因素。消费者经过产品评估后会形成一种购买意向，但是干扰因素可能改变消费者的购买意向与行为。

（1）他人态度。例如，某人决定购买 A 牌汽车，但是家人不同意，他的购买意向就会降低。他人态度的影响力取决于三个因素：其一，他人否定态度的强度。否定态度越强烈，影响力就越大。其二，他人与消费者的关系。关系越密切，影响力越大。其三，他人的权威性。他人对此类产品的专业水准越高，则影响力越大（好望角：个体的风险决策受他人影响）。

（2）意外因素。消费者购买意向是以一些预期条件为基础形成的，如预期收入、预期价格、预期质量、预期服务等，如果这些预期条件受到一些意外因素的影响而发生变化，购买意向就可能改变。例如，预期的奖金收入没有得到、原定的商品价格突然提高、购买时销售人员态度恶劣等都可能导致顾客购买意向改变。

◇ 相关链接

泰迪熊

喜剧电影《泰迪熊》在 2012 年夏天一举成名，在全球取得了惊人的 5.3 亿美元票房。这是一个运用在线营销推动消费者观影的成功案例。前卫的视频和推特推送的一系列没规矩建议让这个一向犯贱的泰迪熊在网上引起热评。这部电影在 Facebook 上的粉丝有 300 万人，推特上的关注者达到 40 万人。iPhone 应用软件“会说话的泰迪”被下载了 350 万次。环球影业公司针对不同的观众设计了不同的电影预告片。剧中明星马克·沃尔伯格演唱的电影插曲《雷雷哥》在网上引起热议。为了利用热议，制片厂把这首歌重新混音放在电影主页上，把附有歌词的电子贺卡放在 Facebook 上，还制作了“雷雷夜伙伴”睡衣在网上售卖。

资料来源：科特勒，凯勒．营销管理：第 15 版［M］．何佳讯，于洪彦，牛永革，等译．上海：格致出版社，上海人民出版社，2016：163.

6.2.5 购后过程

研究消费者购后过程的目的是提高其满意度。消费者的购后过程分为三个阶段，即使用和处置、购后评价、购后行为。

1. **购后使用和处置**

消费者在购买所需商品或服务之后，会进入使用过程以满足需要。购后使用和处置有时只是一种直接消耗行为，比如喝饮料、看演出等；有时则是一个长久的过程，如家电、家具、汽车等耐用消费品的使用，营销人员应当关注消费者如何使用和处置产品。如果消费者使用产品频率高，会增强其对购买决策正确性的信心。如果一个产品应该有高频率使用而实际使用率很低甚至被丢弃，说明消费者认为该产品无用，进而懊悔自己的购买决定。

2. **购后评价**

消费者通过产品使用和处置过程对所购产品和服务做出评价，检验自己购买决策的正确性，确认满意程度，作为以后类似购买活动的参考。消费者的购后满意程度不仅仅取决于产品质量和性能发挥状况，心理因素也具有重大影响。预期满意理论认为顾客满意是消费者将产品可感知效果与自己的期望值相比较后所形成的心理感受状态，即消费者购买产品以后的满意程度取决于购前期望得到实现的程度。可用函数式表示为：

$$S=f\ (E,\ P)$$

其中，S 表示消费者满意程度；E 表示消费者对产品的期望；P 表示产品可觉察性能。消费者根据自己从卖主、熟人及其他来源所获得的信息形成产品期望 E，购买产品以后的使用过程形成对产品可觉察性能 P 的认识，如果 $P=E$，则消费者会感到满意；如果 $P>E$，则消费者会很满意；如果 $P<E$，则消费者会感到不满意，差距越大就越不满意。根据这种理论，营销企业提高顾客购后满意度应做好两项工作：一是避免过度提高顾客购前期望。方法是在商品宣传上实事求是，不夸大其词。二是提高顾客对商品或服务可觉察性能的感受。方法是提供及时可靠的售后服务，减少或消除购后失调感。

3. **购后行为**

顾客的产品评价决定了购后行为。信赖产品，就会重复购买同一产品，并推荐给周围的人群；对产品不满意，就会抱怨、索赔、个人抵制或不再购买、劝阻他人购买、向有关部门投诉。企业应当积极主动地采取多种措施促使顾客发生有利于企业和产品的行为，避免不利于企业和产品的行为出现。

消费者购买决策过程可能有五种角色参与其中。

（1）发起者：第一个提议或想到去购买某种产品的人。

（2）影响者：有形或无形地影响最后购买决策的人。

（3）决定者：最后决定整个购买意向的人。比如买不买、买什么、买多少、怎么买、何时与何地买等。

（4）购买者：实际执行购买决策的人。比如与卖方商谈交易条件，带上现金去商店选购等。

（5）使用者：实际使用或消费商品的人。

消费者以个人为购买单位时，五种角色可能由一人担任；以家庭为购买单位时，五种角色往往由家庭不同成员分别担任。

6.3 影响消费者行为的个体因素

影响消费者行为的个体因素主要有心理因素、生理因素、经济因素、生活方式等。心理因素指消费者自身心理活动、心理状态对消费行为的影响，如认知、需要、动机等因素。生理因素指消费者自身生理状况，包括性别、年龄、健康状况和生理嗜好等因素对消费行为的影响。经济因素指消费者的收入状况对其消费行为的影响。生活方式指一个人在生活中表现出来的活动、兴趣和看法的模式。其中，心理因素是个体因素的主要研究内容。

6.3.1 消费者认知

认知是人由表及里、由现象到本质反映客观事物的特性与联系的过程，可以分为感觉、知觉、记忆等阶段。

1. 感觉

感觉是人脑对当前直接作用于感觉器官的客观事物个别属性的反映。

◇ 相关链接

感官营销

阿瑞娜·科里斯纳（Aradhna Krishna）认为，感官是消费者潜意识的“触发器”。感官对消费者行为的影响主要表现在两个方面：一是感知产品或服务质量的抽象属性，如精巧、耐用、温暖、质量和时尚性等。二是感知产品或服务质量的具体属性，如颜色、味道、形状和气味等。

（1）触觉。

佩克和希尔德里克开发了专门测定感觉差异的量表。他们发现，按照触摸需要的强烈程度，消费者可以分为高度触摸需求和低度触摸需求两类。高度触摸需要的消费者不仅要看到产品，还要触摸产品才能形成产品认知。低度触摸需要的消费者只要看说明书就可以形成产品认知，并无触摸要求，只有在认知某些产品特征时才会使用触觉，如手机重量、产品硬度等。

（2）嗅觉。

实验证明，气味编码信息比其他感官编码信息在记忆中保持时间更久，可以唤起人们久远的已经淡忘的回忆。香味可以提高对产品和店铺的评价。消费者在购物过程中接触不同的香味可以有效地增进购买行为。

（3）听觉。

听觉是营销信息接收的主要通道。商店中的音乐能够影响消费者的心情、停留时间和购买数量。语言可以引发品牌联想。研究表明，“Frosh”牌的冰激凌比“Frish”牌的冰激凌听起来更像“冰激凌”，更易激发购买行为。

（4）味觉。

消费者通过味觉来感受美味。研究表明，消费者的味觉感受受其他感官的影响。比如，产品的品牌名称、营养成分信息、颜色、形态等都会影响味觉评价。美食必须色香味俱全。“色”是视觉信息，“香”是嗅觉信息，都会影响味觉感受。

（5）视觉。

视觉也是营销信息接收的主要通道。营销人员常常利用视觉因素增强消费者对产品质量、性能、数量和时尚性等因素的感知。

资料来源：科特勒，凯勒．营销管理：第15版［M］．何佳讯，于洪彦，牛永革，等译．上海：格致出版社，上海人民出版社，2016：153.

企业营销人员应当通过调查确定一些重要的感觉评价标准，了解消费者对各种商品的感觉，在产品开发、产品定位、使用方法、促销方法、广告设计中考虑消费者的感觉与感受性变化，设计相应的市场营销组合策略。

◇　相关链接

味觉测试

津源啤酒公司挑选聘用一批味觉能力强并经常饮用啤酒的消费者品尝各种品牌的啤酒。首先培训他们掌握口感测试方法，然后请他们对本公司和其他竞争品牌的啤酒进行口感测试。测试采用盲法原则，受试者并不知道各啤酒的品牌。津源公司详细记下测试者对各品牌啤酒每一评价指标的具体评价，找出他们在每一指标上评价最高的啤酒。公司专业人员根据每一次测试的结果对本公司的啤酒进行改进，直到最后绝大多数测试者都在盲法测试中把津源啤酒作为最喜欢的一种为止。

津源啤酒公司通过这种严格的味觉测试，使得自己的啤酒更受消费者的喜爱，在啤酒市场中占据了一席之地。

2．知觉

（1）知觉的概念。知觉是人脑对直接作用于感觉器官的客观事物各个部分和属性的整体的反映。知觉与感觉的主要区别有两个方面。①个别属性与整体属性。感觉是人脑对客观事物的某一部分或个别属性的反映，知觉是对客观事物各个部分、各种属性及其相互关系的综合的、整体的反映。②当前刺激与以往经验。感觉过程仅仅反映当前刺激所引起的兴奋，不需要以往知识经验的参与；而知觉过程包括了当前刺激所引起的兴奋和以往知识经验的暂时神经联系的恢复过程。在“盲人摸象”的案例中，如果四位盲人中有人在失明以前见过且熟悉大象，则不管摸到大象的哪一个部位，都能够判断这是大象并且在头脑中呈现大象的完整形象。因为他头脑存有关于大象的经验并且在触摸过程中提取这一经验来补充感觉信息的不足。

◇ 相关链接

盲人摸象

从前，有四个盲人很想知道大象是什么样子。因为看不见，只能用手摸。高个子盲人摸到了大象的耳朵，说："我知道了，大象原来就像一把大蒲扇呀！"矮个子盲人摸到了大象的腿，说："不对不对，大象就像一根大柱子。"胖盲人摸到了大象身体侧面，就说："哪里哪里，大象就像一堵墙。"瘦盲人摸到了大象的尾巴，就说："你们都错了，大象就像一根绳子。"四个盲人都认为自己是正确的，互相争吵不休。

思考：四位盲人的说法究竟是正确的，还是错误的呢？

（2）知觉的性质及其营销应用。① 知觉的整体性。知觉的整体性也称为知觉的组织性，指知觉能够根据个体的知识经验将直接作用于感官的客观事物的多种属性整合为同一整体，以便全面地、整体地把握该事物。有时，刺激本身是零散的，而由此产生的知觉却是整体的。在市场营销中利用知觉的整体性可以降低信息量而提高知觉效果。② 知觉的选择性。知觉的选择性指知觉对外来刺激有选择地反映或组织加工的过程，包括选择性注意、选择性扭曲和选择性保留。选择性注意指人们在外界诸多刺激中仅仅注意到某些刺激或刺激的某些方面，而对其他刺激加以忽略。选择性扭曲指人们有选择地将某些信息加以扭曲，使之符合自己的意向。受选择性扭曲的作用，人们在消费品购买和使用过程中往往忽视所喜爱品牌的缺点和其他品牌的优点。选择性保留指人们倾向于保留那些与其态度和信念相符的信息。

◇ 相关链接

选择性注意与影响因素

人的感官每时每刻都可能接受大量的刺激，而知觉并不是对所有刺激都做出反应。据估计，普通人每天要接触 1 500 多条广告或品牌信息，但是大多都被过滤掉了。知觉的选择性保证了人能够把注意力集中到重要的刺激或刺激的重要方面，排除次要刺激的干扰，更有效地感知和适应外界环境。研究表明，外在刺激是否易于成为知觉对象，受到刺激物客观性质与人的主观状态两方面的影响。从客观方面看，具备下列条件的刺激易于成为知觉对象：刺激强度大的，与背景或外在环境形成明显对比的，活动性的，有规则的，通俗的。从主观方面看，与知觉者的需要、动机、兴趣、爱好、情绪、任务、知识经验相一致的刺激以及重要的刺激易于成为知觉对象。

3. **记忆**

（1）记忆的含义与过程。记忆是获得信息并把信息贮存在头脑中以备将来使用的过程。记忆过程可分为识记、保持、再认或回忆三个基本环节。识记是记忆过程的第一个环节，指个体获得知识和经验的过程，具有选择性的特点。保持是记忆过程的第二个环节，指已获得的知识经验在脑中的贮存和巩固过程。回忆或再认是记忆过程的第三个环节，是在不同条件

下恢复过去经验的过程。回忆指把过去经历过而当时不在面前的事物在脑中重新呈现出来；再认指过去经历过的事物再次出现在面前的时候能够加以确认的过程；既不能再认又不能回忆的现象称为遗忘。记忆的三个环节相互依存、密切联系，识记和保持是再认或回忆的前提，再认或回忆则是识记和保持的结果，并进一步巩固和加强识记和保持的内容。消费者在接触、注意和理解信息的时候往往并不做出购买决策，而是在事后根据记忆做出决策。许多营销人员不了解消费者记忆的规律和影响因素，耗费了巨额资金传播信息也无法增强消费者记忆。

（2）影响记忆的因素。影响记忆的因素可以分为客观因素与主观因素两个方面。客观因素指记忆材料自身状态，比如性质、重要性、难易程度、内在联系、数量多少、序列位置、相似程度等。主观因素指记忆者自身状态，比如记忆目的与任务、记忆方法、身心条件等。客观因素与主观因素的划分不是绝对的，二者有密切的联系。比如，记忆材料的难易程度是相对的，与主观因素有关。同样的记忆材料对于知识结构不同的人来说，难易程度是不同的。营销信息对于受众而言是客观因素，企业可以通过设计营销信息与传播方式增强受众的记忆，而受众的主观因素是企业难以控制的，因此这里着重介绍影响记忆的客观因素。

①记忆材料的性质。按照性质不同，记忆材料可分为直观材料（实物、模型、图片等）和描述事物及现象的文字材料。如果同样运用视觉器官进行记忆，则直观材料的记忆效果优于词的视觉材料。

②记忆材料的重要性。人们对于无重要意义、与兴趣和需要无关的记忆材料不易记忆。

③记忆材料的难易程度。内容简单、易于理解的记忆材料易于记忆，因为它能够纳入学习者已有的知识系统中。记忆者所具有的知识经验及对记忆材料的理解能力决定了记忆的全面性、精确性、牢固性和迅速有效性。

④记忆材料的内在联系。心理实验表明，在记忆材料数量相等的情况下，彼此有意义且相关的单词记忆效果最好，孤立的单词记忆效果次之，无意义音节的记忆效果最差。

◇　相关链接

记忆材料的内在联系

下列两段文字，哪段易于记忆？为什么？

段落1：进晚来晚多来进早吃来少，点吃早多点吃点进少。

段落2：早进来晚进来早晚进来，多吃点少吃点多少吃点。

段落1与段落2的字、字数与标点符号完全相同，只是排列不同。段落1无意义，无内在联系，不易记忆。段落2有意义，有内在联系，易于记忆。

⑤记忆材料的数量。要达到同样的记忆水平，材料越多，平均所用时间就越多。见表6-1。记忆材料数量越大，记忆后的遗忘也越多。即使是有意义的记忆材料，当记忆量增加到一定数量时，其遗忘速率会接近于无意义记忆材料。

表 6-1 记忆材料数量与记忆时间

课文词句字数	记忆总时间/分	100 字平均时间/分
100	9	9
200	24	12
500	65	13
1 000	165	16.5
2 000	350	17.5
5 000	1 625	32.5
10 000	4 200	42.0

资料来源：叶奕乾. 普通心理学 [M]. 上海：华东师范大学出版社，1997：214.

⑥记忆材料的序列位置。人们在学习较长的材料时，存在着前摄抑制与后摄抑制现象。前摄抑制指先前材料的记忆对后继材料的记忆有干扰作用。先前记忆量越大，干扰作用越大。后摄抑制指后继材料的记忆对先前材料的记忆有干扰作用。记忆的一般规律是：首尾部分记忆好，而中间部分记忆差。这是因为起首部分没有受到后摄抑制的作用，末尾部分没有受到前摄抑制的作用，而中间部分同时受到两种抑制的干扰。

⑦记忆材料的相似性。从前摄抑制与后摄抑制的作用看，如果前后学习的材料相同，后继的学习是复习，不会产生后摄抑制。若前后学习材料完全不同，后摄抑制的作用最小。若前后两种学习材料相似但不同，则最容易发生混淆，后摄抑制作用最大。即前后材料越相似，保持率越低。

6.3.2 消费者的需要与动机

1. 需要与动机的含义

（1）需要。需要是个体对内在环境和外部条件的较为稳定的要求。西方心理学对需要的解释主要分为两种，一是重视它的动力性意义，把需要看作是一种动力或紧张；二是把需要看作个体在某方面的不足或缺失。德国心理学家勒温认为，个人与环境之间有一定的平衡状态，如果这种平衡状态遭到破坏，就会引起一种紧张，产生需要或动机。如果需要得不到满足或受到阻遏，紧张状态就会保持，推动着人们从事消除紧张、恢复平衡、满足需要的活动。需要满足后，紧张才会消除。因此，需要是行为的动力。

◇ 相关链接

个性化的消费者

严格说起来，消费者的需要都是个性化的。如果有条件，大多数消费者都不愿意使用和别人相同的产品。比如，不论男性和女性，都不愿意“撞衫”（与别人穿同样的衣服），也不愿意“撞鞋”。在不同场合、不同季节，都要有不同的鞋子与服装搭配，女性尤其如此。有人笑言，女人的衣柜里永远少一件衣服，鞋柜里永远少一双鞋子。经常尝试不同款式、不同品牌，善变和缺乏品牌忠诚度是服装鞋帽消费者的显著特征。营销企业必须密切关注消费者的个性化需要及其变化，设计多品牌、多品种并不断更新以满足需要。例如，百丽集团拥有 20 多个品牌，定位于不同特征的消费者，每个品牌每个季度都推出 300～400 种款式。

（2）动机。动机指人们产生某种行为的原因。购买动机指人们产生购买行为的原因。动机的产生必须有内在条件和外在条件。产生动机的内在条件是达到一定强度的需要。需要越强烈，则动机越强烈。产生动机的外在条件是诱因的存在。诱因指驱使有机体产生一定行为的外在刺激，可分为正诱因和负诱因。正诱因指能够满足需要、引起个体趋向和接受的刺激因素。负诱因指有害于需要满足、引起个体逃离和躲避的刺激因素。例如，对于饥饿的人来说，米饭是正诱因，体罚是负诱因。诱因可以是物质的，也可以是精神的。同事对某款服装的称赞就是驱使消费者购买该服装的精神诱因。当内在条件与外在条件同时具备，即个体的需要达到一定强度且有诱因存在时就会产生动机。例如，当行人口渴达到一定程度并且附近商店有饮料出售的时候，就会产生购买饮料的动机。根据内在条件和外在条件所起的作用不同，动机可分为“推”和“拉”两种类型。“推”是指动机中的内在条件起了决定性作用。例如，消费者非常饥饿的时候，即使附近没有食物，也会主动地到处寻找和购买食物。“拉”是指动机中的外在条件起了决定性作用。例如，消费者有时并不饥饿，但是看到美味食品也会产生购买和进食的动机。

（3）需要与动机的关系。

①联系。需要与动机都是产生行为的原因。

②区别。既然需要可以直接驱使人们产生行动，为什么不直接用需要解释人的行为动因，而另外提出一个“动机”的概念呢？因为二者还有显著的不同。a. 需要仅仅反映产生行为的内在原因，而动机包括产生行为的内在与外在原因。b. 需要不一定引起个体的行动，只有处于唤醒状态才能驱使个体采取行动，而需要的唤醒既可源于外部刺激，也可源于内部刺激。c. 需要仅仅为行为指明总的目标或任务，但是并不规定实现目标的方法或途径。例如，在饥饿产生的时候，消除饥饿是需要，是总任务或总目标，消除饥饿的食品如米饭、馒头、鱼肉等都是实现目标的不同方法或途径，消费者选择哪种食品并不能由需要得到解释。在满足需要的多种途径中，消费者如何选择可由动机来加以解释。动机从能量与具体方向两个方面说明了行为的动因。

2. 需要层次论及其在市场营销活动中的应用

心理学家提出多种理论揭示人类行为动机与消费者购买动机，马斯洛需要层次理论是得到广泛应用的动机理论之一。

（1）需要层次论。第二次世界大战后，美国心理学家马斯洛（A. H. Maslow）提出了需要层次论，将人类的需要分为由低到高的五个层次，即生理需要、安全需要、社交需要、尊敬需要和自我实现需要。如图6－2所示。

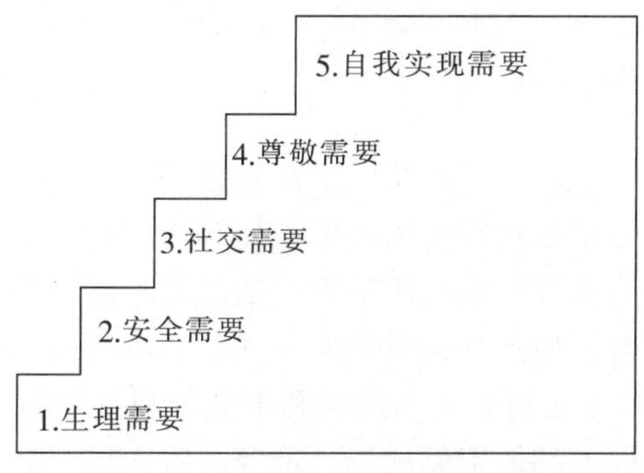

图6－2　马斯洛需要层次论示意图

①生理需要。指为了生存而对必不可少的基本生活条件产生需要。如由于饥、渴、冷、暖而对吃、穿、住产生需要，它保证一个人作为生物体而存活下来。

②安全需要。指维护人身安全与健康的需要。如为了人身安全和财产安全而对防盗设备、保安用品、人寿保险和财产保险产生需要，为了维护健康而对医药和保健用品产生需要等。

③社交需要。指参与社会交往，取得社会承认和归属感的需要。消费行为必然会反映这种需要，如为了参加社交活动和取得社会承认而对得体的服装和用品产生需要，为了获得友谊而对礼品产生需要，等等。

④尊敬需要。指在社交活动中受人尊敬，取得一定社会地位、荣誉和权力的需要。如为了表明自己的身份和地位而对某些高档消费品产生需要等。

⑤自我实现需要。指发挥个人的最大能力，实现理想与抱负的需要。这是人类的最高需要，满足这种需要的产品主要是思想或精神产品，如教育与知识等。

马斯洛需要层次论可进一步概括为两大类，第一大类是生理的、物质的需要，包括生理需要和安全需要；第二大类是心理的、精神的需要，包括社交需要、尊敬需要和自我实现需要。马斯洛认为，一个人同时存在多种需要，但在某一特定时期每种需要的重要性并不相同。人们首先追求满足最重要的需要，即需要结构中的主导需要，它作为一种动力推动着人们的行为。当主导需要被满足后就会失去对人的激励作用，人们就会转而注意另一个相对重要的需要。一般而言，人类的需要由低层次向高层次发展，低层次需要满足以后才会追求高层次的满足。例如，一个食不果腹、衣不蔽体的人可能会铤而走险而不考虑安全需要，可能会向人乞讨而不考虑社交需要和尊敬需要。

（2）需要层次论的营销应用。需要层次论最初应用于美国的企业管理中，分析如何满足企业员工的多层次需要以调动其工作积极性，以后用于市场营销中分析多层次消费需要并制定相应的营销策略予以满足。例如，对于满足低层次需要的购买者要提供经济实惠的商品，对于满足高层次需要的购买者应提供能显示其身份、地位的高档消费品。还要注意需要层次随着经济发展而由低级向高级的发展变化。

6.3.3 生理因素、经济因素与生活方式

1. 生理因素

生理因素指年龄、性别、体征（高矮胖瘦）、嗜好（如饮食口味）和健康状况等生理特征的差别。生理因素决定着消费者对产品款式、构造和细微功能有不同需求。例如，儿童和老人的服装要宽松，穿脱方便；身材高大的人要穿特大号鞋；江浙人嗜甜食，四川人嗜麻辣；患者需要药品和易于吸收的食物；等等。

2. 经济因素

经济因素指消费者可支配收入、储蓄、资产和借贷的能力。经济因素是决定购买行为的基本因素，既决定着能否发生购买行为以及发生何种规模的购买行为，又决定着购买商品的种类和档次。例如，低收入家庭只能购买基本生活必需品以维持温饱。

世界各国消费者的储蓄、债务和信贷倾向不同。日本人的储蓄倾向强，储蓄率为18%，而美国的仅为6%，因此日本银行有更多的钱和更低的利息贷给日本企业，日本企业有较便宜的资本以加快发展。美国人的消费倾向强，债务—收入比率高，贷款利率高。营销人员应密切注意居民收入、支出、利息、储蓄和借款的变化。

3. 生活方式

生活方式指一个人在生活中表现出来的活动、兴趣和看法的模式。不同的生活方式群体对产品和品牌有不同的需求，营销人员应设法从多种角度区分不同生活方式的群体，如节俭者、奢华者、守旧者、革新者、高成就者、自我主义者、有社会意识者等，在设计产品和广告时应明确针对某一生活方式群体。例如，高尔夫球场不会向节俭者群体推广高尔夫运动，名贵手表制造商应研究高成就者群体的特点以及如何开展有效的营销活动，环保产品的目标市场是社会意识强的消费者。

6.4　影响消费者行为的环境因素

影响消费者行为的环境因素指外部世界中影响消费者行为的所有物质和社会要素的总和。物质环境指自然界中各类物质对消费者行为的影响，可分为占据空间的因素、不占据空间的因素和空间关系等。占据空间的因素指所有有形的物质因素，如有形产品和品牌、城市与乡村的建筑与交通、地理资源、商场及其装修、商品陈列等；不占据空间的因素指无形的物质因素，如气候、噪声和时间等；空间关系指消费者与商品、商品销售场所的空间位置关系以及各物质因素相互之间的空间位置关系。如消费者与商场的空间距离、商场在商业区中的相对位置、商品在商场或柜台中的相对位置等。社会环境因素指人与人之间社会意义上的直接或间接的相互作用，如文化与亚文化、政治制度与氛围、参照群体的影响等。本节着重阐述社会环境因素。

6.4.1　参照群体

参照群体也称为参考群体，指一个人在认知、情感的形成过程和行为的实施过程中用来作为参照标准的某个人或某些人的集合。换言之，参照群体是个人在特定情况下作为行为向导而使用的群体。只要某一群人在消费行为、态度或价值观等方面存在直接或间接的相互影响，就构成一个参照群体。某参照群体中有影响力的人物称为“意见领袖”或“意见领导者”，他们的行为会引起群体成员的仿效。

◇　相关链接

名人广告与产品形象

名人是大众和传媒关注的焦点，也是其所属参照群体的意见领袖。许多公司依据自己的产品定位或品牌形象寻找目标消费者高度认同的名人担任产品的代言人。许多消费者喜爱追赶时尚，显示身份，但是不了解哪些产品具有这种功能。名人广告给消费者树立了样板，引起仿效。企业希望利用明星的良好形象树立产品的良好形象，将消费者对明星的喜爱和信任转化为对产品的喜爱和信任，以促进购买行为。宝洁公司在 CoverGirl 新产品推出之时，首先向化妆品知名博主“化妆达人”赠送一套，请她予以推荐。CoverGirl 品牌的 Facebook 主页聘请名人艾伦·德詹尼丝和索菲亚·维加拉做代言人。宝洁公司鼓励消费者使用后在该平台和其他网站提供回馈和评论，以此影响其他消费者。CoverGirl 是宝洁公司数字化支持力度最大的品牌之一。

资料来源：科特勒，凯勒. 营销管理：第 15 版［M］. 何佳讯，于洪彦，牛永革，等译. 上海：格致出版社，上海人民出版社，2016：157.

1．识别参照群体的主要变量

参照群体可以按照不同的变量来分类，主要变量有四类：接触类型、组织类型、吸引力、成员资格。

（1）按照成员之间接触的密切程度，参照群体可分为主要群体和次要群体。主要群体也称为基本群体，指有日常密切接触关系的人员所构成的群体，如家庭成员、亲朋好友、邻居、同事、同学等，这类群体对消费者认识和行为发生重要的影响。次要群体指没有或者极少发生直接接触的人员所构成的群体，如商场购物时的人流、乘车时的乘客、街上偶遇的行人、各界名人等，这类群体对消费者认识和行为的影响低于主要群体。当群体规模扩大时，人际接触会趋于减少。

（2）按照是否存在较为正式的组织，可分为正式群体和非正式群体。正式群体指存在正式组织，明确规定了宗旨、任务、价值观和成员行为规范的群体。群体成员都是组织正式成员，加入该群体通常需要履行一定的程序，如登记注册、成员介绍等。单位同事、同校校友、专业协会会员、球迷协会会员、俱乐部会员等都是正式群体成员。非正式群体指不存在正式组织的群体，如朋友、邻居、晨练的人群、各界名人及其追随者等。

（3）按照群体的吸引力性质，可以分为正引力群体和负引力群体。参照群体吸引力性质指该群体的价值观和行为得到消费者的认同还是反对，即该群体的作用力是导致消费者趋近还是远离。正引力群体也称为正相关态度群体，指该群体的价值观和行为受到消费者的认同或赞赏，对消费者的引力为正。人们通常会仿效和乐于加入正相关态度群体。负引力群体也称为负相关态度群体，指该群体的价值观和行为受到消费者否定或厌恶，对消费者的吸引力为负。人们通常会避免使用与负引力群体相关联的商品，避免发生与负引力群体相似的行为。

（4）按照消费者是否属于特定参照群体成员，可分为成员群体和非成员群体。成员群体指该消费者属于某特定群体，是其成员之一。非成员群体指消费者不属于某特定群体，并非其成员。

◇ 相关链接

参照群体的“成员”

消费者是否属于某一参照群体的“成员”有两种情况：一是加入某一正式组织成为正式成员。比如，家庭是一个参照群体，家庭成员就是这一参照群体的成员。海滨大学市场营销专业二年级（1）班是一个参照群体，班上同学就是同一参照群体成员。蓝天网球俱乐部的会员也是同一参照群体成员；等等。二是消费者自身的一种认同感或者归属感，不需要成立一个正式组织并加入其中成为正式成员。比如，赵青是A歌星的粉丝群体成员，钱红是B歌星的粉丝群体成员，孙白是C歌星的粉丝群体成员。这些“群体”不一定是正式成立的组织，只是有共同兴趣、爱好、价值观和行为的一群人，是行为人自己的认同感。不同参照群体之间存在互相参照和影响。赵青以及A歌星粉丝群体成员会参照B歌星、C歌星群体成员的兴趣、爱好、价值观和行为，或欣赏、认同、模仿，或反感、厌恶、排斥，但是仅仅限于参照而已，不表示会成为B歌星、C歌星粉丝群体的“成员”。同理，钱红不是A歌星、C歌星粉丝群体“成员”，孙白不是A歌星、B歌星粉丝群体“成员”。换言之，消费者用于作为认识和行为参照物的群体，可以是自己所属的群体（成员群体），也可以不是自己所属的群体（非成员群体）。

2. **影响参照群体作用的因素**

在特定的消费情境下，参照群体对消费者行为可能没有影响，也可能有重要影响；可能影响产品种类的选择，也可能影响产品品种和品牌的选择。参照群体究竟发生何种作用，主要受到产品需要程度和消费可见程度的影响。见表6－2。

表6－2　消费情境与产品或品牌选择

<table>
<tr><td rowspan="2">消费可见程度</td><td colspan="2">产品需要程度</td></tr>
<tr><td>必需品
（相关群体对产品
需求的影响力弱）</td><td>非必需品
（相关群体对产品
需求的影响力强）</td></tr>
<tr><td>可见
（相关群体对品牌
的影响力强）</td><td>公共必需品
（相关群体影响：
对产品弱，对品牌强）</td><td>公共奢侈品
（相关群体影响：
对产品、品牌均强）</td></tr>
<tr><td>隐蔽
（相关群体对品牌
的影响力弱）</td><td>私人必需品
（相关群体影响：
对产品、品牌均弱）</td><td>私人奢侈品
（相关群体影响：
对产品强，对品牌弱）</td></tr>
</table>

（1）产品需要程度。产品需要程度指该产品对消费者来说，是必需品还是非必需品。如果是必需品，如服装、饮料、床垫等，参照群体对产品种类选择的影响力弱，不能影响个人是买还是不买；如果是非必需品，如摄像机、小汽车、家庭整体厨房等，则参照群体对产品种类选择的影响力强。产品的必需程度越低，参照群体对产品种类选择的影响越大。

（2）产品消费的可见性。产品消费的可见性指消费者消费该产品时是否在公共场合，其他人是否易于看到产品品牌、款式和种类。如果产品的消费过程与场合是他人易于看到的，则称为可见性的消费品，如鞋子、箱包、外衣等。其中，鞋子、箱包的产品种类、款式、品牌都是可见的，而外衣的种类、款式等是可见的，品牌是不可见的。如果产品消费过程与场合是他人不易看到的，则称为隐蔽性的消费品，如内衣、肥皂、感冒药等。产品消费的可见程度越大，参照群体对品牌选择的影响就越大。因为旁人能够根据看到的因素判断个体的价值观和消费行为与群体是否一致。

6.4.2　家庭与角色身份

1. **家庭**

家庭可以分为婚前家庭与婚后家庭，前者指父母与兄弟姐妹构成的家庭，在每个人的成长阶段，父母的影响是巨大的；后者指夫妻与子女构成的家庭，夫妻与子女在购买活动中往往扮演不同的角色。此外，还有各种边缘家庭，如未婚同居家庭、离婚共负监护权家庭、单亲家庭等。一般而言，妻子是家庭日常用品的购买者；贵重商品与服务如汽车、房屋等较多地由夫妻双方共同做出决策。随着女性知识水平与经济地位的提高，她们也成为高新技术产品的重要购买者。研究显示，男性与女性对营销信息的反应不同，女性比较看重家庭与朋友关系，男性则更加看重竞争。孩子的花费与购买影响在日益增加，营销人员应当设法利用多种可能的渠道与孩子们沟通。

2. **角色身份**

角色身份论认为个体的自我随着所处环境的不同而改变，在不同的环境中扮演着不同的社会角色，具有不同的行为，塑造不同的自我，但是在特定的时间内特定的角色身份将占主导地位。

（1）表象互动论。每个人在不同的场合都是不同的自我角色，这些特定的角色怎样形成？又怎样在特定的条件下被激活呢？表象互动论对此做出了解释。表象互动论认为，每个人都处于特定的表象环境中，在这种特定的表象环境中理解别人对自己的看法和要求，根据这种理解来确定自己的角色、身份地位和行为，随着表象环境的变化而调整自己的角色和行为，使之符合别人的预期。因此，人们定义自我的过程是一个“自反评价”过程，就像心理学上的声呐仪在探测别人的反应或预期，通过“反射”回来的信息确定自己的角色或行为。自我的这样一种形成的方式被称为“走别人的路”或“镜映自我”。消费者在自我定位时并非根据自己的意愿来回答“我是谁”，而是“在某一条件下我是谁”或“别人认为我是谁”。当然，在同一表象环境中有不同的人群，如果消费者探测外界反应时所依据的人群不同，对自我的定位或认识就会不同。

（2）角色身份与消费行为。每个人的自我观念实际就是把自己界定为一个特定的角色，而这个角色要靠特定的商品或服务来塑造。商品或服务可以起到塑造自我、强化自我的作用。自我与产品消费是统一的，在不熟悉的环境中尤其如此。自我意象一致模型认为，只有当产品的特色与自我风格相符合时才会被购买。例如，在收入水平相同、商品价格也相同的条件下，文化层次较高的人和较低的人所购商品的风格和特色有显著不同。表象自我形成理论认为，未完成个人定位的人往往倾向于借助相关象征物的消费和展示来完成身份定位。例如，一些未成年的少年通过吸烟、喝酒显示自己已经成为男子汉，一些人通过奢侈品消费显示自己是有身份的人。企业营销人员的任务是发现消费者所认同的角色身份，用自己的产品与服务去实现消费者角色身份的塑造。

◇ 相关链接

环境与角色

沈杰明是广州市一家保健品公司的销售部副经理，与销售部经理同在一个办公室工作，与总经理办公室仅隔两个门，每天一走进办公室就感到自己随时处在销售部经理和总经理的监督之下。为此，他每天按时上下班，积极工作，还常常加班加点。对待本部门经理和总经理总是恭恭敬敬。有一次去香港出差，买了一只名表。他戴上表去向总经理汇报工作时，发现总经理戴的表略微便宜些，回到办公室后就把表摘了下来，以后在办公室不再佩戴。为了提高销售业绩，他对自己辖下的业务人员要求十分严格，工作懒散和业绩差者毫不留情地加以呵斥。有顾客来公司洽谈业务，沈杰明都非常热情地接待，跑前跑后地办理食宿和机票、车票，热情地陪同顾客去当地的景点参观旅游，在夏天和雨天还帮顾客打伞。回到家里，他十分疲乏。好在他有一个好太太，体贴备至，使他倍感温馨。为了感谢太太，他经常利用出差的机会给太太买衣服和其他礼物。沈杰明的孩子聪明伶俐，但是喜欢玩电子游戏，成绩下降较快。沈杰明对孩子进行苦口婆心的

教育，无效时就进行体罚，止住了孩子成绩下滑。沈杰明在小学、中学和大学阶段都有一批要好的同学，逢年过节经常在一起聚会。沈杰明与同学在一起总是十分轻松和开心，狂放的舞姿和粗野的歌喉与平时判若两人。

沈杰明在不同的环境中扮演不同的角色，塑造不同的自我。在领导面前是下级，要恭恭敬敬；在下级面前是上级，要有权威；在顾客面前是服务者，要周到有礼；在同学面前是朋友，会随意和亲近；在妻子面前是丈夫，会显出柔情和偶然的大男子主义；在子女面前是家长，会显出爱抚或严厉；在歌舞厅是娱乐者，会有放肆和狂放的行为。其中，有些身份经常占主导地位，如经理身份、丈夫身份、家长身份等，而其他身份仅在特殊环境中占主导地位，如娱乐者身份、同学身份等。不同的角色身份决定了不同的消费行为。

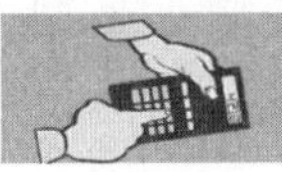

6.5　消费者行为的调节因素

消费者参与和品牌差异是消费者行为的调节因素，导致消费者行为呈现为不同类型。

6.5.1　消费者参与和品牌差异

1. 消费者参与

（1）消费者参与的概念及类型。消费者参与指消费者对某一产品、事物、事件或行为的重要性或与自我的相关性的认识。消费者参与可以按照程度不同分为不同类型。

①无参与和有参与。如果某消费者认为某种产品、品牌、事物、事件或行为与自我不相关，则称该消费者对该产品、品牌、事物、事件或行为无参与；如果消费者认为与自我相关，则称为该消费者对该产品、品牌、事物、事件或行为有参与。比如，普通百姓对于核物理方面的教材无参与，对于生活日用品有参与。

②低参与和高参与。如果消费者认为该产品、品牌、事物、事件或行为与自我的相关性或重要性低，则称为低度参与；反之则称为高度参与。在产品价格昂贵、消费者缺乏产品知识和购买经验、购买具有较大的风险性和高度自我表现性的情况下，会发生高度参与购买行为；反之则发生低度参与购买行为。比如，普通消费者对于肥皂、毛巾、餐巾纸等产品低参与，对于名贵手表、家用轿车和房屋等产品高参与。

（2）消费者参与和消费者心理过程。消费者的参与包括认知活动、感知活动和情绪情感活动等许多方面，它是一种激发的状态，为消费者购买决策过程中的认知和行为提供动力和指导。例如，“参与”手机的消费者会花大量的时间去收集多种手机品牌和品种的信息、关注广告、与朋友交谈、多逛商店等，并努力整合这些信息以评估不同品牌和做出购买决策。

（3）消费者参与的因素。消费者参与的因素可以是产品或品牌，也可以是任何事物、事件或行为。例如，消费者可能参与广告，受到广告情节的感染；消费者可能参与某种行为，如抵制破坏生态环境的产品。

2. 品牌差异

品牌差异指消费者所感受到的同类产品不同品牌之间在质量、性能、款式、包装、服

务、价值等方面的差异。与其他品牌存在显著差异的品牌称为差异化产品，无差异或者差异微小的产品称为同质化产品。应当注意，同类产品不同品牌之间是否存在差异以消费者的感受作为判断标准。消费者认为品牌之间有差异，才会表现出不同的参与度和购买行为。如果品牌之间实际有差异而消费者并无感知，则依然视为同质化产品，不会表现出不同的参与度与购买行为。对于营销企业而言，如果本品牌与其他品牌之间具有显著的差别优势，则应通过多种营销方式广泛宣传，让广大消费者明确认知，否则对于市场销售和效益提高不会产生任何作用。

6.5.2 消费者行为类型

参与度和产品品牌差异不同，消费者的购买决策过程也显著不同。同类产品不同品牌之间的差异越大，产品价格越昂贵，消费者越是缺乏产品知识和购买经验，感受到的风险越大，购买决策过程就越复杂。例如，牙膏、火柴与电脑、轿车之间的购买复杂程度显然是不同的。阿萨尔（Assael）根据购买者的参与程度和产品品牌差异程度区分出四种购买类型，见表6－3。

表6－3 购买行为的四种类型

品牌差异程度	购买参与程度	
	高	低
大	复杂的购买行为	多样性的购买行为
小	减少失调感的购买行为	习惯性的购买行为

1．复杂的购买行为

（1）含义。如果消费者属于高度参与，并且了解现有各品牌、品种和规格之间具有显著差异，则会产生复杂的购买行为。复杂的购买行为指消费者完整细致地经历购买决策过程各个阶段这样一种购买行为。消费者会在广泛收集信息和全面的产品评估的基础上制定购买决策，认真地进行购后评价。

（2）营销策略。对于复杂的购买行为，营销者应制定策略帮助购买者掌握产品知识，运用各种途径宣传本品牌的优点，影响最终购买决定，简化购买决策过程。

2．减少失调感的购买行为

（1）含义。如果消费者属于高度参与，但是并不认为各品牌之间有显著差异，则会产生减少失调感的购买行为。减少失调感的购买行为指消费者购买过程简单而迅速，但是在购买之后易于产生失调感并力求降低失调感这样一种购买行为。地毯、房内装饰材料、服装、首饰、家具和某些家用电器等商品的购买大多属于减少失调感的购买行为。此类产品价值高、不常购买，但是消费者看不出或不认为某一价格范围内的不同品牌有什么差别，并未在不同品牌之间精心比较和选择，购买决策过程迅速，可能会受到与产品质量和功能无关的其他因素的影响，如因价格便宜、销售地点近、熟人介绍而决定购买。购买之后，会因使用过程中发现产品的缺陷或听到其他同类产品的优点而产生失调感并力求减少失调感。

（2）营销策略。对于减少失调感的购买行为，营销者要提供完善的售后服务，通过各种途径经常提供有利于本企业和产品的信息，使顾客相信自己的购买决定是正确的。例如，

耐用消费品经营企业在产品售出以后应定期与顾客联系，感谢购买并指导使用，提供维修保养，通报本企业产品的质量、服务和获奖情况，征询改进意见等，还可以建立良好的沟通渠道处理消费者意见并迅速赔偿消费者所遭受的损失。事实证明，购后沟通可减少退货和退订现象。如果让消费者的不满发展到投诉或抵制该产品的程度，企业将遭受更大的损失。

3. **多样性购买行为**

（1）含义。如果消费者属于低度参与并了解现有同类产品各品牌和品种之间具有显著差异，则会产生多样性购买行为。多样性购买行为指消费者随意购买和随意转换以试用同类产品多种品牌和品种这样一种购买行为。消费者并不深入收集信息和评估比较就决定购买某一品牌，在消费时才加以评估，在下次购买时又转换其他品牌。转换的原因是厌倦原产品或想试试新产品，是寻求产品的多样性而不一定有不满意之处。

（2）营销策略。对于多样性购买行为，市场领导者和挑战者的营销策略是不同的。市场领导者力图通过占有货架、避免脱销和提醒购买的广告来鼓励消费者形成习惯性购买行为，避免多样性购买。而挑战者则以较低的价格、折扣、赠券、免费赠送样品和强调试用新品牌的广告来改变消费者原习惯性购买行为，鼓励多样性购买。

◇ 相关链接

简化消费者选择

虽然消费者具有多样化的购买行为，但是企业提供过度多样化的产品是没有意义的。哥伦比亚大学的研究人员做过一个实验，将各种果酱分成6个一组或24个一组在超市销售。研究发现，24个一组的果酱只有3%的消费者购买；6个一组的果酱有30%的人购买。选择太多会令消费者感到困惑，降低满意度。以前，为适应消费者喜爱逛街浏览的多样性购买行为，宝洁公司各个产品系列推出了110多个品牌，每一品牌又有许多品种，每一品种都有专门的包装、广告和促销策略且经常更改。现在，消费者逛街浏览时间显著减少，在超市和网络上并不挑选，只是习惯性地将熟悉的产品放入购物车。面对眼花缭乱的商品，他们追求简单。为适应这一变化，宝洁公司减少了25%的产品品种。

4. **习惯性购买行为**

（1）含义。如果消费者属于低度参与并认为各品牌之间没有什么显著差异，就会产生习惯性购买行为。习惯性购买行为指消费者持续地购买熟悉产品这样一种购买行为。由于消费者认为产品并不重要且各品牌之间也没有什么显著差异，因此在购买过程中并不深入收集信息和评估品牌，只是持续购买自己熟悉的品牌，在购买后可能评价也可能不评价产品。

（2）营销策略。如果消费者已经对本企业产品形成习惯性购买行为，企业应当通过保证产品质量、提供优质服务、拓展销售渠道方便购买等措施强化消费者的习惯性购买行为。但是竞争者却要设法改变消费者的习惯性购买行为，吸引消费者购买本企业产品。

①吸引消费者试用。由于竞争性品牌与消费者习惯购买的品牌以及同类其他品牌相比并无显著性差异，难以找出独特优点以引起消费者的兴趣，就只能依靠合理价格与优惠、展销、示范、赠送、有奖销售等销售促进手段吸引顾客试用。一旦顾客了解和熟悉产品，就可

能经常购买以至形成购买习惯。

②加强消费者的品牌熟悉度。在低度参与和品牌差异小的情况下，消费者并不主动收集品牌信息，也不评估品牌，只是被动地接受包括广告在内的各种途径传播的信息，根据这些信息所产生的对不同品牌的熟悉程度来决定选择，购买之后甚至不去评估它。购买决策过程是：由被动的学习形成品牌信念，然后是购买行为，接着可能有也可能没有评估过程。因此，企业必须开展大量广告，使顾客通过被动地接受广告信息而熟悉品牌。为了提高效果，广告信息应简短有力且不断重复，只强调少数几个重要论点，突出视觉符号与视觉形象。根据古典控制理论，不断重复代表某产品的符号，购买者就能从众多的同类产品中认出该产品。

③增加购买参与程度和品牌差异。形成习惯性购买行为的消费者只购买自己熟悉的品牌而较少考虑品牌转换，如果竞争者通过技术进步和产品更新将低度参与的产品转换为高度参与的产品，扩大与同类产品的差距，就会促使消费者改变习惯性购买行为，寻求新的品牌。提高参与程度的主要途径是在不重要的产品中增加较为重要的功能和用途，并在价格和档次上与同类产品拉开差距。

◇ 相关链接

时尚商品购买行为

经济学家研究消费者行为是基于“理性人”假设，认为消费者的购买行为是高度理性的，精于判断和计算，不会感情用事，不会跟随大流。每一个人都能够运用成本—收益分析或趋利避害原则，以最小的代价获得最大经济利益。消费者购买决策过程和消费者行为调节因素的分析也是基于“理性人”假设。但是研究表明，消费者的许多行为往往是非理性的，尤其是在低度参与的情况下。比如，“理性人”假设不能说明时尚商品购买行为。

时尚商品成为时尚有多种原因。有的是因为新颖，比如新款服装、新款挎包、新款手机、新创意歌曲、题材新颖的电影电视等。有的是因为名人使用，比如中国国家主席习近平出访国外期间，陪同出访的第一夫人彭丽媛身穿的国产服装、使用的国产提包都成为时尚商品。世界足球明星贝克汉姆和篮球明星詹姆斯等使用的商品也成为时尚商品。商品一旦成为时尚，一时间会出现“洛阳纸贵”的现象。苹果手机流行的巅峰时期，其质量与性能或许略微领先于同类产品，价格却大幅度高于同类产品。消费者似乎都像“昏”了头一样排队抢购，没有进行什么性价比分析或者成本—收益分析。

营销启示：

从参与理论看，高度参与可能引发高度的认知活动，也可能引发高度的情绪情感活动。高度的认知活动导致理性购买行为，高度的情绪情感活动导致感性的时尚商品购买行为。在有限信息条件下情绪情感因素会起主导作用，选购商品往往采取模仿行为，从而引发时尚潮流。营销人员应当认识两种购买决策过程的差异，制定相应的营销策略促进由两种不同心理过程激发的消费行为。

本章小结

本章着重论述了消费者购买决策过程，影响消费者行为的个体因素、环境因素以及消费者行为的调节因素。

消费者市场是个人或家庭为了生活消费而购买产品和服务所形成的市场。消费者行为指消费者在内在和外在因素影响下挑选、购买、使用和处置产品和服务以满足自身需要的过程。消费者市场研究实质就是消费者行为研究。

消费者购买决策的一般过程可分为确认问题、信息收集、备选产品评估、购买决策和购后评价五个阶段。营销人员的任务是了解消费者在购买决策过程不同阶段的行为特点，制定有效的营销策略促进消费者购买，并提高购后满意度。

消费者行为受到个体因素和环境因素的影响。

影响消费者行为的个体因素包括消费者的心理、生理、经济和生活方式等因素。心理因素指消费者自身心理活动、心理状态对消费者行为的影响，包括认知、需要、动机等因素。消费者认知可以分为感觉、知觉、记忆等阶段，每一阶段具有不同的特点。研究需要与动机的主要理论是马斯洛需要层次理论，在市场营销活动中得到广泛应用。生理因素指年龄、性别、体征、嗜好和健康状况等生理特征的差别，决定着消费者对产品款式、构造和细微功能的不同需求。经济因素指消费者可支配收入、储蓄、资产和借贷的能力，是决定购买行为的基本因素。生活方式指一个人在生活中表现出来的活动、兴趣和看法的模式。不同的生活方式群体对产品和品牌有不同的需求。

影响消费者行为的环境因素指消费者外部世界中影响消费者行为的所有物质和社会要素的总和。本章着重阐述社会环境因素的影响。参照群体指一个人在认知、情感的形成过程和行为的实施过程中用来作为参照标准的某个人或某些人的集合。参照群体中“意见领袖”的行为会引起群体成员的仿效。参照群体可以按照接触类型、组织类型、吸引力、成员资格等变量加以分类。参照群体的作用受到产品需要程度和消费可见程度的影响。家庭类型和家庭成员关系影响消费者在购买活动中的作用。消费者在不同环境中具有不同的角色身份，会通过商品消费行为塑造与环境相符的角色身份。

参与和品牌差异是消费者行为的调节因素。根据参与程度和品牌差异大小，消费者的购买行为可分为复杂的购买行为、减少失调感的购买行为、多样性的购买行为和习惯性的购买行为四种类型。

重点概念

消费者市场（consumer market）　　消费者行为（consumer behavior）
预期满意理论（excepted satisfaction theory）　　感觉（feel）
知觉（consciousness）　　需要（need）
参照群体（reference group）　　动机（motive）
复杂的购买行为（complex buying behavior）
减少失调感的购买行为（dissonance reducing buying behavior）
多样性购买行为（variety seeking buying behavior）
习惯性购买行为（habitual buying behavior）

复习题

1. 简述消费者行为的研究内容。
2. 试述消费者购买决策过程中信息收集阶段企业的营销策略。
3. 知觉有哪些性质？如何利用这些性质提高市场营销效益？
4. 影响记忆的客观因素有哪些？如何利用这些影响因素提高营销信息传播效果？
5. 简述马斯洛需要层次理论。如何运用马斯洛需要层次论指导营销决策？
6. 参照群体可以从哪些角度分类？
7. 产品需要程度与消费可见程度怎样影响参照群体的作用？
8. 说明复杂的购买行为、减少失调感的购买行为、多样性购买行为和习惯性购买行为的含义、产生条件以及相应的营销策略。

案例分析

百度公司的竞价排名

2015 年 4 月，大学生魏则西之死再次引发了网友对百度公司竞价排名经营方式的争议。

魏则西 1994 年出生于陕西咸阳，2012 年以高分考入西安电子科技大学计算机专业。成绩优异，在班级名列前茅。2014 年 4 月，魏则西被查出患上滑膜肉瘤，这是一种恶性软组织肿瘤，生存率极低，没有有效的治疗手段。2014 年 5 月 20 日至 8 月 15 日，魏则西连续做了 4 次化疗、25 次放疗，并无起色。魏则西通过百度搜索滑膜肉瘤治疗方法，第一条信息就是武警北京总队第二医院的“DC – CIK 细胞免疫疗法”。魏则西的父母亲赴该院考察，一位李姓主任医师介绍说，这项技术是美国斯坦福大学研发成功的，与该院是合作关系，有效率达到 80% ~90%。他看了魏则西的报告单之后说保活 20 年没有问题，只要治疗三次就长期有效。这家医院是否可信呢？魏则西和父母心想：百度、三甲医院、斯坦福技术，这几个关键词加在一道，应当没有问题了吧？魏则西是独子，父母的爱无可言喻，愿意倾尽一切挽救他的生命。他们把家里的钱算了一下，又向亲戚朋友借了一些，凑了 20 多万元，先后四次从陕西咸阳前往北京接受“生物免疫法治疗”，结果肿瘤几个月就转移到肺部了。魏则西的父母又找到那位李主任，他的话全都变了，说活多久全看概率，他们不保证。还说必须接着再做，做多了就有效了。后来，魏则西通过美国留学生运用谷歌搜索了滑膜肉瘤的治疗方法，又联系了多家美国医院，才知道真相：美国在做了许多实验之后，已经证实这项技术无效，早已叫停和放弃了。美国斯坦福大学与这家医院也没有任何合作关系。魏则西赶紧转移到其他医院治疗才暂时延缓死神的脚步。2016 年 4 月 12 日上午 6 时 17 分，在掏空家中积蓄并且欠下一屁股外债之后，魏则西在咸阳家中去世，终年 21 岁。

有医学专家认为，即便魏则西接受的是真正的 DC – CIK 疗法，也不会有什么效果，更何况“不能证明魏则西所接受的是真正的 DC – CIK 疗法。他的细胞是哪家公司培养的？到底针对哪种抗原？这些都没能说明白”。国内某些医疗机构声称可以开展 DC – CIK 疗法或是更先进的疗法，其可信度并不高。

魏则西之死的消息迅速刷爆了全国微信朋友圈，人们在强烈谴责三甲医院将医疗科室转

包私人导致医疗欺诈的同时，也将矛头对准了百度公司。百度公司为了营利，采取了关键词搜索竞价排名的经营方式。当用户输入关键词进行搜索的时候，排位在前面的不是搜索频率高的信息，也不是用户最需要的信息，而是出价最高的企业或品牌信息。这种做法使得用户得不到所需信息，也给一些不良商人提供了可乘之机，在医疗领域引起的恶果尤其严重。百度的这种经营行为受到诟病已经不是第一次了。

2016年1月，百度贴吧血友病吧原吧主在知乎发帖，称百度贴吧已经将血友病吧经营权卖出，空降了一个官方吧主，原吧务组成员遭到百度单方面撤换，账号已经无法正常发帖。“新吧主是个声名狼藉的骗子”，“多次被血友病吧网友举报”。随后，网友继续爆料称：“百度40%的热门疾病吧已经被卖，且被野鸡医院承包。”病友说，疾病吧的作用是病友之间交流抗病经验并防止受骗，然而现在却由骗子来主持了。他们大量发布骗人信息，而将防骗信息删除。大多数病友都会通过百度搜索医疗信息甚至完全信任这些信息。有消息称，百度2013年的广告总量是260亿元，其中，来自民营医院的有120亿元。百度2016年1月12日发出声明：“病种类贴吧全面停止商业合作，只对权威公益组织开放。”然而没有几个月，又再次发生魏则西事件。有网友评价说：如果你几次在同一块石头上绊倒，那就不是石头的问题了。

资料来源：

1. 360百科. http://baike.so.com. 2016-05-08.

2. 魏则西事件“先进疗法”临床研究几乎来自中国［EB/OL］. 腾讯新闻，2016-05-04. http://news.qq.com.

3. 百度血友病吧被卖事件始末［EB/OL］. 腾讯财经，2016-01-12. http://news.qq.com.

讨论题

1. 对于消费者而言，百度搜索信息属于何种信息来源？
2. 对于患者而言，百度疾病吧信息属于何种信息来源？
3. 从消费者行为的影响因素看，网友不满百度竞价排名经营行为的原因是什么？
4. 如果你是百度CEO，你应该如何分析消费者行为，实现公司利益与社会利益的最大化？

延伸阅读

1. 贾培培，张宇东，李东进. 量化自我中的消费者行为改变促进：基于质量功能展开的服务设计［J］. 现代管理科学，2019（3）：63-65.

2. 盛光华，葛万达. 社会互动视角下驱动消费者绿色购买的社会机制研究［J］. 华中农业大学学报（社会科学版），2019（2）：81-90.

3. 谭汝聪. 基于顾客感知价值的网络团购消费者购买行为研究［J］. 中国管理信息化，2019（3）：115-119.

4. 王崇，陈大峰. O2O模式下消费者购买决策影响因素社群关系研究［J］. 中国管理科学，2019（1）：110-119.

5. 孙杰，吕意. 电商时代影响消费者网络购买行为的因素分析：利用路径分析方法［J］. 商业经济研究，2018（24）：83-86.

6. 杨冬旭，于建军. 消费者类型与厂商的决策博弈［J］. 商业经济研究，2017（23）：53-55.

第7章

组织市场及其购买行为

学习目标

◇ 了解组织市场的类别
◇ 认识组织市场的特性
◇ 理解组织购买活动中不同的角色及其作用
◇ 掌握组织的购买类型及其特点
◇ 了解组织的购买决策过程
◇ 学习组织采购的方式
◇ 掌握影响组织购买行为的因素

组织市场包括企业组织、政府机构和其他各类非营利性组织。企业经常购买大量的原料、零组件、物料，有时还要购买机器设备、商业咨询与其他服务。政府机构和其他各类非营利性组织在市场上采购办公设备、文书用品以及购买组织运作所需的多种服务。组织购买者以实现组织绩效或赚取利润为目的，与消费者为了满足个人需要而购买消费品是不同的。由于购买的目的不同（个人与家庭满足对组织绩效）、购买的主体不同（个人与家庭对组织），组织的购买行为与消费者的购买行为有很多差异之处。为组织提供产品和服务的厂商必须深入了解组织购买者的购买决策与影响组织市场购买行为的主要因素。

7.1 组织市场的类别与特性

7.1.1 组织购买者的分类

组织购买者可分为四大类型：工业用户、中间商、政府机构和非营利性组织。

1. **工业用户**

工业用户是指购入产品与服务来生产制造其他产品与服务，以供销售、租赁或供应他人的商家。这是最大的组织购买者，包括制造、建筑、运输、通信、银行、金融、保险、农、林、渔、矿、电力等行业的业者。

工业用户可分为三大类：

（1）原设备制造厂（Original Equipment Manufacturer，简称 OEM）。这一类厂商是将购入的工业品装配或整合在其所制造的产品内，再将他们的产品卖到消费品市场或组织市场。

例如，汽车制造厂是汽车零件供应商的原设备制造厂；电视机制造厂是显像管制造厂的原设备制造厂。

（2）产品最后使用者。这一类厂商购买工业品是用来执行业务或生产作业，并不是将购入的工业品整合或装配在自己的产品内。例如，汽车制造厂是工具和机器人制造厂的产品最后使用者。

（3）产品中间使用者。这一类厂商购买原料、物料、零件等半成品作为生产的投入，目的在于再生产其他的产品。

工业品分为以下三类：

（1）材料和部件：指完全转化为制造产成品的那类产品，比如零部件、原材料等。

（2）资本项目：指进入固定资产的项目，比如生产线、建筑物、大型装备等。

（3）供应品和服务：指不构成最终产品的那类项目，比如润滑油、打字纸、铅笔等消耗品。

作为交换对象，不同类型的工业品具有不同的市场特性和购买行为，在制定和运用营销策略时有很大区别。

2. 中间商

中间商是指那些将购入的产品再销售或租赁以获取利润的厂商，如批发商和零售商。他们创造时间、地点及所有权效用。中间商为其顾客扮演采购代理人的角色，购买各种产品来转售给顾客。

3. 政府机构

政府机关包括中央及地方各级政府机构，这些机构购买或租赁设备以履行政府的主要功能。

4. 非营利性组织

除了营利性企业和政府机构之外，组织市场还包括医院、大学、宗教组织、政党、军队、社会团体等非营利性组织。

7.1.2　组织市场的特性

组织市场与消费者市场相比有一些显著的不同点，分别说明如下。

1. 购买者较少

组织市场的购买者人数通常比消费品市场少。例如，盐业公司所生产的盐，在组织市场上主要是卖给以盐为生产原料和辅料的厂商（如食品工厂），而在消费品市场上则是卖给所有的家庭或个人，消费品市场上的购买者数目远比组织市场多。在某些情况下，工业品制造厂可能只有一位购买者。

2. 购买量较大

组织市场中即使有许多厂商，通常少数几家厂商的购买量就占了市场的大部分。将原料或零部件等工业品卖给这些厂商时，常会发现所面对的是购买规模很大的顾客。有时一位买主就能买下一个企业较长时期内生产的全部产品，有时一张订单的金额就能达到数千万甚至数亿元。

3．供应商与顾客间的关系较密切

由于购买者较少，而购买量较大，使得供应商必须密切注意与其顾客之间的配合，甚至必须依照特定顾客的需要来提供产品与服务。因此，在组织市场中供应商与顾客间的关系通常是较密切的。

4．购买者的分布集中

组织市场的购买者常集中于某些地区，这就好比消费者市场集中在人口众多的城市一样。组织市场的购买者相对集中，这与一个国家的生产力布局有关。例如，中国许多重要的制造业主要集中在上海、广州、北京、深圳、成都、西安、沈阳、东莞和苏州等地区；美国有半数以上的制造厂商集中在纽约州、加利福尼亚州、宾夕法尼亚州、伊利诺伊州、俄亥俄州、新泽西州和密歇根州 7 个州。

5．衍生的需求

工业品的需求是由消费品的需求衍生而来的。例如，工业用户购买皮革的目的是因为消费者有购买皮鞋、皮包及其他皮制品的需求。如果皮制品市场需求旺盛，则将导致皮革的需求增加。如果某种消费品市场不景气，那么相应的组织市场也会随之不景气。

6．无弹性的需求

许多工业品的总需求价格弹性（price elasticity）并不大，也就是价格的变动对其总需求量的影响不大。例如，皮包制造厂不曾因塑胶皮价格下跌而增加对塑胶皮的购买，除非出现一些情况如：①塑胶皮占皮包制造成本的很大部分；②皮包打算大幅降价；③皮包降价后其销售量将大量增加。皮包制造厂也不会因为塑胶皮价格上升而减少购买量，除非可以改变生产方式，减少每个皮包使用塑胶皮的数量，或发现更便宜的皮革代替品。至于占总成本甚小的工业品，更是缺乏弹性，例如皮包上的扣子，价格即使上涨，其需求量也不会有多大变化，不过生产者在选择供货商时仍然要考虑到价格的因素。

7．需求的波动性较大

工业品的需求比消费品的需求更容易变动，新厂房及设备的需求尤其如此。当某种消费品的需求增加时，用于生产这类产品的新厂房及设备的需求会增加得更快，此种现象被经济学家称之为加速原理（acceleration principle）。有时消费品需求上升 10%，下一阶段工业品需求就可能会上升 20% 甚至更多；如果消费品需求下跌 10%，就可能导致工业品需求全面暴跌。

8．专业购买

工业品的采购通常由具备专业知识的人员担任。工业品的采购作业越复杂，则参与采购决策的人越多。在采购重要商品时，组成采购小组是常见的方式，它通常由专业人员及高层管理人员所组成。面对组织购买的营销人员为了要和这批具有专业知识的采购人员打交道，通常也必须具备良好的专业知识。

9．直接采购

很多工业品的购买者是直接向生产者购买，而不是通过中间商购买。在购买比较昂贵、技术较复杂或需要较多售后服务的产品（如飞机、核能电厂等）时尤其如此。

10．互惠购买

工业品的购买者常常要求其供应商也向他们购买一些商品，而成为本身的客户，使双方具有互惠购买的关系。“你买我的产品，我就买你的产品”是较常见的现象。

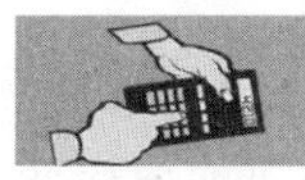

7.2　组织的购买角色与类型

7.2.1　组织的购买角色

在组织的购买过程中，必须要有人去扮演下述六种角色。

（1）使用者（users）。使用者是指使用产品或服务的人。在很多的情况下，使用者往往是最初提议购买的人，也是协助制定产品规格的人。

（2）影响者（influencers）。影响者是指影响购买决策的人。他们通常协助制定产品规格，并且提供评估方案的信息。技术人员是特别重要的影响者。

（3）决定者（deciders）。决定者是指决定产品需求或供应商的人。

（4）批准者（approvers）。批准者是指批准决定者或购买者所建议之行动的人。

（5）购买者（buyers）。购买者是指拥有正式职权去选择供应商及安排采购条件的人。购买者可能会协助修订产品规格，但他们的主要角色仍在于选择供应商及进行谈判。在较复杂的采购中，购买者可能包括参与谈判的高层主管。

（6）守门者（gatekeepers）。守门者是指有权阻止卖方去接触或把信息传送给购买中心（buying center）成员的人。例如，采购代理商、接待员及电话总机人员皆可能阻止推销人员去会见使用者或决定者（购买中心是指购买组织的决策单位）。

7.2.2　组织的购买类型

组织的购买情境可区分为三种购买类型，包括直接再购、修正再购及新购买。这三种购买类型的特征见表7－1。

表7－1　三种购买类型的特征

特征	直接再购	修正再购	新购买
所需时间	少	普通	多
购买中心的规模	少	中等	大
信息需要	最少	中等	最多
考虑的个案	无	很少	许多
新奇	无	普通	高
决策复杂性	低	中等	中—高
频率	经常	重复	不常

1. 直接再购

直接再购是指采购部门在例行基础上再次订购的一种购买情境（例如购买办公室用品等）。购买者从“批准的供应商名单”中做选择，并根据过去购买的满意程度给予各供应商不同的权数。“入选的供应商”（in-suppliers）努力维持产品与服务的品质，他们通常提议采用自动再订购系统（automatic reordering system），以节省采购代理人的再订购时间。至于落选的供应商（out-suppliers）则设法提供新的产品，或者探讨购买者不满意的原因，使购买者有重新考虑向他们购买的机会。落选的供应商会先试着取得一笔小订单，然后伺机扩大其占有率。

2. **修正再购**

修正再购是指购买者欲修正产品的规格、价格、交货要求或其他交易条件的购买情境。修正再购常会增加买方与卖方的决策参与者。入选的供应商会感到紧张，因而会尽力保住此客户；落选的供应商则会视此为一个机会，因此会提供较佳的报价，希望能获得一些生意。

3. **新购买**

新购买是指采购者首次购买产品或服务（如购买办公大楼、新武器系统等）的购买情境。新购买所涉及的成本或风险愈高，则决策参与者的人数愈多，所搜寻的信息愈多，决策完成的时间也就愈长。这种新购买的情境是营销人员最大的机会，也是最大的挑战。营销人员设法尽可能多去接触那些能影响购买决策的人，并提供有用的信息与协助。由于新购买会涉及复杂的决策问题，因此许多公司会指派最好的采购人员组成“采购小组”来负责新购买的任务。

新购买会历经数个阶段，如以创新扩散的角度来看，新购买包括知晓（awareness）、兴趣（interest）、评估（evaluation）、试用（trial）及采用（adoption）等阶段。沟通工具在每个阶段都有不同的重要性。在初期的知晓阶段，大众媒体是最重要的沟通工具；在兴趣阶段以销售人员的影响力最大；在评估阶段则以技术来源最重要。营销人员在新购买过程中的各个阶段常需要采用不同的沟通工具。

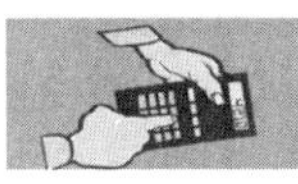

7.3 组织的购买决策过程

研究工业品营销的学者大都将组织的购买行为看作是一连串的决策制定过程，通过这个过程，组织市场的购买者确定其对产品的需求，寻找可能的供应来源，评估并选定品牌与供应商，最后进行一般的采购业务。

罗宾森（Patrick Robinson）等人将工业用户的购买过程分为八个步骤：①问题确认；②一般需要描述；③产品规格；④供应商搜寻；⑤报价征求；⑥供应商选择；⑦签订订购合约；⑧绩效评估。如表 7－2 所示，所有的这八个步骤皆适用于新购买的情境，而其他两种购买情境则只适用其中的某些步骤。下面介绍适用于新购买的八个步骤。

表 7－2　主要购买情境（购买类别）与主要购买步骤

购买步骤	新购买	修正购买	直接购买
问题确认	是	可能	否
一般需要描述	是	可能	否
产品规格	是	是	是
供应商搜寻	是	可能	否
报价征求	是	可能	否
供应商选择	是	可能	否
签订订购合约	是	可能	否
绩效评估	是	是	是

1. **问题确认**

购买过程始于公司内有人认识到某个问题可能需要取得某一产品或服务而获得解决。问题的确认可由公司内部或外部刺激而发生。以内部刺激来说，最常引发问题确认的事件如下：

（1）公司决定开发一种新产品，需要新设备与材料来生产该产品。

（2）机器故障，需要更换或换装新零件。

（3）已购材料不合适，公司决定另找供应商。

（4）采购经理发现有获得较低价格或较佳品质的机会。

就外部刺激而言，购买者可能在展销会中获得新构想或看到广告或接到推销员来电话提供较佳的产品或较低的价格。营销人员可利用广告、拜访潜在客户等方式来引发问题确认。

2. **一般需要描述**

确认某种需要之后，购买者将进而决定所需产品的一般特性与数量。就标准产品而言，这项工作并不难。但就复杂的产品而言，购买者将与他人（如工程师、使用者等）共同来确定产品的一般特性，他们将设定可靠度、耐用性、价格及其他产品属性的重要性。营销人员可以在此阶段协助购买者，提供给购买者各种参考的准则。

3. **产品规格**

购买者要明确该项产品的技术规格，这项工作可委托产品价值分析（product-value analysis，PVA）工程小组来负责。产品价值分析是一种降低成本的方法，其做法是通过产品属性的审慎研究来决定是否能重新设计、标准化或以较便宜的生产方法来制造。这个小组将检视这个产品中成本高的属性——通常 20% 的零件占了 80% 的成本；同时也要找出设计过度的（over designed）产品属性，以免零件的寿命超过产品本身的寿命。此小组将决定最合适的产品特性。严谨的书面分析报告可使购买者拒绝不符合标准的产品。

供应商也可使用产品价值分析作为定位的工具，以争取客户。凭借及早介入及影响购买者的产品规格，供应商可以有较多的机会被购买者选中。

4. **供应商搜寻**

在此步骤，购买者可以通过查找工商名录、利用电脑搜寻、打电话请其他公司推介、注意商业广告以及出席展销会等途径试着去找寻最合适的供应商。供应商的工作是要把自己列名在主要的名录上，开发有力的广告及促销方案，并在市场上建立良好的信誉。有些供应商因为缺少足够的生产能力，或是因为信誉差而被摒弃在外。对于初审合格的供应商，购买者可能会去考察他们的制造设施，会晤相关人员。最后，购买者会列出一份够资格的供应商名单。

5. **报价征求**

接着，购买者将邀请合格的供应商提出报价。有些供应商可能只寄来一份目录或派一位销售代表。当产品较复杂或较昂贵时，购买者将要求供应商提供详细的书面报价，由此可剔除一些供应商，并要求余下的供应商做正式的简报。

因此，营销人员在研究、撰写及陈述报价等方面都必须要有技巧。他们提出的报价单应该是营销性文件，而非仅是技术性的文件。另外，在口头简报时也应能让购买者信服。他们应着力展现公司的能力及资源，以便从竞争中脱颖而出。

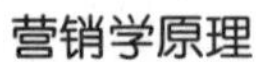

6. 供应商选择

在此步骤，购买中心将列出供应商的属性及各属性的相对重要性。购买中心将以这些属性来评比各入选的供应商，以便找出最具吸引力的供应商。

购买中心可能会在做最后选择之前与其所中意的供应商谈判，希望能够取得较便宜的价格和较佳的交易条件。营销人员会在许多方面遭到降低价格的要求，营销人员可强调购买者所收到的服务的价值，特别是那些优于竞争者所提供的服务。营销人员可以向购买者说明使用其产品的“生命周期成本”（life-cycle cost）低于竞争者，即使价格较高也划算。

购买中心也必须决定要选用多少家供应商。许多购买者喜欢有多家的供应商，以免过分依赖某一家供应商，而且也可以比较各供应商的价格与绩效。购买者通常会将大部分的订单交给一家供应商，而把剩下的订单交给其他的供应商。例如，某家公司向主要的供应商购买60%的商品，而另外30%与10%则分别向另外两家供应商购买。主要供应商将会努力保护其主要的地位，而次要供应商则将设法扩大其供应占有率。同时，落选的供应商亦将设法以特低价格争得一席之地，然后再努力扩充其占有率。

7. 签订订购合约

购买者现在要和选出的供应商洽谈最后的订单，他将列出技术性规格、所需数量、预期交货时间、退货政策、保证等条件。在维护、修理与营运项目，购买者逐渐采用“一揽子合约”（blanket contracts），而不是“周期性的采购订单”（periodic purchase orders）。“一揽子和约”是和供应商建立一种长期的关系，供应商承诺在一段特定时间内按协议的价格和条件供应购买者所需数量的货物，这样可以避免按期重复签约的麻烦。在这种情况下，存货转由供应商持有，因此有零库存采购计划（stockless purchase plan）之称。当需要存货时，购买者会通过电脑系统将订单计划发送给供应商。

8. 绩效评估

最后，购买者将考核特定供应商的绩效。一般可采用三种方法：购买者可要求使用者做评估；购买者可采用加权点数法，根据若干评估准则来评估供应商；购买者也可累计绩效不佳的成本来调整采购成本（包括价格）。绩效评估的结果可能导致购买者继续、修正或中止与供应商的关系。供应商应注意购买者与使用者所使用的评估要素。

以上所述是新购买情境的购买步骤。至于在修正再购或直接再购的情境中，某些步骤可能加以合并或跳越。例如，在直接再购的情境中，购买者通常会有一家中意的供应商或一份按优先顺序排列的供应商名单。购买过程中的每一个步骤都会剔除一部分的供应商，使可供选择的供应商数目逐渐减少。

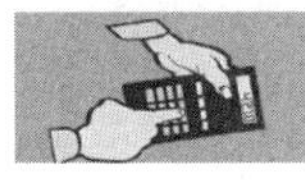

7.4 组织购买方式

一般来说，采购的方式，特别是政府的采购方式包括以下几类：公开招标、邀请招标、单一来源采购、竞争性谈判、竞争性磋商、询价。

1. 公开招标

公开招标是政府采购的主要采购方式，是指采购人按照法定程序，通过发布招标公告，邀请所有潜在的不特定的供应商参加投标，采购人通过某种事先确定的标准，从所有投标供应商中择优评选出中标供应商，并与之签订政府采购合同的一种采购方式。

公开招标方式体现了市场机制公开信息、规范程序、公平竞争、客观评价、公正选择以及优胜劣汰的本质要求。公开招标因为投标人较多、竞争充分，且不容易串标、围标，有利于招标人从广泛的竞争者中选择合适的中标人并获得最佳的竞争效益。

公开招标要有不少于三家供应商参加投标。

2. **邀请招标**

邀请招标，也称有限竞争招标，是指招标人以投标邀请书的方式邀请特定的法人或者其他组织投标。应当公开招标的施工招标项目，有下列情形之一的，经批准可以进行邀请招标：①项目技术复杂或有特殊要求，只有少量几家潜在投标人可供选择的；②受自然地域环境限制的；③涉及国家安全、国家秘密或者抢险救灾，适宜招标但不宜公开招标的；④拟公开招标的费用与项目的价值相比，不值得的；⑤法律、法规规定不宜公开招标的。

招标人采用邀请招标方式的，应当向三个以上具备承担招标项目的能力、资信良好的特定的法人或者其他组织发出投标邀请书。

3. **单一来源采购**

单一来源采购也称直接采购，是指达到了限额标准和公开招标数额标准，但所购商品的来源渠道单一，或属专利、首次制造、合同追加、原有采购项目的后续扩充和发生了不可预见紧急情况不能从其他供应商处采购等情况。该采购方式的最主要特点是没有竞争性。

条件：①只能从唯一供应商处采购的；②发生了不可预见的紧急情况不能从其他供应商处采购的；③必须保证原有采购项目一致性或者服务配套的要求，需要继续从原供应商处添购，且添购资金总额不超过原合同采购金额10%的。

4. **竞争性谈判**

竞争性谈判指采购人或代理机构通过与多家供应商（不少于三家）进行谈判，最后从中确定中标供应商。条件：①招标后没有供应商投标或者没有合格标的或者重新招标未能成立的；②技术复杂或者性质特殊，不能确定详细规格或者具体要求的；③采用招标所需时间不能满足用户紧急需要的；④不能事先计算出价格总额的。

5. **竞争性磋商**

竞争性磋商采购方式，是指采购人、政府采购代理机构通过组建竞争性磋商小组（以下简称“磋商小组”）与符合条件的供应商就采购货物、工程和服务事宜进行磋商，供应商按照磋商文件的要求提交响应文件和报价，采购人从磋商小组评审后提出的候选供应商名单中确定成交供应商的采购方式。

符合下列情形的项目，可以采用竞争性磋商方式开展采购：①政府购买服务项目；②技术复杂或者性质特殊，不能确定详细规格或者具体要求的；③因艺术品采购、专利、专有技术或者服务的时间、数量事先不能确定等原因不能事先计算出价格总额的；④市场竞争不充分的科研项目，以及需要扶持的科技成果转化项目；⑤按照招标投标法及其实施条例必须进行招标的工程建设项目以外的工程建设项目。

6. **询价**

询价是指采购人向有关供应商发出询价单让其报价，在报价基础上进行比较并确定最优供应商的一种采购方式 。条件：当采购的货物规格、标准统一、现货货源充足且价格变化幅度小的采购项目，可以采用询价方式采购。

7.5 影响组织购买行为的因素

组织购买者在做购买决策时，常受到许多因素的影响。许多营销人员认为最重要的影响力是经济效益，他们认为组织购买者偏好那些价格低、品质好、服务佳的供应商，所以营销人员应提供给组织购买者足够的经济效益。

但事实上，组织购买者在做购买决策时，除了考虑经济因素之外，往往也会考虑到一些非经济的动机。例如，为了取得私下的回扣，或为了引起别人的重视，或为了避免风险，组织购买者有时会做出不符合经济效益的购买决策。组织的购买人员同样有其人性的一些特点，他们也会凭某些印象来做决策，同在那些较亲密或较尊重自己的供应商处采购，而不考虑那些对询问价格不理不睬或怠于回答的供应商。因此，营销人员应注意组织购买情境中的人性因素与社会因素。

组织采购人员对于经济因素和非经济因素都会有所反应。如果各供应商所提供的条件大致相同，采购人员就无法从理性的原则去做选择，不论他选择哪家供应商都能符合组织的目标，此时他自然就考虑人际关系了；相反地，当不同供应商的产品差异很大时，组织的采购人员就会更加注意经济因素。

一般而言，影响组织购买决策的因素可分为四大类，包括环境因素、组织因素、人际因素和个人因素，见表7－3。

表7－3　影响组织购买行为的主要因素

环境因素	组织因素	人际因素	个人因素
经济环境	目标	地位	年龄
科技环境	政策	权威	所得
政治环境	作业程序	权力关系	教育水准
竞争环境	组织结构	群体关系	人格
文化环境	—	—	—

1. 环境因素

影响组织购买行为的环境因素包括各种宏观营销环境。环境力量的变动常会带来新的购买机会和威胁。

组织购买者深受目前与预期未来经济环境的影响，例如主要需求水准、预期的经济增长、资金成本等。当经济的不确定性提高时，常导致组织购买者暂停进行厂房设备的新投资并降低库存，营销人员在这种情况下很难刺激销售。对于稀有的原材料，工业用户通常会储存较多的存货以免缺货，甚至会与供应商订立长期契约以保障其供应来源。

组织购买者也受科技、政治和竞争等环境因素的影响；文化和习俗对组织购买者的决策也有很大的影响，在国际营销中尤其如此。营销人员应随时注意这些环境因素的变动对组织购买者的影响，才能将问题或威胁转变为机会。

2. 组织因素

每个购买组织或购买中心都有其目标、政策、操作程序和组织结构。这些组织因素对组

织的购买决策常会有很大的影响力，营销人员应尽可能去了解这些组织因素，诸如：

- 购买中心的管理层级有多少？
- 有多少人参与购买决策？是哪些人？
- 购买中心成员间的互动程度如何？
- 购买中心的选择或评估标准是什么？
- 组织的购买政策为何？对购买者有哪些限制？

3. **人际因素**

人际因素是指购买中心成员间的关系。购买组织通常有许多位成员，他们的地位、权威和彼此间的权力关系与群体关系各有不同，彼此互相影响，营销人员应尽可能去了解组织购买过程中所发生的群体结构。职位高的成员，并不一定有较大的人际影响力。某些成员拥有较大影响力的原因可能是因为他们拥有奖赏权或惩罚权，或因为他们较讨人喜欢，或因为他们对购买决策有关的事项拥有专业知识，或因为和公司的高层经理有裙带关系。

购买中心的人际因素往往很微妙，外人不容易去了解，但营销人员如能了解组织购买决策过程中所涉及的人际因素，将会很有帮助。

4. **个人因素**

个人因素是指购买中心成员的个人特征，包括年龄、收入、教育水准、工作职位和人格等。每个参与组织购买决策的人在购买决策过程中，多少总难免会掺杂个人的动机、知觉与偏好，这些个人因素受年龄、收入、教育程度、职位、人格等个人特征的影响。不同的采购人员常有不同的采购形态，例如某些年纪轻、教育水准较高的采购者，通常在选择供应商之前会做较多深入的分析；有些采购人员喜欢让供应商互相杀价；有些采购人员则只要供应商品质下降或无法准时交货，就断然采取惩罚行动。营销人员如能了解这些个人因素的影响，根据不同购买人员的特征和偏好采取不同的做法，就可在组织市场中争取有利的竞争地位。

本章小结

组织市场是指由企业组织、政府机构和其他各类非营利性组织所构成的市场。同消费者市场相比，组织市场具有购买者较少、购买量较大、供应商与顾客间的关系较密切、购买者的分布集中以及需求是派生的且其弹性也比较小、购买的决策主体由专业人士构成等特征。组织的购买按情境来分可以分为三种购买类型：直接再购、修正再购及新购买，这三种类型在购买决策和购买特征上具有明显的不同。一般将工业用户的购买过程分为以下八个步骤：问题确认、一般需要描述、产品规格、供应商搜寻、报价征求、供应商选择、签订订购合约和绩效评估。采购的方式，特别是政府的采购方式包括以下几类：公开招标、邀请招标、竞争性谈判、单一来源采购、询价、竞争性磋商。影响组织购买决策的因素可分为四大类，包括环境因素、组织因素、人际因素和个人因素，对于上述四种因素，企业的营销人员都必须予以足够的重视。

重点概念

组织市场（business market）
衍生需求（derived demand）
无弹性的需求（inelastic demand）
守门者（gatekeepers）
直接再购（straight rebuy）
修正再购（modified rebuy）

新购买（new task）
问题确认（problem recognition）
产品规格（produce specification）
一般需要描述（general need description）
供应商搜寻（supplier search）
报价征求（proposal solicitation）
供应商选择（supplier selection）
组织的购买过程（business buying process）
签订订购合约（order-routine specification）
绩效评估（performance review）
原始设备制造厂（Original Equipment Manufacturer）

复习题

1. 同消费者市场相比，组织市场有什么特征？
2. 工业用户和政府机构在购买决策上有什么不同？
3. 原材料和固定资产都是企业要购买的商品，对于购买原材料和固定资产决策上会有什么么不同？
4. 人际因素和个人因素之间有什么差异？
5. 各种采购方式适用于哪些条件？

案例分析

三一重工集团有限公司的促销策略

（参见综合性案例三）

讨论题

1. 三一重工为什么选择进入建筑工程机械行业？
2. 创业之初，三一重工面临哪些困难和挑战？如何解决？
3. 三一重工为什么选择在中央电视台经济频道和凤凰卫视等大众媒体做广告？
4. 试评价三一重工的市场策略，你有什么建议吗？

延伸阅读

1. 大虾评论. 占据全球动力总成40%份额，这家德国百年巨头在中国年赚上千亿[EB/OL]. 2019-08-20.

2. 赵建勋. 万华化学：在国际封锁中冲锋40年，终成山东最赚钱企业[EB/OL]. 扑克财经，2019-06-14.

3. 涂斌. 瑞士“精密”制造的背后，隐藏着什么秘密？[EB/OL]. 数字化企业，2019-05-19.

4. 王莹. 为什么潍柴海外并购的企业能全部盈利？[EB/OL]. 华商韬略，2017-12-19.

5. 黄利飞，康勤耕. 三一重工，为中国贡献一个世界级品牌[EB/OL]. 益阳新闻网，2018-12-04.

第 8 章

市场营销调研

学习目标

◇ 了解市场营销信息系统的构成
◇ 掌握市场营销调研的内容和过程
◇ 掌握市场营销调研常用方法
◇ 了解市场需求测量的内容和基本方法

由于市场竞争日趋激烈，消费需求复杂多变，企业必须建立市场营销信息系统，学习与应用市场营销调研的方法。只有密切关注市场营销环境的变化，了解竞争态势，把握消费追求的动向，才能发现市场营销机会，避免可能存在的威胁，从而为制定正确的市场营销战略与策略提供科学的依据。

8.1 市场营销信息系统

市场营销调研是营销的基础工作。科学的市场调研，将为企业的营销决策提供重要依据。

例 8－1

融至益公司的市场调研

华南理工大学艺术设计专业硕士邓超于 2014 年 1 月创立了广州融至益教育信息咨询有限公司，是中国第一家儿童财商教育服务商。然而，儿童市场历来是竞争激烈的红海，场地、设备、员工工资等都需要高额资金投入，两手空空的创业者出路何在？邓超看到各类实体商业在行业内部竞争和外部互联网大潮冲击下面临的生存压力，想到儿童是家长的宝贝，是家庭的中心，可以采用“儿童＋”的方式将儿童教育与实体商业企业业务扩大结合起来。从哪个行业入手呢？邓超通过市场调研发现，我国目前有大大小小银行 830 多家，网点不计其数。不但银行之间竞争激烈，还面临着支付宝、微信等网上支付方式的强烈冲击。基于市场调研，邓超提出了自己的战略构想：融至益公司通过在银行网点设立儿童教育场所，吸引家长扩大在银行的储蓄和金融业务，利用专业知识开发这个空间无限的蓝海。

基于这一战略构想，公司建立了“淘迪”品牌，宗旨是与银行及其他利益相关者合作，构建以“淘迪儿童玩具图书馆”为核心的生态圈，打造定制化、场景化、一体化的儿童教育平台。产品体系是“淘迪＋”，目前已推出三种产品。

一是淘迪儿童玩具图书馆。这是淘迪的核心产品。有两种合作模式：首先是与政府的公益性合作。公司与广州图书馆合作建立了儿童玩具图书馆，出现供不应求的火爆场面。甚至有家长向省文化厅投诉，说打了上百个预约电话都未能得到预约。其次是与银行的商业性合作。银行网点在融至益公司专业教师指导下建立玩具图书馆，家长在银行办理储蓄、购买保险和基金等业务获得积分，儿童根据家长积分免费进入玩具图书馆，在专业老师指导下娱乐和学习。融至益公司通过收取银行的咨询费、运营管理费等方式获得收益。得儿童者得天下。在短短一年多的时间里，公司已经与10多家银行签订了战略合作协议，建设了广泛分布的儿童玩具图书馆网点，在儿童教育领域独树一帜。

二是淘迪叔叔APP。主要功能是推广淘迪品牌，查找手机附近的淘迪活动，建立家庭云空间，提供玩具销售、教育咨询等增值服务，有效提高用户忠诚度。

三是淘迪儿童金融。儿童和家长在儿童玩具图书馆接受财商教育之后产生强烈的实操意识，公司与第三方资产管理公司合作，背书银行信用，向家庭推荐儿童保险、儿童理财等金融产品。

以“淘迪儿童玩具图书馆”为纽带，儿童得到了快乐成长，家长节省了购买其他机构高价服务的资金。银行、玩具厂商及相关利益方增加了客户，融至益公司增加了收益，实现了多方共赢。随着实力增强，融至益公司的业务将从“儿童＋银行”扩大到“儿童＋房地产”“儿童＋商业企业”等行业。

案例编写：龚振

思考题

1. 融至益公司是如何发现儿童教育与银行业务相结合这一市场蓝海的？
2. 融至益公司的成功有何启示？

8.1.1 信息与市场营销信息

1. 信息及其特征

信息是事物运动状态以及运动方式的表象。信息的主要形态是数据、文本、声音和图像。数据通常指数字，包括计算机所能处理和产生的任何数字、文字、符号等，文本、声音和图像在计算机中被简化为“0”和“1”的原始单位时，便成了数据。因此，数据是信息的基础。

信息的一般特征有：①扩散性，可通过各种方式传播扩散；②复制性，可复制或转让，在复制或转让后转让者并未失去它；③存贮性，可通过人脑贮存和脑外贮存两种方式加以存贮；④扩充性，随着人类社会的不断发展和时间的延续而不断扩充；⑤转换性，信息可由一种形态转换成另一种形态。

2. 市场营销信息及其特征

市场营销信息指企业制定营销决策所需要的各类信息。它除具有一般信息的特征外，还具有自身的特殊性：①必要性。指与营销决策所需要的、营销活动相关的信息，无关的信息再多也毫无用处。②及时性。指营销信息应当在需要时及时送达。在激烈的竞争中，信息传递的速度要快，否则就会失去价值。信息传递的频率要适宜，频率过低会使营销决策者难以应付急剧变化的环境，频率过高又会使营销决策者面对过多的数据而难以处理。③准确性。营销信息来源要可靠，收集、整理和分析方法要科学，能真实地反映客观实际情况。④系统性。市场营销信息是若干具有特定内容的同质信息在一定时间和空间范围内形成的系统集

合。在时间上具有连续性，在空间上具有广泛性，连续地、系统地、全方位地提供信息才是营销决策的需要。⑤社会性。市场营销信息反映人类的社会经济活动，渗透到社会经济生活的各个领域，是信息传递双方能共同理解的数据、文字和符号。随着经济全球化的发展，市场营销信息传播范围也更加广泛。

8.1.2　市场营销信息系统

市场营销信息系统（marketing information system，MIS）是由人、设备和程序组成的系统，为营销决策者收集、挑选、分析、评估和分配所需要的、适时的及准确的信息。市场营销信息系统由企业内部报告系统、营销情报系统、营销调研系统和营销分析系统构成。其具体情况如图 8－1 所示。

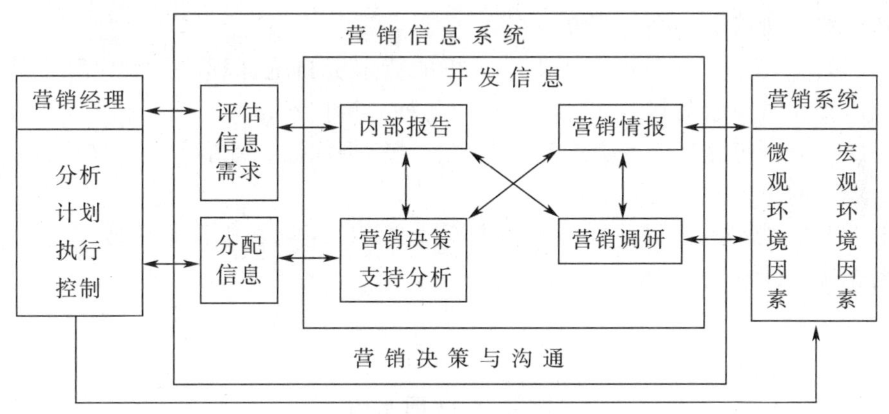

图 8－1　市场营销信息系统

市场营销决策需要宏观与微观营销环境各方面的信息，营销信息系统的任务是评估营销决策者的信息需求，并适时提供所需信息。

1．内部报告系统

内部报告系统是提供企业内部信息的系统，以内部会计系统为主，辅之以销售报告，集中反映订货、销售、存货、现金流量、应收及应付账款等数据资料。内部报告系统提供的信息应符合使用者的需要，及时、准确，简单化、格式化，实用性、目的性很强，真正有助于营销决策。

2．营销情报系统

营销情报系统指市场营销人员获得外部环境信息的一整套程序与来源。内部报告系统主要提供内部资料，市场营销情报系统则提供外部资料，外部资料可用于解释内部资料，并指明未来的机会和问题。营销情报系统所收集的信息来源包括：①本企业营销人员提供的信息。他们直接接触客户和市场，具有收集和传递信息的职能。企业应当给他们明确规定信息收集与传递的任务。②本企业各部门员工提供的信息。他们在业务过程中也直接或间接地接触顾客，获得一定的市场信息，也有责任向企业传递。企业应当通过营销教育强化全体员工的信息意识。③与企业有业务关系的经销商、零售商和中间商提供的信息。他们与企业是利益共同体，企业应当采取有效的措施激励他们提供及时准确的信息。④购买特定的市场营销信息。⑤多渠道、多形式收集信息。包括参加有关展销会、协会、学会，阅读竞争者的宣传手册和广告文案，购买竞争品，雇用竞争者的原职工，等等。

3. **营销调研系统**

市场营销调研指系统地设计、搜集、分析和报告与特定营销环境有关的资料和研究结果。菲利普·科特勒曾将营销调研定义为“通过信息把消费者、顾客、大众及营销人员联结起来的职能”。这些信息是指营销机会与问题，被用于开展、修正和评估营销活动，监视营销绩效，增进对营销过程的了解。

4. **营销分析系统**

营销分析系统指专门分析市场营销数据和问题的营销信息子系统。完善的营销分析系统通常由资料库、统计库和模型库三部分组成。

（1）资料库。资料库用于存贮企业内部和外部资料。内部资料包括销售、订货、存货、推销访问和财务信用资料等；外部资料包括政府资料、行业资料、市场研究资料等。营销管理人员可随时取得所需资料进行研究分析。

（2）统计库。指一组随时可用于汇总分析的特定资料统计程序。制定和实施营销研究方案，不仅需要大量原始资料，而且需要运用各种分析技术，如回归、相关、判别、变异分析以及时间序列分析等测量各变数之间的关系，计算平均数、标准差等。统计库提供的分析结果将作为模型的重要投入资料。

（3）模型库。模型库由描述性模型和决策模型等一系列数学模型构成，运用科学方法，针对特定营销决策问题而建立的。

例 8－2

公开信息的收集

在人们的想象中，商业情报特别是竞争对手的情报都是锁在竞争对手的保险柜里的，实际上大多数都可以从各种公开媒体上获得。在信息发达的现今社会，任何企业都不可能把自己完全封锁起来，要生产和销售产品就不得不对外宣传，任何行动总会有一些先兆。经营者在制定营销战略时就可利用这些公开的信息，洞悉市场，掌握先机。《万讯剪报》就是一份收集公开媒体信息、为企业决策者提供决策参考的期刊。

《万讯剪报》由北京九洲万讯科技发展有限公司主办，它汇编了全国400多种报纸的信息资料，分为金融、财经、机械、汽车、交通、电器、招商引资、房地产、企业文化、竞争战略等30多种类别，覆盖了大部分行业。每类简报一周一期，每期约50个页码，全年52期。目前，北京九洲万讯科技发展有限公司的会员有400多位，其中南方的客户明显多于北方，咨询和广告行业的订户多于其他行业。

有一次，美国麦肯·光明广告有限公司委托北京九洲万讯科技发展有限公司跟踪彩电行业的情况，然而《万讯剪报》只有家电类的专题剪报。于是，公司经理让剪报员在遇到有关彩电的报道时就复印成一式两份，一份用于常规剪报，另一份则汇总成一册专门的彩电行业剪报，供麦肯·光明广告公司使用。

媒体的公开信息往往是零散的、不系统的、缺乏针对性的，如果不加以分析和提炼，就不能成为可利用的信息。《万讯剪报》将媒体的公开信息分门别类收集起来，变成了可利用的资源。企业购买这些信息并放置自己的资料库中，需要时随时提取，为研究市场、了解竞争对手、制定营销战略与策略提供了便利。当然，企业还应当建立专门的市场调研部门，形成市场营销信息系统，才能为高层决策提供更加及时和充分的依据。

思考题

1. 收集公开信息的途径有哪些？
2. 企业市场营销信息系统由哪些部分构成？

8.2　市场营销调研

市场营销调研是运用科学的方法，有目的、有计划地收集、整理、分析和研究市场营销信息，发现机会与问题，得出合乎客观事物发展规律的结论，提出建议，从而为市场预测和营销决策提供依据。

8.2.1　市场营销调研的类型

按调研目的不同，市场营销调研可分为探测性调研、描述性调研和因果关系调研。

1. 探测性调研

探测性调研是在对所调查问题知之甚少时，为明确进一步调研的内容和重点而进行的非正式调研。比如，某企业最近产品销售下降很快，是什么原因呢？是产品质量太差？是价格太高？是销售渠道不畅？是促销不力？可能原因很多，不能一一进行深入调查，就要通过探测性调研寻找最可能的、最重要的原因，从而确定调研的重点和方向。探测性调研的方法是研究手头现有资料，询问一些对调查主题有了解的人士，分析以往类似的案例。对于比较简单的问题，如果探测性调研已能弄清其来龙去脉，也可不再做进一步调研。

2. 描述性调研

描述性调研是在已明确所要研究问题的内容与重点后，拟订调研计划，对所需资料进行收集、记录、整理和分析，找出事物之间的关联关系，但不说明何者为因，何者为果。比如，通过描述性调查发现，销售量增加与广告支出增加有很大关系，但究竟是销售量增加导致广告支出的增加，抑或是广告支出增加导致了销售量增加呢？描述性调查不解决这个问题。换句话说，描述性调查只说明“是什么”，不说明“为什么”。它为进一步的研究提供资料。描述性调研一般要进行实地调查，收集第一手资料，摸清问题的过去和现状进行分析研究，寻求解决问题的办法。

3. 因果关系调研

因果关系调研是为了找出事物之间的因果关系而进行的调研，它回答一些有关“为什么”的问题。比如，描述性调查指出了销售量与广告支出有关联，但究竟应当先增加销售量而后增加广告预算，抑或是先增加广告预算而后促进销售量增加呢？再如，销售量与消费者收入、企业营销策略、产品价格等因素之间究竟是何关系呢？这些都是因果性调研的任务。因果性调研在描述性调研的基础上进行。因果性调研要收集有关市场变量的数据资料，运用统计分析和逻辑推理等方法进行。

通过营销调研来分析市场、了解市场，才能根据市场需求和购买者行为、市场竞争格局和市场营销环境的变化科学地制定和调整企业营销规划，优化营销组合。

8.2.2　市场营销调研的内容

市场营销调研的内容可分为三大类：市场营销环境因素、营销组合因素和市场容量。

1. 市场营销环境因素

市场营销的环境因素主要有以下几个方面。

（1）人口因素。如人口数量及其增长、人口构成及其变化等。

（2）经济因素。如国民生产总值、国民收入、居民存款额、消费水平和消费结构、物价水平等。

（3）政治法律因素。如国家的政策、国家的法律、相关国家的政策和法律、国际国内政治形势和政治氛围等。

（4）社会文化因素。如消费者的教育程度、职业构成、民族构成、宗教信仰、风俗习惯、家庭大小等。

（5）技术因素。如新技术、新工艺和新材料的发展趋势，新产品的技术现状及其发展趋势。

（6）自然因素。如目标市场的地理条件、交通、资源、气候等。

（7）竞争因素。如竞争企业的数量、竞争企业的市场占有率、竞争企业的生产能力和销售能力、竞争企业的产品质量和品种、竞争企业的价格策略和促销策略、竞争的优势和劣势。

（8）消费者购买行为。如消费者在购买活动中的作用、消费者家庭特点对购买行为的影响、消费者的使用频率、消费者的购买动机、消费者的态度、消费者的购买方式等。

2. 营销组合因素

（1）产品因素。如消费者对本企业产品的质量、性能、样式、包装、服务等因素的评价与要求；企业是否实现了最佳产品组合；产品处于寿命周期的哪一阶段；怎样开发新产品，改造老产品。

（2）价格因素。新产品的价格制定，老产品的价格调整，产品的现金价格、赊销价格和优惠价格如何确定，消费者对各种价格策略的反应。

（3）渠道因素。如中间商类型，中间商的销售额、利润、资金、经营能力，中间商的地理位置、商品储存量、仓储成本、运输成本等。

（4）促销因素。如人员推销与非人员推销方式何者最佳、营业推广方式怎样运用、采用何种广告媒体等。

3. 市场容量

如全行业或同类产品在市场上的销售数量，本企业和竞争企业同类产品销售量，现实和潜在购买人数和购买数量等。

例 8－3

Under Amour 公司

凯文·普兰克曾经是马里兰大学的橄榄球明星，他对打球时穿着的棉质 T 恤很不满意。这种 T 恤会浸透汗水而变重，穿着不舒服，运动也不方便。普兰克与当地一位裁缝合作研制了七款 T 恤，既可以吸汗保持身体干爽，又舒适合身。于是，Under Amour 品牌诞生了。通过密集的广告宣传，很快受到中学和大专院校学生们的喜爱。后来又生产了系列运动服装、篮球鞋、足球鞋和跑鞋，与耐克和阿迪达斯等老名牌产生了正面竞争。作为传统的男士品牌，Under Amour 很快发现了一个新的目标市场——女性市场。他们不想仅仅通过缩小尺

码和颜色变粉的方式发展女性市场，而是采用了消费者调研、产品设计和促销组合等方式为女性消费者提供有针对性的解决方案，使得女性市场成为增长最快的业务领域。

资料来源：科特勒，凯勒．营销管理：第15版［M］．何佳讯，于洪彦，牛永革，等译．上海：格致出版社，上海人民出版社，2016：312－313．

思考题

女性运用服装和运动鞋市场调研的重点内容有哪些？

8.2.3　市场营销调研过程

一般而言，市场营销调研过程可分为以下10个步骤。

（1）确定市场营销调研的必要性。

（2）定义问题。

（3）确定调研目标。

（4）确定信息的类型与来源。

（5）确定收集资料的方法。

（6）问卷与表格设计。

（7）确定抽样方案。

（8）现场访问。

（9）资料处理与分析。

（10）撰写市场研究报告与追踪。

1．确定市场营销调研的必要性

市场营销调研要耗费一定的人力、物力、财力和时间，如果无谓地或随意地应用市场营销调研，就可能造成浪费。为了确定市场调研是否有必要，应当通过市场营销信息系统密切关注营销环境，分析企业市场营销效果。在有些情况下，开展市场调研是不必要的。

（1）缺乏资源。无论市场研究由企业内部进行，还是由外部的市场调研公司进行，都需要企业全体员工配合以及设备和资金的支持。如果企业资源条件缺乏，则无法进行市场营销调研。

（2）没有足够的时间（错过市场时机）。许多市场调研需要较长的时间才能完成，而管理者们则需要对发生的问题及时做出反应。如果市场调研的结果能够提高决策的正确性而减少损失，但是错过了最佳决策时机而造成的损失会更大，那么市场调研就是不必要的了。

（3）调研结果毫无用处。市场营销调研的目的是帮助管理者进行决策，减少决策的不确定性。如果决策者对自己的决策有信心，知道决策的可能结果，就不必再进行市场营销调研。

（4）管理者尚未就决策所需信息达成一致意见。

（5）已经获得决策所需信息。如果对市场、竞争者、产品与服务有了充分的了解，具有做出决策所需的必要信息，就不需要进行专门的市场调研。由于电脑技术的发展，管理者们能够对日常经营管理信息进行记录、存储和加工，并在适当的时候提取运用。许多专项市场调研只是为了弥补储存与信息加工能力的不足，信息技术的发展使得专项市场调研减少了。

（6）调研成本超过收益。即使拥有足够的资金和其他资源，营销决策者也应当权衡市

场营销调研的收益与成本的关系。测算营销调研可能增加的收益并与所需支付的成本加以比较。如果市场营销调研对公司的销售、利润、顾客忠诚度、产品知名度和美誉度、经销商合作关系等影响程度较小，就没有必要进行调研。

2. 定义问题

定义问题是将实际中非常模糊和复杂的问题以便于操作的方式进行界定和表述。这是科学研究的首要步骤，是寻求解决问题的途径和思路的前提。比如，化诚公司的产品销售不太理想，请来一家市场调研公司通过市场调研找出问题的原因。这家调研公司未经深入分析就把调研的重点放在产品质量方面，结果使这项调研未能达到预期目的。因为化诚公司产品销售不理想的主要原因不是因为产品质量，而是服务没有跟上。该调研公司在最初定义问题时就出现错误，导致以后的调研也都走入歧途。

（1）研究背景分析。

（2）明确本项调研的具体需求。

市场调研的初始需求多是模糊的、宽泛的，并不成为研究主题，要加以分析和提炼。主要分析以下 3 个问题。

①为什么进行本项市场调研？（为什么？）

②本项市场调研想要知道什么？（要什么？）

③知道后应当做什么？（干什么？）

（3）影响因素分析。

①顾客方面。

②经销商方面。

③企业营销策略方面。

（4）提炼主题，定义问题。

3. 确定调研目标

确定调研目标是将所要调研的问题用具体的、明确的目标加以表达，使之更加清晰、准确和便于操作。比如，化诚公司将调研的重点放在服务方面，可能的目标包括如下两点。

- 顾客对化诚公司现阶段各项服务的平均满意程度。
- 顾客对各项服务重要性的评价。

在必要的条件下，应当将研究目标表述为假设（建立假说）。主要有以下两种类型的假设。

（1）陈述性假设。

- 化诚公司未能提供顾客认为重要的某些服务项目。
- 顾客对化诚公司现阶段各项服务的满意程度低于其预期。
- 化诚公司的产品销售不理想并非质量问题引起。

（2）行动方案假设。

- 提高顾客对化诚公司服务满意度将增加产品销售。
- 化诚公司应投入一定数量的人力、物力和财力资源改进服务水平。

假设命题应具有显著性，如果仅对顾客产生微弱影响，则假设不能成。

并非所有研究课题都需要做正规的假设，关键看假设的成立或不成立能否帮助达到课题的目的。

4. **确定信息的类型与来源**

（1）第一手资料与第二手资料。市场调研人员能够得到的信息资料有第一手资料和第二手资料。

第一手资料：也称为原始资料，是市场营销研究人员通过现场实地调查所收集的资料，在此之前尚无人获得。第一手资料是专门为特定的研究目的而收集的，许多市场调研必须依靠第一手资料才能最终解决问题。

第二手资料：是在研究开始以前已经存在的，该项目市场营销研究人员以外的其他人收集或整理分析的资料。相对于第一手资料而言，运用第二手资料是再次利用其价值。运用第二手资料的研究方法也称为案头研究法或办公室研究法，是研究人员在写字台上对第二手资料进行收集、分析、研究和利用。

案头研究法应遵循的原则：先易后难，先近期后远期，先内部后外部。

（2）第二手资料的来源。第二手资料有两个来源，分别是内部资料和外部资料。①内部资料。是企业内部的各种记录、统计表、报告、用户来函、订货单等。包括产量、销售量、利润、成本、库存、工资、运费、财务报告、广告、产品设计及技术资料，企业内部各部门人员提供的口头或书面资料。②外部资料。政府资料，工商金融研究部门公布的研究资料，各行业主管部门积累的生产、销售、技术、产品目录、样本和统计资料，市场营销研究机构或咨询机构的资料，各种期刊、文献、报纸、书籍、名录、年鉴、研究论文和报告，网上资料以及其他信息来源。

寻找第二手资料的信息源可利用各种检索工具、计算机查询系统、图书馆或询问该研究领域的专家。

（3）第二手资料的作用。①为实地调查提供背景；②明确研究主题；③在某些情况下代替第一手资料；④某些研究和预测方法主要依靠第二手资料进行。

（4）第二手资料的利弊分析。①优点：时间短，费用省，因此，市场营销研究始于第二手资料。②缺点：内容上与本研究课题可能有差异，数量上不能满足本课题要求。因此，多数研究课题必须依靠第一手资料来解决问题。

（5）收集第二手资料的步骤：①辨别所需信息；②寻找信息源；③判断信息的价值并设法取得：查阅、购买、交换、索取、通过情报网收集或复制；④辨别所收集资料与所需资料的差别，不足部分由第一手资料弥补。

5. **确定收集资料的方法**

在确定所需信息的类型与来源后，还要明确收集资料的方法。如果所需资料是第二手资料，则要在购买、交换、查阅、索取、通过情报网复制等方法中进行选择。如果所需资料是第一手资料，收集方法有询问法、观察法和实验法等。

6. **问卷与表格设计**

各种调查方法都需要一些表格或问卷。采用询问的方法需要询问提纲或询问卷，观察法需要观察记录表，实验法要有实验记录表。这些表格或问卷都需要事先设计好，其中最重要和设计难度最大的是询问卷。询问卷简称问卷，是将所调查的问题按顺序排列而制成的表格，是获得被调查者信息的载体。与口头询问相比，问卷的特点是：问题具体，重点突出，条理清楚，正确反映调查目的，正确记录被调查者回答的事实，标准化的数据收集程序，便于统计和整理分析，节省时间，提高效率。询问卷构成要素包括：问卷的标题、说明词、资

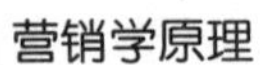

料收集部分、样本特征分类资料、计算机编码、作业证明和记载。

7．确定抽样方案

在大多数情况下，市场研究的总体范围很广，涉及千家万户或众多的企事业单位，不可能全部都调查，只能从中抽出一部分加以调查。抽取具体调查对象的方法有很多，要通过设计抽样方案来确定抽样方法并最终抽出调查对象。抽样方案要说明调查在哪些地区进行，选择这些地区的理由，对调查对象要做明确的界定，说明抽样人数、抽样方法，列出样本结构表，对研究设计、资料采集方法做具体说明。大规模调查的抽样方案要详细、具体。

8．现场访问

现场访问是派出调查人员对选定的调查对象进行访问调查。访问人员对调查结果的准确性有直接影响，因此要具备一定的素质及条件，如文化程度、性格、工作态度、知识、语言能力和仪表等，不具备上述条件的人员要经过培训。访问员要把握访问实施的操作过程，市场研究部门也要对访问员进行管理和监督。

9．资料处理与分析

现场访问得到的资料大多是零散的，要进行处理和分析才具有价值并加以利用。市场营销研究资料的统计处理是对收集到的资料加以编辑、编码、录入和统计运算，使之成为简单、明确、易于理解和解释的形式。简言之，市场营销研究资料的统计处理是通过一系列的操作将问卷转变成为数据结果，以便于揭示其含义。

研究资料的统计处理大致包括以下几个步骤：问卷检查，编码，数据录入，拟订统计分析计划，统计运算。

（1）问卷登记和检查。问卷登记是对所有资料进行登记分类。记录各地区、各访问员交回问卷的数量、时间、实发数量、计划发放数量等。问卷检查是对所收回的问卷资料进行检查核对，消除其中的错误和含糊之处，以提高其可靠性，剔除无效和不合格问卷的过程。问卷检查应当注意的问题：调查对象检查，调查对象是否符合要求；问卷检查，问卷的完整性；答案检查，答案的整洁性、完整性、明确性、协调性、真实性。

（2）编码。编码是把原始资料转化为符号或数字，以便于归档、查找、计算机录入和统计分析。标准化的封闭式问卷资料编码过程比较简单，而开放性问题的资料、讨论性问题的资料、观察记录性资料的编码过程比较复杂烦琐。编码之前首先要对问卷和答案分类，即按照调查对象、调查地区或调查项目的特性区分为不同类型。分类的标准是：各类之间是异质的，界限分明；各类之内是同质的，分类应当详尽。

（3）录入。录入过程要注意检查可能存在的录入错误，采用适当的方法处理缺失数据。

（4）拟订统计分析计划。统计分析是对已经分类的资料加以汇总计算，并通过一定的方式展示出来。展示的方式有统计表和图形两种形式。主要统计分析方法有频率分析和描述统计分析。

10．撰写市场研究报告与追踪

研究报告的撰写是研究过程的最后阶段，是研究成果的体现，是决定委托人评价的几近唯一因素。

（1）研究报告类型。主要有：①技术性报告，使用众多的技术术语并对主题做深度的处理；②一般性报告，对研究方法和技术性问题较少涉及，有利于迅速阅读和理解；③综合性报告，在有必要的情况下，还要为不同的阅读者准备不同的报告。

（2）研究报告的一般结构。规范的研究报告包括初始信息、概要、介绍、正文和附录五个部分。

例8－4

厨用纸巾

家庭主妇们原先在厨房里使用棉质、亚麻抹布和毛巾。一家寻找新市场的纸业公司开发了纸巾，形成了一个新的细分市场。其他制造商纷纷跟进，导致产能过剩，市场裂化。厂商们寻求新的产品属性。一家公司听到消费者抱怨纸巾吸水能力不强，于是推出吸水纸巾，提高了市场份额。竞争者们纷纷推出吸水性能好的纸巾，市场裂化又开始了。一家公司开发出超强度纸巾，很快遭到模仿。另一家制造商推出不起毛纸巾，也被模仿。最新的创新是一种含有清洁剂用于木质、金属和石头等特定表面的擦拭布。在创新竞争的推动下，纸巾从单一产品演进为多样化产品。

资料来源：科特勒，凯勒．营销管理：第15版［M］．何佳讯，于洪彦，牛永革，等译．上海：格致出版社，上海人民出版社，2016：314－335.

思考题

你从厨用纸巾不断创新中得到的启示是什么？

8.3 市场调研方法

8.3.1 询问法

第一手资料的收集方法有询问法、观察法和实验法。

1．询问法的含义与分类

询问法是通过询问收集资料的方法。具体做法是：市场调查人员向被调查者提出若干问题，把被调查者的答复记录下来作为收集资料的依据。

根据询问的内容，询问法可分为事实询问、意见询问和解释询问。

（1）事实询问。事实询问是请被调查者回答现有事实。比如，“你的手机是什么牌子”“你家有几口人”这一类的问题，主要有职业、收入、家庭状况、居住条件、教育程度、产品品牌、价格、购买时间、地点等。事实询问的主要优点是：问题简单，调查人员容易找，调查结果容易整理。事实询问也有一些难以避免的缺点：回答者可能因为记忆不清而无法做出回答或正确回答，甚至敷衍了事；被调查者出于某种动机有可能拒绝答复或有意给出错误答案。

（2）意见询问。是请被调查者就有关问题谈谈自己的看法、要求和打算。比如，“您对TCL手机的售后服务有何评价？”这是询问受访者的看法。“您认为TCL手机应当增加哪些服务项目？”这是询问受访者的要求。“您本月打算购买手机吗？”这是询问受访者的打算。意见询问的优点是：能够就比较广泛的问题征求消费者的意见，弥补事实询问的不足。其缺点是：其一，不能了解被调查者某种意见产生的原因和动机，因而所得资料有时不能帮助调查者正确分析问题，有时甚至会得出完全相反的结论。其二，由于某些原因，被调查者有时不能表明自己的意见、不愿表明自己的意见或有意给出错误答案。

（3）解释询问。是请被调查者说明其行为和看法产生的原因和动机。其优点是：能够深入了解消费者的心理活动，不但能找出问题，还能找出问题的原因，弥补事实询问和意见询问的不足。缺点是：所得结果复杂，难以整理；比事实询问和意见询问更富有个人的、保密的性质，被调查人员往往不愿坦白答出内心所想到的正确答案，或者避重就轻；要求调查人员须经过一定的训练，有丰富的专业知识和实践经验，因而人才难得。

2．询问法中接触受访者的途径

询问法中接触受访者的途径主要有派人调查、电话调查、邮寄调查、留置调查和网上调查等。

（1）派人调查。又称为面讯法，是访问员面对面地向受访者询问有关问题并当场记录的方法。按照访问人员数目，可分为个人访问和小组访问，后者用于调查比较复杂的问题。其优点是：对询问表中可能存在的不太清楚的问题，访问人员可加以解释；访问者和受访者可互相启发，深入交换意见，以获得深入的资料以及为调查人员所忽视的意外资料；便于判定受访者答案的真实性，所得资料真实性强；询问表回收率高。缺点是：花费大；调查结果受调查人员技能和态度影响，从而产生偏差；调查人员考核与控制困难；受访者常常由于某些原因不能接受调查，降低了访问调查的效率。

（2）电话调查。是通过电话与受访者交谈以取得资料的方法。其优点是：费用低；资料收集快；适用于不易接触到的受访者；访问者与受访者互相不见面，交谈私人性的问题较为坦然；对调查者的指导、监督与控制较为容易。缺点是：只限于有电话的用户，可能造成调查总体不完整；不易取得受访者的配合，有人不接电话或不给找人；照片、图表、样品等无法应用。

（3）邮寄调查。是将设计好的询问卷、函件、订单等通过邮局寄送的方式送至被调查者手中，请他们填好后寄回。其优点是：调查区域广，凡邮政所达地区都可列入调查范围；被调查者可利用空余时间填写问卷，提高其配合性；花费少；受访者自己填写问卷，避免调查人员的技能与态度所产生的调查偏差。缺点是：回收率低；回收时间长，急需获得结果的调查不宜采用；填写问卷的可能不是受访者本人，失去了样本的代表性；受访者可能误解询问表中某些问题的含义；仅限于调查简单明了的问题，难以调查内在动机和其他深入的心理因素。

（4）留置调查。是由访问员将询问表当面交给受访者，解释调查内容和填写方法，然后留给受访者，由其自行填写，访问员定期收回。其优点是：回收率高；受访者的意见较少地受访问员影响；避免受访者因误会调查内容而发生的调查偏差。缺点是：花费高，不利于对访问员的活动进行有效的监控。留置调查法是介于派人调查和邮寄调查之间的折中方法，虽弥补了各自的缺点，但也降低了各自的优点。

8.3.2 观察法

1．观察法的含义与类型

观察法是调查人员通过观察和记录被调查者的言行以获取所需资料的方法。观察法的类型主要有：

（1）正常环境观察与受控环境观察。正常环境观察也称为自然观察，是在不改变观察环境或保持环境原先自然状态的条件下进行观察。受控环境观察是经过设计的观察，仿照正

常环境设立一个模拟环境观察被研究者在该环境内的行为。比如研究消费者在商场中的浏览路线及滞留时间，可以设立一个模拟商场，招募一些人去购物，仔细观察他们的行为。研究人员可经常变换商品的陈列地点。正常环境观察的优点是所得观察结果真实性强；缺点是无法控制外来变数的影响，难以对外来变数做出解释。如果所观察现象的发生频率较低，则需要观察较长的时间才能得到所需数量的资料，从而增加了研究成本。受控环境观察的优点是：控制外来变数的影响或对此变数的影响加以解释；通过指导参与者从事特定的行为来代替真实发生的事件，增加观察数据的收集数量和收集过程，降低研究成本。其主要缺点是：与真实的观察环境有差异，导致研究结果的差异。模拟的环境越自然，研究结果越准确。

（2）秘密观察与公开观察。秘密观察指被调查者不知道自己正在被调查，公开观察指被调查者知道自己正在被调查。公开观察易于导致误差，受试者的行为可能会与正常不同。观察员的言谈与行为会影响受试者。在某些情况下，公开观察并不影响人们的正常行为，如观察交通流量。

（3）结构性观察与非结构性观察。结构性观察指观察者根据事先设计好的正规清单记录所发生的事件，为每一位受观察者填写一份问卷式表格，通常只是计算某一特定行为发生的次数。比如，研究顾客对不同说明书的理解程度，可给予不同的人不同的说明书，观察正确操作的人数。常用于假设检验或因果关系研究。非结构性观察指观察者根据自己的认识决定观察记录的内容，没有事先设计好的正规清单。非结构性观察主要用于探索性研究，对观察者的素质有较高的要求。比如，在商场中观察某商品销量不佳的原因，如果对所研究的问题有较多的了解，宜采用结构性观察；反之，可采用非结构性观察。

（4）人员观察与机器观察。人员观察是通过观察人员进行观察，机器观察是采用某些仪器进行观察，如摄像机、录音机等。

（5）直接观察与间接观察。直接观察是通过观察受试者的言论与行为来收集资料，可分为消费者行为观察和经营者行为观察。间接观察是通过观察客观事物或人的活动痕迹来收集资料。比如，可通过垃圾分析人们的消费行为，通过收集旧产品来观察人们的使用情况和性能要求。

2. 人员观察的主要形式

（1）神秘购物者。用于收集商店的观察数据以及顾客同店员间交流的数据。在后一种情况中，神秘购物者与店员之间要进行交流。比如，询问商品的色彩、款式、功能、送货、价格、服务等，目的是观察店员的行为和评论。神秘购物有四种形式：打神秘电话，给其客户打电话，以估计所接受的服务水平，继而进行一番照本宣科式的谈话；参观某个展览并快速购买一些东西，评估场所的形象和交易能力，不需要过多或不需与店员沟通；造访某企业，用事先准备好的手稿或方案与服务代表或销售代表谈话；进行需要高超技艺和丰富产品知识的访问，如讨论家庭贷款、购买新车的过程、参观公寓群等。神秘购物者可以使管理人员了解一线人员是否按照公司的要求为消费者提供服务，最终改进员工、顾客服务代表和电话服务代表对消费者的服务技能和态度，提高服务绩效。识别公司的优势和薄弱环节，为业务培训和政策的修订提供依据。神秘购物的成本取决于购物的形式、购物的难易程度、购物的频率和数量、所做报告的深入程度。

（2）单向镜观察。是在观察室中通过单向镜观察访谈室或观察现场以获得所需资料。大多采用秘密观察的方式。近年来将单向镜告诉被观察者并解释观察原因已成为一种趋势。

购物形态和行为，是在商店中追踪顾客的行动路线，决定如何摆放商品能引起顾客的购物冲动。其原则是使商店中的商品尽量多地暴露在顾客面前，研究方式是现场观察或先摄影后观察。

（3）内容分析。是使用特定规则把书面材料（通常是广告文本）分解为有意义的单元，如形象、语言或所描绘的角色，关于产品的属性和声明、广告的可信度以及传递信息的能力，对不同广告沟通内容进行客观的、系统的描述，以决定何种广告信息最能打动顾客。

（4）人文观察。是对特定顾客群体的消费观念、生活方式等人文因素进行观察。方法是加入特定的顾客群体之中，记录和分析其相关活动，找出人文因素对其消费行为的影响。“记录”的方式有日记、笔记、磁带、录像带、原始材料（购物清单、废弃的食物）及补充资料（刊物的文章、健康记录、调查数据、人口统计报告等）。

（5）审计。（以前的各项内容是观察人，这里是观察“事”）是对产品销售情况的检验与核实。通常分为两类：对最终顾客销售量的零售审计；检查商品从仓库流向零售商的批发审计。方法是审计人员进入零售商和批发商的商店和仓库，检查核实销售情况和各种记录。可分为人员审计与扫描仪审计。扫描仪审计已经逐渐取代并淘汰人员审计。

3. 观察法的步骤

采用观察法要就以下问题做出决策：一是观察目的，提高观察精度，减少观察者的主观性；二是精确定义所要观察的活动，即明确“观察什么”；三是确定观察对象，即“观察谁”；四是明确谁观察，是采用人员观察还是机器观察；五是进行结构性观察还是非结构性观察；六是对观察者进行培训；七是选择观察地点和观察时间；八是确定观察是公开的还是秘密的。

4. 观察法的优缺点

（1）优点。所得资料真实性大，只记录已发生的事实，避免了由于访问员及访问问题结构所产生的误差；所得资料深入，不会受到被观察者意愿和交流能力的困扰。

（2）缺点。花费大；时间长；只能观察公开的行为；现在的行为不一定说明未来的行为；受到一些条件的限制：如进入观察现场，观察事件的发生频率，从而提高观察成本；存在观察误差，采用观察员观察时受观察者主观因素的影响，如观察能力、个人认识、工作态度和疲倦程度，采用仪器观察时，被观察者可能躲避或有意滞留，而难以观察到正常现象；只报告事实，不说明动机、想法、态度和情感等内在因素。

观察法有以上这些缺陷，有时需要同其他市场研究方法结合使用。

5. 观察法的用途与使用场合

（1）观察法的用途。所得资料用于说明“是什么”，而不说明“为什么”。

（2）观察法的使用场合。对研究结果的准确性要求较高；核对已有信息的准确性；有些信息的性质决定了只能采用观察法，比如，交通流量的调查、顾客在大商场的行动路线。

8.3.3 实验法

1. 实验法的含义

实验法是在对某些因素加以控制的条件下来观察的方法。

实验法主要用于因果性研究，即研究一种变量的变化能否引起另一种变量产生可预见的变化。设有两种变量 X 和 Y，如果 X 能引起 Y，则 X 和 Y 存在因果关系。

实验法与询问法、观察法不同。在询问法与观察法中，研究人员是被动的数据收集者，负责询问人们一些问题或观察人们做什么；在实验法中，研究人员是研究过程的积极参与者。改变一些因素，了解这些变化的因素对因变数的影响。

2. **实验法的分类**

从实验内容划分，有分割实验和销售区域实验；从实验形式划分，分为无控制组的事后设计、有控制组的事后设计、无控制组的事前事后设计和有控制组的事前事后设计。

从实验条件划分，有现场实验与实验室实验。现场实验指在实验室以外的真正市场条件下进行的实验。实验室实验指对外部变数加以控制或消除的环境下进行实验。

3. **实验设计中的有关术语**

实验设计：是研究人员控制一个或多个独立变量的实验。

因变数：通常是销售量、市场份额等。

实验变数（实验处理）：实验中被操纵或控制的变量，通常是营销组合因素。

操纵：指研究人员设置自变量的水平，以测试某一特定的因果关系的过程。

实验处理条件：指实验变量的设置水平。

实验体：指实验对象，即参加实验的单位或个人。

实验单位：即实验组，指用来进行实验变数的组别。

控制单位：即控制组，指没有实验变数而与实验组进行实验对比的组别。

外来变数：由实验单位之间的差别引起，和其余的因素引起。有可识别的和不可识别的两类。

观察值：由实验得出的数据。

实验误差：无法辨认的外来变数误差和测量误差。

可靠性：指实验结果的稳定性或一致性。多次重复进行同一实验，应当得到近似的结果。专业人员认为避免了随机错误，因为每个实验对象的行为、意见和动机会保持一致性而不会随机地表现出来。只有当所有实验者都表现出随机性的时候，各次实验结果才会各不相同。如果不具有可靠性，则实验结果就是不可信的。问题发生在调查者和被调查者两个方面。

有效性：指实验结果的准确性，即实验结果是否完全由实验变数引起，还是受到其他外来变数的重要影响。

4. **实验设计**

根据实验形式，实验法可分为以下几种类型：

（1）无控制组的事后设计。是在实验过程中仅设立实验组，不设立控制组，且实验组仅进行事后测量这样一种实验方式，见表8－1。

表8－1 无控制组的事后测量

项目	组别	
	实验组	控制组
事前测量	—	—
实验变数	有	—
事后测量	x	—

$$实验变数效果 = x$$

无控制组的事后设计的利弊。优点：设计简便，时间短、费用少。适宜于探索问题或建立假定。缺点：缺乏比较基础，不能进行横向或纵向比较，实验效果难以衡量。

（2）有控制组的事后设计。指在实验过程中同时设立实验组与控制组，在实验变数引入之后才对两组的实验数据加以测量，通过比较而确定实验变数效果的实验方式，见表8－2。

表8－2　有控制组的事前事后设计

项目	组别	
	实验组	控制组
事前测量	—	—
实验变数	有	—
事后测量	X	Y

$$实验变数效果 = X - Y$$

或：
$$实验变数效果 = \frac{X - Y}{Y}$$

有控制组的事后设计的利弊。优点：排除对比时间不同而产生的外来变数的影响。缺点：不能了解实验组与控制组差别而造成的实验误差。

（3）无控制组的事前事后设计。指在实验过程中仅设立实验组，不设立控制组，把实验组的实验时间分为事前与事后两个阶段，通过对实验数据的对比得到实验变数效果，见表8－3。

表8－3　无控制组的事前事后设计

项目	组别	
	实验组	控制组
事前测量	X_1	—
实验变数	有	—
事后测量	X_2	—

$$实验变数效果 = X_2 - X_1$$

或：
$$实验变数效果 = \frac{X_2 - X_1}{X_1}$$

无控制组事前事后实验设计的利弊。优点：排除了实验组与控制组的差别产生的实验误差。缺点：存在着时间变化产生的实验误差。

（4）有控制组的事前事后设计。是在实验过程中同时设立实验组与控制组，并将实验时间分为事前和事后两个阶段，两组先进行自身的前后对比，然后再相互对比，以获得实验变数效果，见表8－4。

表 8－4　有控制组的事前事后设计

项目	组别	
	实验组	控制组
事前测量	X_1	Y_1
实验变数	有	—
事后测量	X_2	Y_2

$$实验变数效果 = (X_2 - X_1) - (Y_2 - Y_1)$$

或：

$$实验变数效果 = (X_2 - X_1)/X_1 - (Y_2 - Y_1)/Y_1$$

有控制组的事前事后设计的利弊。优点：排除了时间因素造成的实验误差。缺点：存在实验组与控制组的差别所造成的误差。

5. 实验组同控制组互换

为了避免有控制组的事前事后设计中实验组与控制组差别所造成的误差，可采用实验组与控制组互换的方法。例如，某公司拟做一个商店销售现场广告的促销效果实验，选择6家商场，采用随机的方法编为1～6号。其中1、2、3号为甲组，4、5、6号为乙组。实验分为四个星期，前两个星期甲组有现场广告，乙组无现场广告；后两个星期，乙组有现场广告，甲组无现场广告，见表8－5。

表 8－5　实验组与控制组互换的实验设计

实验单位编号	有实验变数	无实验变数
甲组：1、2、3	第一、第二星期	第三、第四星期
乙组：4、5、6	第三、第四星期	第一、第二星期

实验结束后，将两组有现场广告和无现场广告时的销售数据加以比较，以判定实验变数效果，见表8－6。

表 8－6　销售现场广告事前事后实验设计

商店编号	销售量/万件		实验效果/%
	有现场广告	无现场广告	
1	7	3	133
2	20	16	25
3	22	18	22
4	15	9	66
5	33	22	50
6	12	9	33
合计	109	77	41.6

$$实验变数效果 = \frac{109 - 77}{77} \times 100\% = 41.6\%$$

6. 事后分组设计

事后分组设计是在实验变数引入后，才将被实验者划分为实验组与控制组，并加以对比。这种设计适用于事前无法分组的条件。

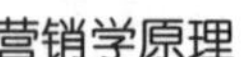

例如，某公司在广州电视台连续 10 天播放商品广告，然后抽样询问了 1 000 户居民，结果是：看到广告的有 400 户，其中有 200 户购买了产品；未看到广告的有 600 户，其中有 180 户购买了产品。看到广告的为实验组，未看到广告的为控制组。则：

$$广告效果 = \left(\frac{200}{400} - \frac{180}{600}\right) \times 100\% = 20\%$$

7. **固定样本小组设计**

固定样本小组设计是从调查总体中抽取部分被调查者作为固定样本，长期连续调查其商品消费情况。

具体做法是：印制调查表，包括购买商品的种类、商标、价格、包装单位、购买时间、购买地点、购买者等项目，交给选定的被调查者，请他们逐日填写，调查人员定期收回或由调查者定时寄回。

固定样本小组设计的方式如下：

事前测定（第一次）	X_1
第二次测定	X_2
第一实验变数	引入
第三次测定	X_3
第二实验变数	引入
第四次测定	X_4
第三实验变数	引入
第五次测定	X_5

……

固定样本小组设计是类似于“事前”与“事后”多种混合的一种设计，也就是实验变数不断引入、不断测定，在重复中不断了解调查对象变化情况。其优点是：适用于了解调查对象的长期变化趋势；易于同被调查者建立密切关系；调查表回收率高。其缺陷是：不适合于急需资料的调查；不适合于购买者少、购买频率低的产品；费用大；被调查者易产生厌倦，记录资料敷衍；有时发生减员。

◇ **相关链接**

因特网与市场调研

因特网是开展试探性研究的有力工具，调研人员可以用一种或几种网上搜索引擎查询所需的信息。随着网络浏览技术的提高以及更多的网络使用者有了高速连接系统，研究者将能够提供他们要测试的项目，如声音回绕、全息视盘、印刷广告和类似的刺激等。研究者不仅能够提供这些刺激工具，还能控制刺激用于应答者的时间数和他们接近每一种刺激的次数。在网上进行问卷调查，省略了印刷、邮寄和数据录入过程，问卷的制作、发放及数据的回收速度均得以提高，而且印刷、邮寄、录入及调研人员的费用都被省下来了。同时，营销调研人员可以通过因特网在团队成员之间、客户之间进行更快速和有效的沟通，也可在网上找到一些与调研项目有关的讨论区或特殊兴趣团体。因特网问卷调研还有一个独一无二的优点，即它们在视觉效果上能够吸引人。

因特网的局限性也是不容忽视的。因特网的使用者偏重年轻人、男性、教育水平较高及有相关技术的人，在线调研对象的人群不是整体人群中随机选出的样本，结果上就会有一定的偏差。同时，保密性受到挑战，竞争对手可得到市场调研相关的信息。

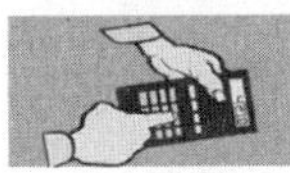

8.4 市场需求测量

8.4.1 不同的市场

企业的市场由产品的潜在购买者与现实购买者构成，在潜在购买者和现实购买者之间还存在着一些过渡形态，构成了不同的市场概念。

（1）市场。指某一产品的实际购买者和潜在购买者的总和，是对该产品有兴趣的顾客群体，也称潜在市场。但是人们如果仅仅对产品有兴趣，并非就能够成为企业的顾客。

（2）有效市场。指对产品有兴趣、有支付能力和购买途径的人们所构成的群体。即有效市场的顾客应当具备三个特征：兴趣、收入和通路。兴趣指购买需求和欲望，是采取购买行为的主观条件；收入决定支付能力，是采取购买行为的客观条件。市场规模是兴趣与收入二者的函数。通路指购买途径，决定购买者能否买到所需产品。

（3）合格有效市场。同样的产品，往往因购买者必须具备某一特定条件，才能获取该产品，如有的国家规定到一定年龄者才能购买烟酒。合格有效市场指有效市场中具备购买资格的顾客群体。

（4）目标市场。指企业将合格有效目标市场加以细分后，计划占领的某一细分部分。

（5）渗透市场。指目标市场中实际购买企业该产品的顾客群体。企业通过自己的营销努力，必能吸引一定数量的顾客购买自己的产品，形成渗透市场。

图8－2所示用于说明上述不同含义的市场。

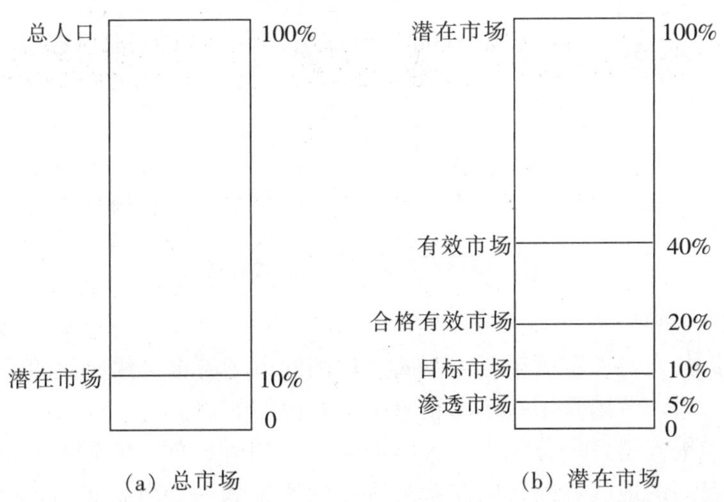

图8－2 市场定义的层次

图 8－2 说明潜在市场占总人口的 10%，而有效市场仅占潜在市场的 40%，合格有效市场又只占有效市场的 50%。经过市场细分，企业选定占合格有效市场 50% 的细分部分为目标市场，已经渗入的市场占目标市场的 50%，但仅占潜在市场的 5%。

8.4.2 需求测量的相关概念

1. 市场需求

市场需求是指某一产品在一定的地理区域、一定时期和特定市场营销环境中通过一定的营销努力所能售出的总量。市场需求不是一个定量，而是一组条件下的函数，因此也可称为市场需求函数。市场需求与行业营销费用的函数关系如图 8－3（a）所示。其中，横轴表示在一定时期内行业营销费用水平，纵轴表示由此而达到的需求水平。

2. 市场预测

市场预测指与预期的营销努力所对应的市场需求量。

3. 市场潜量

市场潜量是指在特定的市场环境条件下，当行业的营销努力达到无穷大时，市场需求所趋向的极限值。在接近于这个极限值时，再增加更多的努力，所增加的需求也是微乎其微的。

图 8－3（a）表明，即使不需支出任何营销费用也会发生基本销售量或市场最低量，随着行业营销费用的增加，刺激消费的力度加大，市场需求一般会随之增大，但报酬率由递增转入递减。当营销费用超过一定水平后，就不能进一步促进需求，市场需求所达到的极限值，称为市场潜量。图 8－3（b）说明市场环境影响着市场需求的规模、结构和时间，也影响着市场潜量，比如经济繁荣期的市场潜量就高于经济衰退期。

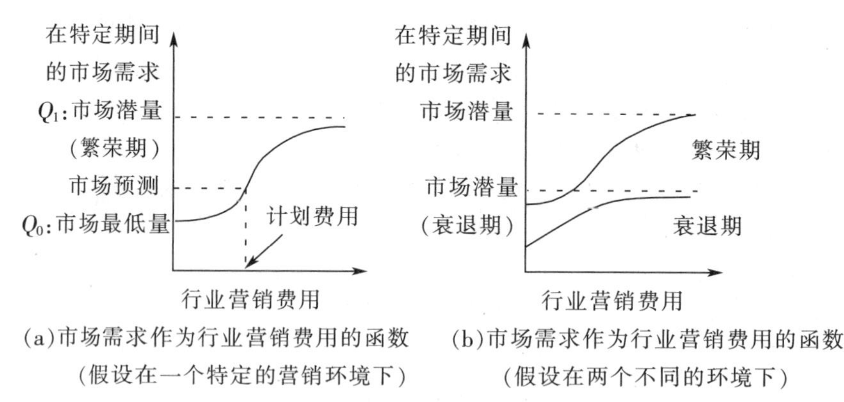

图 8－3　市场需求与行业营销费用

4. 公司需求

公司需求是指公司对一定营销努力下所能达到的市场需求份额所做的估计。公司需求取决于公司的营销策略、营销费用在市场竞争中所取得的效益。

简而言之，如果营销费用分配于广告、促销、分销等方面，它们有不同的效率及弹性，以及考虑到营销费用的地区分配，以往营销努力的递延效果和营销组合的协同效果等因素，则上述表达式还可以进一步完善。

5. **公司预测**

公司预测是指与企业选定的营销计划和假定的营销环境相对应的销售额，即预期的企业销售水平。公司预测是一个假设的营销计划的结果，而不是决定营销费用和营销努力的依据。应当是先有营销计划，后有公司预测，而不是相反。公司预测常与两个概念相关：一是销售定额，指针对某一产品线、公司事业部或销售代表而设定的销售目标，是一个明确和激励销售努力的基本管理工具。二是销售预算，指对预期销售量的一种保守估计，为生产前的采购、生产和现金流量决策服务。

6. **公司潜量**

公司潜量是指公司的营销努力相对于竞争者不断增大时，企业需求所达到的极限。当公司的市场占有率为100%时，企业潜量也就是市场潜量，但这只是一种少见的极端情况。

8.4.3　市场需求量预测

1. **总市场潜量预测**

总市场潜量预测是指在一定时期内，一定环境条件和一定行业营销努力水平下，一个行业中所有企业可能达到的最大销售量。估算公式为：

$$Q = nqp \qquad (8-1)$$

式（8－1）中：Q 为总市场潜量；

n 为既定条件下特定产品的购买者人数；

q 为每一购买者的平均购买数量；

p 为单位产品平均价格。

由式（8－1）还可推导出另一种估算市场潜量的方法，即连锁比率法。它由一个基数乘以几个修正率组成，即由一般相关要素移向有关产品大类，再移向特定产品，层层往下推算。

假定某啤酒厂开发出一种新品牌啤酒，估计其市场潜量时可借助下式：

新啤酒需求量＝人口×人均可支配收入×人均可支配收入用于食品的平均百分比×食物花费中用于饮料的平均百分比×饮料花费中用于酒类的平均百分比×酒类花费中用于啤酒的平均百分比×啤酒花费中用于该品牌啤酒的预计百分比

2. **地区市场潜量预测**

企业在市场营销活动中经常需要预测不同地区市场的销售需求。较为普遍的两种方法是：市场累加法和购买力指数法。前者多为工业品生产企业采用，后者多为消费品生产企业采用。

（1）市场累加法。指先识别某一地区市场不同潜在顾客的购买量，然后计算得出该地区市场潜量。如果公司能列出潜在买主并准确估计其购买数量，则此法是可行的。问题是常常难以获得所需资料，花费也较大。目前，可以利用的资料主要有全国或地方的各类统计资料、行业年鉴、工商企业名录等。

（2）多因素指数法。也称为购买力指数法，指借助于区域购买力有关的各种指数以估算其市场潜量。美国《销售与市场营销管理》杂志每年都公布全美各地和大城市的购买力指数，并提出计算公式：

$$B_i = 0.5y_i + 0.3r_i + 0.2p_i \qquad (8-2)$$

式（8－2）中：B_i 为 i 地区的购买力占全国总购买力的百分比；

y_i 为 i 地区个人可支配收入占全国的百分比；

r_i 为 i 地区零售额占全国的百分比；

p_i 为 i 地区人口占全国的百分比。

0.5、0.3、0.2 是三个因素的权数，表明该因素对购买力的一般影响程度。产品不同，权数可有所调整。如需精确的测量，还应考虑季节性波动、市场特点等因素。

3. 购买者意向调查法

购买者意向调查法是指通过直接询问购买者的购买意向来预测产品销售量。如果购买者的购买意向是明确清晰的，会转化为购买行为，并且愿意向调查者透露，则这种预测法比较有效。但是，潜在购买者数量很多，难以逐个调查，故此法多用于工业用品和耐用消费品。购买者意向会随着时间改变，故适宜做短期预测。调查购买者意向可采用调查表调查受访者的购买概率或购买意向强烈程度，并通过直接访问、电话调查、邮寄调查、座谈会等方式接触受访者。调查表见表 8－7。

表 8－7　购买意向概率调查表

在今后 3 个月内你打算买笔记本电脑吗？					
0.00	0.20	0.40	0.60	0.80	1.00
不买	不太可能	有点可能	很有可能	非常可能	要买

4. 综合销售人员意见法

此方法是指通过征集和综合销售人员的意见来预测市场需求。销售人员最接近市场，了解顾客需求和竞争者的动向，能考虑到各种非定量因素的作用。受销售人员主观经验、环境观察能力和预测能力的影响，每个销售人员的预测与市场客观实际之间都会有一定误差，仅凭个别销售人员的意见作为未来产品销售的预测值有很大风险。可选择较多的销售人员参与预测，采用一定的方法加以综合，使过高或过低的预测值互相抵消，提高预测结果的准确性和合理性（见表 8－8）。

表 8－8　销售人员销售预测意见综合表

销售人员	预测项目	销售额/万元	概率	销售额×概率
张	最高销售	6 000	0.2	1 200
	可能销售	5 100	0.5	2 550
	最低销售	4 200	0.3	1 260
	期望值			5 010
王	最高销售	5 500	0.3	1 650
	可能销售	4 000	0.6	2 400
	最低销售	2 600	0.1	260
	期望值			4 310
李	最高销售	6 200	0.2	1 240
	可能销售	4 800	0.6	2 880
	最低销售	3 600	0.2	720
	期望值			4 840

如果三个销售人员素质接近，权重相同，则平均销售预测值为：

$$\frac{5\ 010+4\ 310+4\ 840}{3}=4\ 720\text{（万元）}$$

5. **专家意见法**

专家意见法是根据专家的判断以求得预测值。具体形式有三：一是小组讨论法。以召集专家开会的方式，交换意见，取长补短，做出预测。二是特尔菲法。特尔菲（Delphi）是古希腊神话中的地名，城中有阿波罗神殿，众神每年到此集会，可预卜未来。特尔菲法是美国兰德公司在 20 世纪 40 年代末提出用系统的程序、采取不署名和反复进行的方式，先组成专家组，将调查提纲及背景资料提交专家，轮番征询专家意见后再采用一定的方法汇总计算预测结果。此法特点是专家互不见面，可避免相互影响；且经过多轮征询和修改，专家意见趋于一致，结论比较切合实际。

6. **市场试验法**

在新产品投放市场或老产品开辟新市场、启用新分销渠道时，选择较小范围的市场推出产品，除了以上市场需求量的预测方法之外，还可采用时间序列分析、回归分析等定量预测方法。观察市场反应，预测销售量。此方法多用于风险高和特色产品的预测。

本章小结

在现代市场经济条件下，要了解瞬息万变的市场和复杂多变的消费需求，企业必须建立市场营销信息系统。市场营销信息系统是由人、设备和程序组成的系统，为营销决策者收集、挑选、分析、评估和分配所需要的、适时的及准确的信息，它由企业内部报告系统、营销情报系统、营销调研系统和营销分析系统构成。要掌握市场信息，就必须对市场进行调研，市场营销调研是运用科学的方法，有目的、有计划地收集、整理、分析和研究市场营销信息，发现机会与问题，得出合乎客观事物发展规律的结论，提出建议，为市场预测和营销决策提供依据。按调研的目的不同，市场营销调研可分为探测性调研、描述性调研和因果关系调研。探测性调研是在对所调查问题知之甚少时，为明确进一步调研的内容和重点而进行的非正式调研；描述性调研是在已明确所要研究问题的内容与重点后，拟订调研计划，对所需资料进行收集、记录、整理和分析，找出事物之间的关联关系，但不说明何者为因，何者为果；因果关系调研是为了找出事物之间的因果关系而进行的调研，它回答一些有关“为什么”的问题。市场营销调研的内容主要有市场营销环境因素、营销组合因素和市场容量这三个方面的调研。虽然企业市场调研的目的不同，但大致上，调研的过程主要包括了从确定营销调研的必要性、定义问题到撰写市场研究报告与追踪等 10 个步骤。第一手资料和第二手资料是企业获得市场方面信息的两个主要来源。对于第一手资料，其收集方法主要有询问法、观察法和实验法。询问法是通过询问收集资料的方法。具体做法是：市场调查人员向被调查者提出若干问题，把被调查者的答复记录下来作为收集资料的依据；观察法是调查人员通过观察和记录被调查者的言行以获取所需资料的方法；实验法是在对某些因素加以控制的条件下来观察的方法。为了更好地预测市场需求，必须对不同级别的市场予以界定。市场指某一产品的实际购买者和潜在购买者的总和。此外，还有有效市场、合格有效市场、目标市场和渗透市场等概念，对于这些不同层次的市场，必须了解清楚。

重点概念

询问法（survey research）
观察法（observational research）
实验法（experimental research）
公司需求（company-level demand）
市场营销信息系统（marketing information system）
营销情报系统（marketing intelligence）
营销调研系统（marketing research system）
营销分析系统（marketing analysis system）
合格有效市场（qualified effective market）

复习题

1. 市场营销信息系统由哪几个子系统构成？
2. 市场营销调研的内容有哪些？
3. 市场营销调研过程分为哪些步骤？
4. 根据询问的内容，询问法可分为哪些类型？
5. 观察法可分为哪些类型？
6. 根据实验形式，实验法可分为哪些类型？
7. 怎样预测总市场潜量？
8. 怎样运用综合销售人员意见法预测市场需求？

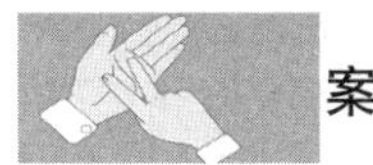

案例分析

无所不在的大数据

马云说：我们还没有搞懂 PC 互联网，移动互联网就来了；我们还没有搞懂移动互联网，大数据就来了。从企业角度看，大数据就是采集和分析人们在公共场合留下的一切言论和行为，为精准营销提供依据。如果你曾经登录淘宝、京东等购物平台购买或搜索商品，这些信息都将被记录，通过数据处理判断你的性别、年龄、收入、地区、消费偏好等，据此向你发送商品信息，推荐所需商品。然而，长期以来，这种精准营销只是线上商家独有的优势。如果你信步走进一家商场，他们能否获知你的特征和偏好信息呢？不能！如果你从未在这家商店购物，他们如何得知你的信息？即便你曾经在这家商店购物，POS 机存储了你的购物信息，但是你并未自报家门，他们又如何得知你是哪一位呢？这种状况使得实体商店在与网店竞争中处于更加不利的局面。如今，这种局面被华南理工大学软件学院在校学生邓佳鸣改变了。

邓佳鸣于 2015 年创立了声牙科技有限公司，主营业务是运用国内外首创并拥有专利的声牙近场无线通信技术为商家精准营销提供服务。声牙技术实施需要三个条件：第一，铺设声牙公司自主研发的芯片。芯片的作用是信息编码和发射，可以粘贴在商场、景区、会场等任何地方，也可以内置于其他设备硬件中。芯片的辐射范围最高可达 500 平方米。第二，如果商户需要向用户发送营销信息，就需要获得声牙后台使用权限。第三，用户手机中装有与

声牙公司有广告合作关系的APP。声牙公司利用该APP原有的广告位向用户展现广告信息。当有人接近声牙信号源的时候，芯片就会自动获取手机设备特征码，进入百度数据库，搜索该特征码用户的数据画像。数据画像是百度公司根据用户以往网上浏览和购买行为确定的用户特征和偏好信息。另外，声牙数据后台也可以连接商场销售数据系统，获取该用户以往在该商场的消费信息，为精准营销提供依据。

声牙的这一独特功能在企业营销活动中可以应用于多个领域。第一，场景数据。统计商场顾客和浏览者的人数、特征、浏览路线、停留时间、购物偏好等信息，进行信息挖掘，为营销决策提供依据。第二，室内定位。定位精度小于1米。帮助商家提供基于用户精准地理位置的服务。第三，广告业务。声牙公司建立了广告投放平台，可以结合用户数据画像和芯片采集的场景数据将广告信息投放到用户手机上，以便帮助广告主实现精准投放。做到用户"所见即所爱"。第四，用户互动。可以在商场、演唱会、观看视频、风景区等场所与顾客互动。

讨论题

1. 哪些企业可以运用声牙技术获取市场信息并开展精准营销？

2. 在现代科学技术日新月异的时代，企业怎样运用多种手段获取消费者信息，有的放矢地制定精准营销策略？

3. 除此以外，你还了解哪些获取市场信息和开展精准营销的先进技术？

延伸阅读

1. 王霄，李金玲，罗志亮，等. 大数据调研、云Panel调研、传统调研的融合贯通[J]. 市场研究，2019（1）：22－27.

2. 陈昕怡，李敏. 上海地区羊绒衫市场现状调研与分析［J］. 针织工业，2018（10）：62－65.

3. 机电编辑部. 杭州区域中央空调市场调研报告［R］. 2018（25）：52－63.

4. 黄亚洲，刘彦婷，于黎明. 电信企业NPS调研数据分析方法研究［J］. 邮电设计技术，2018（7）：52－56.

5. 杨焱雯. 学龄期儿童服装消费影响因素市场调研及分析［J］. 山东纺织科技，2018（4）：34－37.

6. 王慧敏，王雨骞. 知乎，值乎：以知乎live为例对大学生知识付费市场的调查［J］. 财金观察，2018（1）：94－114.

第 9 章

目标市场营销

学习目标

◇ 理解目标市场营销的概念和作用
◇ 掌握目标市场营销的三个环节及其内容
◇ 掌握市场细分的原理、作用、标准和方法
◇ 掌握选择目标市场的程序
◇ 掌握三种目标市场策略的特点和适用性
◇ 正确理解市场定位的概念和作用
◇ 了解市场定位的技术及策略

在营销环境分析的基础上，企业通过市场营销调研进一步掌握了市场需求和消费者的购买心理，接着是市场细分和目标市场选择。在买方市场的情况下，除了极个别的产品外，顾客对大多数产品都有很多种选择。同时，由于资源有限，任何企业也不可能满足所有顾客的需求，而往往只能满足其中一部分消费者的需要。因此，企业要把“这一部分顾客”筛选出来，确定为自己的主攻市场即目标市场，并充分利用企业的资源，发挥企业优势，树立企业的特色，制定出有针对性的市场营销策略。

目标市场营销（STP 营销）是现代战略营销的核心内容，包括市场细分（segmentation）、选择目标市场（targeting）和定位（positioning）三个环节，如图 9 -1 所示。

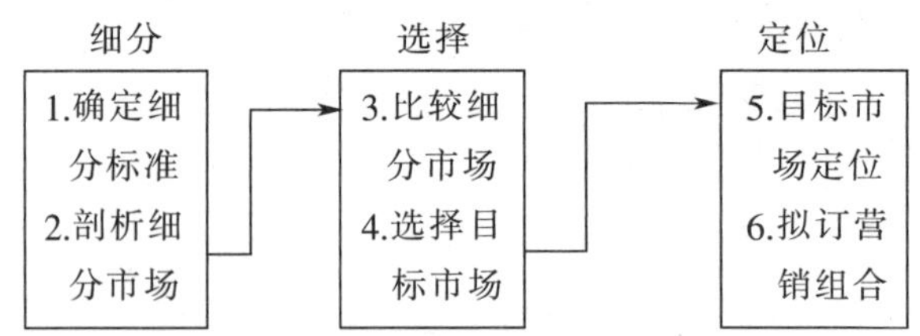

图 9 -1　目标市场营销（STP 营销）

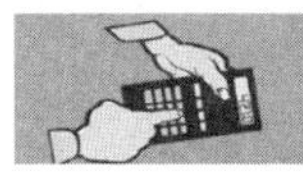

9.1　市场细分

市场细分是营销学的重要理论。由于顾客需求的多样化和市场竞争日趋激烈，现代企业必须通过市场细分来选择目标市场。

例9－1

海尔集团的洗衣机系列产品

海尔洗衣机厂依靠雄厚的技术力量，有针对性地研制开发了多品种、多规格的洗衣机产品，以满足不同的需求，使海尔洗衣机成为中国洗衣机行业跨度最大、规格最全、品种最多的企业。

海尔能同时大规模生产亚洲波轮式、欧洲滚筒式、美洲搅拌式洗衣机，使中国消费者可以选择不同类型的洗衣机产品。

海尔生产了不同容量的洗衣机，大到一家人一周所有的衣服，小到几件内衣裤，总有一款洗衣机可以满足消费者的不同需求。

海尔生产了不同功能的洗衣机，从双桶半自动、全自动洗衣机到洗衣、脱水、烘干三合一洗衣机，应有尽有。

海尔根据目前国内许多家庭居住面积小、没有足够的空间放置洗衣机的情况，设计了中国第一台“极限设计，全塑外壳”的“小神童”系列洗衣机。

海尔了解到一部分用户在使用全自动洗衣机时，往往不是一次性将洗衣、脱水、程序完成，而是希望将不同的衣服分开洗涤，然后一起脱水的愿望。于是第一台电脑后置、仿生设计的“小神童”全自动洗衣机问世。

海尔通过市场调研发现：消费者在使用洗衣机时，最烦恼的是同一台洗衣机只有一个洗涤速度（约150转/分）、一个甩干速度（约800转/分），使有的衣物因洗涤、甩干转速过高容易磨损，又费电；有些衣物则因转速过低，洗不净，甩不干。于是，海尔开发了最少耗电、最低磨损、最佳洗涤效果的变速洗衣机。

海尔洗衣机推广到农村市场后，发现洗衣机在某些地方被用来洗蔬菜、去豆皮、洗红薯，日子一长，排水管内自然淤积了大量的油污和泥沙。为此，海尔又开发出命名为“大地瓜”的功率更为强劲、能专门用于蔬菜洗涤的洗衣机……

资料来源：孙健．海尔的营销策略［M］．北京：企业管理出版社，2002.

思考题

1. 海尔集团为什么要开发品种齐全的洗衣机系统产品？
2. 洗衣机产品是根据什么来分类的？

9.1.1 市场细分的概念与理论依据

在某个整体市场内，细分市场是具有一个或多个相同特征并由此产生类似产品需求的人或组织组成的亚群体。从一个极端来讲，如果世界上的每个人或组织对某种产品的需求与欲望是完全一致的，即无差异需求时，我们可以把所有消费者定义为一个大的细分市场。从另一个极端来讲，如果世界上的每个人或组织的需求具有不同特点时，则每个人或每个组织都可以定义为一个细分市场（定制营销）。企业应制定有针对性的营销策略来满足消费者或组织的不同需求。但这种情况在现阶段对企业营销来说是极其困难的。因为这需要受到许多营销因素（如企业预期利润目标）的制约和影响。在现实生活中，当顾客的某些因素比较接近的时候，顾客的需求与欲望也会有相似之处，营销管理人员会按照“求大同，存小异”的原则，进一步归纳这些不同需求。

市场细分是指营销者利用一定需求差别因素（细分因素），把某一个整体市场划分为若干具有不同需求差别的群体的过程或行为。值得注意的是，市场细分不是对自己的产品进行分类，也不是按企业的性质进行分类，而是按照顾客的需要和欲望进行分类。

9.1.2　市场细分的作用

随着人们生活水平的不断提高，消费者需求日益多样化，需求的个性化日益突出，对消费品的性能、质量、品位也随之提高。由于人们生活水平的提高并不是同步的，因而市场需求的构成就更为复杂。例如人们对大米的需求，在过去只要是“米”，能吃就行，而现在许多人要求大米既要香又要黏、要好吃；当然有些人受购买力限制，只要求可以果腹就可以了。

竞争是市场经济中避免不了的，唯有勇敢面对。“避其锋芒，攻其不备”是亘古不变的竞争战术。市场需求的细分和小型化可为企业实践这一战术创造大量的机会。

不论企业的规模有多大、实力有多强，相对于整体市场的消费者来说，企业绝不可能生产出能够满足所有消费者需求的产品。如何有效地把企业有限的资源集中到一小部分群体的购买者身上，更好地为顾客服务，开展有效的竞争，更有效地实现企业的利润目标，其基础就是市场细分。具体来说，市场细分的意义如下。

1. 有利于发现市场机会

通过市场细分，企业可以有效地分析和了解整体市场中存在哪些需求相似的消费群，各部分消费群的消费需求是什么，发现哪些消费需求已经满足，哪些需求满足不够，哪些需求尚需适销对路的产品去满足；发现满足哪些需求的竞争激烈，哪些竞争强度不大，哪些目前还没有竞争，哪些满足需求有待开发。尚未满足的需求便是企业的市场机会。只有通过细分，企业才能发现这些市场机会。例如，当年广东有广州洗衣机厂、航海洗衣机厂、中山洗衣机厂和江门洗衣机厂等多个洗衣机厂家，这些厂家都沿着单缸半自动→双缸半自动→全自动的方向进行产品更新换代，而且几乎都是同步发展。但随着产品产量的增加，市场已经饱和，竞争非常激烈。为此，江门洗衣机厂通过市场调查，细分洗衣机市场的需求，发现原来购买单缸半自动洗衣机的有相当一部分家庭从节俭出发，不愿遗弃仍可用的单缸洗衣机，但他们又希望有脱水的功能。该厂抓住了这一市场机会，开发了脱水机这一产品，在一定时期内独占了这一细分市场。

2. 有利于企业正确制定营销组合策略

通过市场细分，企业可以更清楚了解市场的结构，了解市场上消费者的需求特点，才能制定有针对性的营销策略。例如，A 饮食店是以工薪阶层的消费者为主要对象，应树立的是“薄利多销，诚挚服务”的形象；B 大酒店是以来华经商的富豪、商家为主要对象，应树立的是“豪华排场，一流享受”的形象。产品、价格、渠道及促销手段都必须围绕不同的对象来制定。

3. 有利于提高企业的竞争力

通过市场细分，企业可以更好地了解每一个细分市场上竞争者的优势和劣势，把握环境变化带来的机会，明确在这个细分市场上能否有效利用和发展本企业的资源优势。把自己有效的资源优势集中到与自己优势相适应的某个市场上，有利于企业形成优势，提高企业的竞争力。

9.1.3　市场细分的要求

企业在进行市场细分时，一般来说，应把握下面四个要求。

1. **要有明显特征**

市场细分应使企业营销人员能够识别有相似需求的顾客群体，这些群体应有企业能分析的明显的特征和行为。

2. **企业可以接受**

要根据企业的实力，量力而行。在进行细分时，企业应考虑划分出来的细分市场必须是企业有足够的能力去占领的子市场，在这个子市场上，能充分发挥企业的资源优势。

3. **企业有适当的盈利**

在市场细分中，被企业选中的子市场还必须有一定的规模，即有充足的需求量，能够使企业有利可图，并实现预期利润目标。如果细分市场的规模过大，企业“吃不了，无法消化”，在竞争中处于弱势；如果规模过小，企业又“吃不饱”，现有的资源得不到最佳利用，利润难以确保。因此，细分出的市场规模必须恰当，才能使企业得到合理的利润。

4. **市场要有发展潜力**

市场细分应有相对的稳定性，因为，如果细分市场一旦被企业选定为目标市场，它应给企业带来的利益不仅是目前的，还必须能够给企业带来较长远的利益。所以，企业在进行细分时必须分析市场的未来发展是否具有潜力。

9.1.4　市场细分的标准

企业要进行市场细分，首先要确定按照什么样的标准来进行。一般来说，凡是影响消费者需求的一切因素，都可以作为市场细分的依据。市场细分的标准必须能区分不同的需求。企业可以根据行业和自己的情况，选择适当的因素作为标准（或变数）来对市场进行细分。

1. **消费者市场细分的标准**

消费者市场细分可以按照地理环境因素、人口因素、心理因素、行为因素等进行细分。

（1）按地理环境因素细分。不同地理环境下的顾客，由于气候、生活习惯、经济水平等不同，对同一类产品往往会有不同的需求和偏好，以至于对企业的产品、价格、销售渠道及广告等营销措施的反应也常常存在差别。①消费者居住的地区。如我国的茶叶市场，南方消费者喜欢红茶和绿茶，华北、华东地区消费者喜欢花茶，而少数民族地区的消费者则喜欢砖茶。如食品，不同地区有不同的口味，所谓“东甜南辣西酸北咸”；南方以米饭为主食，北方以面粉为主食。②地形气候。地形可分为山区、平原、丘陵；气温可分为热带、温带、寒带；湿度可分为干旱地区、多雨地区。如风扇市场，热带地区一室多扇，而寒带地区则可以常年不需风扇。如洗衣机市场，多雨地区湿度大，顾客喜欢有脱水、烘干功能的洗衣机。

（2）人口因素。不同的年龄、性别、收入、职业、教育程度、宗教、种族或国籍的顾客，会有不同的价值观念、生活情趣、审美观念和消费方式，因而对同一类产品，必定会产生不同的消费需求。①年龄。人们在不同的年龄阶段，由于生理、心理等因素的不同，对商品的需求和欲望有着很大的区别。如玩具市场，因年龄的不同，应有启蒙、智力、科技、消遣、装饰等功能不同的玩具。②性别。男性和女性，在不少商品的使用上存在很大的区别。如服装市场、

化妆品市场，一般可以按照性别的不同，分为女性市场和男性市场。③收入。收入水平不同的顾客，在购买时对商品的要求也不同。高收入的顾客，对产品比较注重“质”的需求，购物场所习惯到百货公司和专卖店；低收入的顾客，则侧重“量”的需求，通常喜欢逛廉价的货仓商场、超市及普通商店。但若以收入作为细分标准，不应忽视低收入人群由于“补偿”心理或自身水平有限，也会购买高质量、高价格的产品。④文化程度和职业。不同文化程度的人，他们的价值观、信念、习惯等存在较大的差异；不同职业的特点，也会使人们有很多购买上的差异。如工人、农民、教师、艺术家、干部、学生对报纸、书刊的消费有明显的不同。⑤民族。我国有56个民族，绝大多数民族都有自己特殊的消费习惯和爱好。

（3）心理因素。以上地理因素、人口因素相同或相近的顾客，对同一产品的爱好和态度也会截然不同，这主要是心理因素的影响。①生活方式。生活方式是人们生活的格局和格调，表现在人们对活动、兴趣和思想的见解上，人们形成的生活方式不同，消费倾向也不一样。如深圳的高级白领就很少去东门一带购物，这和他们的生活格调相关；女性服装可根据顾客的不同生活方式，分别设计出“朴素型”“时髦型”“新潮型”“保守型”等。②购买动机。是指顾客购买行为的直接原因。有些人为实用而购买，有些人为价格便宜而购买，有些人为追赶时髦而购买。③性格。如内向与外向，追求独特与愿意依赖，乐观与悲观等。不同性格的顾客对产品的要求不同。如对产品的色彩，内向的人比较喜欢冷色调，外向的人却喜欢暖色调；对产品的款式，追求独特的人喜欢标新立异，依赖的人却爱跟随众人。

（4）行为因素。行为因素是按照顾客购买过程中对产品的认知、态度、使用等行为特征来进行细分。①购买时机。按顾客对产品的需要、购买、使用的时机的认知并作为市场细分的标准。如旅行社可为每年的几个公众长假提供专门的旅游线路和品种，为中小学生每年的寒暑假提供专门的旅游服务。公共汽车公司根据上下班高峰期和非高峰期这一标准，把乘客市场一分为二，分别采取不同的营销策略。如在上下班高峰期加派客车，非高峰期减少客车，以降低成本，提高效率。②追求利益。根据顾客对产品的购买所追求的不同利益来细分市场的一种有效的依据。如钟表市场，购买手表的消费者追求的利益大致可以分为三类：一是追求价格低廉，二是侧重耐用性和产品的质量，三是注重产品品牌的声望。因此，生产钟表的企业，如果用追求的利益来细分市场，就必须了解消费者在购买某种产品时所寻求的主要利益是什么；了解寻求某种利益的消费者主要是哪些人；还要了解市场上满足这种利益的有哪些品牌；哪种利益还没有得到满足。然后确定自己的产品应突出哪种特性，最大限度地吸引某一个消费者群。美国学者哈利（Haley）曾运用利益追求的差异对牙膏市场进行细分而获得成功。他把牙膏需求者寻求的利益分为经济实惠、防治牙病、洁齿美容、口味清爽四种（见表9－1）。③使用情况。许多产品可以按照消费者对产品的使用情况进行分类。使用情况可以分为“从未使用过”“曾经使用过”“准备使用”“初次使用”“经常使用”五种类型。对于不同使用者的情况，企业所施用的策略是不相同的。一般而言，资力雄厚、市场占有率高的企业，特别注重吸引潜在购买者，通过他们的营销策略，把潜在使用者变为实际使用者。一些中小型的企业，主要是吸引现有的使用者，提高他们对产品的使用率和对品牌的信赖和忠诚，或让使用者从竞争者的品牌转向本企业的品牌。

◇ 相关链接

六神清凉沐浴露的市场细分

“六神”是传统中医用来治疗痱子和其他夏季疾病的药方名称，主要成分是珍珠粉和麝香。上海家用日化公司把古方的成分与现代的花露水结合，自创了问题功效性夏季皮肤解决方法，于1990年推出“六神花露水”。由于中国消费者对传统中医文化的信赖，以“去痱止痒、提神醒脑”的产品诉求很快得到消费者的认同，迅速赢得了70%以上的花露水市场份额。

1995年之前，“六神”只有花露水一个产品。上海家用日化公司开始考虑这个品牌的发展。花露水的市场空间就这么大，但是“六神”这个品牌已经很有影响力了。上海家用日化公司重点讨论了洗发水和沐浴液两个可以延伸的方向。当时洗发水市场的竞争已经很激烈了，而沐浴露的渗透率还不高，市场潜力大。同时，“六神花露水”作为一个夏季产品，延伸到沐浴露更为合理。所以，上海家用日化公司选择了沐浴露作为品牌延伸的方向。

虽然力士、舒肤佳等外资品牌的市场细分都是按功能来细分的，但是上海家用日化公司经过分析后认为，消费者对沐浴露的需求存在一定的季节性，如夏季要凉爽、冬季要温暖，于是决定按季节细分市场。新的市场细分理念加上消费者对六神品牌的认同，六神清凉沐浴露很快打开市场。4年后，六神沐浴露跃居全年沐浴露市场第一；近年来，仍保持夏季第一、全年名列前列的优秀业绩。

资料来源：姚音．六神：以季节细分对抗功能细分［J］．21世纪商业评论，2005(3)：105－106.

表9－1　牙膏市场的利益细分

利益细分	人口统计特征	行为特征	心理特征	符合利益的品牌
经济实惠	男性	大量使用者	自主性强者	大减价的品牌
防治牙病	大家庭	大量使用者	忧虑保守者	品牌A、E
洁齿美容	青年	吸烟者	社交活动多者	品牌B
口味清爽	儿童	薄荷爱好者	喜好享乐者	品牌C

2．产业市场细分的标准

产业市场的细分标准，有些与消费者市场的细分标准相同。如追求利益、使用者情况、地理因素等，但还有一些不同的标准。美国的波罗玛（Bouoma）和夏皮罗（Shapiro）两位学者，提出了一个产业市场细分变量表，较系统地列举了产业市场细分的主要变量，并提出了企业在选择目标市场时应考虑的主要问题（见表9－2）。

表 9-2　产业市场主要细分标准

人口变量

□ 行业：我们应把重点放在购买这种产品的哪些行业？

□ 公司规模：我们应把重点放在多大规模的公司？

□ 地理位置：我们应把重点放在哪些地区？

经营变量

□ 技术：我们应把重点放在顾客所重视的哪些技术上？

□ 使用者或非使用者情况：我们应把重点放在经常使用者、较少使用者、首次使用者或从未使用者身上？

□ 顾客能力：我们应把重点放在需要很多服务的顾客身上，还是只需少量服务的顾客身上？

采购方法

□ 采购职能组织：我们应将重点放在那些采购组织高度集中的公司上，还是那些采购组织相对分散的公司上？

□ 权力结构：我们应选择那些工程技术人员占主导地位的公司，还是财务人员占主导地位的公司？

□ 与用户的关系：我们应选择那些现在与我们有牢固关系的公司，还是追求最理想的公司？

□ 总的采购政策：我们应把重点放在乐于采用租赁、服务合同、系统采购的公司，还是采用密封投标等贸易方式的公司上？

□ 购买标准：我们是选择追求质量、重视服务的公司，还是注重价格的公司？

情况因素

□ 紧急：我们是否应把重点放在那些要求迅速和突击交货或提供服务的公司？

□ 特别用途：我们应将力量集中于本公司产品的某些用途上，还是将力量平均花在各种用途上？

□ 订货量：我们应侧重于大宗订货的用户，还是少量订货者？

□ 购销双方的相似性：我们是否应把重点放在那些其人员及价值观念与本公司相似的公司上？

□ 对待风险的态度：我们应把重点放在敢于冒风险的用户上还是不愿冒风险的用户上？

□ 忠诚度：我们是否应该选择那些对本公司产品非常忠诚的用户？

资料来源：科特勒. 市场营销管理（亚洲版）[M]. 郭国庆，等译. 北京：中国人民大学出版社，1997.

9.1.5　市场细分的具体方法

按照选择市场细分标准的多少，市场细分可以有以下三种方法。

1. **单一变数法**

单一变数法是只选择一个细分标准进行细分市场的方法。

例如，对玩具市场来说，不同年龄的消费者对玩具的需求不同，可按年龄标准把市场细分为：1~3 岁玩具市场、4~5 岁玩具市场、6~7 岁玩具市场、8~12 岁玩具市场、12 岁以上玩具市场等几个细分市场。1~3 岁的玩具应该具有启蒙功能，而 12 岁以上的玩具应具有智力或科技功能。

2. **综合变数法**

综合变数法是指只选择两个以上（少数几个）的细分标准进行细分市场的方法。

例如，某公司对家具市场的细分采用了三个标准（见表 9-3）。

表9－3　某公司对家具市场的细分

户主年龄	65岁以上	50～64岁	35～49岁	18～34岁
家庭人口	1～2人	3～4人	5人以上	
月收入水平	1 000元以下	1 000～3 000元	3 000元以上	

这样细分的结果，可再分为36个细分市场。

3. **系列变数法（完全细分法）**

这种细分市场的方法是根据企业经营的需要，选择多个细分标准，由大到小、由粗到细进行系列市场细分，如图9－2所示。

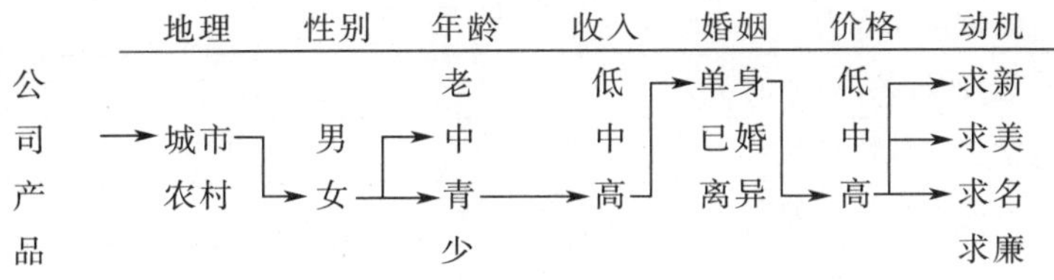

图9－2　某服务公司对服装的市场细分

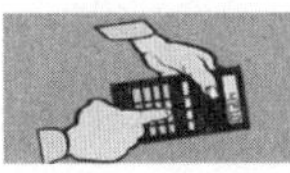

9.2　确定目标市场

市场经过细分之后，摆在企业面前是若干个细分市场。究竟哪个细分市场对本企业来说存在着市场机会，是否可以作为本企业的目标市场？这就需要对细分市场进行分析和评价，从而确定本企业的目标市场。

9.2.1　确定目标市场的步骤

目标市场（target market）是指企业在市场细分的基础上，准备用产品或服务以及相应的一套营销组合为之服务的特定市场。

确定目标市场的步骤如图9－3所示。

细分市场 ⟶ 评价细分市场 ⟶ 确定目标市场 ⟶ 制定目标市场策略

图9－3　确定目标市场的步骤

9.2.2　评价细分市场

评价细分市场，必须确定一套具体的评价标准。评价的标准主要可从细分市场本身的特性、市场结构的吸引力、本公司的目标和资源优势这些方面来考虑。

1. **细分市场本身的特性**

(1) 市场有没有“适当”的规模。“适当”的规模是个相对的概念，大企业一般重视销售量大的细分市场，小企业却经常会选择一些小的细分市场，但总的来说，根据企业自身的条件，衡量细分市场的规模是否值得去开发，即开发这样的市场是否会由于规模过小而不

能给企业带来所期望的销售额和利润。

（2）市场有没有预期的发展前景。一个细分市场是否值得开发，除了应具备规模这一因素外，我们还要考察市场有没有相应的发展前景。发展前景通常是一种期望值，因为企业总是希望销售额和利润能不断上升。但要注意，竞争对手会迅速地抢占正在发展的细分市场，从而抑制本企业的盈利水平。

2．**细分市场结构的吸引力**

有些细分市场虽然具备了企业所期望的规模和发展前景，但可能缺乏盈利能力。迈克尔·波特提出决定某一细分市场长期利润吸引力的五种因素（见表9－4）。

表9－4　决定某一细分市场长期利润吸引力的五种因素

· 该市场同行竞争者的数量和实力
· 该市场进入的难易程度及潜在竞争的实力
· 该市场有无现实或潜在的替代产品
· 该市场购买者的议价能力高低，如购买者有无组织支持
· 该市场供应商的议价能力的高低，如该市场的产品生产是否要严重依赖某种由供应商提供的零配件或原材料

3．**企业的目标和资源优势**

某细分市场具有适合企业的规模、良好的发展前景和富有吸引力的结构，能否作为目标市场，企业仍需结合自己的目标和资源进行考虑。

企业有时会放弃一些有吸引力的细分市场，因为它们不符合企业的长远目标。当细分市场符合企业的目标时，企业还必须考虑自己是否拥有足够的资源，能保证在细分市场上取得成功。即使具备了必要的能力，公司还需要发展自己的独特优势。只有当企业能够提供具有高价值的产品和服务时，才可以进入这个目标市场。

9.2.3　目标市场类型的选择

市场经过细分、评价后，才能得出若干可供进军的细分市场。企业是向某一个市场进军或向多个市场进军呢？这就需要确定目标市场的范围。企业可以在以下五种目标市场类型中进行选择，如图9－4所示。

1．**产品/市场集中**

企业选择一个细分市场作为目标市场，并且只生产一种产品来满足这一市场消费者的需求。

这种策略的优点主要是能集中企业的有限资源，通过生产、销售和促销等专业化分工，提高经济效益。该策略一般适合实力较弱的小企业，与其在大（多）市场里平庸无奇，倒不如在小（少）市场里占有一席之地。但也存在着较大的潜在风险，如消费者的爱好突然发生变化，或有强大的竞争对手进入这个细分市场，企业利益很容易受到损害。

2．**产品专业化**

企业选择几个细分市场作为目标市场，但只生产一种产品来满足不同目标市场消费者的需求。这种策略可使企业仅仅利用某种产品树立起很高的声誉，扩大产品的销售，但如果这

种产品一旦被全新技术产品所取代，其销量就会大幅下降。

3. **市场专业化**

企业选择一个细分市场作为目标市场，并生产多种产品来满足这一市场消费者的需求。企业提供一系列产品专门为这个目标市场服务，容易获得这些消费者的信赖，产生良好的声誉，打开产品的销路。但如果这个消费群体的购买力下降，就会减少购买产品的数量，企业就会产生滑坡的危险。

4. **有选择专业化**

企业选择若干个互不相关的细分市场作为目标市场，并根据每个目标市场消费者的需求，向其提供相应的产品。这种策略的前提就是每个市场必须是最有前景、最具经济效益的市场。

5. **整体市场**

企业把所有细分市场都作为目标市场，并生产不同的产品来满足各种不同的目标市场消费者的需求。只有大企业才能选用这种策略。

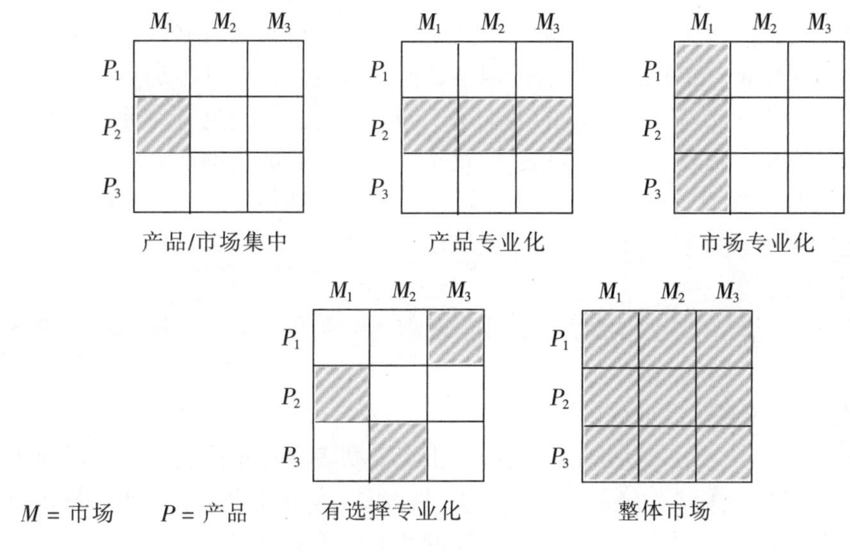

图9-4 五种目标市场选择类型

9.2.4 确定目标市场策略

企业通过对市场进行细分，发现一些潜在需求或未被满足的需求，并结合企业自身的目标和资源，分析竞争的情况，寻找到理想的市场机会，这就是目标市场的选择。企业有三种目标市场策略可供选择，如图9-5所示。

1. **无差异性市场策略**

企业经过市场细分之后，虽然认识到同一类产品有不同的细分市场，但权衡利弊得失后，不去考虑细分市场的特性，而注重细分市场的共性，决定只推出一种产品，或只用一套市场营销策略来满足市场所有顾客的需求，以求在一定程度上适合尽可能多的顾客需求。如改革开放之前，广州啤酒厂仅生产一种口味、一种规格、一种包装、一种价格的玻璃瓶装“双喜”牌啤酒供应广东市场。

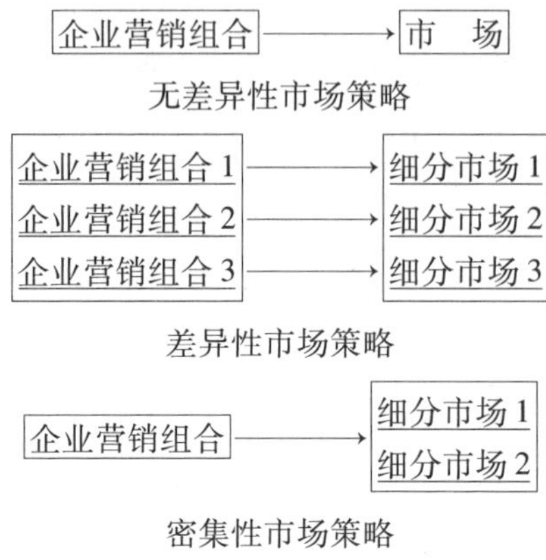

图 9－5　三种不同的目标市场策略

由于只有一种产品，企业容易做到机械化、自动化、标准化生产，容易做到大批量生产，容易做到生产成本低、产品质量好；又由于仅采用一种营销策略，销售成本也最低。这样企业能以物美价廉的产品迎合消费者的需要，但这种策略也有其不足。首先，不能满足消费者的多种需求。因为市场中消费者的需求是千差万别的，企业只有一种产品难以满足所有消费者的需求和欲望。其次，容易引起过度竞争。一旦企业的这种产品销路好，能获得丰厚的利润时，必然吸引许多竞争者参与竞争。再次，不能长期使用。因为一种产品能长期为消费者所接受是罕见的，特别是现在，产品更新换代加快，老产品容易被淘汰，所以这种策略不能长期使用。

这一策略适用于产品初上市的情况，或产品获得专利权，因为这样的场合没有竞争者或竞争者较少。

2. **差异性市场策略**

企业经过市场细分之后，认识到不同细分市场消费者存在不同的需求，企业决定推出多种产品，采用多种市场策略，分别去满足多个目标市场消费者的需求。如广州花城汽水厂生产各种不同的高档饮料，用不同的口味、不同的功能、不同的包装、不同的广告宣传，分别吸引多个目标市场的消费者。他们用“高橙”饮料去适应北方市场和部队市场消费者的需要，用“高能”饮料去满足运动员、飞行员、强体力劳动者、强脑力劳动者迅速补充能量的需要，以“人参花饮露”去适应老年人滋补身体的需要，以“乐声宝”去满足演员、教师等消费者护嗓的需要，等等。

由于构成整体市场的消费者的需求是千差万别的，即使对同一种产品的需求，在型号、规格、款式、颜色等方面的需求存在有明显的差异。企业选择多个细分市场为目标市场，并根据每个细分市场消费者的需要，用不同的产品、不同的市场策略去满足各个目标市场消费者的需要。所以，这种策略的优点：一是能适应不同消费者的需求，销售量大。目标市场越多，消费者的需求就越多，产品的总销售量就越大。二是风险小。因为企业有多个市场，避免因为一个目标市场出现问题时，威胁到整个企业的生存和发展。最大的不足是成本高，管理的难度较大。由于企业生产的产品多，需要多项研究费用，多套生产设备，多种熟练生产工艺的技术人员和生产工人，多种产品包装，加上产品需求批量小，生产成本必然高；且用

多套分销渠道网络，多种促销措施，以至于分销费用、储存费用、广告宣传费用、人员推销费用都大幅度增加，销售成本也相当高。

这一策略适应于产品生命周期的成长期后期和成熟期。因为这一时期竞争者多，企业采取这一策略有利于建立竞争优势，增强企业的竞争力，增加总销量。大企业多采用差异性策略。

3．密集性市场策略

密集性市场策略也称集中性市场策略，是指企业集中力量去满足一两个目标市场消费者的需要。

由于企业认为自己的资源有限，企业应集中所有的力量在这一两个目标市场上，争取在这市场上获取较高的市场占有率，不断取得竞争优势，逐渐扩充自己的实力。如广东省中山市小霸王电子工业公司专门生产小学生用的电子学习机，使小霸王产品称雄于国内学习机市场。这种策略的优点是投资少，见效快。因为企业只有一两个市场，资金的需要较少，同时由于这一两个市场是企业的命根，企业必然会竭尽全力对目标市场做深入的调查研究，及时收集顾客意见，及时反馈信息，及时按消费者的需求和欲望去改进产品，提供最佳服务，能迅速产生销售效果。但由于企业只有这一两个市场，万一市场发生变化，就会导致企业经营失利，所以风险较大。

这一策略适用于实力弱、资源少的小型企业，或是处于产品生命周期衰退期的企业。

4．确定目标市场策略应考虑的因素

前面所述的三种目标市场策略各有其长处和不足，企业应根据具体的情况加以选择。企业在确定采用何种目标市场策略时应考虑如下因素。

（1）企业资源。企业的资源包括企业的人力、物力、财力、信息、技术等方面。当企业资源多，实力雄厚，可运用无差异性或差异性市场策略；当企业资源少，实力不足，最好采用密集性市场策略。

（2）产品的同质性。生产同质性高的产品，如大米、食盐等，由于其差异较小，企业可采用无差异性市场策略；生产同质性低的产品，如衣服、照相机、化妆品、汽车等，对于这类产品，消费者认为产品各个方面的差别较大，在购买时需要挑选比较，企业适宜采用差异性市场策略去满足不同消费者的需求。

（3）产品所处的生命周期阶段。产品处于生命周期不同的阶段，由于市场的环境发生变化，企业应采用不同的市场策略。在产品的投入期和成长期前期，由于没有或很少竞争对手，一般应采用无差异性市场策略；在成长期后期、成熟期，由于竞争对手多，企业应采取差异性市场策略，开拓新的市场；在衰退期，则可用密集性的市场策略，集中企业有限的资源。

（4）市场的同质性。如果各个细分市场的消费者对某种产品的需求和偏好基本一致，对市场营销刺激的反应也相似，则说明这市场是同质或相似的，这一产品的目标市场策略最好采用无差异性市场策略。如我国的电力，无论是北方市场或南方市场，城市市场或农村市场，沿海地区市场或是内陆地区市场，其需求是一致的，都需要 220 V、50 Hz 的照明电，电力应采用无差异性市场策略。如果各个细分市场的消费者对同种产品需求的差异性大，则这种产品的市场同质性低，应采用差异性市场策略。如洗衣机市场，城市消费者与农村消费者的需求不同，南方消费者与北方消费者的需求不同，高收入层与低收入层的需求也会不同。洗衣机应采用差异性市场策略。

(5) 竞争状况。首先，应考虑竞争对手的数量。如果竞争对手多，应采用差异性市场策略，发挥自己优势，提高竞争力；如果竞争对手少，则采用无差异性市场策略去占领整体市场，增加产品的销售量。其次，应考虑竞争对手采取的策略。如果竞争对手已积极进行市场细分，并已选用差异性市场策略时，企业应采用更有效的市场细分，并采用差异性市场策略或密集性市场策略，寻找新的市场机会。如果竞争对手采用无差异性市场策略，企业可用差异性市场策略或密集性市场策略与之抗衡；如果竞争对手较弱，企业也可以实行无差异性市场策略。

9.3 市场定位

企业进行市场细分，确定目标市场之后，紧接着应考虑目标市场各个方位的竞争情况。因为在企业准备进入的目标市场中往往存在一些捷足先登的竞争者，有些竞争者在市场中已占有一席之地，并树立了独特的形象。新进入的企业如何使自己的产品与现有竞争者的产品在市场形象上相区别，树立自己产品的个性，这就是市场定位的问题。

9.3.1 市场定位的概念和作用

曾经有一张获奖的照片，整张照片上布满了挤得密密的牛，这上百头牛形体极其相似，唯有一头却异常引人注目，在其他的牛都低头觅食的时候，它却抬头回眸，瞪着大眼好奇地望着摄像机的镜头，神情可爱。每个看到这张照片的人无不一下被那头牛吸引住目光，并对其留下难以磨灭的印象，而对其他牛则难以留下记忆。这说明一个道理：有差异的、与众不同的事物才容易吸引人的注意力。

市场定位（marker positioning）是为了适应消费者心目中某一特定的看法而设计的企业、产品、服务及营销组合的行为。产品定位就是将某个具体的产品定位于消费者心中，当消费者产生类似需求就会联想起这种产品。产品定位是其他定位的基础，因为企业最终向消费者提供的是产品，没有产品这一载体，品牌及企业在消费者心目中的形象就难以维持。品牌原本是产品的一种特殊标识。但品牌定位不同于产品定位，当一种知名品牌代表某一特定产品时，产品定位与品牌定位无大区别。如当消费者一看到“飘柔”，就自然而然把它与洗发水联系起来。当一种知名品牌代表多种产品时，产品定位就区别于品牌定位。如当你提起“美的”时，别人很难分辨出你指的是空调，还是电饭锅，或是电风扇。尽管如此，但人们脑海中都仍会产生一种概念，即“美的 = 高品质”。所以，品牌定位比产品定位内涵更宽，活动空间更广，应用价值更大。企业定位是企业组织形象的整体或其代表性的局部在公众心目中的形象定位，企业定位是最高层的定位，必须先定位它们的产品和品牌，但它的内容和范围要广得多，如图 9 –6 所示。

市场定位的作用主要有下面三点。

1. 定位能创造差异，有利于塑造企业特有的形象

通过定位并向消费者传达定位的信息，使差异性清楚凸显于消费者面前，从而引起消费者注意你的品牌，并使其产生联想。若定位与消费者的需求吻合，你的品牌就可以留驻消费者心中。如品牌云集的洗发水市场上，海飞丝洗发水定位为去头屑的洗发水，这在当时是独树一帜，因而海飞丝一推出就立即引起消费者的注意，并认定它不是普通的洗发水，而是具

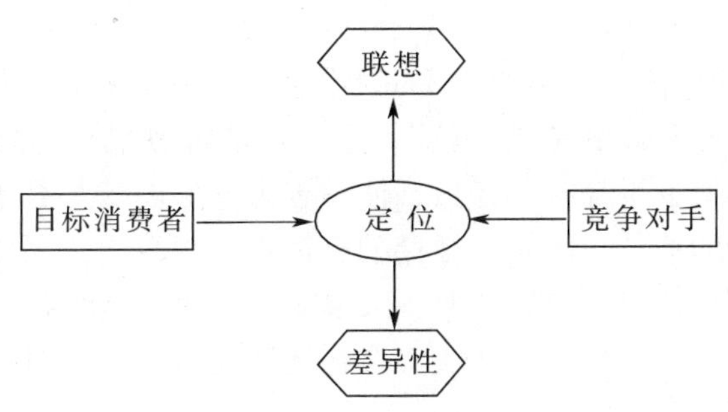

图9－6　市场定位

有去头屑功能的洗发水，当消费者需要解决头屑烦恼时，便自然第一个想到它。

2．**适应细分市场消费者或顾客的特定要求，以更好地满足消费者的需求**

每一产品不可能满足所有消费者的要求，每一个企业只有以市场上的部分特定顾客为其服务对象，才能发挥其优势，提供更有效的服务。因而明智的企业会根据消费者需求的差别将市场细分化，并从中选出有一定规模和发展前景并符合企业的目标和能力的细分市场作为目标市场。但只是确定了目标消费者是远远不够的，因为这时企业还是处于“一厢情愿”的阶段，令目标消费者也同样以你的产品作为他们的购买目标才更为关键。为此，企业需要将产品定位在目标市场消费者所偏爱的位置上，并通过一系列的营销活动向目标消费者传达这一定位信息，让消费者注意到这一品牌并感觉到它就是他们所需的，这才能真正占据消费者的心，使你所选定的目标市场真正成为你的市场。如果说市场细分和目标市场抉择是寻找“靶子”，那么市场定位就是将“箭”射向靶子。

3．**正确定位有助于形成竞争优势**

在当今信息爆炸的社会中，消费者大都被过量的产品或服务的信息所困惑，他们不可能在做每项购买决策时都对产品重新做评价。为了简化购买决策，消费者往往会对产品进行归类，即将某个企业和产品与竞争对手和竞争产品相比较后得出的感觉、印象和感想，并使企业和产品在他们心目中“定个位置”。定位一旦得到消费者的认可，能使企业形成巨大的竞争优势，且这一优势往往非产品质量和价格所带来的优势可比。如“可口可乐才是真正的可乐”，这一广告在消费者心目中确立了“可口可乐是唯一真正的可乐”这一独特的地位，于是，其他可乐在消费者心目中只是可口可乐的模仿品而已，尽管在品质或价格等方面几乎不存在差异。

9.3.2　定位的策略

1．**产品定位策略**

市场营销中的产品是一个包含三个层次的整体产品，产品定位的目的，是让有形、无形的产品在顾客心目中留下深刻的印象，因此产品定位必须从产品三个层次的各种特征入手，如功能、价格、技术、质量、安装、应用、维护、包装、销售渠道、售后服务等，使这之中的一个或几个能与其他同类产品区分开来，且区别越大越好，特色越明显越好，看上去就好像是市场上“唯一”的。归纳起来，产品定位策略有下面四种。

（1）根据属性定位。产品与属性、特色或顾客利益相联系。如汽车市场上，德国的大众汽车具有“货币的价值”的美誉，日本的丰田汽车侧重于“经济可靠”，瑞典的沃尔沃汽

车则具有“耐用”的特点。

（2）根据价格与质量定位。价格是产品最明显、最能反映其质量、档次特征的信息。如一家大酒楼，推出上万元一桌的“黄金宴”，通过这种看似噱头的高价，除了造成新闻的轰动效应外，关键给顾客留下了深刻的印象，使顾客把这家酒楼与豪华高贵联系起来，酒楼在顾客心目中形成了独特的地位。于是，社会的有钱人士都以进去消费一番为荣。

①高质高价定位。高价格是一种高贵质量的象征。只要企业或产品属于“高质”的类别，且高质量、高水平、高档次能使顾客实实在在地感受到，就可以用这种定位。例如，劳斯莱斯汽车采用的就是高质高价定位。

②高质低价定位。一些企业将高质低价作为一种竞争手段，目的在于渗透市场，提高市场占有率。如广东格兰仕集团就是采用这种定位，通过重视优于价格水平的产品质量的宣传，向顾客传递“物超所值”的信息。使格兰仕微波炉迅速占领我国微波炉市场，其市场占有率一度高达67%，并一直保持较高的市场份额。

（3）根据产品的功能和利益定位。产品主要就是因为它能帮助顾客解决问题，带来方便，获得心理上的满足，这就是产品的功能。顾客一般很注重产品的功能，企业可以通过对自己产品的各种功能的突破、强调给顾客带来比竞争对手更多的利益和满足，可以用它进行定位。

①多功能定位。提供多种功能，期望顾客买一件产品可获得多种用途，达到多方面的满足，建立起“功能齐全”的市场形象。如长城电脑公司，将电视、电脑、电信结合起来，仅用一台电脑就较好地解决了顾客收看电视节目、电脑操作、通信三方面的要求。

②重点功能定位。将产品关键的、重要的功能作为突破点，使顾客在产品主要功能方面获得最大的满足，形成产品独特的形象。

例如，深圳太太药业集团最初推出太太口服液时，以治黄褐斑为重点，诉求点“三个女人，三个黄”，随着产品知名度的提高，这个定位对于女性保健需要而言，明显过窄了，使市场扩大受到限制。20世纪90年代中期，公司决定用“祛斑、养颜、活血、滋阴”等功能定位，但又与众多的其他保健品没有多大区别，产品失去特色。1996年以后，该公司主要强调产品含有F. L. A，能够调理内分泌，令肌肤重现真正天然美等，诉求点“发自内在的魅力……挡也挡不住！”成功地实现重点功能定位。

③单一功能定位。将产品的某一功能设计得特别突出，使一件产品能够完全满足一种功能需要，从而突出产品差异。如柯达的傻瓜相机的操作非常简单，比一般照相机更受欢迎。又如夏普公司曾经开发出一种彩电和录像机二合一的产品，无论怎样努力，就是无法取代一般彩电、录像机，原因就在于单功能产品也有无法比拟的优势。

（4）根据使用者定位。使用者就是目标顾客。所以依靠使用者的定位，实际上就是选定一个独特的目标市场，并使产品在此目标市场上获得难以取代的优势地位。如婴儿助长奶粉、老年人高钙铁质奶粉等。

2. 品牌定位策略

品牌是商业化的现实生活中最常见的东西。如今要用什么东西都得买，买的时候就认牌子，因为同类的产品太多了。据说在国际上，有一半的产品是靠牌子成交的。如瑞士的手表、法国的化妆品、日本的电子产品和小汽车、德国的照相机、美国的可口可乐及中国的丝绸，等等，这些产品几乎不需要任何介绍，成交率非常高。关于品牌定位策略主要有以下四种。

（1）档次定位。依据品牌在消费者心目中的价值高低区分出不同的档次。如酒店、宾馆按星级划分为1~5个等级，是档次定位的一个例子。例如广州五星级酒店白天鹅宾馆，其高档的品牌形象不仅涵盖了幽雅的环境、优质的服务、完善的设施，还包括进出其中的都是商界名流等有一定社会地位的人士。定位于中低档次的品牌，则针对其他的细分市场，如满足追求实惠和廉价的低收入者。

因为档次定位反映品牌的价值，不同品质、价位的产品不适宜使用同一品牌。如果企业要推出不同价位、品质的系列产品，应采取品牌多元化策略，以免使整体品牌形象受低质产品印象而遭到破坏。如台湾顶新集团在中档方便面市场成功推出“康师傅”。在进攻低档方便面市场时，不是简单地沿用影响力已经很大的“康师傅”品牌，而是推出新的品牌“福满多”。

（2）类别定位。依据产品的类别建立起品牌联想。类别定位力图在顾客心目中造成该品牌等同于某类产品的印象，以成为某类产品的代名词或领导品牌，在消费者有了某类特定需求时就会联想到该品牌。在饮料市场，“可口可乐”和“百事可乐”是市场的领导品牌，市场占有率极高，在消费者心目中的地位不可动摇。“七喜”汽水的“非可乐”定位就是借助类别定位的一个经典的例子。“非可乐”的定位使“七喜”处于与“可口”和“百事”对立的类别，成为可乐饮料之外的另一种选择。不仅避免了与两巨头的正面竞争，还巧妙地与两品牌挂钩，使自身处于和它们并列的地位。成功的类别定位使“七喜”在龙争虎斗的饮料市场中占据第三的位置。

（3）比附定位。比附定位就是攀附名牌，比拟名牌来给自己品牌定位。目的是借名牌之光来提升自己品牌的价值和知名度。

①甘居“第二”。明确承认同类产品中另有最负盛名的品牌，自己只不过是第二而已。这种策略会使人产生一种谦虚诚恳的印象，相信其所说的是真实可靠的，因而记住了通常不易为人重视和熟记的序号。

②奉行高级俱乐部策略。强调自己是某个具有良好声誉的小团体的成员之一。如美国克莱斯勒公司就宣称自己是美国“三大汽车公司之一”，推出这个俱乐部的概念，一下子使自己和“巨头”们坐在一起了，很容易在顾客心目中留下深刻的印象。

（4）情境定位。将品牌与一定环境、场合下产品的使用情况联系起来，以唤起顾客在特定情境下对该品牌的联想。如“八点以后”巧克力薄饼定位为“适合八点以后吃的甜点”，而“米开威”（Milky Way）则自称为“可在两餐之间吃的甜点”。它们在时段上建立了区分。八点钟以后，想吃甜点的顾客自然而然想到“八点以后”这个品牌，而在两餐之间，大家首先会想到“米开威”。

3．企业定位策略

顾客在购买一种物品的时候，常常会面临着品牌太多，而自己又对品牌弄不清楚的情形。这时顾客往往会倾向于看生产经营的企业是哪一家再做决定。企业作为一个整体，在顾客的心目中有一定的位置。如一提到胶卷，大多数人脑子里立刻会想到柯达、富士、乐凯等一系列的名称。所以一个企业，必须设法让自己作为一个整体，在顾客的心灵中占据一个明显而突出的位置。企业作为整体的定位，根据在市场上的地位，有四种可以选择的策略，即市场领导者、市场挑战者、市场追随者和市场补缺者（详见第5章）。

9.3.3 市场定位的技术

1. 市场定位的工具

定位不仅是一种思考，在实践中需要专业性的工具使之操作具体化。定位图就是进行定位时最常使用的一种工具。

定位图是一种直观的、简洁的定位分析工具，一般利用平面二维坐标图的品牌识别、品牌认知等状况做直观比较，以解决有关定位问题。其坐标轴代表顾客评价品牌的特征变量，图上各点则对应市场上的主要品牌，它们在图上的位置代表顾客对其在关键特征的评价。如图 9－7 所示。

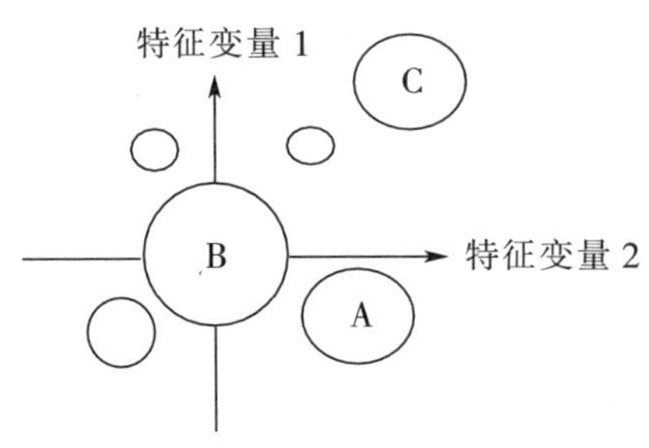

图 9－7　品牌定位图

通过定位图，可以显示各产品、各个品牌在顾客心目中的印象及之间的差异，在此基础上做出定位决策。如果需要做更复杂的分析（两个以上的特征变量），可用其他的定位工具，如排比图和多元分析的统计软件。

排比图就是将特征变量排列出来，在每一变量上分别比较各竞争品牌的各自表现，最后在此基础上确定定位。图 9－8 中排比图最大的特点是适应多因素分析，有助于在纷繁的变量中寻找定位。

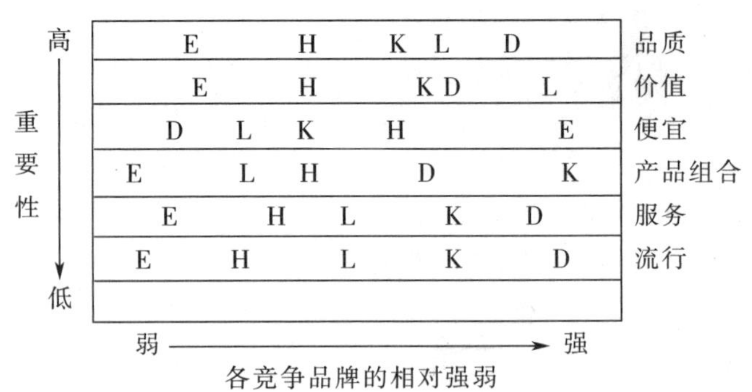

图 9－8　排比图

图 9－8 纵向排列的要素是产品的特征变量，其重要程度由上而下递减，排在最上面的重要程度最高。图上的各点代表各竞争品牌（D、E、H、L、K）在相应每一特征变量的横线上依各自在这方面表现的相对强弱而排列，强弱程度从左至右递增。如在“品质”这一变量上，D 品牌表现最佳，被公认为最优质，L、K、H 三种品牌则品质相近且都为一般，而 E 则最差，排在最左边。

2. **市场定位的方式**

(1) 避强定位。企业力图避免与实力最强或较强的其他企业直接发生竞争，将自己的产品定位于与竞争对手不同的市场区域内，使自己的产品在某些特征或属性方面与最强或较强的对手有显著的差异。这种方式的优点是能够迅速地在市场上站稳脚跟，并能在消费者或用户心目中迅速树立起一种形象。由于这种定位的方法市场风险较少，成功率较高，常为多数企业所采用。

(2) 对抗性定位。企业根据自身的实力，为占据较佳的市场位置，不惜与市场上占支配地位的、实力最强或较强的竞争者发生正面竞争，从而使自己的产品进入与对手相同的市场位置。这种定位的方式有时会产生激烈的市场竞争，有较大的市场风险，但不少企业认为由于竞争者强大，能够激励自己奋发上进，一旦成功就会取得巨大的市场优势，且在竞争过程中往往能产生轰动效应，可以让消费者很快了解企业及其产品，企业易于树立市场形象。如可口可乐与百事可乐之间持续不断的争斗，“肯德基”与“麦当劳”对着干，等等。实行对抗性定位，必须知己知彼，应清醒估计自己的实力，不一定要压垮对方，只要能够平分秋色就是巨大的成功。

(3) 重新定位。企业实施某种定位方案一段时间以后，有可能发现原有定位效果并不理想，不能达到营销目标，或者没有足够的资源实施这一方案，或者为发展新市场的需要，或者竞争的需要，此时应该对产品进行重新定位。

例如，万宝路香烟刚进入市场时，是以女性作为目标市场，它的口味也特意为女性消费者而设计：淡而柔和。它推出的口号是：像5月的天气一样温和。然而，尽管当时美国吸烟人数年年都在上升，万宝路的销路却始终平平。20世纪40年代初，莫里斯公司被迫停止生产万宝路香烟。后来，广告大师李奥贝纳为其做广告策划，他将万宝路重新定位为男子汉香烟，并将它与最具男子汉气概的西部牛仔形象联系起来，吸引所有喜爱、欣赏和追求这种气概的消费者。通过这一重新定位，万宝路树立了自由、野性与冒险的形象，在众多的香烟品牌中脱颖而出。从20世纪80年代中期到现在，万宝路一直居世界各品牌香烟销量首位，成为全球香烟市场的领导品牌。

重新定位有时需要承担很大的风险，企业在做出重新定位决策时，一定要慎重。必须仔细分析原有定位需要改变的原因，重新认识市场，明确企业的优势，选择最具优势的定位，并通过传播不断强化新的定位。

定位时，企业可以只推出一种差异，即单一差异定位；也可以推出两种差异，称双重差异定位；还可以推出几种差异，实行多重差异定位。但值得引起重视的是：企业推出的差异不宜过多，否则会降低可信度，也影响了定位的明确性。

本章小结

正确地选择自己特定的服务对象，通过制定营销策略有效地为他们提供产品和服务，以更好地满足顾客需要，增强企业的竞争优势。目标市场选择的前提和基础是必须对整体市场进行细分。市场细分是指营销者利用一定需求差别因素（细分因素），把某一产品整体市场消费者划分为若干具有不同需求差别的群体的过程或行为。所有影响消费者和用户需要的因素，都可以作为市场细分的标准。消费者市场细分的标准有：地理（居住的地区、地形气候等）、人口（年龄、性别、收入、文化、职业、民族等）、心理（生活方式、购买动机、

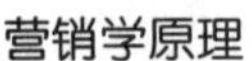

性格等)、行为（购买时机、追求利益、使用情况等）。细分的方法按照选用标准的多少，有单一变数法、综合变数法、系列变数法。产业市场的细分标准有：人口变量（行业、公司规模、地理位置)、经营变量（技术、使用者或非使用者情况、顾客能力等)、采购方法（采购职能组织、权力结构、与用户的关系、采购政策、购买标准等)、情况因素（紧急、特别用途、订货量等)、个人特性（购销双方的相似性、对待风险的态度、忠诚度等)。

划分出了多个细分市场之后，必须对每个细分市场进行评估。细分市场的评估应该考虑该细分市场的目前状况，预测未来发展潜力，考虑能否发挥本企业的资源优势和该细分市场的竞争状况。具体确定是选择一个单独的细分市场、几个细分市场或所有的细分市场可以成为企业的目标市场。确定目标市场后，根据企业的实力、产品的实际状况、消费者选择产品的方式、竞争和环境等因素，选择目标市场的策略。可供选择的策略有：无差异性市场策略、差异性市场策略、密集性市场策略。

选定了目标市场后，由于目标市场中往往已经存在着一些捷足先登的竞争者，企业应如何使自己的企业、品牌、产品能与现存的竞争者、竞争产品区分开来，企业应在市场上为它们塑造一定的形象，即市场定位。市场定位是为了适应消费者心目中某一特定的看法而设计的企业、产品、服务及营销组合的行为。市场定位包括三个层次：企业定位、品牌定位、产品定位。定位的方式是根据企业在行业中的地位的不同，可以采取对抗性定位和避强定位。定位时比较常用的工具是定位图。如果原来的定位不理想，可以进行重新定位。

重点概念

市场细分（market segmentation）
目标市场（target market）
市场定位（market positioning）
无差异性市场策略（undifferentiated targeting strategy）
差异性市场策略（multi-segment targeting strategy）
密集性市场策略（concentrated targeting strategy）

复习题

1. 为什么要进行市场细分？
2. 消费者市场细分的标准有哪些？
3. 生产者市场细分的标准有哪些？
4. 进行有效市场细分应具备哪些条件？
5. 细分市场能否成为目标市场应从哪几方面进行评价？
6. 企业进行定位时有哪几种策略可供选择？
7. 企业定位不理想时应做何处理？
8. 在做出对抗性定位时，企业应把握的问题是什么？
9. 有人说：“当企业为其产品推出较多的优越性（利益点）时，可能会变得令人难以相信，并失去一个明确的定位。”你是否同意这一说法？能否找出一些现实生活中观察到的实例来说明？

案例分析

差异化造就“美汁源果粒橙”

可口可乐公司起家的产品属于碳酸饮料，风靡全球上百年。虽然经典的可口可乐仍然畅销世界各地，但也有人认为它不算是绿色食品，没有营养。采取多品类发展战略的可口可乐公司一直在寻求开发果汁类饮料。

对于可口可乐而言，“美汁源果粒橙”的成长路径可成为一个最佳范本：在可口可乐公司的500多个子品牌中，只有“美汁源果粒橙”是在中国市场本土研发、“土生土长”的品牌，2011年，“美汁源果粒橙”销售额超过10亿美元，成为可口可乐公司第14个品牌价值超过10亿美元的品牌。

不是所有品牌都可以成为“美汁源果粒橙”，在推出“美汁源果粒橙”之前，可口可乐也曾在中国市场新推出旗下包括天与地、酷儿等多个品牌，得益于可口可乐背后强大的广告宣传资源支撑，这些品牌短时间内销售也曾快速攀升。

不过跟这些品牌短暂的灿烂相比，只有“美汁源果粒橙”完成了可口可乐在中国市场打造明星产品的使命。这款可口可乐体系中独一无二的产品，只用了短短三年多时间就成为中国饮料市场低浓度果汁市场的销售冠军，并保持至今。

差异化策略

而在业内人士看来，差异化竞争是“美汁源果粒橙”成功的要因。“可口可乐‘美汁源果粒橙’最能证明其本土化策略的成功。”中国食品（行情 专区）商务研究院一名研究员表示。

在1979年进入中国市场后，可口可乐（中国）除了巩固既有的碳酸饮料这一优势阵地外，一直尝试寻找新的增长点，而并购汇源本是其进入果汁饮料市场的最快捷途径，不过在失手并购汇源后，其继续深耕果汁饮料市场的机会顿失。

而此时，中国饮料市场的热点几经轮换，从茶饮料到果汁饮料再到乳饮料，在这个领域，统一、康师傅等一系列品牌在果汁市场已经占据先机，市场格局基本确立，可口可乐还有机会吗?

“创新是可口可乐成功的关键，中国果汁饮料市场的竞争已日趋白热化，要想在市场竞争中取得领先地位，满足消费者需求、符合市场需要的差异化经营则是关键，这就需要生产厂商从产品研发、生产、销售、市场营销等方面打造差异化竞争力。”该人士称。

创新再创新

为了和市场上已有的果汁饮料有明显区别，可口可乐从西方果汁饮品的制作上得到启发，打算在橙汁中加入新鲜果肉——这一次果汁与果肉的“混搭”造就了中国市场上第一个含果肉果汁饮料。含有一粒粒果肉延伸的意思就是天然、原汁原味，顺应消费者的心理需求，这个创新是别人所没有的，它带给消费者一种新鲜的感受和新奇的体验。

但这意味着“美汁源果粒橙”成为一款完美产品了么？可口可乐并不这样认为。如同人们即使在睡意朦胧时依然可以通过迷人曲线的手感辨别出可口可乐，“美汁源果粒橙”的瓶形也要具有强烈的辨识度。

经过一番设计和对比，“美汁源果粒橙”瓶形从10个模型中脱颖而出：上部分状如橙

子，表面布满了凹凸不平的颗粒——小小的变动帮助“美汁源果粒橙”实现了“拿在手中，果肉在眼中”的效果。

接下来，可口可乐利用了奥运会契机和网络营销等手段，特别是针对年轻的消费者群体（其推广的重要目标人群就是18～28岁的年轻人），策划了一系列有针对性的营销活动。

此外，为了保证“美汁源果粒橙”的成功得以支持和延续，可口可乐在营销布局的同时也着力于基础设施的建设和产品产能的提高。

可口可乐善于将成功的经验进行复制，“美汁源果粒橙”的成功让可口可乐意识到，中国人的消费习惯与欧美不同，在欧美市场，无论饮酒还是喝咖啡抑或饮料，越是纯正越是尊贵。在与老对手百事可乐的全球竞赛中，可口可乐不也是屡屡去强调自己是“最经典、最正宗”的可乐吗？但是在中国市场，人们对混搭饮品却情有独钟。正因为此，才有果粒橙的成功。

随后可口可乐沿袭这一混搭产品模式，研发推出了C粒柠檬、热带果粒、爽粒葡萄、滑粒蜜桃、玫瑰红葡萄等，新口味的加入不仅进一步丰富了美汁源品牌的产品线，也为销售额的上升做出了巨大贡献。

作为一家拥有10余个10亿美元品牌的巨头，可口可乐绝不会满足于在中国市场获得成功，其全球资源平台和专业技能，是否能够将“美汁源果粒橙”的成功从中国复制出去？

很快，“美汁源果粒橙”遵循着由近及远的原则，进入亚洲市场的菲律宾、马来西亚、印尼、新加坡、韩国等14个国家和地区。2009年，它进入拉美市场。今天，这一产品已成为全球销量最大的果汁品牌之一。

资料来源：崔丹．第一财经日报，2013－05－10.

讨论题

1. 可口可乐公司为什么要开发果汁饮料？
2. 开发“美汁源果粒橙”的市场环境如何？
3. 中国人的消费习惯与欧美国家的消费者有哪些不同？
4. 差异化策略表现在哪些方面？
5. 试总结“美汁源果粒橙”开发成功的经验。

延伸阅读

1. 罗湛贤，程鹏．美的集团发布全球战略定位，从家电企业变科技集团［N］．南方日报，2017－03－09.

2. 医学之眼．美的集团战略分析［EB/OL］．百度文库，2019－03－14.

3. 徐依海．美的集团各发展阶段的战略定位分析［EB/OL］．爱问共享资料，2019－03－26.

4. 刘景丰．市值超越苹果亚马逊，重回世界第一的微软是怎样翻身的？［EB/OL］．燃财经，2019－07－23.

5. 未来君．2018年十大刷屏营销案例［EB/OL］．互动未来，2018－12－21.

第 10 章

产 品 策 略

学习目标

◇ 全面理解产品及整体产品的概念，把握产品五个层次的内涵
◇ 了解产品组合的相关概念及产品组合策略
◇ 把握产品生命周期的概念及各阶段的策略
◇ 理解新产品的内涵，熟悉新产品开发的多种方法
◇ 掌握新产品开发的科学程序和新产品扩散的影响因素

产品是消费的对象，是消费者用来实现价值的载体，企业只有提供对消费者有价值的产品，才能吸引消费，从而实现自身的市场目标。伟大的产品是成就伟大品牌和伟大企业的基石，成功的产品策略是企业在市场中成功的基础。因此，营销策略的首要策略是产品策略。

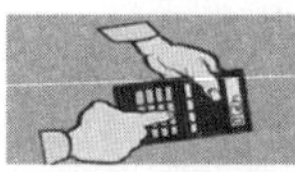

10.1　产品与产品分类

根据市场营销的定义，营销的目的是为了满足消费者的需求和欲望，但需求和欲望的满足必须借助某种载体才能实现，这种载体就是产品。

10.1.1　产品

1. **产品**（product）

人们对产品的理解往往局限于具体的、能提供某种实际用途的物质实体，如杯子、服装、汽车、房子等，这是传统的、狭义的产品概念。市场营销学对产品的界定，从内涵看更为丰富，从外延看涵盖面十分宽泛。

营销学认为，产品不仅是指有具体物质形态的、有形的物品，还包括非物质形态的服务、事件、人员、地点、观念、组织、体验、经历或这些因素的组合。按照菲利普·科特勒的定义："产品指能提供给市场以引起人们关注、获得使用或消费，从而满足某种欲望或需要的任何东西。"

由此定义可知，产品的含义十分广泛。而且随着世界范围内科学技术、经济的发展和营销实践的推动，产品定义还将不断得到扩展。准确把握市场营销学关于产品定义的深刻内涵，对于企业全面认识和了解消费者需要，研制、开发能同时满足消费者多层次需求的产品，具有十分重要的意义。

例 10－1

U　盘

20 多年前，使用电脑的人一定会被电子存储所困扰，那时人们使用软盘保存和转移电子文件，软盘不仅容量小（1.44 MB），而且容易坏，直到 1999 年，深圳朗科科技公司研发出全球第一款 USB 闪存盘，成功启动了全球闪存盘行业。

USB 闪存盘，英文名“USB flash disk”，又称 U 盘，它是一种使用 USB 接口的无须物理驱动器的微型高容量移动存储产品，通过 USB 接口与电脑连接，实现即插即用。

最初朗科科技把 USB 闪存盘命名为“优盘”，并对其进行了专利注册，之后生产的类似技术的设备由于朗科已进行专利注册，不能再称之为“优盘”，而改称谐音为“U 盘”，这个称呼因其简单易记而为市场广泛接受。

时至今日，U 盘已成为广大计算机用户必备的周边产品之一。U 盘的容量也从最初的 8 M 增长到 1 T 以上；从单一的 USB 接口发展到 iOS 苹果接口、安卓接口；从单调的外观发展到丰富多彩的精美的外观；从单一的数据存储，发展到加密 U 盘、启动 U 盘、杀毒 U 盘、测温 U 盘以及音乐 U 盘等。

图 10－1　朗科科技

资料来源：https://baike.baidu.com/item/u 盘.

思考题

1. U 盘的核心功能是什么？U 盘满足了人们什么样的需求与欲望？
2. 根据目前 U 盘满足人们的需求和欲望出发，请思考 U 盘将来可能的产品创新策略。

2. 产品与服务（service）

从广义的产品概念看，服务是比较重要的一种产品形式。随着经济的发展，服务业在世界经济中所占的地位越来越重要，服务也成为企业营销的重要内容。实际上，企业向市场所提供的大多数产品都是既包括有形的物质产品又包括无形的服务，都是物质产品和服务的组合，二者密不可分，融为一体，纯粹的有形商品形式如食盐、大米，或纯粹的服务形式如医疗、美容等已经越来越少了。

物质产品和服务组合的形式主要有以下三种。

（1）附带服务的产品。这种组合形式以实物商品为主，与产品相伴随的服务为辅。如联想集团销售计算机，计算机是人们购买的主要实物产品，但同时还需要安装、调试、培训、咨询、软件等多种技术服务。没有这些支持性的服务，电子计算机的功能就得不到实现。现在，越来越多的企业开始将产品支持性的服务作为获得竞争优势的一种重要工具。

（2）产品与服务的混合物。这种组合形式实物商品和服务并重。如人们到餐馆就餐，既是为了享用美食佳肴，也是为了接受服务。就餐者满意程度的高低既取决于菜肴的色、香、味，也取决于餐厅的格调、环境、氛围、卫生以及侍应生的服务态度与服务技能等。

（3）附带产品的服务。这种组合形式以服务为主，支持性的实物商品为辅。如人们乘坐火车、飞机所购买的主要是交通运输服务，得到的是人体在空间的位移，但整个旅程还包

括一些有形的物品，如飞机票、火车票、食品、饮料、报纸、杂志以及飞机、火车这些交通工具本身。消费者购买的只是服务，实物商品只是支持性、辅助性的，飞机票、火车票只是消费者能乘坐飞机、火车的凭证。

例 10－2

海底捞的产品与服务

四川海底捞餐饮股份有限公司成立于 1994 年，是一家以经营川味火锅为主、融汇各地火锅特色为一体的大型跨省直营餐饮品牌火锅店，海底捞在简阳、北京、上海、沈阳、天津、武汉、石家庄、西安、郑州、南京、广州、杭州、深圳、成都、韩国、日本、新加坡、美国等城市和国家有百余家直营连锁餐厅。2017 年营收总额达 106.37 亿元。2018 年 9 月 26 日，海底捞成功登陆香港资本市场。

在中国庞大的火锅市场中，海底捞为什么能够异军突起，为消费者信赖并成功上市？其主要原因如下：

1. 味道地道，特色突出

海底捞火锅有 10 多种锅底，如牛油火锅、鸳鸯火锅、番茄火锅、菌汤锅等。价格方面，地区不同，略有差异。大部分店有自助调料台，有 20 余种调料，顾客可根据自己的口味喜好，任意调配；另外，还有免费水果，季节不同，水果也有所不同，如圣女果、哈密瓜、西瓜等；也会有小米粥或是银耳汤等。

图 10－2　海底捞

2. 服务态度特别好

因为食客很多，经常要排队，餐厅就为等待的顾客提供免费美甲、美鞋、护手等服务，以及免费饮料、零食和水果等。甚至在卫生间里都会有专人服务，包括开水龙头、挤洗手液、递擦手纸等。服务员来自五湖四海，顾客还可以找老乡服务，态度很热情。

3. 物美价廉

海底捞所有的菜品都是可以叫半份的，半份半价。这样顾客就可以品尝更多种类的食品了，而且价格相对合理。

资料来源：https://baike.baidu.com/item/海底捞.

思考题

1. 有形的产品和无形的服务之间的关系如何？
2. 消费者到海底捞消费最看重的是什么？
3. 海底捞的成功对中国餐饮业有何启示？

10.1.2　产品的整体概念

1. 产品整体概念的五个层次

产品的整体概念指一切能满足顾客某种需要和利益的物质产品和非物质形态的服务。具体可以划分为五个层次，如图 10－3 所示。

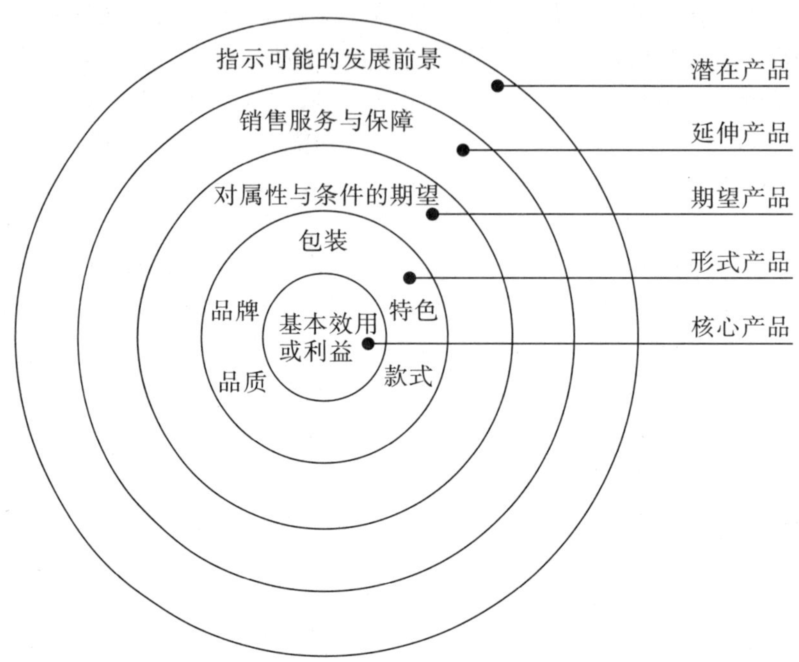

图 10-3　产品整体概念的五个层次

（1）核心产品（core product）。核心产品是指向购买者提供的基本效用或利益。消费者购买商品并不是为了获得产品本身，而是为了获得能够满足某种需求的使用价值。如消费者购买牙膏，不是为了拥有这种装有膏状化学物质的长条形物品，而是为了获得牙膏能洁齿、防龋的效用。核心产品是消费者追求的最基本内容，也是他们所真正要购买的东西。因此，企业在设计、开发产品时，必须首先界定产品能够提供给消费者的核心利益。

（2）形式产品（actual product）。形式产品（形体产品）是核心产品所展示的全部外部特征，即呈现在市场上的产品的具体形态或产品核心功能、效用借以实现的外在形式，主要包括品牌、包装、款式、特色、质量等。具有相同效用的产品，其外在实体和表现形式可能有较大差异。消费者购买产品，除了要求该产品具有某些基本功能，能提供某种核心利益外，还要考虑产品的质量、造型、包装、色彩、品牌、特色等多种因素。不同的产品形式能满足同类消费者的不同的需求，影响他们的购买决策。企业进行产品设计时，除了重视消费者所追求的核心利益之外，还要注重如何将形式产品的各个要素精心地组合成独特的形式，以将核心利益有效地传达给目标顾客。

（3）期望产品（expected product）。期望产品指消费者购买商品时期望得到或默认应该得到的一组属性和条件。如旅客对旅店服务产品的期望包括干净整洁的房间、卧具、电话、衣柜、电视、洁具齐全的卫生间等。消费者对期望产品的评价以行业的平均质量水准为基础。普遍公认的期望产品得不到满足时，会影响到消费者对产品的满意程度和购后评价。企业在设计研发产品时，一定要使自己的产品达到同行业的中等或中上等质量水平。

（4）延伸产品（augmented product）。延伸产品指消费者在取得产品或使用产品过程中所能获得的除产品基本效用和功能之外的一切服务与利益的总和，主要包括运送、安装、调试、维修、产品保证、零配件供应、技术人员与操作人员的培训等，它能给消费者带来更多

的利益和更大的满足。延伸产品来源于对消费者需求的深入认识。消费者购买商品的根本动机是满足某种需求，但这种需求是综合性的、多层次的。企业必须提供综合性的产品和服务才能满足其需要。特别是现代社会科学技术飞速发展，企业生产和经营管理水平不断提高，不同企业提供的同类产品在核心利益、形式产品和期望产品上越来越接近，延伸产品所提供的附加价值的大小在市场营销中的重要性越来越突出，已经成为企业差异化策略赢得竞争优势的关键因素。

（5）潜在产品（potential product）。潜在产品指产品最终会实现的全部附加价值和新转换价值，是附加产品服务和利益的进一步延伸，指明了产品可能的演变给顾客带来的价值。潜在产品是吸引顾客购买非必需品、非渴求品最重要的因素。例如保险，人们在购买的当时并未得到什么可即刻实现的利益，而是一纸承诺，这是未来最终可以实现理赔收益的保障。人们对各种彩票的热衷，看中的也是中奖后的巨大回报以及“好运”的喜悦。

2. 整体产品概念理论的运用

整体产品概念五个层次的理论，全面体现了以消费者需求为中心的现代营销观念，对企业设计和开发产品、制定市场营销组合策略，具有多方面的意义。

（1）企业设计和开发产品一定要找准产品的核心利益。产品的核心利益是消费者购买的最根本内容，也是消费者制定购买决策时考虑的最重要因素。消费者购买产品的目的不是为了占有某种物品，而是为了获得产品的核心利益。如人们购买各种昂贵的化妆品，真正追求的是美丽、希望和梦想。为此，企业设计、开发产品一定要找准产品对其目标顾客而言的核心利益，否则，顾客的需求没有真正得到满足，产品也不可能受到欢迎。

（2）重视产品的非功能性利益的开发。消费者对产品利益的追求包括功能性和非功能性两个方面，前者主要是满足他们在生理上和物质上的需求，后者则更多的是满足他们在心理上、精神上和情感上的需求。随着社会经济的发展，生活质量的提高和消费者自我意识的加强，人们对产品的非功能性利益越来越重视，在很多情况下甚至超过了功能性利益。因此，企业要全面领悟产品核心利益的深刻内涵，高度重视非功能性利益的开发，更好地满足消费者多层次的需要。

（3）围绕整体产品的多个层次开展竞争。在我国经济的发展过程中，企业之间围绕争夺消费者展开的竞争非常激烈，大多数企业竞争的工具主要还是价格战，特别当有形商品在功能、品质上极为接近，难以形成大的差异时更是如此。整体产品概念为企业竞争提供了一种新思维、一种新的分析框架，即围绕整体产品开展竞争，在整体产品的每一个层次，每一个层次的每一个要素，如包装、品牌、款式、花色、质量以及安装、调试、维修、融资等售后服务上求新，创造特色，增加核心利益，提高企业产品的竞争力。

例 10 - 3

江小白：喝的是酒，更是情怀！

在中国喝酒，从来就不是为了品尝那难以下咽的味道，而是品味其中蕴含的丰富的人情和社会关系。中国悠久的酒文化造就了中国独特的白酒市场，于是绝大多数白酒品牌在营销时，都在诉说自己的工艺与历史、尊贵与豪华。因此，对于想进入白酒市场的新来者，苍白的历史无疑成为它进入市场的天然障碍。而且，白酒似乎离年轻人越来越远。一项针对25 ~ 30 岁之间的年轻人对白酒态度的调查显示：只有 5% 的年轻人第一选择是白酒。而大多数年

轻一代认为：白酒不适合自己，喝白酒太正式，而且不够时尚。

对于成立于2012年的江小白来说，这两大障碍似乎都不是问题。因为它发现，白酒除了诉求其历史和地位之外，还可以诉求年轻人的情怀。基于这一切入点，江小白成功杀入竞争激烈的中国白酒市场，成为一匹异军突起的黑马。

年轻人有着自己的生活态度和主张，他们追求自由开放的观念，崇尚简单真实的生活，在乎个性的张扬，他们敢爱、敢恨、敢于表达自己的情绪，他们是特别有情怀的一群人。传统白酒文化及其口味与这个简单真实的群体极其不符。因此，“我是江小白，生活很简单”这种近乎直白的品牌诉说得到了年轻一代的热捧。

图10－4　江小白

江小白把目标市场聚焦于有情怀的年轻人。它提倡直面青春的情绪，不回避、不惧怕，做自己。江小白在《致我们情绪的青春》一文中这样写道：“我们捕捉每一个青春个体的丰富情绪，并向你提供一种带有酒精度的神奇饮料，它能放大我们的情绪。它能让我们更幸福、更快乐、更激情、更兄弟、更姐妹，也可能让我们更孤独、更悲伤、更恐惧、更沮丧。我们喜欢的情绪，就让它淋漓尽致，我们回避不了的情绪，就让它来得更猛烈！”正如其广告语所言：与其让情绪煎熬压抑，不如任其释放。

“我是江小白，生活很简单”的品牌主张沿用至今，已经繁衍出“面对面约酒”“好朋友的酒话会”“我有一瓶酒，有话对你说”“世界上的另一个我”“YOLO音乐现场”“万物生长青年艺术展”“看见萌世界青年艺术展”“江小白 Just Battle 国际街舞赛事”，以及《我是江小白》动漫等文化活动。

随着时间的推移，江小白“简单纯粹”的品牌形象已经演变为具备自传播能力的文化IP，越来越多人愿意借“江小白”来抒发和表达自己：“每个吃货，都有一个勤奋的胃和一张劳模的嘴”“吃着火锅唱着歌，喝着小白划着拳，我是文艺小青年”……

对于这个复杂的世界而言，江小白或许能激发许多人的心理共鸣。

资料来源：百度百科。

思考题

1. 面对市场竞争十分激烈的传统白酒市场，江小白推出“我是江小白，生活很简单”这一诉求是在产品的哪个层次进行差异化营销？

2. 江小白为什么能够赢得年轻消费者的认可？

3. 对中国传统白酒产品的营销，除了诉求工艺、历史、地位和情怀外，还可以从哪些方面诉求？

10.1.3 产品分类

1. 耐用品、非耐用品、服务

根据产品的耐用性和有形性，可以划分为耐用品、非耐用品和服务三大类。

(1) 耐用品 (durable goods)。耐用品指使用时间较长，至少在一年以上的物品，如电冰箱、汽车、电视机、机械设备等。耐用品单位价值较高，购买频率较低，需要较多的人员推销和服务，销售价格较高，利润也较大。

(2) 非耐用品 (nondurable goods)。非耐用品指使用时间较短，甚至一次性消费的商品，如纸巾、糖果、牙膏、饮料等。这类产品单位价值较低，消耗快，消费者往往经常购买、反复购买、随时购买，大量使用。需要广泛设置分销网点，便利消费者及时购买、就近购买。价格多采用随行就市，企业获利较少；多采用促销策略，吸引消费者购买，并促成他们建立品牌偏好，形成习惯性购买行为。

(3) 服务 (service)。服务指能够满足消费者某种需求，给消费者带来便利、好处、满足感的各种活动，如美容美发、交通运输、金融服务、会计服务、律师服务等。服务具有无形性，生产与消费的不可分离性，产品质量的易变性和价值易逝性等特点。这类产品的营销需要更多的质量控制、更有效的促销宣传和更适用的平衡供求矛盾的措施。

2. 消费品和工业品

根据产品的购买者和购买目的，可以划分为消费品和工业品。

(1) 消费品 (consumer goods)。消费品指个人和家庭为满足生活消费需要而购买的商品和服务。根据消费者的购买行为和购买习惯，消费品可以划分为便利品、选购品、特殊品和非渴求品四类。

①便利品 (convenience goods)。便利品指消费者要经常购买、反复购买、即时购买、就近购买、惯性购买，且购买时不用花时间比较和选择的商品。具体又可以分为日常生活用品 (staples)，如肥皂、香烟、饮料等；冲动品 (impulse goods)，即不在购买计划之内，由于一时冲动而即时购买的商品，如合意的书籍、折价的小饰品、旅游途中购买的工艺品和纪念品等；救急品 (emergency goods)，即消费者在某种情况下紧急购买的商品，如饥肠辘辘时购买的食品，倾盆大雨突然而至时购买的雨伞等。对便利品的营销，企业要特别重视“地点效用”和“时间效用”，建立密集的销售网点，备足货品，采取特价、折价，集中突出陈列以及赠品等促销策略，方便消费者随时购买、随地购买，刺激冲动性需求。

②选购品 (shopping goods)。选购品指消费者在购买过程中对功效、质量、款式、色彩、风格、品牌、价格等花较多时间进行比较的商品，如家用电器、服装、鞋帽等。

选购品又可以分为同质选购品和异质选购品。同质选购品在质量、功效等非价格因素方面差异不大，但价格差异较大，所以要认真比较选购。异质选购品在质量、功效、花色、款式、风格等方面差异较大，消费者购买时重视和追求特色，特色比价格对购买决策的影响更大。企业在异质选购品的营销中首先要重视产品差异的设计与研制，在产品的品种、花色、款式、风格方面实行多样化，并通过广告宣传和促销活动将产品差异有效地传递给消费者，以满足消费者的差异化需求。

③特殊品 (specialty goods)。特殊品指具有特定品牌或独具特色的商品，或对消费者具有特殊意义、特别价值的商品，如品牌服装、名车、名烟名酒，具有收藏价值的收藏品以及

结婚戒指等。特殊品的购买者对所需产品已经有所了解，注重其特殊价值，情有独钟，愿意为此付出更多的努力或支付更高的价格。对这类商品，企业的营销重点应放在品牌声誉、特色和对消费者而言的特殊价值上，并要相应地选择有较好信誉的经销商或专卖店销售。

④非渴求品（unsought goods）。非渴求品指消费者不熟悉，或虽然熟悉，但不感兴趣，不主动寻求购买的商品，如环保产品、人寿保险以及专业性很强的书籍等。非渴求品往往属于消费者的潜在需求或未来需求。在营销中，需要采用较强的开发性策略，采取诸如人员推销、有奖销售等刺激性较强的促销措施，制作强力广告，以便帮助消费者认识和了解产品，将产品使用价值和他们的需求相连，引导他们的兴趣，激发购买行为。

（2）工业品（industrial goods）。工业品指各种组织，如企业机关、学校、医院为生产或维持组织运作需要而购买的商品和服务。判断一个产品是消费品还是工业品的标准就是看谁购买，购买的目的是什么。如果个人和家庭购买汽车作为自用的交通工具，这辆汽车就是消费品；如果一家宾馆购买汽车用于接送客人，这辆汽车就成了工业品。对于工业品，可以根据它们参与生产过程的程度和价值大小划分为材料和零部件、资本项目以及供应品和服务三大类。

①材料和零部件（material and parts）。材料和零部件指完全参与生产过程，其价值全部转移到最终产品的那些物品，又可以分为原材料以及半制成品和零部件两大类。原材料包括农产品（如棉花、稻谷、水果、蔬菜）和天然产品（如金属、石油、矿石）；半制成品和零部件包括需进一步加工的构成材料（如水泥、钢材、棉纱）和可以直接成为最终产品一部分的构成部件（如轮胎、空调和冰箱用的压缩机、电视机用的显像管）。农产品具有生产周期较长、产量波动较大、易腐性及季节性等特点，需要采取集中、分级、储存、运输和各种销售服务以及特殊的营销策略。天然产品供应有限，同质性强，体积大，单位价值低，需要大量的运输，一般采取直接渠道，由生产商直接将商品销售给工业品用户，双方之间普遍采用长期合同制。价格因素和交货的及时性、可靠性是工业品用户选择原材料供应商时考虑的主要因素。

②资本项目（capital items）。资本项目指辅助生产进行，其实体不形成最终产品，价值通过折旧、摊销的方式部分转移到最终产品之中的那些物品，包括装备和附属设备。装备包括建筑物（如厂房、办公室、仓库）和固定设备（如机床、大型计算机系统）。这类产品通常由用户直接从制造商那里购买，购买之前经过较长时间的谈判，用户需要供应商提供诸如信用、安装调试、技术人员和操作人员培训之类的售后服务。附属设备包括轻型制造设备、工具以及办公设备。其使用寿命较之装备要短，在生产过程中仅起到辅助作用。附属设备的用户众多，地理位置分散，订购数量少，主要通过中间商销售。质量、特色、价格和服务是用户考虑的主要因素。

③供应品和服务（supplies and services）。供应品和服务指不形成最终产品，价值较低、消耗较快的那类物品。供应品包括生产作业辅助用品（如煤、润滑油）、办公用品（如文具、纸张）和维护用品等。它们相当于产品领域的便利品，购买简单，主要为例行性的重复采购。服务主要有管理咨询服务（如培训、策划）、专业服务（如会计、律师、商标、广告）和劳务服务（如清洁、搬运、保安）等。各类服务的提供通常采用订立合同的形式。

10.2　产品组合

10.2.1　产品组合的基本概念

产品组合（product mix or product assortment）指企业生产或经营的全部产品线和产品项目的有机组合方式，又称产品结构。

产品线（product line）指一组密切相关的产品，又称产品系列或产品品类。所谓密切相关，是指这些产品或者能满足同种需求；或者必须配套使用，销售给同类顾客；或者经由相同的渠道销售；或者在同一价格范围内出售。

产品项目（product item）指在同一产品线或产品系列下不同型号、规格、款式、质地、颜色或品牌的产品。例如，百货公司经营金银首饰、化妆品、服装、鞋帽、家用电器、食品、日用化工品等多品类产品。其中，家用电器是一条产品线或一个产品品类，在这条产品线中，海尔空调便是一个产品项目。

企业产品组合可以从宽度、长度、深度和关联度四个维度进行分析。表 10－1 展示了海尔公司家用电器的产品组合。

表 10－1　海尔公司的产品组合

项目	产品组合广度					
	冰箱	空调	洗衣机	电热水器	电视	电脑
产品组合长度	王子 金王子 太空王 王中王 果莱王 金统帅 大统帅 小统帅 小小统帅 快乐王子 太空王子	超人 大超人 金超人 健康金超人 金状元 小元帅 太空金元帅	太空钻 玫瑰钻 水晶钻 太阳钻 银河钻 小神螺	大海象 金海象 海象王 海象 200 小天将 小小海象 小神泡 小神功 大神功 小神童 小小神童 多变神童	宝德龙 美高美 影丽 银雷 小雷达 小禧龙 青蛙王子 世纪强音	乘龙 快龙 超龙 登峰

1. **产品组合的广度**（product mix width）

产品组合的广度又称产品组合的宽度，指企业生产经营的产品线的数量。大中型的多元化经营的企业集团产品组合的广度较宽，而专业化的企业和专营性商店生产和经营的产品品类较少，产品组合的广度较窄。表 10－1 中海尔公司家用电器的产品组合广度为 6 条产品线。

2. **产品组合的长度**（product mix length）

产品组合的长度指企业生产经营的全部产品线中所包含的产品项目总数，也即产品线的

总长度。表 10－1 所示海尔公司的产品项目总数是 48，这就是海尔公司产品线的总长度。实际上，海尔公司现在生产的产品已形成一个包括白色家电、米色家电和黑色家电在内的 86 大门类、13 000 多个规格的庞大的产品群。每条产品线的平均长度，即企业全部产品项目数除以全部产品线所得的商，在此表中是 8（48/6），说明海尔公司平均每条产品线中有 8 个品牌的商品。企业产品项目总数愈多，即产品线愈长，反之则愈短。

3. **产品组合的深度**（product mix depth）

产品组合的深度指企业生产经营的每条产品线中，每种产品品牌所包含的产品项目的数量。一个企业每条产品线中所包含的产品品牌数往往各不相等，每一产品品牌下又有不同的品种、规格、型号、花色的产品项目。例如，海尔公司的小小神童洗衣机有 9 种型号，那么，它的深度就是 9。专业化企业生产和经营的产品品类较少，但同一产品种类中规格、品种、花色、款式较为齐全，产品组合的深度较深。

4. **产品组合的关联度**（product mix consistency）

产品组合的关联度又称产品组合的密度，指企业生产和经营的各条产品线的产品在最终用途、生产条件、销售渠道及其他方面相互联系的密切程度。表 10－1 中海尔公司 6 条产品线都是家用电器，产品的最终用途相同，可以通过相同的分销渠道销售，其关联度较为密切。

一般而言，实行多元化综合经营的企业，因同时涉及几个不相关联的行业，各产品之间相互关联的程度较为松散，而实行专业化经营的企业，各产品之间相互关联的程度则较为密切。

企业产品组合的广度、长度、深度和关联度不同，就构成了不同的产品组合。分析企业产品组合，具体而言就是分析产品组合的广度、长度、深度及关联度的现状、相互结合运作及发展态势。在一般情况下，扩大产品组合的广度有利于拓展企业的生产和经营范围，实行多元化战略，可以更好地发挥企业潜在的技术、资源及信息等各方面优势，提高经济效益，还可以有效地分散企业的投资风险；延伸产品线的长度，使产品线充裕丰满，使企业拥有更完全的产品线，扩大市场覆盖面；加强产品组合的深度，在同一产品线上增加更多花色、品种、规格、型号、款式的产品，可以使企业产品更加丰富多彩，满足更广泛的市场需求，提升产品线的专业化程度，占领同类产品更多的细分市场；加强产品组合的相关性，可以强化企业各条产品线之间的相互支持，协同满足消费者，有利于共同利用同一资源，降低成本，可以使企业在某一特定的市场领域内增强竞争力和市场地位，提高知名度。因此，产品组合策略也就是企业根据市场需求、营销环境及自身的能力和资源条件，对自己生产和经营的产品从广度、长度、深度和关联度四个维度进行综合选择和调整的决策。

10.2.2 产品组合策略及其选择

产品组合策略是制定其他各项决策的基础，产品组合确定之后，企业的投资组合、定价、分销渠道、促销以及各项资源的配置都基本确定。企业对产品组合进行选择既不是愈宽愈深愈长愈好，也不是愈专业化愈好，而要在市场调研的基础上，全面考虑市场需求、竞争态势、外部环境以及企业自身实力和营销目标，遵循有利于促进销售、提高总利润的原则，正确决策，慎重行动。产品组合策略有以下六种。

1. **全线全面型组合**

全线全面型组合即企业生产经营多条产品线，每一条产品线中又有多个产品项目，产品项目的宽度和深度都较大，各条产品线之间的关联度可松可紧。这一策略的特点是力图向尽可能多的顾客提供他们所需要的多种产品，满足他们尽可能多的需求，以占领较为广阔的市场。只有规模庞大、实力雄厚、资源丰富的企业才做得到。如美国宝洁公司就有洗涤剂、牙膏、洗发水、香皂、除臭剂、润肤液、婴儿尿布和饮料等多条产品线，且都是日常生活用品，各条产品线之间的关联度较强。而中国的小米科技有限责任公司现在不仅在智能家电领域多元化发展，还进入出行、穿戴、健康、生活箱包等细分领域，产品线之间的关联度就较弱。不过小米公司把自己定位为一家以手机、智能硬件和 IoT 平台为核心的互联网公司，从而把这些看似关联度不高的产品统合在一起。

2. **市场专业型组合**

市场专业型组合即企业以某一特定市场为目标市场，为该市场的消费者群体提供多条产品线和多个产品项目，以满足他们多方面的需求。这种组合策略的特点是宽度和深度大，并且能全面了解本企业目标顾客的各类需求，以全面牢固地占领本企业目标市场为目的。这仍是规模较大的企业才适于采用的策略。如华为聚焦于 ICT（信息与通信）基础设施和智能终端市场，致力于把数字世界带入每个人、每个家庭、每个组织，构建万物互联的智能世界。其产品主要集中在通信网络、IT、智能终端和云服务等领域。

3. **产品系列专业型组合**

产品系列专业型组合即企业生产相互之间关联度较强的少数几条产品线中的几个产品项目，以满足不同消费者对这几类产品的差异需求。这种组合策略的特点是宽度和深度小，而关联度密切，产品的技术要求接近，生产专业化程度高，有利于提高生产效率。如格力一直集中于制冷产品的生产，只拥有空调、冰箱等少数几条产品线，每一条产品线的产品项目也较为有限。

4. **产品系列集中型**

产品系列集中型组合即企业集中各种资源，生产单一产品线中的几个产品项目，以更有效地满足某一部分消费者对这一类产品的需求。这一组合策略的特点是宽度最小、深度略大而关联度密切，且产品和目标市场都比较集中，有利于企业较好地占领市场。如长城汽车最初是皮卡生产商，后来顺应中国汽车市场的发展态势聚焦于 SUV 市场，以哈弗和 WEY 两大品牌在中国 SUV 市场牢牢占据领导地位，其中哈弗品牌定位为“中国 SUV 全球领导者”，已经形成大中小、高中低、多规格多品种哈弗大家族。WEY 品牌源自公司创始人魏建军的姓氏，定位为“中国豪华 SUV 领导者”。

5. **特殊产品专业型组合**

特殊产品专业型组合即企业凭借自己所拥有的特殊技术和生产条件，生产能满足某些特殊需求的产品。这一组合策略的特点是宽度、深度、长度都小，目标顾客具有特殊需求，生产的针对性、目标性都很强。很多情况下是根据顾客特殊的个性化需求定制产品。如某企业专门生产残疾人使用的假肢、轮椅、康复器械等。

6. **单一产品组合**

单一产品组合即企业只生产一种或为数有限的几个产品项目，以适应和满足单一的市场需求。这一组合策略的特点是产品线简化，生产过程单纯，能大批量生产，有利于提高劳动

效率，降低成本；技术上也易于精益求精，有利于提高产品质量。但是生产经营的产品单一，企业对市场需求变化的适应性差，风险较大。

上述六种产品组合策略为企业制定决策提供了多种选择。企业在实际决策时要综合考虑以下三个制约因素。

1. 企业资源的制约

企业资源指企业的人、财、物、技术、品牌及生产经营能力。任何企业，无论规模多么庞大，其资源总是有限的，总有自己的优势和不足之处。因此，并不是生产经营任何产品都是有利的，要根据自身的资源状况决定生产什么产品和生产多少。

2. 市场需求的制约

市场需求处在不断的变化之中，企业只能根据市场需求的发展变化趋势，本企业在人力、财力、物力方面的优势，拓宽或加强具有良好前景和获利潜力的产品系列。市场需求在诸制约因素中起主导的决定性作用。

3. 竞争条件的制约

如果新增加的产品系列遇到强大的竞争对手，利润的不确定性和风险性较大，则与其加宽产品系列，不如增加产品项目，加深原有的产品系列更为有利。如果相关密度较为密切的产品系列竞争激烈，还不如选择既有市场需求，企业又有实力进入的其他行业，向多元化经营发展。

10.3 产品生命周期

10.3.1 产品生命周期的内涵及形态

1. 产品生命周期的内涵（product life cycle）

产品生命周期指产品从进入市场开始到退出市场为止这一全过程，具体可以分为导入期（introduction）、成长期（growth）、成熟期（maturity）和衰退期（decline）四个阶段。

产品生命周期和产品的使用寿命是两个完全不同的概念。产品生命周期指的是产品的经济寿命，即产品在市场上销售的时间。它从产品在市场上的销售额和企业利润额的变化进行分析判断，反映的是产品的销售情况及获利能力在时间上的演变规律，其时间的长短由产品的质量、特性、价值、消费者认识和接受的程度、科学技术发展水平、国民经济状况、市场竞争态势、供求状况、政治法律因素以及产品更新换代的速度所决定。而产品的使用寿命指的是产品的自然寿命，即产品具体物质形态的变化、产品实体的消耗磨损。其时间的长短由产品本身的物理属性、化学属性、产品的使用强度、维修保养以及自然力的作用等因素决定。有的产品使用寿命很短，但生命周期却很长，如肥皂、爆竹等；有的产品生命周期很短，但使用寿命却很长，如流行时装、呼啦圈等。

产品生命周期是对泛指的“产品”在市场上销售变化进行的一种理论的抽象研究。而实际上具体到产品的种类、形式和品牌之间的分析则大不相同。产品种类（product category）的生命周期最长，甚至在相当长的时间内显示不出其阶段性的变化，或无法预见其全程变化，似乎可以在市场上长期存在，如大米、食盐等，其成熟期可以无限延长，其销售量增加与人口增长率成正比关系。产品形式（product form）的生命周期也较长，也更能准确地体现出产品生命周期的常规曲线。周期最短的是具体品牌产品（brand product）。如电视机

是一种产品种类，大屏幕的电视机是其中的一个形式，如“金星”牌电视机则是具体品牌的产品。现在市场上各种各样的电视机依然在不断地推陈出新，但“金星”牌电视机早已被市场所淘汰，其生命周期早已结束。

2. 产品生命周期的形态

在产品市场生命周期的各个阶段，销售额随产品推进市场时间不同而产生变化，通常表现为如图10－5所示的S形曲线，称为产品市场生命周期曲线。

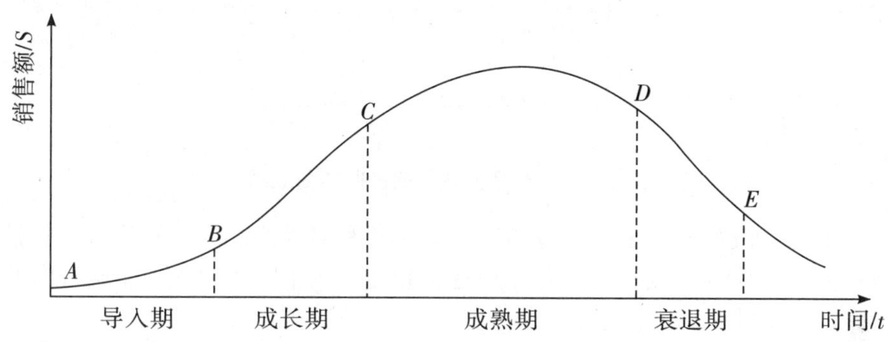

图10－5　产品生命周期曲线图

在图10－5中，$A \to B$ 为导入期，是新产品投入市场的初级阶段，销售量增长缓慢；$B \to C$ 为成长期，是市场销售量迅速增加的阶段；$C \to D$ 为成熟期，市场销售量达到顶峰，但增长率较低；$D \to E$ 为衰退期，销售量下降，产品即将退出市场。

S形产品市场生命周期曲线，只是分析产品市场生命发展变化的一种基本模式，是最典型的表现形态。并非所有产品的市场生命周期曲线都是标准的S形，而是多种多样的。西方市场营销学者们通过研究，确认有6～17种产品生命周期形态。以下简要介绍三种较为常见的不规则的产品生命周期形态。

（1）再循环形态。再循环形态是指产品到达成熟期后，并未顺次进入衰退期，而是又进入第二个成长期（见图10－6）。显现为再循环生命周期形态的产品往往是厂商成功地进行了产品的多功能开发或投入更多费用发动第二次促销的结果。

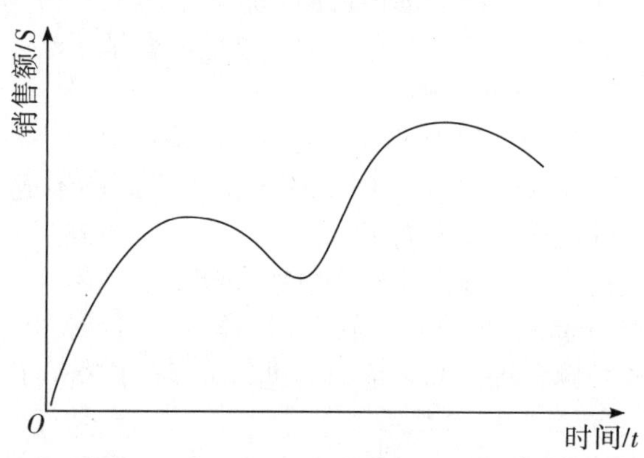

图10－6　产品生命周期再循环曲线图

（2）多循环形态。多循环形态又称“扇形”曲线，或波浪形循环形态，指产品在市场上的销售量由一个高峰又达到另一个高峰，不断向上攀升，其生命周期持续向前（见图

10－7）。这种生命周期形态的产品往往是发现了产品新的特征、用途或用户。如纸的销售就具有这种扇形特征。随着人们需求的多样化和科技的发展，纸的用途愈来愈广泛，更多地用于日常生活之中，有了纸杯、纸桌布、纸鞋垫、纸服装等。

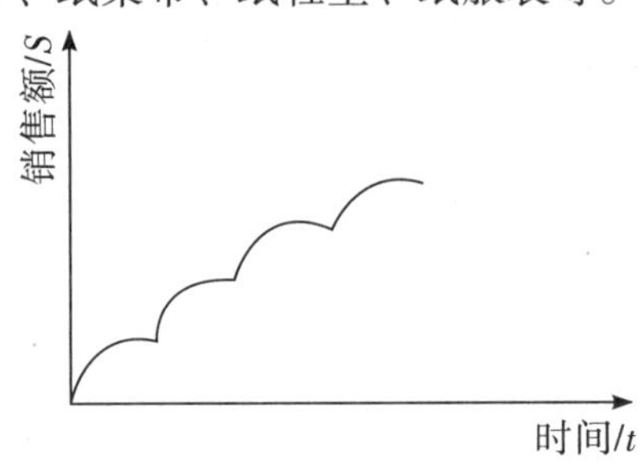

图 10－7　产品生命周期多循环曲线图

（3）流行形态。流行形态主要指各种流行、风潮和时尚产品。这种产品一投放市场便立刻掀起销售高潮，很快进入成熟期，并迅速退出市场（见图 10－8）。如流行歌曲、流行服装、网红产品的销售便是如此。

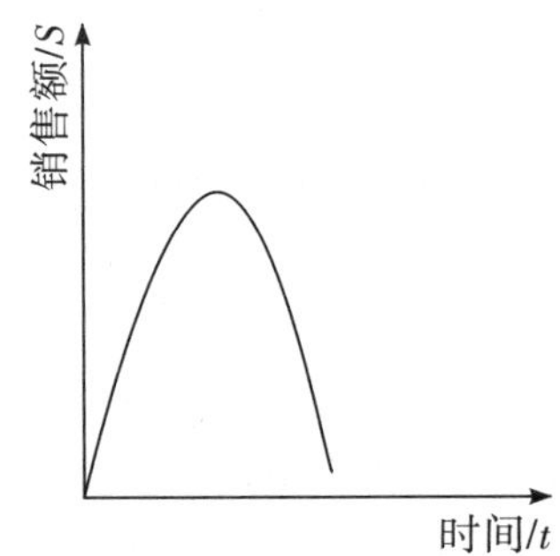

图 10－8　流行产品生命周期曲线图

10.3.2　产品生命周期各阶段的特点及营销策略

在产品生命周期的不同阶段，产品的销售额、成本、利润、市场竞争态势以及消费者行为都具有不同的特点。企业应根据这些特点，制定相应的营销策略。

1. 导入期的特点及企业的营销策略

导入期是新产品进入市场的最初阶段，其主要特点是：

（1）生产成本高。新产品刚开始生产时，首先由于供应链不成熟、产量达不到规模效应，造成零配件价格高。其次产品技术尚不稳定、不成熟，还需要调整优化。再次，生产工艺尚在完善中，次品率较高，因而新产品生产成本较高。

（2）营销费用大。新产品刚投入市场时，其性能、质量、使用价值、特征等还未被人们所认识，为了迅速打开销路，提高知名度，需进行大量的广告宣传及其他促销活动，促销费用很大。

（3）销售数量少，销售增长率低。因新产品还未赢得消费者的信赖，未被广泛接受，购买者较少，销售量小。

（4）竞争不激烈。因新产品刚进入市场，销路不畅，企业无利甚至亏损，生产者较少，竞争尚未真正开始。

在导入期，企业主要的经营目标是迅速将新产品打入市场，在尽可能短的时间内扩大产品的销售量。可采取的主要策略包括以下几方面。

（1）积极开展卓有成效的广告宣传，采用特殊的促销方式，如示范表演、现场操作、实物展销、免费赠送、小包装试销等，广泛传播商品信息，帮助消费者了解商品，提高认知程度，解除疑虑，培育市场。

在互联网时代，有些产品可以借助社交媒体迅速导入市场，如通过微信快速扩散、通过网红带货、通过网上导购促进销售、通过植入广告进行高层推广或制造话题引起市场关注等。

（2）积极攻克产品制造中尚未解决的问题，稳定质量，并根据市场反馈，改进产品。如通过产品升级的快速迭代方式，把产品质量和性能提高到较高水平。还可以通过社交媒体的互动，鼓励消费者参与产品共创，这不但加速了产品的成熟，同时也加快了产品的市场渗透速度。比如小米公司通过构建品牌社群的形式，以网络信息交互为主要方式收集顾客意见从而获得创意与灵感，进而快速应用于产品更新换代中，而“米粉”们通过在小米论坛互动，分享消费体验，加深了对小米品牌与产品的认知，从而潜移默化地增加了对小米这个品牌的信赖感与忠诚度，促进了小米产品的市场拓展。

（3）采取行之有效的价格与促销组合策略。表 10－2 中可供选择的价格与促销的组合策略有以下四种。

①快速掠取策略。即企业以高价格和高促销费用推出新产品。成功地采用这一策略可以使消费者更快地熟悉和了解新产品，快速打开销路；还可以使企业赚取较大的利润，以尽快收回新产品开发的投资。但企业采用这一策略，要注意必须具备一定的条件：产品有独特的功能或利益；目标顾客的求新心理强，并愿意付出高价；市场需求潜力较大；企业面临潜在竞争对手的威胁，须尽早建立产品的市场地位。

②缓慢掠取策略。即企业以高价格和低促销费用将新产品推向市场。高价格和低促销费用的结合有利于企业减少流通费用，降低成本，取得较大的利润。该策略适用于市场规模有限、产品需求弹性较小、潜在竞争威胁不大、能赢得大多数消费者相当程度的信任、适当的高价能为人们所接受的产品。

③快速渗透策略。即企业以低价格和高促销费用将新产品推向市场。其目的是抢占先机，以尽可能快的速度将产品打进市场，赢得最大的市场渗透和最高的市场占有率，薄利多销，从多销中获取利润。该策略适用于市场容量颇大，潜在竞争较为激烈，潜在消费者对价格十分敏感，单位制造成本可随生产规模的扩大而迅速下降的产品。

④缓慢渗透策略。即企业以低价格和低促销费用将新产品推向市场。低价格有利于消费者接受新产品，使产品较易于渗透市场，打开销路，扩大销路。低促销费用有利于降低产品成本，树立“物美价廉”的形象。该策略适用面广，适用于市场容量大、促销作用不明显、需求的价格弹性较大、消费者价格敏感度较高的产品。

表 10－2　导入期价格与促销组合策略

项目		促销水平	
		高	低
价格水平	高	①快速掠取策略	②缓慢掠取策略
	低	③快速渗透策略	④缓慢渗透策略

2．**成长期的特点及企业的营销策略**

成长期是产品在市场上已经打开销路，销售量稳步上升的阶段。其主要的特点有：

（1）购买者对商品已经比较熟悉，市场需求扩大，销售量迅速增加。早期采用者继续购买该产品，其他消费者也追随购买。

（2）生产和销售成本大幅度下降，大批量生产和大批量销售使单位产品成本减少。

（3）企业的利润增加。

（4）竞争者相继加入市场，分销网点数量增加，竞争趋向激烈。

在成长期，企业的主要营销目标是进一步扩大市场，提高市场占有率，实现市场占有率的最大化。可采用的策略有：

（1）进一步提高产品质量，增加花色、品种、式样、规格，改进包装。

（2）广告促销从介绍产品、提高知名度转到突出特色，树立形象，争创品牌，建立顾客对产品的偏好，提高忠诚度等。

（3）开辟新的分销渠道，扩大商业网点，进一步向市场渗透，拓展市场空间。

（4）在大量生产基础上，适时降价或采用其他有效的定价策略，吸引更多购买者。

3．**成熟期的特点及企业的营销策略**

成熟期是产品在市场上普及销售量达到高峰的饱和阶段。其主要特点是：

（1）产品已为绝大多数的消费者所认识与购买，销售量增长缓慢，处于相对稳定状态，并逐渐呈现下降的趋势。

（2）整个行业的生产能力过剩，企业利润逐步下降。

（3）竞争十分激烈。

（4）商品销售价格降低。

（5）分销渠道密集。

在成熟期，企业的主要营销目标是牢固地占领市场，保护市场占有率，防止与抵抗竞争对手的蚕食进攻，争取获得最大利润。可采用的具体策略有：

（1）从广度和深度上拓展市场，争取新顾客，刺激老顾客增加购买，以增加现有产品的使用频率和消费数量。如强生公司将婴儿洗发水、婴儿润肤露等婴儿护肤用品扩展到成人市场，做大了市场“蛋糕”。

（2）提高产品质量，进行产品多功能开发，创造新的产品特色，扩大产品的多功能性、安全性和便利性，增加产品的使用价值。

（3）改进营销组合策略，如调整价格、增加销售网点、开展多种广告宣传活动或采用以旧换新、有奖销售、竞猜、拍卖等主动性的促销手段，以及强化服务等。

4．**衰退期的特点及营销策略**

衰退期是产品销售量持续下降，即将退出市场的阶段。在实践中，有的产品的衰退较为缓慢，逐渐地退出市场，如在电动汽车时代来临之时，传统的燃油汽车将缓慢退出市场；又如曾经火爆的数码相机，也因为手机拍照功能的快速提升而逐渐沦为小众产品。有的产品则很迅速，特别是流行产品，如曾经流行于大街小巷的呼啦圈现在已很少能觅到踪影。有的产品的销售量很快就下降到近乎为零，也有的可能在一个低水平上持续多年，如 MP3 播放机、磁带式复读机、DVD 播放机都是如此。其主要特点是：

（1）消费者对产品已经没有兴趣，市场上出现了改进产品或换代产品，市场需求减少，销售量下降。

（2）行业生产能力过剩较多，同行企业为了减少存货损失，竞相降价销售，竞争激烈。

（3）企业利润不断降低。

在衰退期，企业的主要营销目标是尽快退出市场，转向研制开发新产品或进入新的市场。可选用的策略有：

（1）淘汰策略，即企业停止生产衰退期产品，上马新产品或转产其他产品。

（2）持续营销策略，即企业继续生产衰退期产品，利用其他竞争者退出市场的机会，通过提高服务质量、降低价格等方法维持销售。

（3）收割策略，即企业尽量减少各方面如厂房设备、维修服务、研发和广告、销售队伍建设的投入，同时继续维持产品销售。只要短期内销售不急剧减少，企业就可以从该产品上获得更多的受益，增加现金流量。该策略会使产品的竞争能力逐渐削弱而最终失去存在的价值，其使用条件是衰退产品在短期内销售量下降得比较缓慢，而从长期来看必须放弃。

上述关于产品生命周期各阶段的特征，企业的营销目标和营销策略的分析归纳在表10－3中。

表10－3　产品生命周期各阶段的特征、目标和策略概述

项目		导入期	成长期	成熟期	衰退期
特征	销售	低销售额	销售剧增	销售高峰	销售衰退
	成本	单位顾客成本高	单位顾客成本一般	单位顾客成本低	单位顾客成本低
	利润	亏本	利润增长	利润高	利润下降
	顾客	创新采用者	早期采用者	早期多数采用者	滞后采用者
	竞争者	很少	增多	稳中有减	减少
营销目标		尽快打入市场	扩大市场，实现市场份额最大化	牢固占领市场，保护市场份额	退出市场
营销策略	产品	提供基本产品	扩大服务保证	品牌和型号多样化	逐步撤出衰退产品
	价格	成本加成法	渗透市场定价法	与竞争者抗衡或战胜他们	降价
	分销	选择分销	密集分销	更密集分销	淘汰无利润的分销渠道
	广告	在早期使用者和经销商中建立知名度	在大众市场建立知名度并引起兴趣	强调品牌差异和利益	降低至维持绝对忠诚者水平
	促销	加强促销试用	减少促销，满足使用者需求	加强促销，鼓励转换品牌	降低至最低标准

10.3.3 产品生命周期理论的应用

分析研究产品生命周期理论，是为了在实践中帮助企业正确把握产品在市场上的生命历程，制定行之有效的营销策略，尽量延长产品生命周期，获得最大利润。具体而言，企业应用产品生命周期理论可把握以下三点。

1. 重视新产品的研制与开发

产品生命周期理论揭示出任何产品在市场上的生命运动和生物有机体一样，也有一个诞生→成长→成熟→衰亡的过程，世界上没有任何一个企业的产品可以在市场上盛销不衰，永久获利。产品被市场所淘汰是社会经济发展、科学技术提高和消费者需求变化的必然结果。“不创新，即死亡”，新产品的研制与开发对企业生存竞争与发展的重要意义怎么强调都不过分。因此企业要居安思危，高度重视新产品的研制与开发，不断创新，为企业可持续发展奠定坚实的基础。

世界上许多著名的公司，首先就是产品创新的领头羊。如谷歌公司开发出了网络搜索软件、谷歌眼镜，Facebook 推出了数字加密电子货币 Libra，亚马逊开发出了 Kindle 电子书阅览器，阿里巴巴推出了支付宝，而腾讯推出了微信支付，这些新产品不仅引领了消费的潮流，而且也成就了这些公司的市场地位。

2. 正确把握产品生命周期的变化趋势

产品生命周期理论表明随着产品进入市场时间的推移，市场销售竞争态势、企业盈利状况等都发生着重大的变化，呈现出不同的特点。企业应通过对市场的观察及采用科学的方法，分析判断产品处于生命周期的哪一个阶段，推测预见产品的发展变化趋势，根据不同阶段的特点，实施相应的市场营销组合策略，以有效地增强产品的竞争能力，提高企业的营销效率。

更为重要的是，通过对企业现有产品生命周期不同阶段的正确推断，为新产品的开发和投放市场提供科学依据，强化新产品开发的针对性和时效性，从而提高新产品开发的成功率。比如数码相机市场的发展已进入新的周期，智能化、轻量化、对焦极速化、视频超清化和网编共享化等趋势日益明显，这些趋势将深刻地影响各大相机厂商的生产和研发。目前，索尼、佳能、柯达、三星都在根据这一趋势竞相开发新的产品，并对传统的产品采取针对性的营销策略。

3. 尽量延长产品市场生命周期

研究产品生命周期是为了延长产品生命周期。特别在当今社会产品生命周期的总趋势在不断缩短，而这一趋势由社会经济发展、科学技术的革新和消费者购买选择性加强所决定，企业无法改变。因此，企业需要通过各种营销努力，尽量延长产品生命周期。但延长产品市场生命周期，并不是延长它的每一个阶段，而只是延长其中能给企业带来较大销售量和利润的两个阶段：成长期和成熟期。导入期和衰退期不能给企业创造较多的利润，因而不仅不应延长，还应设法缩短。延长产品市场生命周期的主要方法有：

（1）促使消费者增加使用频率，扩大购买。许多消费者购买和使用产品，往往受心理状态、生活习惯、惠顾动机等的影响，形成较为固定的购买习惯和使用习惯。企业可以通过产品质量的保证与不断改进、强有力的广告宣传等措施树立产品信誉，建立消费者品牌偏好，促成习惯性购买。还要介绍产品的有效使用方法，增加消费者使用频率，扩大购买。

（2）对产品进行改进。对处于成熟期的产品，可以通过改进产品突出某种特性而吸引新的购买者，也可以对产品进行多功能开发，促使销售量回升。产品改革主要有以下三种形式。

①质量改良，即提高产品质量，增加使用性能，如加强产品的耐久性、可靠性、便利性，对材料、原料进行新的组合及配方。

②特性改良，即提高产品的适用性、安全性和可操作性，增加或改变功能。

③形态改良，即对产品外形、花色、款式、包装等进行变换和改进。

（3）开拓新市场，争取新顾客。新市场是相对原市场而言，新顾客也是相对于已经购买过企业产品的老顾客而言的。有些商品在本地市场开始衰退，可以转销外地市场；有些商品在城市市场滞销，可以向农村市场发展。有的产品可以先争取女性顾客，然后再争取男性顾客；有的产品可以先以青年顾客为目标，然后再拓展到中老年顾客。比如小米手机在全球拓展市场，把在中国市场定位相对低端的红米手机卖到印度市场取得了巨大成功。而传音科技更是抓住了不同市场消费层次差异的特性，在非洲市场大力拓展功能机和低端智能机的销售，并取得了令人瞩目的成就。

（4）拓展产品新的使用领域。有些产品的用途可以随着科学技术的发展和消费水平的提高而不断拓展，产品市场生命周期也就能够得到不断延长。如尼龙，过去主要用于军工，后扩展到日常生活，再进一步发展到用尼龙制作袜子、服装，或加工成其他各种面料等。又比如中国著名的伤科“圣药”云南白药，因具有化瘀止血、活血止痛、解毒消肿之功效而主要用于跌打损伤、消炎生肌。云南白药除散剂外，还开发出胶囊剂、酊剂、膏剂、气雾剂等。后因其独特的药用效果，其有效成分被应用于其他方面，从而开发出了许多云南白药系列产品，如云南白药牙膏、云南白药创可贴、云南白药膏等。

10.4　新产品的开发

10.4.1　新产品的概念与类别

从市场营销角度看的新产品与从纯技术角度看的新产品在内涵与外延上都不相同，前者比后者的内容要广泛得多。从市场营销角度看，产品任何一部分的创新、变革或功能、形态上得到改进，为顾客带来新的利益，或企业向市场提供过去未生产的产品或采用新的品牌的产品都可以称为新产品。新产品的“新”，是相对而言的，相对于一定的时间、地点和企业而言。此外，新产品的“新”，不仅是生产者、销售者认可，更重要的是消费者认可和接受的“新”属性、“新”功能、“新”用途、“新”特点等。按其创新的程度，可将新产品分为以下五类。

1. 全新产品

全新产品指应用新技术、新原理、新工艺、新结构、新材料研制而成的前所未有的产品。在这种新产品问世之前，市场上没有相同或类似的产品，完全是企业新发明创造的。如汽车、飞机、火车、电视、计算机、手机、电子书等产品最初上市时，都属全新产品。

全新产品的研制生产往往是新的科学理论和技术突破的产物，因此总体上来说是非常稀少的。但是这类产品一旦出现，会对人类生产和生活都产生深远的影响，进而对市场和消费产生巨大的影响，从而深刻地改变市场的消费行为和竞争格局。比如互联网的出现，催生了

当今基于互联网的信息时代，涌现出了种类和数量庞大的信息技术产品，直接将人类社会从工业文明推进到信息文明时代。对大多数企业来说，独立开发全新产品十分困难，需要耗费较长的时间、巨大的人力和资金，而且成功率较低。

2. **换代新产品**

换代新产品指在原有产品的基础上，部分采用新技术、新材料、新结构制成，在性能上有显著提高的产品。在当今信息社会，科学技术的发展使得产品的更新换代日益加快，例如：模拟电视机发展到数字电视机；手机制式从模拟到数字，从功能机到智能机；汽车发动机从燃油机到电动机；等等。换代新产品的难度没有全新产品大，但对消费和市场的影响也非常深远，许多企业的研发都聚焦于产品的更新换代上，希望通过技术的领先获取竞争优势。

3. **改进新产品**

改进新产品指采用各种改进技术，对原有产品的品质、特点、花色、款式以及包装等做一定改变与更新的产品。改进后的产品或性能更加良好，或结构更加合理，或精度更加提高，或特征更加突出，或功能更加齐全。改进新产品与换代新产品都是以原有产品为基础进行产品的研制与开发，对企业资源要求不高，风险较小，开发出的产品也容易为市场所接受，可作为企业开发新产品的重点。如装有水哨的水壶，各种新花色、新款式的服装等；又如汽车产品每隔几年就会推出新款，以更新的技术和更美观的造型来满足消费者不断变化的需求；4G 时代的手机基于 CPU、内存、操作系统、材料和制造工艺的进步而不断迭代更新，不断刺激消费者的需求。

4. **仿制新产品**

仿制新产品指模仿市场上已有的产品自己首次生产的产品，又称企业新产品。企业开发生产仿制新产品可以有效利用其他企业的成功经验和技术，风险较小。前期技术积累和资金实力有限的企业，在特定的市场和法律规定情况下，会采取仿制新产品的策略。仿制新产品会侵犯知识产权，触犯法律，所以是一种风险较高的新产品创新模式。

在医药领域，许多企业生产的新药往往是仿制新产品。仿制药是指与新药品在剂量、安全性和效力、质量、作用以及适应症上相同的一种仿制品。据统计，我国的药品 95% 以上是仿制药，大约有 17 万个药品。虽然新药品受专利法保护，但专利保护期过后就进入公有领域，是一种公共财富，符合条件的公司就可以进行仿制。

5. **品牌新产品**

品牌新产品指对现有产品稍做改进，突出某一方面的特点，形成某一差异，并使用新的品牌后推出市场的产品。

日本丰田公司的轿车卡罗拉是一款在全球市场非常受欢迎的车型，但在中国市场，由于丰田分别与广汽（广州汽车集团股份有限公司）和一汽（中国第一汽车集团有限公司）有合资关系，因此，此款车型进入中国市场后，以前卡罗拉品牌由一汽丰田生产销售，但经过一定改款后，命名为雷凌并由广汽丰田销售，其实卡罗拉和雷凌在核心技术上基本一致。本田公司在中国也有同样的做法，其 SUV 车型以冠道为名由广汽本田生产销售，稍作改款后，又以 UR－V 为名由东风本田生产销售。这种把品牌产品稍作改进后更名销售的方式，可以大大提升产品的市场占有率和利润率。

10.4.2　开发新产品应遵循的原则

新产品的开发对企业的生存与发展至关重要，但要成功地开发新产品却非易事。为了提高新产品开发的成功率，企业在研制和开发新产品时，应遵循以下基本原则。

1. 根据市场需求选择产品开发的重点

企业产品开发的目的是满足消费者尚未得到满足的需求，企业开发出来的产品是否适应市场需求是产品开发成功的关键。为此，要通过深入的市场调研和科学的预测，分析消费者需求变化的趋势及对产品的品质、性能、款式、花色、包装等的要求，研究开发满足市场需求的产品。不能满足一定市场需求，或虽然能满足某一需求，但需求量太小的产品，都不宜开发。

2. 根据企业资源和技术实力确定产品开发的方向

企业要根据自身的资源、设备条件和技术实力来确定产品的开发方向。有的产品，尽管市场需求相当可观，但若企业缺乏开发能力，也不能盲从。产品开发必须量力而行。

3. 要有特色

产品开发贵在与众不同，有特色，新颖别致。这种特色可以表现在功能上、造型上，也可以表现在其他方面，以有助于满足不同消费者的特殊爱好，激发购买欲望。

4. 要有经济效益

开发产品必须讲求经济效益。企业对拟开发的产品，要进行经济分析和可行性研究，以保证弥补产品开发费用之后，能获得预期的利润。不能为企业创造任何利润的产品，其研制与开发对企业没有任何经济意义。

10.4.3　新产品开发的主要方法

在此论述的产品开发的主要方法不只是从技术的角度，而是从技术与市场、技术与产品性能和使用发展的趋势相结合的角度进行的。随着电子技术和计算机技术迅猛发展并向各产业渗透的加快以及消费个性化、快捷化、便利化发展的动向，产品开发可以选择以下探索性的方法。

1. 仿制法

仿制法即选择市场上的畅销产品或优质产品、样品进行可行性分析研究，加以仿制改进开发自己的新产品。通过改进性仿制，使自己企业开发的产品或性能有所改进，或价格低一些，或有新的特色。运用这种方法必须注意避免侵权行为。日本企业可以说是世界范围内运用仿制法成功进行产品开发的典范。

2. 系列化法

企业在现有产品的基础上，根据产品技术发展的特点或使用上的相关性等原理，进行延伸开发，使产品的品种、款式、规格、型号等形成系列。

3. 配套法

选择实力雄厚、形象较好的大企业，针对其主导产品，开发配套产品或配套元件和材料。大企业的主导产品发展了，本企业的产品也随之畅销。

4. 替代法

以市场上紧俏热销产品和需求量较大的产品为目标，开发使用价值基本相似的产品予以

替代，如开发国产品以替代进口产品等。

5. **跟踪法**

以国内外著名公司和畅销产品的生产企业为目标，广泛搜集这些公司的产品或样品并加以分析，从中了解市场发展的趋势及潮流，并寻求市场空隙，在此基础上开发自己的产品。

6. **利用专利法**

认真分析研究已经公布的技术专利，并对那些确实对本企业开发产品有应用价值的专利加以购买、引进和实施，并运用于开发相关的产品。日本企业对这一方法的应用十分成功。他们每花一美元购买专利，经实施后便可赚回成千上万美元。有些企业实施一项专利技术还可以连锁产生 100 多项新产品。

7. **附加价值法**

针对现有产品，开发出更多的能满足消费者额外需求的附加价值，给消费者提供最大限度的满意或让渡价值，也可增加商品的吸引力。

8. **多功能法**

根据商品性能使用或某方面的相关性、配套性，开发具有多种功能的商品，做到一物多用、一专多能，使消费者以基本相同的价格或稍高一点的价格购买到产品更多的功能，如二合一、三合一洗发水，喷香电扇等。

9. **延时法**

对限于一定时期使用的季节性商品进行开发和改进，延长其消费时间，使其成为全年性商品，如晴天为太阳伞、雨天为雨伞的“晴雨伞”，冷热两用的双制式空调机等。

10. **复合法**

将两种或两种以上的商品有效地组合在一起开发而成一种新的集各种商品之长、使用更为便利的复合商品，如集复印机、传真机和电脑打印机为一体的办公自动化设备，附有计算器的手表、裙裤等。

10.4.4 新产品的开发程序

新产品的开发是一项艰巨复杂、风险大、成功率较低的工作。为了提高成功率，为企业创造较大的经济利益，企业开发新产品必须遵循科学的程序，严格管理。

新产品的开发程序是指从寻求产品创意开始，到最后将新产品的某一创意转变为现实的新产品并成功投向市场，实现商业化的全过程，具体可以划分为产品构思、构思筛选、产品概念的形成与测试、初拟营销方案、商业分析、新产品研制、市场试销、商业化八个阶段。图 10－9 描述了新产品形成的八个阶段及其流程。

1. **产品构思**

新产品构思是指某一新产品开发的富有新意、创造性的设想。一个成功的新产品，首先来自于一个既有创见又符合市场需求的构思。新产品的构思愈多，则从中挑选出最合适、最有发展希望的构思的可能性也就愈大。因此，这一阶段要求企业有针对性地、广泛地搜集信息，敏锐地抓住每一个稍纵即逝的灵感，善于从意外的发现和偶然的事件中捕捉开发新产品的机会。企业能否搜集到丰富的新产品构思，是成功开发新产品的第一步。如杜邦公司就发现它的 3 000 多个设计思想中，只有两个能最终成为上市的新产品。

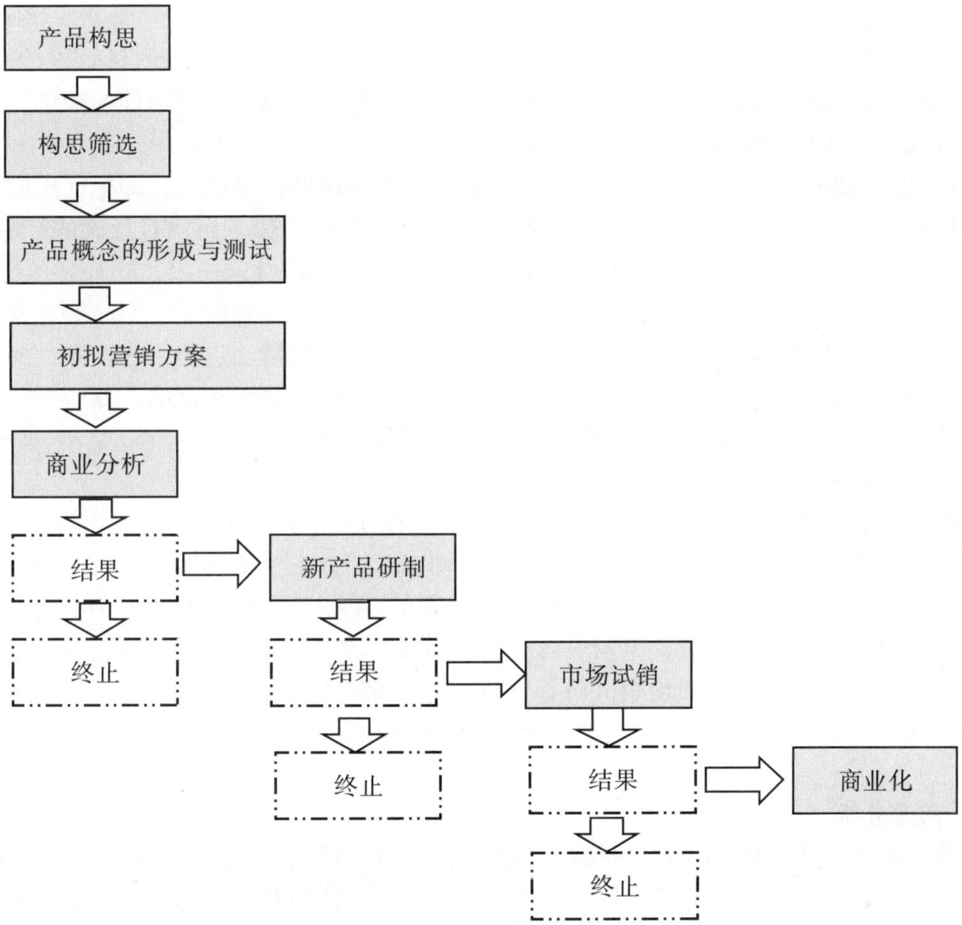

产品构思

构思筛选

产品概念的形成与测试

初拟营销方案

商业分析

结果　　新产品研制

终止　　结果　　市场试销

终止　　结果　　商业化

终止

图 10－9　新产品开发程序

产品构思的来源可以归纳为如下几个方面。

（1）消费者和用户。消费者和用户的需求是新产品构思的主要来源。企业可以通过直接向用户问卷调查、深度访谈、接待用户来信来访、倾听用户的意见与抱怨等途径，了解他们的欲望和需求，从而发现新产品的构思。

（2）经销商。经销商与消费者和用户有密切的联系，消费者和用户有什么需求，首先会直接反馈到经销商。而且经销商同时销售多类别产品和多种竞争产品，掌握的信息比较丰富，能够提出可行的新产品设想及改进建议。

（3）科研部门和大专院校。科研部门和大专院校是新技术新发明的发源地，每年都有许多科研成果需要转化为新产品，企业从它们那里可以获得许多有创见的新产品设想。

（4）企业职工。企业职工包括企业的中高层管理人员、营销人员、产品研制和开发人员以及普通员工，企业要建立鼓励创新的企业文化和相关的规章制度，调动所有员工的积极性和创造性，使他们关心企业，爱护企业，提出改进企业生产流程、产品或服务的设想。

（5）竞争对手的产品。竞争对手产品的成败得失可以为新产品构思提供借鉴和参考，也是新产品构思的重要来源之一。企业可以通过各种途径了解竞争对手的新产品，或买进竞争对手的现有产品，利用“反求工程”找出不足，加以改进。

2. **构思筛选**

对广泛搜集到的各种新产品构思，企业要根据自身的资源条件和发展目标进行筛选。在筛选中，既要避免漏选掉具有潜在价值的构思，又要避免误选市场前景不佳的构思。

3. **产品概念的形成与测试**

筛选出的构思经过进一步的开发程序便形成具体的准确的产品概念，即把已经成型的产品构思用文字、图像、模型等加以清晰地描述，使之成为对消费者而言有意义的产品方案，有确定特性的产品形象。

新产品概念形成以后，还需要了解顾客的意见，进行产品概念测试。产品概念测试一般采用概念说明书的方式，说明新产品的功能、效用、特性、规格、包装、售价等，如有需要还应附上图片或模型，连同问卷提交给有代表性的消费者进行测试和评估。测试所获得的信息使企业进一步充实产品概念，确定吸引力最强的产品概念。

4. **初拟营销方案**

新产品概念形成并通过测试之后，就要制定一个该产品导入市场的初步市场营销方案，并随着产品研发的逐步推进而不断地加以完善。初拟营销方案主要包括以下三方面的内容。

（1）描述目标市场的主体规模、结构，消费者的购买行为和特点；产品的市场定位以及短期（如3个月）的销售量；市场占有率及开始几年的利润率预期；等等。

（2）概述产品在第一年的预期价格、分销渠道、策略及营销预算。

（3）概述较长时期（如5年）的销售额和利润目标，以及不同阶段的市场营销组合策略等。

5. **商业分析**

商业分析就是从经济效益方面对新产品概念进行可行性分析，进一步考察新产品概念是否符合企业的赢利性目标，是否具有商业吸引力，具体包括预测销售额和推算成本利润两个步骤。

对新产品销售额的预测可参照市场上同类产品的销售发展历史，并考虑各种竞争因素、市场规模、市场潜量，分析新产品的市场地位、市场占有率，以此推测新产品可能获得的销售额。具体方法可采用新产品系数分析法。此外，还应考虑产品的再购率，即新产品是一定时期内顾客购买一次的耐用品，还是购买频率不高的产品，或是购买频率很高的产品。不同的购买频率，会使产品销售量在时间上有所区别。

预测产品一定时期内销售量以后，就可预算该时期的产品成本和利润收益。产品成本主要包括新产品研制开发费用、市场调研费用、生产费用、销售推广费用等。根据已预测出的销售额和费用额，就可以推算出企业的利润收益以及投资回报率等。

6. **新产品研制**

新产品研制指通过商业分析的新产品概念送交生产部门研制出模型或样品，使产品概念转化为产品实体。同时还要进行包装的研制和品牌商标的设计，还要对产品进行严格的功能测试和消费者测试。功能测试主要测试新产品是否安全可靠，性能质量是否达到规定的标准，制造工艺是否先进合理等。消费者测试则是请消费者加以试用，征集他们对产品的意见。在测试的基础上对样品做进一步改进，以确保具有产品概念所规定的各项特征，达到质量标准。

产品研制是新产品开发程序中最具有实质意义的一个重要步骤。只有通过产品研制，投

入资金、设备、劳动力、技术等各种资源，才能使产品概念实体化，才能发现产品概念的不足和问题，继续改进设计，也才能证明某一新产品概念在技术上、商业上的可行性如何。如果某一新产品概念因技术上不过关或成本过高等原因而被否定，则该项产品的开发过程即告终止。

7. 市场试销

经过测试合格的样品即为正式的新产品，在大批量投放市场之前，还要选择具有代表性的小规模市场进行试销。新产品试销既能帮助企业了解市场的销售状况，又能检测产品包装、价格、数量、广告的效果，还能发现产品性能的不足之处，为产品正式投入市场打好基础，为企业是否大批量生产该产品提供依据。

新产品市场试销的主要决策有：

（1）试销地点。试销地点应具有企业目标市场的基本特征，地区范围不宜太大。

（2）试销时间。试销时间长短要综合考虑产品特征、平均重复购买率、竞争者状况和试销费用等因素。再购买率高的新产品，试销时间应长一些，至少要经历一至两个购买周期。

（3）试销应取得的资料。在试销过程中，企业要注意收集新产品的试用率、再购买率以及销售趋势、购买者是谁、消费者对产品质量、品牌、包装的意见等。

（4）试销所需要的费用开支。

（5）试销的营销策略以及试销成功后应进一步采取的战略行动。市场试销需要耗费较多的投资，特别是试销的时间太长时还容易让竞争对手抢占先机。并非所有的新产品都需要试销，当产品的成本很低，新产品由比较简单的产品线扩展而来或是模仿竞争者的产品而生产时，企业可以不进行或进行少量的试销。例如宝洁公司的 Folgers 无咖啡因咖啡没有经过市场试销就批量上市了。

8. 商业化

新产品试销成功后，便可批量生产，正式推向市场，实现新产品的商业化。为确保新产品批量上市成功，企业要注意以下四个问题。

（1）正确选择投放时机。一般而言，季节性产品适宜于在使用季节到来之前投放市场；日用消费品适宜于在每年的销售高峰（如“五一”、国庆、元旦、春节等）到来之前投放市场；替代性较强的产品应在企业被替代产品库存较少的情况下投放市场；尚需改进的新产品则应等到产品进一步完善之后再投放市场，切忌匆忙上市。

（2）正确选择投放地区。新产品不一定立即向全国市场投放，可以先集中在某一地区市场开展公共宣传和广告促销活动，打开销路，拥有一定市场份额后，再逐渐向其他地区拓展。

（3）正确选择目标市场。目标市场的选择以试销或产品的研发以来所搜集的资料为依据。最理想的目标市场应是最有潜力的消费者群体，一般具备如下特征：最早采用该新产品的带头购买者，大量购买该新产品的顾客，其购买行为具有一定的传播影响力的消费者，等等。

（4）制定有效的营销组合策略。新产品批量上市时，还要制定消费者愿意接受的价格，选择合适的分销渠道，实施多种多样的行之有效的、富有创意的促销措施，以使新产品能在市场上迅速提高知名度，扩大销路。

10.4.5 新产品的市场扩散

企业遵循产品的开发程序，成功地研制出新产品，并在试销的基础上批量投放市场，并不意味着新产品必然地会在市场上得到迅速扩散，赢得消费者的普遍接受。新产品的市场扩散是新产品在市场上取代老产品，逐步被广大消费者接受的一个渐进过程。

1. 新产品特征与市场扩散

新产品能否在市场上迅速扩散，取决于诸多因素。但新产品本身具有的特征显然是影响市场扩散程度的一个重要因素。有些产品一投放市场就能很快流行起来，而有些产品则要经过较长时间才能逐渐被消费者所接受。具体而言，对新产品市场扩散具有显著影响的产品特征具有以下四点。

（1）新产品的相对优点。和现有的产品相比，新产品的相对优点愈多，如在功能、效用、便利性、可靠性、新颖性等方面愈具有优越性，市场扩散就愈快。如手机在20世纪90年代进入中国市场时，虽然价格高达3万~4万元，但由于其独特的功能仍然受到很多人的青睐并迅速扩散，成为人们生活中不可或缺的产品。

（2）新产品的适用性。新产品与目标顾客的消费习惯、经验和价值观念愈一致，就愈易于被广泛采用；反之则不然。比如真功夫快餐推出与中国传统饮食文化中“蒸”菜文化一致的菜品，非常契合中国人的饮食习惯和价值观，因此很快受到广大消费者的认同，成为中式快餐的领导者，并开启了中式快餐的新时代。

（3）新产品的简易性。新产品在设计、整体结构、使用维修、保养等方面与目标顾客的认知程度愈相适应，就愈易于被消费者接受。因此，结构简单、使用便利的新产品，容易打开销路，消费品尤其如此。比如苹果公司推出的智能手机，因其独特的触屏功能取代了按键，很快就被广泛接受，并从此催生了智能手机蓬勃发展的时代。

（4）新产品的可传播性。新产品的属性、优点、使用效果等较为明显，能够被人们观察和认知，并易于向他人说明、描述、示范和传播，其扩散速度就较快；反之则较慢。例如洗衣机的属性和功能十分明显，自从投放中国市场后就受到普遍欢迎，现在市场上各式各样的洗衣机仍然畅销不衰。冰箱亦如此，现在，洗衣机和冰箱已成为中国家庭最基本的电器配置。

影响新产品市场扩散程度的产品特性还有购买成本、使用成本、风险性、不确定性、技术上的可靠性及社会对新产品的认可程度等。因此企业在研制新产品和制定新产品的营销推广方案时也要综合考虑这些因素。

2. 消费者采用新产品的基本模式

消费者对新产品的接受和采用过程，客观上存在一定的规律性，有其基本模式。美国市场营销学者罗吉斯在20世纪30年代调查了数万人接受新产品的情况，总结归纳出消费者接受和采用新产品依次经过知晓—兴趣—评价—试用—采用这五个阶段，形成消费者采用新产品的基本模式，如图10-10所示。

（1）知晓。知晓是消费者个人获得新产品信息的初始阶段。信息的来源主要是广告、公共关系宣传、新闻报道、商品说明书、技术资料、社交媒体、他人的议论等。在此阶段消费者得到的新产品信息较为肤浅、零散，对新产品缺乏深入了解。

（2）兴趣。消费者在某种刺激的作用下对新产品产生了兴趣，开始积极努力地搜索新产品的有关信息，并进行对比分析，研究新产品的功效、特点、使用方法等。

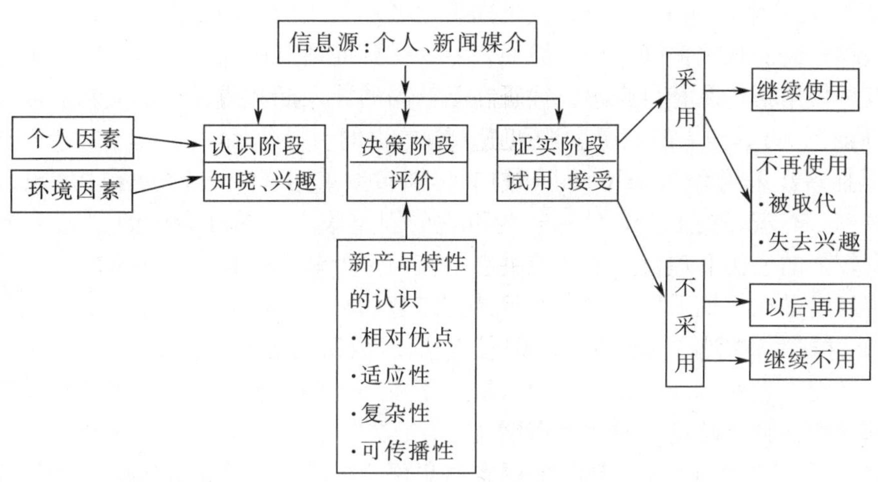

图 10－10 消费者采用新产品的模式

（3）评价。消费者权衡、评估采用新产品可能获得的利益及承担的风险，判断其吸引力，具体考虑这种新产品对我是否有用、购买是否值得等。

（4）试用。消费者开始少量试用新产品，并根据使用的感受以及效果重新评价和修正自己对新产品的认识和购买决策，决定是否继续购买该产品。

（5）采用。消费者通过试用，对新产品感到满意，完全接受新产品，并重复购买，继续使用。

消费者对新产品的采用过程，虽然理论上存在以上五个阶段，但在实践中，消费者对不同新产品的接受和采用速度差别也很大。企业营销人员应努力促使消费者顺利地从上一个阶段进入到下一个阶段，最后接受新产品。

特别要注意的是不能使消费者长期停滞在前三个阶段，只有当消费者试用新产品后，才能更好地了解新产品，产生信任感，成为采用者。因此，当企业发现大量消费者对新产品反应徘徊在评价阶段，久久不愿意试用时，就要采用特殊的有效的策略促使消费者尽快进入试用阶段。如格兰仕微波炉投入中国市场时，就耗费了大量的资源吸引消费者，培育市场，促成消费者的首次购买行为。而许多公司在新产品上市前，也会大量推出试用品或赠品，吸引潜在消费者前来试用，通过试用来消除他们的戒备心理、激发兴趣、赢得认可，从而打开销售的大门。

3．消费者对新产品的采用类型

在实际生活中，由于消费者个人社会地位、收入状况、价值导向、性别、职业及性格等多种因素的影响制约，不同消费者对新产品的接受在时间和态度上具有很大差异，可以划分为如下五种类型。

（1）创新采用者（innovator）。创新采用者是新产品的消费先驱。他们年轻，思想开放，富有个性，勇于接受新事物，具有较强的创新精神和冒险精神，经济收入和教育水准都较高，对新产品及广告等促销策略较为敏感，敢于冒着风险试用新产品。这部分人虽然只占全部采用者的2.5%左右，但由于他们社会地位高，或知名度高，或对其他消费者具有较强的示范效应，对加快产品的市场扩散具有重要意义。

（2）早期采用者（early adapter）。早期采用者一般年龄较轻，富有探索精神，对新事物有浓厚的兴趣，经济状况良好，信息灵通，容易受到促销宣传的影响，注重他人对自己是否尊重，对较早使用新产品有自豪感，往往在新产品的导入期和成长期购买新产品。这部分人是“意见领袖”，对其他人的意见和购买行为有较强的引导作用。

（3）早期多数采用者（early majority）。早期多数采用者一般较少保守思想，接受过一定程度的教育，有较好的工作条件和较为可观的固定收入，对社会中的“意见领袖”的消费行为具有较强的模仿心理，是能顺应社会潮流但又比较谨慎的“追求时尚者”。他们对新产品的采用经常是在早期采用者购买并且感到满意的行为影响下的结果。

（4）晚期多数采用者（later majority）。晚期多数采用者对新事物心存疑虑，多持观望态度，工作环境、教育水准和收入状况一般，不主动采用新产品，在新产品已经进入成熟期大多数人都使用并且反映良好时才加以购买。

（5）滞后采用者（lager）。滞后采用者思想保守固执，深受传统观念束缚，对新事物、新潮流多持反对意见，恪守已有的消费模式，不愿意接受新产品。只是在新产品已经进入成熟后期或衰退期失去其新颖性、绝大多数人已经采用时才能接受。

上述关于消费者在采用新产品态度和时间上的差异的分析表明，企业在制定新产品的营销策略时应重点研究创新采用者和早期采用者在人文统计、心理及媒体等方面的特征，将他们作为新产品投入市场时的主要目标顾客，充分利用他们“开拓者”和“意见领袖”的示范效应，促进新产品的市场扩散。同时，企业也要根据其他类型采用者的特征，采取各种有效的措施，加速消费者接受新产品。

10.4.6 消费者创新与新产品开发

到目前为止，绝大多数企业认为新产品的研制与开发只是企业的重要职能，传统的新产品的研发模式也是典型的生产创新——由企业进行市场调研，寻找和搜集与消费者需求相关的信息作为研发和设计新产品的依据，新产品的开发是生产者单方面的创新行为。但是多年来国内外企业的实践证明，在传统的生产者创新的新产品研发模式下，企业耗费巨资，技术人员绞尽脑汁研制出来的新产品也有可能难以满足消费者的需求，不能实现新产品的市场化和商业化。每年都有相当比例的新产品“千呼万唤始出来”，根据美国麻省理工学院斯隆管理学院冯·希贝尔的研究，传统开发新产品方式的开发失败率高达3/4。经过长期研究顾客对新产品开发所起的作用，冯·希贝尔提出消费者创新（consumer innovation）理论，指出把消费者从产品的被动接受者转变为主动参与到产品设计与开发过程中，充分调动他们的积极性，以设计出自己完全满意的产品。更重要的是，它还揭示了新经济时代，以互联网技术和在线沟通为技术支持的生产者和消费者、使用者的合作关系发展进程中的一个新趋势，关注到转变消费者由单纯的产品使用者为创造者这样一种互动式、参与式营销新模式的出现，对于帮助企业更好地满足消费者需求，创造顾客价值，提高顾客满意度和忠诚度，具有重要的理论价值和实践意义。

消费者创新是指消费者利用企业所提供的技术设计工具，参与新产品的研发与设计，由生产企业生产出满足消费者个人特殊需求的个性化产品和服务。在这一类消费者创新的实践活动中，参与新产品研发与设计的消费者，并不是所有的消费者，而往往是领先使用者（leading user），他们具有如下特征。

（1）他们具有较强的创新意识，他们现时的某种独特需求在很大程度上代表了市场需求的发展趋势和方向，在一定时期后很有可能成为大多数消费者的普遍需求。

（2）他们具备一定的设计、研发能力以及相关知识，能够自如地运用企业提供的研发工具参与新产品的设计与开发。

消费者创新作为一种新的营销观念，已经被一些著名的企业在一定的程度上使用，例如宝马（BMW）公司就在网上向它的顾客提供了一系列研发工具，顾客如有一些对于公司在机械设计和车内上网服务的建议，可以通过这些网上工具向公司提供改进的方法。在近 1 000个使用这个工具的客户中，宝马选择 15 个消费者会见它的工程师。顾客的一些建议已经被采用制造成了样品。宝马公司认为，这些具有创造性的顾客很愿意被他们邀请，而宝马的技术专家也很赞同顾客的意见。

从 1996 年开始，工业产品集团 3M 就有了专门的项目，以利用领先使用者的创意。在分析了大量数据后，冯·希贝尔发现，由领先使用者开发的产品概念往往更新颖，市场份额更高，更有潜力发展成一个完整的产品系列。

值得关注的是，消费者创新也使企业和领先使用者的关系更加密切了。例如通用电气医疗保健部就从它的顾客中聘请了 25 位有医药经验的人士和研究学者，组成了一个咨询委员会，对通用电气的技术发展进行讨论。他们提供了医疗保健方面明确的需求发展方向，对通用的技术革新很有帮助。

消费者创新可以给企业带来巨大的价值，但是如何获得这些价值却并不是一件简单的事。从企业角度考察，要能够接受消费者创新也需要一定的条件。企业不但要开发提供以计算机技术和应用为基础的真正适合的新产品研发与设计工具，还要提供相关知识的支持；更重要的是要改革它的营销模式和管理思想，企业和消费者的关系也将会被重新定义。

1．消费者创新技术工具的开发与提供

以消费者为主要使用者的研发工具至少要具备四种重要的特质。

（1）它必须能使顾客在使用中学习，并完成对它的一系列的设计，例如计算机模拟，它可以让使用者完成一些设计，但不用产出真正的产品。当不能提供计算机模拟的时候，可以令其比较方便地制造出一些模型，同样也能达到上述的效果。

（2）研发工具必须是消费者所熟悉的，不能使用消费者不懂的语言及程序。

（3）它必须包含一些消费者研发所需的资料和辅助用品。消费者可从中获取一定的知识，也可以节省研究的时间和成本，更便于创新。

（4）研发工具还需包含其产品生产能力和限制的信息，使设计出来的产品能真正得到应用。

2．消费者到创造者角色的顺利转换

要使消费者顺利地转换为创造者，需要解决三个问题。

（1）开发并不断改进便于消费者使用研发工具。这个工具能使消费者不断改进自己的设计，能够迅速地测试自己的设计是否有效；使用消费者熟悉的设计语言，而且比较便宜，使消费者的设计成本不需要太高。

（2）提高企业生产经营体系的灵活性和柔性，改革企业的经营模式和生产工艺。企业的各项资源能快速地重新配置，以生产出由客户设计的独特产品。

（3）谨慎选择使用研发工具的顾客。最希望成为有所创新的人，是那些有强烈愿望快速改进产品的消费者，他们具有一定的工程设计技术，现有的产品服务不能完全满足他们的需求。这些消费者会积极地使用企业所提供的研发工具。

中国关于消费者创新的实践中，有一些企业根据市场需要，已经初步建立消费者创新机制，具有消费者创新的雏形。例如海尔集团提出让顾客参与产品和服务的设计，“你来设计，我来实现”；安徽省立帆摩托车有限公司建立了消费者定价机制，公司聘请消费者试用将要投放市场的产品，由他们制定合适的价格，公司发现，有些产品由消费者自己制定的价格比企业定的价格还高，而且更容易被市场接受。如例 10－4 中，小米公司的许多产品的创新或多或少来源于消费者的创新。

中国有着巨大的市场，而且已经形成一个受过高等教育、具有较强创新意识和能力、渴望得到满足个性化需要的产品的中产阶层，是执行消费者创新职能的首要主体。同时，中国的经济正在迅速发展，需要不断创新，消费者创新无论是理论还是实践，在中国都将有广阔的发展空间。

例 10－4

小米公司的新产品开发与用户创新管理

北京小米科技有限责任公司（以下简称小米公司）成立于 2010 年 4 月，并于 2011 年 8 月 16 日正式推出小米手机。在短短几年的时间里，小米手机从无到有，一跃成为国内智能手机的领导品牌之一。

小米之所以能够在短时间内取得如此巨大的成功，与其一直以来对用户创意的有效管理和利用密不可分。小米公司在成立之初就为用户建立了专属社区，并在小米手机、MIUI 系统等产品的开发过程中，针对产品特点和具体开发问题，不断调整对用户创新的管理方式，使用户能够高效深入地参与到新产品开发过程中，从而实现了在较低成本水平下对客户需求的快速准确响应（见图 10－11）。

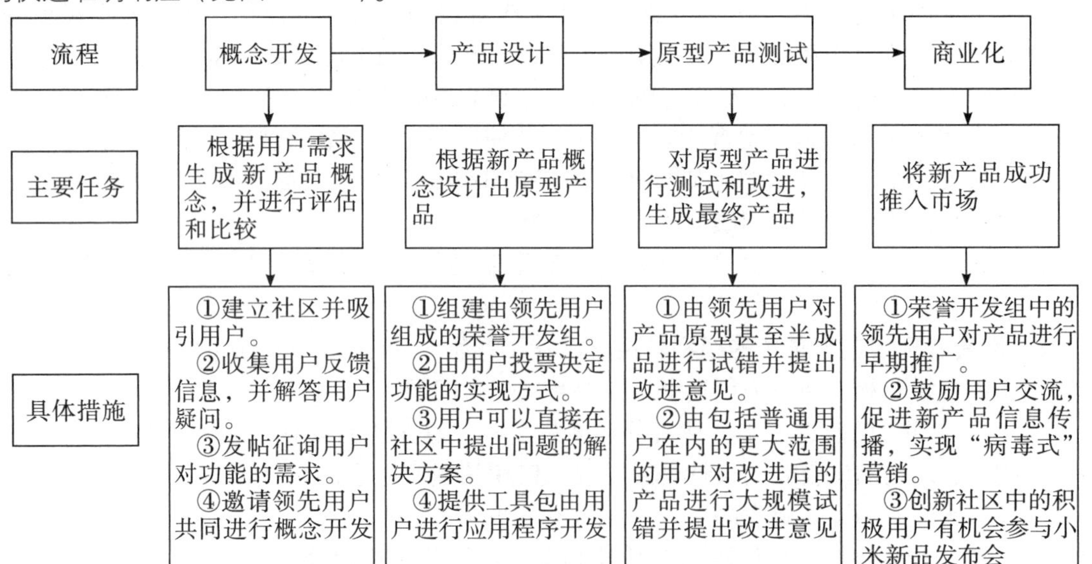

图 10－11　小米公司 MIUI 开发过程中的用户创意与参与

下面以小米公司 MIUI 的开发过程为例，对其开发过程中的用户创新管理进行介绍。小米公司在创立之初就为用户建立了专属社区，由公司负责社区的运营和维护，通过用户积分、资源下载和线上线下活动等方式吸引用户，让用户在公司建立的制度框架下进行创新活动，对用户创新采用了“企业控制 + 创新社团”的创新社区集成管理模式。在 MIUI 的开发初期，研发团队沿用了这一管理方式——“米粉”们在小米社区中自由进行产品使用、改进、开发等方面的交流，企业研发人员则每天登录社区的各个版块，了解用户需求和意见；当一个功能存在多种实现方式时，研发人员会发帖征询用户意见，由用户投票决定实现方式；产品原型设计完成后，将产品原型甚至半成品投入创新社区，由用户进行试用和评估，并通过社区将意见反馈给研发团队。

由于创新社区中用户数量庞大，他们在知识结构、专业技能、使用经验和参与深度等方面都存在巨大差异，而在创新社区集成的管理模式下，没有对用户进行严格的区分管理，随着产品开发过程的深入，研发所面临的技术复杂度越来越高，普通用户已经难以胜任研发任务，需要有针对性地对领先用户进行优化管理。此时研发团队选择了“领先用户”和“用户控制”，即增加了领先用户创新的管理模式来提高对用户创新的管理效用。小米公司设立了荣誉开发组，让一部分符合要求的领先用户加入，与企业内部研发人员共同进行新产品开发；在产品测试阶段，采用“灰度升级”法，由领先用户最先对产品进行试用，经过反馈和修改，在确认产品不存在重大瑕疵后，再将产品投放给其他用户；在商业化阶段，公司会邀请领先用户参加产品发布会、试用产品等，然后由领先用户在社区中分享使用感受，进行产品的早期推广。

MIUI 的成功开发将小米公司、小米手机和小米客户紧密联系在了一起，客户在购买小米手机之后，可以根据自身需要，通过 MIUI 平台，在小米应用商店完成手机功能的在线定制。由于客户需求千差万别，对应用程序的开发过程就变得非常繁重，因此小米公司在这一阶段采用了用户创新工具箱的管理模式，为用户提供创新工具箱和相应的技术支持，由用户自己完成应用程序的开发。通过在 MIUI 开发过程中对创新社区集成、领先用户创新和用户创新工具箱 3 种用户创新管理模式的综合运用，小米公司将用户贯穿在了从概念开发、产品设计、原型产品测试到商业化的新产品开发全过程，大大提高了研发效率，降低了研发成本和风险，实现了 MIUI 乃至整个小米公司的巨大成功。

资料来源：丁志慧，刘伟，艾庆庆. 基于 TRIZ 的用户参与企业新产品开发方法研究 [J]. 科技管理研究，2018（5）.

思考题

1. 基于用户创新的新产品开发模式与传统的新产品开发模式相比有什么优点和缺点？
2. 在互联网时代，传统的新产品开发模式应该如何改进才能更好地适应市场需求？

本章小结

营销学认为产品不仅指有具体物质形态的有形的物品，还包括非物质形态的服务、事件、人员、地点、观念、经历、体验、组织或这些因素的组合。

整体产品由核心产品、形式产品、期望产品、延伸产品和潜在产品五个层次组成。全面理解整体产品概念对企业在设计和开发产品时找准产品的核心利益，重视产品的非功能性利益开发，以及围绕产品的多个层次赢得竞争优势具有重要的指导意义。

产品可以根据多种不同的标准进行分类。根据耐用性和有形性，可以将产品划分为耐用品、非耐用品和服务。根据其购买者和购买目的，可以划分为消费品和工业品。消费品根据购买习惯又可划分为便利品、选购品、特殊品和非渴求品。工业品又可以划分为材料和部件、资本项目以及供应品和服务。对不同类别的产品需采用不同的营销策略。

产品组合指企业生产或经营的全部产品线和产品项目的有机结合方式。对产品的分析可以从广度、长度、深度和关联度四个维度进行。产品组合优劣直接关系到企业的销售额和利润水平，企业必须对现行产品组合进行分析和评价，制定产品组合策略，并随时对产品组合进行调整，使产品组合始终保持在最优状态。

产品生命周期指产品的市场生命周期，即产品从进入市场开始到退出市场为止这一全过程，通常包括导入、成长、成熟和衰退四个阶段。产品生命周期的S形正态分布曲线图是最典型的形式。产品种类、产品形式和品牌产品之间生命周期的长短各不相同。研究产品生命周期的意义在于根据各阶段不同的特点制定相应的营销策略。产品生命周期理论对企业有重要的指导意义。产品生命周期理论需要市场演进理论加以补充与完善。

市场营销学所定义的新产品不仅指科技发展所推动的全新产品，更主要指在整体产品中任何部分的创新、变革，改进的产品包括全新产品、换代新产品、改进新产品、仿制新产品和品牌新产品。开发新产品应遵循的基本原则是：根据市场需求选择产品开发的重点，根据企业资源和技术实力确定产品开发的方向，要有特色、有效益等。新产品开发的主要方法有仿制法、系列化法、配套法、替代法、跟踪法、利用专利法、附加价值法、多功能法、延时法和复合法等。

遵循新产品开发的科学程序是新产品取得成功的必要条件。新产品开发的程序包括产生构思、构思筛选、产品概念的形成与测试、初拟营销方案 、商业分析、新产品研制、市场试销和商业化八个阶段。

新产品的市场扩散受到新产品的特征、消费者采用新产品的模式以及消费者采用新产品类型等因素的影响。消费者创新即消费者参与新产品的研制与开发是营销理论的新发展。

重点概念

产品（product）
服务（service）
核心产品（core product）
形式产品（actual product）
期望产品（expected product）
延伸产品（augmented product）
潜在产品（potential product）
耐用品（durable goods）
非耐用品（nondurable goods）
消费品（consumer goods）
工业品（industrial goods）
便利品（convenient goods）
选购品（shopping goods）
特殊品（specialty goods）
非渴求品（unsought goods）
产品线（product line）
产品项目（product item）
产品组合的宽度（product mix width）
产品组合的长度（product mix length）
产品种类（product categories）
产品形式（product form）
品牌产品（brand product）
导入期（introduction stage）
成长期（growth stage）
成熟期（maturity stage）
产品概念（product concept）

商业化（commercialization）
衰退期（decline stage）
新产品开发（new product development）
产品生命周期（product life cycle）
产品组合的深度（product mix depth）
产品组合的关联度（product mix consistency）
产品组合（product mix or product association）
消费者采用过程（consumer adoption process）
消费者创新（consumer innovation）

复习题

1. 请解释市场营销学中产品的内涵，运用五层次理论对某个具体产品进行分析。
2. 物质产品和服务的组合有哪几种形式？
3. 整体产品概念包括哪几个层次？
4. 如何对消费品进行分类？
5. 什么是产品组合？它可以从哪几个方面进行分析？
6. 产品组合的策略有哪几种？如何选择？
7. 怎样对产品线进行销售额和利润分析？
8. 解释产品生命周期的概念，各阶段应采取什么样的营销策略？
9. 怎么理解市场营销学中新产品的定义和类别？
10. 开发新产品应遵循哪些基本原则？
11. 开发新产品有哪些方法？
12. 新产品开发程序包括哪几个阶段？
13. 新产品的市场推广受到哪些重要因素的影响？

案例分析

华为芯片研发历程

一、逼上梁山

华为技术有限公司（以下简称华为）的新产品研发是逼上梁山的结果。由于没有技术积累，华为一直感到切肤之痛。创始人任正非曾对研发工程师说：“新产品研发不成功，你们可以换个工作，我只能从这里跳下去了！”

20世纪90年代初期，国内的交换机市场被“七国八制”占领，型号品种更是五花八门。这给了华为机会，任正非每天去员工宿舍给工程师打气：“十年后，华为要和AT&T、阿尔卡特三足鼎立，华为要占据三分之一的天下！”工欲善其事，必先利其器。从1991年开始，华为就开始了自己的技术立身之路。

1991年，华为开发了第一款数字芯片——SD502，这是华为芯片研发的发端。1993年华为开发出空分模拟局用交换机JK1000，但刚一问世就面临技术被淘汰的窘境。任正非又孤注一掷地开始了数字程控交换机C&C08的研发，并于1993年年中研发成功。

C&C08是华为研发的里程碑，自研芯片在其中起到了重要作用，华为也因此实现了跨越式发展。1994年，C&C08销售额达到8亿元，1995年达到15亿元，到2003年，累计销

售额达到千亿元，成为全球销售量最大的交换机机型。

1995 年 3 月，华为成立了中央研究部，开始研发的规模化、集中化管理。中研部下设无线、交换机、智能等业务部，其中的基础研究部主要负责华为的芯片研发。此后，华为的研发力量分配和管理更加合理，实力大大增强。而基础研究部也伴随着华为的腾飞进入发展快车道。华为凭借巨大的成本优势和多年的技术积累，成功打破国外垄断，开始逐步统一国内交换机市场“七国八制”的乱象。

二、海思、K3V1 和巴龙

2004 年华为成立了全资子公司海思半导体，英文名 HiSilicon，就是 Huawei Silicon 的缩写，开始更加系统地进行芯片研发。

2006 年，海思开始着手研发自己的手机芯片解决方案。三年后，海思推出了第一款手机应用处理器 K3V1。但因与主流芯片足足一代多的性能落差，K3V1 并没有成功上市。

2007 年年底，华为组建横跨海思和终端公司的无线芯片团队，开始研发移动通信的核心器件——基带处理器（Baseband Processor，BP）。

华为做基带处理器，也是被逼无奈。3G 最开始的流行，主要源于数据卡提供的高速移动上网功能。U 盘大小的数据卡插在笔记本上，马上就能上网，成为当时很多人出差的标配。传统的手机大厂看不上这块业务，给了华为机会。2005 年，华为数据卡 E 系列在欧洲大卖，这种结构小巧的设备利润高达数百元，一时间，华为手机终端都需要靠小小的数据卡来养活。

美国高通公司是当时数据卡基带处理器的唯一供应商，当数据卡业务增长时，华为突然发现，基带处理器经常断货。断货导致到嘴的鸭子不停地飞走，市场倒逼需求，华为没有办法，开始了基带处理器的自研道路。

基带处理器负责移动终端信号收发、处理各种通信协议。如果没有基带处理器，手机就连不上网络，发不了短信，成了一部“裸机”。它被公认是移动通信领域最硬的骨头。

经过两年多不停歇的攻关和研发，2010 年年初，华为推出了业界首款支持 TD－LTE 的基带处理器，并能同时支持 LTE FDD 和 TD－LTE 双模工作。这个基带处理器称为巴龙（Balong）700。它打破了高通在基带处理器领域的垄断，为华为在手机领域的崛起打下了坚实的基础。

三、麒麟

巴龙的成功，让华为在手机处理器领域有了底气。

2009 年年底，手机应用处理器业务转到终端公司，直接配套华为手机。有了靠山，K3V1 处理器才得以继续开发。3 年后的 2012 年，改进版 K3V2 诞生，它采用了主流的 ARM 四核架构，并支持安卓操作系统。由于研发时间长，采用的 40 nm 工艺比问世时主流的高通和三星处理器工艺再次落后一代。性能跟不上，功耗却大得多。同时，K3V2 采用的 GPU GC4000 游戏兼容性也不太好。这些问题导致当年采用了 K3V2 的华为旗舰机 D1 和 D2 刚发售就被用户频频吐槽，“暖手宝”“拖拉机”成为其代名词。

2013 年 6 月，搭载 K3V2 改进版 K3V2E 的旗舰机 P6 发布。虽然仍有很多 Bug 需要靠软件来打补丁，但 P6 以当时最薄的机身和优秀的外观设计赢得了市场，销量高达 400 万部。

2014 年 6 月，华为将应用处理器和自研的基带处理器巴龙 720 集成在一个芯片上，构成片上系统（System on Chip，SoC），并率先应用在荣耀 6 手机上。华为把这款芯片命名为麒麟 920。

荣耀6发布后的3个月，华为发布了搭载了升级版麒麟925的Mate7。麒麟920和925采用先进的28 nm工艺，ARMBig. Little架构。由4个A7核、4个A15核以及1个i3协处理器组成，针对不同应用切换不同的处理器工作模式，因此功耗很低。GPU（图形处理器）采用ARM的Mali－T628，也比之前的性能有了很大提升。Mate7的指纹识别功能经过团队的反复优化，识别时间小于1s，达到了当时业界的最高水平。加之Mate7的金属机身，简约大气，无论手机内外，都很讨喜。最终，Mate7创造了国产3 000元以上旗舰手机的销售历史，全球销量超过750万台。

此后华为在手机芯片上一发不可收拾，不断发布升级换代的麒麟960、970、980、985、990等手机处理器。而搭载了这些处理器的华为Mate系列、P系列、nova系列和荣耀系列手机，成功扭转了国人对国产中高端手机的认知。

四、尾声

如今的华为，在芯片领域可谓遍地开花。除了熟知的手机芯片，华为还在安防芯片领域击败了业界霸主IT公司，占领了全球一半以上的市场；在国内，市场占有率更是高达80%以上。海思的机顶盒芯片在2012年开始大量铺货后，仅用一年时间就拔得市场头筹。在光交换、NB－loT以及车载领域，华为都已代表国内芯片厂商站在了世界前列。

目前华为旗下已拥有麒麟、巴龙、鸿鹄、凌霄及鲲鹏等一系列芯片产品线，而海思近期又陆续在启动新的芯片开发量产计划，正在开发设计多种芯片，从移动设备使用的一系列芯片，到多媒体显示芯片及电脑使用的CPU、GPU。

2019年3月，DIGITIMES Research发布了2018年全球前十大无晶圆厂IC设计公司（Fabless）排名，以营业收入对各大IC设计厂商进行了座次划分。华为海思跻身前五，34.2%的同比增幅是前10家厂商中最高的，这也使得其超过AMD（美国超威半导体公司），成为第五大无晶圆厂IC设计公司。同时海思蝉联国内最大半导体设计厂商。

资料来源：

1. 张利华. 华为研发［M］. 北京：机械工业出版社，2012.
2. 戴辉. 华为的芯片事业是如何起家的？［EB/OL］. 2018－11－04.
3. 任正非. 在华为收购港湾时的谈话纪要［EB/OL］. 百度文库，2006.
4. 刘平. 华为往事［EB/OL］. 爱问共享资料，2013－07－12.
5. 程东升，刘丽丽. 华为三十年［M］. 贵阳：贵州人民出版社，2016.
6. 戴辉. 华为海思的麒麟手机芯片是如何崛起的？［EB/OL］. 2018－11－04.
7. 任正非. 在2012实验室的讲话［EB/OL］. 百度文库，2012.
8. 半导体行业观察. 华为芯片发展历程回顾［EB/OL］. 2019－01－06.

讨论题

1. 芯片的研发对华为有哪些价值？
2. 华为的芯片研发历程给了你什么启示？
3. 如何看待新产品研发中的风险？

延伸阅读

1. 阿拉加尔（Aragall. F.），（西）蒙塔纳（Montana. J.）. HUMBLES 完美产品设计法：以用户为中心的产品设计［M］. 屈云波，译. 北京：企业管理出版社，2014.

2. 金错刀. 爆品战略：39 个超级爆品案例的故事、逻辑与方法［M］. 北京：北京联合出版公司，2016.

3. 王冠雄. 微信诞生记：从无到有的开发历程［EB/OL］. 互联网分析沙龙，2014－03－06.

4. 新产品开发［EB/OL］. MBA 智库百科，https://wiki.mbalib.com/wiki/%E6%96%B0%E4%BA%A7%E5%93%81%E5%BC%80%E5%8F%91.

5. 新产品［EB/OL］. 知乎网，https://www.zhihu.com/topic/19559127/hot.

6. 概念产品［EB/OL］. 百度百科，https://baike.baidu.com/item/%E6%A6%82%E5%BF%B5%E4%BA%A7%E5%93%81/6409763?fr=aladdin.

第 11 章

品牌、商标与包装策略

学习目标

◇ 熟悉品牌、商标的概念，理解品牌的整体含义
◇ 了解品牌、商标的作用，掌握品牌、商标策略
◇ 熟悉包装的概念，了解包装的作用、种类
◇ 了解包装设计的基本原则，掌握包装策略

现代社会中，品牌是一个非常重要的经济和社会现象。消费者依赖品牌来辨别、选择产品和服务，乃至依靠品牌表现自身的品位、价值观和情感取向；制造商或服务商通过品牌来传达产品质量、情感价值乃至价值取向等诸多内容，以赢得顾客忠诚和随之而来的长远发展。不仅如此，越来越多的非营利机构也采取了品牌化的做法，积极塑造自身的品牌形象，以求利用品牌的强大号召力实现自身的目标。

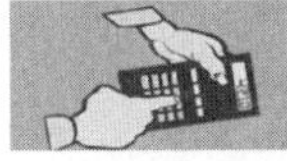

11.1　品牌、商标的概念

根据全球著名管理咨询公司麦肯锡公司的分析报告，《财富》杂志排名前 250 位的大公司有近 50% 的市场价值来自于无形资产，而对于某些世界最著名的公司而言，这个比例甚至更高。而品牌价值无疑是无形资产的重要组成部分。

11.1.1　品牌的概念

我们每个人都生活在商品经济之中，茅台酒、五粮液、同仁堂、娃哈哈、中国移动、全球通、阿里巴巴、腾讯、京东、华为、格力、美的、海尔、三一重工这些品牌无不为大家所熟悉。

1. 品牌（brand）的概念

美国市场营销协会认为：品牌是一种名称、术语、标识、符号或设计，或是它们的综合运用，其目的是借以辨别某个销售者或某群销售者的商品或服务，并使之与竞争对手的商品和服务区别开来。

品牌是商品的生产者、经营者或有偿服务者使用在商品或服务上的显著标志，用以表示商品或服务的来源。基本功能在于区别商品或服务的来源。完整的品牌必须包括品牌名称和品牌标志两部分。例如，“飞亚达”品牌（见图 11－1）中，“飞亚达”三个字为品牌名称，其他部分为品牌标志。

图 11－1　“飞亚达”品牌

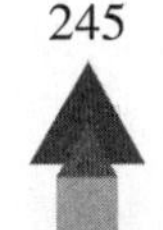

（1）品牌名称（brand name）：是指品牌中可以用文字语言和口头语言表达的部分，例如“可口可乐”“耐克”“美的”“五粮液”等。

（2）品牌标志（brand mark）：是指品牌可以被识别、认识，但不能用文字语言和口头语言表达的部分，如独特的符号、图案、色彩或字体造型。例如，“可口可乐”英文字母的专门设计图案，“海尔”两个小朋友组成的图案，等等。

菲利普·科特勒认为，企业为其商品规定品牌名称、品牌标志，并向政府部门注册登记的一切业务活动，叫作品牌化。

（3）此外，在国外也有用包装容器的造型、音乐、气味、颜色等来构成品牌。

◇ 相关链接

华为品牌标志的变迁

每个企业都有自己专属的品牌标志，代表了企业的品牌。通过形象的品牌标志，可以帮助消费者记住企业主体和品牌文化。华为公司作为我国知名的通信设备制造企业，世界500强企业之一，其品牌标志从创业之初到现在，经过了三次的改革（见图11－2）。

图11－2 “华为”品牌

作为中国目前最受瞩目的科技公司，华为从中国广东的深圳出发，一步一个脚印，得到了世界的认可：至2018年，华为手机市场的总销量突破2亿部；而5G通信市场于2019年8月在全球范围内已拿下了30个5G订单，预计建设2万余座基站。华为的品牌标志也将随着华为在全球的发展，出现在世界上越来越多的国家和地区。

对于华为品牌标志的意义，目前还没有一个官方的标准答案，网络上公认的说法是：

第一代：是一朵由15片花瓣组成的“太阳花”。15片花瓣代表了华为成立之初的15位创始人，而太阳花则寓意着阳光、积极、向上。

第二代：相比于第一代，第二代标志不仅太阳花的花瓣少了，而且整体花瓣看起来更加饱满。从色彩上看，则延续了第一代的红黑色主色调，图案和文字略有不同，并且还增加了渐变效果，看起来极具动感。

据说第二代的品牌标志产生是考虑到了“重新思考公司品牌的核心价值，延续公司核心理念”。八片花瓣从聚拢到散开，也预示着华为的业务可以得到兴旺。底部的花心聚拢，表明了华为坚持以客户需求为导向、持续为客户创造长期价值的核心理念。花瓣下面配上黑色字母“HUAWEI”，并没有用英文，而是选择了用大写的汉语拼音。

第三代：这一代品牌标志发布于 2018 年的 3 月，相对于之前华为品牌标志的渐变色，第三代的颜色全部改为了红色，虽然没有了以前的立体感，但是第三代的华为标志更具直观感的视觉冲击。

第三代品牌标志由八片花瓣和“HUAWEI”汉语拼音组成，寓意为：华为积极进取、不断创新、和谐商业环境、开发合作的理念，使得华为在发展上更加稳健。

不知道大家对于华为品牌标志的变迁有怎样的看法和不同的观点呢?

资料来源：根据网络资料整理。

2. 品牌的整体含义

品牌的实质是代表卖者向买者长期提供的一组商品的特征、利益和服务，它代表卖者对买者的长期、一贯性的承诺。其含义分为六个层次。

（1）属性：品牌首先给人们带来的是某种特定的属性。例如，奔驰车意味着价格昂贵、工艺精良、耐用、马力大、速度快等。多年来，奔驰的广告一直强调“世界上工艺最强的汽车”。

（2）利益：品牌不仅意味着属性，而且意味着利益。属性需要转化为功能性或情感性的利益。例如，耐用转化为功能性利益——“多年内我不用买新车”；昂贵转化为情感性利益——“开这种车，我感觉到受人尊重带来的好心情”；工艺精湛转化为安全、舒适性。

（3）价值：品牌体现了生产者的某些价值观。例如，提到“海尔”我们就想到它的“真诚到永远”。

（4）文化：品牌象征着一种文化。奔驰车代表着德国文化：严谨、高效、高质量。“麦当劳”传播着“清洁、方便、美味、家庭气氛”的消费文化。

（5）个性：品牌也代表着一定的个性。例如，提到“微软”，人们就想到一种不断创新的个性。

◇　相关链接

“阿迪达斯”为了突出其品牌个性——诚实、真挚，富有竞争力，协作精神，激情四溢，设计了三个表现策略，即卓越表现、积极参与、振奋人心。通过对这些元素的运作，阿迪达斯赞助运动会，举办世界范围内的皮划艇、篮球、攀岩、足球、铁人三项、马拉松、群众自发参与的系列挑战赛等，深入影响“阿迪达斯”的目标消费群体，并且从被耐克击败的低谷中站起来，重新成就一代名牌。

（6）用户：品牌暗示了购买和使用商品的消费者的类型。例如，开“奔驰”车，意味着“事业成功人士”；穿“耐克”鞋，意味着充满活力和自信。

此外，在理解品牌的整体含义时，我们还要认识到：品牌的属性是竞争者容易复制的，当前的品牌属性在未来可能毫无价值；购买者最感兴趣的是品牌的利益；品牌最持久的含义是它的价值、文化、个性。如“康泰克”的品牌定位，即可成为一个成功案例（见表 11－1）。

表 11－1　成功的品牌定位举例

品牌	主要目标者	利益点	定位口号
康泰克	即使生病也要工作的人	吃了药马上就好，就可以工作	帮助你把生病的日子变成工作的日子

3. 品牌与招牌、品名的区别

品牌不同于招牌。招牌是指工厂、商店、企业等的名称；名称只有一个，而品牌却可以有若干个。

品牌也不同于商品的品名。商品的品名是商品的一般特征，如汽车、饮料等；而品牌是商品的商业名称，是企业所拥有的。

11.1.2　商标的概念

商标（trade mark）是一法律概念，商标是指已获得专利权，受到法律保护的一个品牌或一个品牌的一部分。品牌一旦注册即为商标。

虽然在实际生活中，人们常常把品牌、商标等同看待，但品牌的概念大于商标的概念。

11.1.3　品牌与商标的由来

在中国古代——南北朝后期（6 世纪），在生产陶瓷上就开始使用署名；唐朝（8 世纪）民间生产的纸张上，已普遍使用一种水印暗纹标志。西方国家在中世纪才在行会的劝导和要求下，开始使用区别于他人商品的标识。

现代商标是在欧洲工业革命以后出现的。商标作为知识产权、无形财产受到法律的保护。

1883 年签订的《保护工业产权巴黎公约》，标志着商标作为财产权受到世界的保护。

◇　相关链接

百年老店——张小泉剪刀

明朝崇祯年间安徽人张思家为避灾荒携全家到杭州，重操旧业，打出“张大隆”的招牌，生产剪刀。1663 年，张小泉继承父业打出了“张小泉”招牌。

乾隆下江南时，在一小店避雨，张小泉的孙子张树庭见来人举止不凡，主动招呼并出示剪刀让客人选购，乾隆拿了一把试试，发现剪刀开合灵巧、相当锋利，他十分满意。一个月以后，杭州织造府官员来到“张小泉”作坊，宣读圣旨，钦定“张小泉”剪刀为朝廷贡品，并赐“张小泉”三个字。张树庭才恍然大悟，原来那天的避雨客是当今的万岁爷。

从此，“张小泉”的子孙把皇帝赐封的金字招牌和“精工细作、童叟无欺”的祖训代代相传，从而使“张小泉”声望如日冲天，名扬大江南北。

数百年前，“张小泉剪刀满街巷”，假冒之剪蔚然成风。为保全祖传家业，张小泉第六代传人张利川之妻携幼子拦轿告状，钱塘县令束允泰当众写下“永禁冒用”四个大字，准其立石碑于作坊门口，开创了中国知识产权保护的先河。

1911 年，张小泉第七代掌门人张永年，用张小泉近记“海云浴日”为商标送知县上交“农商部”注册。1924 年，根据北洋政府颁布的《商标法》，以原注册商标延展注册，从而使“张小泉”成为中国现代最早的注册商标之一。

资料来源：21 世纪人才报社. 百年老店营销经典［M］. 重庆：重庆出版社，2002.

11.1.4　品牌、商标的作用

1. 品牌、商标的作用

（1）对购买者的益处。

①品牌、商标代表一定的质量和特色，便于购买者选购。

②品牌、商标可保护购买者的利益，便于有关部门对商品质量的监督，也便于追查质量责任。

（2）对销售者的益处。

①品牌、商标便于卖者进行经营管理，如签订合同、做广告等。

②注册商标受法律保护，可防止他人仿冒。

③品牌、商标便于建立稳定的顾客群。对某种品牌、商标有一种忠诚度。

◇　相关链接

美国堪农毛巾公司做了一个实验：这家公司与商店合作，在自己的商品出售时一部分加上堪农商标，另一部分则不加任何商标。结果，尽管毛巾质量完全一样，但售价相同时，有商标的销售量是无商标的三倍；将有商标的提价 4 美分后，销售量仍为无商标的两倍。最后，将有堪农标记的毛巾提价 10 美分，两者销量才算拉平。

资料来源：邱伟光. 公共关系［M］. 北京：中国财政经济出版社，2000.

（3）对整个社会的益处。

①品牌促进全社会商品质量的提高。

②品牌鼓励生产经营者不断创新。

③商标专用权保护了公平竞争，促进社会经济有序发展。

2. 驰名商标（名牌）的作用

名牌的多寡，尤其是世界名牌的多寡，是一个国家或地区综合经济实力的重要标志。一个地区的名牌多，这个地区的经济必然发达和强大。

据联合国工业计划署的不完全统计，当今世界共有名牌商品约 8.5 万种，而其中 90%

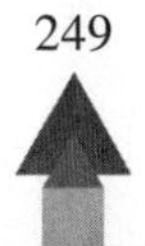

以上的名牌所有权归属于工业发达国家和亚太新兴工业国家或地区。另据资料统计，目前国际市场上年销售额在 130 亿美元以上的大公司约有 1 000 家，而美国和日本各占 1/3，总数多达 662 家。中国经济的发展呼唤众多的中国名牌出现。

2019 年 12 月 11 日，由世界品牌实验室独家编制的 2019 年度《世界品牌 500 强》排行榜在美国纽约揭晓。榜单中前 10 名品牌见表 11 －2。

表 11 －2　2019 年《世界品牌 500 强》前 10 名品牌

2019 年排名	2018 年排名	品牌英文	品牌中文	品牌年龄	国家	行业
1	2	Google	谷歌	21	美国	互联网
2	1	Amazon	亚马逊	24	美国	互联网
3	4	Microsoft	微软	44	美国	软件
4	3	Apple	苹果	43	美国	计算机与通讯
5	5	AT&T	美国电话电报	142	美国	电信
6	8	Nike	耐克	47	美国	服装服饰
7	6	Mercedes-Benz	梅赛德斯－奔驰	119	德国	汽车与零件
8	10	McDonald's	麦当劳	64	美国	餐饮
9	9	Toyota	丰田	86	日本	汽车与零件
10	12	Walmart	沃尔玛	57	美国	零售

制表：世界品牌实验室（World Brand Lab. com）

《世界品牌 500 强》至今已连续发布 16 年，它以世界影响力为评判依据，即品牌开拓市场、占领市场并获得利润的能力，对全球 8 000 个知名品牌进行综合评分，最终推出了世界最具影响力的 500 个品牌，这些品牌分布于世界 29 个国家。中国品牌列入榜单的数量持续增加，2019 年有 40 个中国品牌列入榜单（见表 11 －3）。

表 11 －3　2019 年《世界品牌 500 强》排行榜中的 40 个中国品牌

中国排名	2019 年排名	2018 年排名	品牌英文	品牌中文	行业
1	28	30	State Grid	国家电网	能源
2	36	39	Tencent	腾讯	互联网
3	41	41	Haier	海尔	物联网生态
4	44	43	ICBC	中国工商银行	银行
5	51	58	Huawei	华为	计算机与通讯
6	64	64	CCTV	中央电视台	传媒
7	75	85	Alibaba	阿里巴巴	互联网
8	78	—	China Resources	华润	多元化
9	88	76	China Mobile	中国移动	电信
10	99	102	Lenovo	联想	计算机与通讯
11	132	139	China Life	中国人寿	保险

续上表

中国排名	2019 年排名	2018 年排名	品牌英文	品牌中文	行业
12	137	135	CNPC	中国石油	能源
13	142	141	Sinopec	中国石化	能源
14	165	179	Ping An	中国平安	保险
15	208	212	COFCO	中粮	多元化
16	210	198	Bank of China	中国银行	银行
17	211	203	CCB	中国建设银行	银行
18	223	230	Baidu	百度	互联网
19	232	236	China Unicom	中国联通	电信
20	239	241	CITIC Group	中信集团	多元金融
21	245	245	China Telecom	中国电信	电信
22	281	287	Air China	国航	航空
23	283	286	Chang Hong	长虹	电子电气
24	293	293	China Southern Power Grid	中国南方电网	能源
25	300	323	Moutai	茅台	食品与饮料
26	302	326	WULIANGYE	五粮液	食品与饮料
27	306	310	TSINGTAO	青岛啤酒	食品与饮料
28	317	315	CRRC	中国中车	交通运输
29	320	328	SINOCHEM	中化	能源
30	321	321	China State Construction	中国建筑	工程与建筑
31	348	349	People's Daily	人民日报	传媒
32	350	340	Agricultural Bank of China	中国农业银行	银行
33	365	367	Xinhua News Agency	新华社	传媒
34	366	398	CASIC	中国航天科工	防务与飞机制造
35	370	360	CRCC	中国铁建	工程与建筑
36	402	—	CHINA EVERBRIGHT GROUP	中国光大集团	多元金融
37	415	436	Hengli	恒力	石化、纺织
38	427	—	XCMG	徐工	工业设备
39	470	—	Weiqiao	魏桥	纺织
40	483	499	TSMC	台积电	计算机与通讯

制表：世界品牌实验室（World Brand Lab. com）

（1）驰名商标的特征。

“驰名商标是指在市场上享有较高声誉，并为相关公众所熟知的注册商标。”在大多数国家（包括我国），驰名商标是由本国的商标主管机关来认定的，有些国家由最高法院或其他法律主管机关来认定。企业可提交证明文件申请认定。

（2）驰名商标的作用。

曾经有人说，可口可乐遍及世界各地的工厂在一夜之间被大火烧光的话，那么，第二天世界各大媒体的头条新闻就是——是什么呢？

那就是：各国银行巨头争先恐后为它提供贷款，因为这个在红色背景上的8个白色字母标志，已经成为美好享受和现代生活的象征，人们是绝不会让它消失的。

驰名商标除具有一般商标的作用外，还具有以下作用。

①专用权超越国界。驰名商标的专用权超越本国范围，在巴黎公约成员国范围内得到保护。

按照巴黎公约对驰名商标专用权的规定，若某一商标构成对驰名商标的仿造、复制或翻译而且用于相同或类似的商品上，则应禁止其使用该商标（拒绝或取消其注册）。这些规定，还适用于部分系伪造、仿冒或模仿驰名商标而易于造成混淆的商标撤销。

②注册权超越优先申请原则。驰名商标，即使未在某国注册，也在巴黎公约国内受到法律保护。即对驰名商标而言，他人虽申请在先，只要其申请的商标是对驰名商标的仿造、复制或翻译而且用于相同或类似商品上，就不得给予注册；即使已获注册，驰名商标所有人也有权在5年内请求撤销注册的商标。如果他人以欺诈手段恶意取得或使用驰名商标，则驰名商标所有者的撤销请求权的期限无限期。

③驰名商标是企业巨大的无形资产。

◇ 相关链接

根据2002年度报告，海尔以489亿元的品牌价值首次荣登中国最有价值品牌榜首。红塔山以460亿元位于第二位，其后是长虹266亿元、五粮液201.20亿元、联想198.32亿元、TCL 187.69亿元；可口可乐品牌价值696.4亿美元，微软品牌价值为640.9亿美元，国际商用机器公司（IBM）为511.9亿美元，通用电气品牌价值为413.1亿美元，英特尔为308.6亿美元，芬兰的诺基亚为299.7亿美元，德国的梅赛德斯－奔驰品牌价值为210.1亿美元，丰田汽车品牌价值为194.5亿美元，本田汽车为150.6亿美元，韩国三星品牌价值为83.1亿美元。

资料来源：http://www.njforeign.com/cgi－bin；美国《商业周刊》；http://www.sohu.com.

④驰名商标意味着对市场、对投资者、对人才的巨大吸引力。驰名商标意味着较高的知名度和美誉度。消费者更愿意购买名牌商品，即使价格较高；投资者和银行家更愿意投资和贷款以生产经营名牌商品；企业所需人才也为名牌所吸引，名牌成为吸引和凝聚人才的旗帜。

◇ 相关链接

深圳品牌的国际国内荣誉

获得全球及国内各类奖项的深圳企业不但成为深圳各行业中高品质、高美誉度、高竞争力的商品和服务象征，也成为反映深圳产业发展趋势和深圳竞争实力的“晴雨表”，成为创造“深圳质量”的主力军。

1. 全球品牌排行榜

诺贝尔经济学奖得主 Robert A. Mundell 教授认为，现代经济的一个重要特征就是品牌主导。品牌对于市场的引领作用不言而喻，全球品牌价值的变化及其背后的企业发展模式转型是全球市场的重要风向标。目前，全球品牌价值的评估依据主要来自三大机构，分别是 Interbrand、BrandZ 和世界品牌实验室。

2018 年深圳企业在全球品牌排行榜中的成绩见表 11 –4。

表 11 –4　深圳品牌在世界品牌排行榜成绩（2018）

排行榜	全球最具价值 100 大品牌	
评选机构	Interbrand	
深圳上榜企业	第 68 位	华为
排行榜	全球最具价值品牌百强榜	
评选机构	BrandZ	
深圳上榜企业	第 5 位	腾讯
	第 43 位	中国平安
	第 48 位	华为
排行榜	世界品牌 500 强排行榜（前 100 位）	
评选机构	世界品牌实验室	
深圳上榜企业	第 30 位	国家电网
	第 39 位	腾讯
	第 41 位	海尔
	第 43 位	中国工商银行
	第 58 位	华为
	第 76 位	中国移动
	第 85 位	阿里巴巴

2. 中国驰名商标

中国驰名商标（China Famous Trade Mark）是指经过有权机关（国家工商总局商标局、商标评审委员会或人民法院）依照法律程序认定为驰名商标的商标。据国家工商总局 2003 年 4 月 17 日颁布的《驰名商标认定和保护规定》：驰名商标是中国国家工商

行政管理局商标局根据企业的申请，官方认定的一种商标类型，在中国国内为公众广为知晓并享有较高声誉。

截至 2015 年 12 月，深圳市共拥有“中国驰名商标”162 个。

3. 广东省著名商标

广东省著名商标，是指在广东省内具有较高市场信誉、为相关公众所熟知的注册商标，由广东省工商行政管理局组织设立的广东省著名商标认定委员会负责认定和管理。目前，深圳共计拥有“广东省著名商标”506 个，在广东省 19 个地级市中名列第一。

11.1.5 品牌资产

品牌是企业重要的无形资产。

1. 品牌资产概念

品牌资产是指商品和服务冠以品牌后，所产生的超越商品功能价值的附加价值。这种附加价值是顾客愿意购买有品牌的商品，为此支付高的价格而使企业获得的额外收益。从顾客的角度，它表现为顾客对品牌的偏好、态度和忠诚；从财务的角度，品牌资产可以直接用货币的价值表现，比如为收购品牌而支付的价格。各种品牌在市场上的价值是不一样的，强势品牌能为企业带来更多的附加价值，形成巨大的品牌资产，而巨大的品牌资产又能为企业提供强大的持续竞争优势。因此，品牌资产对企业当前的市场竞争和未来的长远发展都具有重要的意义。

2. 品牌资产的构成

品牌资产是一个系统概念，它由以下几个既有联系又有区别的部分组成。

（1）品牌知名度。是指人们对品牌名称的知名程度，具体反映在品牌记忆（某一特定品牌是否储存在顾客的记忆中）和品牌识别（顾客在面对众多品牌时是否能识别出某一特定的品牌）。人们在选购商品时，一般是选择知名度高的品牌。

（2）品牌联想。是指品牌让消费者联想到它所代表的商品特征和利益等。“奔驰”汽车使人们想到车主的身份与地位。各种品牌的联想在强度和唯一性两方面有所不同。强度反映了该联想在消费者头脑记忆中被唤起的容易程度；唯一性是指这种联想是由该品牌独具的，还是由许多品牌分享的。联想的强度越强，联想越是唯一，品牌资产的价值越高。

（3）品牌美誉度。美誉度是在顾客满意的基础上形成的。顾客满意包括对拥有品牌的企业经营观念的满意，对企业行为满意，对企业、商品、品牌的视听满意，对产品满意，对服务满意。知名度、美誉度越高，品牌形象越好，顾客对品牌的忠诚度越高。

（4）品牌忠诚度。品牌忠诚是对品牌的特殊信任、偏好而形成的一种热爱及由此产生的长期的认牌购买和使用的行为。品牌忠诚度可以成为企业持续的利润来源和竞争优势。品牌忠诚度越高，品牌资产的价值越大。

（5）品牌资产的其他内容。是指附属于品牌之上的专利、专有技术和分销渠道等企业的专有财产。这些品牌资产有利于企业构筑核心竞争能力，是企业品牌资产的重要内容，企业应注意对这些资产的管理。

根据品牌资产的构成，企业在品牌资产运用时，应首先从创立品牌的知名度入手，建立良好而又鲜明的品牌形象，以此提高品牌忠诚度，形成企业的品牌资产。

11.2　品牌设计的原则

1. 品牌标志设计的原则

（1）良好的创意。

品牌的基本作用，就是使消费者能够把企业的产品和服务与另一个企业的同类产品和服务区别开来，因此，如果一个品牌标志越强，企业成功的可能性也就越大。这一前提就是品牌标志首先应该具有与众不同的独创性和可识别性。一些世界著名品牌标志一般都设计新颖，形象鲜明，有自己的特点。比如苹果电脑公司的产品标志是一个被咬了一口的红苹果，不但反映出公司的宗旨就是要发展一种易于掌握和使用的电脑，而且新颖独特，给消费者留下深刻的印象。

（2）简洁的图案。

标志只是品牌的一个反映，它的信息传达有限，要使品牌标志设计有成效，只能在有限的空间里传达出品牌最深层的内涵，能给人留下最深刻印象的信息。现代社会生活节奏加快，对接触到的信息的记忆程度有限，因此要求标志的图案简洁明了。品牌标志的简洁符合记忆规律的特点，并且能够超越国家、民族、语言以及文化程度等的限制，更容易被消费者加以记忆与识别。比如日本的“三菱”汽车，其标志是三角形排列的三个菱形，人们易于识别和记忆，在商标中的三个菱形是三颗钻石的形象，这个图像风格特征简洁、明快，与公司相配。

（3）合理与合法。

品牌标志的设计要符合产品行销地的法规和风土人情，这与品牌命名相类似。各国的法律对商标、标志的合法设计都有规定，违反了就不能得到注册。这一点在商标、标志设计时要考虑到。

（4）适应性原则。

适应性是指要设计出符合现代潮流以及消费者心理变化趋势的品牌标志。一般来说，一方面品牌标志具有相对的稳定性，为的是强化整体形态，引导消费者识别，但是当时代和产品自身发生变化时，品牌标志的内容、风格，可能与时代的节拍不相吻合，如果再沿用以前的品牌标志，可能就显得古板、陈旧；另一方面也反映企业的创新能力有限。所以，品牌标志的设计要在保持相对稳定的前提下进行相应的变化。

（5）针对性原则。

品牌标志要适应消费者的实际情况，打个比方，假如产品消费者不少是文盲，则不适宜选用文字标志，而应该选用图形标志；如果产品是高科技产品，则应该使用文字标志；而在消费者分布面广的情况下，则应该使用适应面比较广的组合标志。

2. 品牌色彩设计原则

（1）品牌的色彩设计首先要突出企业风格和品牌的深层含义。

（2）品牌的色彩设计应该与公司的形象设计即企业识别系统相一致。

（3）品牌色彩设计必须差异化，要与竞争对手有差别，鲜明地显示品牌独特个性。

（4）品牌色彩设计必须与消费者心理相吻合，这样可以有利于促进产品的销售，迅速打开市场。

（5）品牌设计的色彩应该符合国际化潮流，以利于以后公司的国际化发展。

例 11 - 1

苹果品牌的 LOGO

苹果电脑公司（Apple Computer, Inc.）成立于 1976 年，当年开发并销售 Apple I 电脑，最初的 Logo 是由三个创始人之一的韦恩设计的，图案为牛顿坐在苹果树下看书的钢笔绘画，边框上还写了些诗句。

为 Apple Ⅱ 推出市场，乔布斯请 Regis McKenna 广告公司重新设计 Logo。当初设计了两个图案，一个是被咬过一口的苹果，而一个是没有咬过的。乔布斯最后选择了比较个性化的咬过一口的七彩条组成的 Logo。Apple Ⅱ 采用全新塑胶外壳材质，同时采用了彩色屏幕，被咬掉一口的苹果造型很特别，彩色条纹充满了人性，充满了亲和力。

设计师回顾说："我最初设计那咬了一口的苹果，是为了让 Logo 看起来是个苹果。而不是樱桃。当我设计完以后，我的一位同事告诉我，在电脑里有个词叫'byte'，我说你在开玩笑吧。这个 Logo 看起来就觉得很完美，但这确实只是个巧合。"

苹果第二代 Logo 一直使用至 1998 年，后变更为单色系列。2007 年再次变更为金属带有阴影的银灰色，使用至今。

资料来源：苹果公司经典 LOGO 品牌标志的设计者专访. 苹果中文网，http://apple.tgbus.com.

思考题

苹果品牌的内在含义是什么？其 Logo 如何表现其品牌内涵？

11.3 品牌决策

在品牌的运用上，我们可选择不同的策略。

1. 有无品牌策略

企业既可以选择使用品牌，也可以选择不使用品牌。

（1）使用品牌。

在历史上，许多商品不用品牌，而今天，很少有商品不使用品牌。如过去市场上的盐、大米不使用品牌，现在这些商品均使用了品牌。

◇ **相关链接**

贴上证明商标，身价马上翻倍
地理标志推动农商品出口

1994 年起，我国实行地理标志保护制度。地理标志作为集体商标或证明商标注册后，将农商品独特的地理环境、气候条件，独一无二的耕作方法、养殖方法，与众不同的品质等同商标一起推向市场。

例如，山东的“章丘大葱”作为地理标志获注册后，市场竞争力大大提高，身价倍增，售价是普通大葱的2~3倍。

浙江的“安吉白茶”作为地理商标注册后，注册人建立了统一的苗木、栽培、加工标准，对商品实行统一包装，集中树立商品形象。2002年，安吉白茶的总产值为1 900万元，成为安吉农业产业结构调整的主导产业。

新疆的“库尔勒香梨”作为证明商标注册后，国内外果商和消费者都视贴有该商标的库尔勒香梨为正宗，香梨的售价也比原来提高。该品牌商品已销往中国香港、中国澳门、新加坡、加拿大、法国等地区和国家市场。福建的“漳州芦柑”作为地理标志注册以后，销往东南亚市场的数量在2002年达到3 500吨。

资料来源：麦婕莹，吴伟洪，史惠纯. 贴上证明商标，身价马上翻倍［N］. 南方都市报，2003-05-09.

（2）不使用品牌。

虽然市场上绝大多数的商品有品牌，但不使用品牌仍然是一种策略。一般认为，在下列情况下可不使用品牌。

①经加工的原料，如矿砂。

②不会因生产者不同而形成不同特色的商品，如钢材。

③某些生产比较简单、选择性不大的小商品。

④临时性或一次性生产的商品。

在超级市场上，一般不使用品牌的商品，售价较低，但质量不高（或是大众商品）。近年来，美国的一些日用消费品又出现了“无品牌”倾向，据估计其超市中无品牌的商品售价低于有品牌商品的售价的30%~50%，很受低收入消费者的欢迎。

2. **品牌使用者决策**

在如何使用品牌上，制造商有如下选择。

（1）生产者品牌。指由生产企业决定自己的品牌。历史上生产者品牌一直处于统治地位。

例如：DELL，SONY。

（2）中间商品牌。生产企业将商品大批量卖给中间商，由中间商以自己的品牌将商品销售出去。

例如：中间商品牌的成功典范莫过于英国的马狮百货集团。在这家公司，所有的商品都使用公司自有品牌——“圣米商”牌。美国著名的西尔斯零售公司90%的商品用自己的品牌，其经营的“工匠工具”“顽强”电池，在市场的知名度和销售额丝毫不亚于制造商的同类知名品牌。在我国，北京燕莎友谊商城注册了燕莎商标，并开发了燕莎牌衬衫、箱包等自有商品。

在生产商具有良好的市场声誉，拥有较大市场份额时，大多使用生产者品牌；在生产商资金实力薄弱，或在市场上的商誉远不及中间商的情况下，可考虑采用中间商品牌。

新进入市场的中小企业，当无力用自己的品牌将商品推向市场，而中间商在这一市场拥有良好的品牌信誉和完善的销售体系时，采用中间商品牌则往往有利。

（3）混合品牌。生产者品牌与中间商品牌连用。如惠尔浦公司（Whirlpool）生产的商品既用它自己的名称，又用分销商的名字。

（4）许可品牌：制造商生产的商品使用的品牌，既不用自己的品牌，也不用中间商的品牌，而是用委托人指定的“允许使用的品牌”，又称“贴牌”，如国际上流行的OEM、ODM。

现在有些国际知名企业自己不生产，而是进行贴牌生产，即将商品委托其他企业加工，然后，贴上自己的商标在市场上销售。

对于接受订单的发展中国家来说，贴牌使闲置的生产能力得到了充分的发挥，单位商品生产成本下降（包括本企业的商品），职工的收入有了保障，贴牌促进了本企业的技术进步，加快了设备更新换代的速度，培养了一批技术专家及技术职工队伍。贴牌有助于提高企业的管理水平和企业家的管理能力，有助于发挥自己在专业化生产方面的长项，提高自己在业内专业化生产方面的竞争力。

虽然OEM可以让企业吃饱，但是不一定能让企业吃好。因为在商品的开发、生产、销售各环节中，生产环节的利润是最低的。一些企业在下订单时，会把价格压到很低，这种订单虽然量很大，但是利润却很薄，没有上升空间可言。而且，当某个企业接到某品牌的大订单时，该厂一定时期内的生产能力也就被买断了。这样，自身的商品无法生产，其品牌在市场上的影响力也会随之被削弱，甚至消失。例如，美国的“芭比娃娃”玩具进入中国市场，某款芭比娃娃售价329元人民币，而替其加工的我国某厂家每加工一件仅得加工费4元人民币。

◇ 相关链接

耐克是公认的国际品牌，但是大家都知道，耐克公司没有一家自己的制鞋厂，它所拥有的仅仅是耐克这个品牌以及耐克鞋的设计与品控能力。所以，尽管中国市场上的耐克鞋大多是国内企业加工的，但它在消费者心里仍然是值得骄傲的国际品牌。正因如此，消费者特别是青少年消费者才格外看重这个品牌。

3. 个别品牌与统一品牌策略

这是企业确定品牌数量的决策，即企业所生产的不同种类、规格、质量的商品是分别使用不同的品牌，还是全部使用一个品牌。

（1）个别品牌策略：不同商品使用不同品牌。

使用个别品牌的优点：

①没有将企业的商誉系在某一商品品牌上，避免风险。

②不同档次的商品，使用不同的品牌较容易为市场所接受。

使用个别品牌的缺点：

①增加促销费用，使企业在竞争中处于不利的地位。

②品牌过多，不利于企业创名牌。

◇　相关链接

宝洁公司 P&G 生产多类商品，从香皂、洗发精到卫生用品、药品等跨多种行业，并且使用多种品牌。

资料来源：http://www.pg.com.cn.

（2）统一品牌策略：又称家族品牌，指企业生产的多种商品使用同一品牌。海尔公司的电子产品就是采用的统一品牌策略（如图 11－3 所示）。

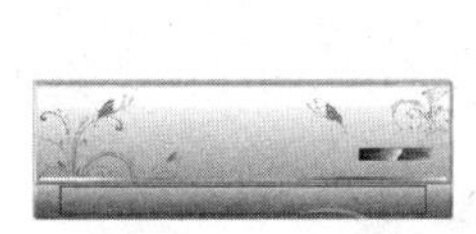

图 11－3

统一品牌的好处是：

①集中宣传一个品牌，节约成本费用。

②有利于新商品顺利进入市场。

③有利于塑造企业整体形象。

统一品牌的缺点：当采用统一品牌的商品，质量、档次相差悬殊时，有损于高质量、高档次商品的形象。

4．品牌扩展策略

（1）品牌扩展策略。

品牌扩展亦称品牌延伸，是指企业利用已具有市场影响力的成功品牌来推出改良商品或新商品。

◇ 相关链接

卡特彼勒公司的品牌扩展

这是一个最不可能实现的，却最终获得了成功的例子。100 多年来卡特彼勒公司一直是一家为建筑行业提供重型机械设备的供应商，但公司却找到一条发展的新路。通过运用品牌延伸策略进入难度很大的时尚产业，公司建立起品牌认知和品牌认同（更不用说丰厚的利润了）。在这个过程中，品牌逐渐被各个细分市场的消费者所接受。

当然，这并非偶然，而是由金伯利（Kimberley S. Neible）带领的卡特彼勒公司国际品牌管理部门精心策划的。其目标是在那些曾经使用过卡特彼勒机械设备产品的消费者中提升产品的销量，并向那些没有接触过卡特彼勒产品的人们推广这个品牌。

卡特彼勒的产品在欧洲比耐克的同类产品销得更旺，品牌以其犀利的风格吸引了青年人的注意力。伦敦的 CAT 服饰品牌可以在全球许可授权经营，美国的 CAT 鞋类品牌也是一个全球许可经营的品牌。当然公司也在酝酿着建立自己的专卖店。目前公司只在伊利诺伊州的公司总部附近有一家占地 5 000 平方英尺的商店，公司希望在伦敦和纽约这样的大都市多开几家专卖店。公司的产品范围广泛得惊人——从休闲品到高档品应有尽有。例如，您能买到一条很有特色的 CAT 牛仔裤（上面有 5 个口袋，后面饰有黄色的缀片），也可以花不到 300 美元买到限量生产的牛仔裤，还有太阳镜、凉鞋和婴儿服饰等。许多国家都有 CAT 品牌的产品，如帽子、靴子、手袋、运动鞋、婴儿鞋、手表和运动衫。在 CAT 的旗舰店里，也有高档的产品出售，如 250 美元的短夹克、300 美元的手表。总之，CAT 品牌包罗万象，从传统的到叛逆的，从青年人的到老年人（甚至耄耋老人）的产品，应有尽有。

品牌扩展策略的优点：新商品利用原有成功品牌推出，容易为市场接受。如果新商品获得成功，可进一步扩大原有品牌的影响。

品牌扩展策略的缺点：若把品牌扩展到与原有形象、特征不相符，与原有商品不存在关联性、不存在互补性时，则有损于原有品牌形象，容易造成消费者反感。例如，当你正在饮用的一种饮料的品牌与某著名的洗衣粉品牌相同，你会有何感受？当某食品与农药的品牌相同时，消费者在决定是否购买该食品时就会很容易和农药产生联想，从而造成心理的冲突，仿佛感觉到食品里面都有农药的味道。

（2）副品牌的运用。

品牌的扩展还包括副品牌的运用。所谓副品牌是指某一品牌的二级品牌。它介于一牌一品和一牌多品之间。主品牌的创立，一般要经历较长的时间，投入较多的人力、物力才能树立起来，而副品牌可以常换常新，给消费者一种新鲜的感觉，创造新的卖点。

◇ 相关链接

海尔的主、副品牌策略

从海尔的实践看，副品牌战略确实对统一品牌战略进行了有效补充。他们把 0.5 千克的小洗衣机叫“即时洗”、电视机叫“探路者”、美容加湿器叫“小梦露”，使消费者能一目了然。对同一商品，也可用副品牌将规格、品位、档次、功能等区分开来，如海尔冰箱选用“金王子”“王中王”等，这样也避免产生类似“海尔就是冰箱”“长虹就是彩电”“小天鹅就是洗衣机”的思维定式。选择副品牌战略，能有效引导消费者突破原有消费定式，接受和认可新商品，并将对主品牌的信赖、忠诚迅速转移到新商品上来。

副品牌可以更加直观形象地表达副品牌商品的特点和个性形象。每个品牌都是属性、利益、价值、文化、个性和用户的无形组合。副品牌一看就可联想到更具体的商品特点和个性形象。例如“西门子·捷净”滚筒洗衣机，让你听到“捷净”，马上想象到洗得洁净的衣服，看到“捷净”就会联想到洗衣机的快速和低噪音的特点。又如，“海尔”用“小王子”“帅王子”等来命名，栩栩如生地表达了“海尔”不同冰箱的特点。

5. **多品牌策略**

指企业在同一商品上同时使用两个或两个以上的相互竞争的品牌。这种营销实践为美国的宝洁公司首创，这家公司在成功推出 TIDE 之后，又推出 CHEER 牌洗涤剂，其结果是 TIDE 牌洗涤剂的销售额略有下降，但公司的销售总额却大大增加。在中国市场上宝洁的洗发精就有多个品牌，如“头屑去无踪，秀发更出众”的“海飞丝”、“头发更飘，更柔”的“飘柔”、“拥有健康，当然亮泽”的“潘婷”、“美发专家”——“沙宣”等。

宝洁公司的商品摆满了货架，这就等于从销售渠道减少了对手进攻的可能；从功能、价格诸方面对市场的细分，更能令竞争者难以插足。多种品牌密集的广告策略，也使竞争者的竞争空间缩小。这种高进入障碍无疑大大提高了竞争对手进攻的成本，这对于宝洁来说就是一块抵御对手的盾牌。例如，宝洁公司设计了九种品牌的洗衣粉：汰渍（Tide）、奇尔（Cheer）、格尼（Gain）、达诗（Dash）、波德（Bold）、卓夫特（Dreft）、象牙雪（Lvory Snow）、奥克多（Oxydol）和时代（Era）。宝洁公司认为，不同的顾客希望从商品中获得不同的利益组合。有些人认为洗涤和漂洗能力最重要；有些人认为使织物柔软最重要；还有人希望洗衣粉具有气味芬芳、碱性温和的特征。于是就利用洗衣粉的九个细分市场，设计了九种不同的品牌。通过这种多品牌策略，宝洁已占领了美国更多的洗涤剂市场，目前市场份额已达到55%，这是单个品牌所无法达到的。

多品牌的优势：①多品牌易造成大的市场声势，在竞争中处于优势；②多品牌能适应不同顾客的需求偏好，占领各种细分市场，提高市场占有率；③多品牌有助于企业内部开展竞争，提高效率。

多品牌的缺点：同一企业多个品牌相互竞争，商品开发成本和促销费用较高。

◇ 相关链接

飞亚达用多品牌占领市场

深圳是中国的“钟表之都”，深圳的钟表产业不仅在国内处于绝对领先地位，在国际上也影响巨大。飞亚达（集团）股份有限公司（以下简称飞亚达）正是其中的旗舰企业。

飞亚达创立于1987年，在“塑造国际化品牌，成为全球化企业”的理念引导下，以品牌战略为统领，通过“产品+渠道”的商业模式，推进关键价值链整合提升，逐步形成核心专长，立足国内市场，不断扩展国际合作，推动国际化发展的纵向一体化战略。

产品方面，飞亚达经过多年持续耕耘建设，目前已经构建了“高端+中端+时尚”的多层次品牌架构：拥有自主品牌“飞亚达”“唯路时”，同时收购了一个瑞士高端品牌，用授权经营的方式运营了“JEEP”时尚品牌，并通过合资参与“北京”手表品牌运营。

渠道方面，飞亚达拥有25个分公司、2 900多家网点，构建了以亨吉利、亨联达、博观表行以及电子商务平台为主的全覆盖渠道品牌。

近年来飞亚达品牌价值不断地攀升，飞亚达手表已成功进入多个国家销售。

6. 品牌防御策略

品牌、商标是企业的无形资产，驰名商标更是企业的巨大财富。为防止侵权，避免损失，企业应主动进行防御性注册，实施商标防御策略。如：

（1）及时注册商标。

（2）在非同类商品中注册同一商标。

（3）在同一商品中注册多个商标。

（4）使用防伪标志。

（5）品牌并存。即在合资企业的不同商品上分别使用我国商标和外国商标，或在同一商品上共同使用本国和外国商标。

如海尔除注册“海尔”商标外，还在70多个国家和地区注册了像“尔海”“河尔”“科尔”等防御性商标。又如日本日立公司，将其标志“日立”和“HITACHI”的文字、图形商标印在电视机、电冰箱等商品上，向我国提出5个注册获得商标专用权，一看到“日立”标志便知道是日本株式会社日立制作所的商品。

河北华龙集团的华龙面商标誉满全国，该集团形成以“华龙”为主的商标群，核准注册和受理申请达170多件，众多的防御商标形成坚不可摧的铜墙铁壁，护卫着“华龙”主

体商标。又如，恒安集团的“安尔乐”商标被认定为驰名商标，并在国内注册了 52 个商标，在国外注册了 23 个商标，同时还申请了 35 个专利，筑起一道利用知识产权自我保护的屏障。

◇　相关链接

联合利华在我国的 12 个牌子几乎都是同类商品的佼佼者。“力士”与“夏士莲”在洗发水和沐浴类商品中位居前列；中华牙膏是牙膏市场的老字号；立顿红茶的市场占有率超过 80%；“和路雪”在冰激凌市场的地位则无人可替。

“旁氏”原是一个美国品牌，联合利华将其买下并发展为一个护肤品名牌，推广到中国；“夏士莲”原是在东南亚推广的一个英国牌子，联合利华也将其引入中国；而将中国牙膏第一品牌“中华”收入旗下，更是其一贯品牌策略的延续。

联合利华在全球的 400 多个品牌，大部分是在世界各地收购的。在联合利华众多的品牌中，许多品牌还没有运用于市场，而仅仅是贮存起来，或作为一种防御措施。

资料来源：张国峻. 提升品牌价值的六种策略 [J]. 总裁，2002 (3).

7．品牌再定位策略

品牌再定位策略是指全部或部分调整或改变品牌原有市场地位的做法。“七喜”的“非可乐”定位，就是一个成功的范例。

著名的美国“七喜”饮料，是百事可乐公司的一个商品。其“非可乐”品牌定位，避开了两大可乐型饮料“可口可乐”与“百事可乐”所占人们心中的区域，另辟市场空隙，以非可乐吸引消费者。“七喜”饮料的“非可乐”品牌定位，使七喜成为世界第三大软饮料品牌。

由于消费者需求的不断变化，品牌竞争越来越激烈，随着时间的推移，原来再好的品牌往往也要考虑品牌的重新定位。品牌重新定位的目的是使企业的商品具有竞争者不同的特点，与竞争商品有巨大的差异。

在考虑品牌再定位时，一方面要考虑再定位的成本，它包括改变商品品质的成本、包装费用和广告费用；另一方面要考虑再定位所增加的收入。

◇　相关链接

Dewar's 威士忌品牌的重新定位

20 世纪 90 年代初，Dewar's 品牌在美国消费者心目中形象积极，市场份额在同类酒中位居榜首。由于年轻人普遍将威士忌视作祖父辈的杯中爱物，Dewar's 消费群的老龄化现象日益严重。必须为 Dewar's 品牌重新定位，更新品牌形象，以期在维持现有消费者的同时，获取新一代消费者的青睐。

据调查，由于社会上逐渐接受男性在饮酒时掺入其他饮品，而且越来越多的人认为这种喝法比单纯饮烈酒更可口也更有趣，因此白色烈酒仍有可能受到年轻人的喜爱。

为建立更为积极、年轻的品牌形象，使 Dewar's 摆脱“父亲喝的酒”的旧有形象；而推荐消费者在饮用 Dewar's 时掺入苏打水、果汁等其他饮品，可以改善其味道。

要想让目标消费者感到Dewar's威士忌“与其生活方式及价值观相符”，就必须先弄清他们到底持有什么样的价值观。调查显示，20岁出头的消费者由于尚未形成稳定的喜好及生活方式，还不太可能“接受威士忌的价值观”，而35~40岁的人又很难改变现有口味去接受威士忌，所以这两类人都不是最佳目标。最后将25~34岁组确定为“年轻的转变者”。这一年龄段的人崇尚独立与个性，乐于尝试新东西，成熟、自信有胆量。他们希望通过发展自己独特的个性及喜好来把握自己的生活。他们既有年轻人的激情和奔放，又胸怀大志，追求个人及事业上的成功。最后还选定“Dewar's威士忌，自信、有个性人士的佳酿”作为定位宣言。

调查发现，“平易近人、积极成熟”的主题由于体现出目标消费群对生命阶段变化的关注及对未来的向往，因此可以弥合年轻目标消费群的生活方式和价值观与Dewar's品牌之间存在的距离。

调查显示，25~34岁的成人经常进行体育运动，并喜欢观看电影及演出，因此公司决定利用多种印刷载体进行综合性的广告活动。这样，目标消费者在私人时间内可以看到报纸、杂志广告，而在公共或社交场合则可以接触到包括路牌、公用电话亭、出租汽车或公共汽车候车亭在内的户外广告。

品牌代表也是促销活动取得成功的关键所在。他们通常年轻、性格外向，担任“品牌代表”，在年轻人经常光顾的酒吧，他们的工作就是在酒吧中接近顾客，并向其提供样品礼券。顾客可凭券换领一杯混合了果汁、苏打水或酸性饮品的Dewar's威士忌。

Dewar's的新形象很快便通过口耳相传的方式以及同龄人之间的相互影响而传遍社会。

资料来源：《Harvard Business School》编译. 1997-11-12.

思考题

1. Dewar's威士忌原来的品牌形象是什么？可能会产生什么问题？
2. 该公司采取了哪些策略重新给Dewar's定位？

11.4 包装的概念及策略

俗话说：“佛要金装，人要衣装。”同样，商品也需要包装；商品再好，也可能因其包装不适而卖不出好价钱。据统计，商品竞争力的30%来自包装。随着人们生活水平的提高，精神享受的要求也越来越高，包装对商品销售的影响越来越明显。包装是商品的“无声的推销员”，除了保护商品之外，还必须致力于美化、宣传、诱发消费者的购买欲望，增强商品在市场上的销售竞争力。

11.4.1 包装的概念

商品包装（package）有两层含义：一是指商品的容器和外部包装，即包装器材；二是指采用不同形式的容器或物品对商品进行包装的操作过程，即包装方法。在实际工作中，二者往往难以分开，故统称为商品包装。

11.4.2　包装的作用

商品的包装最初是由商品在运输、销售和使用过程中保护商品的要求所决定的。随着商品经济的发展，尤其在现代市场营销中，商品包装作为商品整体的一部分，对商品陈列和销售日益重要，甚至某些营销人员把高档商品的包装称为 4P 后的第 5 个 P。

具体来说，包装具有以下作用。

1. 保护商品

保证商品的内在质量和外部形状，使其从生产过程结束后到转移到消费者手中，甚至被消费之前的整个过程，商品不致损坏、散失和变质。包装是直接影响商品完整性的重要手段。特别对于易腐、易碎、易燃、易蒸发的商品，有了完善的包装，就能保护其使用价值。

◇ 相关链接

使用无覆膜塑料编织袋包装的水泥容易受潮，这不仅会直接影响水泥商品在储运和使用中的质量，还会造成相当严重的经济损失和环境污染。资料显示：使用无覆膜塑料编织袋包装的水泥散失率超过 3%；2003 年全国因使用无覆膜塑料编织袋包装损失水泥达 800 多万吨，经济损失 20 多亿元，并造成了严重的环境污染。

2. 便于储运

商品的包装便于商品的储存、运输、装卸。如液体、气体、危险品，若没有包装，商品储运则无法进行。包装还便于消费者对商品的携带。

3. 促进销售

包装是商品的“无声的推销员”。通过包装，介绍商品的特性和使用方法，便于消费者识别，起着指导消费的作用。通过包装，还可以改变商品的外观形象，吸引消费者购买。

世界上最大的化学公司——杜邦公司的营销人员经过周密的市场调查后，发现了著名的杜邦定律：63% 的消费者是根据商品的包装和装潢进行购买的；到超级市场购物的家庭主妇，由于精美包装和装潢的吸引，所购物品通常超过她们出门时打算购买数量的 45%。可以看出，包装是商品的脸面和衣着，它作为商品的“第一印象”进入消费者的眼帘，撞击着消费者购买与否的心理天平。

4. 增加利润

商品的包装是整体商品的一个组成部分。高档商品必须配以高档次的包装。精美的包装能美化商品，提高商品的身价。同时，由于包装减少了商品的损耗，提高了储存运输装卸的效率，从而也增加了企业利润。

◇ 相关链接

莲花茶具

我国传统的出口商品——18 头莲花茶具，因包装问题让外商赚了一大笔钱。18 头莲花茶具本身质量很好，但由于采用简易的瓦楞纸盒做包装，既容易破损，又不美观；既难以辨别是什么商品，又给人以低档廉价的感觉，所以销路一直不好。后来，一个精明的外商将该商品买走后，仅仅在原包装上加了一个精制的美术包装，系上了一条绸带，使商品显得高雅华贵，一时销路大开，身价陡增，销售价格由一套 1.7 英镑提高到一套 8.99 英镑。

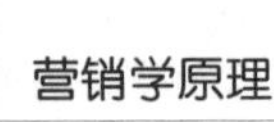

11.4.3 包装的种类

1. 按在流通中的作用划分

商品包装按其在流通中的作用，可分为运输包装和销售包装。

(1) 运输包装：又称外包装或大包装，主要用于保护商品品质安全和完整。运输包装又可称为单件运输包装和集合运输包装。

①单件运输包装。指在运输过程中以箱、袋、包、坛、罐、篓、笼、筐等单件对商品进行的包装。

②集合包装。是指将一定数量的单件包装组合在一件大包装容器内而合成的大包装。

(2) 销售包装：又称内包装或小包装，它随同商品进入零售环节，与消费者直接接触。

2. 按包装的不同层次划分

商品包装按其包装的不同层次划分，可分为首要包装、次要包装和运输包装。

(1) 首要包装。它是商品的直接包装，如啤酒瓶、牙膏皮。

(2) 次要包装。是保护首要包装的包装物，如牙膏盒。

(3) 运输包装。

3. 按包装技术划分

按包装技术划分，商品包装可分为防水包装、防湿包装、防虫包装、缓冲包装、真空包装等。

11.4.4 包装设计的基本原则

1. 执行国家的法律、法规

申请专利的包装设计，是作为知识产权受法律保护的。企业好的包装设计应尽早申请专利，避免侵权。

包装作为“无声的推销员”，有介绍商品的义务。我国保护消费者权益的法律法规规定，一些商品的包装上必须注明商品名称、成分、用法、用量、生产企业的名称、地址等。

2. 保护生态环境

随着人们环保意识的增强，在包装的材料运用等包装设计上要注意保护生态环境。

◇ 相关链接

适度包装与环境保护

目前，发达国家为解决包装污染、节约资源，把改革过分包装作为通向绿色包装的一个途径。英国开展“包装是剥掉的东西”的活动，号召不再追求过分包装；日本是一个十分讲究礼仪的国家，目前也开始时兴简易包装，以节约包装的材料和费用；美国、加拿大等国认为“过分包装就是污染环境”，在过度消耗资源的同时，还产生了大量的污染。在加拿大市场上，50%的液体牛奶用塑料袋包装，每年减少 3 000 吨固体废料；我国北京、上海等城市及香港地区在日用品销售上也开始使用简易包装，以降低成本和减少环境污染。

3. **心理、文化适应原则**

销往不同地区的商品，要注意使包装与当地的文化相适应。尤其在国际市场营销中要特别注意。消费者对商品包装的不同偏好，直接影响其购买行为，久而久之，还会形成惯性的购买心理。因此在商品包装的造型、体积、重量、色彩、图案等方面，应力求与消费者的个性心理相吻合，以取得包装与商品在情调上的协调，使消费者在某种意象上去认识商品的特质。

例如，女性用品包装要柔和雅洁、精巧别致，突出艺术性和流行性。男性用品包装要刚劲粗犷、豪放潇洒，突出实用性和科学性；儿童用品包装要形象生动、色彩艳丽，突出趣味性和知识性，以诱发儿童的好奇心和求知欲。

在商品包装设计中，色彩的运用也十分重要，这是因为不同的色彩能引起人们不同的视觉反应，从而引起不同的心理活动。例如，黑色、红色、橙色给人以重的感觉，绿色、蓝色给人以轻的感觉，所以笨重的物品采取浅色包装，会使人觉得轻巧、大方；分量轻的物品采用浓重颜色的包装，给人以庄重、结实的感觉。美国色彩研究中心曾做过一个试验，研究人员将煮好的咖啡分别装在红、黄、绿三种颜色的咖啡杯内，让十几个人品尝比较。结果品尝者们一致认为咖啡的味道不同——绿色杯内的咖啡味酸，红色杯内的咖啡味美，黄色杯内的咖啡味淡。在系列试验的基础上专家们得出结论，包装的颜色能左右人们对商品的看法。药品适于用以白色为主的文字图案包装，表示干净、卫生、疗效可靠；化妆品宜于用中间色（如米黄、乳白、粉红等）包装，表示高雅富丽、质量上乘；食品适于用红色、黄色和橙色包装，表示色香味美、加工精细。另外，需要指出的是，包装的色彩图案要考虑各民族不同的偏好和禁忌，特别是进入国际市场的商品更应如此。

4. **与商品本身相适宜**

包装要力求经济适用，不同档次的商品配以不同的包装。避免过度包装。

◇　**相关链接**

包装制胜的技巧

权宜应变。①包装应随商品本身用途的不同而各异。著名的法国香水业有句名言："设计精美的香水瓶是香水的最佳推销员。"法国香水有多种香型，每种香味不同的香水，它的包装瓶都有不同的造型。如有一种香味类似森林和木料的男用香水，它的包装瓶子被设计成细高如树的造型，又配上能让人联想到木板的本色细条纸盒外包装；另一叫"高山"的香水，包装瓶子被设计成旋转升天式。这些造型别致、富于联想的包装，自然能激发顾客的购买欲望。②包装应随销售方式的不同而不同。如果你的商品是在超级市场、连锁商店、便民店中都有出售，则应分成高、中、低三个档次分别设计，使用与其价值相匹配的包装材料和包装装潢，以满足不同消费水平消费者的需要。提倡适当的商品包装，反对过分包装，反对小商品大包装。相宜的包装能反衬商品的价值，会使商品的附加价值大大提高。

资料来源：包装：无声的推销员［EB/OL］. http://www.jinlong888.com/jinlong.asp?id=036.

11.4.5 包装策略

常用的包装策略有以下几种。

1. **类似包装策略**

类似包装策略是指企业所生产经营的各种商品，在包装上采用相同的图案、色彩或其他共有特征，从而使商品整个包装外形相类似，使公众容易注意到这是同一家企业生产的商品。

这种策略的主要优点是：①它具有和采用统一品牌策略相同的好处，即可以节省包装设计成本。②能增加企业声势，提高企业声誉。一系列格调统一的商品包装势必会使消费者受到反复的视觉冲击而形成深刻的印象。③有利于推出新商品，通过类似包装可以利用企业已有声誉，使新商品迅速在市场上占有一席之地。即借已成功的商品带动其他商品。

类似包装适用于质量水平档次类同的商品，不适于质量等级相差悬殊的商品，否则，会对高档次优质商品产生不利影响，并危及企业声誉。其弊端还在于，如果某一个或几个商品出了问题，会对其他商品带来不利的影响。

如果采用单独包装，包装费用和促销费用较高，但不会由于某个商品项目出问题而对其他的商品项目发生连带影响。这就需要企业根据营销目标和市场营销风险情况决定。

2. **分类包装策略**

分类包装策略是指企业依据商品的不同档次、用途、营销对象等采用不同的包装。如把高档、中档、低档商品分别开来后，对高档商品配以名贵精致的包装，使包装与其商品的品质相适用；对儿童使用的商品配以色彩和卡通形象等。

3. **综合包装**

综合包装又称多种包装、配套包装，是指企业把互相有关联的多种商品，纳入一个包装容器之内，同时出售。如工具配套箱、家庭用各式各样药箱、百宝箱、化妆盒等。在同一个包装物内，必须是关联商品。如牙膏和牙刷包装一起，一组化妆品包装一起等。

这种策略，为消费者购买、携带、使用和保管提供了方便，又利于企业带动多种商品的销售，尤其有利于新商品的推销。

◇ 相关链接

古井贡酒针对消费者消费习惯的变化，将过去的单盒包装改为组合包装，组合包装有1×2、1×4、1×6等几种，而且装潢相当考究、美观。原来一个盒子成本1.8元，4瓶就是7.2元，现在用一个盒子装4瓶酒，盒子成本只有4.4元，这4瓶酒就可以节省2.8元，既方便了顾客，又节约了成本。

4. **再利用包装策略**

再利用包装策略又称多用途包装，指在包装容器内的商品使用完毕后，包装并未作废。这一包装容器还可继续利用，可用于购买原来的商品，也可用作其他用途。如啤酒瓶可再利用，饼干盒、糖果盒可用来装文具杂物，药瓶用作水杯，塑料袋用作手提包，等等。

这种策略增加了包装物的用途，刺激了消费者的消费欲望，吸引了消费者购买，扩大了商品销售，同时带有企业标志的包装物在被使用过程中可起到延期广告的作用。

这种商品的包装不仅与商品的身价相适应，而且商品包装本身就是艺术品，可作为艺术品收藏。

5. 附赠品包装策略

这是目前国外市场上比较流行的包装策略，现在在我国市场上运用也很广泛。这种策略是企业在某商品的包装容器中附加一些赠品，以吸引购买的兴趣。如儿童食品等商品包装中附赠玩具、连环画、卡通图片等；化妆品包装中附有赠券等种类不同的赠品。有些商品包装内附有奖券，中奖后可获得奖品；如果是用累积获奖的方式效果更明显。这种策略可吸引消费者购买，并且可诱发重复购买。例如，古井酒厂在 1×4 的酒盒里装上一副扑克牌作为附赠品。扑克牌上有古井酒厂的商标、广告词，还有妙趣横生的酒令，不仅起到了商品宣传作用，还增加了喝酒的趣味性。事实证明，这种包装是成功的，1996 年春节期间，他们预计卖 5 万盒，印了 1.5 万份扑克，结果供不应求，一销而空。

◇　相关链接

附赠品再现新风潮

有些女性，一方面会花上几百元买一套流行时装，而另一方面在菜场上买菜时却讨价还价、斤斤计较，可见女性比较计较小数目的低档品，而对高档品却认为价高质好。附赠品正是迎合了女性的这种心理。比如，两个商店的营销策略不同，一家是低价，另一家是高价但有附赠品，很可能女性在没有时间或能力比较两家商品的质量时，认为高价的质量一定好，而有附赠品就更吸引她们了。附赠品还有一种名叫购买再购买的形式；购买某种商品的顾客，可以用低于市价的价格购买其他附赠品。对喜爱挑剔的女性消费者而言，这样又可以再次选择她们想要的东西。

思考题

附赠品包装对消费者有多大的吸引力？

6. 改革包装策略

改革包装策略是指企业为克服现有包装的缺点，适应市场需求，而采用新的包装材料、包装技术、包装形式的策略。

在现代市场营销中，商品包装的改进，如同商品本身的改进一样，对商品的销售起着重要作用。即使与同类商品内在质量近似，但销路却不畅，可能就是因为包装设计不受欢迎，此时应尝试变换包装。

推出有新意的包装，可能会创造出优良的销售业绩。如把饮料的瓶装改为易拉罐装，把普通纸的包装改为锡纸包装，运用真空包装等。

改变包装可等同于商品创新，它能体现时代气息，体现消费的潮流，促进销售，维护企业的形象。企业在改变原包装时，要事先了解消费者的消费和使用习惯，注意消费者的视觉习惯。

◇ 相关链接

人参的“变装”

众所周知，人参是名贵的稀有药材，人参的“变装”价格昂贵。但是在改革开放以前，我国的有关单位在出口人参时，像捆萝卜干似的将人参捆扎起来，用麻袋或木箱包装。可想而知，这种“稻草包珍珠”的包装方式，不能不让人对其商品的真实性表示怀疑，同时也极大地降低了人参的身价。在这种情况下，尽管价格很低，但是销路仍然不佳。在市场给我们上了一堂生动的“营销学”课程和外商赚取大笔利润后，我们的有关单位终于明智地改变了包装策略——采用小包装，配上了绸缎锦盒，或使用木盒外套玻璃纸罩，这样的“装束”雅致大方，使人参的稀有名贵充分表现出来了。结果是不仅打开了销路，而且每吨的售价比过去增加了 2.3 万元，使商品利润倍增。

7. 容量不同的包装

根据商品的性质、消费者的使用习惯，设计不同形式、不同重量、不同体积的包装，使商品的包装适应消费者的习惯，给消费者带来方便，吸引消费者的注意，刺激消费者的购买欲望。

◇ 相关链接

四川榨菜的包装

四川人在销售其“拳头”商品——榨菜时，一开始是用大坛子、大篓子将其商品卖给上海人；精明的上海人将榨菜倒装在小坛子后，出口日本；在销路不好的情况下，日本商人又将从上海进口的榨菜原封不动地卖给了香港商人；而爱动脑子、富于创新精神的香港商人，以块、片、丝的形式把榨菜分成真空小袋包装后，再返销日本。从榨菜的“旅行”过程中，不难看出各方商人都赚了钱，但是靠包装赚“大钱”的还是香港商人。

当然，今日四川榨菜的包装已今非昔比。

本章小结

品牌、商标、包装作为商品整体概念的一部分，关系到企业的核心竞争力。一个知名度高、美誉度也高的品牌，能够给企业带来巨大的无形财富。而名牌的培养，仅靠品牌策略、靠商品整体中的某一策略都是不够的，它远远超出本章的范围。

品牌包括品牌名称和品牌标志两部分，品牌具有属性、利益、价值、文化、个性、用户六大属性，理解这六大属性就能理解品牌、商标的作用和价值。

在品牌、商标策略中，我们可以选择是否使用品牌的策略；若使用品牌，可选择是用生产者的品牌、中间商的品牌或许可品牌；若是生产者的品牌，我们可以运用统一的品牌策略或个别品牌策略；若是统一品牌，还可以把品牌进一步扩展到新的商品和新的领域；若是个别品牌，即使是在同一商品上，我们也可运用多个品牌。企业为了应对竞争，往往采取防御

策略；为了适应市场，企业可对品牌进行再定位。

包装具有保护商品、便于储运、促进销售、增加利润等作用。包装策略有类似包装策略、分类包装策略、综合包装策略、再利用包装策略、附赠品包装策略、改革包装策略、容量不同的包装策略等。包装设计和包装策略的运用，对消费者的购买心理产生较大影响，"无声的推销员"功不可没。

关键概念

品牌　商标　包装　品牌策略　包装策略

课堂讨论

谈谈品牌、商标、包装在创名牌过程中的作用。

复习题

1. 什么是品牌、商标、包装？
2. 品牌属性有哪些？
3. 各种品牌策略的优缺点分别是什么？
4. 包装有哪些作用？
5. 包装策略如何运用？

案例分析1

雷克萨斯的诞生

时任丰田第五任社长的丰田英二先生提出了一个震撼性的问题："在累积了半世纪的汽车研发和制造经验之后，日本究竟能不能创造出足以傲视当世车坛的顶级轿车?"换句话说，这部新车的直接对手将是长久以来盛名不坠的欧洲著名汽车厂牌。大家都体会到：他提出的已经不只是个问题，简直就是对日本汽车工业的全面性挑战。然而在场的所有人都非常坚定地回答："是的，我们能！"大家都了解这并不是一时激励下的冲动响应，而是一群经验丰富、技术超卓的专业人士对未来使命所作出的坚定承诺。

经过数年呕心沥血、潜心研究，雷克萨斯终于隆重上市，一役而成功。

全球性市场咨询公司 J. D. Power and Associates 发布了2013年美国汽车可靠性研究报告，丰田旗下的豪华品牌雷克萨斯再次蝉联冠军，并以每100辆汽车71个问题的评分创下了该评比的历史纪录。

Lexus 这个品牌最先是在北美推出的，因为"雷克萨斯"（Lexus）的读音与英文"豪华"（luxury）一词相近，使人产生该车是豪华轿车的印象。雷克萨斯汽车商标采用车名"Lexus"字母"L"的大写，"L"的外面用一个椭圆包围的图案。椭圆代表着地球，表示雷克萨斯轿车遍布全世界。

1983年8月，丰田汽车公司召开了一次意义重大的董事会，它是雷克萨斯汽车的起点。这次董事会以一些无关痛痒的讨论话题向外界掩饰着丰田汽车的雄心，当媒体和公众以为这

又是丰田例行公事的总结、表态和发表鼓舞人心言论的会议时，会议室的门突然关闭了，因为他们要开始这次董事会真正的也是绝密的话题。这个话题是围绕着字母 F 进行的［F 就是 F1 计划，F 还暗指英文单词 Flagship（旗舰），1 暗指第一辆］。会议的气氛不再像以往那样平静沉默，董事会出现了少见的争论。

对于丰田来说这是要么成功、要么失败的项目。董事会主席丰田英二向公司的高层主管、设计师、工程师和企业战略研究专家们抛出了一个问题：我们可以创造出一辆豪华汽车去挑战顶级市场吗？没有想到的是，所有人的回答都是一样的——“可以”。“可以”这个词充满着疑惑和忧虑。但是丰田必须进行这次赌博，丰田汽车发展到 1983 年需要再来一次突破。

事实上，除了丰田英二之外，没有什么人从一开始就认同向豪华车市场进军的号角。丰田公司创办者的儿子、后来继承丰田英二董事会主席和总裁职务的丰田章一郎就是犹豫不决者。他认为丰田应该将他们做得最好的事情变得更好——为每个人生产可以负担得起的汽车。但是丰田章一郎和其他表面赞许而心中忧虑的人一样，最终还是改变了腔调。

“你们将这个问题推给我，为什么丰田在美国已经有 30 年的成功，我们还要投资 10 亿美元、投入上万小时的研究和设计来投产一款全新的高档汽车呢？可能，你们知道，我不喜欢乘坐别人牌子的高档汽车。”当雷克萨斯在美国上市后不久，丰田章一郎对美国经销商开玩笑地说：“从此我不用被迫去坐凯迪拉克或者林肯或者梅赛德斯－奔驰了。”

丰田英二也很清楚当时丰田的状况，他不想登上诺亚方舟进行一次徒劳的思想旅行。他认为，丰田一旦涉足豪华车市场，他就必须以这一领域的顶级对手为敌，丰田要面对梅赛德斯－奔驰 S 级，要竞争宝马的顶级 7 系轿车。如果丰田自降身份，那么投资的风险就会成倍增加。要生产顶级的豪华车，丰田必须投入巨资开发新的发动机和底盘，然而豪华车市场的消费者需求取向对于丰田来说又太过陌生。就算丰田将发动机罩下的一切都做到完美，丰田还需要考虑乘坐的舒适性、内饰和外部的美感——这些都不是丰田的强项。

最让丰田为难的是雷克萨斯的名气，因为丰田没有销售过豪华车。你能想象去劝说消费者购买一辆与廉价的花冠（花冠是丰田美国市场入门级汽车）出自同一公司但是价格却要数万美元的豪华车，是多么困难的事情吗？丰田在豪华车市场的主要对手凭借他们的品牌名字就可以卖车了。因为它叫梅赛德斯－奔驰，所以“我”买它；因为它叫宝马，所以“我”喜欢它。但是，消费者会愿意拿出接近一辆梅赛德斯－奔驰 S 级的钱去买丰田汽车，甚至去买一辆丰田生产的却又不叫丰田的车吗？这确实是一个严峻的问题。“丰田生产雷克萨斯？丰田是生产千万辆级汽车的基地，而雷克萨斯与之格格不入。这种做法就如同在麦当劳店里销售惠灵顿牛排。”这是《财富》杂志当时对丰田汽车公司的挖苦，不过他们的评价也确有道理。

丰田的研究发现，市场正在不露声色地发生变化。美国的 Babyboomer 们（20 世纪 40 年代后期到 50 年代初期出生的这批人被称为 Babyboomer，中文的意思就是生育高峰时出生的婴儿。他们与饱经战争风霜的父辈们相比，具有明显不同的价值观）正在长大，他们很快将要进入壮年，其消费能力也将大幅度提高。年轻时，他们是丰田忠实的消费者，但是他们想要购买更高档的汽车。丰田嗅到了豪华车市场的机遇。当时的豪华车生产品牌正变得更加强大、更加开心、更加自信，因为他们迎来了更新一代的奢侈品消费者。丰田英二的“野心”是巨大的，他不愿放过每一个成长中的市场，向豪华车市场进军的命令也就随之下达。

6 年的时间，5 亿美元的投入，雷克萨斯诞生了。1989 年雷克萨斯上市，他们拥有两个未经市场考核过的型号，旗舰 LS 和入门级轿车 ES，当年销售了 16 302 辆。两年后，它们成为在美国销量最好的进口豪华品牌，并推出了第三个型号 SC 古贝。2000 年，雷克萨斯篡夺了凯迪拉克北美最畅销豪华车的宝座。从那一年起，雷克萨斯再也没有离开过这个位置。

资料来源：百度百科。

讨论题

1. 丰田汽车为何要创建“雷克萨斯”这个品牌？
2. 采用多品牌策略，能为丰田汽车带来哪些好处？

案例分析 2

月饼的过度包装

据透露，过去普通月饼的外包装，一般不超过月饼的价值。进入 20 世纪 90 年代初期，普通月饼的包装与盒内月饼的价格就变成 1∶1，豪华月饼甚至还达到 2∶1。而时下，一盒月饼售价中，其外包装占了价格的 70% 以上。

不久前，广州的一位市民对自己收到的一盒“巨无霸”月饼感到十分吃惊。一个正方形的月饼盒，边长 60 厘米，厚 20 厘米，大小跟一个行李箱差不多，拆开一看，里面只有 4 块小月饼，月饼还不到盒子大小的 1/50。

在去年一款月饼中，一个锦盒内配有金制的叉子、银造的刀子等，明明卖的是月饼，暗中售的是高档餐具，喧宾夺主，本末倒置。一个月饼盒经这样一搭配，身份倍增，售价 1 376元。

像这样的过度包装现象，在月饼市场早已见怪不怪。据介绍，目前市场上销售普通月饼的毛利只有 15% ~30%，而销售豪华月饼的毛利可达到百分之几百。有关统计显示，我国每年用于月饼包装的费用已高达 25 亿元之巨。“羊毛出在羊身上”，这一笔开支最终要由消费者来“埋单”。

奢华的包装，不仅让消费者花了大笔冤枉钱，也给环境造成了破坏，消耗了大量宝贵的森林资源。根据林业部门调查，平均每生产 1 000 万盒月饼，就要耗费 400 ~6 000 棵直径 10 厘米以上的树木做包装盒，这相当于一片面积不小的森林。此外，月饼包装中还会使用大量的钢铁、塑料泡沫、纸张等资源。

资料来源：国内市场瓦楞纸箱适度包装纵横谈 [EB/OL]. http://www.gdfpma.com/.

讨论题

1. 过去我国企业不重视商品包装，如今却又出现过度包装的现象。你如何看待这个问题？
2. 适度包装、绿色包装与包装作为“无声的推销员”之间有矛盾吗？

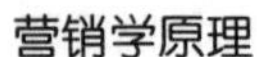

延伸阅读

1. 张弛，黄升民. 国有企业品牌70年：历史演进与未来展望［J］. 新闻与传播评论，2020（1）.

2. 崔光野，马龙龙. 数字时代新型商业模式和消费行为下的品牌建设［J］. 商业经济研究，2020（2）.

3. “三枪”何以拍案惊奇［EB/OL］. 阿里研究院，2017－03－06.

4. 席旭超，赵杰. 包装设计中的品牌情感化［J］. 戏剧之家，2018（35）.

5. 谭宇轩，汤春玲. 宝洁公司的多品牌营销战略探析［J］. 中国市场，2017（32）.

第 12 章

价格策略

学习目标

◇ 了解影响企业定价的主要因素
◇ 了解企业的定价目标
◇ 理解企业的三种定价方法的特点及其适用性
◇ 掌握常用的各种定价策略
◇ 了解顾客和竞争者对价格变动的反应以及企业的相应策略

价格是营销组合因素中又一重要因素。企业能否做出正确的价格决策决定了能否扩大销售，增加利润和提高市场占有率。因为价格不仅影响着市场需求，影响着竞争者经营策略，也影响着本企业营销组合的其他因素。然而，制定正确的价格决策是很不容易的，在各种经营决策中，价格是最令人捉摸不定的。因此，营销人员对定价的理论、策略、方法与技术必须有深刻的了解。

12.1　影响定价的因素

研究影响定价的因素有哪些以及这些因素对产品价格的制定有怎样的影响是非常重要的。一般来说，影响产品定价的因素是多方面的，包括产品的供求关系、市场的竞争状况、产品成本、企业的定价目标、国家的价格政策以及市场营销组合中其他因素对价格的影响，等等。在此，我们对一些主要因素进行分析研究。

12.1.1　需求状况

企业制定每一种价格，都会导致一个不同水平的需求，以及由此对营销目标产生不同的影响。市场的需求状况以及供求关系是影响产品价格判定的非常重要的因素，它决定了企业产品价格的最高点。

1. 需求曲线

价格和需求之间的关系可用需求曲线反映，详细的内容参见微观经济学的有关理论。在正常情况下，需求和价格呈现反向关系，即价格越高，需求越低；反之，价格越低，需求越高。

◇ 相关链接

签名设计

在广州购书中心大门口和维多利广场门口之间的人行道上，常常看到一些人在地上放一块小广告牌，上面写着签名设计5元。笔者观察了一下，在一个小时内，生意好的大概有4~5个顾客要求给自己设计签名，生意差的大概有1个顾客。前几天，笔者又去购书中心，发现签名设计的价格大为降低，到了2元钱的程度，2元就可以给顾客设计6种笔体的签名，而且还免费提供用来设计的、已经印刷好的纸张。经过观察发现，在一个小时之内，生意差的也会有5~6个顾客，生意好的会有20~22个顾客。为什么会这样?

2. 影响价格敏感度的因素

需求曲线显示的是市场对可能销售的各种价格的全面反应。它概括了具有各种价格敏感性的许多人的反应。我们需要了解影响价格敏感性的一些因素。通常包括：

（1）独特的价值效应：产品越是独特，顾客对价格越不敏感。

（2）替代品知名度的效应：顾客对替代品了解得越少，他们对价格的敏感性就越低。

（3）难以比较的效应：如果顾客难以对替代品的质量进行比较，他们对价格的敏感性就会降低。

（4）总开支的效应：购买此产品的开支在顾客收入中所占的比重越小，他们对价格的敏感性越低。

（5）最终利益效应：用户购买此产品的开支在最终产品的全部成本中所占比例越低，他们对价格的敏感性就越低。

（6）分摊成本效应：如果一部分成本由另一方分摊，顾客的价格敏感性就会降低。

（7）沉淀成本效应：如果产品与以前购买的资产合在一起使用，以前的投资可列入沉淀成本之中，此时，顾客对价格不太敏感。

（8）价格—质量的效应：假设顾客认为某种产品质量更优、档次更高，顾客对价格的敏感性就越低。

（9）库存的效应：如果顾客对某种产品无法储存，他们对价格的敏感性就会降低。

3. 需求的价格弹性

需求弹性表示商品在受到价格作用时，引发需求的伸缩变化，即需求量反映价格变化的灵敏度。不同的商品，在受到同样幅度的价格变化时，所产生的需求变化是不同的。同样的价格变化，所引发的A商品的需求变化较小，我们称A商品没有需求弹性或称需求弹性小；而对B商品所引发的需求变化较大，我们称B商品有需求弹性或称需求弹性较大。例如，食盐的需求弹性小，香水的需求弹性较大。

12.1.2 产品成本

成本是产品定价的重要依据，包括了生产、分销和促销的所有费用支出。某种产品的成本是由公司的财务部门核算出来的数据。如果单价低于产品成本，那么其差价就是每件产品销售后带来的亏损额。

1．**成本的类型**

我们可以简单地把企业的成本划分成两种类型：固定成本和变动成本。

固定成本（F_c）。固定成本又称为间接成本，指企业生存所必须支付的费用。它不随产量和销量的变动而变动。例如，企业的厂房、设备、机器、高级技术人员和管理人员（不包括工人）工资、资产税、产品研究和发展费用等。若将固定成本曲线在坐标上表示出来，可看到它是一条平行于横坐标的直线，如图12－1 所示。

变动成本（V_c）。变动成本又称为直接成本，指随产量和销量的变动而变动的成本。如购买原材料的费用、工人工资、营销费用等。产量越大，所需原材料和工人越多，销售量越大，所需销售费用、广告费用和运输费用等也越多，如图12－1 所示。

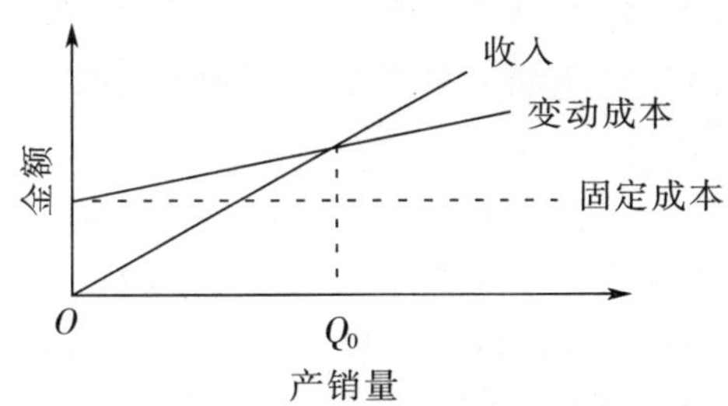

图 12－1　成本的构成

总成本（T_c）。总成本是固定成本与变动成本的总和。当产量等于零时，总成本等于固定成本。见式(12－1)。

$$T_c = F_c + V_c = F_c + V_a \cdot Q \qquad (12-1)$$

单位固定成本（F_a）。单位固定成本是固定成本被产量除所得到的商数。由于固定成本不随产量和销量的增加而增加，所以，单位固定成本必然随着产量和销量的增加而减少。

单位变动成本（V_a）。单位变动成本是总变动成本被产量除所得到的商数。在一定的限度内，单位产品的变动成本是不变的。超出了一定的限度，比如要加班加点的工作，需要支付加班费等，单位产品的变动成本就会发生变化。

单位成本（T_a）。单位成本是单位固定成本与单位变动成本的和。见式(12－2)。

$$T_a = F_a + V_a = T_c/Q \qquad (12-2)$$

2．**在不同生产水平下的成本行为**

为了明智地制定价格，营销者必须了解在不同的生产水平下，其成本是如何变化的。

图 12－2（a）中的 S 是典型的 U 形短期单位成本曲线。如某公司已建造了一个日产1 000台产品的固定规模的工厂，假如每天生产的数量不多，平均每台的成本（单位成本）就高；当生产到 1 000 台时，达到了计划的生产能力，每台的成本最低，超过了计划能力，固定费用部分就会增加，使得单位成本增高。原因是工厂的生产效率降低了：工人们不得不为等待机器而排队，机器的故障增多了。

假如该公司相信它能够一天销售 2 000 台的产品，它就应该考虑建立一座大的工厂。使用更高效率的机器并做更有效率的工作安排，这时一天生产 2 000 台产品的单位成本会比一天生产 1 000 台产品的单位成本低一些。这在长期的成本曲线中可以得到说明，如图 12－2（b）所示。事实上，一个日产 3 000 台产品的工厂会更有效率，当然，并不是规模越大就越好，规

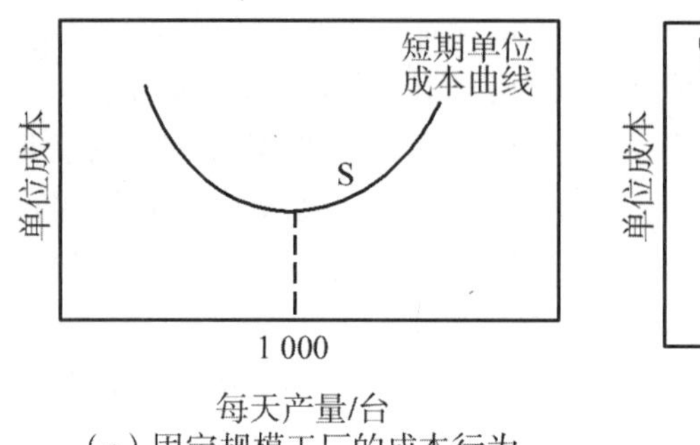

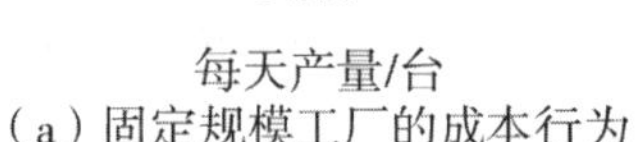
每天产量/台
（a）固定规模工厂的成本行为

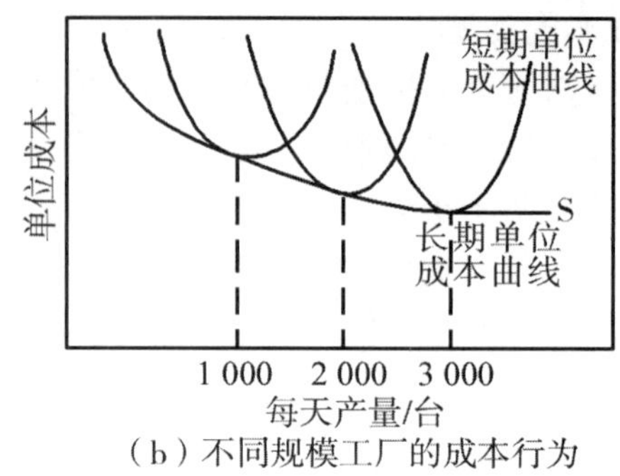

每天产量/台
（b）不同规模工厂的成本行为

图 12－2　在不同生产水平下的单位成本

模太大，还会带来新的不经济性。比如太多的工人不利于管理，日常的文书事务会减慢工作的进度等。

3. **学习曲线的影响**

假设一个企业获得了生产经验，工人们学会了一定的生产技巧，生产流程得到了改进，采购成本也降低了，等等，结果是随着生产经验的积累，平均成本趋于下降，如图 12－3 所示。起初生产 10 万台的平均成本是每台 10 元，当企业开始生产 20 万台时，平均成本已下降到 9 元，当企业积累了生产经验后，产量倍增到 40 万台时，平均成本下降到 8 元。随着积累生产经验进而导致的平均成本的下降被称为经验曲线或学习曲线。

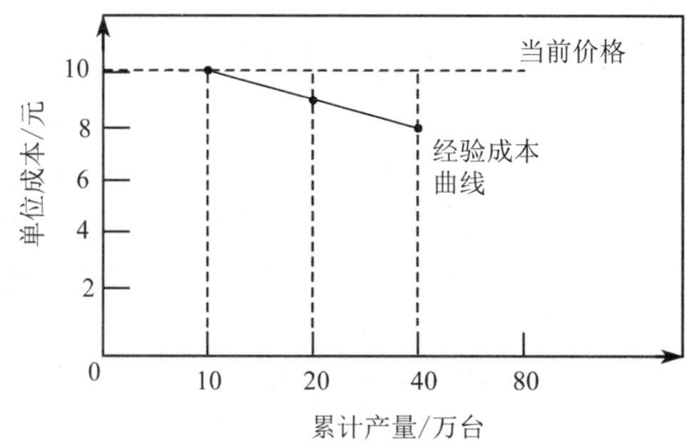

图 12－3　随积累生产而变的单位成本：学习曲线

12.1.3　定价目标

目标是指人们预先确定并努力争取实现的任务。某些目标是根本性的，是人们要实现自己的愿望所不能缺少的；另一些目标则是辅助性的，它对人们所确立的更高水平的目标起一定的帮助作用。企业的定价目标要服从于企业的整体营销目标，服从于企业的战略发展目标。以下是企业可能选择的定价目标：

（1）在下一阶段，利润提高 18%。

（2）提高产品或服务的价值形象。

（3）削弱新的竞争者寻找市场立足点的努力。

（4）阻止竞争者进入本企业的市场。

（5）在失去订货的市场上恢复订货。

（6）迫使竞争者接受本企业为市场价格支配者。

（7）在以后的3年内使市场占有率增加22%。

（8）诱导顾客在更为适宜的时间内购买产品。

一般地说，企业定价的主要目标大体有以下几个。

1. 维持生存目标

如果企业面临着生产能力过剩、竞争激烈，或者企业试图改变消费者的需求，就需要把维持生存作为企业的定价目标。采用这种定价目标的企业都制定低价和大幅度折扣，只要价格能收回变动成本和一些固定成本，就可维持营业。在某些时候，为了保持工厂能够继续开工，或者使库存积压货物能够尽快出售，企业必须制定一个低的价格。不过，求生存只是短期目标，从长远看，企业必须设法提高价格，否则将无法生存。

2. 当期利润最大化

有些企业希望制定一个能使当期利润最大化的价格。所谓当期，是指企业实施营销计划的时间，通常以一年为准。企业估计需求和成本，并据此确定一种价格，使之能够产生最大的当期利润、现金流量或者是投资报酬率。如果企业能够测算出产品的需要函数和成本函数，那么使用当期利润最大化目标就是可以操作的。

但是，实施当期利润最大化的定价目标是极其困难的。主要存在这样一些问题：第一，掌握资料困难。根据经济学定价原理，边际成本等于边际收入时的商品价格能够使企业获取最高利润，而要使边际收入与边际成本相等，就必须了解不同需求下的成本、收入和利润。由于市场的复杂性和多变性，准确了解这些问题是极其困难的。资料不准确，价格决策的正确性就降低，所制定的价格不一定能使企业得到最大利润。第二，未考虑市场竞争、市场需求条件对社会和顾客的影响。即使企业对需求、成本、收入和利润的测算准确无误，确实能使边际收入与边际成本相等，也只是一厢情愿。有时市场竞争和市场需求状况迫使企业降价销售而不能按照取得最大利润的价格定价，有时企业按照取得最大利润的价格定价会引起社会和顾客的反感和抵制。因此，许多企业把定价目标转向投资收益。第三，短期利益与长期利益的关系难以处理。当期利润最大化过分看中的是短期利益，有时企业需要放弃短期利益而考虑长期利益。

3. 当期收入最大化

有些企业希望制定一个当期最高收入的价格。使用收入最大化的定价目标只需要估计需求函数而不必估算成本函数。因此，许多企业的定价目标就由获取当前最高利润转向获取当前最高收入。另外，有些企业认为，收入最大化最终会导致利润的最大化和市场份额的增长。

4. 销售增长最大化

还有一些企业希望达到销售额的最大增长量。它们认为销售额越高，单位成本就会越低，长期利润也就越高。营销者认为市场上顾客对价格十分敏感，所以把价格定得较低。通常把这种定价称为渗透定价。得州仪器公司是最早采用渗透定价的企业之一。该公司在兴建一个大型工厂时，便将价格降到最低限度，从而赢得很高的市场份额，并降低了成本。由于成本降低，价格便可以进一步降低。吉利公司在摩托车和轿车市场上就是采用这种定价策略。

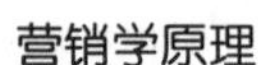

在产品高度同质化的情况下，很多企业都会采取低价的政策，以期取得较好的市场地位，但是这样做的结果会引来更加激烈的价格大战，导致全行业处于微利甚至亏损的状态，可能最终落得惨败的下场。

一般而言，下列情况对制定低价有利：①市场对价格非常敏感，低价可以刺激市场需求的进一步增大；②随着生产经验的积累，生产和营销成本将会降低；③低价能抑制当前和潜在的竞争。

5. 市场占有率最大化

市场占有率指某特定产品的销售量（额）占同行业同类产品全部销售量（额）的百分比。以获得最大市场占有率为定价目标，是指企业要通过价格的制定占领尽可能广泛的市场。一方面，市场占有率反映产品在市场上的竞争能力，如果企业获得了最高利润、最高收入或预期投资收益率，市场占有率却在下降，说明它将逐步被挤出市场；另一方面，市场占有率与利润、收入和投资收益率并不矛盾，市场占有率提高意味着市场地位稳固，生产效益提高，利润和投资收益率也将增加。

杜邦公司每当推出一项新产品，如玻璃纸、尼龙、聚氯乙烯等，公司便要估算新产品对现有代用品的相对利益，从而估计出最高定价。企业制定的价格要使某些细分市场觉得采用这种新产品是值得的。每当销售额下降，杜邦公司就降低价格，以吸引对价格敏感的更低层次的细分市场。杜邦公司用这种方法从各个细分市场中获得了最大的收益，也保持了自己的最大的市场份额的地位。

采用市场占有率最大化的定价目标，应符合下列条件：①细分市场的人数足以构成当前的高需求；②小批量生产的单位成本不至于高到无法从交易中获得好处的程度；③开始时的高价格不会引来更多竞争者的涌入；④高价格有助于树立优质产品的形象。

6. 产品质量形象

一个企业可以树立在市场上成为产品质量领导者地位这样的目标。采用这种定价目标的企业必须制定高价，一方面使顾客产生优质产品的印象，一方面收回优质产品生产和开发研究的高额费用。名牌产品多采用这种定价策略。

◇ 相关链接

为什么定位B级车的标致508L比A级车速腾定价更便宜?

2019年3月18日，作为中国消费者最为熟知的一款德系品牌车型，一汽—大众全新一代速腾正式上市，新车推出了搭载1.2T和1.4T两款发动机的共计8款车型，售价区间为13.18万~19.68万元。巧合的是，同样是在这一天，法系品牌车型东风标致全新一代508L也宣布正式上市，新车推出了搭载1.6T和1.8T两款发动机的共计4款车型。而在售价上，新车的指导价为15.97万~22.57万元。

当我们把这两款选择在同一天上市的车型的售价进行比较后会发现，作为紧凑型轿车的一汽—大众全新一代速腾的售价竟然直逼中级车标致508L，而且速腾1.4T车型相较于东风标致508L的1.6T车型还要贵。

在中国汽车市场上，以大众为代表的德系车一直占据着较大的市场份额，而法系汽

车品牌的销售则处于逆水行舟的状态。标致作为法系品牌的代表，在销量上自然也没有太大的起色。东风标致508L作为东风标致旗下的中级车，于2011年7月正式下线，在上市第一个月时销量还能有四五千辆，但是之后销量一直不怎么样，即使后来经过换代，也一直没火起来。因此，要想在中国市场上立足，以标志为代表的法系车急需用低价格重新打开中国市场。

资料来源：http://www.sohu.com/a/302539895_215942. 2019-03-20. 有删改.

12.1.4　竞争者的产品和价格

在由市场需求和成本所决定的可能价格的范围内，竞争者的成本、价格和可能的价格反应也是企业制定价格时要考虑的因素。企业需要对本企业产品的成本和竞争者的成本进行比较，以了解它有没有竞争优势；企业还需要了解竞争者的价格和它所提供物品的质量状况。企业可以设法获得竞争者的价格表，以了解竞争者的价格水平和策略；企业还可以购买竞争者的产品并把它拆开进行分析，可以询问顾客对本企业产品和竞争者产品的态度和认识、感觉，从而为制定产品价格提供依据。

一旦了解了竞争者的产品价格和所提供的东西，就可以把它们作为制定价格的一个起点。如果企业提供的东西与一个主要竞争者提供的东西相似，那么，营销者必须把价格定得与竞争者的价格接近，否则就会失去销售市场。如果企业的产品不如竞争者，就不能像竞争者那样去定价，如果企业提供的产品是优越的，就可以制定出高于竞争者的价格。当然，竞争者也会针对本企业的价格做出反应，营销者在制定价格时必须考虑到这些影响。图12-4所示是影响企业定价的3C模式。三个C，即costs（成本）、competitors（竞争者）和customers（消费者），是一个影响价格的综合体。它们对价格有着根本的影响。

低价格 低于此价 无利可图	成本	竞争者的价格 和代用品价格	顾客对产品 特点的评估	高价格 高于此价 无需求

图12-4　影响定价的3C模式

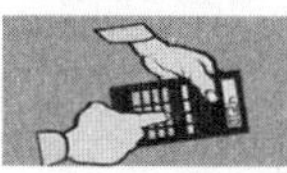

12.2　定价的一般方法

企业制定价格是一项复杂的工作，必须全面考虑各个方面的因素，按照价格制定的程序，科学地制定产品价格和企业的价格策略。一般来说，企业第一次为新产品定价主要确定出价格的水平大小，然后再通过价格调整制定出一系列价格策略。首次定价要经过六个步骤：选择定价目标、测定市场需求、估算产品成本、分析竞争者的产品与价格、选择适当的定价方法、确定最后价格。

根据影响定价的3C模式，营销者在制定价格时要综合考虑市场需求、成本费用和竞争

状况的影响，与此相对应，定价方法也分为成本导向定价法、需求导向定价法和竞争导向定价法。下面分别进行介绍。

12.2.1 成本导向定价法

1. 总成本加成定价法

总成本加成定价法是用总成本加预期总利润，然后除以预期销售量来制定价格，见式（12－3），也可用平均成本加预期平均利润定价，见式（12－4）。即

$$\text{单位产品价格}(P) = \frac{\text{总成本} + \text{预期总利润}}{\text{预期销售量}} \qquad (12-3)$$

或：

$$\text{单位产品价格}(P) = \text{平均成本} + \text{预期平均利润} \qquad (12-4)$$

例如，某企业生产某产品的固定成本为40 000元，产量为10 000件（假设产量等于销量），平均变动成本5元，预期利润20%，则产品单价计算如下：

固定成本（F_c）	40 000元
变动成本（V_c）（10 000件×5元）	50 000元
总成本（T_c）	90 000元
预期总利润（M）（90 000×20%）	18 000元
总成本＋预期总利润	108 000元

$$\text{单位产品价格}(P) = \frac{108\,000\text{元}}{10\,000\text{件}} = 10.8\text{元/件}$$

或：

$$\text{单位产品价格}(P) = \text{平均成本}(T_a) + \text{预期平均利润}(m)$$

$$= \frac{90\,000}{10\,000} \times (1 + 20\%) = 9 \times 1.2 = 10.8(\text{元/件})$$

2. 零售加成定价法

计算公式见式（12－5），为

$$\text{单位商品销售价格} = \frac{\text{进货成本}}{1 - \text{加成百分率}} \qquad (12-5)$$

例如，某零售商店经营某种成衣，进货成本每件300元，加成25%，按照零售加成定价法，则

$$\text{每件零售价格} = \frac{300}{1 - 25\%} = \frac{300}{0.75} = 400(\text{元/件})$$

总成本加成定价法与零售加成定价法的比较：若加成百分率相同，则总成本定价法制定的价格较低，而零售定价法制定的价格较高。上例中，按照总成本加成定价法，则

$$\text{每件零售价格} = 300 \times (1 + 25\%) = 375(\text{元/件})$$

若要求售价相同，则两种方法的加成百分率应有不同。

总成本加成定价法的优点是：①计算简便。确定成本比确定需求容易，按成本加成可简化定价工作。②稳定性大。成本计算中的不确定性比需求少，按成本加成定价，不必随时依需求情况改变。③避免竞争。如果同行都采用这种方法，则在成本和加成都相同的条件下，价格也相同，价格竞争降低至最低程度。④公平合理。成本加定价对买卖双方大致公平，销售者不利用消费者迫切需求的情况提高价格，仍可得到合理利润。其缺点是未考虑市场需求，未考虑价格是否为市场所接受，不能随着市场需求的改变而相应改变价格。

3. 损益平衡定价法

损益平衡定价法也称为目标收益定价法，是一种使产品收入与支出相等的定价方法，根据损益平衡销售量计算公式可引申出损益平衡价格计算公式。

（1）损益平衡与损益平衡销售量。损益平衡指产品销售收入与产品成本相等。损益平衡销售量指产品的成本和价格已定时，能使销售收入与成本相等的销售量。低于这个数量就出现亏损，高于这个数量则获得盈利。了解损益平衡定价法，首先要了解损益平衡销售量计算公式。损益平衡最简单明了的公式为：

$$\text{总收入}(S) = \text{总成本}(T_c)$$

因为：

$$\text{总收入}(S) = \text{单位产品价格}(P) \times \text{损益平衡销售量}(Q_0)$$

$$\text{总成本}(T_c) = \text{固定成本}(F_c) + \text{变动成本}(V_c)$$

$$= \text{固定成本}(F_c) + \text{平均变动成本}(V_a) \times \text{损益平衡销售量}(Q_0)$$

所以，损益平衡计算公式：

$$P \cdot Q_0 = F_c + V_a \cdot Q_0 \quad (12-6)$$

由损益平衡计算公式可解出损益平衡销售量计算公式：

$$\text{损益平衡点销售量}(Q_0) = \frac{F_c}{P - V_a} \quad (12-7)$$

当固定成本、单位产品价格和平均成本已知时，利用这个公式可计算出损益平衡销售量。例如，设某产品固定成本为 4 000 元，单位产品价格为 10 元，平均变动成本为 2 元，问要使总支出与总成本相等，企业必须售出多少件产品？

$$\text{损益平衡销售量} = \frac{4\ 000}{10-2} = 500(\text{件})$$

该例中，销售量为 0 时，总成本 = 4 000 + 2 × 0（元），总收入 = 10 × 0 = 0（元）；销售量为 500 件时，总成本 = 4 000 + 2 × 500 = 5 000（元），总收入 = 10 × 500 = 5 000（元）。因此过点（0，4 000）和（500，5 000）可作总成本曲线，过点（0，0）和（500，5 000）可作总收入曲线，如图 12 – 5 所示。

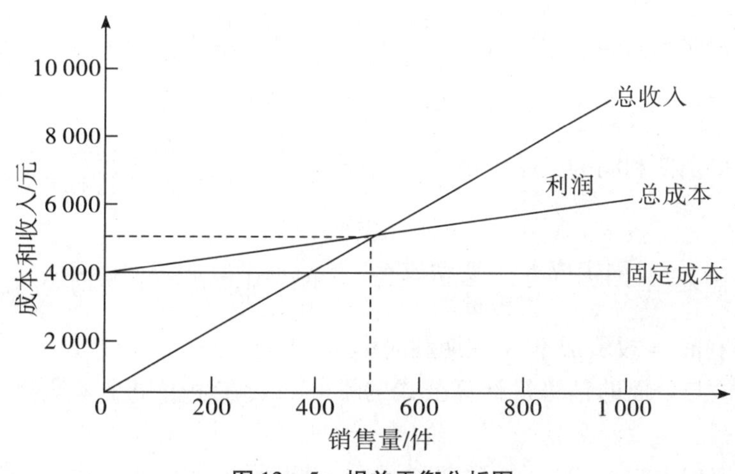

图 12 – 5　损益平衡分析图

从图 12－5 可以看到，损益平衡销售量为 500 件。未达到 500 件以前，总收入小于总成本，出现亏损；超过 500 件后，总收入大于总成本，获得利润。

（2）损益平衡定价计算公式。由损益平衡计算公式可解出损益平衡定价计算公式为：

$$单位产品价格 = \frac{固定成本}{损益平衡销售量} + 平均变动成本 \quad (12-8)$$

此式与上式不同之处是单位产品价格作为未知数，而销售量作为已知数。若固定成本、平均变动成本和损益平衡销售量已知，根据此式可得出能够使用总支出与总收入相等的商品价格。例如，设某商品固定成本为 4 000 元，平均变动成本为 2 元，预计销售量为 500 件，问单位产品价格应为多少才能保持损益平衡？

$$单位产品价格 = \frac{4\ 000}{500} + 2 = 10(元)$$

但是，企业经营的目的是取得预期利润，而不仅仅是保持损益平衡，所以我们还必须了解能够使企业获得预期利润的销售量计算方法和定价方法。

（3）获得预期利润的销售量。获得预期利润的销售量计算公式是在损益平衡销售量计算公式中加上预期利润。

$$获得预期利润的销售量 = \frac{固定成本 + 预期利润}{单位产品价格 - 平均变动成本} \quad (12-9)$$

若已知固定成本、预期利润、单位产品价格和平均变动成本，利用此式可计算出获得预期利润的销售量。例如，设某产品固定成本为 4 000 元，预期利润为 1 000 元，单位产品价格为 10 元，平均变动成本为 2 元，问获得预期利润的销售量为多少？

$$获得预期利润的销售量 = \frac{4\ 000 + 1\ 000}{10 - 2} = 625(件)$$

这个结果可检验一下：

总收入 $= 10 \times 625 = 6\ 250$（元）

总成本 $= 4\ 000 + 2 \times 625 = 5\ 250$（元）

总利润 = 总收入 − 总成本 $= 6\ 250 - 5\ 250 = 1\ 000$（元）

（4）获得预期利润的定价法（目标收益定价法）。由获得预期利润的销售量计算公式可解出获得预期利润的定价计算公式：

$$获得预期利润的产品价格 = \frac{固定成本 + 预期利润}{获得预期利润的销售量} + 平均变动成本 \quad (12-10)$$

或者：

$$获得预期利润的产品价格 = 单位成本 + \frac{预期利润}{获得预期利润的销售量} \quad (12-11)$$

其中：

$$单位成本 = \frac{固定成本 + 变动成本}{销售量} = 平均固定成本 + 平均变动成本$$

$$预期利润 = 投资成本 \times 预期利润率$$

这个定价公式与上面的销售量计算公式的不同之处在于价格是未知数，而销售量是已知数。

设某产品固定成本为 4 000 元，预期利润为 1 000 元，平均变动成本为 2 元，销售量为

625 件，问单位产品价格应为多少才能获得预期利润？

$$单位产品价格 = \frac{4\ 000 + 1\ 000}{625} + 2 = 10(元)$$

即每件产品定价 10 元可获得预期利润 1 000 元。

（5）损益平衡定价法的优缺点。优点是计算简便，能向企业表明获得预期利润的最低价格是多少。本例中任何一个低于 10 元，但高于损益平衡点的价格，其利润将低于 1 000 元。但损益平衡定价法也有一个主要缺点，即首先要估计产品销售量，然后倒推价格，然而价格可决定销售。在这种价格下，产品的实际销售量不一定刚好等于估计销售量，若估计销售量大于实际销售量，计算出来的价格就偏低，价格适当提高才能获得预期利润额；若估计销量小于实际销售量，计算出来的价格就偏高，适当降低仍能获得预期利润。

12.2.2　需求导向定价法

需求导向定价方法就是根据购买者的需求强度来制定价格。需求强度大，则定高价；需求强度低，就定低价。以需求为导向的定价方法具体有以下几种类型。

1. 认知价值定价法

很多公司把它们的价格建立在顾客对产品价值的认定上。认知价值定价法是指企业根据顾客对产品的认知价值来制定价格的方法。营销者知道，作为定价的关键，不是卖方的成本，而是购买者对产品价值的认知，于是营销者利用营销组合中的非价格因素在购买者心目中建立起认知价值，在此基础上，确定产品的价格。以啤酒为例，一瓶“珠江纯生”在万佳、好又多等大型超市卖 3 元钱，到了西餐厅卖 8 元钱，而在中国大酒店的餐厅就要卖 15 元钱，不同的地点可以卖不同的价格，其原因是地点越好，顾客感受到的价值越大。

认知价值定价法与现代营销中的定位思想能很好地适应起来。企业以计划好的质量和价格为一个特定的目标市场开发一种产品概念。在那种情况下，营销者应估计一下它期望以这种价格能出售的数量。如果在销售的数量、企业的生产能力、利润水平都满意的情况下，采用认知价值定价法定价就是一个不错的决定。

◇　相关链接

石头的价值

很多人都听过这样一个故事——《石头的价值》。这个故事是关于一个孤儿院的男孩。男孩问院长：“我的爸爸妈妈为什么不要我？是我太丑还是不聪明？”院长交给男孩一块石头，说：“你把这块石头拿到市场上去卖，但无论别人出多少钱你都绝对不能卖。”男孩把石头拿到菜市场上卖，价钱愈出愈高；隔天，男孩把石头拿到黄金市场上卖，价钱比前一天高 10 倍；第三天，男孩又把石头拿到玉石市场上卖，价格又涨了 10 倍，可男孩怎么都不卖，结果石头竟被传为“稀世珍宝”。

事实上，这块儿不起眼的石头不过是院长在院子里捡来的，但是放在不同的地方就会有人愿意支付不同的价格。这就是由于人们对石头价值的认知不同。

2. **区分需求定价法**

区分需求定价法不是按照成本定价，而是按照需求强度定价，购买同一产品同一数量的顾客，其需求强度不同，价格也不同。通常有以下几种类型。

（1）以顾客为基础。同一产品，对不同顾客价格不同。例如，有的公园和旅游景点对当地人和外地人收取不同价格，对国内外游客收取不同价格；有的博物馆对学生和老年人收低价；有的商店对购买愿望强的顾客按照较高价格或价格表出售商品，对需要强度弱或反复讨价还价的顾客则降低价格出售商品。

（2）以产品形式为基础。产品的不同型号定价不同，但是价格与每种型号的成本不成比例，只与顾客对不同型号的需要强度有关。对某种产品略加改变（如样式、局部构造等），就制定不同价格，而价格变动与成本变动并无必然联系，往往高出成本很多。价格的增加并不反映额外的生产成本，主要反映额外的心理需要，用于吸引求新求异购买动机的顾客。

（3）以产品形象为基础。对同一产品给予不同包装和商标，通过促销活动塑造不同产品形象，从而制定不同价格。

（4）以地域为基础。产品的出售地点不同，价格也不同。例如，在闹市区，顾客流量大，竞争者多，价格可能定低一些。此外，剧院、运动会、球赛等的票价因座位不同，需求强度和价格也不同。

（5）以时间为基础。同一产品在不同季节、不同日子，甚至不同钟点规定不同规格。例如，冬季是皮衣产品的销售旺季，夏季是淡季，淡季购买者可给予一定折扣。再如，周末和假日公园游人拥挤，而平时较冷清，为了调节人流量，可在平时收取低价，节假日收取高价。

（6）以用途为基础。根据购买商品用途的不同而制定不同的价格。比如美国牛奶业常将鲜奶以不同的价格出售给牛奶经销商、冰激凌制造商和奶酪制造商。这种定价法目的是鼓励将产品用于更多的新用途以开拓新市场。但应用时要求市场能够按照不同用途加以细分，并且确信不同用途的购买者不存在相互竞争，不会有人低价买进高价卖出。

区分需求定价法将整个市场按照不同需求强度划分不同类型，能够有计划地用价格调节需求，在一定条件下增加收入或维持均衡生产。但是对其缺点也应有所认识：第一，整个市场有时难以按照需求强度划分不同类型。第二，可能有人在低价购买了商品以后又高价转售，而企业没有真正得到低价销售的好处。第三，对某些顾客实行高价时，竞争者可能会以低价竞争。第四，按照需求强度销售产品时，会增加销售成本。例如，对不同顾客实行不同价格，就要增加销售人员和销售机构，延长买卖时间，从而使交易过程复杂化，有时得不偿失。第五，不需要营业员的商店只能采用单一价格而不能实行多种价格，如超级市场、邮购商店和自动售货机等。第六，也是最重要的缺点，即会损害企业的声誉。不会讨价还价、缺乏商品知识和不了解市场行情的顾客（包括生产企业、商业企业和最终消费者）会认为吃了亏。现在，许多国家和地区推行“不二价”活动，“不二价”也称为单一价格，它避免了以上种种缺点，往往更能增加企业收入。上述做法在一定时期、一定地域不存在上述缺点的条件下应用才可以取得良好效果。

◇　相关链接

“去哪儿网”玩转按需定价

“去哪儿网”是一个在线旅行网站，创立于2005年2月，总部在北京，主要通过网站及移动客户端为消费者提供机票、酒店、会场、度假产品的实时搜索，并提供旅游产品团购以及其他旅游信息服务。

打开“去哪儿网”搜索从广州到北京的机票信息，细心的驴友会发现这样的规律：排除了一些特价机票后，中间转停、历时长的航班机票价格最便宜；其次是前一天夜里出发，第二天凌晨到达的航班；接着是下午6点之后和上午8点之前出发的航班；上午8点到下午6点之间出发的航班机票价格相对较贵。除此之外，一般来讲，出发日期前十天左右的机票是最便宜的；一周中周一、周二机票最为便宜，周五和周日的相对较贵。

由于“去哪儿网”的这种定价方法，不同的驴友总能根据自身需求选择一个恰当航班，去哪儿也尽可能地提高了自身的利润。

资料来源：笔者整理。

3. 习惯定价法

习惯定价法是按照市场长期以来形成的习惯性价格定价。如报纸每份1元，汽水每瓶2元，打火机每个1元，等等。习惯定价法也是一种先确定价格再考虑成本的定价方法。社会的物价越稳定，习惯定价的应用范围就越广泛。

12.2.3　竞争导向定价法

竞争导向定价法是参照竞争对手的产品价格来定价。特点是以应付竞争为主，不太考虑价格与成本、价格与需求之间的关系。例如，某企业生产成本可能较高，但竞争者普遍以较低价格定价，该企业也将如此；如果生产成本和市场需求都有了变化，而竞争者仍然维持原价，该企业也只能维持原价；如果生产成本和市场都没有变化，而竞争者改变了价格，该企业的价格也将随之改变。以竞争为导向的定价方法主要有以下几种类型。

1. 流行水准定价法

流行水准定价法也称为随行就市定价法，也是一种首先确定价格，然后考虑成本的定价法，是根据本行业平均定价水平为企业定价标准。采用这种方法有以下几点原因：①避免竞争激化。②有些产品成本核算较难，流行水准定价是本行业众多企业在长时间内摸索出来的价格，与成本和市场供求情况大体符合，容易得到合理的利润。③如果制定与其他竞争企业不同的价格是希望比其他竞争企业得到更多的利润，但能否如意却没有把握，贸然制定不同价格，可能会弄巧成拙。④某些产品的特点只适用于流行水准定价，如均质产品市场。均质产品指同类商品之间没有很大差异，购买者对产品的要求、对有关销售措施的反应都大体相似。流行水准价格是由购买者与销售者相互作用而形成的。对于产品差异比较大的市场，则不存在流行水准价格，企业定价与自己产品的特色相适应。

2. 密封投标定价法

密封投标定价法适用于一些工程建设项目或某些商品的采购。有关部门将工程项目或所

需产品的具体要求公告周知，称为招标。有意做这笔生意的企业要在规定期限内填写标书，即根据招标单位的要求填写有关项目，如本企业产品或服务名称、质量、品种、规格、交货日期和价格等，密封后递交招标单位，称为投标。招标人在规定日期开标，选择报价最低的、最有利的投标者（供应者）成交。选择了哪一企业，则称哪一企业中标。

企业确定投标价格时着重考虑的是竞争者报价而不是本企业的成本。既要实现一定利润，又要有一定的中标率，这两个因素的作用是相反的，报价越高，利润就越高，但中标率就越低。

在正常的情况下，使用密封投标定价法的企业要测算不同价格条件下可获得的利润水平和中标的概率大小，而以最大的期望利润作为决策的依据。表 12－1 所示是企业参与投标时的分析资料。假定企业可以选择不同的报价，在不同的价格之下，可以获得的利润以及中标的概率是可以测算出来的，我们就可以计算出期望的利润，并选择相应的价格。

表 12－1　不同报价对期望利润的影响

报价/万元	利润/万元	中标概率	期望利润/万元
（1）	（2）	（3）	（4）＝（2）×（3）
950	10	0.81	8.1
1 000	60	0.36	21.6
1 050	110	0.09	9.9
1 100	160	0.01	1.6

企业报价 950 万元可以中标的机会高达 81%，但只有 10 万元的低额利润，因此这个报价的期望利润是 8.1 万元。如果企业的报价是 1 100 万元，中标后可以产生 160 万元的利润，但是能够中标的概率仅仅为 1%，因此，它的期望利润只有 1.6 万元。当报价为 1 000 万元时，期望利润最高，达到 21.6 万元，这是企业首选的价格。

12.3　定价策略

通过定价方法得到的是一种价格水平，是一个单一的价格。企业需要在此基础上进行修订，建立一个价格体系。通过价格体系反映诸如地区需求和成本、市场细分要求、购买时机、订单水平、交货频率、保证、服务合同和其他因素等的变化情况。有时需要综合运用定价方法和定价策略，才能比较好地实现企业的定价目标。

12.3.1　价格折扣与折让策略

企业为了鼓励顾客的某些行为，比如提前付款、大量购买、淡季购买等而对产品的价格进行修正，给购买者一定的优惠。一般而言有以下几种形式。

1．现金折扣

顾客在一定时期内付清价款，可按原价给予一定折扣。比如，某商品价格 300 元，交易条款注明“2/10，净 30”，意思是：在成交后 10 天内付清账款，可给予 2% 的折扣；如果 10 天内不能付清，也可延期 30 天内付清，超过 10 天付款不给折扣，超过 30 天付款，要加付利息。因此，现金折扣包括三个方面：①折扣率；②给予折扣的时间限制；③付清价款的

时间限制。这种做法可加速资金周转，减少收账费用和呆账、坏账的产生。

2. **数量折扣**

数量折扣指当购买者的购买达到一定数量或金额时，企业给予一定折扣，因而可以鼓励购买者多买。数量折扣分为累计数量折扣和非累计数量折扣两种。

非累计数量折扣是指在某次购买中，当购买量达到一定标准时，给予折扣，购买量越大，折扣越大。例如，出售某种水果罐头，每瓶售价5.50元；每次买5瓶以上者，每瓶售价5.20元；每次购买10瓶以上者，每瓶售价4.98元；每次购买30瓶以上者，每瓶售价4.88元。非累计数量折扣鼓励顾客在一次购买中进行大量购买。购买量大，企业销售成本减少，资金周转加快。例如，企业接到一笔100元的订货和5 000元的订货，花费销售成本（付款通知、运送费用、记账与营业员工资等）都差不多。有些企业也以顾客每次在该店的购买金额给予折扣，不论购买同一产品还是不同产品，只要购买金额达到一定量，就给予折扣。

累计数量折扣指一定期间内，顾客累计购买量（或购买金额）达到一定标准，就给予折扣。同样，数量或金额越大，折扣越大。期间的长短，可根据企业情况随意制定，如一周、一月、一季或一年等。累计数量折扣的优点是鼓励消费者长期购买某一企业的产品，成为长期、忠实的顾客，有利于销售企业预测购买者，确定进货量；有利于生产企业预测需求量，确定生产量。缺点是有些顾客在规定的期限将结束之时大量订货，使生产和销售不能均匀进行。

3. **功能折扣**

功能折扣也称为贸易折扣，是制造厂商给某些批发商或零售商的一种额外折扣，以鼓励它们执行某些营销的功能，比如分销、促销、储存货物、服务等。另外，对于执行商业功能的经销商也应给予不同的折扣，尽管有些批发商销售的数量不如某些零售商大，但是它从事的主要是批发工作，就应该给它批发商的待遇。例如商品零售价格是400元，商业折扣为40%与10%，意思是：零售商对批发商付款240元（400－400×40%），批发部门对生产者付款216元（240－240×10%），对不同功能的商业部门给予不同的折扣，使它们在不同环节上都能得到合理利润，乐意经销生产者的产品。本例中，批发商以240元的价格出售给零售商，仍可获得10%即24元的利润。

这种折扣办法也有缺点。由于不是按购买量多少，而是按照购买的性质给予折扣，使得不少企业不适当地将购买量化整为零，使企业开单、记账、收款和发货等工作量上升，商品运输整车整批率下降，运费增加，商品损耗增加，还常常造成产销脱节。反之，由于不能享受商业折扣，有些有条件跨越中间环节直接向生产者进货的企业也缺少积极性。为避免这些缺点，可在功能性折扣基础上，对购买量达到一定标准的购买者另外给予折扣。

4. **季节性折扣**

不少商品的销售都有淡季和旺季之分，在淡季，生产企业的商品积压在仓库时资金占用和保管费用很大，为了鼓励经销商淡季订货，维持均衡生产，对淡季购买者给予一定折扣，称为季节性折扣。空调制造企业制定了在淡季促销打折之外，还给予经销商享受“淡季买一，旺季保三”的政策。

5. **折让**

折让是根据价目表给顾客以价格折扣的另一种类型。比如以旧换新折让就是顾客购买新

货时交回旧货，便给予一定折扣或降价。某洗衣机厂曾用这种策略促使拥有单缸半自动洗衣机的顾客成功地购买了本厂的全自动洗衣机。该厂规定，顾客退回任何品牌的旧洗衣机都可作价 200 元购买本厂的新洗衣机。这种策略对于更新换代的新产品促销、维护顾客的忠诚度有特别的意义。

12.3.2 地理定价策略

在当今世界，越来越多的企业生产制造产品都不是为了本地的市场，而是面向一个非常广泛的市场，甚至是世界市场。企业定价中一个不可忽视的重要因素就是由地理因素引起的运输费用问题。对运输费用怎样考虑，是否应该向边远地区的顾客收取高价，以回收较高的运输成本，还是不论远近，八方来的都是客，不管什么客，都应该一视同仁？这就是地理定价策略要解决的问题。

1. FOB 原产地定价策略

在国际贸易中 FOB 被称为离岸价格，或者是起运点船上交货价格。意思是指生产企业制定的是出厂价格，买方负担运输费、保险费等各项费用。在营销学中，是顾客按照出厂价购买某种产品，卖方负责把这种产品从厂内运到产地，在某种运输工具（如卡车、火车、船舶、飞机等）上交货，并承担在此之前的一切风险和费用；交货后从产地到目的地的一切风险和费用均由顾客承担。这种定价法对卖者来说最为单纯、方便，对买者来说也算合理。然而其弊病却不可忽视：不利于吸引远方的客户，因为远方的客户所花运费较高，必定造成产品销售成本提高。

2. 统一运送定价策略

由卖者负责将产品送至买者所在地。对所有购买者，不论路程远近都收取相同的运费，实行全国一个价。由于与邮政服务类似，又称为“邮资定价法”。其优点是：①适用于运费低廉、运输费用占变动成本比较小的商品，如电子元件等。②能够吸引远方顾客购买，扩大销售范围，买者往往会认为运送是一项免费服务。③定价容易。④能够保持全国统一的价格。其缺点是附近地区顾客可能会感到不合算，宁可向实行 FOB 原产地定价的企业购买产品。

3. 区域运送定价策略

企业将整个市场划分为若干个大的区域。在每个区域内收取相同的运费。这种方法与邮政包裹、长途电话的收费相似。其优点是定价简便，大体合理。缺点是同一价格区内，顾客距离企业远近也不同，距离近的顾客较不合算；在两个价格分界线两侧的顾客尽管距离很近，但所付商品运费相差很大。

4. 津贴运费定价策略

企业给位于较远地区的顾客津贴部分或全部运费，或降低商品价格，鼓励远方的经销商经销本企业的产品，鼓励远方的消费者对本企业的产品产生忠诚感。这种做法弥补了 FOB 原产地定价策略的不足，有利于吸引远方的顾客。

5. 基点定价策略

企业选定某些城市作为基点，然后按照出厂价加上从基点城市到顾客所在地的运费来定价，而不管产品实际上是从哪个城市起运的。基点一般是企业的一个重要生产点或重要交通枢纽。就国内市场目前的状况而言，采用基点定价策略的企业很多。而且，有些企业在全国

设立几个大的中心仓库，产品从生产者的工厂运到中心仓库的费用由生产企业负担。而从中心仓库到用户的费用由买者负担。

基点定价以基点所在地而不是以工厂所在地决定运价，提高了工厂附近顾客的总价格，降低了离工厂较远的顾客的总价格。如果所有销售者都用同一城市作为基点，所有顾客的购买价格就都是相同的，这就消除了价格竞争。

这种方法适用于以下情况：①产品笨重，运费占成本的比例很高。②市场范围大，购买者分布广。③产品需求弹性小。其优点是有利于产品扩展到远方市场，增加竞争力；缺点是对邻近地区的购买者不利。

12.3.3　心理定价策略

每个顾客都以买到价格理想、质量满意的产品作为自己的购买任务，除实际使用价值的满足以外，还有心理上的满足。产品价格若能有意识地针对不同消费心理制定，则能增加消费者的满意感，收到事半功倍的销售效果。消费心理定价策略主要有以下几种。

1. **尾数定价**

尾数定价是指在商品价格中有意识地留有尾数、避免整数的定价方法。比如把一件汗衫定价为24.37元常常比定为25元更好卖。心理学家和销售部门发现，在定价中有意识地使用尾数可以给人以便宜的感觉，而且顾客往往以为有尾数的定价是经过认真核算的，是真实可靠的。消费者从习惯上乐于接受尾数价格而不接受整数价格；乐于接受奇数价格而不接受偶数价格，定价中要掌握和运用这一消费心理。

◇　相关链接

“九毛九”的尾数定价

1995年10月25日，广州九毛九餐饮连锁股份有限公司（以下简称“九毛九”）从海口市南航东路上的“山西面王”开始起步。2002年6月18日，“九毛九”走出海南，在黄埔大道西赛马场美食街开了在广州的第一家分店——马场店。广州九毛九餐饮连锁股份有限公司作为山西手工面品牌连锁企业，从单店经营到多店连锁，先后成立海口、广州、北京、深圳、天津、武汉、南京分公司。

在定价上，“九毛九”具有与众不同的特色，并因这一特色吸引消费者，给消费者留下了极深的印象。“九毛九”店内菜品的价格采用的都是9.99元或是16.99元这样与整数有一定差额的价格。例如，京酱肉丝单品售价为39.99元，最爱土豆丸单品售价为19.99元。相比于同类店铺，“九毛九”的菜品较为便宜，且口味还不错，再加上采用这种尾数定价策略，进一步夯实了“九毛九”在消费者心里好吃不贵的品牌印象。

价格尾数的微小差别，拉低了消费者的价格敏感度，让消费者产生价格便宜的感觉。99.99元和100元，虽然看起来只有一分钱的区别，但前者会让消费者觉得产品的价格只有2位数，感觉价格低很多。这种定价策略能够明显影响消费者的购买行为，起到很好的刺激消费的作用。

资料来源：笔者整理。

2. **声望定价**

企业利用消费者仰慕名牌商品或名店的声望所产生的某种心理影响来制定价格，故意把价格定成整数或者是高的价格。造成消费者对产品的高质量的形象。尾数定价并不适用于所有商品，有时要反其道而行之，才能促进销售。声望定价适用于以下情况：①有些商品，如贵重首饰、文物古玩、高档消费品、高级礼品等，顾客购买目的是为了满足声望和地位的需求，这类产品应给人以昂贵的感觉。②有些商品经常被用作馈赠礼品，如艺术品、化妆品、床上用具和灯具等，购买者一般不太注重产品实用价值，而是希望价格与预算相接近，购买目的是为了满足社会交往需要。根据这种心理，企业可按照大多数人愿意支付的价格水平生产出精美的送礼佳品，即使价格高一些，也不会影响销售。③有些商品由于企业长期经营，在消费者中建立了声誉，成为名牌产品，也可有意识地制定高价以保持产品声望，提高它在同类产品中的地位。④还有些产品由于消费者一般不会鉴别其质量，在得不到其他信息的条件下，往往以产品价格作为辨别质量的唯一依据，这类商品也应采用声望定价。

12.3.4 新产品定价策略

1. **撇脂定价策略**

撇脂定价也称为撇取定价或撇奶油定价，是在新产品刚刚进入市场的初级阶段采取高价投放策略，销售价格远远高于成本，以尽快提取新产品效益的精华，就像在牛奶中撇取奶油一样。但是撇脂定价法不宜随意采用，而需要一些基本条件：第一，该产品是新产品，无类似替代品。第二，新技术尚未公开，竞争对手难以进入市场，企业是独家生产。第三，购买者属于非价格敏感型，需求曲线相对无弹性，制定高价仍有足够购买者。第四，高价能给人以高质量的印象，能刺激顾客购买而不致引起顾客反感。第五，企业生产能力一时难以扩大，如定低价市场需求量过大，企业将难以保证供应。第六，制定高价将减少市场需求和企业产量，从而提高单位产品成本，但单位产品成本的提高将不会抵消高价所带来的高额利润。

撇脂定价策略有以下几个方面的优点：①有利于生产者尽快收回投资并获得较高利润，以迅速扩大生产，满足市场需要。②产品导入期的主要销售对象是革新者和早期采用者，与其他群体相比，这些人较少关心价格高低，属非价格敏感型，高价一般不会影响销售。③价格本身留有余地，如果预先估计有错误，高价影响了销售量时，可以降价销售。如果原先制定低价，以后再提价，就不那么容易了。④生产初期，价格高一些，使市场需求不至于发展过快，企业生产能力可从容应付。⑤可根据消费者购买力水平和需求弹性大小进行市场细分。对购买力高、需求弹性小的地区定高价。

撇脂定价策略的主要缺点：①当新产品的声誉还未建立起来时，实行高价投放会损害消费者利益，不利于开拓市场。②当高价投入而仍然畅销时，会吸引竞争者的加入，最终导致价格下降，因而好景不长。

◇　相关链接

苹果公司的定价策略

2019年3月，苹果公司推出新iPad mini和iPad Air，同时也更新了两款iMac产品，定价分别为人民币10 199元起和14 199元起。这让我们不得不联想到去年出的iPhone，最便宜的新iPhone的价格是6 499元，而屏幕尺寸为6.5英寸的iPhone XS Max 512G版本，中国区的售价达到了12 799元。

这是iPhone有史以来的价格高峰，也引起了众多果粉与大众消费者的讨论。然而，无论“值”或者“不值”，我们仍旧能在大街小巷中看到使用新iPhone的人。有人说，苹果公司的这种定价策略会导致一部分消费者对其望而生畏，降低企业利润。但是，综观三星、华为等竞品品牌的定价，也会明显发现手机定价有逐年上涨的趋势。可以说，行业内对于苹果的这种撇脂定价策略还是认可的。

事实上，苹果产品之所以能够一直保持其高定价，在于其能够持续为消费者提供价值。苹果产品提供的价值很简单——人性化。人们讨厌用指纹打开手机，那么苹果让你可以看一眼iPhone就解锁手机；人们在跟人说话的时候会拿下耳机，苹果干脆让你摘下一只AirPods耳机的时候，就停止音乐。这就是苹果公司在解读了用户需求之后所做出的改变。苹果产品的参数不一定是最强的，但吸引客户的原因，一方面是它的“人性化”带来了不错的用户体验，另一方面，它的定价也彰显了用户的身份地位。

资料来源：笔者整理。

2. 渗透定价策略

渗透定价与撇脂定价相反，是在新产品刚进入市场时采取低价投放的策略。有时甚至低于成本，以扩大市场占有率。采用渗透定价策略的原因是：①新技术易于掌握和采用，竞争者易于加入。②消费者购买力水平低，属于价格敏感型，产品需求弹性大，低价可以吸引购买，迅速扩大市场。③企业生产能力大，能够随着产量和销量的增加而降低成本，提高利润。

渗透定价策略的优点是：①低价可阻止竞争者加入，提高市场占有率。②在建立了商标信誉后再逐步提价，也不会丧失市场占有率。③低价适应了低收入购买者的要求，维持了顾客利益，容易获得顾客好感。④当存在类似代用品，而本产品不具备吸引顾客的新特点时，制定高价就失掉了条件，提高利润的主要途径只能是增加销售。对于需求弹性大的商品只有低价才能扩大销售，除吸引未使用者购买外，还可以吸引购买类似代用品的顾客购买本产品。⑤企业大批量生产可以降低成本，提高总利润。

3. 满意定价策略

撇脂定价和渗透定价是新产品定价策略的两种极端形式，各有利弊。满意定价策略是介于两者之间的一种定价策略，所制定价格既可使企业获得相当利润，又使顾客感到合理，也称“君子定价”策略。

12.3.5 差别定价策略

企业常常会修改它们的基价以适应在顾客、产品、地理位置等方面的差异。差别定价策略就是指企业按照两种或两种以上不反映成本比例差异的价格来推销一种产品或提供一项服务。差别定价有时也称为歧视定价，具体的形式包括以下几点。

1. 顾客细分定价

由于顾客的购买能力不同，对价格水平的理解不同，需求弹性不同，尽管是同样的产品，也需要制定不同的价格，以刺激某个细分市场的购买。比如公园的门票向老年人和小孩收取半价，航空公司对学生给予6折的优惠。

2. 产品形式定价

产品的形式不同，制定的价格也可以有所不同。这个价格对它们各自的成本不是成比例的。以瓶装水来说，农夫山泉每瓶卖1.5元，而其带有伸缩盖的每瓶卖2.5元，但是伸缩盖的成本并不是很贵。

3. 形象定价

有些企业根据不同细分市场的要求，对同样的产品设计不同的形象，制定不同的价格，以吸引各自的顾客。比如一家香水制造公司根据低收入市场和中高收入市场的顾客，把同样的香水，在包装上设计成不同的式样，制定不同的价格，卖给不同的顾客。针对低收入的顾客，它们使用了普通的瓶子，起了一个通俗的名字，叫“真香”牌香水；针对中高收入的顾客，它们设计了一个较为别致的瓶子，起了一个带有一定遐想的名字，叫“梦幻”牌香水。

4. 地点定价

尽管成本相同，但是对于不同的地点可定出不同的价格，以适应不同的需求。比如天河体育中心在足球甲级联赛期间，根据不同的位置把球票分成四个等级，制定不同的价格，取得了良好的销售业绩。位置比较好的、顾客特别偏爱的位置，就可以把价格定得高一些，这样既能够协调需求，又能够取得好的销售成绩。

5. 时间定价

尽管是同样的产品或服务，但是由于时间的不同，人们的需求也会有所不同，此时，利用时间定价策略就可以对不同的需求进行调整，或者满足不同人的不同需要。电信公司根据人们喜欢在白天打电话、不喜欢在深夜打电话的习惯，可以制定出在深夜打电话2~3折优惠的价格，鼓励人们在深夜打电话，特别是长途电话，以便协调白天话务繁忙、夜间清闲无事可做的状况；很多乘坐飞机的人不喜欢起早，因而有些航线的早班机的乘客不多，航空公司就可以把早班机的票价定得低些，以吸引追求票价便宜的乘客乘坐，也起到了调节需求的作用。

实行差别定价策略，需要具备以下条件：

（1）市场必须能够细分，不同的细分市场显示不同的需求强度。

（2）该细分市场内支付低价的顾客无法将这个产品转手倒卖给需付高价的细分市场。

（3）竞争者应不能在需要支付高价的细分市场将产品低价销售给经销商和顾客。

（4）细分市场和管理市场的成本不应超过从价格差别中获得的额外收入。

（5）这种行为不应使顾客产生不满和敌对行为。

（6）价格差别的形式应合法。

12.3.6 促销定价策略

企业可以采用几种定价策略来刺激更早和更多的购买。促销定价策略有以下几种形式。

1. 牺牲品定价

大型商场常常以少数商品作为牺牲品将其价格定得很低，以招徕顾客，吸引他们来到本店，并期望他们购买正常标价的其他商品。饭店也常常采用此种促销定价策略，推出特价菜，吸引食客前往。一般来说，制造商不愿意以自己的品牌作为牺牲品。因为这样做不仅会引起其他以正常价格销售的零售商的不满，还会损害品牌形象，在大多数情况下，制造商会试图阻止零售商采用自己的产品作为牺牲品。但是现在也有的制造商对自己的库存积压品或准备淘汰的产品使用牺牲品定价的策略。

◇ 相关链接

万岁料理的牺牲品定价

万岁料理回转寿司是一家日式料理店。日式菜强调的是卖相和质感，每份菜看起来小巧精致，但其内含却无与伦比。万岁料理的每一个碟、碗、盘，每一个装饰，都有悠悠和风，让你悄然体会到那由卖相而生的独特的“美”“雅”“静”。

然而，更吸引笔者的注意的是万岁的两个菜品：三文鱼刺身和三文鱼腩刺身。虽然各家门店这两道料理的价格可能存在细微差别，但是它们有一个共同点，那就是这两道料理都是半价销售，即在菜单定价的基础上半价销售，而且是天天半价。这种定价方式让消费者认为菜品的价格已经由高价折为低价，因此吸引了众多喜爱寿司的年轻人。

资料来源：笔者整理。

2. 特别事件定价

企业利用某个特定事件或在特定时期内对某些产品制定低的价格，以吸引更多的顾客购买。例如，利用自己的厂庆日制定特别的价格以感谢顾客的支持，还有的在商品展销期内打折、商店新开张打折、节日打折，等等。中国许多商店会在春节、元旦、国庆节期间给购买者一定折扣、教师节期间给教师折扣、情人节期间给情侣折扣等都属于特别事件定价策略。

3. 现金回扣

制造厂商或经销商有时会向在特定时间内购买的顾客给予现金回扣，以刺激他们购买本企业的产品。回扣可以使制造商在不必降低目录价格的情况下达到清仓的目的。在小包装消费品的促销中，回扣经常出现。回扣刺激了销售量的增长，而企业所花的费用却不像降价那么大，其原因是很多顾客购买了产品却不愿意花费时间和精力把可以得到回扣的赠券寄回企业。

4. 低息贷款

这也是一种不必降价而能扩大销售量的方法。轿车、楼房等大件物品的销售，资金困难对买主来说是一个重要的问题，帮助顾客解决资金困难比降价更受购买者的欢迎。

5. **心理定价**

采用某些办法使消费者产生错觉，误以为商品价格已由高降低。比如在广告上宣传“原价250元降至120元”，而消费者不知原价格是多少。在销售不知名的商品时对宣传“价值高达98元的衬衫以42元出售”，而消费者无法了解这种“折扣”是否真实。

应该指出：促销定价策略属于短期策略，一方面它可以在短期内带来销售额的增长，对长期的企业形象、品牌形象的建设没有什么意义，长期使用可能会被认为是商品质量下降。另一方面，实施促销定价策略的决策也是比较困难的，因为如果某种策略有效，马上就会有人效仿，使之失去应有的效果；如果某种策略无效，则会直接浪费资金。而这些资金用在公共关系、广告宣传上，则可能有助于企业和品牌形象的建立。

12.3.7 产品组合定价策略

当产品只是某一产品组合的一部分时，企业需要对定价方法进行调整。此时，营销者要研究出一系列价格，使整个产品组合的利润实现最大化。由于各种产品之间存在需求和成本的相互联系，而且还受到不同程度竞争的影响，定价工作是十分困难的。

1. **产品线定价**

企业通常不会只是生产单一的产品项目，而是发展自己的产品系列，形成自己的产品线和产品组合。例如松下提供不同形式的摄像机，按照技术的复杂程度可以分为自动对焦、明暗光线控制、防红眼功能等，还可以按照重量和大小进行排列。营销者要考虑从一种摄像机到另一种的价格间距。价格间距要考虑摄像机的成本差异、顾客对不同特征的评价以及竞争者比如理光、佳能等产品的价格。如果连续两个产品的价格差距不大，购买者就会购买更多功能的摄像机，而且要是成本差异小于价格差异，就会提高企业的利润。如果价格差异较大，顾客就会购买较低级的摄像机。

在很多行业中，营销者会为他们的产品确立价格点，比如把男性西装定价为300元、1 000元、3 000元，顾客可以通过这些价格点来评估产品的质量档次。营销者的任务就是建立能够向价格差异提供证据的认知质量差异。

2. **选择特色定价**

很多企业在提供主要产品的同时，还会附带提供一些可供顾客选择的产品或服务。如我们在购买小轿车的时候发现，在销售店为具有基本功能的轿车提供了价格，还会向顾客介绍一些附加的产品，由顾客自己选择安装，价格另外计算，如ABS、安全气囊、CD唱机等。然而，为这些选择制定价格是件棘手的事情。汽车公司必须考虑哪些东西是要计入总价格和哪些东西是供选择的。汽车公司的常规做法是广告一种简便型汽车，由低价吸引人们进入展览厅，而在展览厅空间展示装备齐全的小汽车。

3. **互补产品定价**

有些产品属于互补性质或者是附属性质，比如照相机和胶卷、剃须刀和刀片，企业在为主产品定价时要考虑附属产品的定价。有些企业把主要产品的价格定得低些，而把附属产品的价格定得高些，顾客在购买了主产品后，企业通过附属产品的销售来获取大量利润。但是如果附属产品定价太高的话，顾客也可能购买其他厂家的附属产品。

4. **两部分定价**

一些服务企业常常先收取一笔固定费用，然后另加一笔可变的费用，两部分加起来就是该服务产品的价格。如电话用户每个月先付一笔固定费用，再根据使用次数增收一笔费用。有的游乐园先收入场券的费用，游玩项目超过规定限度再另外收费。

5. **副产品定价**

某些肉类、石油产品和其他化学产品在生产过程中往往有些副产品。这些副产品不计入生产成本，如果生产企业能把这些副产品作为原料出售或加工成半成品出售，则可获得较高利润，从而降低主要产品的价格。

6. **成组产品定价**

某些商品可以单件出售，也可配套出售，如成套炊具、成套化妆品等，企业可制定两种不同价格，实行成套价格优惠。单独购买比原价略高一些或按原价成套购买则按原价或比原价低一点或负责提供专用包装物、赠送其他商品等，主要目的不是单件出售，而是通过对照使消费者成套购买。

◇　相关链接

KFC 的“桶套餐”

KFC 是众所周知的快餐连锁品牌，它的全家桶更受许多人偏爱。从全家桶开始，KFC 推出了各种各样的“桶套餐”。例如超级翅桶可乐餐，包括十二块香辣鸡翅，八块新奥尔良烤翅和一瓶 1.25 升装的百事可乐。单独来算，香辣鸡翅每两块 12 元，新奥尔良烤翅每两块 13 元，一瓶可乐 16 元，单独购买的话共需要 140 元，但是 KFC 以“桶”的形式组合出售只需要 109 元，节省了 31 元。这大大地刺激了消费者的消费欲望。也许最初消费者只打算买一半或是仅买其中几个单品，但是看了这样的组合售价后就更多地选择购买组合产品了。

资料来源：笔者整理。

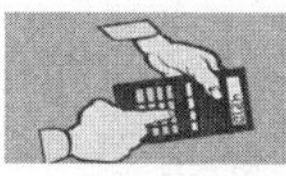

12.4　价格变动分析

企业在制定价格策略和价格结构之后，还面临着选择合适的时机降价或提价的问题，面临着如何应对竞争对手的价格调整问题。

12.4.1　主动降价

有几种情况可能导致企业考虑降价。

一种情况是企业存在着过剩的生产能力，现有的销售量达不到设备的计划生产能力，为此，企业需要通过降低价格来扩大销售，增强生产经营的效率。然而，这样做存在着引来竞争对手降价行动的风险。

另一种情况是企业已经面临强有力的价格竞争，企业的市场占有率在下降，为了保住市场份额，企业需要降价迎接对手的挑战。

还有一种情况是企业已经获得了大规模降低成本的方法，由于成本比竞争对手低，可以发动价格大战，以进一步抢占市场份额。

降价的主要优点是可增加企业竞争力，在一定时期内刺激需求，增加销售。其缺陷也不可忽视。企业降价可能遭遇如下的误区。

（1）低质量误区。消费者误认为产品售价低、质量也低，转而购买售价高的竞争者产品。

（2）脆弱的市场占有率误区。低价可增加市场占有率，但买不到市场的忠诚，顾客随时会转向价格更低的企业。

（3）浅钱袋误区。售价高的竞争者有雄厚的现金储备，在价格战中具有持久的坚守阵地耐力。

在经济衰退时期，企业不得不考虑降低价格，因为愿意购买高价产品的顾客减少了，如果企业不采取相应的措施，就会在竞争中处于不利的地位。假设有两个厂家、两个品牌的产品，人们觉得 A 产品是高档次的，B 产品是较低档次的，而且两个品牌都有一些稳定的顾客。但是现在遇到了经济不景气，原来购买 A 品牌的顾客有一部分由于经济的原因准备转移到购买 B 品牌上来（见图 12－6）。此时，A 品牌应该如何应对？

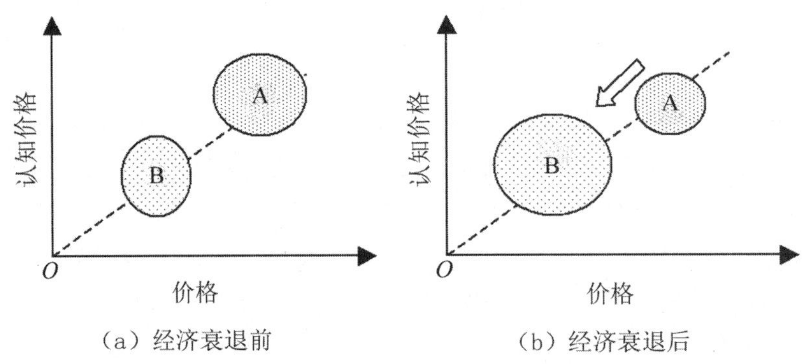

图 12－6　经济衰退前后顾客需求的变化

很显然，如果 A 品牌不做任何反应，势必会使自己的市场份额下降，利润减少。

探讨 A 品牌的营销策略需要考虑很多问题，包括 A 品牌目前的市场份额、目前的和计划的生产能力、市场增长率、顾客对价格的敏感度和对认知价值的敏感程度、市场份额与利润之间的关系，以及竞争者可能采取的反应，等等。A 品牌的营销者需要预测每一项营销战略对销售量、市场份额、成本、利润和长期投资所产生的影响。表 12－2 给出了 A 品牌可采用的各种战略以及选择它们的理由与预期结果。

表 12－2　A 品牌可能的战略选择

战略选择	原　因	结　果
1. 维持价格和认知价值，筛选顾客	企业有很忠实的顾客，愿将低收入的顾客让给竞争对手	市场份额小，利润降低

续上表

战略选择	原　因	结　果
2. 提高价格和认知价值	提价补偿上涨的成本，提高产品质量使高价合理	市场份额缩小，保持利润
3. 维持价格，提高认知价值	维持价格，提高认知价值可节约资金	市场份额缩小，短期利润下降，长期利润上升
4. 部分降价，提高认知价值	必须对顾客降价，但强调产品的价值有所提高	保持市场份额，短期利润下降，长期利润上升
5. 大幅度降价，保持认知价值	约束和减少价格竞争	保持市场份额，短期利润下降
6. 大幅度降价，降低认知价值	约束和减少价格竞争，保持利润率	保持市场份额，保持售货盈利，长期则利润下降
7. 保持价格，降低认知价值	削减营销开支，抑制成本增高	市场份额缩小，保持售货盈利，长期则利润下降
8. 引入一个经济的模式	给市场它想要的东西	某些人会同类相残，但是总量会更高

12.4.2　主动提价

一个成功的提价能增加相当大的利润。举例来说，假设企业的利润幅度是销售额的3%，如果在销售量未受影响的前提下，提价1%将会增加33%的利润（见表12－3）。假设一家企业产品的单价是10元，销售了100个单位的产品，成本是970元，利润是30元，占销售额的3%。提价1%，就增加利润33.3%，销售量不变。

表12－3　提价前后的利润

比较项	提价前	提价后
价格/元	10	10.10（提价1%）
销售单位/个	100	100
收入/元	1 000	1 010
成本/元	－970	－970
利润/元	30	40（利润增长33.3%）

引起提价的第一个因素是成本膨胀。由于成本的提高压低了利润幅度，企业会采取提价的策略来应对。引起提价的第二个因素是需求过旺。当一个企业不能满足它所有的顾客的需

要时，就会采取提价的策略。

企业提高价格或提高“实际价格”的方法有以下几种，每种方法对顾客的影响不尽相同。

（1）延缓报价。等到产品制成或交货时才制定最终价格。生产周期长的产业，如建筑业和重型设备制造业较普遍地采用这种方法。

（2）采用价格自动调整条款。企业要求顾客按照当前价格付款，但是交货前由于通货膨胀而增加的费用也应全部或部分支付。在施工时间较长的工业工程方面，许多合同中都有价格上自动调整条款。

（3）分门别类处理产品与服务的各项价目。企业把原先免费送货与安装的产品分解为各个零部件，并分别为单一或多个零部件定价，实际提高整个产品和服务的价格。例如国际商用机器公司把为客户提供的培训为个别定价的服务项目。许多餐馆把按餐定价改为按用菜项目定价。

（4）减少折扣。减少常用的现金和数量折扣。

企业要研究提价的幅度和时机，研究是一次性大幅度提价有益，还是若干次小幅度提价有益。

企业提价时要避免形成价格骗子的形象。否则当选择面增加时，顾客就会背弃价格骗子。企业提价时应注意与顾客沟通，阐明提价的原因，销售人员应帮助顾客节约开支。

此外还有一些方法可以在不提价的条件下增加收入、弥补高额成本或满足大量需求。如：

（1）减少产品分量，价格不变。

（2）使用更便宜的材料或配件做代用品。例如，有的糖果公司用人造巧克力代替天然巧克力，有的汽车制造商用塑料代替金属。

（3）简化产品结构和功能。

（4）减少服务项目，如取消运输、安装、长期保修等。

（5）选用价格低廉的包装材料或改为大包装，以降低包装成本。

（6）缩小产品的尺寸、规格。

（7）创造新的经济型品牌或未注册品牌。

12.4.3 顾客对价格变动的反应

顾客对价格变动的反应，包括对降价和提价的反应。顾客可能对降价做出积极的反应，即增加购买；也可能做出消极的反应，如怀疑产品有缺陷，卖不出去，将为新产品取代；该企业资金短缺，可能要转产；价格还会继续下降，要耐心等待；降价是由于产品质量有所下降；等等。

顾客可能对提价做出不利反应，减少或停止购买；也可能做出有利反应，认为这是热门货，不买会错失良机；这一产品代表非同寻常的优秀价值；由于经销商的贪心，致使价格上涨；等等。

顾客对不同产品价格变动的反应也不同。对高价值和经常买的产品价格最敏感，对不常购买的小商品价格则不注意。此外，顾客往往对产品价格不关心，反而关心获得、操作和维修产品的总成本，销售商如果能说服顾客，使之相信总成本较低，便可能在价格高于竞争者的条件下扩大销售。

12.4.4　竞争者对价格变动的反应

一个打算变更价格的企业必须考虑到竞争者的反应和顾客的反应。在那些竞争者较少、产品同质化程度高、购买者信息灵通的地方，竞争者可能很快就会做出反应的。

企业怎样能够预测到它的竞争对手们可能做出的反应呢？假设企业面对一个强大的竞争对手，竞争对手的反应可以从两个层面上估计出来：一个层面是假设竞争对手对价格变动以常规的方式做出反应，在这种情况下，它的反应是可以估计出来的；另一个层面是假设竞争对手对价格变动非常敏感，它会把每一次的价格变动都当成是对它的一次挑战，并且这时它会根据其自身的利益做出反应。那么，企业就要估计竞争对手此时的自身利益在什么地方。而确定竞争者的反应必须研究竞争者的财务状况、生产能力、销售能力、顾客忠诚以及竞争目标。如果竞争者目标是夺取市场占有率，就会跟着调整价格；如果竞争者目标是获得最大利润，就会在其他营销策略方面有所调整，如广告、渠道、产品质量等。

◇　相关链接

蔚来宣布不降价，将坚持长期稳定的定价策略

2019 年 3 月 15 日，国家相关部门发布了关于增值税税率调整的通知，自 2019 年 4 月 1 日起全面降低制造业增值税税率。众多豪华品牌纷纷宣布响应国家政策，选择调整产品指导价惠及用户。奔驰、宝马、奥迪、捷豹路虎、沃尔沃、林肯等品牌相继宣告降价，最高降幅达到 8 万元。

然而作为新创品牌的代表蔚来汽车则发布声明，表示不会调整车价。“作为一个年轻的初创品牌，蔚来为了打造好产品和提供优质服务体验，投入了巨大的资源，产品毛利目前还相当微薄。此次增值税下调，是国家在帮助企业降低税收负担，是提振实体经济的好政策。这将有助于我们持续在研发和服务方面投入充足的资源，进而为用户带来愉悦的用车体验。近期，我们不会调整整车定价。总体来看，我们将长期维持稳定的定价策略。”

资料来源：http://auto. sina. com. cn/news/hy/2019 – 03 – 19/detail – ihsxncvh3781423. shtml. 新浪汽车，2019 – 03 – 19. 有删改.

12.4.5　企业对价格变动的反应

在同质产品市场上，竞争者提价，其他企业不一定随着提价，只有在提价会使整个行业增加收益的情况下才会跟着提价。如果竞争者降价，企业只能跟着降价，别无选择。除非企业能够设法突出本产品特色而维持原价。在非同质产品市场上，影响产品销售的因素有许多而不仅仅是价格，如质量、服务、可靠性、功能、款式等。所以其他企业不一定跟着变动价格，也有可能从其他非价格因素入手。

◇ 相关链接

企业如何面对价格战

面对价格战，每一家企业都应理智地进行判断，一般而言，有以下思路可供参考：

（1）根据“南彻斯特市场安全法则”，一个企业的市场占有率达到41.7%，则可视其市场地位处于安全地位，此时不宜发动价格战。

（2）如果在所难免，企业则应在准备充分的前提下，率先发动价格战，以期在消费者认知方面占据优势。

（3）若竞争者的降价对本企业的自身销售影响不大（不影响本企业的长期战略），则可暂时维持同步的价格水平，静观其变；如果要采取跟进，则应越快越好，以免被动。

（4）对于高度同质化的市场，竞争价格战只有跟进，别无选择；在异质化的市场上，面对竞争者的价格战，则可通过质量服务以及其他的营销组合策略来降低价格战带来的负面影响。

资料来源：英能电力网，2003－05－11. http://www.i-power.com.cn.

企业在做出反应之前，必须考虑下列问题：①竞争者降价的目的是什么？是为了争夺市场，利用过剩的生产能力，还是为了导致全行业调价？②竞争者是暂时性调价还是永久性调价？③如果本企业不做出反应，会对市场占有率和利润产生何种影响？④其他同类企业会做出什么反应？

市场领导者常常面临小型企业为提高市场占有率而进行的攻击性降价，此时市场领导者可选择以下几种方法。

（1）维持原价。维持原价应具备的条件是：①如果降价，损失利润太多；②维持原价，市场占有率不会损失太多；③必要时能夺回市场占有率。

（2）提高相对感知质量。领导者可维持原价，但同时提高产品的感知价值，它可以改善产品、服务和沟通方法，强调产品相对质量高于低价竞争者的产品质量。这种做法虽然增加了成本，但是有时比降价更合算。

（3）降价。其原因是：①产品成本会随着销量增加而降低；②市场对价格敏感，自己会丧失大量市场占有率；③市场占有率一旦丧失就难以夺回。

（4）提价。同时提高质量，增加服务和促销。

（5）推出廉价商品进行反击。

最好的反应要根据不同的特定环境而变化。受到冲击的公司必须分析产品生命周期所处的阶段，它在企业产品组合中的重要性，竞争者的意图和资源，市场对价格与质量的感受，产品成本以及企业的可选择机会等。图12－7展示了一个为应付竞争者降价，企业将采取的价格反应对策程序。

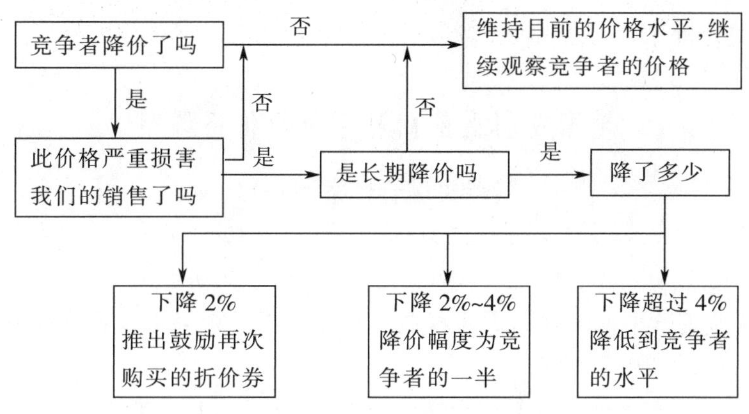

图 12－7　应付竞争者降价的对策

本章小结

企业为其产品定价要考虑很多的影响因素，包括市场的需求状况、产品成本、定价目标以及竞争对手的产品和价格。

企业需要选择适当的定价方法，定价方法分为成本导向定价法、需求导向定价法和竞争导向定价法，每一种导向的定价法中又包含若干个具体的定价方法。

企业通过定价方法取得了产品的价格水平之后，还需要运用定价策略形成企业的价格目录，企业可以选择的定价策略包括：折扣与折让策略、地理定价策略、心理定价策略、新产品定价策略、差别定价策略、促销定价策略和产品组合定价策略。

企业还需要根据环境的变化调整价格，包括降价和提价，企业需要研究竞争对手的价格变化和根据竞争对手的价格变化做出适当的价格调整。

重点概念

定价目标（pricing objective）

需求曲线（demand curve）

需求弹性系数（elasticity of demand）

固定成本（fixed cost）

单位变动成本（variable cost）

认知价值（perceived value）

功能折扣（functional discount）

复习题

1. 企业定价目标包括哪些类型？
2. 影响企业定价的主要因素有哪些？
3. 企业的定价策略与方法主要有哪些？
4. 企业主动降价的原因有哪些？
5. 企业怎样对竞争者的价格变动做出反应？

案例分析

全家便利店的商品定价与价格调整

（参见综合性案例一）

延伸阅读

1. 易点. 商品定价中的心理学调研报告：尾数定价对消费者消费行为的影响情况［J］. 中国商论，2019（3）：192－193.

2. 易华，张丹. 文化创意产品定价机制研究及应用［J］. 现代管理科学，2017（4）：100－102.

3. 肖会敏，吴楠楠. 数字化知识商品定价模型探究：以腾讯课堂为例［R］. 2015年中国管理科学与工程研究报告，2015：47－52.

4. 戴国良. 图解定价管理［M］. 北京：企业管理出版社，2018.

5. 王晓然，陈韵哲. 快递单票收入继续减少，价格战何时了［N］. 北京商报，2019－03－19.

6. 曾宪天. 携程被疑大数据“杀熟”［N］. 时代周报，2019－03－19.

7. 李晓燕，编译. 航空动态定价：用先进数据科技获最优定价策略［EB/OL］. 民航资源网，2018－07－14.

第 13 章

分销策略

学习目标

◇ 掌握分销渠道的职能与基本类型
◇ 了解零售商与批发商的特点
◇ 熟悉如何设计分销渠道
◇ 掌握渠道冲突与管理
◇ 了解物流与物流管理的基本知识

分销渠道是企业完成其产品（服务）交换过程、实现价值、产生效益的重要载体。分销渠道的主要功能是将产品（服务）分销给消费者。在实现这一功能的过程中，需要渠道的成员共同协作，完成产品的一系列价值创造活动，形成产品的形式效用、所有权效用、时间效用和地点效用。产品只有在渠道成员的配合下，才能在适当的时间、地点，以适当的价格供应给广大消费者或用户，满足市场需要，实现企业的营销目标。因此，渠道决策是企业管理层面临的关键性营销决策之一。

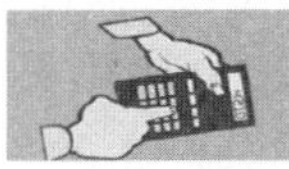

13.1　分销渠道的职能与类型

企业在运营中的一个现实问题是如何提高分销效率、降低分销成本，从而增强竞争能力。然而分销策略的制定和实施涉及多方面的因素。正确制定分销策略，有助于企业顺利地销售产品、扩大市场份额，并在竞争中赢得主动。

例 13 – 1

戴尔公司在中国

戴尔计算机公司 1984 年由迈克尔·戴尔创立。目前，它已成为全球领先的计算机系统直销商。在美国，戴尔是商业用户、政府部门、教育机构和消费者市场名列第一的主要个人计算机供应商。戴尔能取得如此辉煌成就在很大程度上得益于公司坚持直营模式（direct business model）。所谓直销，就是厂家绕开中间代理商，直接将产品销售到消费者手中去的一种经营方式。对于计算机行业而言，如果说分销商追求的是“大而全”的话，直销企业则始终坚持“按照客户的需求制造微机并向客户直接发货”的经营思想。直销企业最爱说的一句话是：“两点之间，直线最短。”

为了扩大戴尔公司的全球业务，戴尔公司决定进入中国市场，并试图在中国市场也开展直销计划。当时，很多人对戴尔公司在中国开展直销业务的可行性持怀疑态度，因为中国存在诸如信用状况差、支付手段落后、计算机和网络的普及率不高、运输条件不够理想等一系列的障碍。有人告诉戴尔：你这种西方观念在中国不可行。但戴尔认为："直销模式可应用于各种文化背景。如果你的设想真有强大的生命力，就不要理会那些说'不行'的人，而应招聘拥护你、有远见的人。"

在进入中国市场之前，戴尔公司委托国际调查公司对中国市场进行了为期 9 个月的考察，在印证直销在中国可行之后，于 1998 年 8 月进驻中国，先后在北京、上海、广州和成都设办事处。4 个月后，戴尔在中国的销售业绩比预期增加了 25%。为满足中国市场日益增长的需要，戴尔公司于 1998 年 11 月正式宣布在厦门建成占地 13.5 万平方英尺的生产基地，以面向全中国市场。

戴尔在中国建立了一个服务电话网络。有 94 个免付费电话可以直接打到厦门工厂。到 1999 年 4 月份，开通戴尔直线订购业务的中国城市已经达到 15 个。1999 年，戴尔每个月在顾客免付费服务电话上要花 10 万美元。近 80 个市区的中国用户可以与戴尔的销售代表直接联系或通过戴尔的网站（http://www.dell.com/ap）直接与戴尔公司联系。在中国市场开创的9 个月内，根据戴尔的销售数据显示，大约 50% 的顾客是在中国的跨国企业，如花旗银行、摩托罗拉、通用电气、强生公司等，大约 50% 的顾客是中国本地的用户，如电信、银行和一些政府部门。1999 年 4 月初，戴尔开始向小企业和家庭客户提供产品。

根据 2000 年第一季度销售数字的增长显示，戴尔的直线订购模式在中国取得极大成功。根据国际数据公司 2000 年第一季度的报告显示，戴尔已名列中国十大个人电脑供应商的第五位（以收益计算），比上一年提升了两位。中国已成为戴尔公司在全球的第八大市场。

思考题

1. 如何定义戴尔的直销模式？
2. 查阅更多资料，分析戴尔成功运作直销模式的策略有哪些？你认为它成功的关键策略是什么？有何特点？有何启发？

13.1.1 分销渠道的概念与职能

分销渠道是指产品或服务在从制造商向消费者（用户）转移所经过的通道。分销渠道包括取得这种产品和服务的所有权或帮助所有权转移的所有企业和个人。分销渠道是由一系列相互依存的组织按照一定目标结合起来的网络系统，通常由生产者、批发商、零售商、消费者（用户）及其他辅助机构构成，这些组织为了共同的利益目标发挥各自营销功能，互相合作，也会因利益和其他的原因发生矛盾和冲突，需要协调和管理。有效的分销渠道通过在合适的地点以合适的质量、数量和价格提供产品或服务，不仅满足了消费者（用户）多样化的产品需求，也减少了产品从生产到消费过程的交易次数，从而提高了企业的分销效率、节省了分销成本。

渠道成员在这一过程中承担了许多关键职能，具体为：①信息：收集制订计划和进行交换所必需的信息，包括顾客、制造商与营销环境中其他行为者和主要营销因素的信息。②促销：开发并传播具有说服力的沟通活动。③联络：寻找可能的购买者并与之充分沟通，吸引

顾客。④分类：使所分销的产品符合购买者需要，包括分类、分等、装配、包装等活动。⑤谈判：为了转移所供物品的所有权而就其价格及有关条件达成最后协议。此外，还包括有助于达成交易的其他职能：①实体分销：从事产品的运输、储存。②融资：获取和使用资金，补偿渠道工作的成本。③风险承担：承担与渠道工作有关的风险。

13.1.2　分销渠道的结构与类型

1. 分销渠道的长度

分销渠道的层次或环节决定了渠道的长度。在产品从制造商转移到消费者的过程中，任何一个对产品拥有所有权或负有推销责任的机构，就是一个渠道层次。渠道的长度是指产品从制造商到消费者或用户的转移过程中所经过的中间商的层次数目。图13－1（a）展示了几种常见的消费品分销渠道结构。渠道a是典型的直接渠道或称零层渠道，没有中间商层次，制造商直接将产品销售给顾客，如玫琳凯化妆品公司和安利公司直接销售产品给顾客，采用了典型的直销渠道。渠道b和c被称为间接渠道，渠道b只包含一个中间商，被称为短渠道或一层渠道；渠道c包含两个及两个以上的中间商，被称为长渠道或称多层渠道。图13－1（b）展示了几种常见的工业消费品分销渠道结构，与消费品分销类似，制造商可以依靠自己的销售人员直接向客户进行产品销售，也可以依靠不同类型的中间商分销产品。对制造商而言，更多的渠道层次意味着更弱的渠道控制力和更复杂的渠道环境。

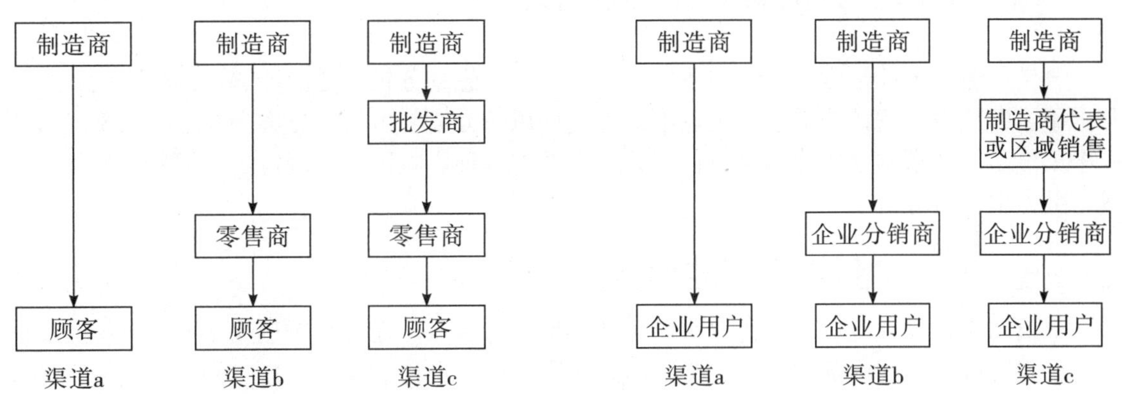

（a）常见消费品分销渠道结构　　（b）工业消费品分销渠道结构

图13－1　消费品和工业品分销渠道结构

2. 分销渠道的宽度

分销渠道的宽度指渠道的每个层次使用同种类型中间商数目的多少。它与企业的分销策略密切相关。一般而言，企业分销渠道的宽度策略可分为三种，即密集分销、选择分销和独家分销。

（1）密集分销：密集分销是指制造商尽可能地通过许多负责任的、适当的批发商、零售商推销其产品。消费品中的便利品和产业用品中的供应品，通常采取密集分销，使广大消费者和用户能随时随地买到这些产品。

（2）选择分销：选择分销是指制造商在某一地区仅仅通过少数几个精心挑选的、最合适的中间商推销其产品。选择分销适用于所有产品，但相对而言，消费品中的选购品和特殊

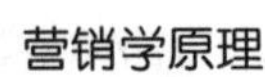

品最宜于采取选择分销。

(3) 独家分销：独家分销是指制造商在某一地区仅选择一家中间商推销其产品，通常双方协商签订独家经销合同，规定经销商不得经营竞争者的产品，以便控制经销商的经营业务，调动其经营积极性，占领市场。

3. 分销渠道模式的类型

(1) 如图 13－1 所示，根据分销渠道上是否有中间商，可以分为直接分销渠道与间接分销渠道。直接分销渠道是指生产商不通过中间商，直接把产品销售给最终消费者和用户的渠道。间接分销渠道是指生产商通过中间商把产品销售给消费者和用户的通道。

(2) 在利用中间商进行商品分销的情况下，根据中间商是否取得商品所有权，可以分为经销渠道和代理渠道。经销渠道是通过经销商分销产品，中间商拥有产品的所有权。代理渠道是指由代理商协助企业销售产品的渠道，代理商不拥有产品的所有权。

(3) 根据分销渠道的层次，可以分为长渠道与短渠道。一般把零层与一层分销渠道称为短渠道，而二层或二层以上层次的渠道称为长渠道。

(4) 根据分销渠道中同一层次的中间商个数的多少，可以分为宽渠道与窄渠道。渠道的宽度表明经由该渠道可能达到的最大商品流量，如果一个层次上利用的中间商很多，一般称之为宽渠道，反之称为窄渠道。

13.2 分销渠道设计与管理

分销渠道的设计是营销策略的重要组成部分。理想的分销渠道应能够达到较高的顾客服务水平。因此设计营销渠道时，企业不得不在理想的方案与可行的方案之间进行权衡。设计一个渠道系统要求结合明确的渠道目标并综合考虑各种影响因素，制定出主要的可选渠道方案，并做出评价分析。

13.2.1 影响分销渠道设计的因素

有效的渠道设计应以确定企业所要达到的市场为起点。在进行渠道战略模式选择与实施时，必须协调企业的内部和外部的资源，了解影响渠道设计的主要因素，并在此基础上选择确定和实施方案。渠道设计问题的中心环节是确定到达目标市场的最佳途径。影响分销渠道设计的因素多种多样，主要有以下四个方面。

1. 产品因素

(1) 产品的物理与化学性质。对一些易腐易损商品、危险品应尽量避免多次转销、反复搬运，宜选用较短渠道或专用渠道。一些体积大的笨重商品，如大型设备、煤炭、木材、水泥构件等，也应努力减少中间环节，尽量采用直接渠道。

(2) 产品单价。一般而言，价格昂贵的工业品、耐用消费品、奢侈品均应减少流通环节，采用直接渠道或短渠道；单价较低的日用品、一般选购品则可采用较长较宽的分销渠道。

(3) 产品式样。式样、花色多变，时尚程度较高的产品，如时装、高档玩具、家具等，宜以短渠道分销；款式不易变化的产品，分销渠道可长些。一些非标准品及规格、式样特殊的产品通常要由企业销售部门直接向用户销售。

（4）产品技术的复杂程度。产品技术越复杂，用户对其安装、调试和维修服务要求越高，采用直接渠道或短渠道的要求越迫切。

2．市场因素

（1）目标市场范围。市场范围越大，分销渠道相应越长；相反，则尽可能选择短渠道。

（2）顾客的集中程度。如顾客集中在某一地区，甚至某一地点（如工厂用户），则可采用短渠道或直接渠道；如果顾客较为分散，则更需要发挥中间商作用，采用长而宽的渠道。

（3）消费者购买习惯。消费者对产品购买方便程度的要求、每次购买的数量、购买地点及购买方式的选择等，会影响到企业选择不同的分销渠道。

（4）销售的季节性。销售季节性较强的产品，一般应充分发挥中间商的调节作用，以便均衡生产，把握销售时机，所以较多采用较长的分销渠道。

（5）竞争状况。同类产品应与竞争者采取相同或相似的分销渠道。在竞争特别激烈时，则应伺机寻求有独到之处的销售渠道。

3．企业因素

（1）企业的财力、信誉。财力雄厚、信誉良好的企业，有能力选择较固定的中间商经销产品，甚至建立自己可以控制的分销系统，或采取短渠道；反之，就要更依靠中间商。

（2）企业的管理能力。有较强的市场营销能力和经验的企业，可以自行销售产品，或者建立较短渠道或自行组合渠道营销系统。

（3）企业控制渠道的愿望。有些企业为了有效控制分销渠道，宁愿花费较高的渠道成本，建立短而窄的渠道。但有一些企业并不希望控制渠道，会根据成本等因素采取较长而宽的分销渠道。

4．环境因素

影响渠道设计的环境因素主要包括经济形势与有关法规。

（1）经济形势。经济景气，发展快，企业选择分销渠道的余地较大；当出现经济萧条、衰退时，市场需求下降，企业就必须减少一些中间环节，使用较短的渠道。

（2）有关法规。国家法律、政策，如专卖制度、反垄断法规、进出口规定、税法等，也会影响分销渠道选择。在一些实施医药、烟草和酒类专营或专卖制度的国家，这些产品的分销渠道选择就会受到很大的限制。

13.2.2　分销渠道的设计

分销渠道设计通常是在理想渠道与可用渠道之间进行抉择。一般来讲，新企业在刚刚开始经营时，总是先采取在有限市场上进行销售的策略，以当地市场或某一地区的市场为销售对象。新企业资本有限，一般选用现有中间商，而在一地区市场内，中间商的数目通常是很有限的，所以，到达市场的最佳方式也是可以预知的。新企业需要解决的问题是如何说服现有可用的中间商来销售其产品。新企业一旦经营成功，它可能会扩展到其他新市场。虽然它可能在不同地区使用各种不同的分销渠道，可能仍利用现有的中间商销售其产品。在较小市场，它可能直接销售给零售商；而在较大的市场，它需通过经销商来销售产品。总之，生产者的渠道系统，必须因时因地灵活变通。一般来讲，进行有效的渠道系统设计，首先要分析顾客的需求，然后确定渠道目标、明确各主要渠道备选方案、评估备选方案。

1. **分析顾客需求**

每一个渠道成员都可能为顾客增加价值。因此，渠道设计的第一步就是要明白顾客希望从渠道中获得什么。可以从下面四个方面考虑：①顾客购物的区域偏好。希望就近还是前往中心城区？②顾客购物方式选择。喜欢人员销售、电话订购还是在线购买？③顾客私人偏好。顾客喜欢多样化还是专业化的产品？④顾客需要的附加服务。顾客希望得到包括送货、安装以及维修等大量的附加服务，还是希望从其他地方获得这些服务？

一般来说，送货速度越快，产品类型越丰富，提供的附加服务越全面，渠道的服务水平就越高，渠道成员承担的渠道成本也越高。顾客为获得高水平的服务，必须支付更高的价格。因此，进行渠道设计时，不仅要平衡顾客需要与提高服务的可行性和成本，还需要平衡顾客需要与其价格偏好。

2. **确定渠道目标**

渠道设计问题的中心环节是确定到达目标市场的最佳途径。每一个制造商都必须在顾客、产品、中间商、竞争者、企业政策和环境等所形成的限制条件下，确定其渠道目标。所谓渠道目标，是指企业预期达到的顾客服务水平以及中间商应执行的职能等。企业应在满足顾客服务需求的前提下，使渠道总成本最小化。

3. **设计渠道备选方案**

在确定了渠道的目标后，渠道设计的下一步工作就是设计各主要备选渠道方案。分销渠道系统的设计方案主要涉及两个基本问题：一是中间商类型与数目，二是渠道成员的特定任务。在明确各种渠道备选方案时，企业应考虑以下五个方面：①采用长渠道还是短渠道；②采用宽渠道还是窄渠道；③采用开放性渠道还是排他性渠道；④采取单一渠道还是多渠道；⑤选择和确定渠道成员，明确各个渠道成员的任务。制造商和中间商应就合作条款和相应的责任达成一致，包括各方应遵守的价格政策、销售条件、区域特权和具体服务要求等。制造商应为中间商提供明确的价格清单和公平的折扣政策，并明确各渠道成员的经营区域，以免发生不必要的矛盾和纠纷。

4. **评估渠道备选方案**

每一个渠道备选方案都是企业产品送达顾客的可能路线。企业需要根据自己的实力与环境状况对各备选渠道方案进行可行性分析，以做出适用与否的评价，在备选渠道方案中进行比较，选定相对比较优良的方案。企业对各备选渠道方案的评估标准有三个，即经济性、控制性和适应性。

（1）经济性标准。在这三项标准中，经济标准最为重要。因为企业是追求利润而不是追求渠道的控制性与适应性。经济分析可用许多企业经常遇到的一个决策问题来说明，即企业应使用自己的推销力量还是应使用制造商的销售代理商。假设某企业希望其产品在某一地区取得大批零售商的支持，现有两种方案可供选择：一是向该地区的营业处派出 10 名销售人员，除了付给他们基本工资外，还采取根据推销成绩付给佣金的鼓励措施；二是利用该地区制造商的销售代理商（该代理商已和零售店建立起密切的联系），并可派出 30 名推销员，推销员的报酬按佣金制支付。这两种方案可导致不同的销售收入和成本。判别一个方案好坏的标准，不应是其能否导致较高的销售额和较低的成本费用，而是能否取得最大利润。

（2）控制性标准。使用代理商无疑会增加控制上的问题。一个不容忽视的事实是，代理商是一个独立的企业，它所关心的是自己如何取得最大利润。它可能不愿与相邻地区同一

委托人的代理商合作。它可能只注重访问那些与其推销产品有关的顾客，而忽略对委托人很重要的顾客。代理商的推销员可能无心去了解与委托人产品相关的技术细节，也很难正确认真对待委托人的促销资料。

(3) 适应性标准。在评估各渠道选择方案时，还有一项需要考虑的标准，那就是生产者是否具有适应环境变化的能力，即应变力如何。每个渠道方案都会因某些固定期间的承诺而失去弹性。当某一制造商决定利用销售代理商推销产品时，可能要签订 5 年的合同。这段时间内，即使采用其他销售方式会更有效，但制造商也不得任意取消销售代理商。所以，一个涉及长期承诺的渠道方案，只有在经济性和控制性方面都很优越的条件下，才可予以考虑。

◇　相关链接

企业如何在分销渠道中实现差异化

一些著名公司成功经营的一个共同点，是通过明智地管理其所选择的渠道，在各自的市场中成功地实现了自身的差异化，发掘了产品线和自有品牌优势。这些公司成功管理渠道的一个原因，是认识到为销售网络的发展和各种形式的渠道支持所做出的努力，将获得持续不断的生产力收益。如果没有渠道管理，没有相关机构的协作支持，无论你的设计如何优秀，也不会有好的回报。

一个关键问题是：公司怎样才能在分销渠道中达到差异化，以不同于竞争者呢？以下做法将有助于建立这种竞争优势。

(1) 专卖权路线：专卖权为供应商提供了强烈的“形象控制”。它可以规定中间商的数目和类型，在渠道网络形成关键优势。本田 Acure 部门使用该策略创造了截然不同的经销商关系。这种渠道路线的缺点是专卖网络不够大，不利于在需求增长时发展市场机会。

(2) 引入第二品牌：利用分销渠道发展独特的第二品牌，以在市场中获得不同的价格定位，是另一种经典的差异化战略。如 Hallmark 贺卡公司在百货商店中销售其 Hallmark 卡，而在折扣店中销售其 Ambassador 卡。该战略可以使公司通过新的渠道拓展业务范围，而无须破坏主要品牌的形象。然而，若第二品牌不能明显区别于主要品牌，该战略就会产生不良后果。这时，人们将购买折扣品牌，并认为他们以更低的价格获得了相同的产品，影响了主要品牌的销售。

(3) 别出心裁：使用非传统的渠道形成差异化。如英国的 Church 鞋在国外市场通过男性高档服饰店而不是鞋店销售，使这种鞋与零售点构成一个整体，成为唯一在这类商店销售鞋品牌的特色。尽管独特的渠道可能会限制品牌的范围，但它可以引起消费者的注意，并明显将公司与其他竞争者区分开来，避免激烈的价格战。

(4) 汇集专家：建立和培训高水平的经销商、代理商队伍，为客户提供更有效的服务。JohnDeere 通过这一战略，建立了声誉极佳的分销渠道，成为行业内最好的农产品分销商。这一培训需要时间、承诺和持续的联系。在分销渠道内发展这种关系可以达到差异化。

13.2.3 分销渠道的管理

企业经过仔细评估选择了合适的渠道设计方案，就必须有效实施和管理。渠道管理要求企业对中间商进行选择、激励和定期评估。

1. **选择渠道成员**

制造商在招募中间商时，常出现两种极端情况。一种情形是一些具有较高声望的制造商往往毫不费力地找到合适的渠道成员并使之加入渠道系统。在某些情况下，独家分销或选择分销的特权也会吸引大量中间商加入其渠道。因此制造商只挑选适当中间商合作。第二种情形是制造商必须付出极大的努力才能找到合适的、足够数量的中间商。例如，某一清凉饮料的生产者好不容易在食品商店找到合适的陈列位置。生产者必须研究中间商如何做购买决策，尤其是在他们制定决策时，对毛利、广告与销售促进、退货保证等重视的程度。此外，生产者还必须开发一些能使中间商赚大钱的产品。

不论制造商遇到上述哪一种情况，它都必须明确中间商的优劣特性。一般来讲，制造商要评估中间商的从业年限及其成长记录、清偿能力、合作意愿、声望等。当中间商是销售代理商时，制造商还需评估其经销的其他产品线的数量与特点、推销人员的素质与数量。制造商打算独家分销时，还需评估备选中间商的位置、未来发展潜力以及经常光顾的顾客类型。

2. **激励渠道成员**

制造商选择了合适的中间商，还需要经常激励中间商使之尽职。促使中间商进入渠道的因素和条件已构成部分的激励因素，但仍需生产者不断地监督、指导与鼓励。制造商不仅利用中间商销售产品，更需与之并肩战斗。大多数制造商越来越愿意把中间商视为首要的客户和伙伴，通过有效的伙伴关系管理形成长期的合作关系，从而建立起可以同时满足企业和营销伙伴需求的价值传递系统。这就使得激励中间商这一工作不仅十分必要，而且非常复杂。需要注意以下三个方面。

（1）了解中间商，需要换位思考。①中间商是一个独立的市场营销机构，他逐渐形成了以实现自己目标为最高职能的一套行之有效的方法，并且能自由制定政策而不受他人干涉；②中间商主要执行顾客购买代理商的职能，其次才是执行供应商销售代理商的职能，他积极推销的产品都是顾客愿意购买的产品，不一定是制造商的产品；③中间商总是努力将他所供应的所有产品进行货色搭配，然后卖给顾客，其销售目标是取得一整套货色搭配的订单，而不是单一货色的订单；④制造商若不给中间商特别奖励，中间商绝不会保存所销售的各种品牌的记录。而那些有关产品开发、定价、包装和激励规划的有用信息，常常是保留在中间商很不系统、很不标准、很不准确的记录中，有时甚至故意对供应商隐瞒不报。明白了中间商的特征，就能很好理解中间商为何不能重视某些特定品牌的销售，不认真使用供应商的广告资料，不能准确地保存销售记录，甚至有时遗漏品牌名称或者忽略某些顾客。

因此激励的首要步骤，就是站在别人立场上了解现状，设身处地地为别人着想，换位思考，而不应仅从自己的观点出发看问题。

（2）激励过度与激励不足。制造商必须尽量避免激励过度与激励不足两种情况。当制造商给予中间商的优惠条件超过他取得合作所需提供的条件时，就会出现激励过度的情况，其结果是销售量提高，而利润量下降；当制造商给予中间商的条件过于苛刻，以致不能激励

中间商的努力时，则会出现激励不足的情况，其结果是销售降低，利润减少。所以，制造商必须确定应花费多少力量，以及花费何种力量来鼓励中间商。

一般来讲，对中间商的基本激励水平，应以交易关系组合为基础。如果对中间商仍激励不足，则制造商可采取两条措施：①提高中间商可得的毛利率，放宽信用条件，或改变交易关系组合使之更有利于中间商；②采取人为的方法来刺激中间商，使之付出更大努力，例如，为使中间商创造有效的销售业绩，举办中间商销售竞赛，或投放激发最后顾客与中间商的广告活动等。不论上述方法是否与真正交易关系组合有直接或间接关系，制造商都必须细心观察中间商如何从自身利益出发来看待、理解这些措施，因为在渠道关系中存在着许多隐形的矛盾点，拥有控制权的制造商很容易无意识地伤害到中间商的利益。

（3）制造商与经销商的关系。制造商在处理他与经销商的关系时，依不同情况而采取三种方法：合作、合伙和分销规划。

①合作。不少制造商认为，激励的目的不过是设法取得独立中间商、不忠诚的中间商或懈怠懒惰的中间商的合作。他们多利用高利润、奖赏、津贴、销售比赛等积极手段激励中间商。如果这些不能奏效，他们就采取一些消极的惩罚手段，例如，威胁减少中间商的利润，减少为他们所提供的服务，甚至终止双方关系等。这些方法的根本问题，是制造商从未认真研究过经销商的需要、困难及其优缺点；相反，他们只是依靠草率的刺激—反应式的思考，把很多繁杂的手段拼凑起来而已。

②合伙。如果制造商企业希望与经销商建立长期合伙关系，就必须深入了解彼此的需求。并用市场覆盖程度、产品可得性、市场开发、寻找顾客、技术方法与服务、市场信息等各种因素来约束经销商。制造商希望经销商能同意上述有关政策，并根据其遵守程度的具体情况确定付酬办法。例如，某企业不直接付给经销商 25% 的销售佣金，而是按下列标准支付：如保持适当的存货，则付 5%；如能达到销售配额，则再付给 5%；如能有效地为顾客服务，则再付 5%；如能及时报告最终顾客的购买水平，则再付 5%；如能对应收账款进行适当管理，则再付 5%。

③分销规划。制造商与经销商还可以进一步建立和发展更密切的关系。所谓分销规划，是指建立一个有计划的、实行专业化管理的垂直市场营销系统，把制造商的需要与经销商的需要结合起来。制造商可在市场营销部门下专设一个分销关系规划处，负责确认经销商的需要，制定交易计划及其他各种方案，帮助经销商以最佳方式经营。该部门和经销商合作确定交易目标、存货水平、产品陈列计划、销售训练要求、广告与销售促进计划。

现在，越来越多的制造商通过安装高科技的渠道伙伴关系管理系统（PRM）来招募、培训、管理、激励和评估自己与渠道成员的伙伴关系，以协调各渠道成员的营销努力。

3．定期评估渠道成员

制造商对渠道成员的管理，还包括定期评估渠道成员的绩效。制造商应当认可和奖励有卓越表现、为顾客增加价值的中间商；对于表现欠佳的中间商给予协助，必要时进行替换。

（1）明确绩效任务及评估标准。为避免合作中的不愉快，制造商应与中间商签订绩效任务、评估标准与奖惩条件的协议。明确经销商的责任，如销售强度、绩效与覆盖率、平均存货水平、送货时间、次品与遗失品的处理方法、对企业促销与训练方案的合作程度、中间商必须提供的顾客服务等。制造商还应定期发布销售配额，以确定目前的预期绩效，并定期列出各中间商的销售额，依销售额大小排出先后名次，以激发中间商的积极性。

需要注意的是，在排列名次时，不仅要看各中间商销售水平的绝对值，而且要考虑到它们各自面临的各种不同的环境变化，考虑制造商的产品大类在各中间商的全部产品组合中的相对重要程度。

（2）测量中间商绩效的主要方法。测量中间商的绩效，主要有两种方法可供使用。

①将每一中间商的销售绩效与上期的绩效进行比较，并以整个群体的升降百分比作为评价标准。对低于该群体平均水平的中间商，必须加强评估与激励措施。如果对后进中间商的环境因素加以调查，可能会发现一些可以谅解的客观因素，如当地经济衰退、顾客流失、主力推销员的丧失或退休等。制造商就不应因这些因素而对经销商采取惩罚措施。

②将各中间商的绩效与该地区基于销售潜量分析所设立的配额相比较。即在销售期过后，根据中间商的实际销售额与其潜在销售额的比率，将各中间商按先后名次进行排列。这样，企业的调整与激励措施可以集中用于那些未达既定比率的中间商。

13.2.4 渠道冲突与管理

例 13－2

包装消费商品行业的垂直渠道冲突

一直以来，包装消费品的大型制造商对零售商拥有很大的影响力。这是制造商花巨资做广告建立品牌偏好的结果。零售商被迫经营制造商品牌，受制造商控制。现在的情况正悄悄在发生变化。零售商的影响力正变得越来越大。

（1）巨无霸零售商迅速成长并具有巨大的购买力（在瑞士，米格洛和库铂两家零售商占据了全部商品零售的70%左右）。

（2）零售商开发了容易辨认的低价私人品牌与制造商品牌相竞争。

（3）提供的新品牌缺少可容纳的货架（在美国，平均每家超市经营24万个品目，而制造商每年推出1万个新品目）。

（4）巨无霸零售商坚持要从制造商处取得更多的促销费用；否则，不允许其品牌进入或维持。

（5）零售商日益增加的营销与信息要求的高级化（使用条形码、扫描数据、电子数据交换）。

零售商日益成长的力量表现在收取相关费用方面：新产品进店，制造商要交“货位费”；为了弥补货架成本，零售商收取“陈列费”；制造商交货不准时或不齐全要缴交“罚金”；制造商退出还要交“退场费”。

合作者店。在食品工业中，第一位品牌能够取得18%的投资报酬率，第二位为6%，第三位为1%，第四位品牌却要亏6%。许多零售商不愿意在同一食品品目中经营超过4种的品牌商品，如果其中已有两个品牌是其自有品牌，这样，只有两个全国顶级品牌能够进场，其余的只能为商店的品牌做加工业务。

所有这些，都是制造商要面对的来自零售商的挑战。

思考题

1. 制造商应如何适应零售商的挑战？

2. 零售商与制造商应如何适应新的渠道关系？

3. 查阅更多资料，列出国内市场中出现过的垂直和水平渠道冲突案例，分析冲突产生的原因。

分销渠道是由各个为了共同利益成为合作者的公司组成的，各成员相互依赖，并在制造商的渠道中扮演特定的角色，每个成员都必须出色地完成各自的任务，才能提高渠道的整体绩效。因此各渠道成员应当充分理解并接受各自的角色，协调行动，通力合作，以实现渠道的整体目标。然而，对单个渠道成员而言，合作实现渠道目标有时意味着放弃自己的目标，因而难以避免因目标、角色、利益回报等不同而发生争执，产生冲突。

1．渠道冲突的含义和类型

渠道冲突指的是渠道成员发现其他渠道成员从事的活动阻碍或者不利于本组织实现自身的目标时产生的矛盾。根据渠道冲突的表现形式，可以按照以下四种标准进行分类。

（1）按照渠道成员的关系类型，可以把渠道冲突分为水平冲突、垂直冲突和交叉冲突。水平冲突是指同一渠道层次的中间商之间的冲突。垂直冲突是指同一渠道中不同层次的成员之间的冲突。交叉冲突是指当某个制造商建立了两条或两条以上的渠道向同一市场出售其产品（服务）时，发生于这些渠道之间的冲突。

（2）按照冲突产生的原因，可以把冲突划分为竞争性冲突和非竞争性冲突。竞争性冲突是指两个或多个渠道成员在同类或类似的市场上竞争时发生的冲突。非竞争性冲突，是指渠道成员在目标、角色、政策及利润分配等方面存在不一致而引发的冲突。

（3）按照冲突显现程度，可以把冲突划分为潜在冲突和现实冲突。潜在冲突是指渠道成员由于在目标、角色、意识和资源分配等方面存在着利益上的差异和矛盾，而这种差异和矛盾还没有导致彼此行为上的对抗的一种冲突状态。现实冲突是指渠道成员彼此之间出现的相互诋毁、报复等对抗行为的冲突状态。

（4）按照冲突的性质，可以把冲突划分为功能性冲突和病态性冲突。功能性冲突是指渠道成员把对抗作为消除渠道伙伴之间潜在的、有害的紧张气氛和病态动机的一种方法时的冲突状态。这种冲突具有建设性。功能性冲突一般具有下列特征：一是调和冲突无须多大的成本；二是相异的认知可产生新的、更好的观点；三是攻击行为并没有失去理智或不具破坏性，冲突有利于提高整体绩效。病态性冲突是指渠道成员之间敌对情绪和对抗行为超过了一定限度，并因此对渠道关系和渠道绩效产生破坏性影响时的冲突状态。

2．冲突的原因分析

渠道成员之间冲突发生的原因多种多样，归结起来主要有三个方面：一是目标不相容，二是归属差异，三是对现实认知的差异。

（1）目标不相容（goal incompatibility）。在渠道的运作过程中，在如何达到渠道的整体目标上，各个渠道成员都会有各自的主张和要求。这些主张和要求源于并表现于各自不同的个体目标的设置上，从而产生个体目标与整体目标的差异，冲突就不可避免地会产生。

（2）归属差异（domain dispenses）。归属差异是指渠道成员在有关目标顾客、销售区域、渠道功能分工和技术等方面归属上存在的矛盾和差异。这些矛盾和差异若处理不当，容易产生冲突。

①目标顾客的归属差异和矛盾。在渠道运作过程中，渠道成员往往会因为争夺目标顾客而引发冲突。

②销售区域的归属差异和矛盾。销售区域的划分使渠道成员面临在销售同一品牌时所要碰到的竞争和冲突。

③渠道分工的差异和矛盾。渠道成员经常在渠道分工上产生争执和冲突。一些零售商试

图将部分渠道功能和成本移交给供应商而达到精简的目的。渠道分工的差异和矛盾往往因不符合公平原理而产生。

④技术的差异和矛盾。这里的“技术”不仅仅指硬件和软件的应用，还包括运用于投入、转化、产出的整个过程的技术（如营销技术）。渠道成员之间的对营销战略、战术的理解及掌握能力上的巨大差异会引起大量的渠道冲突。

（3）对现实认知的差异（differing perceptions of reality）。对现实认知的差异是指渠道成员之间对渠道中事件、状态和形势的看法与态度存在分歧。当渠道成员对如何实现渠道目标，或者对如何解决他们之间存在的问题持不同的意见和主张时，冲突就有可能发生。渠道成员对现实的认知差异主要包括：对现实事件当前状况的理解，对其未来发展的可能性的预测和进行抉择时对信息的掌握情况，对各种抉择后果的认识情况以及对目标与价值观念理解等方面的差异。渠道成员的认知主要取决于其先前的经验以及可获取信息的数量和质量。对于现实理解的差异所引发的冲突，最好的解决方法是加强和改善沟通。通过有效的沟通，协调对现实的理解和看法，以促进彼此的观点协调一致。

3. 渠道冲突的管理

分销渠道冲突管理是指分析和研究渠道合作关系，对预防、化解渠道冲突工作加以计划、组织、协调和控制的过程。分销渠道冲突管理的主要内容包括：预防和避免冲突；控制冲突水平，避免病态冲突发生；利用冲突资源，激励渠道成员；化解冲突危机，舒缓渠道合作关系；切断冲突源头，调整渠道关系。

分析渠道冲突管理的主要任务是预防渠道冲突的发生和及时有效地解决现实冲突问题，以提高渠道的整体运转效率，实现渠道管理目标。

分销渠道冲突管理贯穿于整个渠道管理过程。从渠道的战略计划、组织结构设计到渠道资源的配置和运作管理，都体现渠道冲突管理思想，并落实有关冲突管理措施。有效的渠道冲突管理则必须是从渠道战略计划入手，在组织结构设计中加以体现，在渠道资源的配置和运行管理中得到落实和执行的渠道冲突管理过程和系统。分销渠道冲突管理具体包括以下六个步骤。

（1）确定冲突问题。确定冲突问题主要应做好以下几方面工作：①端正对渠道冲突的认识，确信冲突存在的客观性和不可避免性，树立冲突管理思想和意识；②区分潜在冲突问题和现实冲突问题；③区分功能性冲突问题和病态冲突问题；④确定可调和冲突问题和不可调和冲突问题；⑤弄清冲突的现象问题和冲突的本质问题；⑥仔细界定竞争问题和冲突问题。

（2）分析冲突问题。分析冲突问题主要有两方面的内容：①分析产生冲突的原因（也叫原因分析）；②分析冲突可能产生的影响（也叫影响分析）。冲突的原因分析有助于寻找到有效地解决冲突问题的方法和措施。冲突的影响分析有利于界定冲突的性质，有利于冲突资源的配置和利用。

（3）明确渠道冲突管理目标。渠道冲突管理目标一般可分为预防性目标、缓解性目标、化解性目标和无冲突目标四类。预防性目标是指预防冲突发生和预防冲突恶化的目标。缓解性目标是指降低冲突水平的管理目标。化解性目标是指消除和解决冲突问题的目标。无冲突目标可能是扩张性的，即通过购并而使渠道成员之间的合作关系变为渠道成员的归属关系；也可能是紧缩性的，即中断与某一渠道成员的合作关系甚至摒弃该渠道系统，根除产生冲突

的基础和条件。

（4）制定并优选渠道冲突管理方案。渠道冲突管理方案应该包含实现冲突管理目标的策略措施和有关的工作流程、制度与资源准备，以及评估和检测标准等方面的内容。

（5）方案的落实执行。主要是选择适当的人员，在适当的时机全面推行和落实管理方案。在这一阶段，有关的资源配置到位并采取相应的激励和控制措施等，对确保方案执行关系重大。

（6）检查、评估冲突管理工作。这一阶段主要是做好冲突管理的检查和效果评估工作，以找出工作差距，进一步完善冲突管理措施，提高冲突管理水平。

4. 规避渠道冲突风险

渠道冲突是渠道中矛盾的表现，但有时也是渠道竞争的一种形式。生产企业是不可能消除冲突的，只有在不断完善自身和渠道中寻找好的管理方法；另一种说法就是生产企业自身如何在渠道中处于有利位置，有效地回避因为渠道的激烈冲突而带给企业的不良影响。企业可以通过以下几种做法，以回避冲突的风险。

（1）做好渠道战略计划和渠道结构的设计工作。许多渠道冲突产生的根源在于渠道战略不当和渠道结构设计不合理。

（2）做好渠道成员的选择工作。具有良好的合作意愿和具备相应的资源条件可以减少和避免渠道成员间的冲突。

（3）明确渠道成员的角色分工和权力分配。通过正式合约明确渠道成员行为的“游戏规则”。

（4）建立有效的渠道成员之间的交流和沟通机制。有效的沟通可减少彼此间的不理解和不信任，有利于加强合作。

（5）合理使用渠道权力，防止权力滥用。

（6）对弱者成员提供帮助。成员存在就有其必要性，只要渠道中任何成员一方出现问题，那么就会直接影响到渠道的正常运作。提供帮助以扶助弱者，不仅要尽快恢复渠道功能，还要让其他成员增加合作信心。

5. 渠道系统发展

为了实现分销渠道目标，每个渠道成员都应承担特定的工作，很好地管理渠道冲突。如果渠道系统中建立一个机构或机制，拥有领导地位或权力进行任务分配并管理冲突，渠道效率就会更高。传统的分销渠道往往缺乏这种领导性机构和权力，近年来，分销渠道领域最大的发展之一就是具有渠道领导力的垂直渠道系统的出现。

与传统分销渠道相比，垂直渠道系统中的制造商、批发商和零售商作为一个统一的系统采取行动，其中一个渠道成员通过签订合同的方式控股其他成员，或者是一个渠道成员拥有一定权力，其他成员必须配合。垂直渠道系统由制造商、批发商或零售商来主导。垂直渠道系统主要有三种类型：公司型、契约型和管理型，每一类型分别采取不同的方式建立渠道的领导地位并获得权力。

（1）公司型垂直渠道系统。

公司型垂直渠道系统是在单一所有权下整合了从生产到分销的一系列步骤，通过常规的组织渠道来完成协作和冲突管理。比如西班牙服装连锁品牌Zara通过整合从设计和生产运营到自己管理的分销商店，使自己成为世界上成长最快的时装零售商。

（2）契约型垂直渠道系统。

契约型垂直渠道系统是由处在不同生产和分销层次的企业组成，通过合同联系在一起，从而获得比独自经营更大的经济利益或销量。渠道成员通过合同来协调行为并管理冲突。特许经营组织就是最常见的契约型垂直渠道系统，被广泛运用于旅馆、快餐业以及口腔门诊、婚介服务、婚礼策划、家政服务和健身中心等多个领域。在该系统中，渠道成员被称为特许经营授权商，它们把从生产到分销的各环节联系起来。特许权有三种形式：第一种形式是制造商主导的零售商特许权系统，如福特汽车与其独立的专营经销商。第二种形式是制造商主导的批发商特许权系统，如可口可乐特许的灌装企业（通常是批发商）购买可口可乐浓缩液，然后罐装成品后销售给当地的零售商。第三种形式是服务业主导的零售商特许权系统，如汉堡王在全球有近 1.2 万家特许经营店。

（3）管理型垂直渠道系统。

管理型垂直渠道系统中的领导关系是一个或几个占统治地位的渠道成员凭借其规模和实力建立的。一个拥有顶级品牌的制造商可以获得中间商强有力的促销协助和支持。如宝洁、卡夫等制造商凭借其强大的品牌影响力可以获得中间商不同寻常的协助，包括商品展示、货架空间、促销和价格政策等支持。

分销渠道领域另一个发展方向就是水平渠道系统的出现。在该系统中，处于同一层次的两家或多家公司为抓住新的营销机会而联合起来，进行暂时性或长期的合作（甚至成立一家新公司）。合作各方集中财务、产能和营销资源优势，以实现单个企业无法实现的目标。

随着消费者细分市场的多样化和渠道形式的不断变化，越来越多的企业开始采用混合渠道系统。如图 13－2 所示，制造商通过直邮目录、电话营销和互联网直接将产品销售给消费者细分市场 1；通过零售商销售产品给细分市场 2；通过零售商和经销商销售产品给企业用户细分市场 1；通过自己的销售人员销售产品给企业用户细分市场 2。混合渠道系统为那些面对大规模且复杂市场的制造商带来很多好处，不仅可以利用新渠道提高销量和市场占比，而且还能争取机会调整自己的产品以满足不同细分市场的特定需求。然而控制混合系统中的渠道成员却很难，当更多不同的渠道成员为争夺消费者和提高销售量展开竞争的时候，冲突就难免发生。

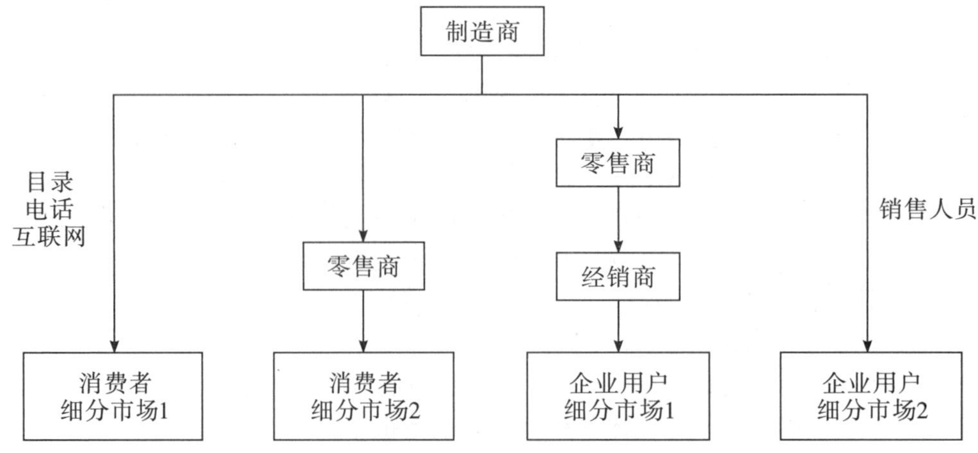

图 13－2　混合渠道系统

如今，技术的进步尤其是互联网技术推动了网络营销的发展，对营销渠道的特征和设计都产生了深远的影响。其中一个主要趋势就是“去中介化”，制造商或服务提供商可以摒弃中间商，直接面对最终消费者，或者运用全新的渠道中介替代传统的渠道中介。去中介化对制造商和中间商来说，既是机遇，也是挑战。那些找到新途径为渠道增加价值的渠道创新者就可以摒弃传统中间商，获得回报。而传统中间商必须持续创新才能避免被摒弃。

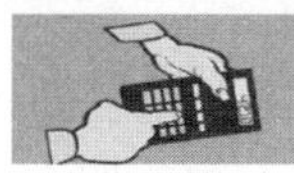

13.3　批发与零售

在分销渠道成员中，中间商承担着分销渠道的基本功能：批发和零售。

13.3.1　批发商的含义与类型

批发是指一切将产品或服务销售给为了转卖或者商业用途而进行购买的客户的全部活动。而主要从事批发活动的企业即为批发商。他们大多从制造商那儿进货，然后主要销售给零售商、产业用户和其他批发业务的经营者。批发商在现代市场流通体系中起着重要的作用。我国消费品市场中，经由批发渠道销售的消费品约占消费品零售总额的66%。在分销渠道中，批发商承担的职能包括促销、采购和产品的分类管理、化整为零、运输仓储、承担风险、提供信息和管理服务与建议等。

批发商主要有三种类型：商人批发商、经纪人和代理商、制造商销售办事处。

1. 商人批发商

商人批发商或称独立批发商，是指不依附于其他组织、具有法人资格的独立批发企业，其特点是自己进货，取得产品所有权后再批发出售给零售商业企业。商人批发商是批发商最主要的类型。按职能和提供的服务是否完全来分类，商业批发商可分为两种类型：完全服务批发商与有限服务批发商。

完全服务批发商：这类批发商执行批发商业的全部职能，包括提供赊货、产品储存、信息咨询、提供信贷、送货和协助管理等。

有限服务批发商：这类批发商只承担了部分批发商职能。有限服务批发商主要类型包括：

（1）现购自运批发商。这类批发商不赊销，也不送货，顾客要自备货车去批发商的仓库选购物品，当时付清货款，自己把物品运回来。现购自运批发商经营食品杂货，其顾客主要是小食品杂货商、饭馆等。

（2）承销批发商。他们拿到顾客（包括其他批发商、零售商、用户等）的订货单，就向制造商、厂商等生产者进货，并通知生产者将物品直接运给顾客。所以，承销批发商不需要有仓库和产品库存，只要有一间办公室或营业所就行了，因而这种批发商又被称为“直运批发商”或“写字台批发商”。

（3）卡车批发商。他们从生产者那里把物品装上卡车后，立即运送给各零售商店、饭馆、旅馆等顾客。所以这种批发商不需要有仓库和产品库存。由于卡车批发商经营的产品是易腐和半易腐产品，他们一接到顾客的要货通知就立即送货上门，每天送货几十次。卡车批发商主要执行推销员和送货员的职能。

（4）货架批发商。他们在超级市场和其他食品杂货商店设置自己的货架，展销其经营的产品。产品卖出后，零售商才付给货款。这种批发商的经营费用较高，主要经营家用器皿、化妆品、玩具等产品。

（5）邮购批发商。指那些借助邮购方式开展批发业务的批发商。他们经营食品杂货、小五金等产品，其顾客是边远地区的小零售商等。

2. **经纪人和代理商**

经纪人和代理商是从事购买或销售或二者兼备的洽商工作，但不取得产品所有权的商业单位。与商人批发商不同的是，他们对其经营的产品没有所有权，所提供的服务比有限服务批发商还少，其主要职能在于促成产品的交易，借此赚取佣金作为报酬。与商人批发商相似的是，他们通常专注于特定产品线和特定顾客群。

经纪人的主要职能是为买卖双方牵线搭桥，协助他们进行谈判，买卖达成后向雇用方收取费用。他们并不持有存货，也不参与融资或风险。现实中多见的如保险和证券经纪人、地产经纪人等。

代理商比经纪人更持久地代表买方或卖方。主要分为以下几种。

（1）制造商代表。制造商代表比其他代理批发商人数更多。他们代表两个或若干个互补的产品线的制造商，分别和每个制造商签订有关定价政策、销售区域、订单处理程序、送货服务和各种保证以及佣金比例等方面的正式书面合同。

（2）销售代理商。销售代理商是在签订合同的基础上，为委托人销售某些特定产品或全部产品的代理商，对价格、条款及其他交易条件可全权处理。这种代理商在纺织、木材、某些金属产品、某些食品、服装等行业中常见。这些行业竞争非常激烈，产品销路对企业的生存至关重要。

（3）采购代理商。采购代理商一般与顾客有长期关系，代他们进行采购，往往负责为其收货、验货、储运，并将物品运送给买主。

（4）佣金商。佣金商又称佣金行，是指对产品实体具有控制力并参与产品销售协商的代理商。大多数佣金商从事农产品的代销业务。佣金商对农场主委托代销的物品通常有较大的经营权力：他收到农场主运来的物品以后，有权不经过委托人同意，以自己的名义，按照当时可能获得的最好价格出售物品。

3. **制造商销售办事处**

批发的第三种形式是由买方或卖方自行经营批发业务，而不通过独立的批发商进行。这种批发业务可分为两种类型：

（1）销售分支机构和办事处。制造商往往设立自己的销售分支机构和办事处，以改进其存货控制、销售和促销业务。销售分支机构持有自己的存货，大多数经营木材和自动化设备和零部件业务等。销售办事处一般不持有存货，常见于纺织品和食品杂货业。

（2）采购办事处。许多零售商在大城市设立采购办事处。这些办事处的作用与经纪人或代理商相似，但属于买方组织的一个组成部分。

13.3.2　零售商店的类型

例 13－3

广州万客隆货仓式批发零售自选商场

位于广州三元里的广州正大万客隆创立于1996年，由泰国正大集团、荷兰SHV控股公司和广州佳景商业贸易开发总公司联合组成。其建筑面积有43万平方米，营业面积达2万平方米，经营的品种超过25万种，外设的停车场可同时停放800辆汽车。由于万客隆资金雄厚，加之先进的管理经验和独特的现购自选货仓式营业方式，开张之初便创下了每天营业额达400万元的奇迹，许多商品一天内就被抢购一空，要天天补货。作为目前广州货仓式商场中的佼佼者，万客隆包含了货仓式经营的一般观念，主要有以下几点：

（1）选址在租金低廉的非闹市区，仓库与商场合一，场内装修简朴，购物环境宽松自然。

（2）开架售货，自选服务，大量减少服务人员。

（3）批量销售，价格低廉。

（4）经营品种多，以大量销售生鲜食品为其商品定位的特色，力求周转迅速。

（5）实行会员制，给商场带来稳定的顾客群体，使商场有一定生存发展的基础。

思考题

1. 万客隆货仓式商场的经营理念是什么？
2. 面对新零售的冲击，万客隆应采取什么对策？

零售是指将商品直接销售给最终消费者，以满足个人（或家庭）或非商业性用途的所有活动。绝大多数的零售活动都是由零售商来完成的，零售商或者零售商店是指以零售为主营业务的机构或个人。他们在分销渠道中扮演着非常重要的角色。零售商的类型繁多，千变万化，形式层出不穷，发展迅速。除了商店零售商和传统无门市零售商两种基本类型外，还包括网上、移动和社交零售等新兴的无门市零售形式。我国国内贸易局在1998年7月将零售业商店分为八类：百货商店、超级市场、大型综合超市、便利店、仓储式商场、专业店、专卖店、购物中心。在发达国家，最主要的商店零售商类型包括如下几种。

1. **专卖店**

专卖店经营的产品线较为狭窄，但产品的花色品种较为齐全。例如，服装店、体育用品商店、家具店、花店和书店均属于专卖店。

2. **百货商店**

百货商店一般销售数条产品线的产品，尤其是服装、家具和家居用品等，每一条产品线都作为一个独立部门，由专业的采购人员或经销商进行管理。

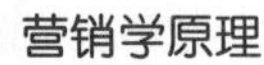

◇ 相关链接

零售巨头西尔斯公司申请破产保护

2018 年 10 月 15 日，拥有 132 年历史、营业额曾经一度高达美国全国 GDP 1% 的零售巨头西尔斯公司，正式申请破产保护，8 万人面临失业。

西尔斯公司曾是世界上最大的私人零售企业，发明了百货店、连锁店、购物中心等零售业态，被人们称为零售业的“祖师爷”。

但从 2010 年开始，西尔斯公司就一直处于亏损状态，市值暴跌 90%，至今已累计亏损 100 亿美元，同时还负债 40 亿美元。2017 年，西尔斯加拿大公司就已破产清算，导致 1.2 万人失业。

在这个变化的时代，没有一种商业模式可以长存。

3. **超级市场**

超级市场指规模巨大、成本低廉、薄利多销、自助式运营管理的经营机构，主要经营各种食品、洗涤剂和家庭日常用品等，以满足消费者对食品杂货和居家用品的全面需求。超级市场的主要竞争对手是方便食品店、折扣食品店和超级商店。

4. **便利店**

便利店是指设在居民区附近的小型商店，通常营业时间长，每周营业 7 天，销售品种范围有限、周转率高的方便产品。消费者主要利用它们做“填充”式采购，因此其营业价格要高一些。但是，它们满足了消费者一些重要的需求，人们愿意为这些方便产品付高价。

5. **超级商店**

超级商店比传统的超级市场更大，主要销售各种食品和日用品。它们通常提供洗衣、干洗、修鞋、支票付现、代付账单和廉价午餐等项服务。超级商店包括由超级市场、折扣店和品类杀手构成的超级购物中心。

6. **折扣店**

折扣店是以薄利多销的方式通过低价销售标准规格的商品。一般具有如下特点：①商店经常以低价销售产品；②商店突出销售全国性品牌，因此，价格低廉并不说明产品的质量低下；③商店在自助式、设备最少的基础上经营；④店址趋向于在租金低的地区，要能吸引较远处的顾客。

7. **仓储会员店**

仓储会员店（或称批发会员店或会员式仓储店）是一种以大批量、低成本、低售价和微利多销的方式经营的连锁式零售企业。仓储会员店一般具有以下特点。

（1）以工薪阶层和机关团体为主要服务对象，旨在满足一般居民的日常性消费需求，同时满足机关、企业的办公性和福利性消费的需要。

（2）价格低廉。通过从厂家直接进货，省略了中间销售环节，尽可能降低经营成本。

（3）精选品牌畅销产品。从所有产品门类中挑选最畅销的产品大类，然后再从中精选出最畅销的产品品牌，并在经营中不断筛选，根据销售季节等具体情况随时调整，以使仓储式连锁商场内销售的产品有较高的市场占有率，同时保证产品的调整流转。

（4）会员制。仓储式商场注意发展会员和会员服务，加强与会员之间的联谊，以会员制为基本的销售和服务方式。

（5）低经营成本。运用各种可能的手段降低经营成本，如仓库式货架陈设产品，选址在次商业区或居民住宅区，产品以大包装形式供货和销售，不做一般性商业广告，仓店合一。

（6）先进的计算机管理系统。计算机收银系统及时记录分析各店的品种销售情况，不断更新经营品种，既为商场提供现代化管理手段，也减少了雇员的人工费用支出。

8．产品陈列室推销店

这类商店将产品目录推销和折扣原则用于品种繁多、价值高、周转快和品牌产品。这些产品包括珠宝首饰、动力工具、箱包、照相机及照相器材。这些商店已经成为零售业最热门的形式之一，甚至对传统的折扣商店形成威胁。产品陈列室推销店散发彩色印刷的目录，每本长达数百页，此外还增发季节性的小型增补版，上面标有每一项产品的定价和折扣价。顾客可用电话订货，由店方送货上门，顾客支付运费；顾客也可以来商店亲自验货提货。

◇　相关链接

信息技术在一些零售企业的应用

沃尔玛成功的一个重要原因是投资技术级IT。早在1983年，沃尔玛公司与休斯卫星公司就合作发射了两颗物流与通信卫星。此后，每年都投入巨资更新完善信息系统。该公司的电子数据处理系统包括：

（1）自始至终扫描跟踪商品库存、店面销售和货架供应情况。

（2）通过卫星将商店订货单传送到位于阿肯色州的公司总部。

（3）安排给沃尔玛分销中心的发货进度，满足其需求。

（4）监控商品从分销中心进入沃尔玛商店的动态。

（5）安排正常状态下36小时内商品的货架陈列。

（6）通过卫星沟通商品折扣情况。

7－11连锁店在日本成功的关键是其价值2亿美元的信息系统时刻监控着存货和跟踪客户的偏好，甚至店员也了解每个顾客的性别、大致年龄及购买模式信息。订单通过卫星立即传送至分销中心和制造商。特定产品销售情况可依任何时段进行划分。7－11日本店可以做到一天进三次货，一个订单可在8小时内完成，每店只保有少量存货，没有变化的产品马上停止进货。其特许经营的3 000种产品每年替换70%。

13.3.3　传统无门市零售

无门市零售比商店零售发展得更快。传统的无门市零售主要有四种形式：直复营销、直接销售、自动售货和购货服务公司。

（1）直复营销。

直复营销是一种为了在任何地方产生可度量的反应和达成交易而使用一种或多种广告媒体的互相作用的市场营销系统。直复营销者利用广告介绍产品，顾客可写信或打电话订货。

订购的物品一般通过邮寄交货，用信用卡付款。直复营销者可在一定广告费用开支允许的情况下，选择可获得最大订货量的传播媒体，使用这种媒体是为了扩大销售量，而不是像普通广告那样刺激顾客的偏好和树立品牌形象。

（2）直接销售。直接销售主要有挨门挨户推销、逐个办公室推销和举办家庭销售会等形式。推销人员可以直接到顾客家中或办公室进行销售，也可以邀请朋友和邻居到其中一人家中聚会，展示并销售产品。直接销售成本高昂（销售人员的佣金为20%～50%），而且还需支付雇用、训练、管理和激励销售人员的费用。由于越来越多的妇女在白天要上班，直接销售这种形式的前途一时难以断定。

（3）自动售货。使用硬币控制的机器自动售货是第二次世界大战后出现的一个主要的发展领域。自动售货已经被用在相当多的产品上，自动售货机向顾客提供24小时售货、自我服务和无须搬运产品等便利条件。

（4）购货服务公司。购货服务公司是不设店堂的零售商，它专为某些特定顾客（通常是为学校、医院、工会和政府机关等大型组织的雇员）提供服务。这些组织的雇员可成为购货服务公司的会员，他们被授权从一批经过挑选的、愿意向这些成员以折扣价售货的零售商那里购货。

13.3.4 新兴的网上、移动应用和社交媒体无门市零售

尽管许多消费者依旧通过传统方式完成大多数的购物活动——前往各种零售商店挑选商品，耐心排队等待付款，然后把商品运回家。然而，消费者还可以通过网站、移动应用和社交媒体与卖家互动，准确了解他们希望得到的信息、产品或服务，从而进行数字购物。同时，数字营销者通过网络、移动和社交媒体提供品牌互动，分享品牌信息和体验。而智慧零售秉承“赋能线下门店、重构消费连接”的理念正在对消费者的体验产生颠覆性的影响。

◇ 相关链接

新零售和智慧零售

“新零售”这一概念，最早是由马云在2016年云栖大会上提出来的——“纯电子商务将会成为一个传统的概念”、“未来的10年、20年没有电子商务这一说，只有新零售这一说。也就是说，线上线下和物流必须结合在一起，才能诞生真正的新零售。线下的企业必须走到线上去，线上的企业必须走到线下来，线上线下加上现代的物流合在一起，才能真正创造出新的零售来”。此后，阿里巴巴CEO张勇对这一概念进行了扩充——“不能狭义地将新零售理解为就是线上线下的互动和融合，全渠道只是新零售的一个组成部分，网红经济、个性化推荐基础上的用户交互行为、用户购买动线的改变等，都应该被纳入新零售的考虑当中。在营销上，要探索品效合一的全域营销、娱乐化营销；在物流上，不仅要追求送得快，更要考虑用大数据让货物的运转更有效率。”

2017年11月20日，阿里巴巴公司宣布以224亿港元收购了中国最大的线下连锁超市——大润发。随即，大润发遍布全国的仓储、物流等供应链渠道全部接入阿里巴巴的商业帝国。

此外，国务院办公厅也于 2016 年年底发布了《关于推动实体零售创新转型的意见》，《意见》中提到“促进线上线下融合，鼓励线上线下优势企业通过战略合作、交叉持股、并购重组等多种形式整合市场资源，培育线上线下融合发展的新型市场主体。……要建立社会化、市场化的数据应用机制，鼓励电子商务平台向实体零售企业有条件地开放数据资源，提高资源配置效率和经营决策水平”。

因此，新零售涉及的内容非常广，包括销售、供应链、物流、仓储、营销、会员、配送、支付、数据等多个环节。如果以化繁为简的方式理解，其主要由线上、线下和物流三个部分组成。

其中，“线上”代表了效率零售，“线下”则意味着体验式零售，“物流”则是构成实物流的纽带，也是核心竞争力的体现，逐渐成为“兵家必争之地”。

2016 年 1 月，阿里巴巴的自营生鲜类商超“盒马鲜生”在上海金桥广场开设了第一家门店，面积达 4 500 平方米，成绩斐然，年平效高达 5 万元，是传统超市的 3 ~ 5 倍。在随后的一年多时间里，上海的门店数量迅速增至 7 家，并已经成功扩张至宁波。盒马鲜生是一家只做“吃”这个大品类的全渠道体验店。整个门店完全按全渠道经营的理念来设计，完美实现了线上和线下的全渠道整合，每天的线上订单数，不到半年就达到 4 000 张，目前已经超过线下订单。体验为王，盒马鲜生学习了意大利的 Eataly 运营模式，门店内设餐厅。顾客在店内选购了海鲜等食材之后还可以即买即烹，直接加工，现场制作，门店会提供厨房给消费者使用。

如果说盒马鲜生注重的是用户体验式服务，那么，“阿里零售通”就可谓是阿里对于重塑供应链的尝试了。

据不完全统计，当前国内有大约 680 万家杂货铺，一年的销售额在 10 万亿元左右，其中有 3 万亿元是烟草销售，还有 7 万亿元是非烟销售。680 万家杂货铺中，有约 30% 分布在乡镇、农村市场；21% 分布在县级市、县；25% 分布在三线城市；还有 16%、7% 开在二线、一线城市。零售通要做的，就是通过数据化的方式为这些小店赋能，给小店提供丰富且有竞争力的商品，建立高效仓配体系，以及基于大数据的营销策略和选品指导；而小店能给零售通带来海量的数据信息，也更容易实现供应链的“反向驱动”。

不仅天猫、京东、苏宁等各大电商平台不遗余力地发力“新零售”，不少其他行业的商业巨头也开始押宝“新零售”。2017 年 11 月 8 日，腾讯首席运营官任宇昕在 2017 腾讯全球合作伙伴上宣布，腾讯将涉足“新零售”，加快面向零售业的开放步伐，推出“智慧零售解决方案”，赋能广大品牌商、线下零售平台以及商业地产等相关机构，探索零售业数字化转型的完整路径。

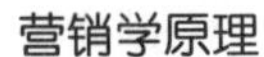

13.4 物流管理

商品分销离不开实体分配。作为分销渠道的重要功能之一，组织商品运输与仓储，将商品适时适量地从生产地转移到消费地，将有利于及时、方便地满足消费者或用户的需求。为此，企业必须基于以顾客为中心的物流理念加强物流管理，对商品从生产地向使用地转移过程中的物流活动进行策划、实施和控制。许多成功企业的实践表明，物流管理是分销管理的一个重要内容。在现代市场营销中，物流管理具有重要作用，它不仅直接决定商品价值和使用价值能否顺利实现，而且是企业降低成本、增加效益、提高产品竞争力、扩大销售的有力手段。

13.4.1 物流与物流系统

1. 物流的概念

分销管理中的物流可以有狭义和广义的两种概念。狭义的物流是指商品实体的空间位移，即商品实体从生产地点到消费使用地点的转移过程，在这个过程中，分销渠道的基本职能是运输和仓储。广义的物流是指与商品实体有关的全部流通活动，除了商品运输和仓储活动之外，还包括运输、包装、储存、保管、装卸搬运以及与之相联系的物流信息等流程。

(1) 运输。商品运输的任务就是实现商品实体的空间移动，解决商品的生产和消费之间的地点差异问题，创造商品的空间效用，满足消费需要。商品运输需要通过一定的运输工具，沿着一定的运输路线和流动进程来完成。

(2) 包装。为保证产品完好地运送到消费者手中，一般都需要不同方式、不同程度的商品包装。从营销的角度讲，包装分运输包装和销售包装。运输包装的作用主要是便于运输和防止运输中途的损坏，销售包装则是为了便于消费者购买、使用，便于零售商销售，并能鲜明地显示商品的特点，起到商品广告宣传作用，以吸引购买者注意和使其产生偏爱，扩大产品销售。包装既可以在生产过程中完成，也可以在流通过程中完成。

(3) 储存。商品从生产地点到消费使用地点的转移过程中，由于运输力量限制、运输工具转换、等待销售或者其他某种原因，需要在一个或数个仓库中发生短暂的停留，这就是“储存”。有些储存可以创造商品的时间效用，即被保存到顾客最需要的时间销售，可以卖出非常有利的价格。但有些储存可能引起交货延迟、商品变质、资金积压等负面效果。

(4) 保管。保管是物流的一个重要环节，包括在商品运输、储存和流通加工过程中的放置、编号、记录、保养、维护等活动。其主要作用是维护商品品质，防止损坏和变质。

(5) 装卸搬运。装卸搬运是对商品运输、保管、包装、流通加工等物流活动进行衔接的中间环节，包括装卸、堆垛、入库、出库以及连接以上各项动作的短程搬运。装卸搬运是随运输和保管而产生的必要物流活动，在物流活动的全过程中频繁发生，因而，如何改进商品包装和运输工具，以减少商品损坏是该流程的一项重要任务。

(6) 物流信息。物流信息包括发货信息、商品在途运输信息、库存信息、包装和加工信息，它是市场信息的一个非常重要的组成部分。现代的企业营销活动已越来越普遍地重视信息。掌握和运用物流信息可以为企业降低成本、提高效率、赢得竞争优势提供有力的依

据。因此，企业要重视物流信息的搜集、整理、分析和应用，加强信息网络建设，推广和应用现代信息设施和手段，促进物流信息“快速、准确、全面、灵敏”地传递和交流。

2. 物流系统

在现代市场经济条件下，重视满足顾客需要的专业性物流企业或运输、仓储机构得到了充分的发展，形成了相对完善的物流专业服务体系。这种条件使越来越多的生产和商业企业在组织商品实体分配时，已不再仅仅依靠企业自身的力量来进行，而是趋向寻求与相关专业性公司合作，以提高效率，节省费用。在这样的条件下，企业产品分销中的物流活动往往通过企业物流管理部门的统筹组织或委托专业储运公司、保险公司、经销商等内外部门和机构共同参与完成。这些部门机构一起构成了产品分销的物流系统。

（1）企业物流管理部门。作为商品分销活动主体的企业物流管理部门是物流活动的统筹组织、实施和监控者，是企业物流活动的中枢。物流活动的各环节能否顺利、高效、成功实施，取决于该企业物流管理部门有效的筹划、组织和管理。

（2）经销商。经销商是企业分销渠道的主要成员之一。经销商的数量、位置、销售效率和分销功能，都与物流活动密切相关。在许多场合，经销商本身也是重要的物流组织者和承担者。因此，企业物流管理部门必须与经销商保持良好的关系，相互协调，保证物流的顺畅，完成产品从生产领域向消费领域的转移。

（3）储运公司。储运公司是承办商品运输和仓储业务的专业机构。储运公司的作用在于为企业创造时空效用提供帮助，其专业化的储运工作往往比企业自己组织力量储运更完善、更快捷、更周到，在提高物流效率，科学、合理地组织现代化的商品实体转移活动方面的能力更突出。由储运公司按照商品实体运动规律实行专业化管理，还有利于减轻企业的投资和管理负担。

（4）保险公司和财务金融机构。财务金融机构和保险公司是提供资金融通和保险服务的专业机构。每个企业在开展物流活动时，都要与财务金融机构、保险公司建立一定的联系，进行一定的业务往来。保险公司、财务金融机构也是物流系统的成员之一，企业也须与这些机构建立密切的联系，以保证物流活动顺畅进行。

13.4.2 物流管理

1. 物流管理的任务

物流管理是指为了高水平地满足消费者需求，对商品实体从生产地点向消费使用地点的转移过程所进行的决策、计划、实施、激励和控制活动。物流管理的基本任务就是建立组织和激励各个部门共同承担和执行物流活动的系统机制，联系与协调各有关机构的活动，使物流活动合理化、系统化，以最少的时间、最好的服务、最少的投入量、最多的产出量，完成产品从生产点向使用点的安全转移。具体来讲，主要包括以下任务。

（1）促进合作。物流工作由多个机构和部门分担，企业应全面统筹安排，加强各部门、机构的组织、激励、协调与管理，促进合作，发挥各职能机构的使用，使各机构协同运作。

（2）规模适当。对物流系统进行投资建设时，首先要确定其规模的大小，使之与企业的营销总目标相匹配。

（3）运送及时与便利。运输是否及时与便利是衡量物流质量的重要指标。开展物流活动时，企业必须综合考虑运输配送的功能。

（4）库存合理化。库存是否合理不仅影响物流成本的高低，而且影响企业的经济效益和信誉。保持适量的库存，以争取扩大市场是物流管理的重要任务之一。

（5）节省费用，提高效率。进行物流管理必须把提高经济效益放在首位，以最低的物流成本实现企业的营销目标。

许多企业的经验证明，物流活动在创造附加价值的活动中占有很大比重，是创造企业利润的一个有机组成部分。有效率的物流管理所节省的物流成本和所提高的物流绩效，可转换成相当大的企业附加价值增量，可提高企业的市场竞争优势。因此，企业应重视和加强物流管理。

2. **物流管理的职能**

物流管理活动包括对商品流动数量、时间、方式与途径的计划、组织与控制活动。具体活动包括以下几点。

（1）预测销售量。预测销售量要根据历史的销售数据、企业营销目标、市场需求变化等因素，分析和预测目标期内可以达到的销售数量，以此作为企业制订分销计划和确定存货水平的依据。

（2）分销计划。分销计划以销售预测为基础，根据企业的销售目标和渠道结构等，对企业商品分销工作包括时间、市场区域、商品种类与批量，以及由谁去做和所需的费用等问题进行统筹安排，制定一个行动方案，以使企业商品分销工作合理有序地顺利进行，把商品及时、方便、有效、经济地提供给市场和消费者，实现企业的营销目标。在分销计划实施过程中，企业应重视分销计划执行的阶段进展状况，并根据分销状况和市场变化做出相应的调整，以确保分销计划的顺利完成。

（3）订单处理。订单处理，是从接受订货到发送交货的全过程。主要包括订单的接受、审核，将联运单分送至各有关部门，进行按单配货、安排运输、开出收据、收进货款等一系列操作。这一过程能否做到迅速、准确、服务周到，将直接影响到顾客的满意程度，进而越来越广泛地应用现代各种科技手段来加快订单处理过程。例如，美国通用电气公司利用计算机控制系统接受顾客订单，检查顾客信用状况，检查订购的商品是否有存货、存货在哪里等；由计算机发出送货指令，给顾客开账单，更新存货记录，为备货发出生产指令，并通知顾客其订货已发出等。所有这一切都可在 15 秒内完成。

（4）仓储管理。存货管理的一项中心内容是确定存货水平的决策。存货水平决策的结果会直接影响顾客满意程度和销售的顺畅或阻滞。一般来讲，销售部门都希望企业的存货充足，以便一接到订单便可立即为顾客供货，但存货量的增加，势必增加仓储费用和资金占用。因此，物流管理部门必须在增加存货、保证迅速完成订单的情况下所能增加的销售和利润与为了保持这一存货水平所需的成本之间进行权衡，比较得失，以确定一个合理的存货水平，并根据销售和市场状况及时予以调整。

（5）运输管理。运输计划是物流管理部门依据企业的分销计划、贸易合同、销售状况等对物流中的商品运输工作制订的行动计划。其内容包括统筹安排、确定运输工具、路线、商品品种和运量、装运时间、起运地、目的地以及每项活动的执行者和所需费用等，以使商品运输工作有计划、有目的地进行，确保商品能在规定时间、地点由生产点转移到使用点。

◇ 相关链接

物流管理的效率来源

一般来讲，物流管理想做到有效进行、事半功倍，需要具备以下要素：

（1）快速回应顾客要求。

（2）具有满足顾客差异性要求（包括产品规格的差异、物流配送方面处理的差异等）的弹性。

（3）不断改进物流过程并使其符合全面质量管理的精神。

（4）联系企业内各部门，发挥企业整体功能，即建立贯穿企业不同部门处理物流活动的系统机制，使企业从接受订货开始就进入物流程序，把企业的能源、物资、人才、资金、科技、信息等资源综合利用起来，使产、供、销、存、运等环节紧密衔接，形成整体功能。

本章小结

渠道决策是企业管理层面临的关键性的营销决策之一，分销渠道的主要功能是将产品（服务）分销给消费者。分销渠道是由一系列相互依存的组织按照一定目标结合起来的网络系统，通常由生产者、批发商、零售商、消费者（用户）及其他辅助机构构成，这些组织为了共同的利益目标发挥各自营销功能，互相合作，也会因利益和其他的原因发生矛盾和冲突，需要协调和管理。有效的分销渠道通过在合适的地点以合适的质量、数量和价格供应产品或服务来满足消费者（用户）的需求，以实现企业的市场营销目标。

分销渠道的主要职能有研究、促销、接洽、配合、谈判、物流、融资、风险承担等，分销渠道管理涉及个人、经济和法律关系的复杂网络，正因为如此，渠道决策一旦实施，调整将变得非常困难。可选择的渠道设计取决于消费者（他们的家庭对商品、技术性服务等的需要）、公司资源和竞争。这些因素均处于不断变化之中，因此，可选择的渠道设计亦是不断变化的。考虑到调整变化的成本，营销渠道系统的设计不仅应考虑现在的市场条件，而且应对市场未来的变化进行预测。

中间商承担着分销渠道的基本功能，对分销效率与效益有决定性影响。零售商是将商品直接销售给最终消费者的商业活动，其类型复杂多样，主要可分为商店零售商、非商店零售商和零售组织三大类。批发商是主营批发业务的组织或个人。它从事的是将产品或服务销售给中间性用户的商业业务，不同类型的批发商承担不同职能并有其各自经营特点。

渠道的冲突主要有三种基本形式：垂直冲突、水平冲突、交叉冲突。渠道冲突的原因来自多方面，主要包括目标不相容、归属差异和对现实认知的差异三个方面。分销渠道的冲突管理贯穿于整个渠道管理过程。

狭义的物流是指商品实体的空间位移，即商品实体从生产地点到消费使用地点的转移过程，在转移的过程中，物流主要指运输和仓储。广义的物流是指与商品实体有关的全部流通活动，包括商品运输、仓储、流通加工、包装、库存控制以及与之相联系的物流信息等流程。物流管理是商品分销管理的一个重要内容。

重点概念

分销渠道（distribution channels）　渠道冲突（channel conflicts）
零售商（retailer）　批发商（wholesaler）
物流（logistics）　物流管理（logistics management）

复习题

1. 什么是分销渠道？分销渠道具有哪些基本职能？
2. 试评批发商的类型及其经营特点。
3. 零售商在消费品分销渠道中有何作用？
4. 如何正确处理渠道成员之间的利益冲突？
5. 简述物流系统的构成及主要任务。

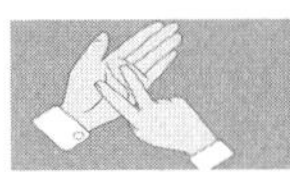

案例分析

TCL 集团：构建深广兼容的分销渠道

TCL 集团于 1981 年靠一个小仓库和 5 000 元贷款起家，2002 年营业额已达到 319 亿元，其中海外营业额达到 11 亿美元。该集团前 10 年集中生产经营通信产品，占据了电话机市场龙头地位；后 10 年进军家电、电工市场，在十分激烈的竞争中，年均销售增长率持续超过 50%。

多年来，集团一直将市场视为企业的生命，提出并奉行“为顾客创造价值”的核心观念，赢得了宽阔的市场空间。公司不断推出适合市场需要的新产品，严格把好每一个产品和部件的质量关，并十分重视建立覆盖全国的分销服务网络，为顾客提供了优质高效的购买和保障服务。显然，经营产品的扩展，必须与营销渠道建设结合起来。这是一条重要经验。

TCL 在连续不断的市场大战中主动认识和培育市场，逐渐形成了“有计划的市场推广”“服务营销”和“区域市场发展策略”等市场拓展新理念，建立了覆盖全国的营销网络，发展自己的核心竞争力。到 1998 年年底，TCL 已在全国建立了 28 家分公司、130 个经营部（不包括县级经营机构），还有几十个通信产品、电工产品的专卖店，销售人员 3 000 多人。这个网络既销售王牌彩电，也销售集团内的多种产品，1998 年的销售额达到 50 多亿元。为了进一步开拓国际市场，除利用在中国香港、美国原有子公司外，集团又成立了“国际事业本部”，积极策划在东欧、东南亚设立自己的销售网点。

建立营销网络加快了 TCL 集团的发展步伐。TCL 坚持经营变革与管理创新，不断推进企业产权制度改革。集团通过授权经营，落实了企业经营风险责任机制和利益激励机制。尤其是进入 20 世纪 90 年代以来，TCL 抓住机遇，通过灵活机动的资本运营机制，先后兼并了香港陆氏彩电、河南美乐电视机、内蒙古彩虹电视机、金科集团和翰林汇软件公司，并与美国 LotusPacific 合作，进入了信息网络终端产品和信息服务领域。TCL 投资创办了爱思科微电子集成电路公司，介入了通信系统设备制造、移动电话和锂离子电池等高科技领域。TCL 开始的产业结构调整，目标是使公司由传统家电产品制造商向互联网设备的主流厂商转变。

集团领导层对这个转变充满信心，其中一个理由是营销网络为这个转变的实现提供了有力的保证。

经过多年苦心经营，TCL 的营销网络已建立了能及时发现市场、开拓市场、保障服务质量、有效进行品牌推广，并灵活适应市场变化的机制。20 世纪 90 年代初，TCL 王牌彩电成功介入竞争白热化的国内市场，名列“三甲”，营销网络功不可没。在 1996 年彩电市场降价竞争中，TCL 整个网络迅速做出统一行动，调整价格，加强促销，不仅稳定公司的销售，而且争取到市场的扩展，给人留下深刻印象。

TCL 集团在主导产品战略转移的同时，同步营造营销渠道网络，使之成为公司扩大经营规模、提高竞争优势的重要战略组成部分。第一，集团强制推行“项目计划市场推广战略”。要求所有项目必须制定详尽的市场推广战略，自觉、主动地认识市场、培育市场和占有市场。第二，导入“区域市场推广战略”。将国内市场划分为七大区域，按“大区销售中心—分公司—经营部—基层办事处”模式构建区域分销网络，禁止跨区违规操作，规范市场开发管理。第三，实施“深耕细作”策略。按各区域网络做细经营管理，开展“千店工程”，使销售网遍布广大城乡。第四，实施营销网、服务网“双网络”拓展，产品品牌、服务品牌“双品牌”经营计划。将原售后服务部改组成“用户服务中心”，并相对独立运作；建立客户档案，主动回访；在一些城市装配维修生产线，配合公司配件供应中心，提高服务效率；严格履行“三月包换、三年免费维修、中心城市上门服务”的承诺。第五，提高网络的兼容性。以家电营销服务网络为基础，整合家电网、电工网和通信产品网，方便顾客，降低成本。

TCL 强大的营销网络吸引了国内外一些公司上门要求合作。健伍、NEC 分别找上门来要求 TCL 代理其音响、手机。TCL 营销网络不仅是 TCL 产品的“市场高速公路”，而且成了 TCL 最重要的一块无形资产。

2018 年 8 月 8 日，TCL 在北京重磅发布了冰箱洗衣机新品之后，TCL 冰箱洗衣机营销策略也随即登场。TCL 此次发布的营销战略主要围绕“诚心”和“知心”两方面展开。诚心，即至诚为道、为客户创造价值，体现在品牌、产品、渠道等层面。从品牌方面来讲，TCL 在娱乐营销（马天宇代言）和体育营销（内马尔代言）以及品牌战略（大国品牌形象）上层层跟进，TCL 作为大国品牌值得信赖。从产品方面来讲，TCL 冰箱洗衣机产品简约、时尚、优雅、智能，品质精益求精，以匠心让用户用得放心。在渠道方面，一体化新零售、客户共同体（针对四六级市场）、跨界零售，以诚心为客户创造价值。在终端方面，1 000 家 TOP 客户，5 000 万终端靓化，“好终端才能卖出好产品”。知心，即无微不至、专注用户健康生活。在健康方面，吃得新鲜（自然养鲜、智慧除菌）、穿得干净（免污 +、专属 +），呵护关爱，让每次都焕然新生。在舒服度方面，极致体验（简约时尚、一键洗）、享受生活（超静音、极速烘干），感受舒心与惬意和内心不期而遇。在愉悦方面，因爱而生（iBao 迷你洗、母婴专区）、无限感动（智慧 +、创意 +），做最有趣的事，去尝试更新鲜的自己。在服务上，TCL 会做到更好、更快、更多，全方面无微不至的贴心关爱。“我们销售的不仅是产品，更多的是对用户的关怀和爱”，这应该就是 TCL 回归产品本质、用心与时代对话的初衷所在。

未来，作为家电行业的重要组成部分，TCL 冰箱洗衣机将被赋予更多的期待，作为大国品牌，TCL 必将担起重任。

讨论题

1. TCL 的分销网络的构建对其快速发展有何影响？

2. 为实现新的目标，TCL 分销系统应如何改进分销渠道？

3. 查阅资料，分析 TCL 冰箱洗衣机产品的一体化新零售和跨界零售是如何以诚心为客户创造价值的。

延伸阅读

1. 叶藏. 新零售概念解读［EB/OL］. 搜狐网，2018－07－25.

2. 连锁莫少. 新零售案例：盒马鲜生的三重构［EB/OL］. 搜狐网，2019－06－28.

3. 连锁莫少. 海底捞、西贝、巴奴等 16 个头部餐饮品牌的疫后反思……［EB/OL］. 搜狐网，2010－03－18.

4. 电商在线. 疫情下的咖啡还在续命，却与咖啡馆无关［EB/OL］. 搜狐网，2020－03－25.

5. 光大证券：直播电商全产业链梳理 & 成长持续性分析［EB/OL］. 2020－03－27. http://www.199it.com/archives/1026621.html.

第 14 章

促销策略

学习目标

◇ 理解促销的概念，正确认识促销在营销中的作用
◇ 掌握促销组合的具体内容及其发展变化
◇ 掌握促销组合策略的选择
◇ 掌握广告、公关、营业推广、人员推销以及直复营销常用的主要策略
◇ 了解 CI 的发展及其在促销组合中的运用

14.1　促销概说

14.1.1　促销的概念

促销（promotion），也称促进销售，是指企业（生产制造商、零售商）以人员或非人员的沟通方式，传递商业信息，帮助与说服顾客购买商品或服务，或使顾客对企业产生好感，从而有利于促进商品或服务的销售。

促销的目的是促成和推动销售量的增加；达成促销目的的主要手段是通过信息传播沟通；促销是一种辅助手段，本身并不能取代销售的功能。这是研究促销概念必须要注意和掌握的。

作为促销，其作用主要有以下三个方面。

1. 传递信息，增加销售

促销主要是通过各种信息传播沟通手段来达到促进销售的目的。通过与现实和潜在顾客、中间商的信息传递与沟通，可以扩大市场范围，增加商品销售，加速现金流通速度，促进企业生产。

2. 激发需求，促进购买

促销通过种种手段来刺激消费者的需要和购买欲望，促进其产生购买要求或增加购买数量，这是采用促销手段的主要目的。

3. 有利竞争，改善服务

各种促销手段和方式的运用，有利于企业展开竞争，为顾客提供更好的产品和服务，从而充分满足消费者的需要。

14.1.2 促销的原则

1. 遵守法规制度

为了保障消费者的利益，防止不正当的竞争，我们国家制定了许多法规制度，如《中华人民共和国广告法》《反不正当竞争法》等，许多国家也都有类似的法规制度，这些都是在促销当中必须遵守的，即在合法的前提下开展促销活动。

例 14－1

“CCTV 国家品牌计划”涉嫌违反《广告法》

中央广播电视总台被约谈了，原因是“CCTV 国家品牌计划”涉嫌违反《广告法》!

2019 年 1 月 17 日，国家市场监督管理总局发文称，已就针对群众反响强烈的“CCTV 国家品牌计划”广告用语涉嫌违反《广告法》问题约谈了中央广播电视总台。国家市场监督管理总局网站上连续发布了两条关于“CCTV 国家品牌计划”涉嫌违法的消息。一条是《市场监管总局就“CCTV 国家品牌计划”涉嫌广告违法问题约谈中央广电总台》，另一条的标题直接是《“国家品牌”作为广告用语违法!》。

《广告法》规定，广告内容不得使用或者变相使用国家机关、国家机关工作人员的名义或者形象，不得使用“国家级”“最高级”“最佳”等表示极限的用语。因为这些宣传语能够极大地提高企业和产品知名度，同时可能会对消费者产生误导乃至欺骗。

国家市场监管总局指出，一段时间以来，一些媒体和企业在广告中宣称的所谓“国家品牌”，既误导消费者，又破坏公平竞争的市场秩序。对此，群众反响强烈。

媒体利用“国家品牌”售卖广告资源，人为地将企业分为三六九等，扰乱市场竞争秩序。消费者出于对新闻媒体的信任，对入选“国家品牌”的企业会更加信赖，往往将所谓的“国家品牌”作为选择企业产品的重要依据。

例如，下方图片中行业唯一入选“CCTV 国家品牌计划”的广告语就暗示了消费者××瓷砖是行业中最厉害的。

行业唯一入选“CCTV国家品牌计划”

此外，饱受争议的鸿茅药酒在 2017 年、2018 年连续两年入选国家品牌计划；权健事件中，被指出同样涉嫌传销的天士力在 2018 年也入选国家品牌计划。2018 年 4 月下旬，鸿茅药酒从国家品牌计划官网的“行业领跑者”名单中消失。

国家市场监管总局还指出：特别是个别问题产品缴费入选所谓“国家品牌”，更是引发社会广泛质疑。媒体用国家名义为企业担保背书，发布违法广告，最终也将损害自身公信力。

2019 年 1 月 10 日，国家市场监督管理总局公布了 2018 年第四批典型虚假违法广告案件。其中第三个案件是：北京 3W 咖啡有限公司发布违法广告案。

3W 是北京中关村地区较为知名的创客咖啡，总理曾在 3W 咖啡自掏腰包喝了一杯咖啡。

当事人在经营场所内发布含有“总理同款咖啡”等文字及国家领导人形象的广告，违反了《广告法》第九条的规定。2018 年 11 月，北京市工商局海淀分局作出行政处罚，责令停止发布违法广告，并处罚款 20 万元。

2018 年 11 月，瓜子二手车因“创办一年、成交量就已遥遥领先”的宣传语缺乏事实依据，与实际情况不符被罚款 1 250 万元。2018 年 12 月，南京老娘舅餐厅宣传单上打出了所用鸡蛋“专供中南海领导人”等字样被南京市秦淮区市场监管局立案调查。

资料来源：国家不认，CCTV 国家品牌计划涉嫌违反广告法，多家企业同样中招！［EB/OL］. 2019－01－18. http://news.hexun.com/2019－01－18/195922574.html.

思考题

1. 为了保障消费者的利益，防止不正当竞争，我国制定了哪些法律法规？

2. 中央广播电视总台为何被约谈？3W 咖啡、老娘舅餐厅、瓜子二手车等因何受罚？有何启示？

2. 遵守商业道德

法律只是规定了最起码的必须遵守的条件，而在合法的范围之内，还必须遵守公认的商业道德准则；否则，就会损害消费者的利益，破坏企业形象，使企业在竞争中处于不利地位。

3. 讲究策略技巧

促销要因时、因地、因人而异，根据具体情况随时调整，有着很强的策略性和技巧性；同时，促销当中的各种具体形式都要运用到各种艺术手段和艺术形式，有着很强的策略性和艺术性，如信息策略、创意策略、沟通策略等，以及公共关系和人员推广当中语言的艺术、接待的艺术、衣着打扮的艺术和广告中的绘画、摄影、音乐、色彩等艺术手段的运用等，要根据具体情况恰当地运用，才能收到较好的促销效果。

4. 以品牌和产品为核心

促销组合中的“促”表明了它是“促进”产品的销售和品牌形象的塑造，所以，促销组合必须以品牌个性和产品本身的表现为核心，不能脱离品牌个性和产品本身进行促销。

5. 实事求是，以理服人

由于促销是以信息传播与沟通为主要手段来达到促销的目的，所以必须遵守信息传播沟通的基本原则，即传播真实的信息，这样才能使消费者和用户的利益真正得到保证。

14.1.3　促销方式与促销组合

1. 促销方式

促销方式包括人员推销和非人员推销两种，非人员推销又包括广告、公共关系和营业推广以及直复与数字营销四种具体形式，其关系如图 14－1 所示。

两种促销方式各有特点：非人员推销传播面广、速度快，但它属于信息的单向沟通，意见不能直接反馈，只能间接反馈；人员推销传播面窄、费用大，但它属于信息的双向沟通，意见可以直接反馈，有利于买卖双方直接交流。

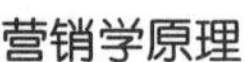

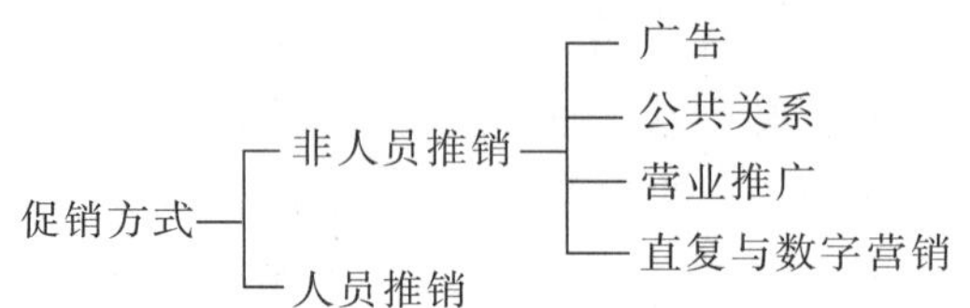

图 14－1　促销方式分析图

2. 促销组合

将上述的四种促销形式根据营销目标的要求，进行合理搭配、调整，形成一套针对选定的目标市场的促销策略，就称为促销组合。

作为促销组合，必须是包含上述几种形式之中的两种或两种以上手段的综合运用；作为促销组合，必须是作用于选定的目标市场；作为促销组合，它具有很强的灵活性。因此，根据企业营销目标和策略，正确地选择促销组合，是促销能否成功的关键。

14.1.4　促销组合各部分之间的关系

（1）广告着眼于信息的大面积和快速传播，是促销组合中用来传播产品信息、树立企业形象、激发消费需求的重要工具。它既适用于长期目标，也适用于短期目标；既适用于大企业，也适用于中小企业，是促销组合中的主力。

（2）公关着眼于树立形象、沟通关系，是公共宣传的有效工具。但由于它既为营销目标服务，又为企业整体目标服务，所以在促销组合中一般处于辅助地位。

（3）营业推广着眼于刺激需求，增加购买，是短期促销的有效工具。

（4）直复与数字营销。直复与数字营销是通过直邮、目录、电话、网络以及其他方式进行营销传播的方式。它们具有非公众性（信息直接针对特定个人）、互动性（营销者和消费者可以对话，信息可以根据消费者反应及时修改）、即刻和定制化（信息可以非常迅速地准备并针对特定顾客量身定做）四个显著特征。直复与数字营销特别适合高度目标化的营销努力，并帮助建立一对一的客户关系，有助于针对消费者的个性化需求开展营销活动。

（5）人员推销着眼于信息的双向沟通和面对面的情感交流，是信息单向沟通所不能取代的。在工业品促销和消费品厂商对中间商的促销活动中，人员推销是主要的促销手段。

14.2　促销组合策略选择

14.2.1　选择促销组合策略应考虑的因素

1. 企业营销目标

企业营销目标是以长远占领市场为主，还是以短期扩大销售、快速回收现金为主；是以产业市场为主，还是以消费市场为主，都会影响到促销策略的选择。

2. 促销沟通对象

需要考虑促销沟通对象是消费者，还是工业用户、政府机构、商业组织；是专业技术人员，还是一般普通人员。对象不同，促销策略的重点也有所不同。

3. 企业促销预算

不同促销手段所花的费用是不一样的。有的促销手段费用开支较大，如电视广告、大型展销会、新闻发布会等；有的促销手段费用开支较小，如直接邮寄广告、销售点广告、商场展销等。企业应该根据自身财力的大小，选择适当的促销策略。

4. 市场竞争状况

竞争的强弱也影响到促销组合，在市场竞争激烈时，企业需要投入较多的促销预算，并且要根据竞争对手所采取的促销组合策略调整或改变自己的促销组合。

5. 对企业营销组合的影响

在企业营销组合中，促销组合所起的作用是通过信息传播沟通、促进和帮助销售，因此，它必须依赖于企业的产品策略、价格策略和分销策略。这些策略既影响着促销组合策略的制定，同时也影响着促销组合作用的发挥。例如，尽管促销组合策略是正确的，信息已经被消费者所接受和理解，但如果渠道策略不正确，消费者在自己经常光顾的商店里不能够买到促销的商品，就起不到促销的作用。

14.2.2　促销组合策略的类型

1. 根据产品性质不同采取不同的促销组合策略

生活消费品的购买者和潜在顾客主要是个人和家庭，数目众多，区域分散，必须通过高效快速的传播手段来与其进行信息沟通，所以促销组合应以广告为主，其他促销手段为辅；工业生产资料的购买者和潜在顾客主要是各类企业，产品技术性强，专用性强，价值大，需要进行有针对性的信息沟通，所以促销组合应以人员推销为主，其他手段为辅。如图14－2所示。

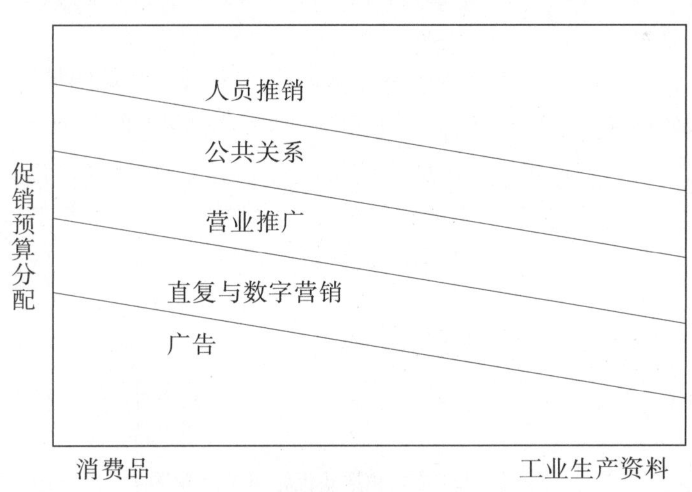

图 14－2　两类商品促销策略的差异性

2. 根据消费者认识阶段不同采取不同的促销组合策略

消费者对品牌、产品、劳务和企业的认识有着程度、阶段的不同，促销组合也应有所不同。在初期认识阶段，以广告为主，其他促销手段为辅，因为广告的传播速度快、传播面广，但随着认识程度的加深，需要现场的示范、人员的劝说和其他促销手段的进一步刺激，所以要相应减少广告的比例，而加大其他促销手段的比例。如图 14－3 所示。

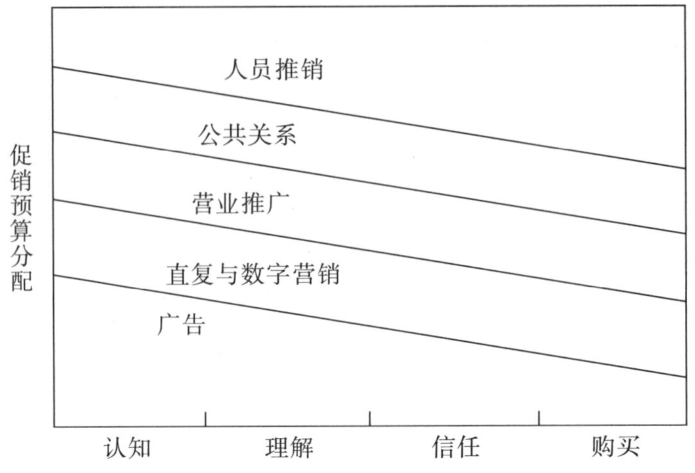

图 14－3 消费者不同认识阶段促销策略的差异性

3. **拉式与推式促销策略**

拉式促销策略是企业通过树立良好的企业形象、品牌形象与产品形象，使现实和潜在消费者产生需求，并向零售商购买，零售商转而向批发商、批发商转而向生产商订货的这样一种有方向性的链式系统。在拉式促销策略中，广告、公关、营业推广是其主要手段，通过这些手段树立品牌形象、产生拉力，人员推销只是辅助。

推式促销策略是企业通过促销努力，将产品由生产商推销给批发商、批发商转而向零售商、零售商转而向现实和潜在消费者推销商品的一种与拉式逆方向的链式系统。在推式促销策略中，人员推销是其主要手段，辅之以广告、公关和营业推广，使其尽可能地把产品推销给销售中的下一环节。

对于任何一个企业，都不会单一地采取拉式或推式策略，而是两种策略并用，但根据具体情况在运用比例和强度上有所侧重。拉式和推式促销策略如图 14－4 所示。

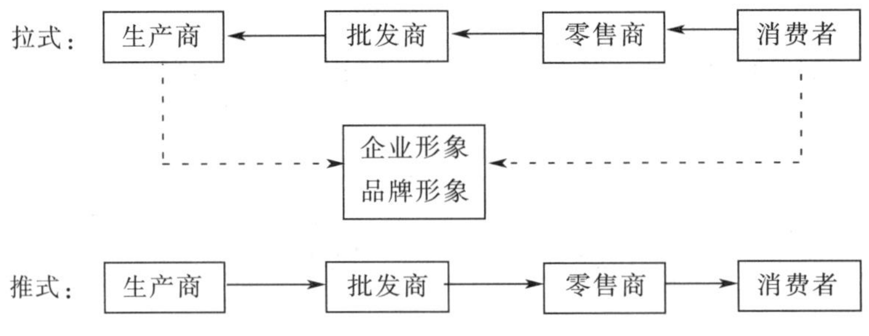

图 14－4 拉式和推式促销策略示意图

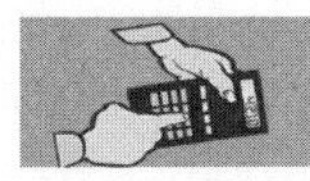

14.3　人员推销

14.3.1　人员推销的含义与特点

1. 人员推销的含义

人员推销是指生产和经营企业的销售人员用谈话方式向可能购买的顾客做口头宣传，以达到推销商品、满足消费者的欲望、实现企业营销目标的一种直接销售方法。人员推销的主要手段是借助于推销人员与推销对象之间的信息传递与信息沟通来推广介绍商品或服务，实现销售。人员推销是一种最古老的销售方法，但由于这种方法有着独特的优点，因此，在现代营销中它仍然是重要的促销工具。

2. 人员推销的特点

(1) 机动灵活，适应性强。推销人员本身即是信息传递的媒介，所以，他可以根据面对的具体情况随时调整信息传播的方式和内容，适应各种不同的情况。

(2) 区别对待，针对性强。推销人员可以根据选定的不同对象，制定不同的推销策略，并配合广告和其他促销手段，从而使推销效果提高。

(3) 双向沟通，反馈性好。非人员推销的最大缺点就是在信息传播沟通过程中不能及时收集顾客反馈的意见，所以有时决策错误，传递的信息不当，其错误不能得到纠正，这样可能会造成极为不利的后果，给企业带来损失。但人员推销属于信息的双向沟通，意见可以迅速地在双方之间交换，一方面可以使推销人员对顾客的意见进行解释和说服，另一方面也可以及时地将意见反映给有关部门，使其做出适当的调整。

(4) 促成交易，一步到位。在非人员推销方式中，传递信息和达成销售是分离的，这是非人员推销方式本身特点所决定的。但在人员推销中，传递信息与达成销售是融为一体的，推销人员在传递信息的同时，根据顾客的情况，适时地提出销售建议，完成交易手续，从而达成销售。

(5) 收集信息，兼做服务。推销人员在推销商品时还可以进行市场调研，收集市场信息，同时，还可以兼做一些商业性业务和售后服务工作，如签约、收款、送货、安装和维修等。

(6) 费用较大，对推销人员素质要求高。由于人员推销是以推销人员作为传递信息的载体，因此，单位信息的传播成本大，同时要求推销人员有较高的素质，才能胜任该项工作。

14.3.2　对推销人员的要求

1. 道德品质方面

要求遵纪守法，忠诚企业，吃苦耐劳，任劳任怨，遵守商业道德，有良好的敬业精神。

2. 文化知识方面

要求学识渊博，信息量大，特别是经济学、心理学、市场营销学等方面的知识更是至关重要。

3．业务技能方面

要求熟练掌握本企业及本企业产品的有关情况，熟练掌握所推销产品的有关技术指标和实际的安装操作及使用方法，并对市场上同类竞争产品的情况了如指掌。

4．待人接物方面

衣着干净整齐，谈吐谦恭礼貌，有良好的风度，并能掌握有关推销洽谈和接待顾客的技巧和艺术。

5．身体素质方面

要求有良好的体质和健康的身体，能够适应各种恶劣的推销条件。

14.3.3 人员推销的方法

1．按推销人员与顾客见面方式分

（1）一对一推销法。即一个推销人员对一个顾客展开推销工作，是最基本的推销方式。

（2）多对一推销法。即一组推销人员面对一个顾客或用户展开推销工作，主要用在对成组设备的推销，或新产品的试销阶段。由于成组设备或新产品牵涉面广，往往需要各个技术部门的人员参加，以便及时解决顾客或用户的疑难问题。

（3）一对多推销法。即一个推销人员面对许多顾客，在零售、展销及订货会的场合较多见。

（4）多对多推销法。即几个推销人员面对许多顾客或用户，常见于大型订货会。对于非一对一的情况出现时，一般都应尽可能把它转化为一对一的情况，这样不至于出现混乱，也有利于施展个人才干，提高推销效率。

2．按推销人员的派出方式分

（1）按地区派出。一般适用于产品单一、市场较大的企业，将市场分成几个区域，一个或一组推销人员负责一个区域。

（2）按产品派出。一个或一组推销人员负责一类产品的推销工作，适用于产品种类较多、产品之间技术差异较大、市场区域不太大的情况。

（3）按顾客派出。根据消费群之间的差异，由一个或一组推销人员向某一类消费者或顾客推销。适用于产品技术相近、顾客之间差异较大的企业，如电子计算机的技术性能相近，但用户则有商业、金融、民航、交通、科研、教育等部门，各类用户差异较大，就可按此种方式派出。此外，对于吸收存款、办理保险等劳务产品的推销，也可采用此种方式。

（4）综合型派出。即将上述方式组合起来的派出方式，适合于集团化、多角化经营、市场区域大的企业。

3．按推销活动的方式分

（1）定点定时推销法。即对其推销区域内的推销对象根据其进货和销售情况，分别编号，按照其需要补货的时候分别上门适时进行推销，如对连锁超市和零售商。

（2）流动巡回推销法。即对其负责的推销区域画成图形，设计合理的巡回路线，进行流动巡回推销。适合于供应量小、进货频率高的鲜活商品，如鲜牛奶、面包、糕点等。

（3）集中时间推销法。即在一定时间内集中力量推销，适用于新产品初上市，产品销售下降的时期或该种产品的销售旺季。

（4）节假日推销法。即利用节日、假日进行推销，比较适合于礼品、个人用品或有特

别意义的商品，如生日卡、贺年卡、贺卡、纪念册、玩具等。

（5）上门推销法。即通过到客户单位或家里拜访客户，上门推销，适合于消费品、工业品、保险等的推销。但是，这种方法最好能够收集到客户的有关资料，如姓名、职业、职务、年龄、电话、住址、兴趣爱好等，并且能够通过朋友的介绍或者电话预约，取得客户的同意后再上门拜访，才能收到较好的效果。

以上各种推销法根据具体情况结合使用。

14.3.4 商务谈判与处理顾客异议

1. 商务谈判

商务谈判是指在商业活动中，意见不同的双方为了取得一致的协议而进行的信息沟通活动。

（1）人员推销与商务谈判的关系。

人员推销，意味着要经过推销人员的努力才能把产品（或服务）推销出去，推销中的“推”就代表了这一含义。在人员推销中，谈判是不可缺少的最主要的推销手段，因为在大多数情况下，买卖双方的意见起初都是不一致的，需要通过信息沟通来达到一致，这就是谈判的过程。而商务谈判的绝大多数内容都是围绕着销售产品进行的，事实上都是围绕着推销进行。大的商务谈判，涉及千百万元甚至上亿元的销售和购买。所以，人员推销与商务谈判的关系是密不可分的。

（2）商务谈判的类型。

①输赢式谈判。一方在谈判中得到的利益，就是另一方在谈判中损失的利益，所以这种谈判往往寸土必争，尖锐激烈，如对价格条件的谈判。

②互利式谈判。谈判成果对双方都有利，如联合经营的谈判、代销商品的谈判等。高明的谈判者，往往善于把输赢式谈判转化为互利式谈判，以瓦解对方咄咄逼人、寸土必争的态度，而采取较为温和和克制的态度进行谈判。

（3）商务谈判的内容。

①产品条件谈判。关于购买（销售）产品的数量、品种、质量、规格、型号等条件和标准的谈判。

②价格条件谈判。关于购买（销售）价格条件的谈判，是商务谈判的中心内容。

③其他条件谈判。交货时间、付款方式、违约的界定和处罚等条件的谈判。

2. 处理顾客异议

异议是指来自于买方的任何反对或抵触意见。人员推销中最常遇到也最难处理的问题就是顾客异议。

（1）异议的类型。

隐藏在异议背后的是各种各样的动机，所以，我们必须清楚顾客提出异议的真实动机是什么，然后才能对症下药，处理异议。

①委婉拒绝型。异议不过是顾客拒绝购买的借口，也许他已经同别的竞争对手达成了交易，也许他根本就不打算购买你的产品。

②试探摸底型。异议是顾客放出的一颗烟幕弹，是希望能够更多地了解你的底牌，或者借机讨价还价，以取得更好的成交条件。吹毛求疵、小题大做是这一类型异议的常见表现。

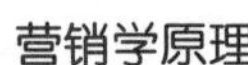

③真实表达型。异议是顾客真实意见和态度的表达，反映的是他对产品功能、品质、价格等方面的评价或是他心理上对你企业或个人的印象和态度。

④借题发挥型。由于顾客本身的原因，例如，可能刚刚被上司批评，或者在家里与妻子吵架，或者遇到不顺心的事情，等等。而恰好你在这时撞到了枪口上，成为他发泄的一个出气筒。

（2）处理异议的方法。

无论是何种异议，首先都需要耐心倾听，了解和辨识异议，然后才能通过沟通，处理异议。

①规避拖延法。可以先不予以正面回答，而是转移话题，重新询问新的问题或是讨论其他问题。这是推荐采用的首要方法。通过规避拖延，既可以有较充裕的时间考虑对方的异议如何回答，也可以辨识对方异议的类型。

②转换询问法。将对方的异议转换为问题，要求对方回答。这种异议处理最为适合试探摸底型和真实表达型。如对方是希望借机降价，所以提出“你们的价格比某公司高了20%”，你可以说“你是想知道我们的产品具有什么特殊的品质使价格比别人高，对吗”，如果回答“是”，那么，正好可以将自己产品的好处向对方详细介绍；如果对方回答“事实上这样的价格我们根本不可能订货”，那么，就可以继续询问他们能够接受的价格是多少。

③间接否定法。不直接否定对方的意见，而是形式上肯定，但本质上否定或转弯抹角否定。如上述对方提出我方价格比竞争者高，可以回答“确实，你的意见是对的，我们的价格比对方高。可是，人们常说好货不便宜，便宜没好货，我们使用的是最好的材料……”

④正面回击法。对对方提出的异议予以直接否定，并用证据证明对方的意见不正确。这种方法往往在对方提出莫须有的指责的情况下采用，但是，这种方法的最大危险是会挫伤对方的自尊心，结果虽然自己取胜，但难以成交生意，所以，必须慎重使用。

处理异议的方法还有很多，这里不一一介绍。但最为重要的是：一要耐心倾听，二要实事求是，三要洞悉心理，四要方法巧妙。

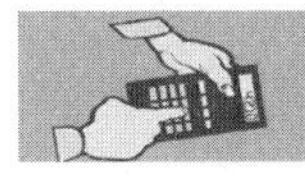

14.4 广告

14.4.1 商业广告的概念和分类

1. 广告的概念

现代广告，是由可以识别的组织和个人为达到一定目的，通过媒体进行的有关产品、服务或观念的付费的、非人员的信息传播活动和行为。

广告可以根据不同标准细分成许多类型，但是最根本的分类是按照其性质区分成非经济广告与经济广告两类。经济广告又称为商业广告，是各类企业为了经济利益所做的广告，商业广告是广告中的主要形式，同时也是促销组合的主体。所以，营销当中所讲的广告，如果没有特别注明，均指商业广告。

2. 商业广告的分类

（1）按广告主不同，可分为生产商广告、中间商广告、服务商广告。

（2）按广告对象不同，可分为消费者广告、工业用户广告、商业机构广告和媒介性广告。

（3）按广告的直接目的不同，可分为销售广告、观念广告、公关广告和求购广告。

（4）按广告的覆盖区域大小不同，可分为国际性广告、全国性广告、区域性广告和地区性广告。

14.4.2　广告策划

1．广告策划的意义

广告策划是指根据营销目标和促销组合的要求，预先制定某项广告活动的具体实施方案的过程。广告是企业促销组合中的重要工具，也是企业经常性的对外宣传和信息传播工具，所以，做好广告策划对广告效果的提高和营销目标的实现都具有重要的意义。

2．广告策划的类型

（1）按照广告策划的时间跨度，可分为长期广告策划（一年以上、五年以下）、年度广告策划和短期策划（一年以内）三种。其中年度广告策划是企业的常规广告策划，其他两种则是辅助策划。

（2）按照广告策划的内容不同，可分为整体广告策划和专项广告策划。整体广告策划是对企业的全面广告策划，是企业的主要广告策划；专项广告策划则可以按传播媒体、广告时间、广告产品等来制定，是企业的辅助广告策划。

3．广告策划的步骤

（1）进行广告调查，为广告策划提供客观依据。任何策划都必须建立在对环境进行深入细致的调查基础上，通过广告调查，为广告目标、广告设计、广告媒体选择等决策的制定提供客观的依据。

（2）确定广告目标，使广告活动有目的地进行。广告目标的确定，要根据企业的营销目标、广告产品的生命周期、目标消费者对企业及产品（服务）的认识等多方面的情况决定。不但要确定传播目标（如知名度、偏好度等），而且也要确定促进销售的目标（如销售额、市场占有率等）。

（3）制定广告策略，确定广告活动各个阶段和各个方面的具体行动方案。包括广告媒体策略、广告产品策略、广告市场策略、广告实施策略等。

（4）根据选定的媒体和广告目标的要求，构思和决定广告设计方案。

（5）确定广告预算总额和广告费的分配和使用，使广告活动具有物质保证。

（6）实施广告策略，并对广告效果进行评估。

14.4.3　广告策略

广告策略是广告活动的具体行动方案，策略正确与否，对广告目标的实现有极大关系。但广告策略必须和营销策略以及促销组合的其他手段相配合，才能达到为营销服务的目的。所以，广告策略既有其特殊的一面，又有和营销策略紧密结合的一面。

1．广告媒体策略的选择

广告必须借助媒体才能把信息传递出去，所以广告媒体的选择对广告活动的各个方面影响极大。因此必须熟悉各种媒体的属性和特点。

从媒体的分类来说，媒体按是否属广告主所有可分为自用媒体和租用媒体。租用媒体一般都是大众媒体，如电视、电台、报纸、杂志等，除此之外，还有如户外媒体、交通工具媒

体以及近年来越来越多被使用的数字社交媒体等。这些媒体传播范围广、传播速度快、广告受众多，但费用高、自主性差。自用媒体属企业自己所有，如橱窗、柜台、门面装潢等。这些媒体费用低、自主性强，但其传播范围窄、广告受众少。所以企业要协调好自用媒体与租用媒体的关系和两类媒体的比例。

从媒体选择的种类和数目来说，中小企业实力弱、资金少，选择的媒体种类和数目都比较少，有的甚至只选择一种媒体发布广告，所以媒体组合比较简单。对大企业来说，资金充足，预算宽余，可选择的广告媒体种类和数目较多，就需要做好媒体组合之间的配合。

企业在选择广告媒体时首先要考虑广告对象的特性，尤其是其接触媒体的习惯特性；其次是要考虑广告商品特性、广告媒体特性、广告目标的要求、广告预算等因素。媒体选择的主要步骤包括：①明确广告传播范围、频率和目标；②选择主要的媒体类型；③确定具体媒体组合；④选择媒体时段。

2. 广告市场策略的选择

（1）广告目标市场策略。为配合无差异性市场策略，要求广告利用各种媒体组合做统一主题内容的广告；为配合差异性市场策略，要求广告根据各个细分市场的不同，分别选择不同媒体组合，进行不同主题内容的广告传播；为配合集中性市场策略，要求广告根据所选择的目标市场，进行有针对性的广告宣传。

（2）广告竞争策略。广告是竞争的重要工具，因此，可以利用广告突出产品的优势，把自己的产品与竞争者的产品有效地区分开来，从而提高产品的竞争力；还可以在产品推出之前，进行密集性的广告宣传，即抢先广告策略，先声夺人。

（3）广告促销策略。将广告与馈赠手段相结合，以提高广告的阅读率和新产品的试用率；将广告与文娱活动相配合，可以激发平常不太关心广告的消费者对广告的兴趣；将广告与抽奖、互动游戏等活动相结合，可以利用消费者希望得到奖品的心理来提高广告的阅读率和产品购买量；将广告与公益活动相结合，可以增加消费者对企业的好感，从而促进销售。

3. 广告产品策略的选择

（1）广告产品生命周期策略。在产品生命周期的引入期和成长前期，以告知性广告为主，以创建品牌为目标；在产品生命周期的成长后期和成熟期，以说服性广告为主，以稳固品牌为目标；在产品生命周期的饱和期和衰退期，以提醒性广告为主，以维护品牌为目标。

（2）广告产品定位策略。为配合企业的产品定位，广告可以突出宣传产品的特殊功效、优良品质、低廉价格或主要顾客；也可以利用人们的心理特点，采取逆向定位和是非定位，通过这些策略来配合企业的产品定位策略或市场定位策略。

14.5 营业推广

14.5.1 营业推广的特点和功能

营业推广又叫销售促进，是指以激发消费者购买和促进经销商的经营效率为目的，采取诸如陈列、展览、表演、赠品等非常规的、非经常性的不同于人员推销、广告和公共关系等的促进销售活动。

1. 营业推广的特点

（1）营业推广是以援助或协调人员推销及广告活动而使其更好地发挥效果的补充性推广活动，属于一种非人员推销方式。

（2）营业推广是以激励消费者购买和经销商经营积极性以及推销人员士气的辅助性、短暂性的促销措施。

（3）营业推广具有形式多样化、规模大型化、应用灵活化和普及化的特性。

2. 营业推广的功能

（1）激发消费者购买热情和偏好。营业推广通过赠品、抽奖、折价等措施，使消费者增加购买数量，加大购买频率，对该品牌产品产生偏好，从而实现多次性重复购买。

（2）激励经销商的经营积极性。营业推广通过推广指导、经营研讨会、推广津贴等措施，使经销商增加订货数量，加大推广努力，掌握推广技巧，从而提高本企业产品在该市场的占有率和竞争力。

（3）激发推销人员的推销积极性和士气，营业推广通过推销竞赛、推销研讨、推销奖金和津贴等方式，使推销人员积极努力，互相竞争，提高推销效率。

（4）提高各种促销方式的促销效率。营业推广对广告、人员推销和公共关系等其他促销方式的加速剂和润滑剂，是一种辅助和促进，起着互相配合、互相促进的作用，通过营业推广的配合，使其他促销方式发挥出更大的效果。

14.5.2 营业推广的方法

1. 激发消费者购买的方法

这是生产商以最终消费者为对象而施行的营业推广方式，经常使用在新产品开拓市场时或现有产品需要掀起销售高潮时。常用的方法有如下类型。

（1）赠送样品。即免费让消费者试用产品，通过亲身试用，使消费者领略到产品的好处和实际利益，从而迅速接受新产品，成为新产品的购买者。

（2）购买奖酬。购买一定数量商品即可获得奖金和奖品。

（3）成组供应。将新产品与原有产品配套出售或将有连带关系的产品包装在一起出售，但价格则略低于单件分别出售。

（4）试用、试饮、品尝。即让顾客亲自体验商品的使用感觉，以促进购买欲望，例如在销售现场请消费者试用电子产品，试饮饮料，试品尝食品，等等。

（5）折价优待。随广告或商品包装发送的折价优待券，凭券到指定商店购买该商品即可获得一定的价格优惠。

（6）以旧换新。将以前购买的同牌号的老产品或别的牌号的同类产品折价，再加上一定数量的现金即可换购该牌号的新产品。

（7）廉价包装。包装注明统一折价率，购买时按折价率付款；或包装上注明该包装是加大容量的包装或购买时另赠送小容量包装的商品。

（8）抽奖。购买一定数量商品即可获得奖券参加抽奖。

（9）奖励券。购买一定数量商品即可获得奖励券，凭奖励券数目的多少可换领不同价值的商品。

（10）捆绑促销。捆绑促销可以涉及一个公司的两个及多个品牌（公司内捆绑），也可

以涉及多个公司的不同品牌（公司间捆绑）。这种方式除了可以实现战略整合营销的目标，还是一种具有更高成本效益的营销模式（因为多个品牌可以分担促销宣传费用）。不过采用这种方式需要注意：第一，捆绑合作方的目标市场应该在各营销相关特征上彼此相似；第二，捆绑合作方的品牌形象彼此应互相增强；第三，捆绑合作方愿意互相合作，而不单纯强调自身利益。

针对消费者的营业推广方式还有很多，如现场展销、延期付款、特价日优惠、先购优待、购物积分、限时折价等方式，在此不一一列举。由于竞争激烈，许多厂商不断地开发新的营业推广方式，使其类型不断增多。

2. 激励经销商经营积极性的方法

（1）免费提供陈列样品。经销商在向顾客推销商品时，需要有样品在柜台或橱窗陈列，如果生产商不予免费提供，则经销商就会减少甚至不陈列样品，这样就会减少许多成交机会。由生产商提供陈列样品，经销商就会免除样品破损或废旧造成损失的担心。

（2）推广资助。由于经销商经营的商品往往是许多企业的众多商品，因而要其专为某一企业的商品做广告或其他推广工作，经销商认为是不值得的。所以，要刺激经销商推广的积极性，就必须在推广方面给予一定的资助。推广资助一般采取的方式有：按订货量或销售额的多少发放推广津贴，专门供其进行推广所用；与经销商联合推广，如联合做广告或联合展销等，费用由双方按比例分摊或全部由生产商承担；为经销商提供推广指导，如提供广告样板、专柜设计资料，提供推广所用的材料、展品等。

（3）销售竞赛。由生产商在许多经销本企业产品的经销商中发起销售本企业产品的竞赛，对优胜者给予奖金或奖励。

（4）协助经营。由生产商对经销本企业产品的经销商以提供人员培训、派员指导、举办经营研讨会、提供经营手册、发放经营简报等形式促进经销商经营效率的提高。

（5）发放刊物和邮寄宣传品。由生产商定期出版并向经销商免费发放有关企业生产情况及产品经营销售情况的刊物，供其了解情况，学习经营经验，提高经营效率。同时，生产商向经销商邮寄广告宣传品、产品目录、样品手册等，也是经常采用的方式。

3. 激发推销人员推销积极性的方法

（1）推销竞赛。在推销人员中举行推销竞赛活动，对优胜者给予奖金、奖励，或授予某种荣誉称号，以激发士气和提高积极性。

（2）推销津贴。对推销人员按完成销量的多少，发放数量不等的津贴或奖金，以刺激推销人员的工作热情。推销竞赛的受惠面窄，因此，采用推销津贴的办法可以扩大受惠面，促进更多推销人员改进推销方法，扩大推销数量。

14.5.3 营业推广的绩效评估

1. 评估的目的

如前所述，营业推广是一种辅助性的短期促销方式，必须具备一定规模，受惠面广，影响大，才能收到效果。因此，营业推广的绩效评估就成为执行营业推广时必不可少的一项工作。通过评估，测定营业推广的效果；通过评估，总结好的经验，以便全面推广；通过评估，对失误吸取教训，对营业推广方案进行调整，以提高推广效率。对营业推广的绩效评估必须确定评估的标准，如销售增长率、市场占有率、推广费用与实际利润比率等。

2. **评估的方法**

（1）事前评估法。在营业推广计划正式实施之前进行的评估。这种评估方法要求列出可供挑选的数个营业推广方案，对每个方案所需的预算和预期达到的效果进行比较，从中挑选出效果最佳的方案。在具体评估时，可以邀请消费者代表进行评论或进行问卷调查，以挑选好的方案；或选择几个小的区域进行实验，取得有关数据资料，确定最佳方案。

（2）事后评估法。在营业推广结束之后对其实际结果进行评估。采取的方法有三种：一是比较法，即把营业推广之前、之中和之后的销售额进行比较，以测定营业推广的效果；二是转向法，即对在推广期购买本企业产品，而在推广期后又转而购买其他企业的产品的消费者进行调查，以探明原因；三是利益法，即对营业推广中购买产品的顾客进行调查，了解推广对他们有无实际利益，对其购买决策有无实际影响。

14.6 直复与数字营销

14.6.1 直复与数字营销的概念

直复与数字营销是以互联网为基础而迅速发展并越来越被广泛采用的沟通方式，它是直接与精选出来的单个消费者和顾客社群互动，以期获得及时响应并建立持久的顾客关系。运用这种方式，企业可以根据目标顾客的需求和兴趣定制促销内容，从而提高促销效果。

14.6.2 直复与数字营销的形式

传统的直复营销形式包括直邮广告、电话销售、电视直销、目录营销、信息亭等。近年来，令人眼花缭乱的新型数字化直复营销形式包括网络营销（网站推广、网络广告、电子邮件、网络视频和博客等）、社交媒体营销和移动营销等被广泛运用。限于篇幅，在此重点介绍近几年流行的新型数字营销形式。

1. **网络营销**

网络营销是基于互联网建立企业网站，通过企业网站主页进行在线广告、促销、企业博客等形式进行营销活动的方式。

（1）网站和在线品牌社群。

开展网络营销的第一步是建立企业网站，目的是向公众提供关于企业、产品和其他的相关信息。借助网站吸引顾客，促使顾客直接购买产品或实现其他的营销目的。

与此不同的是，品牌社群不直接销售产品，其主要目的是展示品牌内容、吸引顾客并建立顾客关系。品牌社群通常提供种类丰富的品牌信息、视频、活动和其他一些有利于建立紧密顾客联系并促进顾客参与互动的特色内容。如星巴克品牌社群，通过“我的星巴克点子”的活动设计吸引社群成员参与，推出了社群成员自己创意的咖啡。

（2）网络广告。

随着互联网的日益普及，越来越多的企业正在将更多的营销预算投向网络广告，以期提高品牌的销售或吸引人们访问其网站。网络广告的主要形式包括展示广告和搜索内容关联广告，是较大的数字营销预算项目。

展示广告可以出现在屏幕的任何位置，且与浏览者正在浏览的网站内容相关。其设计融

合了动画、视频、音效及互动等多种形式，尽管展示广告通常只有短短的几十秒，却能产生很大的影响。

搜索内容关联广告（或称搜索引擎广告）是与内容和图片相关的广告及其链接，会伴随百度、谷歌、雅虎、必应等搜索引擎的搜索结果出现在页面的顶部或旁边，从而吸引浏览者的注意力。

（3）电子邮件广告。

电子邮件是一种重要的和逐步发展的数字营销工具，因其成本低廉，具有极高的营销投资回报。电子邮件具有多彩多样、引人入胜、个性化和互动性等特点，如果加以恰当运用，它甚至可以成为最好的直复营销方式，不仅可促进产品销售，还有利于提高品牌忠诚度。不过需要注意仅向那些“选择加入”的顾客电子邮件广告，以避免引起人们的不满甚至愤怒。电子邮件营销者需要在为消费者增加价值和成为令人讨厌的入侵者之间寻找平衡。

（4）网络视频。

直复营销的另一种形式是在品牌网站主页或诸如优酷、腾讯等视频网站上发布数字视频，旨在进行品牌促销或与品牌有关的娱乐活动，也有的将为电视和其他媒体制作而在广告投放前或投放后发布在网络上，以提高广告运动的到达率并扩大影响。优秀的视频可以吸引数百万的观众，营销者希望他们的视频像病毒一样迅速传播，被形象地称为病毒营销（viral marketing）。病毒营销是口碑营销的数字版本，涉及制作视频、广告和其他极具感染力的营销内容，能使人们主动搜索并传递给亲朋好友。因此，病毒营销具有成本低廉、可信度高的特点，不仅能吸引顾客且能给品牌带来正面的曝光。当然，视频内容必须能引发人们的共鸣，否则也难以到达预期效果。

（5）博客。

博客（blogs）是一种在线日志。个人和公司可以在博客等社交媒体写出他们的观点（包括政治、经济、社会文化等）和其他内容（包括个人情感、热播电视、流行音乐等）供人们浏览阅读。

营销者通过一些与品牌相关的博客内容来接近顾客社群，或者利用第三方博客传播营销信息。比如麦当劳与“妈妈博主”建立联系，使麦当劳成为妈妈们外出就餐时的选择。作为一种营销工具，博客具有许多独特的优势。它为企业加入消费者的社交媒体会话提供了一种新鲜的、原创的、个性化的低成本方法。不过博客是一种消费者主导的媒介，企业可以利用博客吸引消费者、建立有意义的关系，但必须倾听消费者的意见并加以监督，从而改善自己的营销计划。

2. 社交媒体营销

互联网的日益普及和数字技术与设备的迅猛发展推动了网络社交媒体和数字社区，无数独立的商业化社交网络应运而生，为消费者提供了一个可以彼此聚集、交流思想和信息的网络虚拟空间。如今，几乎人人都在腾讯微信上交流互动以拉近彼此的关系，发朋友圈分享图片及最近体验；在优酷网站上观看时下热门视频；等等。营销者们也几乎同时注意到这一热潮，纷纷将社交网络与营销组合。

社交媒体既有优势也有挑战。其有利的一面是，社交媒体针对性强且高度个性化，营销者可以与个体顾客和社群创作并分享定制化的品牌内容。同时，社交媒体的互动性可以使之成为企业发起顾客对话并倾听顾客反馈的理想平台。此外，社交媒体还具有及时性的优势，

企业可以根据品牌突发事件和活动创造随时随地接近并影响顾客，通过关注顾客动态，创造相应的内容吸引顾客参与互动。另外，社交媒体的成本效益很高，尽管创造和管理社交媒体内容可能代价不菲，但大多数社交媒体都是免费或低价的，因此相比电视等传统媒体，社交媒体的回报率很高。当然，社交媒体营销业面临许多挑战。其一，社交媒体的应用仍然在探索阶段，运用成果难以度量。其二，社交媒体很大程度上由用户掌控，消费者对社交媒体内容有更大的控制权，即使是看起来无害的社交媒体活动，其效果也可能事与愿违。因此，营销者必须开发具有持久吸引力的内容，切不能简单、生硬、粗暴介入消费者的社交媒体。

管理品牌社交媒体是一项艰巨的任务，必须整合范围广泛的多种媒体，创造与品牌相关的社交分享、互动和顾客社群，才有可能通过设计全面的社交媒体努力支持或与其他品牌营销战略要素恰当融合。

3. **移动营销**

移动营销是指通过移动设备向移动中的消费者传递营销信息、促销和其他营销内容。移动设备的广泛采用和移动网上流量的迅猛增加使得移动营销成为越来越多品牌的重要选择。企业利用移动营销刺激当前购买，简化购买过程，丰富品牌体验，创造持久的互动和影响。当然，使用移动营销也不能让消费者感到厌烦。

总之，直复与数字营销为企业营销带来巨大机遇的同时，也有严峻的挑战，各媒体的使用需要互相配合，才能实现预期效果。

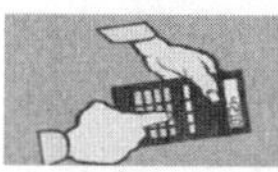

14.7　CI 与促销

14.7.1　CI 的概念与构成要素

1. **CI 的概念**

CI 是 corporate identity 的缩写，其英文字面含义是企业形象识别，但从其包含的内在实质来看，CI 应是指通过确定企业宗旨、规范企业行为、设计企业统一的视觉识别系统而形成的对企业形象的总体设计。

CI 的提出和应用可以追溯到第一次世界大战前，当时德国的 AEG 电器公司，把设计师彼德贝汉斯设计的商标应用在系列化的电气产品上，这一设计和实施厂牌识别标志的举动，开了统一视觉形象的先河。“二战”后，国际经济复苏，工商企业发展，各行各业的营运范围日益扩大，企业经营指向多角化、国际化的远大目标，经营者深感零星、分散、互不统一，甚至混淆抵触的企业形象识别已经无法适应突飞猛进的企业实态，必须要建立一套统一化、组织化、整体化、层次化的形象识别系统，以传达正确的企业经营宗旨、经营战略、经营行为、经营形式等信息，通过精心设计的企业视觉形象识别系统，建立起既显示企业主体意识，又具有独特理念、独特行为和独特形象的具有差异性风貌的企业形象，CI 开始被企业所重视。早期 CI 应用最典型的事例当数美国的国际商用机器公司（IBM），IBM 于 1950 年率先全面导入 CI 计划，在未导入 CI 计划之前，IBM 的产品虽然很多，但在公众中却没有深刻的印象，年销售额一直徘徊在 1 亿美元左右。导入 CI 计划以后，IBM 实施了一系列战略性新决策，将产品识别标志和企业识别标志两者统一起来，经过设计师精心构思设计的蓝色标志 IBM，使用在 IBM 的一切信息传播媒体上。IBM 今天成为电脑世界的著名厂商之一，

被称为“蓝色巨人”，并成为世界都广为熟悉的标志，这与它成功的CI计划是分不开的。IBM成功的事实在企业界引起了很大反响，世界各国企业家和设计师纷纷研究、探讨、实施CI计划，CI应用进入了一个全盛时期。今天，CI已经被许多企业所认识，并运用在企业形象的塑造和企业战略管理之中，同时也成为企业营销管理中的一项重要内容。例如，美的、华为等著名企业都曾经重新设计了公司的CI系统。

2. CI的构成要素

CI作为企业经营管理系统中的一部分，也称为CIS，即corporate identity system，它是由以下三个方面的要素所组成的。

（1）MI（mind identity），即企业理念识别。企业的经营理念是指企业宗旨、企业精神、企业哲学，这是CI的核心。一个企业，如果其企业宗旨不正确，企业精神面貌萎靡不振，那么，就很难树立起令公众产生好感的企业形象。所以，作为整个企业CI计划的核心，必须全面检讨企业的经营宗旨、经营哲学和企业的精神面貌，制定出新的企业经营理念。作为企业经营理念，应该具有鲜明的特色，体现出企业的内在本质，并且能够用比较确切的文字和语言描述出来。如吉利汽车的“快乐人生，吉利相伴”体现了吉利旨在制造最安全、最环保、最节能的好车，让用户使用吉利车快乐、经销商营销吉利车快乐、供应商与吉利合作快乐；为了一个美丽的追求，全体吉利人享受着不断发现问题、不断解决问题和坚持持续改进的过程快乐，享受着让吉利汽车走遍全世界而不是让全世界的汽车走遍全中国的成功快乐。

（2）BI（behavior identity），即企业行为识别。企业行为分两个方面：一是企业作为一个整体、一个社会组织所表现出来的行为，二是企业的每个成员所表现出来的个人行为。企业所做的每件事都是企业行为的具体表现，它能够表现出这个企业的精神风貌，也能够表现出企业的内在本质。而作为企业的每个成员，其个人行为已不再是纯粹代表个人的行为，而是整体企业行为的一部分，所以，也包括在企业行为的范围。CI要求对企业行为必须规范管理，这样，既有利于企业形象的树立和识别，也有利于体现企业的内在本质。例如，著名的麦当劳餐馆在全世界有无数家分店，但都有共同的行为规范，通过这些共同的行为规范，顾客无论进入哪一家麦当劳餐馆，都可以享受到同样的产品和服务。

（3）VI（visual identity），即企业视觉识别。企业本身是一个信息发生源，每时每刻都通过各种信息载体向公众传达大量的信息。在这些信息中，又以视觉信息为主。因此，通过VI，统一设计企业通过各种信息载体所传达给公众的、借以识别企业的视觉形象就成为CI计划的重要组成部分。

CI就是这三个要素形成的一个有机的整体，即企业形象总体设计。在CI中，MI既是核心，也是基础，更是整个CI的统帅；BI是由MI所决定的企业法人和企业自然人的行为规范；VI是由MI、BI所决定的在企业一切内外传播工具上所使用的企业统一的视觉形象。必须引起注意的是，由于MI是以抽象的理念来表达的企业宗旨，BI是以大量的企业行为和企业员工行为来表现的，两者的具体表现形式都不明显，也不易为外界所察觉和认识。而VI则是以统一的视觉形象作为具体的外在表现形式，是公众认识、接受和理解企业形象的重要工具。因此，有部分企业和设计人员往往把CI片面地理解为VI，从而只重视视觉形象的设计，而忽视MI和BI的建设，使企业的CI计划成为一种形式，而不能充分发挥它的作用。

14.7.2　CI 的作用

（1）通过企业形象的总体设计，确定企业发展的大政方针。CI 不仅是企业视觉形象的统一设计，更重要的是要通过导入 CI，而从内到外对企业的经营理念、经营宗旨、行为规范、视觉形象进行全面的检讨和重新塑造，而这一系统工程的核心是要检讨和确定企业发展的战略方针。例如，一个饮料企业通过自身的努力逐渐发展壮大起来，无论它现在是新导入 CI 计划，还是对过去的 CI 计划重新构造和设计，都必须对过去的经营宗旨重新检讨，并要确定企业是继续以生产和经营饮料为己任，还是扩大经营范围，把食品、房地产等作为企业发展的目标。因为 CI 在企业形象设计时，不同的企业宗旨有不同的行为规范和视觉形象。一个饮料企业与一个综合经营的企业，在 CI 设计时，从企业名称、企业标志、企业的宣传口号、企业的标准色彩设计等都有很大的区别。

（2）通过企业形象的总体设计，规范企业法人和员工的行为。行为也是形象的组成要素，所以，通过导入 CI，为企业自身和企业从上到下的每一个员工规范统一的行为，使企业行为和员工行为体现出企业的追求和企业的精神。

（3）通过企业形象的总体设计，统一企业的视觉形象。作为公众对企业的感知和认识，主要是通过企业向外部传播的信息得到的。如果企业在信息形式、信息标记、信息内容方面混乱不堪，甚至某些信息互相抵触，就会给公众造成不良的印象，并且也不利于公众在众多的、繁杂的信息中迅速识别本企业的信息。所以，通过导入 CI，对企业所有借助于信息载体传递的信息形式、信息标记、信息内容等根据企业发展战略、行为规范进行统一化的设计，使企业视觉形象鲜明生动，容易识别，并且能够体现出企业宗旨和企业精神。

（4）通过企业形象的总体设计，树立良好的企业形象。树立良好的企业形象，一是取决于企业本身的实际表现，二是取决于企业有意识地利用各种信息传播工具来塑造特定形象，而这两个方面都与 CI 有密切关系。企业的自身实际表现与 MI 和 BI 是密切联系的，而 VI 则通过将 MI 和 BI 通过视觉形象体现出来，并以各种信息传播的视觉形象统一化来达到使企业形象鲜明独特的目的。

（5）通过企业形象的总体设计，促进企业产品和服务的销售。CI 对促销的作用主要表现在两个方面：首先，CI 的统一视觉形象是促销信息传播的基础。CI 的外在表现形式是以统一的视觉形象来体现的，诸如企业标志、商标、标准色彩、标准字体等，统一使用在企业内外部的一切信息载体上，如包装、广告、宣传品、交通工具、建筑物等，是企业视觉信息的统一化。促销的中心是通过信息传播来达到销售的目的，在促销中所使用的各种信息传播工具必须服从 CI 的总体要求，使企业视觉形象鲜明突出，能够表现出企业及其产品（服务）的竞争特色，从而在消费者和公众中树立较高的知名度和获得好感，促进企业产品及服务的销售。其次，CI 所树立的良好鲜明的企业形象有利于促销的开展。企业导入 CI 的目的就是树立良好鲜明的企业形象，包括其内在本质的体现和视觉形象的统一，这对于促销组合的作用是极其有利的。CI 战略正确，企业形象鲜明，对促销来说起到了加速剂的作用，可以更好地提高促销效率。

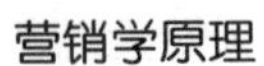

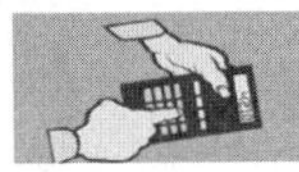

14.8 公共关系

14.8.1 公共关系的意义

1. 公共关系的概念

公共关系（public relations，PR），亦称公众关系，简称公关，是指一个社会组织运用传播手段与公众建立良好的关系，以帮助该组织目标的实现的系统活动。

公共关系的行动主体是组织，其作用对象是公众，其作用手段主要是运用信息传播来达到目的。因此，通常也将组织、传播、公众称之为公共关系三要素。

传播是公关的主要手段，因为信息必须借助于信息载体才能把信息传递给信息的接收对象，而传播就是借助于信息载体传递信息的活动。作为公关当中的传播，包括有新闻、演讲、参观、书面资料、视听资料、公益活动、人际关系传播等，利用这些传播方式，可广泛地向公众传播组织信息，以达到与公众沟通的目的。

对企业而言，公共关系从其作用范围是为整个企业服务的，这里主要从促销的角度论述公共关系的作用和基本策略。公共关系是一种间接促销策略，主要通过树立企业的良好形象来影响顾客的购买行为，进而促进产品的销售。由于树立良好的企业形象需要长期努力，所以公关活动需要有计划、有目的地持续进行，但是可以长期发挥其促销的作用。

2. 企业公关的对象

公共关系当中的真正主人是公众，他们是组织希望沟通的对象。由于各类组织的类型不同，它们所服务的主要公众也有一定的差异。从企业来看，其面对的公众主要有下述几类。

（1）顾客公众。顾客公众也称服务公众，指企业产品或服务的现实购买者和潜在购买者，他们是最为重要的公众。中国古代经商谚语中就有“顾客是衣食父母”的提法，表明了古代中国的商人就已经非常重视消费者对经营者的生存和发展所起的作用。

（2）利益公众。利益公众是指与企业在利益上有密切关系的团体或个人，如股东、经销商、代理商、联营企业等。

（3）金融公众。金融公众是指与企业的资金供应有密切关系的组织，如银行、基金会、保险公司等。

（4）新闻公众（或称媒体公众）。新闻公众是指与企业传播信息密切相关的大众传播媒介，如报社、杂志社、电视台、电台、网络和新兴的社交媒体等。

（5）政府公众。政府公众是指与企业生产经营有密切关系的政府有关部门。

（6）社会公众。社会公众是指企业所在地区的公众。

（7）一般公众。一般公众是指除上述所列的各种公众之外的各种组织和个人。

（8）内部公众。内部公众是指企业内部的全体员工及其家属。

企业需要与上述各类公众建立良好的关系。

3. 公共关系的性质

现代公共关系的性质可概括如下。

（1）现代公共关系是企业经营管理活动当中的一个不可或缺的有机组成部分，即它是一种经营管理活动。这从其活动的目的就可以充分体现出来，它的中心目的是为着企业的生

存发展，是为着企业经营管理目标的顺利实现。

（2）现代公共关系是以传播信息、沟通关系为目的的活动，即它又是一种信息传播活动。从公共关系所采取的主要手段来分析，它是借助于信息传播来实现其目的的，因此，它也必须服从信息传播活动的基本规律。

（3）现代公共关系是一种不但对企业而且对社会都有影响的影响面很广的活动，即它还是一种社会活动。从公共关系所起作用的范围来看，它要作用于各类公众，从而使其活动纳入了社会活动的范畴。

所以，公共关系的性质应是具备上述三种活动性质的综合性的活动，只从某一方面强调它的单一性质都不是正确的看法。

4. 公共关系的作用

（1）树立良好的企业形象。在大量信息充斥的社会中，每个企业要想使自己被公众所注意、所欣赏，留下一个美好的、深刻的印象，这就必须有意地通过各种手段去传播和树立本企业的特定形象。对企业来说，树立形象是全方位的，首先必须是在企业内在努力方面，如企业的经营观念、经营宗旨、企业的产品质量、服务质量等是否符合消费者的需要；但另一方面，也取决于企业向外传播和树立形象的努力，如广告宣传、公关传播、人员推广等。而在这些信息传播工具中，公共关系对于树立企业特定形象有着独特的、其他形式不能取代的作用。因为作为广告和人员推广的作用范围主要是为企业销售产品服务，其形式主要是自我宣传，因此，在树立形象方面所发挥的作用是有限的。而公共关系从其作用范围是为整个企业服务的，采取的形式是多样化的，所以发挥的作用是广泛的。

（2）强化企业与社会公众的关系。企业在自己的经营活动当中，必然要与社会各个方面发生关系，通过公关，经常将企业各方面的动态传达给大众和消费者，可以使他们产生好感；通过公关，联络本企业销售网络中各经销商同企业的感情，使他们产生认同感；通过公关，将企业信息通报给企业的股东、投资者、贷款银行、政府部门和社区公众，使他们理解和支持本企业的工作；等等。总之，通过公关，可以强化企业同各方面公众的关系，使企业与大众的关系更为紧密和牢固。

（3）化解危机。企业生存在千变万化的环境之中，可能会在某些时候面临危机。这些危机，有些是企业自身的失误造成的，有些是公众误解造成的，有些是竞争对手采用不正当竞争造成的，有些是不怀好意者造谣污蔑造成的，但这些危机如果不能及时化解和处理，就会给企业带来很大的损失。通过公共关系，对危机产生的原因进行分析，采取办法化解危机，使企业渡过困难阶段。例如，对由于误解而产生的危机，通过公关、解释披露情况的真相，使公众了解产生误解的原因；对由于企业过失造成的危机，通过公关，对企业的过失进行道歉；等等。通过这些措施，可以起到化解危机、解决危机的作用。

（4）协调企业内部决策。公共关系部门不是企业的决策部门，但是，公关部门负有将企业决策利用信息传播手段告诉公众的责任，同时，也可以将公众对企业决策的反应和意见及时地传达给企业有关部门，使企业决策部门在具体执行决策时充分考虑到公众的意见，及时地对错误决策进行调整。另外，公关部门还有内部公关的职责，即宣传企业决策，鼓舞员工士气，将员工对企业决策的意见反映给企业各部门。因此，通过公关部门的内外公关的职责，既有利于企业战略决策的宣传贯彻和执行，又有利于企业根据内外部各方面公众所反映的正确意见进行及时的调整，以免错误决策给企业带来巨大损失。

（5）增强企业内部凝聚力。公关不但负有沟通企业与外部公众关系的职责，同时还负有内部公关的责任，即通过公关，将企业经营宗旨、经营策略、经营目标告诉全体员工。同时，将员工对企业的建议和意见传达给企业决策层和有关部门，避免错误决策。此外，通过公关，使企业从领导层到基层员工，都同心同德为企业经营目标的实现而努力，消除可能产生的误解和隔膜，增强员工的自豪感和认同感，增强企业的凝聚力。

（6）促进产品销售。对任何企业来说，其各项工作最终的目的仍然是在研究消费者需要的基础上，通过销售自己的产品来实现利润的增加，而公共关系对企业销售则起着非常重要的作用。现代市场营销非常重视企业形象的好坏，因为由于竞争和技术水平的影响，产品的质量差距和价格差距已越来越小，而消费者对产品的选择更着重于生产产品的企业本身的形象。所以，一些营销专家认为，现在是形象时代。首先，公关通过信息传播，树立企业的良好形象，使消费者对企业及其产品产生好感，进而采取购买行动，这种作用是广告、营业推广等促销方式难以做到的。其次，因为公关是消费者和公众参与其中的双向的信息沟通，对消费者所起的影响是潜移默化的，在信息传播中使消费者不至于有被动感。同时，公共关系通过各种方式把消费者和公众的注意力集中到企业身上，使公众重视企业在开发新产品和推广产品方面的努力，从而促进产品的销售。

14.8.2 公共关系的工具

1. 新闻

新闻是以第三者名义通过大众媒体传播的特定信息。正因为如此，它与广告、人员推销等自我宣传形式比较起来，对公众的影响力要大得多。所以，它是公共关系最为重要的工具。在公关活动中，利用新闻可从以下四个方面着手。

（1）召开新闻发布会和记者招待会，向新闻界通报企业情况，提供新闻素材。主动向新闻界通报情况，使新闻界能够及时掌握和了解企业的动态，从中选择有新闻价值的信息传播给公众，是事半功倍、行之有效的公关方法。

（2）邀请新闻记者参观企业，为其采访提供方便。“百闻不如一见”，书面的资料及情况介绍常常不能引起新闻记者的注意，新闻记者如能亲自参观企业，往往可以发掘出许多可供报道的新闻材料。所以，通过主动邀请新闻记者到企业参观，为其采访提供方便，不失为一个有效的好办法。

（3）企业人员撰写新闻稿件寄给新闻单位，使其采用发表。这种方法命中率低，需要掌握新闻的基本规律和要求，才能提高采用率。

（4）创造新闻素材，吸引新闻媒介的注意。这种方法难度较高，是高级的公关艺术，需要公关人员有丰富的知识和经验，而且需要企业决策层的支持。因为创造新闻素材需要抓准时机，随机应变，并且往往需要资金方面的支持。例如，在2008年四川汶川发生特大地震，王老吉率先捐出一亿元人民币支持灾区抗灾救灾，这为新闻界提供了良好的新闻素材，各大媒体纷纷报道，为王老吉树立了良好的企业形象。

以上利用新闻的方法，都要求公关人员掌握新闻的知识和规律，并且要和新闻界保持良好的联系，甚至要与重要媒体的记者和编辑建立良好的个人关系，只有这样，企业获得较多较好的新闻报道的可能性才会增加。

2．**广告**

广告指在公关活动中利用广告形式来树立良好的企业形象，或向公众传播必要的信息。公关中的广告归纳起来大致有下述六种类型。

（1）形象广告。形象广告是指以树立企业形象为目的的广告，有两种不同的表现方式：其一，抽象式（寓意式）广告。把企业宗旨、企业精神通过精巧的艺术构思表现出来。其二，具象式（直接式）广告。通过直接介绍企业历史、企业规模、企业成就、技术程度等来树立企业形象，是比较常见的一种形式。两种形式比较，前者形式新颖，易引起注意，但创作难度高；后者创作难度低，但容易雷同和落入俗套。

（2）声明广告。声明广告是指表明企业对某些事件的立场、态度的广告，通常适用于两种情况：一是对企业不利的事件，但企业自身并无过错。如假冒本企业商标的伪劣产品给消费者带来了损害，甚至引起消费者的投诉或控告；本企业的专利权被不法侵犯；某些竞争对手恶意中伤、造谣诬蔑；新闻媒介的失实报道；等等，都需要利用声明广告表明本企业立场，以正视听。二是一些重要的、必须使公众迅速知晓的事件和消息，例如，企业更名、迁移、更换商标和包装、清理债权债务等，也需要发布声明广告。

（3）致歉广告。致歉广告是指向公众表示歉意，以取得公众谅解和好感的广告。这种广告主要是用于企业自身原因所引起的危机事件，例如，本企业产品质量不好，给消费者带来了损失或者不方便，引起消费者投诉；本企业员工对待顾客服务态度不好，引起顾客不满；等等。这类危机事件通常都是以公众来信、新闻报道等形式在新闻媒介披露，给企业声誉带来很不利的影响，企业如果不理不睬，或是以不真诚的态度甚至是否认或抵赖事实的手法来处理这些危机事件，将会给企业带来灭顶之灾。所以，利用致歉广告承认错误，表示歉意，取得公众谅解，不但无损企业的形象，反而会使公众感到企业态度真诚，从而产生好感。

（4）祝贺广告。祝贺广告是指在与本企业有密切关系的企业或单位举办重大活动时表示祝贺的广告。具体有两种形式：一种是本企业在举办活动时征得别的企业（单位）的同意，以这些企业（单位）的名义发布祝贺自己的广告，被借用名义的企业（单位）无须承担广告费，这种广告形式通常可以表示本企业与社会各界的联系广泛，有良好的公共关系；另一种是当别的企业举办活动时，本企业单独或联合其他企业（单位）一起，发布向其祝贺的广告，这种祝贺广告的费用是由发布广告的企业（单位）来承担（分摊）的。

（5）活动广告。活动广告是指为配合企业所开展的各项公关活动而发布的广告。例如，开展消费者意见征询活动，企业举办各种庆典活动，等等，这些公关活动如没有广告的配合，其效果就会大打折扣，所以，围绕着这些活动进行大规模的广告宣传，使公众踊跃参加，提高企业的知名度和影响面，是这种广告的主要目的。

（6）公益广告。公益广告是指企业为获取公众好感，表现社会责任而进行的有关维护社会公共利益的广告宣传。具体形式有两种：一种是利用大众传媒刊播由企业出资的公益广告，如太阳神集团公司在电视上播放的保护环境及注意交通安全的公益广告；另一种是由企业出资树立各种公益广告物或是向社会举办的各种公益活动提供印有本企业名称的各种实物用品。

3．**演讲**

由企业领导人利用新闻媒介或其他宣传工具向公众发表演讲，介绍企业的发展，阐述企业对某些问题的看法，或者回答各种问题，这是提高知名度、树立企业形象的方法之一。例如，接受电视台或电台记者的采访，发表讲话或接受提问；召开记者招待会，发表讲话或接受提问；在企业庆典或其他仪式上发表讲话；等等。但需要注意，一是演讲人要掌握演讲的技巧和艺术；二是演讲不能信口开河，以免弄巧成拙，损害企业形象。

4. 事件

事件是企业特意安排和准备的、目的在于吸引新闻媒介和公众注意的事情或活动。事件可以通过以下方面进行。

（1）巧抓事件。通过对新闻媒介报道的浏览，或顾客、经销商、企业员工所反映的情况，抓住一些与本企业及产品（服务）有关联的消息，采取某些措施使公众关注该事件，利用公众对该事件的注意和兴趣，从而提高本企业的知名度和好感度。例如，2018 年 4 月一条“星巴克 8000 门店停业半天进行‘反种族歧视’培训”的新闻被网友们关注并迅速转发，网友们在了解新闻背景后，纷纷为星巴克点赞，从而进一步强化了星巴克的服务理念，提高了人们对星巴克的好感度。

（2）制造事件。由企业自行构思可以作为事件的题材，将其发展成为事件来达到引起公众关注、提高企业知名度、树立企业形象的目的。例如，举办企业庆典，举办展览会，邀请新闻界、消费者团体、消费者代表、政府官员、股东、经销商等参观企业，举办研讨会，进行意见征集活动，征集商标设计、广告宣传语等都属此类。制造事件与巧抓事件相仿，但其难度更高。

5. 公益服务活动

公益服务活动指企业投入一定的精力、金钱和时间用在一些有益于社会的公共事业、慈善事业、福利事业方面，以体现企业的社会责任，增加公众的好感，提高企业的知名度。现代社会是一个复杂的综合体，其运转需要各方面的配合支持，企业作为社会大家庭的成员，理所当然地负有一定的社会责任。除了以上缴税收的形式表现这种社会责任之外，企业还必须以关心的态度，积极投入社会公益服务活动之中。投入社会公益服务活动，一方面表现了企业高度的社会责任感；另一方面，公众透过这些活动，对企业增加了了解，产生了好感，从而对树立良好的企业形象、促进企业产品的销售等也产生了极好的效果。所以，它是一种双向的公共关系活动，企业应重视和积极参与这类活动。事实上，我国的许多公关意识强的企业，已经充分认识到企业只有表现出对社会发展的关心和责任，才会被公众接受和喜爱的道理，从而更积极投身于公益服务活动当中。

6. 书面资料

书面资料指编写制作各种书面资料，向公众广泛派发和寄送，以加深其对企业及产品（服务）了解，影响其观念和态度，增加对企业的好感。各种书面资料包括：年度业绩报告、小册子、文章、书籍、画册、企业报纸和刊物等。寄送的对象包括：企业股东、经销商、政府主管部门、贷款银行、新闻媒介、本行业权威的专家学者、顾客、用户、企业内部员工等。在运用书面资料工具时，一是要注意在编写制作时，必须实事求是，万万不可弄虚作假，欺骗公众；二是要根据对象的特点有选择地寄送资料。

7. 视听资料

视听资料指企业设计制作电影片、录像片、幻灯片、录音带、电脑多媒体软件、网络视频等视听资料，用在各种公共场合播放。电影、录像、幻灯、录音、电脑多媒体软件和网络

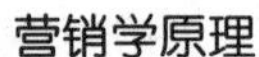

视频等视听资料都是传播效果好、影响力大的信息载体，其效果比书面资料要好，但成本也比较高。企业可以精心制作一批用于公关宣传的视听资料，用在公众场合播放。例如，公众来企业参观、展销会、展览会、订货会、新闻发布会等，也可以送给新闻界，以便他们从中挑选和剪辑用于新闻传播。运用视听资料工具时一定要精心设计和编辑，因为视听资料直观性很强，如果设计编辑得不好，不但不能收到预定的效果，反而会起很大的破坏作用。

8. **企业形象识别媒体**

企业形象识别媒体指公关部门参与企业 CI 战略决策，充分利用企业形象识别媒体，体现和传播良好的企业形象。CI 战略把企业的一切信息传播形式和一切信息传播媒体都纳入总体设计的范围，包括广告宣传、公共关系、人员推广以及企业的产品包装、交通工具、建筑物、服装、名片、商业信函、宣传品等。CI 战略从总体上说，是为树立良好的企业形象服务的，因此，它和公共关系密切相关。作为公关部门，一是要积极参与 CI 战略决策的制定，参与企业视觉形象识别系统的设计，把良好的企业形象体现在视觉形象识别系统设计当中；二是要积极参与 CI 战略的具体实施，充分利用一切企业形象识别媒体，传播统一的企业形象；三是在各种公共关系工具的运用当中，如公关广告、书面资料、视听资料等的设计制作，要服从企业 CI 战略的要求，使企业视觉形象统一化。

例 14 - 2

星巴克的“社交咖啡”

在很多咖啡爱好者的眼中，星巴克既是一个温暖的、充满咖啡香气的地方，也是一个供人们娱乐和工作的场所，或者是一个充满人情味儿贴近生活的品牌。但可能很少有人会想到，现在的星巴克，还是一个社交网络的深度玩家。在 2013 年一项“社交媒体参与度最高的 100 大品牌”的评选中，星巴克以 127 分的总分获得第一名，而另外两大知名品牌戴尔和 eBay 紧随其后。另外，2013 年美国餐饮新闻网（NRN）以美国主流的三大社交媒体及社交网络（Facebook、Twitter 和 YouTube）联合发布的社交化程度排名显示，星巴克高居美国餐饮企业社交化排行榜榜首，其三大网站的相加总得分高达 107. 09 分。一家看似十分传统的咖啡店，为何能在社交网络这一新兴领域取得如此令人瞩目的佳绩？

数字化变革的重要一环

作为全球最大的咖啡连锁零售企业之一，星巴克在其时任 CEO 霍华德 · 舒尔茨的领导下，一方面格外注重客户体验，始终致力于提供最好的咖啡及咖啡消费环境；另一方面，星

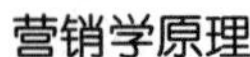

巴克也十分注重利用互联网（Online）来营造线上社区为其整体品牌形象服务，以配合和促进线下（Offline）门店的销售。但舒尔茨的改革之路并不顺利。

早在1998年，星巴克就上线了官方网站（www. starbucks. com），以方便越来越多的网民通过网站来了解星巴克。霍华德·舒尔茨当年更大的一个想法是把星巴克打造成一家通过网络销售咖啡、厨房用品等产品的互联网公司，由于时机不成熟而最后放弃。2000年舒尔茨卸任CEO后，星巴克的互联网之路进展相对缓慢。到2008年舒尔茨重新担任CEO时，星巴克面临极大的困境，其中一个困境便是星巴克并没有在年轻的互联网消费者中建立如同线下的品牌优势。

另外，这几年来，消费者的口味和消费习惯都发生了很大变化。而且，随着众多咖啡店的出现，星巴克所面临的市场竞争也越来越激烈。

在这种情况下，星巴克只有通过不断创新，以新的产品和市场计划来满足顾客变化的需求，才能加强其与顾客之间的紧密联系。

然而，创新往往是最难的。在这场产品创新风潮的背后，星巴克做了大量的工作。其中最具革命性的便是其CEO霍华德·舒尔茨自2008年重掌帅印以来掀起的数字化变革。

互联网和手机网络的迅猛发展，让舒尔茨越来越敏锐地预判必须把这个时代特征迅速融入星巴克的产品和服务之中。于是，星巴克开始了为跟上时代而转变的行动，其中利用新兴的社交网络进行品牌营销和推广，加强与消费者之间的互动，重塑星巴克与消费者的关系，则是其数字化变革战略中的重要一环。

2004年以后社交网络发展日趋成熟，Facebook、YouTube、Twitter先后上线，因此此时通过社交网络进行线上品牌推广的时机已经非常成熟。为了能够在社交网络进行品牌推广，星巴克成立了专门的社会化营销团队，负责社交网络账号的运营。之后，星巴克分别进驻了YouTube、Facebook、Twitter、Foursquare、Google等，在社交网络上与顾客互动，不仅分享星巴克的相关信息，还分享转发众多顾客感兴趣的内容。

例如，在Foursquare，为消灭艾滋病捐款25万美元；在Google上通过Google Offer捐赠支持美国创造就业的倡议，通过公益行动提升自己的品牌形象。

通过这些努力，星巴克获得了很好的宣传效果：截至2013年4月17日，星巴克的YouTube账号订阅用户达到17 587位，其视频被观看次数达749万次；同时星巴克的Facebook账号共收到过“赞”（Like）3 426万次；而其Instagram账号有粉丝118万人，Twitter账号更是有高达365万的粉丝数；同时其Google+账号粉丝数也高达153万个。如今，星巴克已经发展成为Facebook、Twitter等社交媒体上最受欢迎的食品公司。

最近两年，星巴克又开始使用中国的微信与粉丝互动。目前，星巴克中国微信账号粉丝已超过40万，以及总计数以百万计的互动。对于很多企业而言，在社交网络上开通一个账号或推出一个移动应用很简单，但如何才能吸引消费者，并进行良好的互动则是一个不小的难题。而星巴克结合自己的企业特点，利用社交网络不断推出一系列的品牌营销活动，将星巴克和消费者紧紧地黏在了一起。

以内容创意取胜

与很多企业只是利用社交网络进行一些简单的产品促销活动不同，星巴克更加注重的是活动的内容创意，通过独特的创意，增强消费者的体验，从而使消费者成为星巴克的粉丝。

2012年，星巴克首次借用微信平台所进行的“冰摇沁爽”活动，便是其运用社交平台

打造创意的一个案例。秋天对于星巴克来说并不是旺季，为了刺激销售，2012 年星巴克推出了新饮品“冰摇沁爽”。“冰摇沁爽”有果莓和青柠两种口味，由果干和冰块混合在一起放在一只透明的塑料杯中，而它却是一款真正的咖啡饮料。

为了营销这款与众不同的彩色咖啡饮品，星巴克将目标定位于通过感官刺激消费者尝试“冰摇沁爽”，并让他们通过社交媒体将这款饮料推荐给朋友。从而在短时间内，用有限的资金投入来达到销售目标。

如何能够通过虚拟社交平台来传达情绪从而引起消费者共鸣？星巴克决定运用“通感”。

星巴克门店的海报、宣传册以及咖啡杯都设置了二维码，到店的顾客在活动结束的时候，星巴克的微信账号收获了 19.3 万名好友，共有超过 32.3 万个心情被分享。同时，微博的粉丝数也增加了 15%，相关微博产生了共计 2.6 万次的评论和 4.5 万次的转发。按照业内计算，通过微博产生的媒体价值相当于 93.1 万元人民币。

可以通过扫描二维码来添加星巴克微信的官方账号，这样，顾客和星巴克就成了“好友”。消费者可以通过微信发送一个表情来告诉星巴克他今天的心情，而星巴克会根据不同的表情来回复不同的歌曲。星巴克创造了 26 种情绪，如果消费者发送“犯困”的表情，那么星巴克就会送上一首激情昂扬的歌曲；如果消费者的情绪符号显示你现在很紧张，那么星巴克就会发送一首让你放松神经的歌曲。

星巴克的计划是不局限于品牌与顾客之间的交流，更希望通过社交媒体给顾客提供一个平台，让顾客之间进行交流。前不久，星巴克还推出了“圣诞魔力心愿”活动。在虚拟社交平台上，顾客可以创造一张心愿单，并且将它发送给自己的朋友。其好友可以从中挑选出一些心愿来帮助其实现，从而真正达到社交媒体所倡导的“分享”的作用。

网络互动激发新产品、新服务

在消费者主权时代，谁能倾听消费者的心声，并最快地满足消费者的需求，谁就能够获得消费者的青睐。而社交网络无疑是企业与消费者实时互动的最好渠道之一。事实上，星巴克就深谙此道。

2008 年，星巴克就推出了“MSI 我的星巴克点子”，与消费者在网络上互动，搜集他们的点子和创意。这是一个即时、互动的顾客意见箱，全球的消费者不仅可以提出针对星巴克的各类产品和服务的建议，对其他人的建议进行投票评选和讨论，而且可以看到星巴克对这些建议的反馈或采纳情况。

MSI 网站共有四个组成部分：share（提出自己的建议）、vote（对各类建议进行投票评选）、discuss（和其他读者以及星巴克的“创意伙伴”进行在线讨论）、see（了解星巴克对一些建议的采纳实施情况）。从创建之日起，网站就形成了巨大的流量，在创建的前 6 个月内，MSI 网站共收到了约 7.5 万项建议，很多建议后面可以看到成百上千的相关评论和赞成票。

在 MSI 网站上，星巴克目前派驻有大约 40 名“创意伙伴”，他们是公司内咖啡和食品、商店运营、社区管理、娱乐等多个领域的专家，负责在线听取消费者的建议、代表公司回答提出的问题、交流星巴克采纳实施的消费者建议和正在进行的其他项目。

目前，该网站有 30 多万注册会员，提交了超过 17 万个想法，星巴克已经采纳了很多条，比如可重复使用的杯套、再次供应咸焦糖热巧克力等。有顾客要求将咖啡中的冰块取出来，以免溶化后使饮料变淡，这个建议得到了7 000多名顾客的赞成。还有的顾客则希望“连锁店在卫生间安装一些架子，不然你还能随手将杯子放在哪儿呢?”尽管这一建议遭到了某些顾客的反对，但星巴克却认为这是一项值得考虑的建议。还有一万多名顾客建议应该堵住盖子上的那个小孔以防咖啡溅出来，于是星巴克便推出了一种可重复使用的“防溅小棒”来解决这个问题。

通过MSI，星巴克不仅可以从消费者那里获得一些极具价值的设想和创意，用来开发新的饮品、改进服务体验和提高公司的整体经营情况。更为重要的是，能够与消费者进行实时的交流，强化了广大消费者，特别是一些老顾客与星巴克的亲密关系和归属感，也提高了星巴克在广大消费者心目中关注消费者和悉心倾听消费者心声的形象。

可以看到，通过社交媒体星巴克不仅成功地进行了品牌营销和推广，同时也与消费者之间形成了更好的互动，增强了黏性。现在，这已经成为星巴克有别于竞争对手的重要竞争力之一。而未来，随着越来越多的消费者触网，和传统媒介相比，以Facebook、Twitter和YouTube为代表的社交媒体将能更多地影响到普通用户的消费决策，而星巴克的“社交咖啡”之路也会越走越远。

通过星巴克的例子我们可以看到，社交媒体已经成为零售商与顾客沟通的重要渠道之一。事实上，如今的零售业正在加速从以零售商为中心向以消费者为中心的转型，而社交媒体将在这场转型中扮演十分重要的作用。

通过社交媒体，消费者之间不仅能够相互交流，同时也能获得更多的信息。而对于零售商而言，社交媒体将成为十分重要的营销渠道之一。因为，在SoLoMo（社交本地移动）时代，那种单纯依靠价格或“王婆卖瓜”的营销手法已经落伍，社交媒体上规模化的口碑相传将决定企业的生死。同样，那种指望通过广告就能完全控制和传播品牌信息的时代也已结束，取而代之的是，数字化、社交化的口碑传播，以及不受品牌商控制的产品体验和购物交流，使消费者能够畅快地分享所见所闻、发表内心的真实评价，并热情地给朋友推荐或建议。

正如可口可乐CCO（首席文化官）山迪所说:“通过社交媒体，倾听消费者的想法，通过数字化收集消费者数据，向后退一步，让人们乐于参与其中，把人们连接起来。”因此，在全渠道时代，社交网络对于每个零售商而言，都是一块必须占领并守卫的重要阵地，而社交的力量、口碑的力量也将成为未来决胜的关键因素。

资料来源：星巴克的“社交咖啡”[EB/OL]. 2015-02-01. http://www.sohu.com/a/834710_114346.

思考题

1. 星巴克推行了哪些新型的数字营销?
2. 你从该案例中可得到哪些启示?

本章小结

促销主旨是要和消费者进行有效的沟通，把企业、品牌、产品的有关信息传递给消费者，促销在市场营销活动中的地位和作用非常重要。从消费者购买决策过程来说，引起需要和搜集信息是做出购买决定的基础，而这与促销有直接关系；从企业竞争来说，企业的优势、品牌的个性、产品的特色都需要通过促销传达给消费者。

促销所使用的手段和工具很多，主要包括两大类：人员推广和非人员推广，在非人员推

广中又包括广告、公共关系、营业推广、直复和数字营销等，企业必须合理、科学地利用各种推广促销手段，形成针对目标市场的推广促销组合策略。

各种促销工具都有它的优点和局限性，如广告传播速度快、传播范围广、成本低，但属于单向传播，而且受到媒体特性的限制；人员推广属于双向沟通，有针对性，可灵活调整，但费用高，时间长；公共关系有利于树立形象，沟通关系，但控制性差；营业推广主要是各种刺激和激励措施，以促进销售的短期性活动；直复与数字营销互动性强、个性化程度高，但难以避免涉及个人隐私问题。所以，企业应该结合目标顾客、企业资源、产品特性选择最适当的促销组合，以达到成本低、效率高的目的。

重点概念

促销（promotion）　　促销组合（promotion mix）
人员推销（personal selling）　　销售促进（sales promotion）
广告（advertising）　　公共关系（public relations）
直复和数字营销（direct and digital marketing）

复习题

1. 简述促销组合策略的构成要素及其各部分的特点。
2. 拉式与推式促销策略各有什么特点？试举例说明。
3. 简述人员推销的特点和推销方法。
4. 广告策略有哪些类别？如何选择广告的媒体？请举例说明。
5. 简述营业推广的特点和方法，试举例说明以消费者、经销商和推销人员为对象的营业推广方法。
6. 简述新型的数字营销类型，并举例阐述如何运用它们展开营销传播。

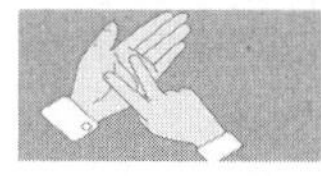

案例分析

当品牌已成为一种生活方式，营销该向何处进化？

微信走向了第七周年。依托腾讯自身的强大流量和优质的产品逻辑，微信在7年时间内获得了10亿用户。在衣食住行和社交之中，人们的生活无时无刻都通过微信相互连接，微信也逐渐成为一种生活方式。

上个月，微信推出了年度创意品牌项目“我·微信·你——世界再大，不过你我之间”。主题片《我微信你》展现的是微信时代的人与人之间的关系，通过简单的16句文案配合日常生活中的场景，来展现微信这7年来带给人们生活的所有变化。

与广告片一起推出的还有一组宣传海报。海报除了表现关于微信的日常，也更为深刻地展现出了微信与生活相融合的一面。同时，也让观众去思考网络与现实生活的边界，去探索真实生活的乐趣。

作为系列品牌项目，微信之前也推出了时代海报、微信太空诗人、微信时代线上影展。从这一系列的活动中，可以看到微信试图表达人与时代关系的野心。

对话星辰：微信太空诗人传递未来

微信太空诗人的slogan是记录和传递时代的声音。9月14日起，只需要通过“微信太空诗人”小程序即可上传自己朗读的诗歌。这些语音将随着“长征四号”运载火箭进入太空，并在太空保留长达一千年。参与者还可以在火箭升空当天，通过小程序观看自己的声音刻录入火箭并升空的视频。

这种相当充满科技感的浪漫受到了较多好评，随着活动影响范围的不断扩大，众多名人和媒体自发加入，全方位拓展了活动的影响力。原本只是通信工具的微信，也被赋予了人文温度的浪漫情怀，更为立体地拓展了品牌形象。

对话时代：微信影展记录当下

9月19日微信联手徕卡发布《微信时代线上影展》，邀请到四位不同背景的摄影师，将镜头聚焦到“微信时代”下人们的日常生活。在摄影师的相机里，聚焦的虽然是人们使用微信的场景，但是实则表现的是整个时代的变化。

其实近年来除了微信，走心感人且并不强调品牌自身的广告并不少见。

从999感冒灵的《有人偷偷爱着你》《健康本该如此》到刚刚推出的《别来无恙，你在心上》，到唯品会的《有些爱开不了口》等，品牌主不再高调植入产品内容，而是更多地去关注人性、生活、健康这些永恒的话题。虽然只在最后进行品牌Logo展示，却仍然能给用户留下深刻印象。

那么，当品牌本身已经成为人们生活中不可或缺的部分时，营销该向何处发展？当品牌的知名度和美誉度已经达到一个峰值，接下来品牌该如何实现自我突破？

从输出产品到输出价值观

品牌发展到一定的阶段，已经不能仅仅着重于做产品宣传，更重要的是建构一个关于自身的形象与理念，全方位与用户进行沟通。从输出产品到输出价值观，品牌需要去挖掘和思考用户真正的所需所想，从而与品牌内核相结合，输出如此产生的价值观才更具体也更有说服力。

无论是孤独、忙碌、家庭，还是健康、压力……这些普世话题可以从各个维度去展示当代人的生活，也更能有效地引起广大用户共鸣、占领用户心智，完成心智卡位。

重构品牌关系，放大用户价值

如今品牌与消费者的沟通逻辑正在发生改变，不再是单向输出，更多的是双向交流。更亲近地与用户对话、更贴切地利用特定场合、更广泛地接触不同圈子，以多维视角审视与每一位用户的关系是这个时代对品牌的要求。

这需要品牌自身拥有强大的价值观和品牌精神，这些精神可以引导用户倾诉自己的故事，或者通过实际行动去表达自身的所思所想，成为品牌活动一个或大或小的引爆点。用户自身生产的内容与品牌所引导的方向相结合，势必会比品牌自说自话所能带来的影响力波及范围大得多。

拓宽品牌视野，为时代发声

品牌到达一定层次之后，需要更宽广的视野和胸怀，这也正是众多品牌能够自发进行社会公益、承担社会责任的重要原因。品牌正因为自身所拥有的实力和影响力，能够为社会变好做出更有效的贡献，才去进行众多品牌公益活动。

反哺社会是永恒的话题，为时代发声也是品牌视野的重要部分。品牌作为一个有温度的

陪伴者，可以帮助每一个人去实现自身的小小愿望。品牌可以通过自身的产品，也可以通过更为广阔意义上的品牌价值观，来实现这个时代里每个人的人生价值。

资料来源：广东省新媒体与品牌传播创新应用重点实验室. 2018-10-07.

讨论题

1. 何为生活方式？品牌是如何体现人们的生活方式的？
2. 品牌应如何通过营销传播实现自我突破？
3. 当品牌已成为一种生活方式，营销该向何处进化？

延伸阅读

1. 网络营销研究报告. 奥美：非常时期，让品牌更有意义［EB/OL］. 2020-03-22. http://www.199it.com/archives/1024312.html.

2. 王晖. 情感营销如何玩出“品效合一”，三只松鼠这次做到了［EB/OL］. 品牌观察报，2019-11-18.

3. Kantar：2019年中国社会化媒体生态概览白皮书［EB/OL］. 2019-08-05. http://www.199it.com/archives/916899.html.

4. CTR：2017年广告市场的“主流”和“非主流”［EB/OL］. 2017-09-22. http://www.199it.com/archives/635757.html.

5. CTR：三大报告全景洞察2019中国广告市场［EB/OL］. 2019-05-05. http://www.199it.com/archives/870999.html.

6. CTR：2019中国广告市场趋势［EB/OL］. 2019-09-10. http://www.199it.com/archives/936192.html.

7. CTR：疫情下的中国广告市场洞察［EB/OL］. 2020-03-17. http://www.199it.com/archives/1021391.html.

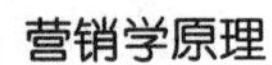

综合性案例一：全家便利店

便利店（Convenience Store）是一种以满足顾客应急性、便利性需求的零售业态，是8种商业业态（零售业态）之一。为了方便顾客选择和节约人工成本，便利店采用自选式购物方式。

全家便利店（Family Mart）创立于1972年，是日本三大便利店品牌之一，其网点遍布日本、中国台湾、泰国、美国洛杉矶等地，店数超过16 000家。中国大陆地区于2002年成立上海Family Mart筹备处，2004年上海福满家便利有限公司获商务部批准成立。“全家”这一便利店品牌正式进入中国上海市场，开始在中国大陆地区开展便利店经营事业。2006年10月，福满家便利有限公司在与上海各家便利店经营公司的竞争中，一举中标，获得在上海地铁交通干线上开设全家地铁型概念店的资质。福满家便利有限公司先后在上海、北京、广州等一线城市，杭州、南京、苏州、成都等二线城市，常州、江阴等三线城市通过直营和加盟的方式投资布局。通常在某个城市先投资直营店，形成样板并产生示范作用后，再利用其强势品牌、物流配送、信息系统和运营团队的优势大力发展加盟店。2018年10月，在中国大陆的全家便利门店总数已超过2 000家，正步入快速发展期。

一、经营理念与营销法则

全家便利店的口号是：“全家是你家”，让顾客感到亲切，拉近与顾客的距离。

全家便利店的经营理念是：诚信务实，价值创新，顾客满意，共同成长。从店面销售来看，便利店的经营并不复杂，但实际上便利店的经营涉及顾客、加盟者、供应商、全体员工、社区居民等众多利益相关者，因而需要建立和谐的关系，不断创新突破，共同互助成长。

全家便利店的目标市场：30岁以下的消费者群体，以白领上班族、学生为主。因为他们易于接受新事物，消费力强，追求时尚。

全家便利店的营销五大法则：

1. 随时掌握市场流行动态，与供应商保持密切联系，迅速导入新商品或流行话题商品，塑造流行且极具吸引力之卖场。

2. 根据POS销售信息系统了解消费者偏好及形态，迅速对顾客需求做出反应的同时淘汰滞销商品，提高商品回转率。

3. 商品供应上经由专业全温层配送，已达商品最佳鲜度需求。

4. 商品促销方式力求创新，并在业界首推同商品第二件折扣活动。

5. 在商品管理上，由满足消费者需求进而创造消费者需求，以需求导向取代供应导向。

二、选址与商品陈列

全家便利店的店址选择有专业的指引，通常选择在人流较大、交通便利的地点。例如，商业区的临街位置、大型办公楼的一层，地铁站站厅等。

在闹市区，全家便利店24小时营业；在办公楼或地铁站内的门店则根据办公楼和地铁运营的时段安排营业时间。

全家便利店店面面积根据实际情况而定，有的面积只有30平方米，有的50～60平方米，有的80平方米左右，有的100平方米左右。面积较大的店里设有长条餐桌和椅子，供顾客在店里就餐或短暂休息，面积较小的店里则不设长桌和椅子。

全家便利店在货架位置安排、商品陈列等方面具有丰富经验，由专业团队进行现场指导，因此可以有效利用空间，充分利用有限的面积安排较多的商品供消费者选择。

三、产品

全家便利店的货源有保障、产品种类丰富、商品个性鲜明。不仅有来自国内的知名品牌，还有来自欧美、日韩等优质进口化妆品、护理产品、母婴用品、食品等知名品牌，能很好地满足不同顾客的需求。

由于店面面积大小不一，位置不同，各家便利店的商品种类大致相同但也有一定区别。据店员介绍，有的店内陈列的商品有1 500余种，有的多于1 600种。但是，基本的商品品类大致相同。例如，奶品、饮料、面包糕点、快餐（便当）、糖果、饼干、坚果、蜜饯食品、冰激凌、水果、文具、电池、药品、牙具、毛巾、雨伞、化妆品、洗护用品、生活用纸、香烟、酒类，等等。每个品类包括了多个不同品牌的商品，同一品牌的商品有多个规格型号，每个规格型号对应一个条形码。店内的商品以小包装居多。面积较小的店则不提供热咖啡或关东煮产品。

四、商品定价与价格调整

全家便利店采用统一定价的政策，例如，中杯拿铁咖啡在上海或广州都是12元/杯，豆浆都是3元/杯。在实际操作上，全家的价格策略是招徕定价和尾数定价。

早餐推出了10元套餐，有一盒牛奶加一个三明治，一罐咖啡加一个三明治，一盒果汁饮料加一个饭团等多种选择。还有豆浆3元/杯，奥尔良鸡腿包3.8元/个，梅菜烧肉包2.8元/个，鲜肉大包2.5元/个，紫薯流沙包2.5元/个，奶黄包2.5元/个，三色手撕卷2.5元/个，香芋包2.3元/个，杂粮馒头2.3元/个，香菇菜包2元/个，酸豆角包2元/个，糯米烧卖2元/个，蒸饺（5只）5.9元/份，红糖馒头2.5元/个，糯玉米4元/个，等等。红糖馒头最初推出市场的价格是2元/个，经过一段时间的销售，消费者接受了这个产品，销量上去了，就把价格调整为2.5元/个。

在上海市，港式茶餐厅的烧腊双拼饭35元/份、凉瓜牛肉饭35元/份、经典台湾牛肉面32元/份。由于租金上涨和人工成本上升，一线城市的小型饭店经营越来越困难，因此近两年关门倒闭了不少。针对上班一族中午休息时间短，普通白领的收入水平不高的实际情况，全家便利店提供的盒饭有很多选择。例如，香菇滑鸡饭8.8元/份，宫保鸡丁饭8.8元/份，炸酱面8.8元/份，鱼香肉丝饭9.8元/份，香辣小炒肉饭9.8元/份，蚝油牛肉饭10.8元/份，红烧狮子头饭10.8元/份，培根意面11.8元/份，麻婆豆腐炸鸡饭11.8元/份，咖喱鸡排饭11.8元/份，芝士咖喱猪排饭11.8元/份，绍兴大排饭12.8元/份，香冒肥牛饭13.8元/份，韩式泡菜炸鸡饭13.8元/份，奥尔良整只鸡腿饭15.8元/份，芝士鱼排饭16.8元/份，鸡肉蔬菜沙拉13.9元/份，黑椒牛肉沙拉16.8元/份，小龙虾（十三香）饭24.8元/份，小龙虾34.9元/份，等等。为了吸引更多顾客，同时为顾客创造更高价值，2019年6月起全家推出了“新超值便当，周周上新菜”活动，这些盒饭由全家公司属下的工厂生产。一家设在办公楼一层的全家店铺一个中午卖出了60多份盒饭，取得了很好的效果。

全家便利店还提供多种西式面包和饼干，其中有 4 片装超软全麦土司（180 g）6 元/包，5 个装塔式小蛋糕 6.9 元/包，牛油切片面包 6 元/包，老唱片面包 6 元/包，虎皮蛋糕 9.5 元/包。这些面包由“烤致工房”生产供应，该供应商与全家已合作多年。

多数全价便利店也提供烧烤类商品，例如，牛肉风味馅饼 6 元/个，台湾风味香肠 7 元/根，经典热狗棒 8.8 元/根，十三香风味大鸡排 9.5 元/块，奥尔良手枪腿 12 元/个，等等。

全家便利店提供的中杯拿铁咖啡 12 元/杯，大杯拿铁咖啡 14 元/杯。相比附近的星巴克、肯德基的咖啡价格便宜得多。

五、促销策略

全家便利店经常采用节假日促销策略，不同的节日主打不同的促销商品。例如端午节期间提供粽子；中秋节期间推出月饼；春节期间推出大礼包活动，里面有糖果、坚果、丹麦曲奇、红酒等商品，分 188 元、288 元、388 元等多种档次。平时，店里经常有买二送一、第二件六折、第二件 1 元钱等促销活动。该活动有时用于某种饮料，有时是某种奶品，有时是某种面包，有时是某种罐装咖啡，有时是某种冰激凌，等等。例如，两种口味的奥利奥夹心饼干（两小筒装）平时售价为 7 元/包，促销时的价格为 10 元两包。

会员制在全家便利店已经应用了多年，分为普通版（集享卡）和贵宾版（尊享卡）两类。普通版不用缴年费，每消费 1 元即送 1 个积分，积分可当钱花。下载全家 APP，注册即可成为普通版会员。打开全家 APP，可以看到全家便利店的有关商品推广和促销活动的信息。例如在 2019 年，会员在便利店可以 60 元买到中杯拿铁咖啡券 10 张，非会员只能买 12 元一杯的拿铁咖啡。贵宾版每年要缴费 100 元，缴费时即送中杯拿铁咖啡免费券 1 张，中杯拿铁咖啡买一送一券 5 张，满 10 送 500 积分券 4 张，满 20 送 1 000 积分券 1 张。贵宾版会员享受加倍积分的优惠，也就是消费时比普通版会员多一倍的积分。全家便利店鼓励贵宾版会员提前续费，提前续费可获 1 000 积分。

每逢星期三，全家便利店都推出消费满 25 元，即送 500 积分（相当于 5 元）的活动，通过优惠回报顾客，既激发了消费，也增加了销量。

除了在实体店的销售之外，全家便利店还积极拓展网上销售，开发了甄会选网上商城。通过全家 APP，可以在网上购买全家的商品，同时也开展了网上的促销活动。

六、运营管理

每家实体店由一名店长全面负责业务运营。店员都要经过基本的培训，必须了解商品基本知识，熟悉商品的陈列，掌握蒸包机、豆浆机、咖啡机、微波炉等设备的使用，熟练使用收银机。上午 8：00—9：00、中午 11：00—13：00 是高峰期，店员掌握技能才能高效工作，才能满足顾客需求，减少顾客排队时间。

2004 年 10 月全家第一家门店开业，即导入最先进的 POS 系统及店铺宽带 ADSL 建设，新系统可在最短的时间内进行 POS 系统的调整，以应对快速变化的消费者的需求，并将店铺缺货（欠品）的概率降到最低。

信息平台在运营中起到了十分重要的作用。每种商品的销售数据实时传送到信息平台，每天的营业数据都要及时汇总并分析处理，然后各家店铺的店长参考当天的销售数据列出进货（含补货）的清单。公司根据清单进行组货，物流中心可以将短效期的商品（如盒饭、面包、牛奶等）在营业高峰时间前配送到店，使消费者能买到最新鲜的商品，以吸引更多消费者到店内购物，提高店铺的竞争力。

此外，当班的店员必须及时处理到期的食品（按规定还有 2 天就过期的酸奶、鲜奶全部下架），每天早上要将刚到的商品及时上架，并保持店内的清洁。

案例编写：李业（本案例通过实地调研，对顾客、店主、店长、店员进行访谈，并参考官网、相关新闻报道等，于 2019 年 8 月编写而成）

讨论题

1. 比较分析便利店、百货商店和超市这三种商业业态的基本特征和区别。

2. 实地调查某个品牌的牛奶在便利店、附近超市和小商店（士多）的单价，试运用顾客让渡价值理论解释顾客在便利店购买这种商品的消费行为。

3. 你认同全家便利店的目标市场选择吗？观察并分析实际情况。

4. 为什么全家便利店采用统一定价的政策？从消费者的角度来看，你认为 10 元的早餐套餐和系列盒饭商品的定价合理吗？

5. 全家便利店采用会员积分制的目的和作用是什么？

6. 试分析福满家便利有限公司的商业模式和盈利模式。

综合性案例二：金立通信设备有限公司

2018 年 11 月 23 日，界面新闻的一篇深度稿件《复盘金立败局》，突然之间就把老牌手机厂商金立公司放在了聚光灯下。尽管“破产”新闻已经传出了一年，但还没有得到确切的消息。而在这篇稿件中，界面新闻还投出了一枚重磅炸弹：金立公司董事长刘立荣在赌博上输了超过 100 亿元。

刘德华代言的金立手机广告一度在央视频频刷屏；大街小巷流传的“荷塘”系列手机的广告音乐似乎还在耳边；金立冠名的《跨界歌王》《最强大脑》等强档综艺节目给电视观众留下了深刻印象。2011 年，金立公司以 2 100 万台的销量位居国产手机的前列。曾经风光一时的金立手机，在这几年中发生了什么？是什么原因导致金立公司走向衰落？确实值得我们分析和深思。

一、金立公司的创建与初期发展

2002 年 8 月，曾经在东莞金正集团（主营 VCD、DVD 生意）担任常务副总裁的刘立荣，在经销商的建议下创办了深圳市金立通信设备有限公司，注册资金 2 亿元。起名叫“金立”，其寓意是“从金正出来，开始了自立”。时年 30 岁的刘立荣担任公司董事长兼总经理，从此金立公司进入了手机行业。

2003 年 1 月，在成立不到半年的时候，金立就推出了首部产品——Gionee 303 手机。但在成立最初的三年时间里，金立的日子并不好过，最主要的原因就是没有手机生产牌照，金立只能借用天时达的品牌做贴牌生意。据金立集团副总裁李三保回忆：“做贴牌就意味着金立每卖出一台手机，就要给天时达（拥有牌照的品牌方）几十块钱抽成，这样一年下来就要多花出去几千万，而且最关键的是没有牌照就不允许打广告。”

2005 年，金立获得了中华人民共和国工业和信息化部颁发的 GSM 和 CDMA 双牌照，并且得到了年产 700 万台的许可。凭借着做贴牌机的经验，刘立荣信心十足，打算在手机市场大展身手，并决定邀请香港著名演员刘德华做广告代言人。在著名导演冯小刚的操刀下，刘德华俊朗的个人形象与“金品质，立天下”的广告词开始在央视刷屏，很快就吸引了众多消费者的眼球，给金立手机带来了很高的关注度，让金立手机的月销量迅速突破 25 万台，当年度月销量最高达到了 40 万台。

尝到明星效应甜头的金立公司，在 2006 年开启了新一轮进攻——电视广告投放，从央视扩散到湖南卫视、凤凰卫视等热门地方台；投放形式也从广告转向冠名，曾名声大噪的电视剧《金枝欲孽》，以及“选秀鼻祖”综艺节目《超级女声》均由金立冠名。与此同时，“不要 2998，也不要 1998，只要 998”这样的洗脑电视购物广告，也在大街小巷广为传播，这一系列广告宣传进一步提升了金立的知名度。

铺天盖地、持续不断的广告轰炸起到了立竿见影的效果。2006 年，金立手机累计销量达到了 400 万台；2007 年直接翻番，超过了 800 万台；到 2008 年，金立手机年度总销量突破 1 000 万台，成为当时国产手机中销量最高的品牌。

果断地进入手机市场，具有手机生产的能力和经验，通过密集广告的策略提升知名度并

促进了销售，金立很快就在国产手机中确立了第一阵营的地位，在波导、夏新、熊猫、科健等第一代国产手机都被历史淘汰的情况下，金立已经在行业内有较大的影响和话语权。2011年金立手机的全球出货量已经超过 2 100 万台，成为国产手机的领头羊。

二、进入智能手机时代的金立

2007 年，随着苹果公司的首款 iPhone 的诞生，智能手机时代正式开启，三星、诺基亚、摩托罗拉、HTC 等国际巨头纷纷跟进。在国内，华为于 2009 年就发布了首款智能手机，中兴、联想、酷派等也在 2010 年推出了智能手机，就连从未有过手机经验的雷军，也于 2011 年的夏天，携第一代小米手机正式亮相。

2011 年 11 月，金立高调发布了全线智能手机产品，同时在 2012 年的博鳌亚洲论坛年会上，金立将旗下天鉴系列的第一款产品 GN380 当作礼物，赠送给众多与会嘉宾。在论坛上，刘立荣也放出了豪言："放眼全球市场、争取足够大的市场份额、保持超越竞争对手的效率，未来金立的出货量目标一定是亿级的。"

但是，理想很丰满，现实很骨感。没人会想到，这可能是金立最后的辉煌。在智能手机时代，金立起步略晚，匆匆追赶，渐渐掉队。在"中华酷联"（中兴、华为、酷派和联想）快速崛起的时候，金立手机就已经逐步退出了第一阵营；而到了"华米 OV"的时代，金立则被进一步拉开了差距。虽然在广告投入最猛的 2016 年，金立把销量冲到了 4 000 万台，但这个销量距离全球销量第五的 vivo 还是有很大的差距。

三、金立公司的发展思路、产品定位与研发

作为手机行业的创业者，刘立荣的眼光和魄力是不可否认的，而且在传统的功能手机时代，具有丰富的生产运营的经验。但是到了智能手机时代，消费者的需求更多样化且变化更快，设计能力与技术支持要求更高，市场竞争更加激烈，这对手机厂商提出了更大的挑战。

与华为公司的余承东、小米公司的雷军、锤子公司的罗永浩这几位的手机圈"网红"相比，刘立荣显得格外低调，外界的报道也少之又少。在宣布进入智能手机领域之后，刘立荣接受记者采访，谈到了金立的发展思路、定位与研发，等等。

记者：请问金立公司今年在智能手机领域会如何布局？

刘立荣：金立的定位一直是不做细分市场，而是面向更加广阔的消费人群。2010 年推出的"荷塘"系列手机以及 2011 年推出的智能手机，就是这种定位的反映。

我们前期产品比较男性化、商务型，缺乏年轻、时尚因素。2010 年推出"荷塘"系列就是希望覆盖的人群面更广一些，所以就带有年轻、时尚、音乐、娱乐的特点，定位更偏向女性。这个系列的推广在全国的影响不错，对品牌也有蛮好的提升。

但"荷塘"系列还是定位在传统的 2G 产品。我们开始全面布局智能手机。推出了三款智能手机，销售供不应求；计划再推四款智能手机。金立的智能手机产品线从针对商务人群的"天鉴"系列到针对年轻人群的"e-life"系列，会覆盖从入门级到旗舰型的全系列。

记者：两三年前你很推崇诺基亚，你现在要开始学习哪一家？苹果还是三星？

刘立荣：当初诺基亚是综合性品牌，从高到低全覆盖。而现在全覆盖表现得最好的是三星，不是诺基亚。所以我就向三星学习看齐。

未来手机市场将更加集中，规模将是企业生存状态的决定性因素。唯有保持较大的出货量规模，才能在产业链居于有利地位，并最终实现规模效益。在移动互联网时代，早期将由产业链各个组成部分共同完成市场教育和培养的任务，但随着市场趋于成熟，产业链各个环

节的分工将从融合走向回归，云、管、端的职能将更加明确和专注。

三星是我们学习的榜样，赶超目标还谈不上。我们跟三星也有很好的合作。

记者：在产品类型这么多的背后，你们在研发上投入有多少？

刘立荣：除了在营销费用上舍得投入，我们在研发上投入也不少。

现在研发已经形成了几大块，除了应用研发、智能研发团队，还有整合内容和互联网布局的队伍，人员加起来有七八百人。

记者：具体来说，研发经费总投入大概多少？在销售收入中占比大概是多少？

刘立荣：研发占销售收入比其实不是一个好指标。我们主要考虑的是总投入，或者说在行业里面总投入、研发效率的排名。苹果公司一年销售额上千亿美金，它的研发费用占比就很低了；而中国很多老国企，研发费用一大堆，销售额一点点，占比很高，但没有任何意义。

其实，金立现在希望实现更大的转变。在品牌建设上朝着综合型手机品牌布局，将来希望向移动产品的终端制造商和服务提供商转变。

谈到国产手机品牌，几乎每一家都有自己的个性或卖点，比如民族品牌华为、拍照手机OPPO、性价比手机小米、年轻人手机荣耀，即使是酷派这样后来被淘汰的手机品牌，当年也有“千元机”的个性特征。但如果提及金立这个品牌，恐怕大多数人很难在第一时间想到它的个性特征和定位。

另据有关资料报道，2011 年金立公司开始打造第一款智能手机 e - life，当时由金立副总裁卢某某主抓研发。可是销售出身的卢某某坦言，自己对智能手机并不是很懂，反复观察 iPhone 之后得出结论，“薄”会是趋势，所以金立公司就拼命去打造“世界最薄的智能手机”。到了 2013 年，突然转型“小清新”，而 2015 年主打“商务范”，2017 年则转而重点推广“全面屏”，一口气推出了 8 款高中低端的全面屏手机。

2016—2017 年，金立公司先后邀请冯小刚夫妇、余文乐以及爆红的“达康书记”吴刚为手机代言，主打安全、商务特色，甚至模仿电视剧《人民的名义》的风格，拍出了一段时长为4 分钟的广告，隆重推出了 M6S Plus 手机，并重点介绍了活体指纹识别技术、内置安全加密芯片等特色功能，用心可谓十分良苦。

但是从各大手机厂商发布会来看，每个厂家都在不遗余力地推广拍照功能、芯片处理能力、手机外观设计等。这似乎在说明，安全、商务这样的定位，或许只有极少数消费者有兴趣，并不符合大多数消费者购买手机的心理需求与关注重点。这就造成了金立手机难以引起年轻人的共鸣和兴趣，而年轻人正是购买手机的最大群体。

此外，商务、安全的功能特性，带来的必定是价格高昂。以金立公司 2016 年推出的称之为“成功标配”的 M2017 为例，6 999 元起售，定制版更是高达 16 999 元，即使是苹果、三星都未曾有如此高的定价，而国产手机这样的价格，当时很难被消费者接受，最后的结局只能是乏人问津。细心的消费者发现，这款手机的卖点竟然是商务办公，比如商务秘书、名片扫描、出国助手，这些功能好像回到了 15 年以前的商务通。

更令人不解的是，金立公司口中高喊着“主打商务、高端路线”，但在产品核心配置上却沿用联发科公司的芯片，而国内领先的智能手机厂商，都将高通公司的旗舰芯片产品作为自己的配置，这使得金立 M2017 的“高端形象”难以建立。

四、近年的广告促销

从记者采访中可以得知，金立公司很看重规模，因为规模决定了企业的生存状态；同时在营销方面（主要是广告）很舍得投入，因为广告可以传播企业和产品的信息，激发消费者的购买欲望，促进产品销售，当然也有助于实现规模经济。不过，广告很烧钱，尤其是主流大众媒体的广告收费十分昂贵，况且过于密集的广告还可能导致受众审美疲劳，效果递减。

据报道，俞某于2015年6月加入金立公司，负责国内营销。或许是早些年的密集广告让金立尝到了甜头，因此为了重新回归国产手机第一阵营，金立掀起了新一轮的广告攻势。金立在营销上进入了类似OV模式，疯狂地砸广告，请冯小刚、余文乐、薛之谦、刘涛等明星代言，赞助热播的综艺节目。

据不完全统计，在综艺节目上，金立公司在2016—2017年曾冠名的节目包括：央视6套《国片大首映》，东方卫视《笑傲江湖》《四大名助》《今夜百乐门》《欢乐喜剧人3》，北京卫视《跨界歌王》，江苏卫视《我们战斗吧》《最强大脑》，浙江卫视《真声音》《喜剧总动员》《挑战的法则》，湖南卫视《2017跨年演唱会》，等等。

据《北京青年报》报道，一些影响力较大的节目目前的冠名价格都在亿元以上，独家冠名要更高。比如《笑傲江湖》的独家冠名报价1.8亿元/季，《欢乐喜剧人3》冠名费超过2亿元，《跨界歌王》冠名费用超过2.5亿元，《最强大脑》冠名费几年前就已达2.5亿元。此外，金立还冠名了电视剧《楚乔传》。大致计算一下，金立公司仅在赞助综艺节目、电视剧上的投资至少有30亿元。

明星品牌代言的价格不菲。另据媒体报道，南方黑芝麻集团股份有限公司请范冰冰为代言人，2017年7月1日签约，4年期，代言费1 764万元。

金立公司前后请了多名大牌明星做品牌代言，效果最好的是刘德华。此后还请了薛之谦、刘涛、“达康书记”吴刚、余文乐等代言人，从实际情况来看，转化效果也明显不如TFBOYS、吴亦凡、鹿晗等小鲜肉。巨额的广告投入并未换来销量的大幅提升，反而让金立公司入不敷出，深深地陷入到债务泥潭当中。

在2017年年初的时候，据金立公司的规划，2017年将会在S/M两个系列上投入约19亿元人民币用于推广宣传，冠名了各档热门综艺节目。刘立荣也透露，2016—2017年金立公司的营销费用（主要是广告支出）投入60多亿元。

但是，金立手机的销量并不能与巨额的广告支出相匹配。来自前瞻产业研究院的数据显示，2017年金立手机国内销量排名第七，售出1 494万台手机。这与刘立荣年初定的国内目标销量保底3 000万台，挑战3 800万台的计划相差甚远。至于海外销量，金立公司尚未对外公布。

五、金立公司的溃败

2018年年初，金立的供应商欧菲科技表示，金立欠款6亿余元且逾期两个月以上，目前公司已停止向金立发货。欧菲科技的率先发难，让外界开始意识到金立公司的资金链出现了问题。

2018年的前三个季度，在中国市场的各大手机品牌的销售额及排名到底如何呢？数据显示：vivo出货2 062万台，荣登榜首；OPPO手机排名第二，出货2 058万台；排在第三的是华为，出货量为1 711万台，其子品牌荣耀系列则以1 362万台紧随其后；作为高性价比代名词的小米则以 1 261 万台的出货量位居第五。四家品牌占据了八成的市场份额，金立手机出货量仅为 442 万台。

2014 年金立公司在深圳前海繁华地段建设金立大厦，土地加建设的总花费可能接近 20 亿元。除此之外，该公司还有一些不能迅速产生效益的对外投资。金立公司资金链问题爆发之后，刘立荣在接受采访时也承认，资金问题是由于 2016 年和 2017 年营销费用和投资费用投入超限，其中营销费用就高达 60 亿元，对外投资费用 30 多亿元，两项费用接近 100 亿元。

金立工业园坐落于东莞松山湖畔，占地面积约 300 亩。从 2010 年投资建设至今，金立公司合计投入了 23 亿元，配置了 54 条全自动贴片生产线，110 条成品组装测试线，这些设备保证了金立工业园每年 8 000 万台的手机产能，作为亚洲最大单体智能终端生产基地，金立工业园曾代表了金立公司最风光的时刻。

2018 年 12 月，央视记者来到了位于广东东莞的金立工业园，一进去就看到左侧生活区分布着多栋现代化的宿舍。如今，整个金立工业园大部分宿舍楼都显得空空荡荡。记者来到金立其中一个厂房门口，发现这里大门已经锁起来，并没有生产的迹象。食堂的厨师告诉记者，原来金立工业园有 18 000 多名员工，他们每个月采购食材的金额至少要花 300 多万元；现在员工只剩下三四百人，每个月食材采购额下降到只有 10 多万元。

据了解，金立向供应商提供的“3 + 6”个月账期，即在 3 个月账期之后，金立会开具一个 6 个月的银行承兑票据，到期便可前往银行提取，综合账期长达 9 个月。在金立公司债务危机爆发以后，其供应商也受到大面积的牵连。还有金立公司的供应商透露，金立目前拖欠货款的大小供应商合计有 400 家以上，合计欠款在 50 亿元左右，如果 2019 年春节前无法回款，不少中小供应商将面临倒闭。

近日，在阿里拍卖网，金立通信名下 211 宗外观设计专利挂出拍卖。信息显示，这 211 宗专利起拍价为 2.11 万元，算下来一件仅有 100 元。

2018 年年底，外界就传刘立荣赌博赌输了三四亿元，也有传赌输 30 多亿元，但金立公司一再进行了否认。后来，界面新闻爆出刘立荣在塞班赌博上输了超过 100 亿元，并挪用公款的数目可能在 60 亿元左右。不过在随后刘立荣接受《证券时报》采访时表示自己确实在塞班赌博，输了，但输了十几亿元，同时也承认挪用了公款十几亿元。

公开信息显示，截至 2018 年 8 月 31 日，金立总负债为 202.53 亿元，资产主要有：微众银行股权、南粤银行股权、金立大厦、东莞金立工业园、时代科技大厦、安徽大厦等，不过这些资产账面价值仅 25.73 亿元，市场预估价值 75.10 亿元。显然，金立公司已经资不抵债。

2018 年 1 月，手机厂商金立董事长刘立荣 41.4% 的股权被法院冻结 2 年，时间为 2018 年 1 月 10 日到 2020 年 1 月 9 日。直到 2019 年 1 月初，深圳法院已经接受金立公司的破产清算申请。

2019 年 9 月 2 日，关闭数月的金立公司官方微信突然发布关于全新 M11 手机的预热文章，介绍了该机型的六大亮点。这一消息似乎暗示着金立手机将“重新出山”。

资料来源：

1. 一代手机巨头破产！央视财经，2018 - 12 - 25.

2. 金立破产原因：过度营销，代言人选错. 旭哥说故事，2019 - 01 - 16.

3. 复盘金立败局. 界面新闻，2018 - 11 - 23.

案例编写：王斌、李业

讨论题

1. 有人说智能手机是耐用消费品，有人说智能手机是潮流型消费品，你的观点呢？请说明理由。

2. 以某款以年轻人为目标市场的智能手机为例，试分析消费者的购买动机和行为。

3. 金立公司的发展思路和布局是什么？你认为合理吗？

4. 手机行业是规模经济效应比较明显的，你认为可以通过哪些途径获得规模经济效益？

5. 金立公司溃败的原因是什么？企业有什么办法可以防止过度营销情况的发生？

综合性案例三：三一重工集团有限公司

三一重工集团有限公司（以下简称“三一重工”）是一家民营股份制科技实业投资公司，成立于1994年11月22日，其前身是由梁稳根、唐修国、毛中吾和袁金华4人于1989年6月筹资创立的湖南省涟源市焊接材料厂。

1994年11月，湖南省三一集团有限公司（以下简称“三一集团”）召开董事会，决定将三一集团有限公司分立为湖南三一重工业集团有限公司和湖南三一（集团）材料工业有限公司，并明确了产权分配以及债权债务处置方案。2000年12月，经湖南省人民政府（湘政函〔2000〕209号）批准，有限公司整体变更为三一重工股份有限公司。2003年7月3日，三一重工在上海证券交易所成功上市，股票代码为600031。2005年6月10日，三一重工股权分置改革试点成功，为中国股权分置改革成功地打响了第一枪。

三一重工的主营业务为建筑工程机械、起重机械、停车库、通用设备、机电设备、金属制品及电子产品的生产与经销，主要产品有全液压振动压路机、拖式混凝土输送泵、混凝土输送泵车等。2003年7月30日，三一重机有限公司成立，下辖挖掘机事业部、桩工机械事业部、新材料事业部。

自成立以来，三一集团秉持“创建一流企业，造就一流人才，做出一流贡献”的企业宗旨，打造了业内知名的“三一”品牌。2007年，三一集团实现销售收入135亿元，成为新中国成立以来湖南省首家销售过百亿的民营企业。2008年和2009年，尽管受金融危机影响，三一集团仍然延续了以往的增长。2010年，三一集团实现销售收入超过500亿元。2011年7月，三一重工以215.84亿美元的市值，首次进入美国《金融时报》全球500强排行榜，成为唯一上榜的中国机械企业。2013年，三一重工海外销售收入实现108亿元，国际化进入全面盈利时代。同年，三一经营管理入选哈佛案例，全球影响力不断扩大。2014年，三一重工旗下三一起重机公司与奥地利帕尔菲格公司实现交叉持股，国际化进程再进一步。同年，三一重工在上海中心大厦实现620米的混凝土输送，打破了普茨迈斯特公司在世界第一高楼迪拜塔创造的606米世界纪录，“世界泵王”实至名归。2015年，集团年营业额为233.67亿元，员工人数1.6万人。

三一重工创立之初，公司高层管理人员深入分析了公司的外部环境。中国正处于社会经济高速发展的黄金时期，工业化、城市化的进程加快，建筑机械将保持长期的旺盛需求，国内稳定的政治环境和对外开放政策，将给企业营造巨大的发展空间。但是，当时国内市场85%的混凝土泵及95%的泵车依靠进口，跨国公司虎视眈眈；国内还有厦门工程机械股份有限公司、广西柳工集团有限公司、中联重工科技发展股份有限公司、徐州工程机械集团有限公司等实力雄厚的大型国有企业，市场竞争将十分激烈。同时，三一重工知名度不高，技术力量相对薄弱。正是在这样的背景下，三一重工提出了“创建一流企业，造就一流人才，做出一流贡献”的企业宗旨，提出了“自强不息、产业报国”的企业精神，提出了“一切源于客户、一切源于创新”的经营理念，提出了“品质改变世界”的核心价值观。

三一重工进入建筑工程机械行业，面临的最大困难是缺少客户。由于目标顾客主要是工程建设的组织用户，对质量要求高，购买者专业知识丰富，购买决策影响因素多。所以，建立和拓展销售网络、赢取目标客户的信任是公司面临的最大挑战。三一重工采取了以下对策。

（1）重金引进人才，聚集行业精英。如北京某研究所所长、西安交通大学某教授等专家加盟，不仅给客户以信心，同时这批行业精英本身在机械领域拥有良好的人际脉络，对于三一重工建立客户关系起到了重要的作用。

（2）三一重工成立了“三一研究院”，每年以高于行业平均水平3倍的投入进行科研开发，通过计算机采用先进技术与设在美国、法国和中国香港等地的三一工程师办公室实现全过程交互式并行设计、研究。三一重工这一行动，不仅大大提高了产品技术与设计水平，尽快与国际接轨，同时也宣传了不断地追求“一流”的品质的企业理念，并为此不断付诸努力，引起业界广泛的关注。

（3）三一重工不轻易扩张其产品线，但是保证每一个系列产品都有自身的核心技术，同时不采取低价格来赢取市场份额。通常产品的价格为国外同类产品的90%左右。三一重工明白，过低的价格会损害一流品牌的形象。

（4）相对于国有企业的政策扶持，民营企业更多的是依靠自身力量。因此，三一重工选择适当的媒体来传播企业理念和品牌形象，影响潜在顾客和提升知名度。

一、打造品牌的策略

三一重工高层认为，工业品供应商也需要打造著名品牌。因为品牌有利于树立差异化竞争优势，有助于跳出恶性价格竞争的圈子，有利于创造整体价值最大化。品牌是关系的建筑师，而推行关系营销的目的正是在于使服务、质量和营销这三者环环相扣，融为一体。三一重工主要通过三个手段来塑造其一流的品牌形象。

1. 科技打造品牌

三一重工董事长梁稳根说过：“与其引进技术跟在人家后面亦步亦趋，沦为‘生产车间’，不如另辟蹊径，以自我创新掌握发展主动权。”在技术创新方面，三一重工十分重视新产品的研制开发。公司每年把销售收入的4%～7%投入到技术开发，并在北京、上海、广州、沈阳、西安、重庆等地设立了研究院，确保三一产品的科技含量始终处于领先水平。经过多年建设，三一重工研究院在CAD（计算机辅助设计）、PDM（产品数据管理）的运用，二次开发，计算机工程仿真（CAE），以及运动学分析、动力学分析、虚拟样机技术等方面，处于国内领先水平，有的产品达到了世界先进水平。强大的研发力量帮助三一重工在行业中形成了相当的技术优势，并使公司不断地刷新世界纪录，其产品不断在国内替代进口产品。获得了“国家重点高新技术企业”“国家CIMS工程示范企业”的称号。有着“中国泵王”美誉的三一重工拖泵，将混凝土送上了国际金融中心406米的高度，打破了三一拖泵此前在深圳赛格广场创造的泵送混凝土300.8米高的中国纪录。2014年，在上海中心大厦实现620米的混凝土泵送，打破普茨迈斯特公司在世界第一高楼迪拜塔创造的606米世界纪录。在举世闻名的三峡工程上游巫峡峡口，三一重工最新研制的4台HBT60C－1816混凝土输送泵，出色地完成了当今世界第一大跨征管砼中承式拱桥——巫山长江大桥钢管砼的泵送任务，创造了三项世界纪录。

2. **质量巩固品牌**

要打造世界品牌，产品质量至关重要。董事长梁稳根认为，质量是价值和尊严的起点，是唯一不可妥协的事情。三一重工把质量工程作为“尊严工程”，在产品中赋予人的尊严，是形象、信誉、信心、力量的结合体。这种“尊严”意识，来自于中国工业的内忧外患，因而将在世界范围内打破外资企业的垄断局面，作为进入重工业制造领域的信念和目标。致力于产品的标准化、创新化、多样化和高可靠性，不仅可以获得较高的价格和丰厚的利润，而且可以确定企业在市场上的统治地位，以改变外界对“中国制造”所形成的低质低价的印象。为了在国内市场上与外来品牌竞争并取得成功，为了在全球市场上靠品牌价值赢得市场份额，三一重工走的是一条永不回头的国际化道路，尽力使产品质量与外国产品相匹配。为此，三一重工建立了质量激励机制、快速解决质量问题机制以及顾客满意度测评体系。作为产品质量的见证，三一重工先后通过了 ISO9000 质量体系认证、德国 OSA8000 认证、ISO14001 环境体系认证。

3. **服务提升品牌**

三一重工的装备类产品，价值较高，单件通常在百万以上，对于许多小型企业来说，一次性付款较困难，国外的企业和国内老牌企业对这部分客户相对冷淡，三一重工要在敌人的封锁包围中取得突破，就必须选择薄弱环节。全力赢取被对手忽视的客户，是三一重工快速成长的法宝之一。为了使销售同步跟上快速扩张的产能，三一重工采取了灵活而进取的市场策略。根据市场情况，客户分期付款购买产品。与此同时，三一集团高管出资成立湖南中发产资产管理公司，三一重工几乎所有的需要贷款客户均由它出面提供融资担保。一般在确定工程项目之后，才进行相关机械的采购，因此，在宽松的担保条件下，贷款资金的回收率仍然相当高，实际上三一重工间接地与项目工地签订了回收款合同。

作为品质延伸的售后服务，目前已成为各家厂商培育核心竞争力的重要手段。而三一重工的主导产品——工程机械使用环境比较恶劣，因此用户对产品使用的可靠性、可维护性的要求非常高。为此，三一重工建立了一套切实可行的制度，包括顾客投诉处理制度、一机一档制度、服务指标检测管理制度、服务后勤管理制度、科学的分配机制和完善的培训体系等。三一重工开通了 800 电话，并在全国设有 20 个分公司、近 60 个办事处、200 多人的售后服务队伍、36 个网点仓库、57 个服务站，从而形成了一个覆盖全国的网络，并斥巨资建立起了产品的制造、调试、试用、质检、安装、排障、维护全过程的监督管理体系。

二、促销策略

工程机械一般购买者数目较少，专业性很强，单次采购金额大。口碑传播的作用表现得尤为突出。通常，这类产品在大众媒体进行广告投入应该效果有限，这也是为什么诸多的国际品牌，无论是源于日韩的小松、大宇，还是来自欧美的 Volvo、卡特皮勒，都没有采用这一策略的原因。根据对中国广告受众的调查分析，三一重工早于 2001 年之前就开始在大众媒体，比如央视、凤凰卫视，投放大量的广告进行品牌宣扬并持续至今。实践证明，这一策略取得了良好的效果。在产品促销方面，三一重工还采用了以下策略。

（1）样板工程树形象。大型机械设备产品的特点，一是价格昂贵，许多产品的单机价格超过 100 万元，一台混凝土输送泵对用户来说都是重要的固定资产；二是销售量比较低，三一重工的产品是满足特定行业需求的；三是设备运行环境恶劣，常易损坏，发生故障，需要维修和更换零件。三一重工营销法宝之一就是在开拓一个新市场之时，一般会选择一个重

量级客户或重量级工程作为首攻目标，待攻下这种标志性工程后，再以它作为号召去征服其他的客户。

（2）展销会上显力量。在工程机械行业里，全国各地以省为单位每年都要举行建筑、工程机械展览会。三一重工经常参加专业展会，展示最新的技术和产品，显示公司品牌的实力和形象，并加强与客户的沟通。三一重工已经走出国门，是国际上最大的三个行业展会的常客。

（3）实地考察见功夫。与产品这种有形实体一样，公司生产基地和管理总部也是品牌的有形载体。三一重工经常邀请重要客户到企业实地考察，百闻不如一见，给客户留下了深刻的印象。

（4）小众媒体传信息。三一重工重点在《施工机械》《中国建设》等杂志上做针对性的广告宣传，将信息直接渗透到潜在客户那里，并通过有奖问答等方式与客户互动，以便得到潜在客户的信息及增进了解。

（5）事件营销扬美名。三一重工多次采用事件营销以提高企业知名度和美誉度。例如，2005 年 4 月 29 日，中国证监会启动股权分置改革试点工作。2005 年 6 月 10 日，三一重工股权分置试点方案通过，这一备受关注的重大事件将永久地被载入中国资本市场发展的史册。又如 2011 年 3 月 31 日下午 1 时，在日本福岛第一核电站，一台大型红色泵车举起它长达 62 米的长臂，开始向一号机组的核废料池注水，以期对反应堆进行冷却。长臂与它喷出的水柱，构成了一道巨大的抛物线。这一画面通过电视传播到世界各地，大大提升了三一重工的品牌影响力。

2019 年 8 月 18 日，三一重工乌干达运营中心揭牌仪式隆重举行，中心设有销售展示厅、服务中心、维修车间和备件仓库。副总裁周万春表示，这是三一重工国际化及非洲发展的重要一步，公司将以运营中心为基点，向周边国家和地区辐射。

资料来源：三一集团官方网站，2011 - 09 - 15；第一财经日报，2011 - 10 - 10；湖南日报.

案例编写：李业、王斌

综合性案例四：百万葵园

上篇　百万葵园的创立

2001 年 10 月 8 日，广州某民营企业老板谭先生刚从外省回来。前段时间，他拿着一个凝聚着心血的大型旅游项目计划书，跑到几个省份去融资，最后无功而返。谭先生坐在办公桌前，心情郁闷。他拿起了每天必读的《粤港信息日报》，浏览着报纸中的新闻。当看到"台湾脉动"版上的一个标题"台湾休闲产业如火如荼"时，他"哗"地一下把这张报纸抽出来，逐字逐句地仔细阅读起来。在"成功个案扫描"一栏里，他读到了那篇只有 429 个字的短文。这篇题为《农场专做情侣生意》的文章，介绍了台湾一位不到 30 岁的年轻人，从农校毕业后，在乡间种下 1 万棵向日葵，开发出"向日葵知识之旅"的项目，成为当地一大旅游景点。谭先生将这篇报道读了一遍又一遍，一个项目构想在脑海中突然出现了。

谭先生有意进军旅游休闲产业已久。虽然他有一家公司，业务基本稳定，但要上一个台阶，就要找到合适的机会和项目。他前段时间专心致志地研究了一个大型旅游项目，因资金需求量大，所以到外省找一些生意上的朋友。希望能得到资金支持，但未能如愿。看到这篇报道之后，谭先生想，如果在广州这个现代化大城市里建一个大型葵花园，开发休闲观光旅游会怎样？这个项目既有创意，投资又不大，融资将不成问题。这个念头像火一样将谭先生燃烧起来，他决定马上就干！

在公司里，谭先生安排员工在互联网上寻找一切与向日葵有关的资料和信息。在那段时间里，谭先生和员工上网搜集资料，常常干到深夜一两点钟。通过这次查询，谭先生对向日葵的生长知识和文化内涵有了深入的了解。17 世纪荷兰画家凡・高的《向日葵》油画，卖出了2 250万英镑的天价。谭先生认为，不分东方西方，不分男女老少，只要热爱阳光，热爱生活，就都会喜欢向日葵。

充满激情的谭先生为心目中一望无际的向日葵花园所驱动。一方面，他向世界各地的向日葵种植园、研究员讨要葵花种子和请教种植知识，找到了报道中提到的那位台湾向阳农场的专家。另一方面，他马不停蹄地寻找适合的地点。最后，谭先生选中了广州番禺万顷沙镇的一块沙田，那是一派优美的田园风光，满目青绿。当地政府对谭先生表示信任和欢迎，只是当地村民认为这块地种什么都没收成，把谭先生看作是怪人，有人还私下笑他是"傻佬"。

谭先生向世界各地的向日葵种植园、科研院发出的信息得到了回应，他们免费寄来了不同的种子，但没有一个人相信中国南方的水土能让向日葵一年四季花开不败，以满足游客的需要。北方向日葵研究所的一位副所长再三劝告他，先研究一两年，等积累了经验后再种。台湾向阳农场的专家也认真告诫他不要冒险。但谭先生没有放弃，他的脑海里时常浮现出一幅鲜艳夺目、遍地金黄的画面。

谭先生通过研究大量的资料，找到了向日葵生长的奥秘，那就是“积温”。按照这个理论，只要老天不下雪，有阳光，不管春夏秋冬，向日葵积累了一定的温度，常年开花不成问题。尽管有专家告知，从未尝试过让向日葵在冬季开花，但谭先生还是在2001年的冬天，在自己办公室的天台上试种了向日葵。

2002年春节到了，在寒风中，试种的向日葵露出了一张张笑脸。谭先生高兴得跳了起来，他计划让百万葵园每逢“五一”、国庆、元旦、春节四大节日，保证百万朵葵花依时绽放，平时保持有20万朵葵花盛开。

经过半年的认真准备，2002年的“五一”前夕，占地26万平方米的全国最大的观赏性葵园在广州番禺万顷沙正式落成迎客。广州市政府在朵朵耀眼的葵花下召开了现场新闻发布会。硕大金黄的向日葵图片频频出现在报纸上，吸引人们的目光。

2002年5月1日清早，数以万计的广州和周边游客涌向百万葵园，争睹葵花反季节盛开的奇观。各种大小车辆在通往葵园的公路上排了10公里的长龙，140多位警察和干部不得不在现场维持秩序。据统计，“五一”期间，葵园共接待游客15万人，其中5月2日当天的游客达5万人。谭先生的百万葵园成功了!

据介绍，以某种植物为主题的生态公园是当前国际园林建设的流行趋势，向日葵更以其独特的文化内涵受到人们的青睐，在日本、荷兰等地，向日葵主题公园备受欢迎。我国新疆、青海、黑龙江等北方省份，向日葵一直作为经济作物被广泛种植，但品种较为单一，观赏性不强。而把向日葵作为一种观赏性的植物设计成超大型的主题园林，“百万葵园”在国内尚属首次。“百万葵园”还同时名列两项世界第一：规模最大，达66.7公顷；葵花常年开放，世界唯一。据悉，“百万葵园”共引进了欧洲、日本等国家的18个观赏性向日葵品种，并优选培育出一批适宜在亚热带种植的品种。该公园还通过基因的导入，培育出红色、紫色等特殊颜色以及具有浓郁香味的向日葵，且经过科学规划种植，使“百万葵园”保持100万朵葵花常年盛放。

据悉，至2002年末，筹建仅半年时间的百万葵园，尽管尚未开张，即已吸引了来自香港、澳门以及珠江三角洲各地的游人3万多人次。旅游品牌的精心打造，使番禺区的旅游收入节节上升，2002年达到了32.4亿元。2003年以来，各地前来番禺旅游的游客人数又比2002年上升了40%，酒店入住率也增长了10%以上。

讨论题

1. 谭先生成功开发百万葵园的休闲旅游项目是偶然的吗?
2. 一则只有429个字的消息，为谭先生带来了机会和成功，这说明了什么?
3. 创业除了激情，还需要什么？你从这个案例中得到什么启发?
4. 谭先生为什么要争取广州市政府在现场召开新闻发布会？这种营销策略有什么特点?
5. 谭先生若想在葵园种上“10万朵郁金香”，你认为这个创意可行吗？要注意什么问题?

下篇　百万葵园的业务拓展

百万葵园项目成功了，取得了良好的经济效益和社会效益。但是，谭先生并没有因此而陶醉。因为他知道，休闲旅游项目最难的是如何继续保持吸引力，让消费者来了一次，再来第二次、第三次……国内一些旅游项目失败就是因为消费者只来一次，客源越来越少。从成本结构来分析，休闲旅游项目的一次性投入较大，况且百万葵园已创出了品牌，因此在此基础上开发新的项目应当是明智的选择。

由于珠三角地区到番禺有一定的距离，葵园如果能够向顾客提供具有葵园特色的食宿服务，会有助于提高葵园的游客数量和满意度。此外，谭先生认识到，除了要以现有的葵园为基础，继续吸引大众顾客游览外，还应该针对一些具有消费能力的人群增补一些具有特色的游览和休闲娱乐项目。经过认真求证后，谭先生发现情侣、儿童和家庭三类群体对公园游乐具有特殊的需求，并且这三类市场具有相当大的发展潜力，因此，谭先生决定结合和充分利用现有的资源，借助已成功的品牌优势，开发以下新的项目：

- 郁金香花展
- 葵花鸡
- 珍稀动物园（包括反斗松鼠园、斑点迷你猪、袖珍名犬以及天堂鹦鹉等）
- 浪漫薰衣草
- 神秘玫瑰园
- 乐翻天乐园

1. 郁金香花展

郁金香花展是百万葵园的增补项目之一，目标市场同样是广大游客，旨在提升葵园的知名度和社会形象。广州首届郁金香展览始于 2003 年春节。当时百万葵园被装扮成郁金香的海洋，展示了 10 万朵共 13 个品种的郁金香，广大市民争相目睹了“花中皇后”的风采。

在第一届花展取得成功的激发和影响下，2004 年第二届广州郁金香展开展于 2004 年春节期间。在此次展出中，有 28 个品种，其中有 22 个品种是在国内从来没有展示过的。这些珍稀品种各具特色，色彩丰富，颜色尤其耀眼，观赏价值高。当初购买时，供应商不同意出售，因为只能供给本国用，谭先生经过多次不懈的努力，供应商才同意供应6 000种球。众所周知，郁金香是荷兰的国花。上一届的郁金香展已经引起了荷兰驻广州领事馆的关注，得知广州再次举办大型郁金香展的消息后，荷兰驻广州总领事唐孟珂先生多次过问了解布展情况，并帮助协调荷兰郁金香种球供应商，不断地提供种植技术，使得一些原来从未来过中国的郁金香品种得以和市民见面。

100 万朵金灿灿的向日葵与 13 万朵美丽无比的郁金香同时绽放、共舞。走进葵园内，游走在向日葵的海洋中，正如痴如醉时，忽的眼前一片开阔，数不清的色彩缤纷、变幻多姿的郁金香展现在眼前，颜色那么明艳，美丽动人，犹如在浩瀚的大海之中，见到一座彩色的岛屿。

2. 葵花鸡

为了解决百万葵园的配套饮食，谭先生特意聘请专业的技术人员对此进行研究和探索。经过近一年的研究，百万葵园的技术人员培育出一种全新的食用鸡品种“葵花鸡”。葵花鸡的由来是再自然不过了，从生物学的角度上讲叫循环再用、废物利用，当然我们可以换个浪

漫一点的角度，套用一首流行歌，称为“当葵花遇上鸡”。百万葵园里漫山遍野的葵花，被欣赏完了也就失去了价值，没想到在食物链里跟鸡接上了“暗号”，可以再继续发挥余热，自是喜不自禁；而另一边，则是原本平凡无奇的鸡，也因为吃了这些新鲜的葵花，吸收了葵花精华，香到了骨子里，一下子脱胎换骨，身价陡升，晋身“美人鸡”行列，得以傲视市面上吃饲料的芸芸众“鸡”，于是“葵花鸡”也便出炉了。“葵花鸡”生活的地方位于葵园一隅，内有可以控制温度、湿度的系统。据葵园的有关负责人介绍，新鲜的葵花盘、叶是它们的主食，当葵花将凋谢时，工作人员会把葵花盘割下来，与葵叶一起打碎，拌入饲料，为葵花鸡提供食物。而葵花鸡更是年少不知水滋味的一群，从出生开始，它们喝的就只有葵花秆榨成的汁，在小鸡的世界里，这些就是它们喝的水。经权威部门测定，这种以葵花为主要饲料喂养的“葵花鸡”，鸡肉中维生素 E 含量是普通鸡肉的 10 倍，氨基酸和维生素 A 含量也比普通鸡肉高出 3 ~4 倍。

“葵花鸡”一出现就成了抢手货，其价格定为 100 元一只，居市场最高位。据谭先生说，尽管在禽流感时期，广西发现了禽流感，但珠江三角洲市民吃葵花鸡的热情一样见涨，并且由开始的只供应葵园餐厅发展到可向外供货。葵花鸡每月都有6 000只的出栏量，葵园餐厅每天可供应 70 只葵花鸡。不少商家还前往要求代理。广州某知名五星级酒店已决定取消原来采用的鸡种，以更高价格、全部订用葵花鸡，使得葵花鸡曾经一度断货。

3. 珍稀动物园

百万葵园吸引人之处，除可随时观赏到葵花的美景外，园内还建起了全国首个松鼠乐园和蚂蚁王国，500 多只可爱的小松鼠构成一个充满温馨与情趣的童话世界。珍稀动物园主要针对儿童而设计项目，除了松鼠乐园外，还有酷似卡通“麦兜”的斑点猪、袖珍名犬以及天堂鹦鹉等。

身为“麦兜”代言人的宠物猪，身长 30 多厘米，体重 5 千克左右，主要来自日本、法国、泰国等地。不同国家的宠物猪有不同的肤色，日本的是黑白斑点，法国的却是金灿灿的金丝毛，也就是人们所说的“金猪”。据了解，小猪出生时只有 400 多克，一般 5 个月发育成熟。因采用了基因控制技术，它的体重不会超过 5 千克，而且丝毫没有难闻的体味，其可爱的面孔深得孩子们的喜爱。平日里小宠物猪通常都是吃狗粮，偶尔也会改改胃口，吃一些蔬菜和水果等其他的食品，如果照顾细心点的话，活 10 年不成问题。

在葵园的旁边，就是广州的南端出海口，这里有广州唯一的湿地公园，一片片的红树林与数以万计飞起飞落的候鸟，构成了另一幅美妙的自然生态景观。

欢乐不断的反斗松鼠园、憨厚可爱的斑点迷你猪、讨人喜欢的袖珍名犬、乖巧可人的天堂鹦鹉，与花的海洋相互映衬，相得益彰，加上香喷迷人的葵花鸡，构成一个绝妙的休闲旅游胜地。

4. 浪漫薰衣草和神秘玫瑰园

浪漫薰衣草园和神秘玫瑰园是百万葵园专门针对热恋中的情侣旅游而开发的。

薰衣草是一种馥郁的紫蓝色的小花，又名“宁静的香水植物”。原产于地中海地区，性喜干燥，花形如小麦穗状，有着细长的茎干，花上覆盖着星形细毛，末梢上开着小小的紫蓝色花朵，窄长的叶片呈灰绿色，成株时高可达 80 厘米。每当花开风吹起时，一整片的薰衣草宛如深紫色的波浪，层层叠叠地上下起伏着，甚是美丽，令人产生浪漫的遐想，非常迎合情侣热恋中的感觉和心情。

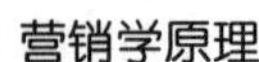

神秘玫瑰园中的玫瑰树有两三米高，一棵树冠可绽放出上百朵玫瑰，听似天方夜谭，眼见后不禁让人称奇。葵园推出 20 多个品种的欧洲玫瑰，其中最特别的是玫瑰竟然开在高高的树上和弯弯的垂柳枝上，花色艳丽，花香清新，花瓣层次多，展示给人们的是一种强烈的立体感，站在一旁就可以欣赏，并闻到香味，舒适怡人。园内多种玫瑰均是首次在中国培植，具有很高的观赏价值。

5．**乐翻天乐园**

乐翻天乐园是百万葵园开设用于家庭游乐、儿童玩耍和公司拓展训练的游览项目。园内设有秋千、滑梯等儿童游玩设备，以及独木桥、水上吊栏等适合于极限运动的拓展设施。因此，该乐园平时除了接待一般的家庭游客外，还积极主动地为社会团体量身定做了一系列精彩纷呈的团队活动、会议旅游接待方案，提供会议设施、完美浪漫的表演舞台等。不少企业为了让员工能够体验企业文化、增强团队精神，并且激发企业活力以及提高企业凝聚力，选择了百万葵园作为员工户外拓展训练的地方。

讨论题

1．百万葵园拓展新业务的依据是什么？
2．试用营销学的基本原理说明消费者对休闲旅游项目的需求和购买行为。
3．你对百万葵园的营销战略和策略有什么建议？
4．谈谈本案例对你的启示。

参考文献

[1] 科特勒，凯勒. 营销管理：第 15 版 [M]. 何佳讯，于洪彦，牛永革，等译. 上海：格致出版社，上海人民出版社，2016.

[2] 菲利普·科特勒. 营销管理：第 9 版 [M]. 梅汝和，译. 上海：上海人民出版社，1999.

[3] 其克. 市场营销百科 [M]. 李恒，主译. 沈阳：辽宁教育出版社，1998.

[4] 凯特奥拉，格雷厄姆. 国际市场营销学 [M]. 周祖城，等译. 北京：机械工业出版社，2000.

[5] 凯琳，彼得森林. 战略营销：教程与案例：第 8 版 [M]. 范秀成，主译. 大连：东北财经大学出版社，2000.

[6] 何永祺. 市场营销学 [M]. 大连：东北财经大学出版社，2002.

[7] 吴健安. 市场营销学 [M]. 北京：高等教育出版社，2000.

[8] 龚兴郑. 现代市场营销管理 [M]. 合肥：安徽人民大学出版社，2001.

[9] 郭国庆. 市场营销学通论 [M]. 北京：中国人民大学出版社，1997.

[10] 龚振，李晓平，等. 市场营销管理：理论与应用 [M]. 北京：科学出版社，龙门书局，1995.

[11] 卜妙金. 分销渠道管理 [M]. 北京：高等教育出版社，2001.

[12] Stern L W，Ansary A I，等. 市场营销渠道：第5 版 [M]. 赵平，廖建军，等译. 北京：清华大学出版社，2001.

[13] 张传忠，雷鸣. 分销管理 [M]. 武汉：武汉大学出版社，2000.

[14] 傅浙铭，等. 市场定位方略 [M]. 广州：广东经济出版社，1999.

[15] 李业. 现代市场营销教学案例集 [M]. 广州：华南理工大学出版社，2003.

[16] 李业. 营销管理：第 2 版 [M]. 广州：华南理工大学出版社，2012.

[17] 李业. 品牌管理：第 2 版 [M]. 广州：广东高等教育出版社，2011.

[18] 曹刚. 国内外市场营销案例集 [M]. 武汉：武汉大学出版社，2002.

[19] 孙健. 海尔的营销策略 [M]. 北京：企业管理出版社，2002.

[20] 武齐，彭程. 索尼营销：重塑“日本造”的品牌形象 [M]. 北京：中国经济出版社，2003.

[21] 21 世纪人才报社. 百年老店营销经典 [M]. 重庆：重庆出版社，2002.

[22] 何燕华，卢泰宏. 定位为什么：切准定位图坐标 [J]. 销售与市场，1998 (9).

［23］朱丽叶，田淡．品牌：你是否身适其位［J］．销售与市场，1998（7）．

［24］珀西．市场调研［M］．文岳，译．北京：机械工业出版社，2000．

［25］张伟志．竞争营销的策略与实例［M］．北京：中国国际广播出版社，2003．

［26］孟庆祥．华为营销法：铁三角营销模型与饱和攻击技术［M］．杭州：浙江大学出版社，2019．